eXamen.press

eXamen.press ist eine Reihe, die Theorie und Praxis aus allen Bereichen der Informatik für die Hochschulausbildung vermittelt.

Dietmar Fey
Herausgeber

Grid-Computing

Eine Basistechnologie für Computational Science

Dirk Bender, Manfred Braune, Matthias Brinkmann,
Wolfgang Eisenberg, Dietmar Fey, Leticia González,
Malte Hagemann, Martin Hermann,
Andreas Hermerschmidt, Bernd Klauer, Adrian Knoth,
Uwe Langbein, Falk Lederer, Steffen Limmer,
Thomas Paul, Thomas Pertsch, Uwe Renner,
Carsten Rockstuhl, Andreas Schäfer

Herausgeber
Prof. Dr.-Ing. Dietmar Fey
Universität Jena
Fakultät für Mathematik und Informatik
Institut für Informatik
Ernst-Abbe-Str. 2
07743 Jena Thüringen
dietmar.fey@informatik.uni-erlangen.de

ISSN 1614-5216
ISBN 978-3-540-79746-3 e-ISBN 978-3-540-79747-0
DOI 10.1007/978-3-540-79747-0
Springer Heidelberg Dordrecht London New York

Die Deutsche Nationalbibliothek verzeichnet diese Publikation in der Deutschen Nationalbibliografie; detaillierte bibliografische Daten sind im Internet über http://dnb.d-nb.de abrufbar.

Einbandentwurf: KuenkelLopka GmbH

Gedruckt auf säurefreiem Papier

Springer ist Teil der Fachverlagsgruppe Springer Science+Business Media (www.springer.com)

Vorwort

Die Anfänge des Grid Computing waren primär bestimmt von dem Wunsch, die enorme über das Internet erreichbare Rechenkraft für das Hochleistungs- und für das wissenschaftliche Rechnen zu erschließen. Die damals gehegten Hoffnungen, die Rechenleistung von Superrechnern quasi aus der Steck- bzw. der Netzwerkdose zu beziehen, waren sicher zu optimistisch. Dennoch hat sich die Grid-Rechentechnik in Form von sog. Community-Grids durchgesetzt, d.h., Grids werden vornehmlich von einer bestimmten Gruppe von Nutzern aufgebaut und eingesetzt, die ein gemeinsames Vorhaben, z.B. die Durchführung wissenschaftlicher Simulationsexperimente, eint. Insbesondere in der akademischen Welt sind in den letzten 10-15 Jahren viele Grids aufgebaut worden. Es ist derzeit aber noch eine offene Frage, ob der Idee des Grid Computing auch ein kommerzieller Erfolg beschieden ist.

Eng verwandt mit der Idee des Grid Computing ist die mit dem Schlagwort Cloud Computing verbundene Technik, die in den vergangenen Jahren in der IT-Welt für viel Aufmerksamkeit gesorgt hat und von Anfang an kommerzielle Interessen verfolgte. Wesentlich weiter als beim Grid Computing sind die Themen beim Cloud Computing gespannt. Dies betrifft das Einsparen von eigenen Ressourcen auf Nutzerseite durch das Auslagern vollständiger IT-Prozesse in die Netzwerk-Wolke (cloud). Auf Providerseite betrifft dies das Anbieten von Ressourcen, die für den Nutzer völlig transparent virtualisiert werden. Demgegenüber steht die Grid-Idee, die vorsieht, dass verschiedene Nutzer jeweils ihre eigenen Ressourcen in das Grid einbringen und damit insgesamt ihren Zugriff auf Ressourcen weit über ihre eigenen Kapazitäten hinaus ausdehnen. Insbesondere im Bereich des Hochleistungsrechnens (High Performance Computing – HPC) stellen Grids gerade für kleinere und mittlere Forschungseinrichtungen, die temporär mehr Bedarf an Rechenleistung haben als ihre eigenen Ressourcen bieten, eine Alternative zu teureren Superrechnern dar. Auch wenn derzeit der Einsatz von Clouds für das HPC-Umfeld erforscht wird, werden in Zukunft wohl weiterhin Grids stärker im akademischen als im kommerziellen Umfeld anzutreffen sein. Aufgrund der strikten Virtualisierung müssen Clouds stärker auf Standard-Hardware bei den Netzen und Rechnerknoten zurückgreifen, was gegenüber dedizierten Knoten und schnellen Netzen in HPC-Rechnern einen Nachteil bedeutet.

Insbesondere das Aufzeigen der Verbindung von Aufgabenstellungen aus den Natur- und Ingenieurwissenschaften und dem Grid Computing steht im Fokus dieses Lehrbuches. Die Simulation auf dem Rechner hat sich neben der theoretischen Analyse und dem Experiment als dritte Säule des wissenschaftlichen Arbeitens in den Natur- und Ingenieurwissenschaften etabliert. Für diese Art der wissenschaftlichen Arbeit haben sich im Englischen die Begriffe Computational Science oder Computational Engineering herausgebildet, die im Deutschen – man mag darüber streiten, wie gelungen die Übersetzung ist – als Rechnergestütze Natur- oder Ingenieurwissenschaften bezeichnet werden. In der Lehrbuch-Literatur ist nach Meinung des Autors eine gemeinsame Darstellung dieser beiden Themenkomplexe – Grid Computing und Computational Science – bisher nicht gegeben. Diese Lücke zu schließen, ist das Ziel dieses Buches. Es richtet sich vornehmlich an im Master- bzw. im höheren Bachelor-Fachsemester befindliche Studierende aus den Studiengängen Computational Science, Computational Engineering, Informatik, aber auch an Studierende der Mathematik, der Physik und Chemie, die erfahren möchten, wie sie durch den Einsatz von Grid-Technologie und Parallelrechentechnik ihre Arbeit in ihrem jeweiligen Fachgebiet verbessern können.

Offenkundig handelt es sich dabei um eine interdisziplinäre Aufgabenstellung, die Mathematik, Informatik, Natur- und Ingenieurwissenschaften betrifft. Nicht zuletzt deswegen kommt eine große Zahl der Autoren dieses Buches aus der Fachgruppe Physik/Informatik/Informationstechnik (PII), eine Fachgruppe, die gemeinsam von den Fachgesellschaften der Deutschen Physikalischen Gesellschaft, der Gesellschaft für Informatik und der Informationstechnischen Gesellschaft getragen wird. Mitglieder dieser Fachgruppe sind Forscher, die sich herausgefordert fühlten, die angesprochene Lücke zu schließen und dieses Buch zu verfassen.

Um dem selbst auferlegten Anspruch gerecht zu werden, nämlich die Verbindung zwischen Grid-Rechentechnik einerseits und Natur- und Ingenieurwissenschaften andererseits aufzuzeigen, ist das Buch wie folgt in fünf Abschnitte eingeteilt. Nach der Motivation (Teil I), weshalb Grid-Computing eine Basistechnologie für Computational Science darstellt, erfolgen jeweils wichtige Grundlagen aus der Informatik (Teil II), der Mathematik und der Physik (Teil III). Daran schließt sich an, wie Grid-Umgebungen aufgebaut sind (Teil IV). Abschließend erfolgt ein umfangreicher Abschnitt (Teil V), der den Einsatz von Grid-Technologie und die dabei zu beachtenden Probleme für Anwendungen in Computational Science exemplarisch aufzeigt. Bei den einzelnen Disziplinen, u.a. Computational Photonics oder Computational Chemistry, kann es sich nur um eine Auswahl handeln. Der gesamte Bereich aus den rechnergestützten Natur- bzw. Ingenieurwissenschaften kann natürlich nicht abgedeckt werden.

Allen meinen Fachkollegen aus der Fachgruppe PII, die an diesem Buch als Autoren mitgewirkt haben, möchte an dieser Stelle besonders danken. Als Autoren hinzu kamen ferner ehemalige Kollegen meiner früheren Wirkungsstätte an der Friedrich-Schiller-Universität in Jena aus den Fachbereichen der Mathematik, der Optik und der Chemie. Auch ihnen gilt mein herzlicher Dank für ihre geleisteten Beiträge. Nicht zu vergessen sind einige meiner Doktoranden, die ihre erarbeitete Kompetenz im Bereich des parallelen Rechnens und des Grid Computing ebenfalls hier einbrachten. Nicht zuletzt tragen auch weitere, nicht nur aus den Fachdisziplinen stammenden Kräfte zum Zustandekommen eines solchen Buches bei. Auch ihnen möchte ich an dieser Stelle danken. Herrn Clemens Heine, Frau Agnes Herrmann und Herrn Stefan Göller vom Springer-Verlag gebührt Dank für ihre Unterstützung dieser Buchidee, insbesondere für die bei der Fertigstellung dieses Buches aufgebrachte Geduld, und auch der Lektorin, Frau Tatjana Strasser, für das aufmerksame Korrekturlesen. Besonderer Dank geht auch an Frau Michaela Krebs, deren kritisches Auge beim Korrekturlesen ebenso eine große Hilfe war, wie ihr unerschrockener Umgang mit dem LaTeX-Satzprogramm.

Erlangen, April 2010 Dietmar Fey

Inhaltsverzeichnis

Teil I Grid Computing und Computational Science

1 Grid Computing für Computational Science 3
Dietmar Fey
1.1 Was ist Computational Science? 3
1.2 Was ist Grid Computing? 5
1.3 Grid Computing und Computational Science 9
Literaturverzeichnis 13

Teil II Grundlagen der Informatik für Computational Science

2 Parallele Rechnerarchitekturen 17
Bernd Klauer
2.1 Parallele Rechnerarchitekturen 17
2.1.1 Der sequenzielle Rechner 18
2.1.2 Parallelrechner 18
2.2 Organisation paralleler Abläufe 29
2.2.1 Kontrollfluss und Datenfluss 29
2.2.2 Kommunikation 32
2.2.3 Ablaufplanung 32
Literaturverzeichnis 37

3 Leistungsmaße für das parallele Rechnen 39
Dietmar Fey
3.1 Speed-Up und Effizienz 39
3.2 Das Amdahlsche Gesetz 40
3.3 Der Amdahl-Effekt 43
3.4 Das Gesetz von Gustafson-Barsis 44
3.5 Die Karp-Flatt-Metrik 45
3.6 Die Isoeffizienz-Funktion 47

3.7 Weiterführende Literatur ... 48
Literaturverzeichnis ... 49

4 Parallelisierungstechniken ... 51
Dietmar Fey
4.1 Lose und eng gekoppelte Grid-Strukturen ... 51
4.2 Auffinden von Nebenläufigkeit ... 52
4.2.1 Beispiel Matrixmultiplikation ... 53
4.2.2 Beispiel Molekulardynamik ... 55
4.2.3 Gruppieren und Ordnen von Tasks ... 57
4.2.4 Datenaufteilung ... 60
4.2.5 Entwurfsbewertung ... 61
4.3 Algorithmische Ebene ... 64
4.3.1 Parallelismus auf Taskebene ... 66
4.3.2 Teile und Herrsche-Prinzip ... 66
4.3.3 Prinzip der geometrischen Zerlegung ... 68
4.3.4 Rekursive Datenaufteilung ... 71
4.3.5 Pipeline-Verarbeitung ... 73
4.3.6 Ereignis-gesteuerte Koordinierung ... 75
4.4 Hilfsstrukturen für den Entwurf paralleler Programme ... 77
4.4.1 SPMD-Modell ... 78
4.4.2 Das Master-Worker-Modell ... 80
4.4.3 Parallelismus in Schleifen ... 82
4.4.4 Fork-/Join-Mechanismus ... 86
4.4.5 Gemeinsame Daten ... 88
4.5 Zusammenfassung ... 94
Literaturverzeichnis ... 97

5 Eine kurze Einführung in MPI ... 99
Adrian Knoth
5.1 Allgemeines ... 99
5.2 Konzepte ... 100
5.3 Erste Schritte ... 101
5.4 Einfache Punkt-zu-Punkt-Kommunikation ... 102
5.5 Kollektive Operationen ... 104
5.6 Erweiterte Punkt-zu-Punkt-Kommunikation ... 106
5.7 MPI und Fortran ... 113
5.8 Zusammenfassung ... 114
Literaturverzeichnis ... 115

6 Open MPI ... 117
Adrian Knoth
6.1 Der Aufbau von OpenMPI ... 117
6.1.1 OPAL – Open Portable Access Layer ... 118
6.1.2 ORTE – Open Runtime Environment ... 119
6.1.3 OMPI – Open Message Passing Interface ... 121

6.2 Der Open MPI-Coding-Standard ... 124
Literaturverzeichnis ... 126

7 Eine kurze Einführung in OpenMP ... 127
Adrian Knoth
7.1 Aufbau von OpenMP ... 127
7.1.1 Grundlegende Konzepte ... 128
7.1.2 Strukturierte Blöcke und Anweisungsformate ... 132
7.1.3 Arbeitsteilung ... 133
7.1.4 Speichernutzung zwischen Threads ... 136
7.1.5 Die Laufzeitumgebung ... 139
7.1.6 Synchronisierung ... 140
7.1.7 Ablaufplanung ... 144
7.1.8 Weitere Spracheigenschaften ... 145
Literaturverzeichnis ... 146

Teil III Grundlagen der Mathematik und Physik für Computational Science

8 Numerische Verfahren für gewöhnliche Differentialgleichungen ... 149
Martin Hermann
8.1 Anfangswertprobleme ... 149
8.1.1 Differentialgleichungen ... 149
8.1.2 Diskretisierung einer DGL ... 151
8.1.3 Runge-Kutta-Verfahren ... 152
8.1.4 Lokaler Diskretisierungsfehler und Konsistenz ... 158
8.1.5 Entwicklung von Runge-Kutta-Verfahren ... 164
8.1.6 Kollokation und implizite Runge-Kutta-Verfahren ... 169
8.1.7 Globaler Fehler und Konvergenz ... 176
8.1.8 Schätzung des lokalen Diskretisierungsfehlers und Schrittweitensteuerung ... 178
8.1.9 Absolute Stabilität und Steifheit ... 181
8.2 Randwertprobleme ... 189
8.2.1 Einführung ... 189
8.2.2 Einfach-Schießverfahren ... 190
8.2.3 Mehrfach-Schießverfahren ... 193
8.2.4 Zur Parallelisierung des Mehrfach-Schießverfahrens ... 201
Literaturverzeichnis ... 203

9 Finite-Differenzen-Methoden ... 207
Steffen Limmer
9.1 Einleitung ... 207
9.2 Partielle Differentialgleichungen ... 208
9.2.1 Kategorien von Partiellen Differentialgleichungen ... 208
9.2.2 Der Differenzenquotient ... 209
9.3 Schwingende Saite ... 211
9.3.1 Herleiten von Gleichungen ... 211

9.3.2 Herleiten des seriellen Programms ... 212
9.3.3 Design des parallelen Programms ... 213
9.3.4 Vervielfältigen von Berechnungen ... 216
9.4 Stationäre Wärmeverteilung ... 218
9.4.1 Herleiten von Gleichungen ... 218
9.4.2 Herleiten des seriellen Programms ... 219
9.4.3 Design des parallelen Programms ... 221
9.5 Ausführung im Grid ... 222
9.6 Zusammenfassung ... 223
9.7 Anmerkung ... 223
Literaturverzeichnis ... 223

10 Physikalische Modelle zur Lichtausbreitung ... 225
Matthias Brinkmann, Malte Hagemann, Uwe Langbein
und Andreas Hermerschmidt
10.1 Modelle zur Lichtausbreitung ... 225
10.1.1 Lichtausbreitung im Strahlenmodell ... 226
10.1.2 Lichtausbreitung im Wellenmodell ... 231
Literaturverzeichnis ... 252

Teil IV Grid Computung Infrastrukturen

11 Softwaresysteme für den Betrieb von Grids ... 257
Steffen Limmer
11.1 Das Globus Toolkit 4 ... 257
11.1.1 Data Management ... 258
11.1.2 Execution Management ... 259
11.1.3 Monitoring & Discovery ... 260
11.1.4 Security ... 261
11.2 GridWay ... 266
11.3 GridSphere und Grid Portlets ... 267
11.3.1 Implementierung von Portlets ... 268
11.3.2 Ein Portlet für die Simulation Zellulärer Automaten ... 271
Literaturverzeichnis ... 274

12 Sicherheit im Grid ... 275
Dietmar Fey
12.1 Einführung ... 275
12.1.1 Grundlagen zur Sicherheit ... 276
12.1.2 Symmetrische Verschlüsselungstechnik ... 277
12.1.3 Asymmetrische Verschlüsselungstechnik ... 277
12.2 Die Zertifizierungsstelle ... 279
12.3 Digitale Zertifikate ... 281
12.4 Infrastruktur für Grid-Sicherheit ... 284
12.4.1 Delegieren von Rechten ... 285
12.5 Sichere Kommunikation im Grid ... 287

Literaturverzeichnis ... 288

13 Globus-Webservices ... 291
Steffen Limmer
13.1 Einleitung ... 291
13.2 Webservices allgemein ... 292
13.3 Webservices und Globus ... 297
13.3.1 Implementierung eines WSRF-Webservices ... 299
Literaturverzeichnis ... 309

14 Condor ... 311
Steffen Limmer
14.1 Einleitung ... 311
14.2 Das System ... 312
14.2.1 Der Condor-Pool ... 312
14.2.2 Universen ... 315
14.2.3 Die Schlüsselmechanismen ... 316
14.2.4 Condor und Gridcomputing ... 319
Literaturverzeichnis ... 320

Teil V Computational Science Anwendungen in Multi-Clustern und Grids

15 Computational Statistical Physics – Stochastische Simulation von Diffusionsprozessen ... 325
Uwe Renner
15.1 Einleitung ... 325
15.2 Mathematische Grundbegriffe der Wahrscheinlichkeitsrechnung ... 327
15.3 Zufallszahlen, Pseudozufallszahlen und Zufallsgeneratoren ... 330
15.4 Stochastische Prozesse ... 332
15.5 Korrelationsfunktionen ... 334
15.6 Allgemeines zur Diffusion ... 335
15.7 Klassische FICKsche Diffusion und Diffusionsgleichungen ... 337
15.8 Diffusion als stochastischer Prozess ... 339
15.8.1 Diffusionsgleichung für die BROWNsche Molekularbewegung ... 340
15.8.2 Die Zufallswanderung der Teilchen – random walk ... 341
15.8.3 Sprungprozesse in stetiger Zeit (CTRW) ... 344
15.9 EINSTEIN-Beziehung ... 348
15.10 Normale und anomale Diffusion ... 350
15.11 Ein stochastisches Modell für die single-file-Diffusion ... 351
Literaturverzeichnis ... 352

16 Die Boltzmann-Gleichung: Grundgleichung der Kinetik ... 355
Wolfgang Eisenberg
16.1 Die Anwendungsvielfalt der Boltzmann-Gleichung ... 355
16.2 Elementare kinetische Theorie ... 357

16.3 Zu den Grundzügen einer exakten kinetischen Theorie 360
16.4 Zur Boltzmann-Master-Gleichung 361
16.5 Stoßinvarianten und Bilanzgleichungen 362
16.6 Näherungs- und Lösungsmethoden der Boltzmann-Gleichung 363
16.7 Ausblick 365
Literaturverzeichnis 366

17 Computational Photonics – Grid Computing in der Nanooptik 367
Carsten Rockstuhl, Thomas Paul, Thomas Pertsch und Falk Lederer
17.1 Zur Bedeutung der Nanooptik 367
17.2 Warum Grid Computing in der modernen Nanopoptik? 368
17.3 Grundlagen der theoretischen und numerischen Beschreibung 370
17.3.1 Grundlagen der Lichtausbreitung – die Maxwellschen Gleichungen 371
17.3.2 Ein kurzer Überblick über numerische Methoden zur Lösung der Maxwellschen Gleichungen 373
17.4 Anwendungsbeispiele 375
17.4.1 Plasmonik 376
17.4.2 Metamaterialien 378
17.4.3 Photonmanagement in Solarzellen 380
17.4.4 Photonische Kristalle und Quasikristalle 382
17.5 Zusammenfassung und Ausblick 383
Literaturverzeichnis 384

18 Computational Photonics – Das Design von organischen Leuchtdioden 385
Matthias Brinkmann, Malte Hagemann, Uwe Langbein und Andreas Hermerschmidt
18.1 Funktionsprinzip organischer Leuchtdioden 385
18.2 Berechnung von organischen Leuchtdioden 388
Literaturverzeichnis 390

19 Einführung in die computergestützte Quantenchemie 391
Leticia González und Dirk Bender
19.1 Einleitung 391
19.2 Die zeitunabhängige Schrödinger-Gleichung und die Born-Oppenheimer-Näherung 392
19.3 *Ab initio* Methoden 395
19.3.1 Die Hartree-Fock-Näherung 396
19.3.2 Korrelationsmethoden 398
19.4 Dichtefunktionaltheorie 403
19.4.1 Motivation 403
19.4.2 Die Hohenberg-Kohn-Theoreme 404
19.4.3 Der Kohn-Sham-Ansatz 406
19.4.4 Austausch-Korrelations-Funktionale 408
19.4.5 Vor- und Nachteile der DFT 410

19.4.6 Zeitabhängige Dichtefunktionaltheorie 410
Literaturverzeichnis 412

20 Parallele single-file-Diffusion mit Zellulären Automaten 415
Uwe Renner
20.1 Einleitung 415
20.2 Modellbeschreibung 416
20.3 Das MPI-Interface 418
20.4 Experimentelle Untersuchungen 419
20.5 Auswertung 421
20.6 Ausblick 421
Literaturverzeichnis 424

21 Performance-Untersuchungen im Multi-Cluster-Grid 425
Steffen Limmer
21.1 Verwendete Rechenlast 425
21.2 Multi-Cluster-Grid Umgebung 426
21.3 Bewertung mit Hilfe der Leistungsmaße für Parallelrechner 426
Literaturverzeichnis 430

22 Verteilte VHDL-Simulationen – Beispiel einer High-Throughput-Anwendung im Grid 431
Steffen Limmer
22.1 Einleitung 431
22.2 Parallelisierung 432
22.3 Performance-Test 433
Literaturverzeichnis 438

23 Geometrische Zerlegung 439
Andreas Schäfer
23.1 Einführung 439
23.2 Beispiel: Conway's Game of Life 440
23.3 Klassifikation von Anwendungen 444
23.4 Geisterzonen 446
23.5 Effiziente Parallelisierung 448
23.6 Gebietszerlegung 449
23.6.1 Ausgabe und Visualisierung 456
23.7 Frameworks 458
23.8 MuCluDent 459
23.9 Loadbalancing 460
Literaturverzeichnis 463

24 Parallelisierung von Simulationen für magnetische Systeme mittels MPI 467
Frank Schurz
24.1 Einleitung 467
24.2 Das 2-dimensionale Ising-Modell 468

24.2.1 Die serielle Implementierung des Ising-Modells 472
24.2.2 Die Parallelisierung mit Hilfe des „Schachbrett“-Verfahrens 475
24.2.3 Nutzen der Parallelisierung 479
24.3 Das Heisenberg-Modell 480
24.3.1 Die serielle Simulation des Heisenberg-Modells 483
24.3.2 Das parallele Programm mit nicht-blockierender Kommunikation 485
24.3.3 Vergleich des seriellen und des parallelen Programms . . . 487
24.4 Das Modell eines magnetodipolaren Glases 488
24.4.1 Die serielle Simulation 491
24.4.2 Die parallele Umsetzung des Modells 494
24.4.3 Reduzierung der Kommunikation 497
24.5 Zusammenfassung 500
Literaturverzeichnis 500

25 Parallelrechnereinsatz für das Demonstrationsbeispiel Gammastrahlungstransport im homogenen schlanken Stab 503
Manfred Braune
25.1 Gammastrahlungstransport im homogenen schlanken Stab 503
25.2 Parallelisierte numerische Behandlung eines hochdimensionalen Anfangswertproblems gewöhnlicher Differentialgleichungen 1. Ordnung 506
Literaturverzeichnis 511

Glossar 513

Sachverzeichnis 517

Mitarbeiter

Dirk Bender
Institut für Physikalische Chemie, Friedrich-Schiller-Universität Jena, Helmholtzweg 4, 07743 Jena, E-mail: dirk.bender@uni-jena.de

Manfred Braune
Arnold-Sommerfeld-Gesellschaft e.V., Gerberstr. 20, D-04105 Leipzig

Matthias Brinkmann
Fachbereich Mathematik und Naturwissenschaften, Hochschule Darmstadt, Haardtring 100, 64295 Darmstadt, E-mail: matthias.brinkmann@h-da.de

Wolfgang Eisenberg
Arnold-Sommerfeld-Gesellschaft e.V., Gerberstr. 20, D-04105 Leipzig, E-mail: eisenberg.wolfgang@t-online.de

Dietmar Fey
Department Informatik, Lehrstuhl für Rechnerarchitektur, Friedrich-Alexander-Universität Erlangen-Nürnberg, Martensstr. 3, 91058 Erlangen, E-mail: dietmar.fey@informatik.uni-erlangen.de

Leticia González
Institut für Physikalische Chemie, Friedrich-Schiller-Universität Jena, Helmholtzweg 4, 07743 Jena, E-mail: leticia.gonzalez@uni-jena.de

Malte Hagemann
Fachbereich Mathematik und Naturwissenschaften, Hochschule Darmstadt, Haardtring 100, 64295 Darmstadt, E-mail: malte.hagemann@h-da.de

Martin Hermann
Institut für Angewandte Mathematik, Friedrich-Schiller-Universität Jena, Ernst-Abbe-Platz 2, 07743 Jena, E-mail: martin.hermann@uni-jena.de

Andreas Hermerschmidt
HOLOEYE Photonics AG3, Albert-Einstein-Str. 14, 12489 Berlin-Adlershof,
E-mail: andreas.hermerschmidt@holoeye.de

Bernd Klauer
Fakultät für Elektrotechnik, Helmut-Schmidt-Universität Hamburg,
Holstenhofweg 85, 22043 Hamburg, E-mail: bernd.klauer@hsu-hh.de

Adrian Knoth
Institut für Informatik, Friedrich-Schiller-Universität Jena,
Ernst-Abbe-Platz 2, 07743 Jena, E-mail: adi@cs.uni-jena.de

Uwe Langbein
Fachbereich Ingenieurwissenschaften, Hochschule RheinMain
Am Brückweg 26, 65428 Rüsselsheim,
E-mail: uwe.langbein@hs-rm.de

Falk Lederer
Institut für Festkörpertheorie und -optik, Friedrich-Schiller-Universität Jena,
Max-Wien-Platz 1, 07743 Jena, E-mail: falk.lederer@uni-jena.de

Steffen Limmer
Department Informatik, Lehrstuhl für Rechnerarchitektur, Friedrich-Alexander-Universität Erlangen-Nürnberg, Martensstr. 3, 91058 Erlangen,
E-mail: steffen.limmer@informatik.uni-erlangen.de

Thomas Paul
Institut für Festkörpertheorie und -optik, Friedrich-Schiller-Universität Jena,
Max-Wien-Platz 1, 07743 Jena, E-mail: thomas.paul@uni-jena.de

Thomas Pertsch
Institut für Angewandte Physik, Friedrich-Schiller-Universität Jena,
Max-Wien-Platz 1, 07743 Jena, E-mail: thomas.pertsch@uni-jena.de

Uwe Renner
Arnold-Sommerfeld-Gesellschaft e.V., Gerberstr. 20,
D-04105 Leipzig, E-mail: info@renner-uwe.de

Carsten Rockstuhl
Institut für Festkörpertheorie und -optik, Friedrich-Schiller-Universität Jena,
Max-Wien-Platz 1, 07743 Jena, E-mail: carsten.rockstuhl@uni-jena.de

Andreas Schäfer
Department Informatik, Lehrstuhl für Rechnerarchitektur, Friedrich-Alexander-Universität Erlangen-Nürnberg, Martensstr. 3, 91058 Erlangen,
E-mail: andreas.schaefer@informatik.uni-erlangen.de

Teil I
Grid Computing und Computational Science

Kapitel 1
Grid Computing für Computational Science

Dietmar Fey

Zusammenfassung In diesem Einführungskapitel werden die Ideen erläutert, die hinter Grid Computing und Computational Science stehen. Es werden die Begriffe nicht nur erklärt, sondern es wird insbesondere Wert darauf gelegt, den Zusammenhang zwischen Grid Computing und Computational Science (zu deutsch: Rechnergestützte Wissenschaften) darzulegen, der im besonderen Fokus dieses Lehrbuches steht. Es ist durchaus eine berechtigte Frage, ob Grid Computing wirklich eine Bedeutung für Computational Science hat. Kann das Rechnen in heterogenen Strukturen mit über das Internet und unter Umständen weit verteilten Ressourcen überhaupt bei der rechnergestützten Forschung in den Natur- und Ingenieurwissenschaften helfen, und welche Randbedingungen sind dann einzuhalten? Die Autoren der einzelnen Artikel in diesem Buch werden auf diese Frage mit einem klaren Ja antworten. Es wird im Folgenden erklärt, wie der Begriff Grid Computing in diesem Lehrbuch aufgefasst wird, d.h. insbesondere welche parallelen und verteilten Architekturen darunter subsummiert werden, was Computational Science ist, und warum beide Themen miteinander in enger Relation stehen.

1.1 Was ist Computational Science?

Man darf mit Fug und Recht behaupten, dass sich Computational Science in den letzten zehn Jahren als eine eigenständige Wissenschaft herauskristallisiert hat. Einfach ausgedrückt ist unter Computational Science Wissenschaftliches Arbeiten mit Hilfe des Rechners zu verstehen. Genauer gesagt, handelt es sich dabei nicht nur um einen Rechner, sondern um komplette Rechnerumgebungen, die neben dem oder den Rechnern aus Netzwerken und Speicherressourcen bestehen, die für den Rechenbetrieb unerlässlich sind. Der Verweis darauf, dass es sich um mehrere Rechner

Friedrich-Alexander-Universität Erlangen-Nürnberg
Department Informatik, Lehrstuhl für Rechnerarchitektur
E-mail: dietmar.fey@informatik.uni-erlangen.de

D. Fey (ed.), *Grid-Computing*, eXamen.press, DOI 10.1007/978-3-540-79747-0_1,

handelt, zeigt, dass diese Art des wissenschaftlichen Arbeitens aufgrund umfangreich notwendiger Rechen- und Speicherkapazitäten häufig paralleles und verteiltes Rechnen erfordert. Der Grund, weshalb beim Wissenschaftlichen Arbeiten der Rechner oder Rechnerumgebungen so bedeutend wurden, ist die Durchführung von aufwändigen Simulationen. Die Simulation ist neben der mathematischen Analyse und dem Experiment in der natur- und ingenieurwissenschaftlichen Forschung zur dritten Säule des wissenschaftlichen Arbeitens geworden.

Mit Hilfe von Simulationen in Rechnerumgebungen ist es heutzutage möglich, gesamte technische, biologische oder medizinische Abläufe im Rechner zu simulieren. Das heißt, vor der Fertigstellung eines Produktes oder Systems kann dessen Verhalten studiert und vor allem optimiert werden. Die gleiche Aussage gilt analog für das Nachbilden von Vorgängen und Phänomenen aus den Naturwissenschaften. Dadurch lassen sich häufig immense Kosten sparen, da man den Aufwand für die Durchführung teurer Experimente nicht leisten muss. Ferner existieren Situationen, in denen reale Simulationen überhaupt nicht zu leisten sind, beispielsweise in der Astrophysik. Erst durch die Simulation werden wissenschaftliche Aussagen möglich.

Das Vorhandensein von Hochleistungsrechentechnik allein versetzt einen Forscher jedoch noch nicht in die Lage, effizient Simulationsexperimente durchzuführen. Im Vorfeld muss die mathematische Modellbildung und die numerische Bearbeitung mit Hilfe der Methoden des Wissenschaftlichen Rechnens ansetzen, um zu einer für den Rechner geeigneten Darstellungsform des zu lösenden Problems zu gelangen. Nicht zuletzt braucht man auch vertieftes Wissen von den physikalischen, chemischen, biologischen oder medizinischen Vorgängen, für die man Hochleistungsrechentechnik und mathematische Modellbildung anwendet. Genau in diesem Zusammenspiel setzt Computational Science an, es verbindet somit verschiedene Gebiete. Angesprochen sind die Informatik, die angewandte Mathematik und Anwendungswissenschaften wie die Physik, die Chemie, die Biologie, Ingenieursdisziplinen wie die Strömungsmechanik oder die Materialwissenschaften oder allgemein die Lebenswissenschaften. Computational Science ist somit eindeutig interdisziplinär angelegt. Darüber hinaus geht Computational Science in dem Sinne noch einen Schritt weiter, dass nicht nur verschiedene Disziplinen zum Zwecke des gegenseitigen Austausches zusammenkommen. Computational Science ist transdisziplinär angelegt, d.h., die einzelnen Disziplinen verlassen aktiv ihren Bereich und schaffen selbst darüber hinausgehende eigenständige neue Lösungen.

Computational Science kennt in Bezug auf die angesprochenen Anwendungswissenschaften viele Spezialisierungen, was sich durch entsprechende Begriffe wie Computational Physics, Computational Chemistry, Computational Biology, Computational Photonics oder Computational Neuroscience ausdrückt.

1.2 Was ist Grid Computing?

Bei einem Grid[1] handelt es sich um eine Infrastruktur zur gemeinschaftlichen Nutzung, meist geographisch auseinanderliegender und autonomer Ressourcen. Die Ressourcen können dabei unterschiedlichen administrativen Domänen angehören, die festlegen, welche Ressourcen geteilt und von wem sie auf welche Weise genutzt werden dürfen. Der Zusammenschluss von Individuen und Institutionen zur gemeinsamen Nutzung ihrer Ressourcen mit einer gemeinsamen Zielstellung bildet eine sog. Virtuelle Organisation (VO). Das Hauptaugenmerk liegt meist auf der gemeinsamen Nutzung von Rechenleistung. Spitzenanforderungen an Rechenleistung treten nur sporadisch auf und den Rest der Zeit ist ein Großteil der Ressourcen ungenutzt. Durch den Zusammenschluss zu einer VO können die Spitzenanforderungen der einzelnen Teilnehmer besser erfüllt werden, als wenn sie nur ihre eigenen Ressourcen nutzen würden, indem die gemeinschaftlichen Ressourcen höher ausgelastet werden. Auf diese Art und Weise können sich z.B. wissenschaftliche Einrichtungen oder kommerzielle Unternehmen zusammenschließen, um ihren Rechenbedarf besser abdecken zu können, ohne in leistungsstärkere Systeme zu investieren.

Neben der gemeinschaftlichen Nutzung von Rechenleistung können auch weitere Ressourcen geteilt werden. Diesbezüglich lassen sich Grids hinsichtlich ihres hauptsächlichen Einsatzes grob wie folgt klassifizieren:

- **Rechengrid** (engl.: *Computational Grid*): gemeinsame Nutzung von Rechenressourcen
- **Datengrid** (engl.: *Data Grid*): gemeinsame Nutzung von Datenbanken und Speicherplatz
- **Ressourcen-Grid** (engl.:*Resource Grid*): gemeinsame Nutzung von (z.B. wissenschaftlichen) Geräten und Instrumenten

Der Begriff *Grid* ist aus dem Englischen von Power Grid (Stromnetz) abgeleitet, was die Vision der Gridtechnologie bereits verdeutlicht. Dahinter steckt der Wunsch, Rechenleistung quasi wie Strom aus der Steckdose, in diesem Falle genau genommen aus der Netzwerkdose, zu beziehen. In der gleichen Art und Weise wie wir unseren Strom bekommen, d.h. zum einen über standardisierte Verbindungen und zum anderen ohne genaue Kenntnis, wo dieser Strom produziert wurde, wünscht man sich Zugriff auf verschiedenen Rechenressourcen, was im Sinne sog. Service-orientierter Architekturen häufig auch als Dienst bezeichnet wird. Auch solche Dienste benötigen für den Zugriff genormte Schnittstellen.

Die Anfänge der Gridtechnologie liegen in frühen Experimenten mit Hochgeschwindigkeitsnetzen zur Verbindung von Großrechnern. Eine der Wurzeln des Grid Computing aus heutiger Sicht war das Projekt CASA [1], das über eine Gigabit-Weitverkehrsverbindung mehrere Superrechner miteinander verband. Man sprach in diesem Zusammenhang damals von *Metacomputing*. Auch die Projekte FAFNER

[1] Im Folgenden wird der Begriff *Grid* im Zusammenhang mit der beim Grid Computing eingesetzten Infrastruktur verwendet.

[2] und I-WAY [3] von 1995 spielten dabei eine große Rolle. So war die Zielsetzung im Projekt I-WAY (Information Wide Area Year), an über 17 verschiedenen Orten in Nordamerika verteilte Hochleistungsrechenzentren miteinander über eine ATM-Verbindung zu vernetzen. Im Projekt FAFNER beschäftige man sich mit der verteilten Faktorisierung großer Zahlen. Gekoppelt wurden dabei übliche Workstations, die mit einer auch für damalige Verhältnisse moderaten Speicherkapazität von 4 MByte ausgestattet waren. Nach der initialen Verteilung der Daten arbeiteten die einzelnen Rechnerknoten weitgehend autonom. Die Kommunikation der einzelnen Knoten untereinander war somit begrenzt und damit die Anforderungen an die Leistung des Netzwerks.

Laut Buyya [Buyya] lässt sich die aktuelle Situation der Grid-Rechentechnologie mit der der Elektrizität um 1910 vergleichen. Damals war es bereits möglich, Strom automatisch zu erzeugen. Ferner wurden erste mit elektrischem Strom funktionierende Geräte entwickelt. Die Nutzer mussten aber eigene Generatoren besitzen und betreiben, was den Einsatz der Geräte erschwerte. Die Entwicklung des Stromnetzes, einer Infrastruktur, die einen zuverlässigen, flächendeckenden, kostengünstigen und standardisierten Zugriff auf Strom zulässt, machte die Entwicklung elektrischer Geräte und der Industrie, die sie herstellt, erst wirklich möglich. Heutzutage ist die Stromversorgung über das öffentliche Netz etwas Selbstverständliches und beeinflusst viele Bereiche der Wirtschaft und Gesellschaft.

So wie zu Anfang des 20. Jahrhunderts vereinzelt Strom-Generatoren existierten, gibt es heute lokal Supercomputer und Cluster, auf die ein überschaubarer Kreis von Leuten Zugriff hat. Das große Ziel der Gridtechnologie ist es, solche Supercomputer, vergleichbar zu Kraftwerken und Verteilerstationen im Stromnetz, zu einem flächendeckenden Netz zusammenzuschließen, aus dem, wie oben erwähnt, Rechenleistung quasi aus der Steckdose bezogen werden kann, ohne dass der Nutzer weiß, wo diese genau herkommt. Dies könnte die Entwicklung völlig neuer Technologien und wirtschaftlicher Möglichkeiten im Bereich der Informationstechnologie hervorrufen.

Die ersten Anfänge in diese Richtung sind bereits gemacht. Im akademischen Forschungsbereich sind an vielen Orten Grids aufgebaut worden. Auch bei Firmen ging man dazu über, Ressourcen zu sog. *Enterprise Grids* zusammenzuschließen. In noch größerem Umfang soll dies nach Wunsch von IT-Visionären in Zukunft beim sog. *Cloud Computing* [5] geschehen. Hierbei ist gedacht, dass Anwender nicht mehr selbstständig Rechenleistung und auch Applikationen betreiben, sondern ihre IT-Prozesse komplett in eine „Wolke“ bestehend aus Rechen- und Speicherressourcen auslagern und die in der Wolke ausgeführten Prozesse z.B. über Web-Portale von überall aus steuern und überwachen können.

Gridtechnologie erfreute sich somit in den vergangenen Jahren wachsender Beliebtheit. Es entstanden weltweit vielfach staatlich geförderte Initiativen, welche die Gridtechnologie durch Entwicklung gridbasierter Software und Schaffen geeigneter Standards vorantrieben. So wurde z.B. im September 2005 die D-Grid Initiative gegründet [6], die sich den Aufbau einer deutschlandweiten Grid-Infrastruktur für wissenschaftliche Berechnungen zum Ziel gesetzt hat.

Seit den Anfängen im I-WAY- und im FAFNER-Projekt hat sich der Grid-Gedanke in vielfältiger Weise weiterentwickelt. Waren die ersten Bestrebungen primär von der Vernetzung von Superrechner-Ressourcen geprägt, die von Reinefeld [7] als „Macho-Grids"bezeichnet wurden, findet man in heutigen Grid-Strukturen auch kleinere Einheiten, wie z.B. mehrere Cluster-Rechner, die als Cluster von Cluster-Rechnern zu Mini-Grids oder Multi-Clustern zusammengeschaltet werden. Zudem steht heute die Idee des standardisierten Service-orientierten Rechnens sehr stark im Zentrum des Grid Computings. Dabei müssen sich die Dienste nicht nur auf enorme Rechenleistungen beziehen. Dienste können auch dazu dienen, auf weitere Ressourcen zuzugreifen, wie z.B. Speicher, Datenbanken, Software bzw. Lizenzen, besondere an anderen Orten befindliche wissenschaftliche Geräte oder schnelle Netzwerke, um Kommunikationskapazitäten auszunutzen.

Nun traten die eben genannten Eigenschaften auch schon früher beim verteilten Rechnen auf, bevor man explizit von Grid Computing sprach. Der wesentliche Unterschied ist das qualitativ Neue, was mit dem Grid Computing verbunden wird, nämlich das Schaffen von virtuellen Ressourcen und, wie oben bereits angesprochen, virtuellen Organisationen. Folgende Punkte charakterisieren ein Grid-System und machen den Unterschied zu anderen Formen des parallelen und verteilten Rechnens aus:

- **Lokale Autonomie des Standorts**
  Hierbei handelt es sich um eines der wichtigsten Unterscheidungsmerkmale des Grid Computings zu anderen Formen des verteilten Rechnens. Die im Grid zur Verfügung gestellten Ressourcen gehören verschiedenen Organisationen an und haben verschiedene Eigentümer. Die Ressourcen werden von verschiedenen administrativen Domänen aus verwaltet. Beispielsweise stellen im Grid auf Universitätsebene, einem sog. Campus-Grid, verschiedene Fakultäten und Institute eigene Rechnerquellen dem Grid zur Verfügung. Dies können z.B. Cluster-Rechner oder symmetrische Multiprozessorsysteme sein, die auf Fakultäts- bzw. Institutsebene selbstständig verwaltet werden. Aufgabe der Grid-Betriebssystemsoftware, der sog. *Grid-Middleware* ist es, die Überwindung dieser administrativen Einheiten möglichst transparent für den Grid-Nutzer herzustellen.
- **Heterogenität der Ressourcen**
  Die Ressourcen in einem Grid sind häufig sehr heterogen bezüglich ihrer verwendeten Hardware und Software. Das heißt, die folgenden unterschiedlichen Rechnerarchitekturen können hierbei beispielsweise zum Einsatz kommen:
  (i) *Cluster-Rechner*, die z.B. aus handelsüblichen PCs über Standardnetzwerke (GigaBit-Ethernet) zusammengeschlossen werden und mit Linux als Betriebssystem benutzt werden (sog. Beowulf Cluster);
  (ii) *symmetrische Multiprozessorsysteme* (SMP), die aus mehreren gleichen Mikroprozessoren mit einheitlichem Zugriff auf einen globalen Speicher und allen weiteren Systemkomponenten bestehen;
  (iii) Multiprozessorsysteme, in denen die einzelnen Prozessoren auf verschiedene Speichermodule gleichbereichtigt, d.h. in gleicher Zeit, zugreifen dürfen, sog. *unified memory access (UMA)-Rechner*;

(iv) Multiprozessorsysteme, in denen einzelnen Prozessoren eigener lokaler Speicher zugeordnet ist, auf die ein schnellerer Zugriff erfolgen kann als auf die Speichermodule anderer Prozessoren, sog. *non unified memory access (NUMA)-Rechner*;
(v) Superrechner auf der Basis spezieller Vektorprozessoren, die auf die parallele Verarbeitung von zusammengesetzten Datenstrukturen wie Vektoren und Matrizen mit Hilfe des Pipeline-Verarbeitungsprinzips optimiert sind.
Hinzu können - wie oben erwähnt - auf der Hardware-Seite noch Ressourcen wie Speicher, z.B. Datenbankarchive, oder Spezialgeräte, wie z.B. wissenschaftliche und medizinische Apparaturen, kommen. Denkbar wären auch Produktionsanlagen, deren Prozesse von einem Grid aus gesteuert werden.
Neben der Hardware zeigt sich auch auf der Software-Seite vielfältige Heterogenität: Zum Beispiel muss die Grid-Middleware in der Lage sein, mit verschiedenen Job-Management-Systemen umzugehen, die bei den einzelnen Rechnerressourcen zum Einsatz kommen. Deren Aufgabe ist es, die Rechenprozesse, z.B. in einem Cluster-Rechner, zu verwalten und nach bestimmten Ablaufstrategien auf die Rechnerknoten zu verteilen (*Scheduling*). Zu den häufig eingesetzten Job-Management-Systemen gehören u.a. Load Sharing Facility (LSF), Sun Grid Engine (SGE) , Load Leveler, Portable Batch System (PBS) bzw. OpenPBS, Network Queuing Environment (NQE), Condor oder Torque.

- **Skalierbarkeit (policy extensibility)**
  Ein Grid zeichnet sich durch extreme Anforderungen an die Berücksichtigung der Erweiterbarkeit durch die Zugriffs-Strategien aus. So müssen Strukturen von wenigen lokal verbundenen Rechnerknoten bis zu hin zu Tausenden von Rechnerknoten verwaltet werden können. Aufgrund der Zugehörigkeit dieser Ressourcen zu verschiedenen administrativen Einheiten kann es zu Änderungen an Domänen-spezifischen Management-Strukturen kommen, z.B. die Vergabe anderer URLs. Dies darf keine Modifikationen am Code einer das Grid nutzenden Anwendung zur Folge haben.
- **Dynamik und Adaptivität (co-allocation problem, online control)**
  Ein Grid ist einer hohen zeitlichen Dynamik sowohl bei den Anforderungen an das Grid als auch bei den im Grid eingesetzten Ressourcen ausgesetzt. Dies zeigt sich bei der starken Fluktuation der Anforderungen. So können hohe Fluktuationen sowohl bei den Ressourcen-Anforderungen entstehen als auch innerhalb der Ressourcen selbst bei der Job-Abarbeitung. Bestimmte Anwendungen benötigen z.B. weniger Prozessoren dafür aber mehr Speicher, oder umgekehrt. Bestimmte Ressourcen werden an verschiedenen Standorten entfernt, bzw. es kommen neue hinzu. Die Grid-Middleware muss dies möglichst automatisch erkennen, d.h. sie muss adaptiv reagieren können. Dies gilt auch für den Fall auftretender Fehler, die in einem solchen komplexen Gebilde wie einem Grid auf Dauer unvermeidlich sind. Durch ein Monitoring müssen Fehler, bzw. entfernte oder hinzugekommene Ressourcen erkannt und analysiert werden. Fehlertolerante Maßnahmen müssen für die Fähigkeit der Adaptivität sorgen.

1.3 Grid Computing und Computational Science

Die Intention in den Anfängen des Grid Computings war zweifelsohne auf eine Anwendung für wissenschaftliche Simulationen ausgerichtet. Naturwissenschaften wie z.B. die Physik oder die Chemie haben seit jeher einen starken Bedarf an Rechenleistung, der sich häufig nur unzureichend mit den an einzelnen Institutionen vorhandenen Rechenressourcen abdecken lässt. Daher war es naheliegend, Ressourcen für Anwendungen in Computational Science Disziplinen zu bündeln, um höhere Rechenleistung zu erschließen. Die in 1.2 erwähnten Beispiele I-WAY und FAFNER belegen die Zielrichtung für Wissenschaftliches Rechnen eindeutig.

Eines der ersten mit Grid Computing verfolgten Ziele war die Schaffung eines virtuellen Supercomputers, der aus verschiedenen räumlich getrennten Hochleistungsrechnern besteht, die über Hochgeschwindigkeits-Netze miteinander verbunden sind, um über intensiven Datenaustausch ein bestimmtes Problem zu lösen. Dieser Ansatz hat sich im Anspruch, eine allgemein gültige Lösung zu finden, mittlerweile als nicht praxistauglich erwiesen. Häufig sind solche Supercomputer mit eigenen proprietären Betriebssystemen ausgestattet, was eine gemeinsame Programmentwicklung mit zugehörigen Möglichkeiten zur Fehlersuche und -beseitigung (Debuggen) schwierig gestaltet. Auch die Nutzung gemeinsamer Speicherbereiche im Sinne einer NUMA-Architektur (s. Kap. 1.2) ist trotz Hochgeschwindigkeitsnetze über weite Entfernungen nicht so effizient wie in einem echten Supercomputer, so dass Grid Computing in diesem Punkt keine echte Konkurrenz für einen Supercomputer bietet. Daher wurde im Streben nach einem Peta-Flop-Computer (d.h. 10^{15} Fließkommaoperationen pro Sekunde) z.B. mit dem Bau des Blue-Gene/P von IBM, der eine spezielle Superrechnerarchitektur realisiert, ein in diesem Sinne traditioneller Ansatz verfolgt.

Dennoch gibt es Beispiele, dass Grid Computing für Computational Science ein lohnenswerter Ansatz ist. Die Hochenergiephysiker waren eine der ersten wissenschaftlichen Forschergruppen, die die Vorteile des Grid Computing für ihre wissenschaftliche Arbeit erkannten und aufgriffen. Für die Auswertung von riesigen Datenmengen, die bei mit Teilchenbeschleunigern durchgeführten Experimenten anfallen, sind Grids unerlässlich. Vorreiter in dieser Hinsicht waren Wissenschaftler, die am europäischen Forschungszentrum für Teilchenphysik am CERN in Genf an der Entwicklung des Teilchenbeschleunigers LHC (Large Hadron Collider) arbeiteten. Um den Aufbau eines Grids für die Datenauswertung voranzutreiben wurde u.a. das europäische Grid-Projekt Data Grid initiiert. In den USA wurden ähnliche Forschungsprogramme wie das U.S. Grid Physics Network und das Particle Physics Data Grid ins Leben gerufen. Durch diese Arbeiten in der Grid-Technologie seitens der Hochenergiephysik wurden viele Impulse für die Entwicklung der Infrastruktur, der Bildung virtueller Organisationen und von Anwendungsprogrammen für Grids geschaffen.

Im Laufe der Zeit entstanden viele weitere themenspezifische Grids, u.a. in der Astrophysik, der Bioinformatik und Medizin, den Ingenieurwissenschaften, der Klimamodellierung und der Geoinformatik, um nur einige der Forschergemeinden zu nennen, die sich z.B. auch im D-Grid zusammengeschlossen haben. Das D-Grid entstand aus einem 2005 gestarteten Programm zum Aufbau einer Grid-Infrastruktur für Forschung in Wissenschaft und Wirtschaft in Deutschland. In solchen themenspezifischen Grids macht man sich die anderen Vorteile zu Nutze, die im Zusammenhang mit Grid Computing neben dem Aufbau eines virtuellen Supercomputers propagiert wurden. Dies betrifft den Zugriff aus der Ferne auf gemeinsam genutzte Rechenkapazitäten oder auch die Vereinigung getrennt gelagerter Daten zu einer großen Datenbank. Ein sehr schönes Anwendungsszenario, welches den Nutzen des Grid Computings für Computational Science auf verschiedenen Bereichen (Bilden virtueller Organisationen, Nutzen entfernter Ressourcen, rechenintensive Applikation) zeigt, stammt aus der Astrophysik von den Autoren Gabrielle Allen, Edward Seidel und John Shalf und sei im Folgenden, übernommen aus [9], beschrieben.

Ausgangspunkt des Szenarios sei ein Gravitationswellendetektor, der ein charakteristisches Ereignis im Weltraum entdeckt, z.B. eine Kollision von Neutronensternen oder von schwarzen Löchern, die Explosion einer Supernova oder irgend einer anderen kosmischen Katastrophe. Weltweit werden Astronomen alarmiert und stehen bereit, ihre Teleskope auf das Ereignis auszurichten, bevor es langsam wieder verblasst. Dazu muss aber zunächst der Ort des Ereignisses im Weltraum genau geortet werden, was zeitkritische Analysen einer Reihe von Daten-Vorlagen erfordert, die ihrerseits von Simulationen stammen, in denen ein solches Ereignis in groß-skaliertem Maßstab bereits berechnet wurde.

Beisielsweise greift in einem Forschungsinstitut in Berlin ein Astrophysiker auf das dem Detektor zugeordnete Web-Portal zu, um über eine Grid-Middleware geeignete Ressourcen für den Vergleich der detektierten Rohdaten mit den verfügbaren Daten-Vorlagen mit Hilfe einer Kreuzkorrelation durchzuführen. Ein von dem Portal aus aktiviertes sog. Brokering-Werkzeug findet die schnellsten passenden Rechner im Grid. Nachdem diese Auswahl vom Astrophysiker akzeptiert wurde, werden Binärprogramme und die Dateien mit den Roh- und Vorlagen-Daten automatisch zu den ausgewählten Rechnern geschickt. Zwanzig Minuten später wird der Wissenschaftler, z.B. auf dem Weg nach Hause, über eine SMS-Nachricht, die von dem Portal erzeugt wurde, darüber informiert, dass weitere Daten-Vorlagen aus einer groß-skalierten numerischen Simulation notwendig sind. Daraufhin kontaktiert er sofort eine Gruppe von internationalen Kollegen, die Experten für solche Simulationen sind und sich dafür zusammengeschlossen haben. Diese verwenden wiederum ein Portal, mit deren Hilfe ein entsprechender Simulationscode aus vorhandenen Modulen für physikalische Simulationen zusammengestellt wird. Die Module selbst werden ihrerseits wiederum automatisch von der gegenwärtigen Analyse vorgeschlagen. Daraufhin wird wieder ein Brokerwerkzeug bemüht, um zu entscheiden, auf welchen Maschinen dieser zusammengestellte Simulationscode laufen soll. Die Wahl fällt auf zwei Maschinen, eine in den USA, die andere in Deutschland, die speziell miteinander verbunden sind, um die gewünschten Daten-Vorlagen in einer verteilten Simulation zu erzeugen. Während der Durchführung der Simulation entscheidet das Programm selbstständig, dass eine Reihe zeitkritischer Routinen noch auf weiteren in der Welt verteilten Rechnern berechnet werden sollen. Nach einer Stunde verteilter Berechnung auf den beiden Maschinen zeigt sich, dass die Netzleistung abnimmt.

Die Simulation kontaktiert daraufhin selbst die Middleware, um einen anderen passenden Rechner zu finden, der diesmal in Japan geortet wird. Dabei werden die Verbindungen zu den anderen leistenden Ressourcen aufrechterhalten. Während der gesamten Zeit werden die bereits erzeugten Vorlage-Daten visualisiert und von dem internationalen Kollaborationsteam von ihren Arbeitsplatzrechnern oder mobilen Geräten überprüft. Schließlich werden alle Teilergebnisse zusammengestellt und an den in Deutschland ansässigen Experimentator zurückgeschickt, so dass dieser seine Analyse fortsetzen kann.

Soweit dieses Szenario aus der schönen neuen futuristischen und visionären Welt des wissenschaftlichen Arbeitens mit Hilfe von Grid Computing, von der wir nicht wissen, was jemals davon konkrete Wirklichkeit wird. Dennoch zeigt dieses Beispiel sehr schön, was unter virtuellen Organisationen und über administrative Domänen hinausgehendem verteiltem Rechnen gemeint ist. In [10] ist ein Anwendungsszenario einer verteilten Simulation in Computational Science gezeigt, bei der eine sog. Multi-Domänen-Simulation[2] erfolgt. In dieser kann ebenfalls ein Wissenschaftler alleine ein Problem nicht lösen. Er braucht dazu eine spezielle Software an einem entfernten Ort und greift auf diese transparent über das Netzwerk in einem einfachen Grid-Verbund zu.

Im Verlauf des bisherigen Kapitels wurden bereits einige Szenarien beschrieben bzw. grundlegende Eigenschaften von Anwendungen des Computational Science klassifiziert, die für eine Lösung mit einem Grid geeignet sind. Um diese nun klar zu strukturieren, wird folgende in Anlehnung an die aus [11] stammende Charakterisierung von Grid-geeigneten Applikationen aufgestellt:

1. **Verteiltes Rechnen mit High-Performance-Computing**
   Dies betrifft Applikationen mit Anforderungen, die nur durch mehrere Ressourcen mit hoher Kapazität erfüllt werden können. Dabei muss es sich nicht notwendigerweise um Ressourcen eines Supercomputers handeln. Die bei einem solchen virtuellen Supercomputer auftretenden und oben beschriebenen Probleme lassen sich leichter vermeiden, wenn die Basis der in den einzelnen Ressourcen verwendeten Betriebssysteme dieselbe ist. Ein Beispiel für eine solche Rechnerressource ist ein aus mehreren Linux-Cluster-Rechnern zusammengeschlossener Multi-Cluster, der mit Hilfe einer standardisierten Programmierumgebung, wie MPI, programmiert wird. Wir werden auf diese Mini-Grid-Architektur in den weiteren Ausführungen des Buches noch zurückkommen.
   Charakteristisch für eine Anwendung des High-Performance-Computing ist, dass sie häufig nicht ständig auftritt, so dass sich eine Anschaffung einer entsprechend hoch-dimensionierten Rechnerressource nicht lohnt. Ein solches Szenario ist typisch für viele Anwendungen in Computational Science an Universitäten. Insbesondere für Campus-Grids, sozusagen das akademische Gegenstück zu in Unternehmen eingesetzten Enterprise-Grids, sind solche Multi-Cluster-Architekturen attraktiv.

[2] Mit Domänen sind in diesem Falle verschiedene Bereiche eines Mikrosystems, Mechanik, Fluidik und Elektronik gemeint.

2. **High-Throughput-Computing**
   Anwendungen, die in die Klasse des High-Throughput-Computings fallen, sind dadurch charakterisiert, dass sie in viele nahezu disjunkte parallele Prozesse aufteilbar sind. Die einzelnen Prozesse untereinander müssen zur Lösung des Problems nicht miteinander kommunizieren. Es handelt sich um eine schwache Kopplung in dem Sinne, dass eine Art Master-Prozess zu Beginn eine Partitionierung des Dateneingangsbestands vornimmt, die einzelnen Daten dienen dann den jeweiligen, hinsichtlich des ausführbaren Codes zumeist identischen Prozessen als Eingabe. Für diesen Teildatenbestand wird in jedem Prozess eine Lösung berechnet und anschließend an den Masterprozess zurückgeschickt. Dieser setzt die Ergebnisse wieder zu einem Datensatz zusammen, der dann die Ausgabe des ursprünglichen Ausgangsproblems darstellt. Zu dieser Form der Applikation gehören z.B. sog. *Parameterstudien*. Beispiele für solche Anwendungen lassen sich in der Computer Algebra bei der Primfaktorenzerlegung oder in Computational Photonics bei der Berechnung des Verlaufs paralleler Strahlenbündel finden. Eine Sonderform des High-Throughput-Computings, wenn es vor allem darum geht, ungenutzte Ressourcen aufzufinden und diese nutzbar zu machen, betrifft die Vielzahl der sog. *@home-Projekte*, dessen bekanntester Vertreter seti@home ist [12]. Bei diesem Projekt geht es um die Suche nach extraterristischem Leben durch Analyse von aus dem Weltraum empfangenen Signalen.

3. **On-Demand Computing**
   On-Demand Computing beschreibt die Aufgabe, kurzzeitig und rasch ausreichende Kapazitäten an Ressourcen zur Verfügung zu stellen, um bestimmte kurzzeitig auftretende Spitzen-Anforderungen zu erfüllen. Hierbei kann es sich z.B. um die Ausführung von rechenintensiven Operationen handeln, wie z.B. die Berechnung großer Matrizen aus einem Matlab-Programm. Ein Beispiel dafür ist das System *Netsolve* [13]. Neben Berechnungsroutinen können sich die aus dem Grid geholten Ressourcen auch auf Daten oder komplette spezielle Softwareprogramme beziehen.

4. **Data Intensive Computing** Bei dieser Art der Anwendung handelt es sich um das Extrahieren neuer Informationen oder Erkenntnisse aus einem extrem großen Datenbestand, der in Form von Berechnungen oder mit Apparaturen gemessenen Daten besteht. Konkret geht es häufig darum, bestimmte interessante Ereignisse aus einer Folge von Ereignisspuren aufzufinden. Beispiele dafür sind das oben geschilderte Szenario aus der Astrophysik, die Teilchenphysik oder auch das Aufspüren von Gensequenzen in der Bioinformatik.

5. **Collaborative Computing**
   Collaborative Computing verfolgt das Ziel, mit Hilfe von verteiltem Rechnen und dem Einsatz von Multi-Media-Technologie die Koordination und die Interaktionen bei der Kommunikation von Mensch zu Mensch zu verbessern. Daraus ergeben sich Anforderungen hinsichtlich Echtzeit-Interaktion und virtueller Realität, die besondere Herausforderungen für die Rechentechnik darstellen und die mit Hilfe von Grid-Technologie bewältigt werden sollen. Ein in [8] aufgezeigtes Beispiel eines solchen Systems betrifft die sog. Tele-Immersion, bei der es

hauptsächlich um die interaktive Visualisierung von wissenschaftlichen Resultaten geht, z.B. das Ergebnis eines Designs von Molekülen. Weitere Einsatzgebiete betreffen künstlerische Bereiche oder auch die Medienbranche.

Für all diese Applikationen lassen sich zweifelsfrei Bezüge zu den bei Computational Science anfallenden Aufgaben herstellen. Im Folgenden werden nun die für Computational Science notwendigen Grundlagen aus der Informatik und der Mathematik aufgezeigt. Insbesondere für die Informatik betrifft dies weitere Details zu Grid-Rechentechnik und zum parallelen Rechnen. Im Bereich der Mathematik sind die Aspekte des Wissenschaftlichen Rechnens angesprochen, konkret die numerische Behandlung von partiellen Differentialgleichungssystemen, Anfangswertproblemen, Finite Elemente Methode und Finite Differenzen Methode.

Zusmmenfassend schließt das Kapitel mit einem Zitat von I. Foster [11], das Grid Computing charakterisiert und bezeichnet:

„Unsere Anstrengungen, Grid Computing zu entwickeln, zielen darauf ab, Rechenleistung und Information zu virtualisieren, sodass jeder Mensch oder Computer sie an jeden anderen liefern kann. Ebenso wichtig ist es dabei, dies so zu organisieren, dass der Zugang zu diesem sehr buntgemischten Markt sicher und zuverlässig ist."

Literaturverzeichnis

1. P. Lyster, L. Bergman, P. Li, D. Stanfill, B. Crippe, R. Blom, C. Pardo, D. Okaya. „CASA gigabit supercomputing network: CALCRUST three-dimensional real-time multi-dataset rendering", *In Proc. Supercomputing '92*, 1992.
2. http://www.lehigh.edu/bad0/fafner.html.
3. I. Foster, J. Geisler, W. Nickless, W. Smith, S. Tuecke. „Software infrastructure for the I-WAY metacomputing experiment", *Concurrency: Practice & Experience, 10, (7)*, pp. 567-581, 1998.
4. R. Buyya. „Grid Computing: Making the Global Cyberinfrastructure for eScience a Reality", *CSI (Computer Society of India) Communications, 29 (1)*, July 2005.
5. N. Carr. *The Big Switch: Rewiring the World, from Edison to Google*, W. W. Norton, New York, 2008.
6. D-Grid. www.d-grid.de.
7. A. Reinefeld, F. Schintke. „Grid Services - Web Services zur Nutzung verteilter Ressourcen", *Informatik-Spektrum, Volume 27, Number 2,* , S. 129-135, April 2004.
8. T. DeFanti, R. Stevens. „Teleimmersion", *in The Grid: Blueprint for a New Computing Infrastructure*, (Morgan Kaufmann, New York, 1998), pp. 131-155.
9. G. Allen, E. Seidel, J. Shalf. „Scientific Computing on the Grid", *Byte*, pp. 24-32, Spring 2002.
10. M. Schröck. *Erweiterung eines TLM-Verfahrens auf die Berechnung gekrümmter Objekte und Optimierung der Kommunikationsflüsse in Cluster-Rechnern*, Diplomarbeit Institut für Informatik, Universität Jena, 2007.
11. I. Foster, J. Kesselman. *The Grid: Blueprint for a New Computing Infrastructure*, Morgan Kaufmann, New York, 2003.
12. http://setiathome.ssl.berkeley.edu/.
13. K. Seymour, A. YarKhan, S. Agrawal, J. Dongarra. „NetSolve: Grid Enabling Scientific Computing Environments", *in Grid Computing and New Frontiers of High Performance Processing, ed., L. Grandinetti, Elsevier*, Advances in Parallel Computing, 14, 2005.

Teil II
Grundlagen der Informatik für Computational Science

Kapitel 2
Parallele Rechnerarchitekturen

Bernd Klauer

Zusammenfassung Die Forschung in der modernen Rechnerarchitektur wird durch die Anwendung paralleler Strukturen bestimmt. Bis zum Ende des 20. Jahrhunderts wurde die Parallelisierung von Rechenvorgängen zwar betrachtet, dominiert wurde die angestrebte Leistungssteigerung aber eher durch die Rechnertechnologie mit dem Ziel, die Taktfrequenzen der Systeme zu steigern. Dieser technologieorientierte Ansatz hat den Vorteil, dass die Software durch den Technologiefortschritt unberührt bleibt. Da Leistungssteigerungen, die allein auf technologischen Fortschritten beruhen, immer schwieriger umzusetzen sind, werden verstärkt parallele Konzepte in den Prozessoren und Rechnern eingesetzt. Im folgenden Kapitel werden Grundprinzipien des parallelen Rechnens wie Nebenläufigkeit, Fließbandverarbeitung und parallele Rechnerstrukturen mit unterschiedlichen Granularitätsgraden in den einzelnen Rechnerknoten beschrieben.

2.1 Parallele Rechnerarchitekturen

Zu Beginn des 21. Jahrhunderts wurden technologische Grenzen erreicht, die eine weitere Steigerung der Taktraten kaum noch zuließen. Damit kamen die bereits in den 90er Jahren entwickelten Parallelrechnerkonzepte verstärkt zur Anwendung.

Die Darstellung von Rechnerarchitekturen erfolgt auf verschiedenen Abstraktionsebenen. Die Darstellungen in den folgenden Abschnitten orientieren sich an folgendem Modell, in dem die tieferen Abstraktionsebenen Verfeinerungen der höheren darstellen. Mit der Verfeinerung der Granularität wächst die Anzahl der zu betrachtenden Komponenten.

Helmut-Schmidt-Universität
Universität der Bundeswehr Hamburg
E-mail: bernd.klauer@hsu-hh.de

D. Fey (ed.), *Grid-Computing*, eXamen.press, DOI 10.1007/978-3-540-79747-0_2,

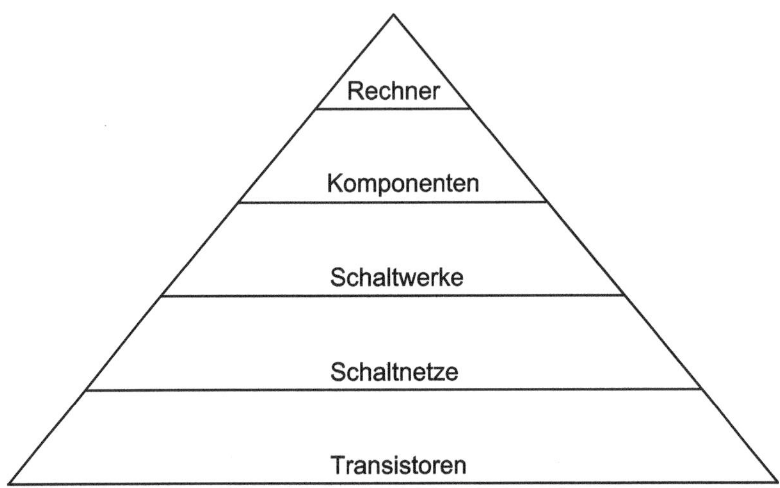

Abb. 2.1 Die Abstraktionsebenen der Rechnerarchitektur

2.1.1 Der sequenzielle Rechner

Ein rein sequenzielles Rechnerkonzept war nie - oder nur in Laboranwendungen im Betrieb. Konzeptuell existiert er in der Turing-Maschine [1, 2, 3], die im Bereich der Berechenbarkeits- und Komplexitätstheorie eine wichtige Rolle spielt. Alle anderen Rechnerarchitekturen beinhalten bereits parallele Strukturen. Selbst der als sequenziell angesehene Von-Neumann-Rechner [4, 3, 5, 6] ist ein Parallelrechner, da er in der Lage ist, mehrere Bits parallel miteinander zu verknüpfen. Der Von-Neumann-Rechner besteht auf der Komponentenebene aus einer Zentraleinheit, einem Speicher und einer Verbindungsstruktur, die den Speicher mit der Zentraleinheit und beide mit der Außenwelt verbindet. Die in den Originalarbeiten beschriebenen Ein- und Ausgabeeinheiten werden in modernen Implementierungen auf Busbrücken reduziert, die das rechnerinterne Bussystem mit den Bussystemen der externen Geräte koppeln. In Abb. 2.3 ist der Von-Neumann-Rechner in einer Umgebung mit Peripheriegeräten dargestellt.

2.1.2 Parallelrechner

Konzeptuell kann der Von-Neumann-Rechner bereits als Parallelrechner angesehen werden. Als Parallelrechner [5, 6] werden solche Rechner bezeichnet, die zeitgleich mehrere Berechnungen erledigen können. Der Von-Neumann-Rechner ist in der Lage, die Bits eines Datenwortes parallel miteinander zu verknüpfen. Moderne Implementierungen dieses Rechners wenden zudem das Prinzip der Fließbandverarbeitung an. Die bezüglich der Parallelbehandlung betrachteten Objekte können

Abb. 2.2 Die Komponentenebene des Von-Neumann-Rechners

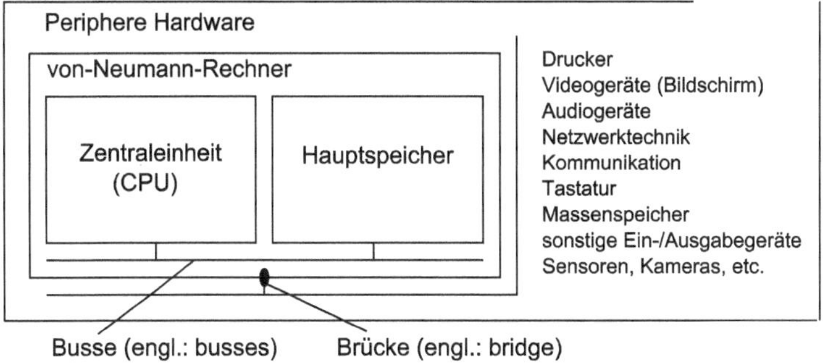

Abb. 2.3 Der Von-Neumann-Rechner

unterschiedliche Größe haben und in verschiedenen Organisationsformen parallel behandelt werden. Die Einstufung der Größen wird auch als *Granularität* (s. Abschnitt 2.1.2.1) bezeichnet. Bei den Organisationsformen wird die sog. *Nebenläufigkeit concurrency* von der *Fließbandverarbeitung* (engl.: *pipelining*) unterschieden.

2.1.2.1 Die Granularität und die Abstraktionsebenen

Im Kontext der Parallelrechner wird die Größe der parallel behandelten Objekte als *Granularität* bezeichnet. So können z.B. mehrere Bits zeitgleich mit anderen Bits verknüpft werden, es können aber auch zwei Datenmengen auf zwei Rechnern zeitgleich bearbeitet werden. Aus den Granularitäten leiten sich die folgenden Abstraktionsebenen ab, die zur Klassifikation paralleler Vorgänge unterschieden werden:

- die Bitebene
- die Wortebene
- die Steuerwerks- und Rechenwerksebene
- die Rechnerebene
- die Systemebene

2.1.2.2 Organisationsformen des Parallelismus

Grundsätzlich zerfällt die Anwendung des Begriffs *Parallelismus* in zwei wesentliche Betriebsarten:

Die nebenläufige Verarbeitung

Bei der nebenläufigen Verarbeitung [6, 7, 5] werden verschiedene Objekte an verschiedenen Orten der gleichen Behandlung unterzogen. Die Behandlungen an den einzelnen Stationen sind voneinander unabhängig. Als Beispiel sei hier die Betankung von Fahrzeugen an einer Tankstelle genannt. Ein Beispiel aus der Informatik ist die Addition zweier Vektoren. Annahme bei der Anwendung des nebenläufigen Parallelismus ist, dass die Bearbeitung eines beliebigen Objektes unabhängig von der Bearbeitung aller anderen Objekte ist. Dauert die Bearbeitung eines Objektes die Zeit t, dann dauert die Bearbeitung von n Objekten die Zeit nt. Bei m Arbeitsplätzen kann die Wartezeit auf $\frac{nt}{m}$ verkürzt werden.

Die Fließbandverarbeitung

Bei der Fließbandverarbeitung [6, 7, 5] wird die Behandlung von Objekten in mehrere Phasen zerlegt. Die Objekte gleicher Granularität durchlaufen nacheinander alle Phasen. Erst nach Abschluss der letzten Phase ist die Behandlung beendet. Die Phasen sind voneinander abhängig. Die Fließbandverarbeitung im Fahrzeugbau ist hier ein sehr gutes Beispiel. Übertragen auf die Informatik sind Kompressions- und Dekompressionsvorgänge in multimedialen Anwendungen ein ebenso gutes Beispiel für Vorgänge, die durch Fließbandverarbeitung parallelisierbar sind. Ziel der Fließbandverarbeitung ist die Beschleunigung. Annahme dabei ist, dass sich ein Vorgang, der monolytisch erledigt eine Dauer t hat, in m Schritte der Dauer $\frac{t}{m}$ zerlegbar ist. Das erste Objekt verlässt das Fließband nach t Zeiteiheiten. Danach liefert das Fließband alle $\frac{t}{m}$ Zeiteinheiten ein bearbeitetes Objekt. Die Bearbeitungszeit ergibt sich zu $(\frac{n}{m}+1)t$. Diese Abschätzung ist grob, da die Kommunikationslatenzen zwischen den Fließbandstationen vernachlässigt werden und von einer absolut gleichverteilten Last ausgegangen wird. Dies ist in der Realität kaum erreichbar.

Nebenläufigkeit vs. Fließbandverarbeitung

Nebenläufigkeit und Fließbandverarbeitung sind von der Granularität unabhängig. Beide parallelen Verarbeitungsformen können auf Objekte beliebiger Granularität angewendet werden. Zudem können beide Verarbeitungsformen gemischt auftreten. Als Beispiel sei hier ein Montageband für Fahrzeuge genannt. In einer Verarbeitungsstufe werden nebenläufig vier Räder montiert. In diesem Fall enthält das Fließband eine Verarbeitungsstufe, in der nebenläufig gearbeitet wird.

2.1.2.3 Der feingranulare Parallelismus

Feingranular parallele Aktivitäten sind solche, die die Bit- oder die Wortebene betreffen. Die Parallelisierung auf dieser Ebene geschieht weitgehend automatisch. Prozessoren in modernen Rechnern wenden zur Erhöhung des Instruktionsdurchsatzes das sog. Phasenpipelining an. Die Instruktionen werden dazu in Phasen gleicher zeitlicher Dauer zerlegt. Dann wird das Fließbandverarbeitungsprinzip angewendet. Diese Verarbeitungsweise ist kennzeichnend für alle modernen Prozessorarchitekturen. Unterschiede liegen heute in der Art der nebenläufigen Parallelverarbeitung der Instruktionen eines Instruktionsstromes. Heute üblich sind superskalare Architekturen und die VLIW-Architekturen, die in den folgenden beiden Abschnitten behandelt werden.

Superskalare Architekturen

Superskalare Prozessoren [5, 6] betrachten ein Instruktionsfenster, das mehrere Instruktionen enthält, und wenden dann das sog. Datenflussprinzip (s. 2.2.1.3) an, um mehrere ausführbare Instruktionen darin zu identifizieren und dann nebenläufig zum Ablauf zu bringen. Nebenläufigkeit bedeutet hier, dass mehrere Pipelines existieren, damit zeitgleich mehrere Instruktionen in eine Pipeline eingebracht werden können. Es existieren also mehrere Fließbänder, die nebenläufig zueinander arbeiten. Die Selektion der Instruktionen erfolgt automatisch durch das Steuerwerk. Dabei wird das Datenflussprinzip angewendet, das in [8, 9] erläutert wird. Die Auswahl einer Pipeline wird ebenfalls durch die Hardware erledigt.

VLIW Architekturen

VLIW Architekturen (VLIW: Very Long Instruction Word) [5, 6] arbeiten prinzipiell ähnlich mit dem Unterschied, dass die Instruktionen, die zeitgleich in die Pipelines eingestellt werden, bereits durch den Compiler ermittelt und zu einem langen Instruktionswort zusammengefasst werden. Die Zusammenfassung durch den Compiler vereinfacht den Prozessor, da dieser keine Selektionsmechanismen für die Instruktionen und die Pipelines benötigt. Nachteilig wirkt sich aber aus, dass der Compiler keine Laufzeitinformation in die Zusammenstellung der Instruktionen einbeziehen kann und damit ggf. weniger optimal parallelisiert.

2.1.2.4 Parallelismus mittlerer Granularität

Auf der mittleren Granularitätsebene werden ganze Instruktionsfolgen eines Programmes parallel bearbeitet. Ein Programmiermodell für die parallele Programmierung von Instruktionsfolgen, die einem Programm angehören, sind die sog. *Threads*. Unter einem Thread wird ein leichtgewichtiger Prozess verstanden. Dabei teilen sich mehrere Threads einen gemeinsamen Datenbereich im Speicher, auf den sie gleichberechtigt zugreifen können. Implementiert werden solche Threads durch Funktionsbibliotheken, die neben der Verwaltung von Threads (Erzeugen, Beenden) auch deren Ablaufplanung übernehmen. Je nach Betriebssystem wird die Ablaufplanung der Threads auch direkt durch das Betriebssystem erledigt. Neben der Ablaufplanung, Steuerung und Verwaltung enthalten diese Bibliotheken aber auch Funktionen zur Synchronisation der Threads. Synchronisation ist immer dann erforderlich, wenn die Möglichkeit besteht, dass mehrere Threads gleichzeitig bestimmte Daten im Speicher behandeln. Wollen z.B. zwei Threads eine Speicherzelle zeitglich beschreiben, dann würde dies zu einem Konflikt führen, wenn die zu schreibenden Daten unterschiedlich sind. Semaphore-Mechanismen, die in den üblichen Thread-Bibliotheken implementiert sind (z.B. pThreads), ermöglichen die Auflösung dieser Konflikte - verursachen dabei aber auch stets eine Sequenzialisierung der beteiligten Instruktionen.

Die mittlere Granularitätsebene wird heute durch Prozessoren unterstützt, die mehrere Prozessorkerne (engl.: *cores*) enthalten. In den sog. Multicore Architekturen besteht die Möglichkeit, mehrere Programme nebenläufig auf mehreren Cores zum Ablauf zu bringen. Es besteht aber auch die Möglichkeit, einzelne Programme parallel auf mehrere Cores verteilt zu berechnen. Programme die auf der Basis von Threads parallelisiert wurden, werden auf Singlecore-Prozessoren in einem Zeitscheibenverfahren quasi-parallel bearbeitet. Zeitgewinne sind bereits hier dadurch zu erzielen, dass Latenzen in einem Thread z.B. durch I/O-Operationen oder Massenspeicherzugriffe durch das Umschalten auf einen anderen ausführbereiten Thread verborgen werden können.

Multicore-Prozessoren sind demgegenüber in der Lage, Programme, die bei der Programmierung in Threads partitioniert wurden, tatsächlich parallel zu bearbeiten. Im Bereich der Simulation kann diese Möglichkeit als die zurzeit interessanteste angesehen werden. Multicore-Rechner sind heute im Büro- und Privatbereich üblich. Sie sind off-the-shelf im unteren Preissegment erhältlich. Der Trend in der Rechnerarchitektur geht hin zu immer größeren Core-Ensembles, die auf einzelnen Prozessor-Chips integriert werden. Zahlreiche Programme - auch im Bereich der Simulation - sind aber an diese Situation noch nicht angepasst. Programme, die ohne Berücksichtigung der expliziten Parallelisierung programmiert wurden, können durch Multicore-Prozessoren jedoch nicht parallelisiert werden. Sie laufen dann auf einem Core des Ensembles ohne die Ausnutzung des potenziellen Parallelismus.

2.1.2.5 Parallelismus grober Granularität

Als *grobkörnig* wird heute der Parallelismus auf der Programmebene angesehen. Mehrere Programme kommen dabei parallel zum Ablauf. Im Bereich der Simulation wird dieses Prinzip häufig dann angewendet, wenn Simulationen unterschiedlicher Domänen (z.B. Elektronik und Mechanik) miteinander gekoppelt werden, um heterogene Systeme in ihrer Gesamtheit simulieren zu können. Grobgranularer Parallelismus kommt ebenfalls zur Anwendung, wenn Simulationen auf unterschiedlichen Abstraktionsniveaus durchgeführt werden. In der Elektrotechnik ist die Kopplung von Simulatoren auf unterschiedlichen Abstraktionsniveaus, z.B. im Bereich der digitalen Elektronik, interessant. Das Verhalten digitaler Schaltungen wird üblicherweise durch digitale Simulatoren behandelt, die auf einer erweiterten booleschen Logik das Verhalten von Schaltungen berechnen. Eine digitale elektronische Schaltung auf dem analogen Abstraktionsniveau der Transistoren zu simulieren wäre sehr aufwändig. Dennoch kann die analoge Betrachtung von Teilbereichen einer solchen Schaltung, z.B. zur Bestimmung von Leitungslaufzeiten, interessant sein. Eine solche Simulation würde dann durch die Kopplung eines analogen und eines digitalen Simulationsprogrammmes erfolgen, die die jeweiligen Schaltungskomponenten auf den ausgewählten Abstraktionsniveaus simulieren.

Der grobkörnige Parallelismus wird aus der Sicht der Rechnerarchitektur durch Rechnercluster gebildet. Dies sind einzelne Rechner, die heute üblicherweise als Multicore-Rechner ausgelegt und untereinander durch ein Netzwerk verbunden sind. Grobgranularer Parallelismus auf der Programmebene ist aber auch durch Multicore-Architekturen implementierbar, wenn auf den einzelnen Cores unterschiedliche Programme zum Ablauf kommen.

Eine Mischung aus grob- und feingranularem Parallelismus entsteht dann, wenn mehrere Programme, die auf der Thread-Ebene parallelisiert wurden, auf einem Multicore-Prozessor zum Ablauf kommen.

2.1.2.6 Kommunikationsstrukturen

Die parallelverarbeitung erfordert üblicherweise Kommunikationsvorgänge. Diese treten auf, wenn Berechnungsergebnisse, die auf einer Ressource berechnet wurden, für Berechnungen benötigt werden, die auf anderen Ressourcen bearbeitet werden. Es existieren zwei fundamentale Kommunikationsstrukturen in parallelen Rechensystemen: Die Nachrichtenkopplung und die Speicherkopplung.

Die Nachrichtenkopplung

Bei der Nachrichtenkopplung (engl.: *message passing*) werden Daten über ein Transportmedium (z.B. Signalleitungen) als Nachricht von der Datenquelle direkt zur Datensenke übertragen. Im Transportmedium erfolgt dabei keine Speicherung. Eine mögliche Pufferung der Daten zur Synchronisation erfolgt üblicherweise direkt beim Sender oder beim Empfänger. Die Nachrichtenübertragung kann dabei zwischen Komponenten in den Hierarchieebenen (s. Abb. 2.4) in einem Rechner und zwischen Rechnern (s. Abb. 2.5) erfolgen.

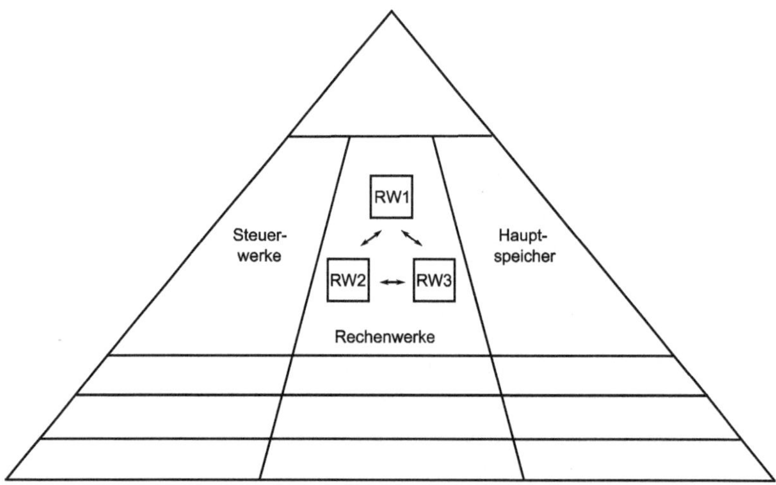

Abb. 2.4 Nachrichtenkopplung zwischen Komponenten in einem Rechner

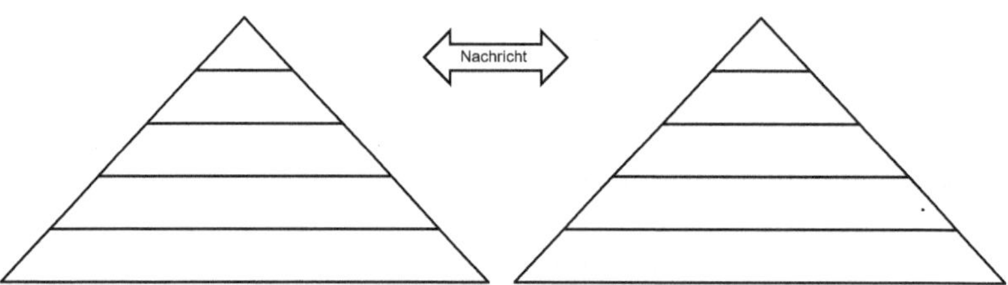

Abb. 2.5 Nachrichtenkopplung zwischen Rechnern

Die Speicherkopplung

Bei der Speicherkopplung (engl.: *shared memory*) werden die zu kommunizierenden Daten von der Datenquelle in ein gemeinsames Speichermedium eingetragen und von der Senke dort gelesen. Der Speicher eines parallel rechnenden Systems ist eine hierarchisch gegliederte Struktur (s. Abb. 2.6).

Die Speicherpyramide stellt die hierarchische Anordnung verschiedener Speicher in einem Rechensystem dar. Während die Dekompositionspyramide der Rechnerarchitektur eine hierarchische Zerlegung des Systems *Rechner* darstellte, handelt es sich hier um eine hierarchische Zugriffsstruktur. Der Hauptspeicher in der Dekompositionspyramide entspricht hier dem Hauptspeicher in der Zugriffshierarchie.

Der Prozessor in einem Rechner hat direkten Zugriff auf seine Register. Diese kann er direkt verändern. Zugriffe auf einen hierarchisch tiefer angeordneten Speicher können nur über die Zwischenebenen erfolgen. So kann ein Datenaustausch zwischen dem Prozessorregister und dem Cache oder zwischen dem Cache und dem Haupspeicher direkt erfolgen. Ein Datenaustausch zwischen den Prozessorregistern und dem Hauptspeicher erfolgt aber immer über den Cache. Neben der Zugriffs-

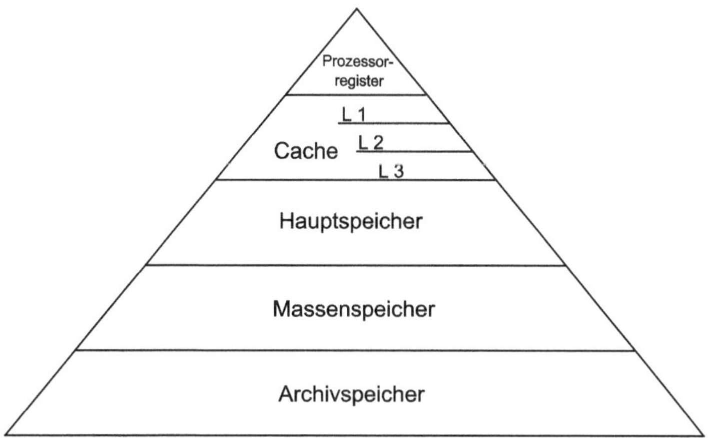

Abb. 2.6 Die Speicherpyramide

hierarchie steht die Breite der Ebenen für steigende Speicherkapazitäten und Zugriffszeiten mit der Tiefe.

Bei der Speicherkopplung interner Komponenten erfolgt der Datenaustausch entweder über den Hauptspeicher oder über Speicherzellen, die ausschließlich für die Kopplung der Komponenten vorgesehen werden. Die Speicherkopplung zwischen Rechnern erfolgt über einen gemeinsamen Hauptspeicher (s. Abb. 2.7) oder die Caches (s. Abb. 2.8).

Nachrichtenkopplung vs. Speicherkopplung

- **Der Hardwareaufwand**

Der Hardwareaufwand, der für die nachrichtenorientierte Kommunikation notwendig ist, besteht aus einer physikalischen Verbindung und geeigneten Schnitt-

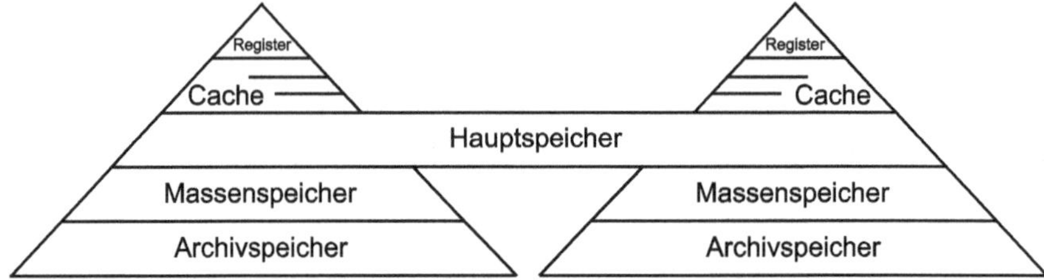

Abb. 2.7 Kopplung über einen gemeinsamen Hauptspeicher

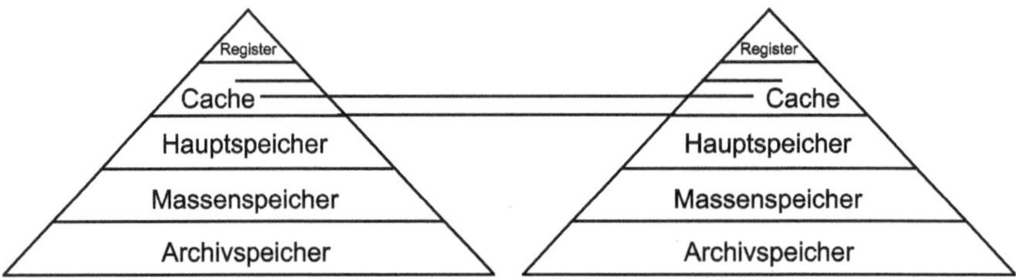

Abb. 2.8 Kopplung über einen gemeinsamen Cache

stellen in den zu verbindenden Komponenten. Heute üblich sind elektrische Verbindungen oder optische Verbindungen.

Der Hardwareaufwand für eine Speicherkopplung besteht in einer strukturellen Erweiterung des Speichers, die es ermöglicht, dass zwei oder mehrere Ressourcen darauf zugreifen können. Zudem ist in gekoppelten hierarchisch strukturierten Speichern das Konsistenzproblem und das Koinzidenzproblem zu lösen.

Das Konsistenzproblem entsteht, wenn ein Prozessor eines speichergekoppelten Ensembles in den Kopplungsspeicher schreibt. In diesem Moment wird das Datum in alle Speicherebenen über dem Kopplungsspeicher in den schreibenden Rechner eingetragen. In den Speichern der Ebenen über dem Kopplungsspeicher der anderen Prozessoren geschieht dies nicht. Sie können daher nach dem Schreibvorgang falsche Daten enthalten. Zur Lösung des Konsistenzproblems werden sog. Konsistenzprotokolle eingesetzt. Diese signalisieren den betroffenen Speichern, dass sie möglicherweise falsche Einträge enthalten. Das Signal löst in den betroffenen Speichern eine Aktualisierung des Inhaltes aus dem Kopplungsspeicher heraus aus.

Unterschieden wird hier die Konsistenz und die Kohärenz. Die Kohärenz ist dabei eine abgeschwächte Form der Konsistenz. Zur Darstellung der Speicherkohärenz genügt die Berichtigung der betroffenen Speicherbereiche erst dann, wenn ein Zugriff darauf erfolgt, während zum Konsistenzerhalt die Berichtigung

aller potenziell falsch belegten Speicherbereiche sofort nach dem Schreibvorgang erforderlich ist.
Das Koinzidenzproblem besteht darin, dass zwei Prozessoren eines speichergekoppelten Ensembles zeitgleich versuchen, unterschiedliche Werte unter der gleichen Speicheradresse abzulegen. Ähnlich wie beim Kohärenz- bzw. Konsistenzproblem existieren hier Methoden zur Auflösung der Koinzidenzkonflikte. Der Aufwand zur Lösung des Koinzidenz- und des Konsistenzproblems ist für die Hauptspeicherkopplung mit einem physikalischen Mehrtorspeicher so aufwändig, dass dieser in kommerziellen Systemen nicht angewendet wird.
Das Speicherkopplungsprinzip kommt jedoch bei Kopplungen über die Caches zur Anwendung. Dies geschieht in Systemen mit mehreren CPUs auf einem Board und in Multicore-Systemen. Die Cache-Konsistenzprotokolle sind dann in der Hardware implementiert. Im Bereich der Hauptspeicherkopplung kommen virtuelle Speicherkonzepte zum Einsatz. Der Hardwareaufwand ist dann minimal, da alle oben beschriebenen Probleme in die Software zur Virtualisierung verlagert werden. Bei den Konzepten der *virtuellen gemeinsamen Speicher* (engl. *virtual shared memories*) wird die Speicherkopplung per Software auf der Basis einer Nachrichtenkopplung durchgeführt. Die Konsistenz/Kohärenz sowie die Lösung der Koinzidenzprobleme kann durch Implementierung der Konsistenz- bzw. Kohärenzprotokolle und der Auflösung der Koinzidenzkonflikte in der Software vollständig realisiert werden.

- **Der Softwareaufwand**

Der Softwareaufwand hängt sowohl bei der Nachrichtenkopplung als auch bei der Speicherkopplung stark von der Hardwareunterstützung und dem Grad der Virtualisierung z.B. bei einer virtuellen Speicherkopplung ab.
Der Softwareaufwand für eine vollständig implementierte Speicherkopplung kann als minimal angesehen werden. Gleiches gilt für die Nachrichtenkopplung, wenn diese von der Hardware durch Pufferspeicher unterstützt wird. Die Pufferspeicher minimieren das Synchronisationsproblem. Dieses besteht darin, dass die Datenquelle und die Datensenke zeitgleich den Sende- und Empfangsvorgang durchführen müssen. Bei einer Pufferung kann der Schreibvorgang unabhängig von der Lesebereitschaft des Empfängers durchgeführt werden, indem die Daten senderseitig oder empfangsseitig in einen Pufferspeicher eingetragen werden. Der empfangende Prozess kann die Daten dann zu einem beliebigen Zeitpunkt nach dem Sendevorgang abholen. Mit sinkender Puffergröße steigt der Softwareaufwand, da der Puffer auf Überlauf zu überwachen ist, damit keine Daten verlorengehen.
Der Softwareaufwand bei minimaler Hardwareunterstützung besteht in der Synchronisation (zeitgleich ablaufende Sende- und Empfangsprozesse) und in der Berechnung von Protokollen zur sicheren Datenübertragung. Der maximale Softwareaufwand entsteht bei virtuell gemeinsamen Speichern auf Kommunikationsstrukturen mit minimaler Hardwareunterstützung.

2.1.2.7 Taxonomien

Die oben beschriebenen Merkmale *Granularität* (s. Abschn. 2.1.2.1) und *Organisationsform* (Nebenläufigkeit, Pipelining, s. Abschn. 2.1.2.2) bilden bereits die Grundlage einfacher Taxonomien für Parallelrechner.

Die Klassifikation nach Flynn

Eine häufig angewendete Taxonomie für Parallelrechner ist die Klassifikation nach Flynn [10, 5, 6]. Die Anzahl der Datenströme und der Instruktionsströme, die auf einen Rechner einwirken, werden in Flynns Klassifikationsschema als die kennzeichnenden Größen angesehen. Danach unterscheidet Flynn vier Klassen:

- SISD (Single Instruction Single Data) Rechner der SISD Klasse, zu der auch der Von-Neumann-Rechner gehört, bearbeiten einen Instruktionsstrom und einen Datenstrom. Mit jeder Instruktion wird ein Datum verarbeitet. Die Arbeitsweise wird als sequenziell angesehen - obwohl der Von-Neumann-Rechner auf der Bit-Ebene parallel arbeitet. Daran, dass dieser Zusammenhang nicht einzuordnen ist, wird ein wichtiger Nachteil dieses Klassifikationschemas deutlich.
- SIMD (Single Instruction Multiple Data) Rechner dieser Klasse bearbeiten mit einem Instruktionsstrom mehrere Datenströme. Dabei verarbeitet eine Instruktion mehrere Daten, die von eben diesen Datenströmen geliefert werden. Typische Vertreter dieser Klasse sind die Vektorrechner. Mit einer einzigen Instruktion sind diese Rechner in der Lage, eine Vielzahl von Daten in identischer Weise zu verknüpfen.
- MISD (Multiple Instruction Single Data) Mehrere Instruktionsströme wirken hier auf einen Datenstrom ein und bewirken bei der Bearbeitung eines Datums des Datenstroms eine Vielfalt von Ergebnissen. Diese Klasse ist eher theoretischer Natur. Es gibt kaum Implementierungsbeispiele.
- MIMD (Multiple Instruction Multiple Data) Bei dieser Klasse wirken mehrere Instruktionsströme auf mehrere Datenströme. Zu dieser Klasse gehört die Mehrzahl aller modernen Parallelrechner vom Multicorerechner bis zum Clusterrechner. Mehrere Instruktionen arbeiten dabei zeitgleich an der Bearbeitung unterschiedlicher Daten.

Flynns Klassifikationsschema basiert auf der Anzahl der Daten- und Instruktionsströme. Organisationsform und Granularität sind darin nicht enthalten. Für weitergehende Ansprüche sei auf das Erlanger Klassifkationsschema (ECS) [11] verwiesen, das diese Merkmale ebenfalls berücksichtigt und somit die präzise Einordnung paralleler Abläufe in Rechnern ermöglicht. Die Einführung dieses Modells ginge an dieser Stelle jedoch zu weit.

2.2 Organisation paralleler Abläufe

Die Parallelisierung von Berechnungsabläufen dient in erster Line der Verminderung der Rechenzeit. Die Komplexität eines Problems ist von der Parallelisierung unabhängig. Dies ergibt sich aus der mathematischen Definition der Größenordnung. Sei $R(n)$ die Anzahl elementarer Berechnungen, die zur Lösung eines Problems auf einer Eingabemenge der Kardinalität n erforderlich ist. Die Rechenzeit wird dann üblicherweise approximativ dadurch bestimmt, dass $R(n)$ einer der Funktionsmengen $O(n), o(n)$ oder $\theta(n)$ zugeordnet wird [3, 2]. Unter Anwendung von p parallel rechnenden Ressourcen ist die Rechenzeit eines Problem auf nicht weniger als $\frac{R(n)}{p}$ reduzierbar. Dabei wird ein Teil der Komplexität in die Hardware verlagert. Die Reduktion $\frac{1}{p}$ ist ein theoretischer Wert, dessen Approximation stark von der Organisation der parallelen Berechnungen abhängt.

2.2.1 Kontrollfluss und Datenfluss

Gegeben sei eine Menge von Aktivitäten, die durchzuführen sind, um ein Problem zu lösen. An dieser Stelle wird der Begriff *Aktivität* verwendet, um von der Granularität zu abstrahieren. Eine Aktivität kann feingranular eine einzelne Instruktion sein oder grobgranular ein ganzes Programm. Wenige Probleme sind dadurch lösbar, dass die Aktivitäten in beliebiger Reihenfolge bearbeitet werden. Zur Lösung des Problems ist eine korrekte Reihenfolge der Bearbeitung notwendig. Der Grund für die Notwendigkeit der Anordnung sind Datenabhängigkeiten.

2.2.1.1 Datenabhängigkeiten

Datenabhängigkeiten bestehen zwischen Aktivitäten, wenn eine Aktivität Daten benötigt, die von einer oder mehreren anderen Aktivitäten berechnet werden. Datenabhängigkeiten können direkt zwischen zwei Aktivitäten bestehen oder indirekt. Eine indirekte Datenabhängigkeit besteht zwischen zwei Aktivitäten A und B mit einer dritten Aktivität C, wenn A von C und C von B abhängt. Die Indirektionskette enthält dann drei Elemente. Die Indirektion kann über beliebig lange Ketten bestehen. Aktivitätsmengen mit Datenabhängigkeiten können nicht in beliebiger Reihenfolge berechnet werden. Beispiel:

Zu berechnen sei: $a*b+c*b$, Die Operanden seinen bekannt.

Die Problemlösung enthält zwei Multiplikationen und eine Addition. Die drei Aktivitäten:

Multipliziere a und b
Multipliziere c und d
Addiere die Produkte können aber nicht in beliebiger Reihenfolge angeordnet werden, da die Addition der Produkte erst nach der Berechnung der Produkte erfolgen kann. Zur Auflösung dieser Abhängigkeiten bestehen zwei prinzipielle Ansätze: Das Kontrollflussprinzip und das Datenflussprinzip.

2.2.1.2 Das Kontrollflussprinzip

Beim Kontrollflussprinzip wird durch den Anwender oder durch einen Compiler eine Berechnungsreihenfolge erstellt, die die Datenabhängigkeiten so berücksichtigt, dass Aktivitäten, die Ergebnisse anderer Aktivitäten benötigen, erst dann gestartet werden, wenn die benötigten Ergebnisse berechnet sind. Unterstützt wird das Kontrollflussprinzip durch Kontrollstrukturen. Dazu gehören z.B. Verzweigungen (bedingt oder unbedingt) zur Steuerung von Iterationen oder Rekursionen. Sofern die Aktivitäten eine Instruktionsfolge darstellen, dann können sie auf einem Von-Neumann-Rechner berechnet werden. Nach Anordnung der Instruktionen unter Berücksichtigung der Datenabhängigkeiten wird der Rechner das korrekte Ergebnis berechnen. Ein Rechner der nach dem Kontrollflussprinzip arbeitet, berechnet nach jeder Instruktion I entweder die Folgeinstruktion oder die Instruktion, die durch I adressiert wird, falls I eine Steuerinstruktion für den Kontrollfluss war.

Das Kontrollflussprinzip führt zunächst zu einer strikt sequenziellen Bearbeitung des Problems. Zur Parallelisierung eines Problems auf mehrfach vorhandenen Ressourcen auf der Basis des Kontrollflussprinzips müssen die einzelnen Aktivitäten an eine der vorhandenen Ressourcen gebunden werden. Zudem muss für jede Ressource ein Kontrollflussplan unter Berücksichtigung der Datenabhängigkeiten erstellt werden. Prinzipiell gilt dabei, dass Aktivitäten, zwischen denen keine Datenabhängigkeiten bestehen, parallel berechnet werden können.

2.2.1.3 Das Datenflussprinzip

Das Datenflussprinzip als Organisationsschema für den Ablauf von Aktivitäten basiert wesentlich auf dem Merkmal der *Ausführbarkeit* von Aktivitäten.

Eine Aktivität ist ausführbar, sobald alle von ihr benötigten Operanden berechnet oder als Eingabe vorhanden sind. Ein Rechner, der nach dem Datenflussprinzip arbeitet, prüft stets alle vorhanden Aktivitäten auf Ausführbarkeit. Sobald eine Aktivität ausführbar und eine geeignete Ressource vorhanden und *frei* ist, wird die Aktivität auf der Ressource zum Ablauf gebracht. Eine Ressource ist dann frei, wenn sie keine Aktivität berechnet.

Während die Anwendung des Kontrollflussprinzips zunächst zu einer sequenziellen Berechnung führt, führt das Datenflussprinzip zu einer maximalen Parallelisierung unter Berücksichtigung der vorhandenen Ressourcen. Rechner, die nach diesem Prinzip arbeiten, werden als Datenflussrechner bezeichnet [12, 13, 14, 15]. Datenflussrechner, die in den 70er und 80er Jahren des vergangenen Jahrhunderts gebaut wurden, kamen über das Versuchsstadium nie hinaus. Das Datenflussprinzip wird in superskalaren Prozessoren (s. 2.1.2.3) angewendet. Dabei wird jedoch nicht die gesamte Instruktionsmenge eines Programms betrachtet, sondern nur ein kleiner Bereich, der als *Instruktionsfenster* bezeichnet wird. In diesem Fenster wird zur Ablaufplanung der Instruktionen das Datenflussprinzip angewendet.

2.2.1.4 Datenflussgraphen

Zur Ablaufplanung von Aktivitäten kommen Datenflussgraphen zur Anwendung. Diese bestehen aus Knoten, die die Aktivitäten darstellen, und aus gerichteten Kanten zur Modellierung der Datenabhängigkeiten zwischen den Knoten. Knoten und Kanten können mit weiteren Merkmalen markiert sein. So können z.B. die Knoten mit der Rechenzeit der Aktivität, sofern diese bekannt ist, markiert sein. Die Kanten des Graphen können mit Latenzwerten markiert werden, die für die Dauer der mit der Kante verbundenen Kommunikation stehen. In Abb. 2.9 ist der Datenflussgraph zur Berechnung des Ausdruckes: $(a+b)*(c+d)^2+ef$ als Beispiel dargestellt.

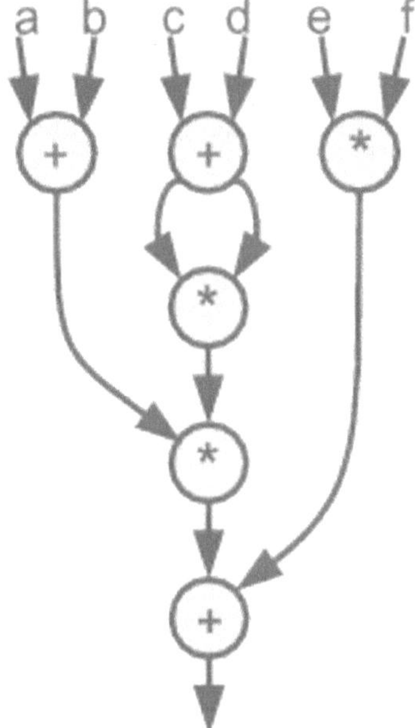

Abb. 2.9 Ein Datenflussgraph zur Berechung von $(a+b)*(c+d)^2+ef$

Die Datenflussgraphen bilden die Basis aller Organisations- und Planungsvorgänge für parallele Abläufe. Dabei ist es unerheblich, ob diese Vorgänge vom Programmierer oder durch ein Werkzeug automatisch geplant werden.

2.2.2 *Kommunikation*

Jede Kante im Datenflussgraphen (s. Abschn. 2.2.1.4) stellt neben der Datenabhängigkeit eine Kommunikation dar. Sofern Quelle und Senke der Kante auf der gleichen Ressource berechnet werden, kann diese Kommunikation dadurch geschehen, dass der Wert in einem Register gespeichert wird. Diese Speicherung kann als eine Kommunikation über einen gemeinsamen Speicher (das Register) angesehen werden. Werden Quellenoperation und Senkenoperation auf unterscheidlichen Ressourcen berechnet, dann ist eine Nachrichtenkopplung oder eine Speicherkopplung erforderlich. Alle Formen der Kommunikation erfordern die Ressourcen Zeit und Raum. Jeder Kommunikationsvorgang kostet Zeit, die sog. Kommunikationslatenz, und Raum in Form von Leitungen/Speichern, die die Kommunikation physikalisch durchführen.

2.2.3 *Ablaufplanung*

Für die Ablaufplanung sind grundsätzlich drei Probleme zu lösen:

1. die Zeitplanung
2. die Festlegung von Typ und Anzahl der zu verwendenden Ressourcen (Allokation)
3. die Platzierung der Aktivitäten auf die bereitgestellten Ressourcen (Bindung)

Die allgemein optimale Lösung der drei genannten Probleme ist für jedes einzelne *NP*-vollständig. Suboptimale Lösungsansätze existieren in polynomieller Rechenzeit. Zur Ablaufplanung sei die Methode *Kritischer Pfad* (engl.: **C***ritical* **P***ath* **M***ethod (CPM)*) als einfaches Verfahren mit linearer Laufzeit über die Anzahl der Knoten und Kanten hier angegeben.

2.2.3.1 Die Kritische-Pfad-Methode

Die Methode *Kritischer Pfad*, [16, 17] plant die Startzeiten aller Aktivitäten unter Berücksichtigung der Datenabhängigkeiten. Neben den Datenabhängigkeiten benötigt das Verfahren die Rechenzeiten der Aktivitäten. CPM plant ohne Ressourcenbeschränkungen in $O(|V|+|E|)$ mit der Knotenmenge V und der Kantenmenge E. Ergebnis ist ein Ablaufplan mit minimaler Latenz.

CPM besteht aus zwei Planungsphasen. Die Vorwärtsplanungsphase ASAP (engl.: **A***s* **S***oon* **A***s* **P***ossible*) plant alle Aktivitäten zum frühestmöglichen Zeitpunkt. Die Rückwärtsplanungsphase ALAP (engl.: **A***s* **L***ate* **A***s* **P***ossible*) plant alle Aktivitäten zum spätestmöglichen Zeitpunkt. Für die CPM-Planung werden alle Knoten mit vier Markierungen versehen:

- FA: frühester Anfang
- SA: spätester Anfang
- FE: frühestes Ende
- SE: spätestes Ende

Zu Beginn des Verfahrens wird *FA* aller Knoten ohne Vorgänger auf 0 gesetzt, alle anderen Zeiten werden in allen Knoten auf *u* (unbekannt) gesetzt (s. Abb. 2.10).

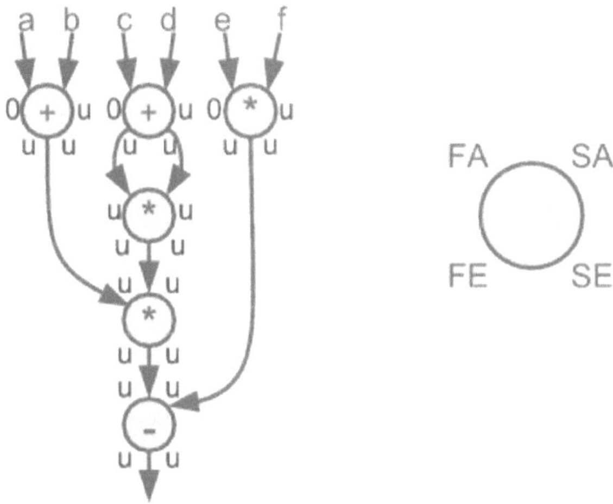

Abb. 2.10 Der initiale Datenflussgraph für CPM

Auf der Initialisierung wird nun folgendes Verfahren iteriert, bis FE der Knoten ohne Nachfolger geplant ist:

1. Berechne $FE = FA + RZ$ für alle Knoten mit bekanntem *FA* und unbekanntem FE. Im Beispiel wird für alle Knoten die Rechenzeit $RZ = 1$ angenommen.
2. Setze $FA = max(FE_{Vorgänger})$ für alle Knoten, deren Vorgänger alle in FE geplant sind.

Das Ergebnis der ASAP-Phase ist in Abb. 2.11 links dargestellt. Die ALAP-Phase wird initialisiert, indem für alle Knoten ohne Nachfolger $SE = max(FE)$ gesetzt wird. Danach wird wieder ähnlich wie in der ASAP-Phase über folgendes Verfahren iteriert, bis alle Knoten vollständig geplant sind:

1. Berechne $SA = SE - RZ$ für alle Knoten mit bekanntem *SE* und unbekanntem *SA*. Im Beispiel gilt weiterhin die Annahme: $RZ = 1$.
2. Setze $SE = min(SA_{Nachfolger})$ für alle Knoten, deren Nachfolger alle in *SA* geplant sind.

Das Ergebnis von ASAP- und ALAP-Phase ist in Abb. 2.11 rechts dargestellt. Der Datenflussgraph nach Ablaufplanung durch CPM liefert folgende Informationen:

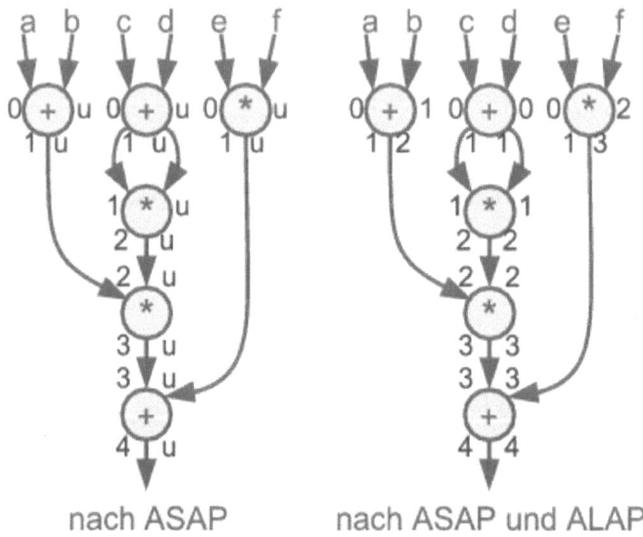

Abb. 2.11 Der markierte Datenflussgraph nach Ablaufplanung durch CPM

1. Die Latenz
   Das Maximum $max(FE)$ stellt die Latenz der geplanten Berechnung dar. Eine schnellere Berechnung ist mit den gegebenen Parametern nicht machbar. Ist sie trotzdem gefordert, so kann sie nicht durch Ressourceneinsatz, sondern nur durch Minderung von Rechenzeiten in den Aktivitäten selbst erfolgen.
2. Der kritische Pfad
   Die Menge aller Knoten mit $FA = SA$, resp. $SA = SE$ wird als kritischer Pfad bezeichnet. Eine Änderung der Rechenzeit bzw. eine Verzögerung der Ausführung dieser Knoten erhöht unmittelbar die Latenz des gesamten Graphen. In Abb. 2.12 links ist der kritische Pfad markiert.
3. Die Mobilität
   Die zum kritischen Pfad komplementäre Knotenmenge enthält Knoten mit einer Mobilität $\mu > 0$. Die Mobilität μ eines Knotens ergibt sich aus der Differenz $SA - FA$, resp. $SE - FE$. Sie ist ein Maß für die Beweglichkeit des Knotens. Der Knoten darf bezogen auf FA um maximal μ verzögert gestartet werden, ohne dass sich dabei die Latenz ändert. In Abb. 2.12 rechts ist eine ressourcenschonende Planung mit den geplanten Startzeiten als Knotenmarkierungen dargestellt. Diese ergibt sich durch Ausschöpfung der Mobilität.
4. Eine Ressourcenabschätzung
   Nach Berechnung der CPM-Methode kann der Ablaufplan dadurch bestimmt werden, dass als Startzeit der Aktivitäten $S = FA = SA$ angenommen wird. Aktivitäten mit $\mu > 0$ können unter Berücksichtigung unterschiedlicher Bewertungsfunktionen optimal im Interval $[S, S + \mu]$ platziert werden. Eine typische Bewertungfunktion ist die Anzahl der benötigten Ressourcen. Für jede Konfiguration,

die sich aus dem Freiheitsgrad der Mobilität ergibt, kann der Ressourcenbedarf dadurch ermittelt werden, dass für jeden Zeitpunkt die Anzahl der Instanzen für jeden Typ gezählt wird. Das Maximum, das sich für jeden Typ ergibt, bestimmt die Anzahl der benötigten Instanzen des Typs. Die Konfiguration mit dem minimalen Ressourcenbedarf kann so bestimmt werden.

Der Ressourcenbedarf, der sich für $S = FA$ über alle Knoten ergibt, ist dabei eine Obergrenze der benötigten Instanzen für jeden Ressourcentyp. Diese Information ist für die Allokationsphase (s.o.) wertvoll, da es wenig sinnvoll ist, bei der Planung der Instanzen für die einzelnen Ressourcentypen mehr Instanzen zu vergeben, als die Auszählung der einzelnen Zeitschritte ergibt.

In Abb. 2.12 würde eine Planung $S = FA$ zu einem Bedarf von zwei Addierern und einem Multiplizierer führen. Im Zeitschritt 0 werden zwei Addierer und ein Multiplizierer benötigt. Diese können in den folgenden Schritten erneut verwendet werden.

Wird demgegenüber eine der beiden Additionen um eine Zeiteinheit verzögert geplant (s. Abb. 2.12 rechts), dann kommt das Verfahren mit einem Addierer und einem Multiplizierer aus.

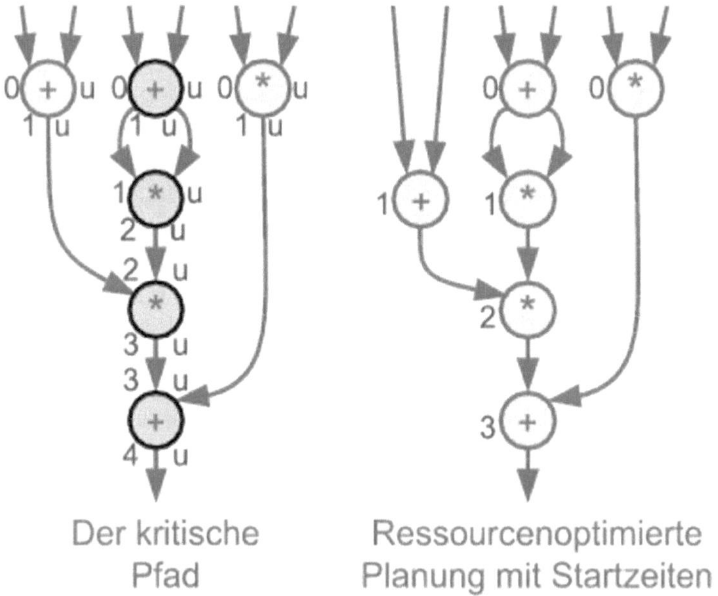

Abb. 2.12 Der kritische Pfad links und die ressourcenoptimierte Planung rechts

Das CPM-Verfahren zeichnet sich durch seine einfache Berechenbarkeit und die Vorgabe von sehr guten Richtwerten für die weiteren Planungsschritte der Allokation und der Bindung aus. Seine größte Schwäche ist, dass es Ressourcenbeschränkungen nicht berücksichtigt. Dazu gibt es Verfeinerungen des Verfahrens, die solche Beschränkungen berücksichtigen.

2.2.3.2 Andere Zeitplanungsverfahren

Die Vertiefung der Zeitplanungsverfahren würde an dieser Stelle zu weit führen. Sie sollen hier dennoch als Schlüsselwörter für denjenigen Leser genannt werden, der seine Kenntnisse im Bereich der Ablaufplanungsverfahren vertiefen möchte.

Als Erweiterung der CPM-Methode wurde das Listenscheduling entwickelt. Das Listenscheduling erweitert das CPM-Verfahren für Ressourcenbeschränkungen. Ressourcenbeschränkungen können bewirken, dass eine ausführbare Aktivität zum Zeitpunkt der frühesten Ausführbarkeit gemäß CPM nicht geplant werden kann, weil alle verfügbaren Ressourcen, die die Aktivität berechnen können, bereits mit anderen Aktivitäten belegt sind.

Das Listenscheduling verfolgt hier den Ansatz, dass es zwei Listen führt. Eine Liste enthält in jedem Zeitpunkt alle ausführbaren Aktivitäten und eine zweite Liste alle unbenutzten Ressourcen. In jedem Zeitpunkt werden nun möglichst viele Aktivitäten auf unbenutzte Ressourcen verteilt. Die geplanten Aktivitäten werden für den nächsten Zeitschritt aus der Aktivitätsliste entfernt. Die Ressourcenliste wird um die belegten Ressourcen vermindert. Dann werden für den nächsten Planungsschritt die Aktivitäten in der Aktivitätsliste ergänzt, die gemäß des Datenflussprinzips ausführbar werden. Die Liste der freien Ressourcen wird um die Ressourcen erweitert, die alte Berechnungen abgeschlossen haben.

Nach der Iteration über alle Zeitschritte entsteht ein Ablaufplan, der gemäß Datenflussprinzip gültig ist und der nie mehr Ressourcen verwendet als vorhanden sind. Der Nachteil des Verfahrens ist, dass es nicht zwingend zeitoptimal plant.

Ein Verfahren, das Ressourcenbeschränkungen einbezieht und den zeitlichen Ablauf zu optimieren versucht, ist das *Force directed Scheduling* (FDS). FDS ermittelt auf der Basis des Listenschedulings Planungsfenster für die Aktivitäten unter Berücksichtigung der Ressourcenbeschränkungen. Dabei wird ein Federmodell aufgebaut, in dem Federn zwischen den Aktivitäten und den potentziellen Planungszeitpunkten bestehen. Die Federn werden aufgrund verschiedener Planungsparameter anziehend oder abstoßend mit unterschiedlichen Kräften eingestellt. Das Paar (Zeitpunkt, Aktivität) mit der höchsten Anziehungskraft gewinnt und führt zu einer Planungsentscheidung. Dann wird das geplante Paar aus dem Federmodell entfernt, die Kräfte erneut eingestellt und das nächste Paar geplant, bis alle Aktivitäten geplant sind. Das Verfahren ist in [17] ausführlich dargestellt.

Das Force directed Scheduling liefert üblicherweise bessere Planungsergebnisse als das Listenscheduling. Es berechnet jedoch auch nicht sicher die beste Planung. Die Berechnung des Federmodells ist zudem sehr aufwändig. Zum einen müssen die Kräfte und Wirkrichtung der einzelnen Federn eingestellt werden; zum anderen muß eine Art Energieminimum im Graphen gefunden werden. Eine detaillierte Darstellung von FSD findet sich in [17].

2.2.3.3 Allokation

Mit dem Begriff *Allokation* wird die Entscheidung verbunden, wie viele Instanzen der benötigten Ressourcentypen für eine Berechnung bereitgestellt werden. Die Obergrenze lässt sich sehr gut mit der CPM-Methode abschätzen (s. Abschn. 2.2.3.1). Eine allgemeine Planungsmethode kann hier nicht angegeben werden, da die Allokation von vielen Randparametern abhängt. Diese Parameter sind z.B. die erlaubte Rechenzeit ggf. unter Echtzeit-Kriterien.

2.2.3.4 Bindung

Die Bindung ist der Vorgang, bei dem einer Aktivität eine dedizierte Ressource zugewiesen wird, auf der sie berechnet wird. Zunächst erscheint diese Entscheidung im Planungsprozess weniger wichtig zu sein, da die ausführbaren Aktivitäten zunächst beliebig auf die verfügbaren Ressourcen verteilt werden können. Die Bindungsentscheidung hat jedoch direkte Auswirkungen auf den Kommunikationsbedarf. Eine Aktivität kann Werte einer vorauslaufenden Aktivität übernehmen, wenn diese auf der gleichen Ressource berechnet wurde. Bei der Berechnung auf unterschiedlichen Ressourcen ist die Kommunikationslatenz zu berücksichtigen. Bindungsmethoden unter Berücksichtigung verschiedener Randkriterien finden sich in [17].

Literaturverzeichnis

1. A. M. Turing. On computable numbers, with an application to the Entscheidungsproblem. *Proceedings of the London Mathematical Society. Second Series*, 42:230–265, 1936. This is the paper that introduced what is now called the *Universal Turing Machine*. See correction [18].
2. Norbert Blum. *Theoretische Informatik: Eine anwendungsorientierte Einführung, 2. Auflage*. Oldenbourg, 2001.
3. H. Herold, B. Lurz, and J. Wohlrab. *Grundlagen der Informatik*. Pearson Studium, München, 2006.
4. John von Neumann. First draft of a report on the edvac. *Annals of the History of Computing*, 15(4):27–75, 1945/1993.
5. Andrew S. Tanenbaum. *Computerarchitektur*. Pearson Studium, München [u.a.], 2006.
6. David A. Patterson. *Rechnerorganisation und Entwurf, 3. Auflage*. Spektrum Akademischer Verlag, München, 2005.
7. D. Sima, T. Fountain, and P. Kacsuk. *Advanced Computer Architecture*. Addison Wesley, Harlow, 1998.
8. Jack B. Dennis, John B. Fosseen, and John P. Linderman. Data flow schemas. In *International Sympoisum on Theoretical Programming*, pages 187–216, 1972.

9. Theo Ungerer. *Innovative Rechnerarchitekturen - Bestandsaufnahme, Trend, Möglichkeiten.* McGraw-Hill, New York, NY, USA, 1989.
10. M. Flynn. Some computer organizations and their effectiveness. *IEEE Transactions on Computers*, 21:948–960, 1972.
11. Wolfgang Händler. On classification schemes for computer systems in the post-von-neumann-era. In *GI - 4. Jahrestagung*, pages 439–452, London, UK, 1975. Springer-Verlag.
12. Jack B. Dennis. Data flow supercomputers. *Computer*, 13(11):48–56, November 1980.
13. Jack B. Dennis and David Misunas. A preliminary architecture for a basic data flow processor. In *ISCA*, pages 126–132, 1974.
14. Jack B. Dennis. Data flow ideas for supercomupters. In *COMPCON* [15], pages 15–20.
15. *COMPCON'84, Digest of Papers, Twenty-Eighth IEEE Computer Society International Conference, San Francisco, California, USA, February 27 - March 1, 1984*. IEEE Computer Society, 1984.
16. James E. Kelley, Jr and Morgan R. Walker. Critical-path planning and scheduling. In *IRE-AIEE-ACM '59 (Eastern): Papers presented at the December 1-3, 1959, eastern joint IRE-AIEE-ACM computer conference*, pages 160–173, New York, NY, USA, 1959. ACM.
17. Juergen Teich. *Digitale Hardware/Software-Systeme: Synthese und Optimierung*. Springer-Verlag, Heidelberg, January 1997.
18. A. M. Turing. On computable numbers, with an application to the Entscheidungsproblem. A correction. *Proceedings of the London Mathematical Society. Second Series*, 43:544–546, 1937. See [1].

Kapitel 3
Leistungsmaße für das parallele Rechnen

Dietmar Fey

Zusammenfassung Das folgende Kapitel stellt Leistungsmaße vor, welche die Qualität von Algorithmen im Hinblick auf ihre Eignung für eine parallele Berechnung bewerten. Dadurch ist es möglich, Aussagen darüber zu treffen, wie gut sich bestimmte Algorithmen für eine Parallelisierung in parallelen Rechnerumgebungen wie Cluster-Rechnern und Grids eignen.

3.1 Speed-Up und Effizienz

Eine wichtige Größe in diesem Zusammenhang ist der sog. Speed-Up $S(n,p)$, der die Beschleunigung eines Programms durch Parallelverarbeitung ausdrückt (3.1). Der Speed-Up ist definiert als das Verhältnis der Laufzeit im sequenziellen Fall, $T_s(n)$, zur Laufzeit im parallelen Fall, $T_p(n,p)$. Dabei beschreibt n die Problemgröße, z.B. Vektoren der Dimension n, auf denen die Operationen ausgeführt werden. Die Größe p entspricht der bei der Parallelverarbeitung eingesetzten Anzahl an Prozessoren.

$$S(n,p) = \frac{T_s(n)}{T_p(n,p)} \tag{3.1}$$

Im theoretischen Idealfall ergibt sich für *S(n,p)* ein Speed-Up von p. In der Regel wird die Laufzeit in einer parallelen Umgebung jedoch nicht einfach der sequenziellen Laufzeit geteilt durch die Anzahl der Prozessoren entsprechen. Dies liegt daran, dass Teile der Berechnung eventuell nur sequenziell ausgeführt werden können. Ferner kann bei den parallelen Berechnungen ein zusätzlicher Aufwand (engl.: *Overhead*), bedingt durch eine notwendige Kommunikation und Synchronisation zwischen den Prozessoren, entstehen. Dies führt dazu, dass der Speed-Up nicht optimal mit der Anzahl der Prozessoren skaliert.

Friedrich-Alexander-Universität Erlangen-Nürnberg
Department Informatik, Lehrstuhl für Rechnerarchitektur
E-mail: dietmar.fey@informatik.uni-erlangen.de

D. Fey (ed.), *Grid-Computing*, eXamen.press, DOI 10.1007/978-3-540-79747-0_3,

Um auch dafür ein Maß zu erhalten, wird der Begriff der Effizienz eingeführt. Die Effizienz eines parallelen Programms ergibt sich aus dem Verhältnis des erzielten Speed-Ups *S(n,p)* und der dafür eingesetzten Anzahl an Prozessoren p (3.2).

$$E(n,p) = \frac{S(n,p)}{p} \tag{3.2}$$

3.2 Das Amdahlsche Gesetz

Dieses Gesetz wurde 1967 von Gene Amdahl publiziert [1]. Es lässt sich wie folgt herleiten. Sei f, $(0 \leq f \leq 1)$, der Anteil an der Berechnung, der sequenziell ausgeführt werden muss, und sei $T_s(n)$ die Gesamtlaufzeit im seriellen Fall. Dann erhält man – unter Berücksichtigung dieses seriellen Anteils an der Gesamtberechnung – für die Gesamtlaufzeit im parallelen Fall, $T_p(n,p)$, die Summe aus dem seriellen Anteil an der ursprünglichen Gesamtlaufzeit plus die Laufzeit, die sich durch den parallelisierbaren Restanteil $(1-f)$ bestimmt und aufgrund der Parallelisierung maximal um den Faktor p verbessert wird (3.3).

$$T_p(n,p) = T_s(n) \cdot f + \frac{T_s(n) \cdot (1-f)}{p} \tag{3.3}$$

Setzt man $T_p(n,p)$ in (3.1) ein, so ergibt sich das in (3.4) gezeigte Amdahlsche Gesetz für den Speed-Up $S(n,p)$ beim Einsatz von p Prozessoren.

$$S(n,p) \leq \frac{1}{f + \frac{1-f}{p}} \tag{3.4}$$

Das Gesetz von Amdahl setzt eine Grenze für die Parallelisierbarkeit von Problemen. Selbst beim Einsatz von beliebig vielen Prozessoren wird der Speed-Up immer unter der Grenze $1/f$ fallen. Wie man in Abb. 3.1 sehen kann, geht auch bei einem recht hohen Anteil an Parallelität von 90% die zugehörige Speed-Up-Kurve relativ bald in Sättigung. Selbst bei einem seriellen Anteil von nur 1% wird der Speed-Up nie über den Faktor 100 steigen, womit der Nutzen von noch mehr Prozessoren schnell schwindet. Dies bedeutet, dass die Effizienz beim Einsatz von immer mehr Prozessoren deutlich abnehmen kann.

Im Gesetz von Amdahl sind noch nicht die Kosten für Kommunikation und Synchronisation berücksichtigt, die durch die parallele Berechnung entstehen. Diese skalieren mit der Anzahl der Prozessoren, so dass der Speed-Up ab einer bestimmten Anzahl von Prozessoren nicht nur gegen eine Asymptote konvergiert, sondern sogar wieder abnimmt (sog. *Ellbogeneffekt*).

Das folgende aus [2] entnommene Beispiel stellt diese Aussage anschaulich dar. Gegeben sei ein Programm, das für die Ein-/Ausgabe einer Datenmenge der Größe n eine Zeit von $(18.000 + n)$ μs benötigt. Dieser Aufwand entspricht zugleich dem seriellen Programm-Anteil $T_s(n)$. Der Anteil des Programms, der parallel ausführbar

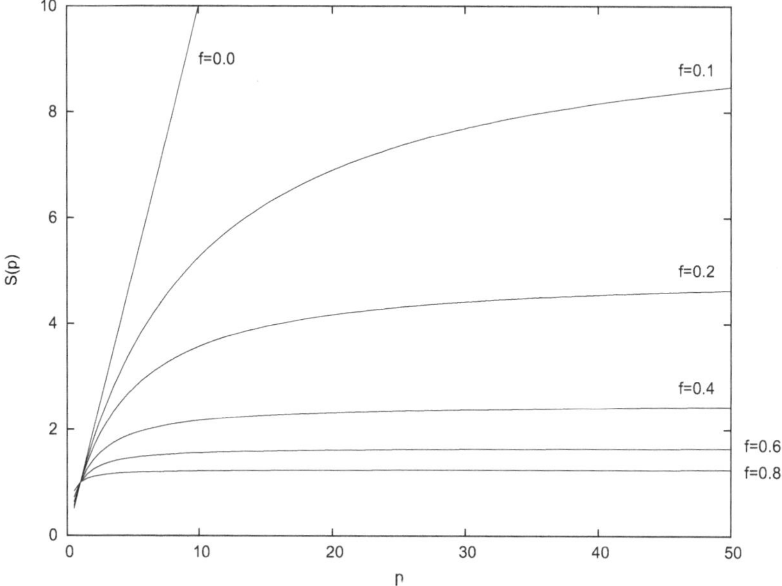

Abb. 3.1 Funktionsverlauf Amdahlsches Gesetz

ist, besitze die von n abhängige Ausführungszeit $(n^2/100)\ \mu s$. Wie hoch ist in diesem Falle der durch eine Parallelisierung maximal erreichbare Speed-Up bei einer Problemgröße von $n = 10.000$? Dazu muss zunächst der serielle Anteil bestimmt werden. Diesen erhält man laut (3.1) aus dem Quotienten des Zeitaufwands für den seriellen Teil dividiert durch den benötigten Zeitaufwand für die gesamte Berechnung, der sich wiederum aus der Summe des seriellen und des parallelen Anteils ergibt. Somit errechnet sich der serielle Anteil f für das Beispiel $n = 10.000$ gemäß (3.5).

$$f = \frac{(18.000 + 10.000)\ \mu sec}{(18.000 + 10.000)\ \mu sec + 10.000^2/100\ \mu sec} = 0.0272 \tag{3.5}$$

Eingesetzt in (3.4) ergibt dies (3.6).

$$S(10.000, p) = \frac{1}{0.0272 + (1 - 0.0272)/p} \tag{3.6}$$

Abb. 3.2 zeigt den Kurvenverlauf des Speed-Ups für dieses Beispiel. Man sieht wie der Kurvenverlauf (Speed-Up ohne Kommunikation) zunächst steil ansteigt und dann abflacht. Im Folgenden wird dieses Beispiel um die Berücksichtigung des Aufwands für die Kommunikation erweitert. Angenommen es existieren in der Anwendung insgesamt $\lceil ldn \rceil$ Kommunikationspunkte, von denen jeder einen Aufwand von $(10.000\lceil ldp \rceil + n/10)\ \mu sec$ verursacht. Somit drückt sich der allgemein zu leistende Zusatzaufwand $T_o(n,p)$ durch (3.7) aus.

$$T_o(n,p) = \lceil ldn \rceil \times (10.000 \times \lceil ldp \rceil + n/10)\ \mu sec \tag{3.7}$$

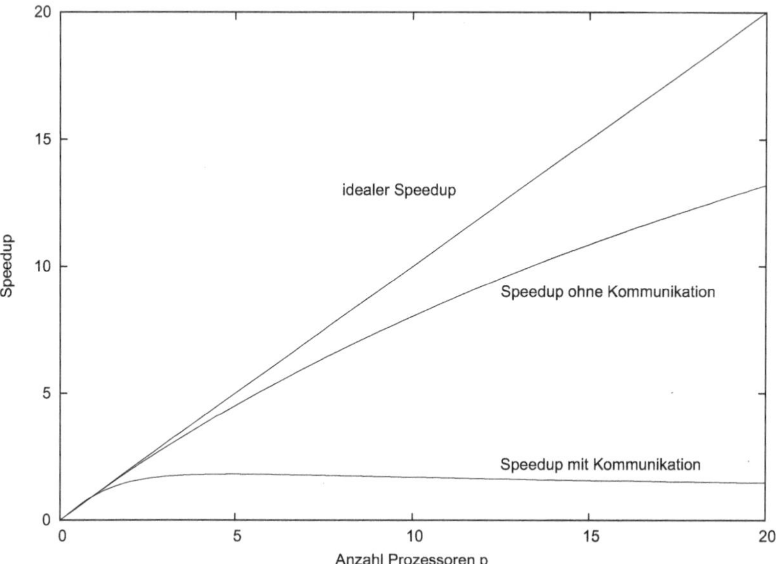

Abb. 3.2 Graphische Darstellung des Ellbogen-Effekts bei Berücksichtigung der Kommunikation. Bei der Kurve für den Fall ohne Berücksichtigung der Kommunikation wurde auf die Darstellung der ganzzahligen Supremum-Funktion aus Gründen der besseren Darstellung verzichtet, d.h. statt $\lceil ldp \rceil$ wurde ldp verwendet

Für die angenommene Datenmenge von $n = 10.000$ ergibt sich damit $(140.000 \times \lceil ldp \rceil + 14.000)$ μsec. Stellt man diesen Aufwand in Relation zum Gesamtberechnungsaufwand ohne Kommunikation, d.h.

$$\frac{T_o(10.000, p)}{((10.000 + 18.000) + 10.000^2/100)} = \frac{(140.000 \times \lceil ldp \rceil + 14.000)\ \mu sec}{1.028.000\ \mu sec}$$
$$= 0.1362 \times \lceil ldp \rceil + 0.0136,$$

erhält man (3.8) als Ausdruck für den von p abhängigen Verlauf des Speed-Ups. Man sieht in Abb. 3.2 (Speed-Up mit Kommunikation) klar, wie in diesem Falle der Speed-Up mit zunehmender Prozessorzahl p einknickt.

$$S(10.000, p) = \frac{1}{0.0272 + (1 - 0.0272)/p + 0.1362 \lceil ldp \rceil + 0.0136} \tag{3.8}$$

Die Schlussfolgerungen dieser Zusammenhänge führten dazu, dass die Parallelrechnung für 21 Jahre in eine Nische gedrängt wurde. Erst durch die Arbeiten von Gustafson, Montry und Brenner [3], [4] änderte sich diese Ansicht. Sie zeigten 1988, dass man mit einem System von 1024 Prozessoren durchaus einen Speed-Up von 1000 erreichen kann, wenn das Problem nur groß genug und der serielle Anteil damit sehr klein ist. Dieser Zusammenhang wird im Gesetz von Gustafson-Barsis formuliert. Heiko Bauke und Stephan Mertens geben dafür in [5] ein anschauliches Beispiel: Wenn ein Maler zum Streichen eines Zimmers eine gewisse Zeit benötigt, so werden 60 Maler nicht ein Sechzigstel dieser Zeit benötigen, da sie sich gegenseitig behindern. Dies entspricht dem Gesetz von Amdahl.

3.3 Der Amdahl-Effekt

Diesen Gedanken kann man wie folgt fortsetzen: Wenn man möchte, dass die 60 Maler dennoch effizient arbeiten, dann gibt man ihnen einfach 60 Zimmer zum Streichen. Sie beenden dann ihre Arbeit in der gleichen Zeit, die ein Maler für eine Wand braucht. Auf die mathematische Analyse bezogen bedeutet dies Folgendes: Dadurch, dass man die Arbeitslast erhöht, zögert man das Abflachen des Kurvenverlaufs der Speed-Up-Kurven gegenüber der Anzahl eingesetzter Prozessoren hinaus und man erhält wieder befriedigende Speed-Up-Werte und damit eine bessere Effizienz. Dieses Hinausschieben der abnehmenden Steigerung des Speed-Ups durch die Erhöhung der Problemlast n bezeichnet man in der Literatur als den *Amdahl-Effekt* [6].

Abb. 3.3 zeigt den Verlauf der Speed-Up-Kurven für das Zahlenbeispiel aus 3.8 erweitert um höhere Problemlasten $n = 20.000$ bzw. $n = 30.000$. Man erkennt deutlich, wie die Kurven für $S(20.000, p)$ und $S(30.000, p)$ ansteigen und der bei $n = 10.000$ bereits frühzeitig einsetzende Ellbogen-Effekt sich für die Situation einer Last von $n = 20.000$ erst ab etwa 25 Prozessoren bemerkbar macht und für eine Last von $n = 30.000$ bis 30 Prozessoren noch gar nicht auswirkt.

Voraussetzung für das Greifen dieses Effektes ist, dass der parallele Anteil über n eine höhere Komplexität aufweist als der serielle Anteil. Diese Aussage lässt sich auf den praktischen Fall verallgemeinern, indem man den Zusatzaufwand für Kommunikation und Synchronisation berücksichtigt. Wenn das zu lösende Problem derart gestaltet ist, dass die parallele Berechnung von höherer Komplexität als der Aufwand für die Kommunikation und die Synchronisation ist, wird bei zunehmend großer Problemlast der Einsatz von vielen Prozessoren, oder allgemein ausgedrückt von zusätzlicher Parallelität, wieder lohnenswert sein. Dies gilt auch im Hinblick auf eine Steigerung der Effizienz. Voraussetzung dafür ist natürlich, dass die Erhöhung der Problemlast Sinn macht.

Auch wenn in der Praxis des täglichen Lebens nicht allzu häufig 60 Wände gestrichen werden müssen, um den Einsatz von 60 Malern zu rechtfertigen, gilt dieser Sachverhalt übertragen auf Anwendungen in Computational Science glücklicherweise nicht. Bisher wünschten sich Anwender aus Computational Science Disziplinen in der Vergangenheit stets mehr Rechenleistung, um beispielsweise ihre Simulationsergebnisse noch genauer berechnen zu können, z.B. durch eine Erhöhung der Anzahl Gleichungen und unbekannter Variablen oder durch feinere Gitterauflösungen in bezüglich Raum und Zeit diskretisierten Differentialgleichungssystemen. Zusätzlich gilt, dass, bedingt durch die Natur der Problemräume, der Aufwand für die Berechnung gegenüber n quadratisch zunimmt, während die zusätzliche

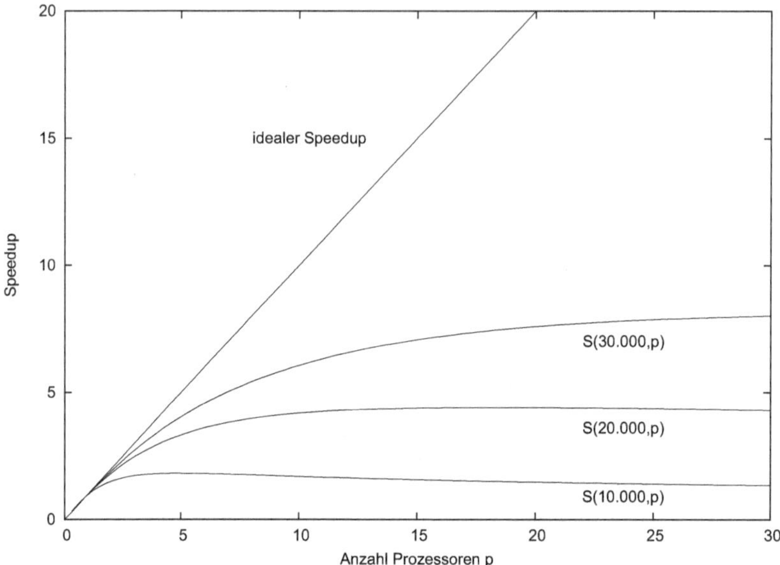

Abb. 3.3 Graphische Darstellung des Amdahl-Effekts

Belastung für die Kommunikation nur linear steigt. Somit gibt es wieder mehr zu rechnen und die Effizienz nimmt zu. Das heißt, dass auch in Grid-Strukturen, die von vornherein einen höheren Kommunikationsaufwand aufweisen, paralleles Rechnen im Sinne des High-Performance-Computing sich lohnen kann, sofern die Problemlast nur hoch genug ist und das Erhöhen der Problemlast hinsichtlich der erwarteten Ergebnisse auch Sinn macht.

3.4 Das Gesetz von Gustafson-Barsis

Im Kern geht es bei diesem Gesetz um eine andere Sichtweise als beim Gesetz von Amdahl. Es wird nicht mehr betrachtet, wie viel schneller ein Programm bei einer größeren Anzahl von Prozessoren ist, sondern wie viel mehr Zeit die Ausführung eines parallelen Programms auf einem Rechner mit nur einer CPU benötigen würde. Anders ausgedrückt, Gustafson-Barsis gehen bei ihrer Analyse nicht wie Amdahl von einem gegebenen seriellen Programm aus, das parallelisiert werden muss, sondern von einem parallelen Programm, bei dem die Last des parallelen Anteils erhöht wird und sich damit auch ein erhöhter Speed-Up beim Einsatz von mehr Prozessoren ergibt.

Die sequenzielle Laufzeit T_1 ergibt sich, wenn man von einem parallelen Programm startet, aus der parallelen Laufzeit T_p nach (3.9). Diese Formel lässt sich wie folgt motivieren: Der serielle Zeitaufwand des parallelen Programms $f_G \times T_p$ muss selbstverständlich auch auf einem seriellen Rechner erbracht werden, wobei f_G dem seriellen Anteil im parallelen Programm entspricht. Hinzu kommt noch der parallele Zeitaufwand $(1 - f_G) \times T_p$, der auf einem seriellen Rechner p-mal so viel Zeit in Anspruch nimmt.

$$T_1 = f_G \cdot T_p + p \cdot (1 - f_G) \cdot T_p \qquad (3.9)$$

Daraus ergibt sich mit $S(p) = T_1/T_p$ der Speed-Up nach Gustafson-Barsis (3.10).

$$S(p) = f_G + (1 - f_G) \cdot p = p - (p-1) \cdot f_G \qquad (3.10)$$

Vergleicht man beide Definitionen des Speed-Ups, so sieht man, dass der Speed-Up bei Amdahl durch den seriellen Anteil begrenzt, bei Gustafson-Barsis aber im Prinzip beliebig hoch (bei unbegrenzter Anzahl von CPUs) sein kann. Dies ergibt sich aus der veränderten Betrachtungsweise. Der serielle Anteil bei Amdahl ist der serielle Anteil an der Laufzeit T_1, während der serielle Anteil bei Gustafson der serielle Anteil der Laufzeit T_p ist. Der Speed-Up bei Gustafson-Barsis wird deshalb auch skalierter Speed-Up genannt, da die Problemgröße mit der Anzahl der Prozessoren skalieren sollte.

3.5 Die Karp-Flatt-Metrik

Gemein ist sowohl dem Ansatz von Amdahl als auch dem nach Gustafson-Barsis, dass die Eignung eines Programms zur Ausführung in einer massiv-parallelen Umgebung stark vom Anteil der sequenziell auszuführenden Berechnung abhängt. Beide Ansätze vernachlässigen jedoch den Zusatzaufwand für Kommunikation und Synchronisation. Die Vernachlässigung dieses Zusatzaufwands hat zur Folge, dass die ermittelten Werte für den Speed-Up nach Amdahl bzw. für den Speed-Up nach Gustafson-Barsis leicht überschätzt werden. Karp und Flatt schlugen daher eine andere Metrik vor, die den Zusatzaufwand explizit berücksichtigt [7]. In ihrer Metrik stellen sie den Zusatzaufwand in ein Verhältnis zu dem parallelen Anteil eines Programms.

Der tatsächliche serielle Anteil, in diesem Falle exakt der nicht über die p Prozessoren parallelisierbare Anteil, besteht aus der Summe des inhärent seriellen Anteils des Programms, $\sigma(n)$, und den Zusatzkosten, $\kappa(n,p)$, in Relation zu der Laufzeit des seriellen Programms, die sich aus der Summe des seriellen Anteils, $\sigma(n)$, und des parallelen Anteils, $\phi(n)$, ergibt (3.11). In diesem Falle werden bei $\sigma(n)$ und $\phi(n)$ deren Abhängigkeiten von der Größe der Problemlast n berücksichtigt, bei $\kappa(n,p)$ kommt zusätzlich noch eine Abhängigkeit von der Anzahl der Prozessoren hinzu, die den Zusatzaufwand für Kommunikation und Synchronisation mitbestimmt.

$$e = \frac{\sigma(n) + \kappa(n,p)}{\sigma(n) + \phi(n)} \qquad (3.11)$$

Der Wert e muss jedoch nicht ausschließlich über (3.11) bestimmt werden. Viel einfacher ist es, e dadurch zu bestimmen, dass man das Gesetz von Amdahl einfach nach dem sequentiellen Anteil auflöst. In diesem Fall erhält man die Karp-Flatt-Metrik e nach (3.12).

$$\begin{aligned} 1/S(p) = f + \frac{1-f}{p} &= \frac{f \times (p-1) + 1}{p} \Rightarrow \\ \frac{p}{S(p)} - 1 &= f \times (p-1) \Rightarrow \\ f &= \frac{\frac{p}{S(p)} - 1}{p-1} \Rightarrow \\ f &= \frac{\frac{1}{S(p)} - \frac{1}{p}}{1 - \frac{1}{p}} = e \end{aligned} \tag{3.12}$$

Dies erlaubt den sequentiellen Anteil einschließlich des Zusatzaufwands empirisch zu bestimmen. Dies geschieht über Laufzeit-Messungen an einem vorhandenen parallelen Programm. Man spricht in diesem Zusammenhang auch von dem *experimentell bestimmten seriellen Anteil e*. Um den experimentellen seriellen Anteil zu bestimmen, wird der Speed-Up des Programms für mehrere Werte von p, also für eine verschiedene Anzahl von Prozessoren ermittelt. Setzt man die verschiedenen gemessenen Speed-Up-Werte und die zugehörige Anzahl an Prozessoren in die Formel (3.12) ein, erhält man den sequentiellen Anteil e.

Durch die Bestimmung von e für mehrere Werte von p, lässt sich untersuchen, ob e von p unabhängig ist oder nicht. Ist e unabhängig von p, so spielen Kommunikation und Synchronisation keine Rolle bei der Ausführungszeit des Programms. Das heißt, ist man mit dem Verlauf des Speed-Ups beim Einsatz mehrerer Prozessoren nicht zufrieden, liegt es in diesem Falle nicht an den durch die Parallelisierung entstandenen Zusatzkosten. Vielmehr ist dann die Situation gegeben, dass quasi die gesamte Algorithmen-inhärente Parallelität herausgezogen und ein weiterer Speed-Up daher nicht mehr möglich ist. Mit anderen Worten ausgedrückt, der eigentliche serielle Anteil des Algorithmus ist zu hoch.

Wächst e allerdings mit der Anzahl der Prozessoren, so gibt es einen parallelen Overhead und der Speed-Up ist geringer, als er sich nach dem Gesetz von Amdahl oder Gustafson-Barsis ergeben würde. In diesem Falle ist für die Stagnation oder für den Rückgang des Speed-Ups wirklich der durch die Parallelisierung bedingte Zusatzaufwand verantwortlich. Hier muss bei einer Optimierung des parallelen Algorithmus angesetzt werden. Beispielsweise sollte überprüft werden, ob sich Berechnung und Kommunikation zeitgleich ausführen lassen.

Wir werden im Verlauf der Ausführungen in Kapitel 21.3 über die Parallelisierung der Simulation von Zellulären Automaten auf das Karp-Flatt-Maß wieder zurückgreifen, um Aussagen zu treffen, ob sich der Übergang von einer Berechnung in einem Cluster-Rechner zu einem z.B. aus Multi-Clustern bestehenden Grid lohnt.

3.6 Die Isoeffizienz-Funktion

Mit steigender Anzahl der verwendeten Prozessoren wird durch den sequenziellen Anteil f die Effizienz der parallelen Verarbeitung eines Programms abnehmen (s. Abb. 3.2), wenn die Problemgröße konstant bleibt. Steigt hingegen die Problemgröße n bei konstanter Anzahl von Prozessoren, so wird im Regelfall der sequentielle Anteil an der Gesamtrechenlast kleiner und die Effizienz steigt. Dies ist die Grundlage des skalierten Speed-Ups. Die Isoeffizienz-Funktion [8] gibt an, wie stark die Problemgröße wachsen muss, um bei einem Mehr an Parallelisierung, d.h. einer steigenden Anzahl von Prozessoren, die Effizienz konstant zu halten. Dabei geht man wie beim Ansatz von Gustafson-Barsis von einem parallelen Programm aus. Von Interesse ist also die Laufzeit eines parallelen Programms $T(n,p)$ in Abhängigkeit von der Problemgröße n und der Anzahl der Prozessoren p. Wie bereits erwähnt, bestimmt sich die Laufzeit $T(n,p)$ aus der Zeit, die für den sequentiellen Teil der Berechnung benötigt wird, $T_s(n,p)$, der Zeit für den parallelen Anteil, $T_p(n)$, und dem Zusatzaufwand, $T_o(n,p)$, der durch Kommunikation und Synchronisation entsteht (3.13).

$$T(n,p) = T_s(n,p) + \frac{T_p(n)}{p} + T_o(n,p) \tag{3.13}$$

Unter Verwendung von $T(n,p)$ nach (3.13) lässt sich die Effizienz gemäß (3.14) ausdrücken.

$$E(n,p) = \frac{T(n,1)}{p \cdot T(n,p)} \tag{3.14}$$

Setzt man den Ausdruck (3.13) in (3.14) ein, lässt sich die Effizienz gemäß (3.15) formulieren.

$$E(n,p) = \frac{T_{seq}(n) + T_{par}(n)}{p \cdot T_s(n,p) + T_{par}(n) + p \cdot T_{cost}(n,p)} \tag{3.15}$$

Weiterhin gilt (3.16) für $T(n,1)$, entsprechend der Laufzeit auf einem Prozessor.

$$T(n,1) = T_{seq}(n) + T_{par}(n) \tag{3.16}$$

Daraus ergibt sich (3.17). Dabei entspricht $T_{ges}(n,p)$ dem gesamten im parallelen Algorithmus zusätzlich zum rein seriellen Anteil zu leistenden Aufwand.

Dieser ergibt sich aus den um den Faktor $p-1$ größeren seriellen Anteil $T_s(n,p)$, der in den p Prozessoren ausgeführt werden muss, plus dem im parallelen Fall zu leistenden Aufwand für Kommunikation und Synchronisation $T_o(n,p)$.

$$\begin{aligned}
E(n,p) = \frac{T(n,1)}{T(n,1)+(p-1)\cdot T_s(n,p)+T_o(n,p)} &\Rightarrow \\
T(n,1) = E(n,p)\cdot(T(n,1)+T_{ges}(n,p)) &\Rightarrow \\
T(n,1)\cdot(1-E(n,p)) = E(n,p)\cdot T_{ges}(n,p) &\Rightarrow \\
T(n,1) = \frac{E(n,p)}{1-E(n,p)}\cdot T_{ges}(n,p) & \qquad (3.17)
\end{aligned}$$

Wenn man somit eine konstante Effizienz wünscht, muss der Ausdruck $\frac{E(n,p)}{1-E(n,p)}$ konstant bleiben und somit lässt sich (3.17) zu (3.18) vereinfachen.

$$T(n,1) \geq C\cdot T_{ges}(n,p) \qquad (3.18)$$

Diese Gleichung wird als Isoeffizienz-Funktion bezeichnet. Der konstante Faktor C ist spezifisch für eine bestimmte Problemklasse. Damit die Effizienz beim Einsatz von mehr Prozessoren mindestens gleich bleibt, muss die Last n soweit erhöht werden, dass der dabei entstehende sequentielle Zeitaufwand $T(n,1)$ höchstens um den gleichen Faktor zunimmt wie der bei einer auf p Prozessoren erweiterten Parallelisierung zusätzlich zum sequentiellen Rechenaufwand zu leistende gesamte Restaufwand $T_{ges}(n,p)$.

3.7 Weiterführende Literatur

Weiterführende Literatur insbesondere zu dem Thema Isoeffizienz findet sich in [2] und [9]. Dort werden auch für verschiedene Anwendungsklassen Asymptoten für die Konstante C gegenüber einer steigenden Prozessorzahl p aufgezeigt. Eine interessante Neubewertung des Gesetzes von Amdahl unter Berücksichtigung von Multikern-Prozessorarchitekturen zeigt [10].

Literaturverzeichnis

1. G.M. Amdahl, „Validity of the Single-Processor Approach to Achieving Large-Scale Computing Capabilities" in *Proc. Am. Federation of Information Processing Societies Conf.*, AFIPS Press, 1967, pp. 483-485.
2. M.J. Quinn, *Parallel Programming in C with MPI and OpenMP*, (McGraw-Hill, New York, 2003).
3. J.L. Gustafson, „Reevaluating Amdahl's Law", Comm. ACM, May 1988, pp. 532-533.
4. J.L. Gustafson, G.R. Montry, and R.E. Brenner, „Development of Parallel Methods for a 1024-Processor Hypercube", *SIAM J. Scientific and Statistical Computing*, Vol. 9, No. 4, July 1988, pp. 532- 533.
5. H. Bauke, S. Mertens, *Cluster Computing*, (Springer, Berlin, Heidelberg, 2006)
6. S.E. Goodman, S.T. Hedetniemi, *Introduction to the Design and Analysis of Algorithms*, (McGraw-Hill, 1977).
7. A.H. Karp, H.P. Flatt, „Measuring parallel processor performance", Communications of the ACM **33(5)** May 1990, pp. 539-543.
8. A.Y. Grama, A. Gupta, V. Kumar „Isoefficiency Function: A Scalibility Metric for Parallel Algorithms and Architectures", IEEE Parallel and Distributed Technology, **1(3):12-21**, August 1993.
9. A. Grama, A. Gupta, G. Karypis, V. Kumar, 2nd edn. *Introduction to Parallel Computing* (Addision-Wesley, Harlow, England, 2003).
10. M.D. Hill, M.R. Marty, „Amdahl's Law in the Multicore Era", *Computer*, pp. 33-38, July 2008.

Kapitel 4
Parallelisierungstechniken

Dietmar Fey

Zusammenfassung Während sich die beiden vorherigen Kapitel mit den Grundlagen paralleler Rechnerarchitekturen und deren Leistungsbewertung beschäftigten, widmet sich dieses Kapitel bestimmten Strategien und Verfahren, um Probleme aus Computational Science so aufzubereiten, dass sie in parallelen Strukturen, wie z.B. einem Rechengrid, gelöst werden können. Im Blickfeld der parallelen Strukturen stehen dabei Grid-Strukturen, die in diesem Buch mit dem Attribut lose und eng gekoppelt versehen werden.

4.1 Lose und eng gekoppelte Grid-Strukturen

Mit *lose gekoppelten Grid-Strukturen* ist der Zusammenschluss von geographisch u.U. weiter von voneinander entfernten Ressourcen gemeint, denen über geeignete Grid-Middleware zu einem – aus Sicht eines Benutzers – möglichst einheitlichen Systemabbild verholfen wird. Beispiele dafür sind die klassischen Daten- und Rechen-Grids [1, 2], die z.B. als Enterprise-Grids und Campus-Grids ihren Dienst verrichten. Aufgrund der sich durch die größeren Entfernungen ergebenden Latenzzeiten bei der Kommunikation liegt das Hauptanwendungsgebiet für solche Grid-Strukturen im Bereich des High-Throughput-Computings [3]. *Eng gekoppelte Grid-Strukturen* bezeichnen den Zusammenschluss von geographisch näher angeordneten Ressourcen, die nicht unbedingt über eine Grid-Middleware, sondern vielmehr auf der Ebene einer geeigneten Programmier- und Netzwerkumgebung zu einem aus Nutzersicht einheitlichen Systemabbild zusammengeschlossen werden. Die Domäne solcher Strukturen für Aufgaben bzw. Applikationen in Computational Science liegen im Sinne der Definition in Kapitel 1 im Bereich des High-Performance-Computing. Beispiele dafür sind Multi-Clusterrechner-Kopplungen

Friedrich-Alexander-Universität Erlangen-Nürnberg
Department Informatik, Lehrstuhl für Rechnerarchitektur
E-mail: dietmar.fey@informatik.uni-erlangen.de

D. Fey (ed.), *Grid-Computing*, eXamen.press, DOI 10.1007/978-3-540-79747-0_4,

oder auch einfach abgekürzt als *Multi-Cluster* bezeichnete Parallelrechnerstrukturen. Gemeinsam ist sowohl bei losen als auch eng gekoppelten Strukturen, dass sie beim Zusammenschluss der Ressourcen versuchen, unterschiedliche Netzwerke und administrative Einheiten auf transparente Weise zu überwinden. Dies unterscheidet eng gekoppelte Grid-Strukturen von lokalen Clustern und lose gekoppelte Grid-Strukturen von klassischen verteilten Systemen. Im Folgenden werden nun im Sinne der in diesem Buch beschriebenen Informatik-Grundlagen des Computational Science Strategien und Verfahren aufgezeigt, wie man Anwendungen grundsätzlich für eine parallele Verarbeitung aufbereiten kann. Dabei wird auf eine in dem Buch *Patterns for Parallel Programming* von Timothy Mattson, Beverly Sanders und Berna Massingill [4] vorgestellte hierarchische Strukturierung von Parallelisierungstechniken zurückgegriffen. Es wird aufgezeigt, welche davon für lose und eng gekoppelte Grid-Strukturen geeignet sind.

4.2 Auffinden von Nebenläufigkeit

Zielsetzung bei der Aufbereitung einer Anwendung aus Computational Science mit Hilfe von Parallelisierungstechniken ist es, ein rechenintensives Problem in geringerer Zeit gegenüber einer seriellen Lösung zu bearbeiten. Dies soll dadurch geschehen, dass verschiedene Teile des Problems gleichzeitig auf verschiedenen Rechenressourcen gerechnet werden. Dies setzt voraus, dass das zu lösende Problem auch über ausreichend Nebenläufigkeit verfügt bzw. dass ein Programmierer in der Lage ist, diese Nebenläufigkeit aufzufinden. Eine Voraussetzung für das Gelingen dieses Vorhabens ist die Zerlegung des Problems. Nachdem dieser Schritt vollzogen ist, kann in einem folgenden Schritt eine Abbildung auf entsprechende algorithmische Konstrukte erfolgen. Abhängig von der bereits gesammelten Erfahrung bei der Erstellung von parallelen Lösungen wird ein Entwickler die Nebenläufigkeit im Ausgangsproblem rascher oder langsamer erkennen und demzufolge unterschiedlich schnell zur Ebene der algorithmischen Beschreibung gelangen.

Der erste Schritt beim Auffinden einer geeigneten parallelen Zerlegung des Ausgangsproblems besteht folglich darin, die Anteile aufzufinden, die bei einer seriellen Berechnung am rechenintensivsten sind, denn die Parallelisierung dieser Anteile wird den meisten Nutzen bringen. Dies kann entweder anhand eines vorhandenen seriellen Programms geschehen, das das gegebene Problem löst, oder durch von einem seriellen Programm zunächst losgelöste Überlegungen, indem man das Ausgangsproblem in mehrere Teilrechenschritte zerlegt, die nach Möglichkeit parallel ausführbar sind. Danach können diese Anteile mehreren Befehlsfolgen – im Weiteren als Tasks bezeichnet – zugeordnet werden (*engl*: task decompostion). Ist eine entsprechende Zerlegung erfolgt, besteht der nächste Schritt darin, die entstandenen *Tasks zu gruppieren*, eventuell eine *Ordnung* unter den Tasks festzulegen und vorhandene *Datenabhängigkeiten* der Tasks aufzufinden. Alternativ bzw. zusätzlich kann zur eben geschilderten Zerlegung hinsichtlich der Kontrollstruktur eines Programms, welches das Problem löst, eine Zerlegung der zu behandelnden Datenmengen, also des gegebenen Problemraums, sinnvoll sein (*engl.*: data decompostion).

Abbildung 4.1 zeigt in einer graphischen Übersicht die beim Auffinden von Nebenläufigkeit eben beschriebenen zu leistenden Aufgaben. Gezeigt ist ferner ein Entwurfsbewertung genannter Prozess, der die bei der Abhängigkeitsanalyse gefundenen Lösungen hinsichtlich *Gruppierung*, *Ordnung* und *Datenabhängigkeiten* bewertet. Das Ergebnis des ersten Schrittes beim Auffinden von Nebenläufigkeit wird als Eingabe für den nächsten großen Schritt, der Abbildung auf algorithmische Strukturen, benutzt. Das Ergebnis dieses zuletzt genannten Schrittes wird dann unter Einsatz von Hilfsstrukturen in einem letzten Schritt in ein lauffähiges paralleles Programm implementiert.

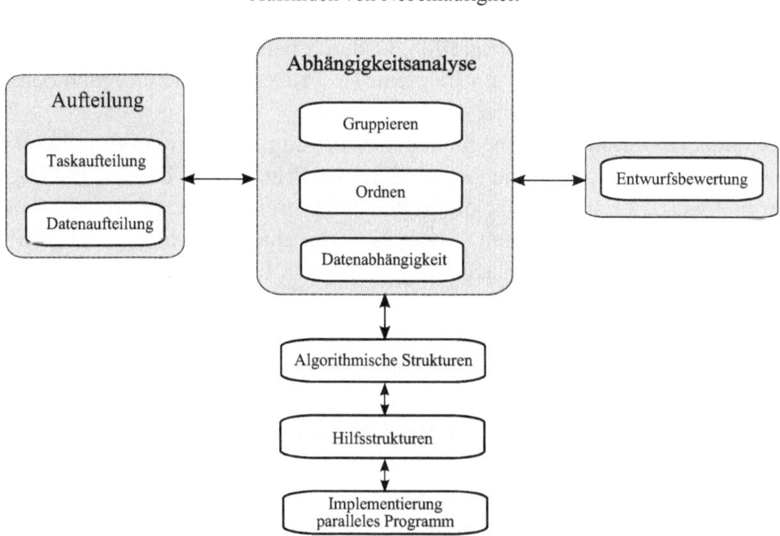

Abb. 4.1 Entwurfsprozess beim Auffinden von Nebenläufigkeit

Den Schritt der Abbildung auf algorithmische Strukturen bzw. die dabei möglichen Mechanismen, die notwendigen Hilfsstrukturen und die Implementierung werden in späteren Unterkapiteln im Detail beschrieben. Zunächst liegt der Fokus jedoch auf der Zerlegung in Tasks und Dateneinheiten als Ergebnis der zugehörigen Abhängigkeitsanalyse. Zur Verdeutlichung des bisher abstrakt beschriebenen Vorgangs sind folgende Beispiele aus der linearen Algebra und der Molekulardynamik genannt.

4.2.1 Beispiel Matrixmultiplikation

Eine häufig in der linearen Algebra auftretende Operation, z.B. beim Lösen von Gleichungssystemen, ist die Multiplikation von Matrizen. Seien A, B und C quadratische Matrizen der Dimension $N \times N$ und es gelte $C = A \cdot B$ ergibt sich für einen

Eintrag an der Stelle (i, j) in der Matrix C das Ergebnis des Skalarproduktes der i-ten Zeile von A und der j-ten Spalte von B. Folglich benötigt man $N-1$ Additionen und N Multiplikationen für die Berechnung jedes der N^2 Elemente der Matrix C. Somit ergibt sich eine Komplexität von $O(N^3)$ für die serielle Matrixmultiplikation.

Eine einfache Taskzerlegung besteht darin, jede einzelne Berechnung eines Matrixelementes C_{ij} durch eine eigene Task ausführen zu lassen. In diesem Falle sind alle Tasks unabhängig voneinander. Auf den ersten Blick bietet sich für diese Zerlegung eine Parallelarchitektur mit gemeinsamem Speicher an, da alle Tasks auf die Daten der Matrizen A und B zurückgreifen müssen. Diese Lösung hätte jedoch den Nachteil, dass jeweils die N Elemente von A und B aus dem Speicher geholt werden müssen, was insgesamt $2N^3$ Speicherzugriffe erfordert. Diese Zahl lässt sich verringern, indem man mehrere Tasks auf einem Prozessor ausführen lässt, die auf gleiche Elemente von A und B zugreifen. Dadurch befinden sich die von verschiedenen Tasks gleichzeitig benutzten Elemente im Prozessorcache und man benötigt deutlich weniger Speicherzugriffe.

Eine einfache Variante für eine passende Zerlegung, welche den Vorteil von Cachezugriffen nutzen kann, ist die Anwendung des Prinzips der Datenaufteilung. In diesem Fall würde beispielsweise die Matrix C in Streifen zerlegt, die z.B. aufeinander folgende Spalten beinhalten. Alternativ kann eine Zerlegung in Submatrizen erfolgen, z.B. in quadratische Kacheln (s. Abb. 4.2). Im ersteren Fall benötigt ein Prozessor die gesamte Matrix A, aber nur die entsprechenden Spalten der Matrix B. Im zweiten Fall werden auch für die Matrix A nur die entsprechenden Submatrizen benötigt, die von einer Task zur nächsten weitergereicht werden. Bei geschickter Zerlegung kann dies dazu führen, dass die entsprechend benötigten Blöcke die meiste Zeit im Prozessorcache vorliegen. Welche der beiden Zerlegungsarten die günstigere ist, hängt entscheidend von der Cachegröße, der Größe der Matrizen und der Anzahl vorhandener Prozessoren ab.

So können z.B. bei einer Aufteilung auf zwei Prozessoren die Matrizen, wie in Abb. 4.2 links gezeigt, separiert werden. Die Teilmatrizen T_1 und T_3 von A bzw. T_1 und T_2 von B werden von einem Prozessor, die anderen Teilmatrizenpaare T_2 und T_4 von A bzw. T_3 und T_4 von B werden von dem anderen Prozessor bearbeitet. Die Zerlegung in Blöcke anstatt kompletter Streifen ist aber die komplizierter zu programmierende Variante. In einem Grid macht die Anwendung einer verteilten Matrixmultiplikation aufgrund der hohen Übertragungslatenzen nur Sinn, wenn eine

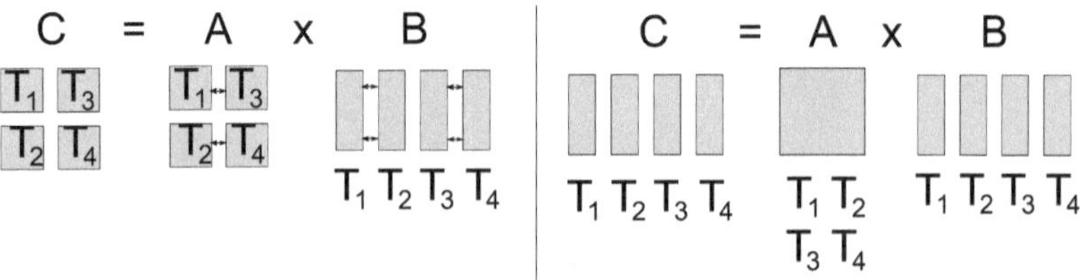

Abb. 4.2 Partitionierung der Matrizen und Abbildung auf Tasks bei einer parallelen Matrixmultiplikation

Zerlegung gefunden wird, in der die Berechnung einen deutlichen höheren Aufwand aufweist als die Kommunikation. Bei einer wie oben beschriebenen fein-granularen Taskzerlegung bei der jede Berechnung eines Matrixelementes C_{ij} einer Task zugewiesen wird, die auf einen anderen Knoten im Grid zur Ausführung kommt, müssten pro Task $2N$ Daten mitgeschickt werden, d.h., der Aufwand für die Kommunikation ist $O(N)$, für N durchzuführende Additionen und Multiplikationen. Der Aufwand für die Berechnung eines Skalarproduktes liegt ebenfalls bei $O(N)$. Eine solche Zerlegung ist somit für eine Ausführung im Grid ungünstig, insbesondere wenn man auch noch den Anteil für die Verweilzeiten der erzeugten Jobs in den Ablaufplanungskomponenten der Grid-Middleware berücksichtigt.

Eine grob-granularere Datenaufteilung erscheint günstiger, da in diesem Falle der Aufwand für die zu transportierende Kommunikationsmenge nach wie vor $O(N)$ beträgt, jedoch der für die Berechnung $O(N^2)$. Ab einer bestimmten Größe von N sollte sich somit der Amdahl-Effekt bemerkbar machen, und eine Ausführung einer Matrix-Multiplikation im Grid kann Vorteile bringen. Ob dieser Fall eintritt, hängt konkret wieder von der Problemgröße, der durch die Netzwerke und die Middleware verursachten zusätzlichen Latenzen und der Anzahl der erzeugten Jobs ab. Allgemein lässt sich jedoch festhalten, dass die Matrixmultiplikation nicht für eine Anwendung in klassischen Grid-Strukturen prädestiniert ist. Bessere Ergebnisse sind in eng gekoppelten Grid-Strukturen auf der Basis von Multi-Cluster-Systemen zu erwarten, in denen die Latenzen durch die Grid-Middleware wegfällt. So wurde in [5] gezeigt, dass auch bei großen Matrizen eine Matrixmultiplikation beschleunigt werden kann, selbst wenn diese auf zwei über eine Weitverkehrsverbindung kommunizierenden Clusterrechnern ausgeführt wird, die jeweils in Brasilien und in Spanien standen.

4.2.2 Beispiel Molekulardynamik

Ein anderes Beispiel, dessen Anwendung im Grid aufgrund seiner rechenintensiven Anforderungen Vorteile erwarten lässt, betrifft die Molekulardynamik [6, 8]. Ziel ist es hierbei, die in einem molekularen System stattfindenden Bewegungen zu simulieren. Beispielsweise versucht man auf der Molekülebene die Bewegung von großen Proteinen zu bestimmen, um dadurch zu ermitteln, wie unterschiedlich gestaltete Medikamente mit den Proteinen in Wechselwirkung treten. Die grundlegende Idee bei der Simulation ist die Modellierung der Moleküle als eine große Anzahl von Kugeln, die über Federn verbunden sind. Dabei entsprechen die Kugeln den Atomen und die Federn den Bindungskräften der Atome. Die Simulation selbst wird in einem diskreten Zeitschritt-Verfahren abgewickelt. Das heißt, in jedem einzelnen Zeitschritt werden zunächst die auf die Atome einwirkenden Kräfte berechnet und anschließend wird mit Hilfe mechanischer Gesetzmäßigkeiten bestimmt, wie sich die Atome aufgrund dieser Kräfte verschieben. Dies wird für mehrere aufeinanderfolgende Zeitschritte wiederholt. Somit lässt sich eine Bewegungsbahn der Atome und des gesamten Moleküls bestimmen.

Die hierbei wirkenden chemischen Bindungskräfte stellen dabei nicht das eigentliche Problem bei der Berechnung dar. Die zugehörigen Berechnungen sind hinsichtlich des zu leistenden Aufwandes überschaubar. Die Kräfte sind durch Vibrationen und Rotationen bestimmt, die nur über kurze Distanzen wirken. Mit Hilfe des Wissens a priori, welche Atome mit anderen überhaupt chemische Bindungen eingehen, können diese vergleichsweise unproblematisch berechnet werden.

Wesentlich problematischer aus rechentechnischer Sicht sind die partiellen elektrischen Kräfte eines jeden Atoms. Diese wirken auf jedes andere Atom ein. Es ergibt sich hierbei ein sog. Vielteilchenproblem oder N-Körper-Problem. Da jedes der gegebenen N Atome auf jedes andere Atom eine Kraft ausübt, resultiert daraus eine Anzahl an Berechnungen in einer Größenordnung von N^2, wobei N eine Größenordnung von Zehn- oder Hunderttausend Atomen aufweist.

Um diesen Aufwand zu reduzieren, bedient man sich der sog. *Cut-off-Methode*, bei der man den Umstand ausnutzt, dass die Wirkung der elektrischen Kräfte quadratisch mit der Entfernung abnimmt. In diesem Fall betrachtet man eine eingeschränkte Nachbarschaft eines jeden einzelnen Atoms, z.B. nur die nächsten n entfernten Atome, mit n in der Größenordnung von 100, und reduziert damit den Aufwand von $O(N^2)$ auf $O(N \times n)$. Die Berechnung dieser ungebundenen Kräfte ist dennoch nach wie vor immens und bestimmt maßgeblich die Rechenzeit in einer molekular-dynamischen Simulation. Abb. 4.3 zeigt in Pseudocode-Schreibweise die entsprechenden auszuführenden algorithmischen Schritte, wie sie eben beschrieben wurden. In den zu Beginn definierten Datenstrukturen werden in `atoms` die Positionen der Atome im Raum gespeichert, in `velocities` die Geschwindigkeiten der Atome, in `forces` die auf ein Atom wirkenden Kräfte, in `neighbors` die innerhalb der Cut-off-Distanz enthaltenen Nachbaratome. Das Programm selbst

```
Int const N // Anzahl Atome
Array of Real :: atoms(3,N) // 3D Koordinaten
Array of Real :: velocities(3,N) // Geschwindigkeitsvektor
Array of Real :: forces(3,N) // Kraftvektor
Array of List :: neighbors(N) // Liste mit benachbarten
                                // Atomen

loop over time steps
  vibrational-forces(N, atoms, forces)
  rotational-forces(N, atoms, forces)
  neighbor-list(N, atoms, neighbors)
  non-bonded-forces(N, atoms, neighbors, forces)
  update-atom-positions-and-velocities(N, atoms,
       velocities, forces)
  physical-properties(...)
end loop
```

Abb. 4.3 Grobstrukturierung des Algorithmus zur Simulation in der Molekulardynamik

ist in einer Schleife eingebaut, in der die jeweiligen diskreten Zeitschritte bei der Veränderung der Atombewegungen berechnet werden. In der Schleife werden zuerst die Bindungskräfte berechnet, danach wird die Nachbarliste aktualisiert und dann kann die aufwändige Berechnung des Einflusses der elektrischen Kräfte erfolgen. Aus den daraus am Ende einer Iteration errechneten Werten können physikalische Eigenschaften, wie z.B. energetische Kräfte oder Korrelationen, bestimmt werden.

Für die Parallelisierung dieser Strategie bieten sich vielfältige Varianten an. Zunächst sollen einige Möglichkeiten für eine Taskzerlegung diskutiert werden. In jeder der in Abb. 4.3 gezeigten Funktionen wird eine Schleife über alle Atome N abgearbeitet. Eine nahezu natürliche Zerlegung ist folglich die pro Atom verursachte Veränderung über alle Schritte als eine Task, mit anderen Worten pro Atom wird eine eigene Task definiert. Diese Aufteilung kann noch weiter verfeinert werden hinsichtlich der zeitlichen Abfolge der einzelnen Operationen im sequenziellen Algorithmus. So können sich über die Zuordnung der einzelnen Atome zu Tasks noch folgende weitere Taskzerlegungen ergeben:

- Tasks zur Berechnung der auf ein Atom durch Vibration bedingten Kräfte
- Tasks zur Berechnung der auf ein Atom durch Rotation bedingten Kräfte
- Tasks zur Berechnung der auf ein Atom wirkenden nicht-gebundenen Kräfte
- Tasks zur Berechnung der neuen Position und Geschwindigkeit eines Atoms
- Eine Task, welche die Erneuerung der Nachbarliste vornimmt. Dies kann sequenziell erfolgen, da die Erneuerung nur jeweils alle 10 bis 100 Zeitschritte erfolgt, was sich dadurch begründet, dass die Bewegung eines Atoms pro Zeitschritt gering ist.

4.2.3 Gruppieren und Ordnen von Tasks

Weiter oben wurde die Notwendigkeit einer Gruppierung und Rangordnung der Tasks angesprochen. Zunächst sei der Vorgang der Gruppierung betrachtet. Die obige Liste für das Beispiel der Molekulardynamik zeigt bereits eine Möglichkeit für eine solche Taskgruppierung, die aus der Analyse entstand, welche Anteile eines sequenziellen Programms in Tasks aufgeteilt werden können. Man kann sich nun in einem unmittelbar folgenden Schritt überlegen, welche der Tasks sich zusammenfassen lassen. So können z.B. die beiden in der obigen Liste zuerst genannten Aufgaben zusammengefasst werden, da sie unabhängig voneinander sind und insbesondere die gleichen Randbedingungen teilen, nämlich in beiden Aufgaben muss die wechselseitige Bindung einzelner Atome berücksichtigt werden. Hingegen besitzen die anderen Task-Gruppen zeitliche oder notwendige zu beachtende Rangfolgen, so dass diese nicht zusammengefasst werden können, womit man zum nächsten Prinzip bei der Strukturierung von Tasks ankommt, der vorzunehmenden Anordnung.

Abb. 4.4 zeigt eine zeitliche Abfolge der Abarbeitung der beim Gruppierungsvorgang entstandenen Taskgruppen, die in jedem einzelnen Zeitschritt bei der Simulation zu beachten ist. Offensichtlich kann die Berechnung der nicht-gebundenen elektrischen Kräfte, bei der die Cut-off-Nachbarschaft berücksichtigt wird, nicht stattfinden, bevor die Nachbarschaftsliste aktualisiert ist. Die Berechnung der gebundenen Kräfte, was bedeutet, dass diese im Wesentlichen durch die Rotation und die Vibration der Atome bestimmt sind, kann hingegen parallel zu den der ungebundenen Kräfte erfolgen. Die Ergebnisse beider Kräfteklassen ist die Eingabe für die Taskgruppe, welche mit der Bestimmung der Positionen und der Geschwindigkeiten der Atome beschäftigt ist.

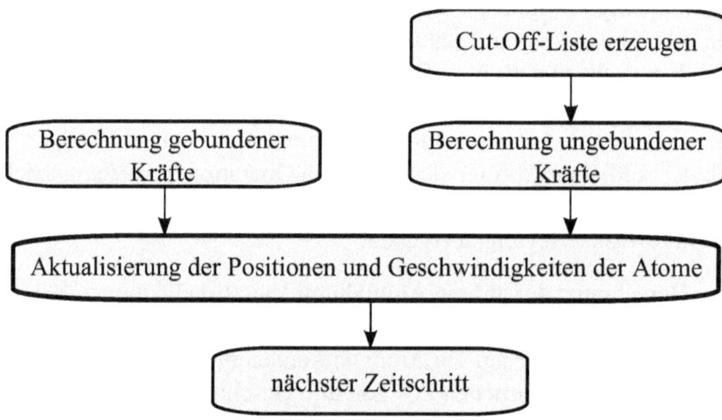

Abb. 4.4 Zeitliche Rangordnung der Taskgruppen

In dieser ersten, Auffinden von Nebenläufigkeit genannten Stufe einer vorzunehmenden Parallelisierung steht, wie eingangs des Kapitels erwähnt, neben der Zerlegung in Tasks auch die Zerlegung der Daten des Problemraumes im Blickfeld. Allgemein besteht die Aufgabe darin, anhand der vorgenommenen Taskzerlegung zu entscheiden, wie die für die Berechnung erforderlichen Daten des Problemraums unter Berücksichtigung einer gewählten Taskzerlegung verteilt werden müssen. Grob kann eine Zerlegung bezüglich der Daten in die zwei folgenden Klassen eingeteilt werden:

- Zerlegung von ein- oder mehrdimensionalen Problemräumen in verschiedene Segmente, z.B. in Zeilen, Spalten, Quader oder allgemein in Blöcke verschiedener Größe
- Rekursive Datenzerlegungen, die z.B. bei der Zerlegung einer Baumstruktur in Unterbäume angewandt wird

Auch diese Aufgabe soll anhand des Beispiels aus der Molekulardynamik anschaulich behandelt werden. Bei der Datenaufteilung eines molekular-dynamischen Berechnungsproblems werden, wie das Programmlisting in Abb. 4.3 zeigt, folgende Schlüsseldatenstrukturen verwendet:

- ein Feld von Koordinaten der Atome, mit einem Eintrag im Feld pro Atom
- ein Feld von Geschwindigkeiten der Atome, mit einem Eintrag im Feld pro Atom
- ein Feld von Listen mit jeweils einer Liste pro Atom, in denen die innerhalb der Cut-off-Distanz liegenden benachbarten Atome gegeben sind

- ein Feld mit Kräften, die auf ein Atom wirken, mit einem Eintrag im Feld pro Atom

Bezüglich der festgelegten Tasks können folgende Auf- bzw. Zuteilungen der Daten zu Tasks vorgenommen werden. Die Geschwindigkeit eines Atoms wird nur von der Task benötigt, die für dieses Atom zuständig ist. Das heißt, in einem Grid braucht einem Job, der eine solche Task ausführt, nur dieser Wert durch einen vorgeschalteten Verteilungs-Prozess übergeben werden. Werden mehrere Atome von einer Task berechnet, was sinnvoll ist, da u.U. außerordentlich viele Atome zu berechnen sind, enthält die entsprechende Task die Geschwindigkeit aller Atome, für die diese Task zuständig ist. In diesem Fall wird der Problemraum segmentiert. Eine Aufteilung von einem Atom pro Task entspricht in dieser Hinsicht der maximal möglichen fein-granularen Zerlegung bzw. Segmentierung des Problemraums hinsichtlich des Datums Geschwindigkeit.

Beim Zugriff auf das Koordinatenfeld ist die Situation anders, da jede Task Zugriff auf das gesamte Koordinatenfeld benötigt, z.B. bei der Berechnung der Cutoff-Nachbarschaft oder bei der Berechnung der einwirkenden Kräfte. Bei der Berechnung der Kräfte kann man sich das dritte Newtonsche Gesetz zunutze machen, das aussagt, dass die wechselseitigen Kräfte F, die zwischen zwei Massen i und j wirken, negativ symmetrisch sind, d.h. $F_{ij} = -F_{ji}$. Die Konsequenz daraus ist, dass nur die Hälfte der Kräfte wirklich berechnet werden muss. Da die Berechnung der Kräfte aufgrund ihrer Rechenintensivität auf mehrere Tasks aufgeteilt wird, können diese Tasks jeweils partielle Summen der Kräfte berechnen, die am Ende in dem Kräftefeld akkumuliert werden. Dazu wird das gesamte Kräftefeld auf einem Rechnerknoten initialisiert und die partiellen Ergebnisse, die von den auf dem Rechnerknoten laufenden Tasks erzeugt wurden, werden in das Feld eingetragen. Wenn die Berechnung aller partiellen Berechnungen in den verschiedenen Rechnerknoten beendet ist, werden die Felder z.B. zu einem Knoten übertragen und dort komponentenweise addiert.

Eine solche Aufteilung bietet sich für enger gekoppelte Systeme an, wie z.B. einem speichergekoppelten Multiprozessorsystem oder einem nachrichtengekoppelten Clusterrechner. In einem Grid muss die Aufteilung sehr gut durchdacht sein. Sie darf nicht zu fein-granular sein, da ansonsten die Übertragung des gesamten Kräftefeldes und der partiellen Summen aufgrund der hohen Kommunikationsbelastung sehr leicht zu einem Flaschenhals werden kann.

4.2.4 Datenaufteilung

Die Abhängigkeit der Daten, die Möglichkeit der gemeinsamen Nutzung und die damit eventuell verbundenen Reglementierungen beim Datenzugriff werden in der als *Datenabhängigkeit* beschriebenen Analyse im Folgenden im Detail behandelt. Gemeinsam benutzte Daten können bezüglich der folgenden drei Kategorien eingeteilt werden:

- **nur lesend:** Die Daten werden stets nur gelesen und nicht geschrieben. Da sie nicht verändert werden, müssen die Werte nicht geschützt werden. In einem weitverteilten System wie einem Grid ist es in diesem Falle sinnvoll, die Daten zu replizieren und auf die einzelnen Ressourcen mit zu übertragen, damit z.B. zeitintensive Zugriffe über das Netz auf eine zentrale Stelle, wo die Daten vorliegen, vermieden werden.
- **ausschließlich lokal:** Der Datenbestand lässt sich in Untermengen aufteilen, auf die jeweils nur von einer Task lesend und schreibend zugegriffen werden muss. In einem Grid werden dann nur diese Untermengen mit den Tasks auf die Ressourcen verteilt. Dabei ist zu beachten, ob auf die Daten der Untermengen völlig unabhängig zugegriffen werden kann. Bei Feldelementen ist dies in der Regel der Fall. Ausnahmen können bei in einer Liste verbundenen Daten bestehen. In diesem Fall müssen möglicherweise am Ende der Berechnungen die Daten wieder in einer gemeinsamen Datenstruktur zusammengeführt werden.
- **lesend und schreibend:** Auf die Daten wird sowohl lesend als auch schreibend von mehr als einer Task zugegriffen. Diese Situation beschreibt den allgemeinsten Fall und hat Maßnahmen zur Folge, die den Schutz des Datenzugriffs beim Schreiben exklusiv behandeln. Solche Maßnahmen können z.B. das Sperren des Speicherbereichs während des Schreibens oder die Nutzung von sog. Semaphor-Variablen beinhalten. Für verteilte Systeme wie einem Grid können solche Operationen sehr zeitintensiv werden.

Hinsichtlich der Kategorie *lesend und schreibend* können ferner zwei Spezialfälle ausgemacht werden, die sich wie folgt behandelt lassen:

- **akkumulieren:** Die von den einzelnen Tasks berechneten Ergebnisse sind Teilergebnisse, die am Ende der Berechnung zu einem Gesamtergebnis zusammengeführt werden (s. obiges Beispiel zur Molekulardynamik). Dabei treten häufig Akkumulationsoperationen wie die Summe, das Maximum oder das Minimum auf. Allgemein ist hier jede assoziative Operation vorstellbar. Falls der Fall des Akkumulierens von Daten vorliegt, besitzt jede Task eine lokale Kopie des Datensatzes, auf den sie beliebig lesend und schreibend zugreifen kann. Zum Schluss wird am Ende der Operation in einer Art globaler Kopieroperation das Ergebnis in die globale Datenstruktur unter Berücksichtigung der aktuellen Akkumulation eingetragen.
- **mehrfach lesend / einfach schreibend:** In diesem Falle werden ausschließlich die anfänglichen Datenwerte von mehreren Tasks gelesen, aber nur von einer Task beliebig oft gelesen und geschrieben. Somit sind mindestens zwei Kopien

des Datensatzes notwendig. Eine Kopie enthält die anfänglichen Werte. Sie kann wieder gelöscht werden, sobald diese anfänglichen Werte nicht mehr gebraucht werden. Eine andere Kopie ist ausschließlich für die Task vorgesehen, die auf den Datenbestand modifizierend zugreift.

Das Beispiel für die Molekulardynamik zeigt, wie diese Kategorien auf die in diesem Fall benötigten Datenfelder der Kräfte, der Atomkoordinaten und der über eine separate Task bestimmten Liste der benachbarten Atome angewandt werden. Das Feld Atomkoordinaten wird von jeder Taskgruppe benötigt. Dabei müssen die Taskgruppen zur Berechnung der gebundenen und der ungebundenen Kräfte nur lesend zugreifen. Die einzige Taskgruppe, die schreibend auf den Datenbestand zugreifen muss, ist die Task *Aktualisieren der Atome und der Geschwindigkeiten*. Diese Gruppe arbeitet jedoch als Ergebnis der Taskordnungs-Analyse zeitlich nach den drei anderen Taskgruppen, sodass keine besonderen Maßnahmen bezüglich eines geschützten Datenzugriffs geleistet werden müssen.

Das Kräftefeld wird mit Ausnahme der Task, die für das Aktualisieren der Nachbarschaftsliste zuständig ist, von jeder Taskgruppe benötigt. Dabei greift die Taskgruppe *Aktualisieren der Atome und der Geschwindigkeiten* nur lesend zu, während die beiden Taskgruppen für die Berechnung der gebundenen und ungebundenen Kräfte schreibend und lesend nach dem Prinzip des Akkumulierens zugreifen. Es empfiehlt sich somit das Kräftefeld als lokale Kopie den einzelnen Taskgruppen mitzugeben. Auf die Nachbarschaftsliste greift die Taskgruppe für die *Berechnung ungebundener Kräfte* und die *Task zur Aktualisierung der Nachbarschaftsliste* zu. Die erste Taskgruppe nur lesend, die letztere schreibend und lesend. Da die Taskgruppe zur Aktualisierung der Nachbarschaftsliste zeitlich getrennt zu den anderen beiden zugreift, gibt es keine Konflikte. Die Liste kann somit z.B. in einem Grid als lokale Kopie für die einzelnen Tasks behandelt werden.

4.2.5 Entwurfsbewertung

Ziel der Entwurfsbewertung ist es, zu entscheiden, ob die vorgenommenen Aufteilungen in Tasks und Daten sowie die Datenabhängigkeitsanalyse tragfähig genug sind, um beim Entwurf einer geeigneten Parallelisierung eines Problems den nächsten Schritt zu begehen. Gegeben sind somit eine Aufteilung des Problems in Tasks und Daten und deren Abhängigkeiten untereinander. Hinsichtlich der Kriterien Eignung für die Zielplattform und Entwurfsqualität soll der bisherige Entwurf bewertet werden.

Eignung für die Zielplattform

Hier muss man sich folgenden Fragestellungen kritisch stellen. Wie viele Rechnerknoten stehen zur Lösung bereit? Stehen mehr Rechnerknoten als Tasks zur Verfügung, so muss man sich keine Gedanken über eine sinnvolle Lastverteilung machen. Im umgekehrten Fall gilt dies nicht, insbesondere wenn die Ausführungszeiten der einzelnen Tasks stark variieren.

Eine andere Fragestellung im Hinblick auf die einzusetzende Zielplattform lautet, wie die Datenstrukturen zwischen den Rechenknoten aufgeteilt werden. Eine fein-granulare Aufteilung ist eher für eng-gekoppelte Parallerechnerumgebungen geeignet, wie z.B. einem speichergekoppelten Multiprozessorsystem mit Ein-, Mehr- oder Vielkernprozessoren, da gemeinsame Zugriffe auf solchen Plattformen leichter zu implementieren sind. Im Gegensatz dazu ist eine Architektur auf der Basis eines verteilten Speichers oder ein nachrichtengekoppelter Cluster- oder Multi-Cluster-Rechner eher ungeeignet für eine zu fein-granulare Aufteilung. In diesem Falle ist eine grob-granularere Aufteilung hinsichtlich der Anzahl an Tasks und Datenstrukturen vorzuziehen. Für ein klassisches, über eine entsprechende Middleware benutztes Grid gilt diese Aussage in noch stärkerem Maße.

Die dritte Frage bezüglich der Eignung für die Zielplattform spricht mit den wichtigsten Faktor an. Ist der auf der Zielplattform zu leistende Rechenaufwand signifikant größer als der zu leistende Zusatzaufwand zur Berücksichtigung der Abhängigkeiten der Datenbestände? Konkret lässt sich dies im Verhältnis des Rechenaufwands zum Aufwand für Kommunikation und Synchronisation fassen. Je höher dieses Verhältnis ist, umso effizienter ist das Programm. Aber auch ein Gleichverhältnis kann effizient sein, sofern Berechnung auf der einen Seite und Kommunikation und Synchronisation auf der anderen Seite zeitlich überlappend ablaufen können. Dabei ist dieses Verhältnis nicht nur von der Aufteilung bestimmt, sondern auch in entscheidendem Maße von der Zielplattform. Beispielsweise kann ein Entwurf, der für ein nachrichtengekoppeltes System mit schnellem Netzwerk unter der Programmierumgebung MPI sehr effizient läuft, auf einem Multi-Cluster-System in der Leistung deutlich nachlassen bzw. in einem Grid sogar unakzeptabel sein.

Entwurfsqualität

Man kann den Entwurf unter Berücksichtigung der Zielplattform noch hinsichtlich der drei Gesichtspunkte *Flexibilität*, *Effizienz* und *Einfachheit* bewerten.

Flexibilität betrifft z.B. die Frage, ob die Taskzerlegung so gewählt wurde, dass diese auf eine Vielzahl unterschiedlicher Rechner angepasst werden kann. Ferner ist zu entscheiden, ob die gewählte Taskzerlegung möglichst unabhängig im Hinblick auf die Ausführungsplanung der Tasks ist. Ist dies der Fall, wird ein *dynamischer Lastausgleich*[1] dadurch erleichtert. Ist die Größe und die Zahl der Kacheln bei der Datenaufteilung parametriert gewählt? Eine passende Parametrierung macht den Entwurf leichter skalierbar für eine unterschiedliche Anzahl an eingesetzten Rechenknoten. Werden mögliche Grenzfälle des Problems durch die vorgenommene grobe algorithmische Einteilung adäquat berücksichtigt? Ein guter Entwurf

[1] Dynamischer Lastausgleich bezeichnet eine zur Laufzeit des Programms vorzunehmende Umverteilung der Rechenlasten, d.h. die Verteilung der Daten auf die vorhandenen Rechenressourcen mit dem Ziel der Laufzeitoptimierung.

behandelt nicht nur die offensichtlichen glatten Fälle, sondern auch die ausgefalleneren Situationen. Ein Beispiel dafür ist die Verteilung des Problemraums auf die Rechenknoten, wenn sich dessen Dimensionen nicht ohne Rest durch die Anzahl verfügbarer Rechenknoten teilen lässt. Diese Situation tritt bei einer Matrixmultiplikation auf, wenn die Anzahl der Zeilen und Spalten nicht quadratisch ist und sich nicht gleichmäßig durch die Anzahl an Rechenknoten teilen lässt. Geht der Algorithmus im Sinne einer möglichst gleichgewichtigen Verteilung der Last damit richtig um?

Effizienz beurteilt die Frage, wie wirksam die zur Verfügung stehenden Ressourcen ausgenutzt werden. Dies betrifft insbesondere den bei der Parallelisierung entstehenden und zu leistenden Zusatzaufwand, der z.B. die in einem Grid aufzubringende Zeit für das Auffinden und Zuweisen passender Ressourcen beinhaltet. Allgemein gehört zum Zusatzaufwand der Zeitbedarf für Kommunikation und Synchronisation. Der Kommunikationsaufwand wird durch die *Latenzzeit* und die *Bandbreite* bestimmt. Die Latenzzeit ergibt sich durch den Aufwand des im Betriebssystem realisierten Kommunikationsprotokolls und fixen Anlaufkosten für eine zu übertragende Nachricht auf dem Netzwerk. Um den durch die Latenz verursachten zusätzlichen Aufwand möglichst gering zu halten, kann es sich lohnen, wenige Male große Nachrichten zu übertragen als sehr oft kleine Nachrichten.

Die Kosten, bedingt durch die Bandbreite, skalieren mit der Länge der Nachricht und sind im Wesentlichen durch die Leistungsfähigkeit des Netzwerks bestimmt. Durch eine überlappte zeitliche Ausführung von Berechnung und Kommunikation kann es gelingen, die Kosten für den Zusatzaufwand zu verbergen. Durch Maßnahmen zur Synchronisation verhindert man, dass z.B. aufgrund gemeinsam benötigter Daten Wettrennbedingungen zwischen den einzelnen parallelen Prozessen beim Datenzugriff entstehen. Der durch Synchronisation verursachte Zusatzaufwand kann dadurch reduziert werden, dass man Daten, wenn möglich, den Tasks lokal zur Verfügung stellt. Eine eventuelle redundante Datenverteilung auf die Taks muss man in diesem Falle in Kauf nehmen. Insbesondere in Grid-Strukturen, die aufgrund der größeren vorherrschenden Distanzen zwischen den Ressourcen einen höheren Zusatzaufwand als eng-gekoppelte Parallelrechnerstrukturen aufweisen, gilt es, redundante Datenverteilungen in Erwägung zu ziehen.

Nicht zuletzt gilt wie bei allen Programmen, so selbstverständlich auch bei parallelen Programmen, dass die Einfachheit eines Entwurfs – insbesondere im Hinblick auf die vorgenommene Zerlegung des Problems – entscheidend für die Möglichkeiten der Fehlersuche, der Wartung, der Erweiterung oder der Portierung des parallelen Programms ist.

Am Ende des ersten großen Schrittes bei der Anwendung von Parallelisierungsstrategien, des als Auffinden von Nebenläufigkeit bezeichneten Vorgangs, liegen somit folgende Schlüsselkomponenten vor:

- Taskaufteilungen für das zu lösende Problem, von denen man durch Gruppierung und Festlegung einer Rangfolge zeitliche Randbedingungen bestimmt, um ein gleichzeitiges Ausführen der Tasks zu unterstützen
- Aufteilung der verwendeten Datenstrukturen, welche die für die Tasks lokalen Daten identifiziert

Damit sind die Grundlagen geschaffen, um den nächsten Schritt bei der Parallelisierung eines Problems anzugehen, nämlich die Festlegung geeigneter algorithmischer Strukturen, um zu einem lauffähigen parallelen Programm zu kommen.

4.3 Algorithmische Ebene

Das Ziel des Entwurfs in der algorithmischen Ebene ist die Verfeinerung der bisherigen Darstellung weiter in Richtung eines Programms, das in der Lage ist, verschiedene Tasks durch eine geeignete Abbildung auf mehrere Rechenknoten in einer parallelen Rechnerumgebung gleichzeitig auszuführen.

Trotz der vielfältigen Möglichkeiten, die sich bei dieser Abbildung ergeben, können diese auf der algorithmischen Ebene durch sechs Strategien vorgenommen werden, die in diesem Unterabschnitt genauer aufgezeigt werden:

1. Abbildung peinlich paralleler Probleme
2. Teile und Herrsche
3. Geometrische Zerlegung
4. Rekursive Zerlegung
5. Pipelineverarbeitung
6. Ereignis-gesteuerte Koordination

Die Kernaufgabe beim Entwurf in der Algorithmenebene ist die Entscheidung, welche dieser Strategien für das vorgegebene Problem am geeignetsten ist. Im vorigen Kapitel wurde gezeigt, welche Potenziale sich für eine Parallelisierung eines Problems durch folgende aufgezeigten Maßnahmen ergeben: Aufteilung in Tasks, Gruppierung und Rangfolgenbildung dieser Tasks und Aufteilung des Datenbestandes sowohl in lokalen als auch in globalen Zugriffsmustern. Der nächste Schritt besteht darin, mittels der erwähnten sechs Kategorien diese auf die zur Verfügung stehenden Rechenknoten im Grid, in einem Multi-Cluster-Grid, in einem einzelnen Clusterrechner, in einem Multiprozessorsystem oder auch in einem Multikernprozessor vorzunehmen.

Diese sechs Strategien lassen sich üblicherweise nochmals in drei Bereiche gliedern. Abb. 4.5 zeigt den Sachverhalt. Die Strategien können von der Organisation durch die Tasks, durch die Datenaufteilung oder durch den Datenfluss getrieben sein. Betrachten wir zunächst die Gliederungsform anhand der Tasks. Dabei gilt, dass es nicht immer zwangsläufig eine disjunkte Aufteilung des Problemraums in diese sechs Kategorien geben muss. Dennoch gibt es Beispiele, die sich eindeutig innerhalb einer Kategorie einordnen lassen. Dazu gehören Probleme, die während der Ausführung in völlig unabhängige Tasks aufgeteilt werden können. Diese Problemklasse wird häufig als *peinlich parallele* Probleme (engl.: *embarrissingly parallel*) oder *inhärent parallele* Probleme bezeichnet. In diesem Falle gilt ein lineares Organisationsprinzip bei den Tasks. Im Gegensatz dazu gibt es den Fall, in dem die Tasks untereinander hierarchisch gegliedert sind, d.h., im Laufe der Ausführung können aus einer Task mehrere andere Tasks erzeugt werden. Eine solche Strategie wird als *Teile und Herrsche* (engl.: *divide and conquer*) bezeichnet.

Gerade für Anwendungen im Grid sind solche Probleme aus den Computational Sciences prädestiniert, die sich nach dem Prinzip der inhärenten Parallelität gliedern lassen, da während der Ausführung der Tasks keine Kommunikation zwischen ihnen erfolgen muss. Bei einer Aufteilung nach dem Prinzip Teile und Herrsche hängt es entscheidend davon ab, welche Granularität sich bei der hierarchischen Taskzerlegung für die einzelnen Tasks ergibt, was wiederum eng mit der Häufigkeit an notwendiger Kommunikation verbunden ist. Für beide Fälle werden im Weiteren noch genauere Erläuterungen und Beispiele folgen. Andere Probleme hingegen

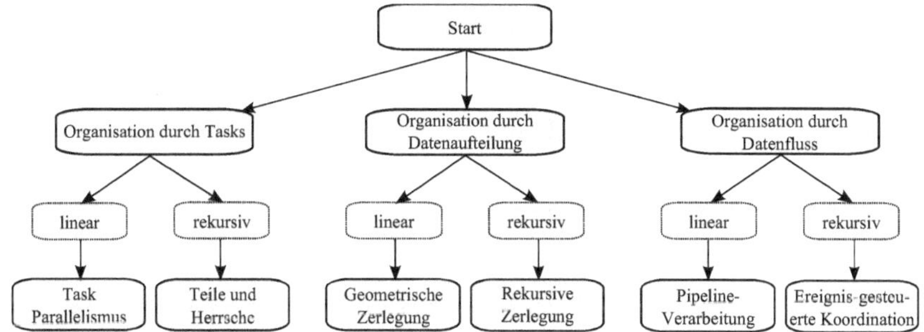

Abb. 4.5 Aufteilung des Entwurfsraumes auf der Algorithmenebene

sind im Wesentlichen dadurch gekennzeichnet, wie die Parallelität durch die Datenaufteilung und die Zuteilung der aufgeteilten Daten auf die Tasks organisiert sind. Auch hier lässt sich wieder unterscheiden, ob die Datenaufteilung in einem Schritt, d.h. linear, oder in hierarchischen Schritten, d.h. rekursiv, vorgenommen wird. Je nachdem bezeichnet man die Parallelisierungsstrategie als *Geometrische Zerlegung* oder als *Rekursive Zerlegung*. Probleme zur Lösung von Differentialgleichungen, von Operationen aus der Linearen Algebra oder die Simulation zellulärer Automaten[2] fällt in diese Kategorie.

Ferner existiert eine Klasse von Anwendungen, bei denen der Datenfluss zwischen den einzelnen Tasks die Hauptquelle für die Organisation der Nebenläufigkeit darstellt. Beispielsweise kommt es häufig in signalverarbeitenden Anwendungen vor, dass Daten eine Reihe von Tasks nacheinander durchfließen und dort jeweils eine Transformation des eintreffenden Datenstroms vorgenommen wird. Da bei dieser Klasse von Anwendungen häufig auch ein kontinuierlicher zu verarbeitender Eingangsdatenstrom vorliegt, kann diese Art der Taskausführung in Form einer *Pipelineverarbeitung* geschehen. Im Gegensatz zu der eben geschilderten regulären Weise des Datenflusses bzw. der Datenweitergabe zwischen den einzelnen Tasks unterscheidet man die *Ereignis-gesteuerte Koordination*. Bei dieser treten in manchen Tasks Ereignisse ein und dadurch werden andere Tasks gestartet.

Es sei an dieser Stelle ausdrücklich erwähnt, dass keine der genannten Klassen bei der Parallelisierung eines Problems alleine auftreten muss. Es sind sehr wohl

[2] Das Verhalten zellulärer Automaten kann auch als Diskretisierung von Differentialgleichungen nicht nur im Ort, sondern auch bei den Datenwerten angesehen werden.

Mischformen möglich. Beispielsweise kann die oberste Ebene eines Algorithmenentwurfs durch eine sequenzielle Komposition von Taskgruppen gekennzeichnet sein, in der einzelne Tasks bestimmte Organisationsprinzipien anwenden. In den folgenden Unterkapiteln werden die genannten Parallelisierungsformen weiter im Detail beschrieben.

4.3.1 Parallelismus auf Taskebene

Wie oben bereits erwähnt, ist diese Form der Parallelisierung auf der algorithmischen Ebene die günstigste, wenn die Tasks selbst die Zerlegung des Problems in parallele Einheiten nahelegen. Die Klasse Task-paralleler Algorithmen ist sehr umfangreich. Zu ihr gehören sowohl die aus den bereits erwähnten peinlich parallelen Problemen entstandenen Taskzerlegungen als auch Tasks, die untereinander Abhängigkeiten besitzen und zur Lösung des Gesamtproblems einen gemeinsamen Zugriff auf Daten realisieren müssen bzw. gegenseitig Nachrichten austauschen.

Beispiele für Task-parallele Organisationen aus der Physik oder aus der medizinischen Bildverarbeitung, die zu den peinlich parallelen Problemen gehören, sind Aufgaben zur Strahlverfolgung (engl.: *ray tracing*) [7]. Hierbei können die mit jedem Strahl verbundenen Berechnungen völlig unabhängig voneinander durchgeführt werden. Jedem Strahl ist somit eine eigene Task zugeordnet. Bei der im vorigen Kapitel beschriebenen Aufgabe aus der Molekulardynamik zur Berechnung der ungebundenen Kräfte ist die Abhängigkeit der resultierenden Tasks enger als im Beispiel der Strahlverfolgung. Jede einzelne Task berechnet einen Teil der auf ein einzelnes Atom wirkenden Kräfte. Wenn die einzelnen Berechnungen in den einzelnen lokalen Kräftefeldern abgeschlossen sind, werden sie am Ende in einer einzigen Datenstruktur aufsummiert, die somit alle auf ein einzelnes Atom wirkenden Kräfte enthält.

4.3.2 Teile und Herrsche-Prinzip

Das Teile und Herrsche-Prinzip wird häufig in sequenziellen Algorithmen angewandt. Dabei wird ein Problem in eine Anzahl kleinere, unabhängig voneinander lösbare Teilprobleme aufgeteilt. Wie bei dem im vorigen Unterkapitel beschriebenen Parallelismus auf Taskebene werden die Teillösungen wieder in eine gesamte Lösung zusammengesetzt. Im Unterschied dazu erfolgt die Aufteilung nicht statisch am Anfang der Berechnung, sondern kann auch dynamisch während der Ausführung der Berechnung erfolgen. In einem sequenziellen Programm kann diese Aufteilung offensichtlich durch Anwendung von Rekursionsaufrufen gelöst werden. Eine Parallelisierung ist einfach durchzuführen. Bei der Aufteilung zu Beginn der Berechnung und dem Zusammenführen der Teilergebnisse am Ende ist wenig bis gar keine Parallelisierbarkeit gegeben. Hingegen lassen sich die Aufteilungen und die damit verbundenen Berechnungen sehr gut nebenläufig ausführen.

Viel schwieriger als die Frage nach der richtigen Stelle für eine Parallelisierung in einem sequenziellen Teile und Herrsche-Algorithmus ist es, vorab zu entscheiden, ob sich die Parallelisierung lohnen wird. Nimmt die Aufteilung zu Beginn und das Zusammenführen der Teilergebnisse am Ende zu viel Zeit im Vergleich zu den eigentlichen Berechnungen ein, so wird aufgrund des hohen sequenziellen Anteils und des Amdahlschen Gesetzes eine Parallelisierung nicht den erhofften Effekt bringen. Die gleiche Situation kann entstehen, wenn unter Umständen die Aufteilung sehr fein-granular wird und der damit zu leistende Zusatzaufwand bei der Verwaltung der einzelnen Tasks den Gewinn bei der Parallelisierung zunichte macht.

Abb. 4.6 zeigt einen sequentiellen Pseudocode aus [4] für eine Berechnung nach dem Prinzip Teile und Herrsche. Basis dieses Pseudocodes ist die Funktion `solve()`. In dieser Funktion wird mit Hilfe der Funktion `baseCase()` entschieden, ob das Problem P klein genug ist, um es direkt mit der Funktion `baseSolve()` zu lösen bzw. ob es besser in weitere Unterprobleme `subProblems[]` aufgeteilt wird, die ihrerseits durch einen rekursiven Aufruf von `solve()` gelöst werden. Die Teilergebnisse werden in `subSolutions[]` aufgenommen und durch Aufruf der Funktion `merge()` zu einer gesamten Lösung zusammengefasst. Generell, d.h. sowohl bei einer sequenziellen als auch bei einer parallelen Lösung der Verfahrens, muss der richtige Zeitpunkt für eine Aufteilung gefunden werden. Für eine Ausführung in einem Grid muss wegen der Zusatzkosten für die Kommunikation darauf geachtet werden, dass nicht zu fein-granulare Untertasks entstehen.

```
func solve returns Solution // eine Lösungsiteration
func baseCase returns Boolean; // Test ob Lösung erzielt
func BaseSolve returns Solution; // Rekursionsauflösung
func merge returns Solution; // kombiniert Unterlösungen
func split returns Problem[]; // Aufteilen in Unterprobleme

Solution solve(Problem P) (
   if (baseCase(p))
      return baseSolve(p);
   else {
      Problem subProblems[];
      Solution subSolutions[N];
      subProblems = split(p);
      for (int i = 0; i < N; i++)
         subSolutions[i] = solve(subProblems[i]);
      return merge(subSolutions);
   }
)
```

Abb. 4.6 Pseudocode-Darstellung des Prinzips Teile und Herrsche

Das Teile und Herrsche-Prinzip kann z.B. auf viele Probleme der linearen Algebra angewandt werden. Berechnungen nach dem sog. *Branch-and-Bound Verfah-*

ren sind weitere Beispiele für eine Taskorganisation nach dem Teile und Herrsche-Prinzip. Bei Branch-and-Bound-Verfahren wird aus einer Liste von möglichen Lösungsräumen wiederholt ein solcher Lösungsraum entnommen und untersucht. Er wird daraufhin entweder zur Lösung des Problems bestimmt, verworfen oder in kleinere Räume aufgeteilt, die dann zu der Liste möglicher Lösungsräume hinzugefügt werden. Jede dieser einzelnen vorzunehmenden Untersuchungen für einen möglichen Lösungsraum kann einer Task zugewiesen werden. Die Abhängigkeiten dieser Tasks untereinander sind eher schwach, da sie sich nur über die Zugehörigkeit zu der Task-Warteschlange definieren.

Demzufolge handelt es sich um eine Applikation aus der Klasse des High-Throughput-Computing und kann lohnenswert in einem Grid durchgeführt werden, wenn eine entsprechend hohe Verarbeitungszeit pro Task gegeben ist und so der zu leistende Zusatzaufwand im Grid für die Ablaufplanung und Ressourcenauswahl kompensiert wird.

4.3.3 Prinzip der geometrischen Zerlegung

Viele numerisch zu lösende Fragestellungen aus den Naturwissenschaften können rechen- und programmtechnisch mit Datenstrukturen behandelt werden, die den Problemraum in räumlich disjunkte und gleichzeitig zu aktualisierende Datensegmente einteilen. Diese Einteilung geschieht in analoger Weise zu der Aufteilung eines geometrischen Gebietes in Untergebiete. Man bezeichnet diese Aufteilung und die damit verbundene Parallelisierungsstrategie daher als das Prinzip der geometrischen Zerlegung. Eine Parallelisierung des Problems geschieht dann mit der Zuteilung jedes einzelnen Datensegmentes zu einer Task bzw. einem Prozessor (s. Abb. 4.7) mit dem Ziel, eine Aktualisierung der Dateninhalte des Datensegmentes in diskreten Zeitabschnitten zu erreichen.

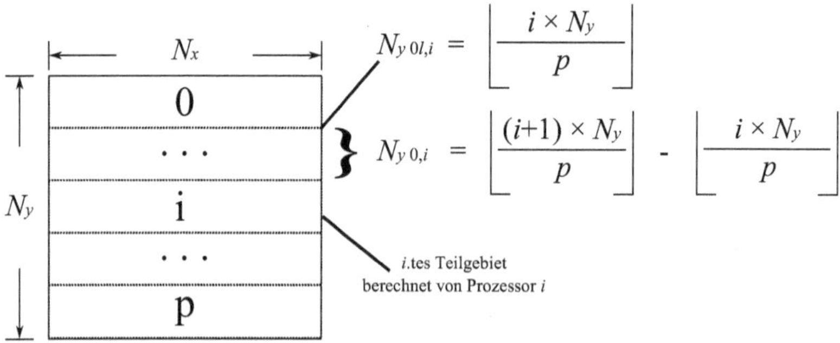

Abb. 4.7 Darstellung des Prinzips der geometrischen Partitionierung

Mit den im Unterkapitel „Parallelisierung auf Taskebene“ aufgezeigten Verfahren lässt sich die parallele Verarbeitung direkt durchführen, wenn alle für die Aktualisierung des Datensegments notwendigen Informationen im Datensegment selbst enthalten sind. In diesem Falle handelt es sich um ein peinlich parallelisierbares Problem. Häufig wird jedoch die Aktualisierung Informationen von Punkten aus anderen Datensegmenten erfordern, und dabei zumeist aus den angrenzenden, also benachbarten Segmenten. Somit ist ein gemeinsamer Zugriff auf Informationen von verschiedenen Segmenten aus notwendig, sei es durch explizite Kommunikation über Nachrichten oder durch Zugriff auf gemeinsame Speicherinhalte. Für die Tasks bedeutet dies folglich eine engere Kopplung, was solche Applikationen für eine rechentechnische Lösung in einem klassischen Grid eher ungünstig macht. Probleme dieser Art können besser mit aus Multi-Clustern aufgebauten Grid-Strukturen bearbeitet werden.

Ein einfaches Beispiel für eine Anwendung des Prinzips der geometrischen Zerlegung aus dem Bereich der Ingenieurwissenschaften stellt die Berechnung der Wärmeausbreitung dar. Diese lässt sich für den eindimensionalen Fall, z.B. einem unendlich ausgedehnten Stab, mathematisch mit folgender Differentialgleichung (4.1) beschreiben. In dieser entspricht T dem Temperaturparameter, dessen Änderung nach der Zeit identisch mit der zweimaligen Änderung der Temperatur im Ort ist, was der zweiten Ableitung nach x entspricht.

$$\frac{\partial T}{\partial t} = \frac{\partial^2 T}{\partial^2 x} \tag{4.1}$$

Die numerische Lösung dieser Differentialgleichung in einer für den Rechner geeigneten Form erfordert eine Diskretisierung in Raum und Zeit, die sich durch den Übergang der Differentialgleichung zu einer Differenzengleichung ergibt, wie im Kapitel 9 über die mathematischen Grundlagen gezeigt wird. Wendet man diese Technik auf die Differentialgleichung (4.1) an, ergibt sich (4.2). Die Berechnung der Temperatur zu einem diskreten Zeitpunkt $t+1$ und an einem bestimmten Ort i hängt von der Temperatur an diesem Ort und den Nachbarorten $i+1$ und $i-1$ zum Zeitpunkt t ab. Gewichtet werden die miteinander verknüpften Nachbar-Temperaturwerte mit dem Faktor $\frac{dt}{dx^2}$, welche die Intervalle der diskreten Zeitpunkte und der Orte ausdrücken.

$$T_{i,t+1} = T_i + \frac{dt}{dx^2} \cdot (T_{i-1,t} - 2 \cdot T_{i,t} + T_{i+1,t}) \tag{4.2}$$

Stellt man sich den Stab mit einem virtuellen eindimensionalen Netz von Gitterpunkten durchzogen vor, so ist in jedem Punkt dieses Netzes die Gleichung 4.2 anzuwenden. Da für eine genaue Analyse viele Punkte berechnet werden müssen, macht es Sinn, diese Aufgabe zu parallelisieren. In diesem Falle werden verschiedene zusammenhängende Teilgebiete des Netzes auf Rechnerknoten aufgeteilt und parallel berechnet. Für die am Rand eines Teilgebietes liegenden Punkte ist die Information von den gegenüberliegenden Randpunkten des Nachbargebietes notwendig. Dies erfordert einen Datenaustausch zwischen den entsprechenden Rechnerknoten. Abb. 4.8 veranschaulicht dieses Problem für den zweidimensionalen Fall. In jedem Teilgebiet werden die Ränder virtuell erweitert, um dort die Wer-

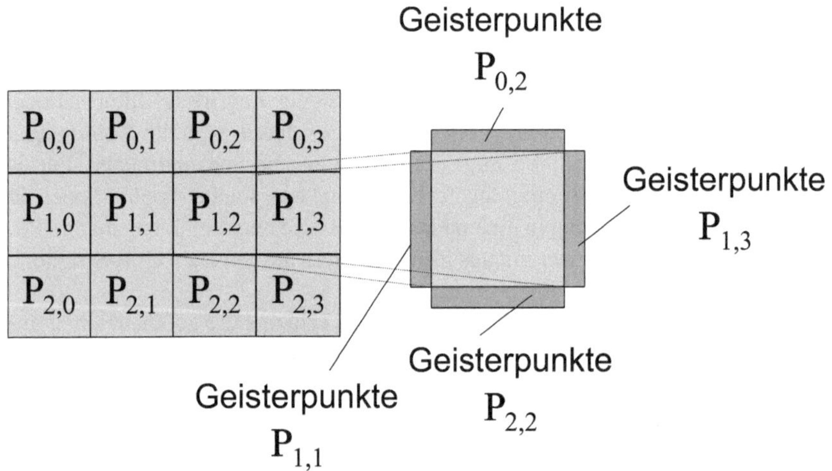

Abb. 4.8 Darstellung der Nutzung von Geisterzonen

te der Nachbarpunkte aufzunehmen. Man bezeichnet diese virtuellen Punkte als *Geisterpunkte*, die Randzonen entsprechend als *Geisterzonen*. Um die zur Füllung der Geisterzonen notwendige Rechenzeit für die Kommunikation verschwinden zu lassen, kann das Füllen zeitgleich zur Aktualisierung der inneren Punkte geschehen. Konkret bedeutet dies, man startet z.B. in einem MPI-Programm zunächst eine nicht-blockierende Kommunikation zum Austausch der Informationen in den Geisterzonen und fährt anschließend unmittelbar fort mit der Aktualisierung der inneren Punkte eines Teilgebiets, für die keine Information aus den Nachbargebieten notwendig ist. Während der Berechnung in den Prozessoren erfolgt parallel die Übertragung über das Netzwerk. Wenn die Berechnung der inneren Punkte abgeschlossen ist, kann sofort die Berechnung der Randpunkte erfolgen, weil die Geisterpunkte mittlerweile übertragen wurden.

Dort wo die Netzwerke im Vergleich zu den in den Rechnerknoten benötigten Berechnungszeiten viel langsamer sind, z.B. in Grid-Strukturen, kann es Sinn machen, die Geisterzonen über das eigentliche aus der Differenzengleichung sich ableitende Maß hinaus zu verbreitern. Es wird dann einmal ein breiterer Datenstreifen übertragen und man spart sich eine Kommunikation nach jedem zeitlichen Aktualisierungsschritt. Dabei bleibt die zu übertragende Menge an Nutzdaten natürlich gleich groß, aber man verringert den Aufwand für den in jedem Kommunikationsschritt durch das Kommunikationsprotokoll entstehenden Zusatzaufwand. Der Nachteil ist eine entsprechende Redundanz bei der Berechnung über die einzelnen Rechnerknoten hinweg, da die Punkte in den verbreiterten Geisterzonen mehrfach berechnet werden. Nach jedem Zeitschritt verringert sich die Breite der redundanten Geisterzone um einen Punkt. Die ideale Geisterzonenbreite hängt konkret vom

Verhältnis der Rechenleistung in den Rechnerknoten, des Aufwands für die Protokollabwicklung und der Netzwerkleistung ab.

4.3.4 Rekursive Datenaufteilung

In diesem Unterkapitel sollen die Möglichkeiten einer Parallelisierung von Problemen diskutiert werden, die auf rekursiven Datenstrukturen aufbauen, wie z.B. Bäumen oder Listen. In einigen Fällen können solche rekursiv aufgebauten Datenstrukturen sozusagen auf natürliche Weise nach dem Prinzip Teile und Herrsche behandelt werden, das wie weiter oben beschrieben ausreichend Möglichkeiten für eine Parallelisierung bietet. Es können jedoch Situationen auftreten, in denen eine solche Datenstruktur sequenziell durchlaufen werden muss, um beispielsweise an einer bestimmten Stelle in dieser Datenstruktur ein Zwischenergebnis zu berechnen, um es an anderer Stelle weiterzuverarbeiten. In diesem Falle ist auf den ersten Blick wenig Potenzial für eine gleichzeitige Bearbeitung gegeben.

Eine als rekursive Dopplung (engl.: *recursive doubling*) oder als Zeigerspringen (engl.: *pointer jumping*) bezeichnete Technik erlaubt jedoch eine leistungssteigernde parallele Bearbeitung von Problemen mit rekursiven Datenstrukturen, welche zunächst unvermeidbar sequenziell erscheinen. Möglich wird dies durch die Anwendung einer auf allen Elementen der rekursiven Datenstruktur gleichzeitig ausgeführten Operation. Stellvertretend für solche gearteten Probleme wird die Vorgehensweise mit Hilfe von Operationen beschrieben, die auf gerichteten, mit einer Wurzel versehenen Bäumen operieren. Ein aus [9] entnommenes Beispiel verdeutlicht das zu lösende Problem. Die Aufgabe besteht darin, für jeden Knoten in einer gegebenen Menge von Bäumen die zugehörige Wurzel zu finden. Dabei ist jeder Knoten in dem Baum mit seinem Vorfahren über einen Zeiger verbunden. In einer einfachen sequenziellen Vorgehensweise würde man von jedem Knoten in einem Schritt zum Vorfahren gehen, bis man für jeden Knoten die Wurzel erreicht hat. Dieses Verfahren endet genau dann, wenn man von dem Blatt, das am weitesten entfernt von der Wurzel eines Baumes ist, eben diese Wurzel erreicht hat. Diese sequenzielle Vorgehensweise benötigt exakt $O(N)$ Zeitschritte, wenn N der Anzahl Knoten in allen Bäumen entspricht.

Eine Verbesserung bringt das Verfahren der rekursiven Dopplung, indem man in jedem Zeitschritt den auf den Vorgänger verweisenden Zeiger auf den Vorvorgänger setzt. Diese Operation wird in einem Zeitschritt parallel für alle Knoten durchgeführt. In jedem Schritt verdoppelt sich somit die Strecke des zurückverweisenden Zeigers und da per Definition die Wurzel eines Baumes sich selbst als Vorgänger besitzt, erreicht man für jeden Knoten nach spätestens $O(logN)$ Zeitschritten die zugehörige Wurzel. Abb. 4.9 veranschaulicht das Verfahren für zwei Bäume mit jeweils sieben Knoten. Nach maximal drei Schritten ist für jeden Knoten die Wurzel bekannt. Der Preis, der für diese Beschleunigung zu zahlen ist, besteht in einer größeren Anzahl an durchzuführenden Berechnungen. Das gezeigte Beispiel lässt erahnen, dass diese Art der Parallelisierung primär für fein-granulare Problemstellungen geeignet ist und somit in Grid-Strukturen wohl wenig gewinnbringend eingesetzt werden kann. Es sei denn die Bearbeitung eines Elements in der rekursiven Datenstruktur ist extrem zeitintensiv. Dennoch ist es lohnenswert dieses Beispiel zu betrachten, da es aufzeigt, wie auf den ersten Blick scheinbar ausschließlich sequenziell bearbeitbare Probleme dennoch parallelisiert werden können.

Abschließend sei an dieser Stelle in Abb. 4.10 noch ein weiteres von Hillis und Steele [10] stammendes Beispiel für eine nützliche Anwendung dieses Parallelisierungs-Prinzips für numerische Berechnungen aufgezeigt, nämlich die Berechnung aller Partialsummen von Elementen aus einer verketteten Liste. Dieses Beispiel zeigt einen typischen datenparallelen Algorithmus, in dem auf jeder Dateneinheit in einer zusammengesetzten Datenstruktur die gleichen Operationen angewandt werden. Demzufolge eignet sich dieser Algorithmus sehr gut für eine Portierung auf SIMD-Rechnern.

Allgemein lässt sich das Prinzip der rekursiven Dopplung für rechenintensive kombinatorische Probleme verwenden, in denen beispielsweise rekursive Datenstrukturen wie Graphen oder Bäume zunächst durchlaufen werden müssen, um die darin enthaltenen Knoten nach bestimmten Prinzipien zu ordnen. Je nach Komplexität der damit verbundenen Operationen, der Anzahl vorhandener paralleler Recheneinheiten und des erforderlichen Kommunikationsaufwandes bei einer verteilten Berechnung kann dieses Parallelisierungsprinzip auch in Grid-Strukturen sinnvoll sein. Dies erfordert eine sorgfältige Abwägung. Generell werden jedoch eher fein-granularere Implementierungen profitieren können.

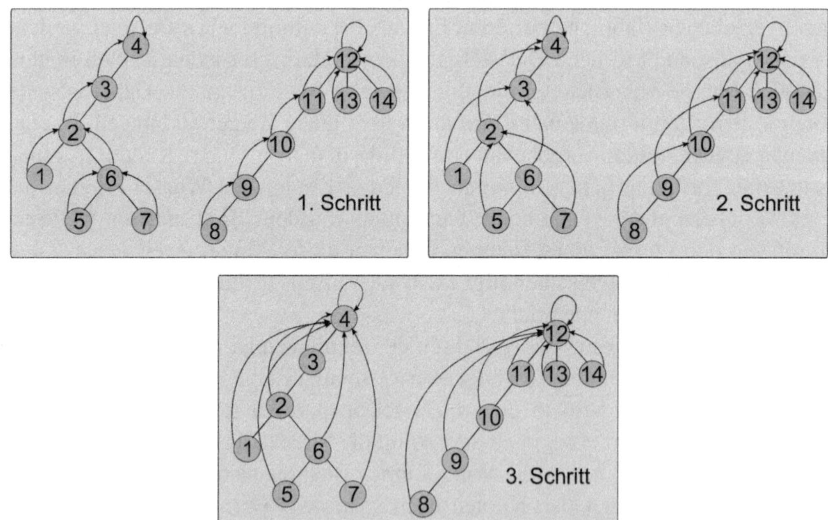

Abb. 4.9 Prinzip des Zeigerspringens bzw. der rekursiven Dopplung

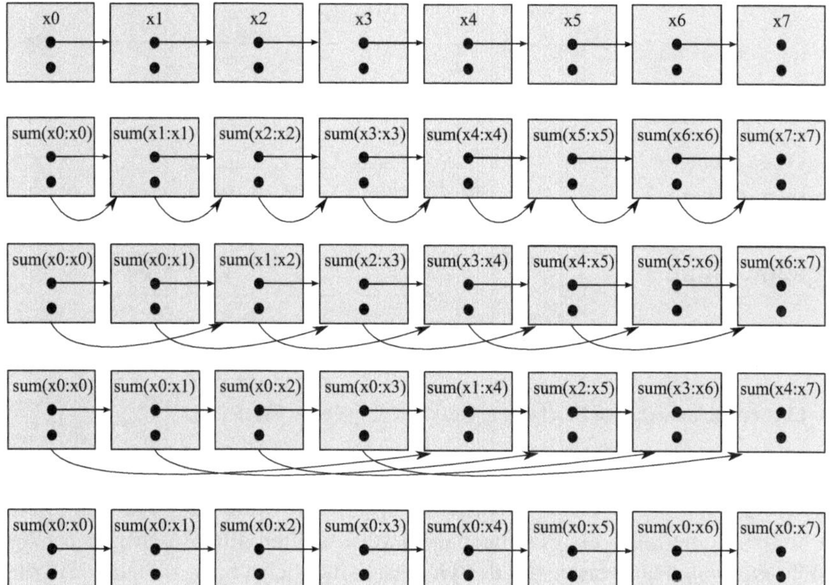

Abb. 4.10 Ausnutzen des Prinzips der rekursiven Dopplung beim Berechnen einer Menge von partiellen Summen

4.3.5 Pipeline-Verarbeitung

Pipeline-Verarbeitung ist eines der am meisten angewandten Parallelisierungsprinzipien in der Rechentechnik [11]. Das wesentliche Kennzeichen einer Anwendung, die sich für eine Pipeline-Verarbeitung eignet, ist das Vorhandensein eines Datenflusses durch mehrere Bearbeitungsstationen. In der Automatisierungstechnik wird dieses Prinzip seit der Einführung von Henry Ford in der Automobilherstellung vor fast einem Jahrhundert sehr erfolgreich eingesetzt. In jeder der Bearbeitungsstationen, der sog. Pipeline-Stufen, kann eine andere Art der Verarbeitung auf den Datenstrom geschehen. Alle Stufen insgesamt tragen dazu bei, die gesamte Verarbeitung auf den Eingangsdatenstrom auszuführen.

Das allgemeine Prinzip einer Pipeline-Verarbeitung sei anhand von Abb. 4.11 erklärt. Ein stetiger in zeitlich diskrete Abschnitte eingeteilter Datenstrom muss nacheinander durch verschiedene Unteraufgaben $T1 - T4$ verarbeitet werden, die in vier aufeinanderfolgenden Schritten stattfinden. Im ersten Zeitschritt wird die Unteraufgabe $T1$ auf den ersten diskreten Datensatz angewandt. Das Ergebnis dieses Teilschrittes wird im nächsten Schritt an die zweite Unteraufgabe $T2$ weiter gereicht, um dort weiterverarbeitet zu werden. Zum gleichen Zeitpunkt wird der nächste diskrete Datensatz von $T1$ empfangen und entsprechend der darin definierten Aufgabe vorverarbeitet. Diese Strategie setzt sich in den nächsten Zeitschritten fort.

Sind alle Pipelinestufen gefüllt, so wird am Ende der Pipeline ständig ein neues Ergebnis ausgegeben. Dies geschieht mit einer Rate, welche durch den Rezi-

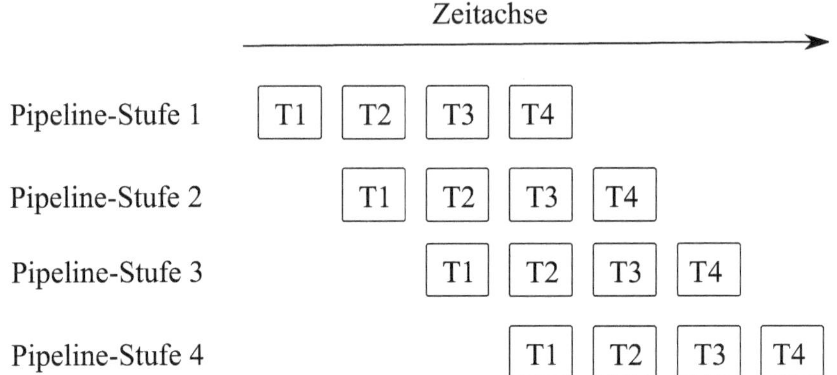

Abb. 4.11 Zeitlich überlappte Bearbeitung einer Taskfolge beim Pipelining

prokwert der zeitlichen Ausführung der langsamsten Stufe bestimmt ist. Damit sich hierbei keine Stufe als Flaschenhals erweist, sollten alle Stufen gleich lange Ausführungszeiten aufweisen, um den Durchsatz möglichst hoch zu halten. An dieser Stelle sollen die Unterschiede zwischen der Latenzzeit und dem Durchsatz klar herausgestellt werden. Die Latenzzeit drückt die Ausführungszeit aus, die für die Bearbeitung eines einzelnen bestimmten Datensatzes benötigt wird. Also auf die Automobilherstellnug bezogen, die benötigte Zeitdauer für die Herstellung eines bestimmten Autos. Bei der Bearbeitung eines Datensatzes oder einzelnen Datums durch eine Folge von Threads, Prozessen oder einfacheren Stufen von logischen Gattern ist es die Ausführungszeit bis die gesamte Folge abgearbeitet wurde. Dies dauert natürlich genauso lange wie ohne Pipeline-Verarbeitung, da alle Bearbeitungsstufen notwendig sind und exakt wie im seriellen Fall durchlaufen werden müssen. Es gilt genau betrachtet sogar das Gegenteil. Die Latenzzeit wird in der Regel höher sein als ohne Pipeline-Verarbeitung, weil ein zusätzlicher Zeitaufwand für die Weitergabe der Datensätze zwischen den einzelnen Pipelinestufen anfällt. Der Durchsatz hingegen drückt die Rate aus, d.h. die Anzahl bearbeiteter Datensätze innerhalb eines bestimmten Zeitintervalls.

Eine identische Ausführungszeit über alle Pipelinestufen hinweg lässt sich natürlich leichter mit fein-granularen Strukturen erreichen als in einer wesentlich grobgranulareren Grid-Umgebung. Dennoch ist gerade das Prinzip der Pipeline-Verarbeitung in Grid-Strukturen vergleichsweise leicht umzusetzen und insbesondere dann gewinnbringend, wenn in den einzelnen Stufen sehr Rechenzeit-intensive Jobs zum Einsatz kommen. Geringere Laufzeitunterschiede in den einzelnen Stufen wirken sich in diesem Falle nicht so gravierend aus, wie z.B. in der Befehlspipeline eines Hochleistungs-Mikroprozessors.

In der Rechentechnik findet Pipeline-Verarbeitung in den unterschiedlichsten Bereichen Anwendung. Beispielsweise wird in modernen Prozessoren auf der Befehlsebene Pipeline-Verarbeitung eingesetzt [12]. Die darin enthaltenen Phasen zum Holen, Dekodieren, Bereitstellen der Operanden und des Ausführens eines Befehls inklusive der Bestimmung des nächsten auszuführenden Befehls werden zeitlich überlappt auf verschiedenen Befehlen ausgeführt. Operationen, die auf groß dimensionierten Vektoren auszuführen sind, können ebenfalls in einer Pipeline organisiert werden. Dieses Prinzip lässt sich auf viele als Rekurrenzgleichungen formulierbare Algorithmen anwenden. Auch in der Signalverarbeitung kann Pipeline-Verarbeitung großen Nutzen erzielen. So lässt sich der Datendurchsatz eines von einem Sensor kontinuierlich erzeugten Datenstroms, der durch eine Folge von Filtern weiterverarbeitet werden muss, durch eine gleichzeitige Verarbeitung in den einzelnen Filterstufen gegenüber einer in den Filterstufen nacheinander stattfindenden Verarbeitung wesentlich erhöhen.

Für die Bearbeitung einer Pipeline mit einer parallelen Rechnerarchitektur ist die Zuweisung der einzelnen Pipelinestufen zu den jeweiligen rechnenden Einheiten entscheidend. Im einfachsten Falle wird jede einzelne Pipelinestufe auf eine solche rechnende Einheit abgebildet. Im Falle von Grid-Rechnerstrukturen entspricht dies dem Modell einer Task-parallelen Aufteilung. Zwischen den einzelnen Tasks kann der Mechanismus des Filestagings verwendet werden, also des Versendens von Dateien innerhalb des Grids, z.B. mit dem GridFTP-Dienst. Das heißt, eine Task empfängt über diesen Meachnismus Daten, verarbeitet diese und sendet sein Teilergebnis seinerseits wieder über GridFTP an einen anderen Rechner, der der nächsten Stufe in der Pipeline-Verarbeitung entspricht. In diesem Sinne kann eine Pipeline-Verarbeitung als ein Workflow im Grid organisiert werden, in dem ständig zwischen den einzelnen rechnenden Einheiten Datensätze ausgetauscht werden. Dies kann in Form einer linearen, aber prinzipiell auch über andere denkbare Richtungen von Datenströmen erfolgen.

4.3.6 Ereignis-gesteuerte Koordinierung

Die Parallelisierung nach dem Prinzip der Ereignis-gesteuerten Koordinierung weist einige Ähnlichkeiten zu dem eben behandelten Prinzip der Pipeline-Verarbeitung in grob-granulareren Systemen auf. Die einzelnen Tasks bestehen aus in großen Teilen unabhängigen Einheiten, die sich über den Datenfluss ausgetauschter Dateneinheiten koordinieren. Die Tasks selbst können als parallele Programme implementiert sein. Im Unterschied zu der Pipeline-Verarbeitung geschieht diese Datenübermittlung nicht innerhalb weitgehend festen zeitlichen Intervallen, sondern kann zu völlig beliebigen Zeitpunkten erfolgen. Ferner ist der Datenfluss in einer Pipeline nicht zwingend, aber dennoch häufig linear aufgebaut, während bei der Ereignis-gesteuerten Koordinierung beliebige Datenfluss-Richtungen typisch sind. Somit gestaltet sich die Pipeline-Verarbeitung weitgehend synchron, die Ereignis-gesteuerte Koordination ist hingegen völlig asynchron.

Die Koordination der einzelnen Tasks erfolgt über das Eintreffen der von einer Task zu verarbeitenden Dateneinheit. Diesen Vorgang bezeichnet man als ein *Ereignis*. Das Ereignis bewirkt in diesem Sinne den Start der Task, die ihrerseits die übertragenen Daten aufnimmt, selbst verarbeitet und dann ein oder mehrere eigene Ereignisse kreiert, die an eine oder mehrere andere Tasks verschickt werden. Bei

Anwendung der Ereignis-gesteuerten Koordination lassen sich die Tasks somit in drei Unterschritte *Ereignis empfangen*, *Ereignis verarbeiten* und *Ereignisse versenden* aufteilen. Dies geschieht solange, bis die Task endet.

Ein Beispiel aus dem täglichen Leben könnte ein Parkplatzwächter sein, der nach jedem Ereignis „Auto trifft ein“, was zu beliebigen Zeitpunkten geschehen kann, ein neues von zwei möglichen Ereignissen kreiert, z.B. die Zuweisung in eine linke oder eine rechte Spur für die Einfahrt des Autos, je nachdem wie viele freie Plätze sich in den zugehörigen Bereichen befinden. Das Auto parkt innerhalb des zugewiesenen Bereichs. Nach einer bestimmten Zeit verlässt es den Parkplatz wieder, was ein neues Ereignis darstellt und vom Parkplatzwächter registriert und entsprechend verarbeitet wird.

Für die Verarbeitung der Ereignisse muss noch geklärt werden, welche Möglichkeiten der Übermittlung der Ereignisse bestehen. Zum einen können in Speicher-gekoppelten Rechensystemen gemeinsame zwischen den Tasks benutzte Datenvariablen oder Datenbereiche genutzt werden. Bei lose gekoppelten Systemen, wie z.B. in einer Grid-Rechenstruktur oder allgemein in einem verteilten System, können sich die einzelnen Tasks Nachrichten schicken. Alternativ können bei beiden Varianten für jede Task und jedes Ereignis spezielle Warteschlangensysteme aufgebaut werden, in denen die Ereignisse abgelegt bzw. gespeichert werden. Eine Task, die auf Ereignisse wartet, kann nun ständig in diese Warteschlange hineinschauen, ob ein für sie bestimmtes Ereignis vorliegt. Dies hat den Vorteil, dass dadurch leichter Systeme aufgebaut werden können, in denen die aufrufende Task beim Senden des Ereignisses nicht darauf warten muss, dass die empfangende Task dieses Ereignis abnimmt. Somit lassen sich mit einem solchen Warteschlangen-Mechanismus nicht-blockierende Systeme realisieren.

Ein weiteres Problem, das bei der Ereignis-gesteuerten Koordinierung entstehen kann, betrifft die Synchronisation von Ereignissen, die mit einem Zeitstempel versehen sind. Dieser Zeitstempel gibt an, wann dieses Ereignis simuliert werden soll. Nun ist eine Situation denkbar, dass ein Ereignis vor anderen Ereignissen eintrifft, die einen früheren Zeitstempel aufweisen, also somit eigentlich vor dem ankommenden Ereignis bearbeitet werden sollten. Sofern alle Ereignisse in dem System eine strenge lineare Ordnung hinsichtlich ihres Entstehens aufweisen, kann eine solche Situation nicht auftreten. Ist dies nicht der Fall, kann das früher eintreffende Ereignis bedenkenlos bearbeitet werden, wenn durch die Semantik der Anwendung sichergestellt ist, dass Ereignisse, die außerhalb der Ordnung bearbeitet werden, keine sinnverfälschenden Ergebnisse erzeugen.

Falls solche nicht in einer Ordnung auftretende Ereignisse doch problematisch sind, lassen sich solche Ereignisse auf zwei Arten behandeln, die man als *optimistischer* bzw. *pessimistischer* Ansatz bezeichnet. Beim optimistischen Ansatz werden außer der Reihe auftretende Ereignisse (engl.: *out-of-order events*) behandelt, wenn die Möglichkeit besteht, dass fälschlicherweise aufgetretene Ereignisse und deren Auswirkungen wieder rückgängig gemacht werden können. Im Bereich der verteilten Simulation nennt man diesen Ansatz auch Zeitschleife (engl.: *time warp*). Falls ein auftretendes Ereignis eine Interaktion mit der Außenwelt nach sich zieht, ist ein solches Zurückrollen nicht möglich.

Bei pessimistischen Ansätzen wird der sichere Weg gewählt und Ereignisse auf Kosten erhöhten Latenz- und Kommunikationsaufwandes immer nur dann bearbeitet, wenn sichergestellt ist, dass kein früheres Ereignis auftreten kann. Dies kann über den Zeitstempel und eine globale Uhr geschehen, wobei letztere immer wieder synchronisiert werden muss bzw. indem ein Prozess einem anderen Prozess, der von ihm eventuell ein Ereignis erwartet, über eine sog. leeres Ereignis (engl.: *null event*) mitteilt, dass er kein Ereignis hat.

Ein weiteres Problem im Zusammenhang mit der Ereignis-gesteuerten Simulation betrifft ein mögliches Auftreten und Vermeiden von vollständigen gegenseitigen Blockierungen der Tasks, sog. Deadlocks. Dies kann passieren, wenn bei einem pessimistischen Ansatz ein Ereignis auftritt, das zwar zur Simulation ansteht, aber in dem Moment nicht sicher gestellt werden kann, dass es sicher ausführbar ist, weil evtl. andere Ereignisse nicht ankommen. Ein solcher Deadlock kann aufgelöst werden, indem man z.B. – wie beschrieben – ein leeres oder eine hinreichend große Anzahl an leeren Ereignissen schickt oder ein explizites Deadlock-Erkennungsverfahren verwendet, was zwar Sicherheit bietet, aber auch hohen Aufwand verursacht. Ein Mittelweg zwischen diesen beiden Verfahren ist das passive Warten um eine bestimmte Zeit, also ein Timeout. Nachdem der Timeout abgelaufen ist, wird das anstehende Ereignis ausgeführt.

Beispiele für die Ereignis-gesteuerte Koordination in Grid-Strukturen ist die Simulation von Schallwellenkompensation in Rohren durch die Einspeisung einer gezielten, in Gegenrichtung zu den Schallwellen verlaufenden Welle auf eine Weise, dass Maxima und Minima der in Hin- und in Gegenrichtung laufenden Welle genau aufeinandertreffen und sich somit die Amplituden gegenseitig auslöschen. In [13] wird ein solches Beispiel aufgezeigt, in dem mit Hilfe einer sog. Multi-Domänen-Simulation, die aufgrund von Lizenzrandbedingungen in einer Grid-Struktur angewandt wird, eine Ereignis-gesteuerte Koordination der dafür notwendigen Simulationssoftware zum Einsatz kommt. Dabei wird eine rechenintensive Simulation auf einem Cluster-Rechner gerechnet und das Ergebnis an ein anderes kommerzielles Programm weitergereicht. Dieses Programm muss aus lizenzrechtlichen Gründen an einem entfernten Ort laufen. Es produziert selbst ein Ergebnis, das wiederum als Eingabe für den Cluster-Rechner dient. In diesem Fall wird die lizenzierte Software zu einer Ressource im Grid.

4.4 Hilfsstrukturen für den Entwurf paralleler Programme

Nachdem im vorherigen Unterkapitel die wichtigsten Strukturen für den Entwurf paralleler Systeme auf der algorithmischen Ebene, d.h. an der konkreten Aufgabenstellung orientiert (problemorientierte Beschreibung), erläutert worden sind, stehen im folgenden Unterkapitel sog. Hilfs- oder unterstützende Strukturen im Vordergrund. Diese bieten wichtige Hilfestellung bei der Implementierung der algorithmischen Beschreibung auf eine konkrete Architektur. Zu diesen Hilfsstrukturen gehören folgende Schemata hinsichtlich der Bearbeitung und der Ablage von Daten:

- SPMD-(*single program multiple data*)-Modell
- Master-Worker-Modell
- Parallelismus in Schleifen
- Fork-/Join-Mechanismus
- Gemeinsame Datenbereiche
- Gemeinsame Warteschlangen
- Verteilte Felder

Die grundlegenden Prinzipien, die sich hinter diesen einzelnen Schemata verbergen, werden im Folgenden kurz erklärt. Es wird ferner darauf eingegangen, welche davon insbesondere für die Umsetzung in Grid-Architekturen von besonderem Interesse sind.

4.4.1 SPMD-Modell

Das wesentliche Merkmal des SPMD-Modells besteht darin, den Quellcode eines Programms so zu strukturieren, dass ein und dasselbe Programm (*single program*) auf verschiedenen Rechnern zur Ausführung gebracht wird. Diese Programme greifen jedoch während der Ausführung auf den verschiedenen Rechnern auf unterschiedliche Datenbestände (*multiple data*) zu. Der entscheidende Unterschied zu der in Kap. 2 erwähnten Klassifikation SIMD (*single instruction multiple data*) nach Flynn ist, dass beim SPMD-Modell jedes Programm zu einem fixen Zeitpunkt einen unterschiedlichen Programmzählerstand aufweisen kann. Hingegen wird ein SIMD-Programm auf allen rechnenden Einheiten vollständig synchron bearbeitet, d.h., zu jedem Zeitpunkt kommt auf allen Rechnern immer der gleiche Befehl zur Ausführung. Das SPMD-Modell eignet sich somit grundsätzlich auch in einer Grid-Architektur. Eine Anwendung des SIMD-Modells hingegen ist selbstverständlich ausgeschlossen, da die vollständige Sychronität bei einem lose gekoppelten System wie einer Grid-Architektur unmöglich garantiert werden kann. Ferner wird SIMD ohnehin nicht mehr für die Architektur eines gesamten Rechners verwendet. Das Prinzip kommt heute vielmehr in Prozessoren zum Einsatz, z.B. in den Rechenwerken zur gleichzeitigen Ausführung von Operationen auf Vektoren (die SSE, AltiVec oder 3DNow! genannten Einheiten in den Prozessoren Intel-Pentium, IBM PowerPC oder AMD Opteron).

Die Gründe für die Programm-Strukturierung nach SPMD liegen hautpsächlich in der besseren Pragmatik. Gegenüber der Alternative für jeden Rechner oder Prozessor eines Parallelrechnerverbundes ein eigenes Programm zu schreiben ist es einfacher, nur ein Programm für alle Rechner zu schreiben. Die Programmierer, die begannen Software für MIMD-Rechner zu implementieren, wollten genau ein solches Modell als Grundlage ihrer Programmierumgebungen haben. Zu erklären ist dies u.a. dadurch, dass häufig ähnliche Operationen auf den einzelnen Rechnerknoten auszuführen sind. Zwar arbeiten die Rechnerknoten auf verschiedenen Daten, die auf einer Untermenge der Rechnerknoten auszuführenden Operationen unterscheiden sich jedoch nur leicht voneinander. Ein Beispiel hierfür ist die in Kap. 9 aufgezeigte Berechnung von partiellen Differentialgleichungssystemen mit Hilfe der Methode der Finiten Differenzen oder die Simulation von Zellulären Automaten in Kap. 20, bei den außer an den Rändern des Problemraums die gleichen Operationen zur Ausführung kommen können.

Neben diesen Vorteilen für die Programmierer hinsichtlich einer möglichst adäquaten Abb. der Problemlösung in den Programmcode ergeben sich auch Vorteile bei der Wartung der Programme. Es ist viel einfacher, eine einzige Softwareinfrastruktur aktuell und konsistent zu halten, als viele Programme. All dies führte dazu, dass sich eine Strukturierung nach dem Modell SPMD im Laufe der „Evolution" paralleler Programmierung und skalierbarer Rechentechnik als der dominante Stil erwies. SPMD ist daher das bestimmende und grundlegende Programmiermodell für die parallele Programmierumgebung MPI (s. Kap. 5) geworden. Das SPMD-Modell ist sehr flexibel, was man daran sieht, dass sich die meisten im Bereich des wissenschaftlichen Rechnens notwendigen algorithmischen Strukturen (Geometrische Partitonierung, Task-Parallelismus, Teile und Herrsche und rekursive Zerlegung) mit SPMD sehr gut umsetzen lassen.

Eine Frage, die in diesem Zusammenhang noch geklärt werden muss, betrifft die Methode, wie in einem einzigen Programm die oben angesprochene Unterscheidung bezüglich verschiedener Rechnerknoten im Programmcode vorgenommen wird, um z.B. Randbedingungen zu behandeln. Das SPMD-Modell sieht dafür das Konzept eines einheitlichen Bezeichners vor. Das heißt, jeder Rechnerknoten bekommt eine im gesamten System eindeutige Kennung. Diese kann im Programm abgefragt werden, um damit im Programm Rechnerknoten-spezifische Verzweigungen vorzunehmen. Neben diesem Bezeichner-Konzept weist ein SPMD-Programm die folgenden weiteren Eigenschaften auf, die beim Programmieren zu beachten sind:

1. Initialisierung: Zu Beginn der Programmausführung wird das SPMD-Programm in jeden der Rechnerknoten geladen und es wird über eine Art Buchführungsmechanismus ein gemeinsamer Kontext hergestellt. Dieser dient u.a. dazu, Kommunikationskanäle einzurichten, so dass die einzelnen Rechner und die im SPMD-Programm verwendeten Prozesse darüber Daten austauschen können.
2. Erhalten des eindeutigen Bezeichners: Üblicherweise wird zu Beginn des Programms der eindeutige Bezeichner (in MPI-Terminologie der Rang (engl.: *rank*) bzw. in OpenMP die Thread ID (s. Kap. 6.2) erfragt. Damit sind Prozess-spezifische Verzweigungen in der Programmausführung durchführbar.
3. Verteilung der Daten: Die für die jeweiligen Rechnerknoten bzw. Prozesse notwendigen unterschiedlichen Daten können auf zwei Mechanismen verteilt werden. Zum einen (1) durch Aufteilung des gesamten globalen Datenbestands in einzelne Kacheln, was z.B. durch einen Master-Prozess vorgenommen wird. Dieser überträgt auch die aufgeteilten Daten an die jeweiligen Rechnerknoten, wo sie lokal gespeichert werden. Zum anderen (2) durch einen gemeinsamen Zugriff bzw. eine Replizierung des Datenbestandes, auf welchen über den eindeutigen Bezeichner auf bestimmte Unterbereiche zugegriffen wird.
4. Ausführung des Programms: Auf jedem Rechnerknoten erfolgt die separate Ausführung von identischem Code. Wie oben beschrieben, erfolgen Prozess-spezifische Verzweigungen anhand des Bezeichners oder durch Schleifenindex-Be-

rechnungen, um bestimmte Teile der Schleife auf verschiedenen Knoten auszuführen.
5. Finalisierung: In diesem Schritt wird der Kontext wieder abgebaut, d.h., die aufgebauten Kommunikationskanäle werden wieder geschlossen. Vorab werden eventuell globale Daten aus den in den Prozessen erzielten Einzelergebnissen wieder zusammengesetzt.

Grundsätzlich eignet sich das SPMD-Modell auch für Anwendungen im Grid. Während in einem Multikern-Prozessorsystem aufgrund der engen Kopplung eher der unter (3) beschriebene gemeinsame Datenzugriff sinnvoll ist, bietet sich für ein Multi-Cluster-Grid das Aufteilen bzw. das Replizieren der Daten an. Je nachdem wie häufig kommuniziert werden muss, wie häufig aktualisierte Daten ausgetauscht werden müssen und ob auf den zu Beginn der Berechnung vorhandenen globalen Datenbestand ständig unverändert zugegriffen werden kann, ist Replizieren oder Aufteilen die bessere Variante. Aufteilen empfiehlt sich für Daten, die von den einzelnen Rechnerknoten separat behandelt werden müssen. In einem klassischen Grid mit loser Kopplung der einzelnen Knoten und aufgrund der damit verbundenen hohen Kommunikationskosten ist Replizieren der Daten bei häufigem Zugriff auf unveränderten Datenbestand alternativlos. Muss in dem SPMD-Programm häufig kommuniziert werden, scheidet aufgrund der damit verbundenen hohen Latenzen eine Lösung in einem klassischen Grid ohnehin aus.

4.4.2 Das Master-Worker-Modell

Das Master-Worker-Modell eignet sich ideal als unterstützendes Hilfsmittel für die Parallelisierung von Tasks, die wenig Abhängigkeiten voneinander aufweisen, wie dies für die oben erwähnten peinlich parallelen Probleme der Fall ist. Das Modell kann dann weiterhelfen, wenn man vor der Situation steht, ein Programm so zu organisieren, dass deren Tasks ständig dynamisch auf die einzelnen Rechnerknoten verteilt werden müssen. Wäre eine statische Lastverteilung realisierbar, so könnten die Tasks in Einheiten annähernd gleicher Lasten zusammengefasst werden und z.B. mittels SPMD-Modell auf die einzelnen Rechnerknoten verteilt werden. Aber auch in diesem Fall kann eine gleichmäßige Abarbeitung mittels statischer Lastverteilung schwierig werden, wenn die auf den Rechenknoten verfügbaren Kapazitäten über dem gesamten parallelen System variieren bzw. sich im Verlauf der Berechnung ändern können und damit unvorhersehbar werden.

In diesem Fall kann das Master-Worker-Modell helfen, sofern die einzelnen Tasks keine enge Kopplung untereinander besitzen. Ist Letzteres der Fall kommt man nicht umhin, im Programm abhängig von der aktuellen Auslastung von Netzwerken und Rechnerknoten Umgruppierungen der Tasks, die auf einzelne Rechnerknoten abzubilden sind, dynamisch vorzunehmen. Wir gehen im Folgenden davon aus, dass nur eine lose Kopplung der Tasks gegeben ist. Dann kann eine Abarbeitung der Tasks nach dem Master-Worker-Modell auf einfache Weise eine befriedigende

Auslastung der Rechnerknoten und damit auch eine effiziente Ausführung des parallelen Programms bringen. Abb. 4.12 zeigt schematisch, wie das Master-Worker-Modell funktioniert.

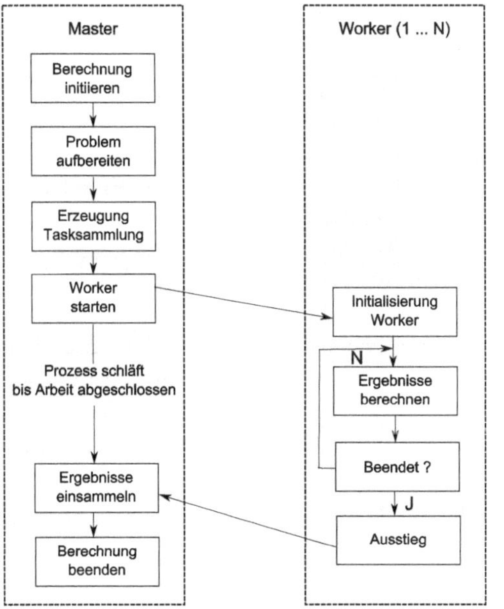

Abb. 4.12 Ablauf Master-Worker-Schema

Die Lösung besteht aus zwei logischen Elementen: dem Master und einem oder mehreren Workern. Der Master initiiert die Berechnung und übernimmt die Problemaufbereitung. Er erzeugt danach eine Task-Sammlung. In der klassischen Variante des Algorithmus wartet er dann bis alle Tasks fertig sind, sammelt die Ergebnisse ein und beendet anschließend die Berechnung.

Die erwähnte Sammlung von Tasks kann z.B. als gemeinsame Warteschlange (s. Kap. 4.4.5.1) realisiert sein. Welcher Mechanismus auch dafür gewählt wird, entscheidend ist, dass die Struktur global sowohl vom Master als auch von den Workern zugreifbar ist, um daraus Tasks einzutragen und zu entnehmen.

Die Worker haben ihrerseits bereits eine Schleife betreten. Zu Beginn dieser Schleife entnehmen sie aus der Task-Sammlung jeweils eine Task und starten diese auf einem Rechnerknoten. Sie testen, wann diese fertig ist und entnehmen, wenn dies geschehen ist, eine neue Task aus der Sammlung. Wenn alle Tasks fertig sind, wird der Master-Prozess, der sich schlafen gelegt hat, wieder geweckt, er sammelt die Ergebnisse ein und beendet die Berechnung.

An dieser Stelle sei betont, dass dieses Schema zu einem automatischen Lastausgleich führt, d.h., der Programmierer muss hier nicht explizit entscheiden, welche Tasks auf welchem Rechnknoten ausgeführt werden. Dies übernimmt der Worker, der ständig, solange noch Last in der Task-Sammlung vorhanden ist, neue Task-Aufträge entnimmt und diese bearbeitet. Ein solche Abarbeitungsstrategie ist ideal für ein klassische Grid-Architektur geeignet, da die einzelnen Tasks untereinander während der Ausführung auf einem Rechnerknoten nicht miteinander kommunizieren müssen. Damit das Master-Worker-Schema in einem Grid zur Anwendung kommt, muss die Grid-Middleware entsprechend gestaltet sein bzw. erweitert werden, sodass das Einrichten der Task-Sammlung, das Entnehmen der dort enthaltenen Jobs und das Zusammenführen der Teilergebnisse automatisch erfolgt. Dazu müssen entsprechende Dienste entwickelt werden bzw. es kann auf vorhandene Dienste z.B. GridRPC (Grid Remote Procedure Call) aufgebaut werden. Die Umsetzung eines Master-Worker-Schemas kann beispielsweise mit der Entwicklungsumgebung MetaPBC [14] erfolgen, die auf Globus und GridMPI aufsetzt und zur Durchführung von Optimierungsaufgaben für große Löser in Grids dient.

Allgemein ist das Master-Worker-Schema recht gut skalierbar, d.h. erweiterbar auf mehrere Knoten solange die Anzahl der Tasks die Anzahl der Worker weit überschreitet und die Ausführungszeiten der Tasks sich nicht so stark unterscheiden, dass einzelne Worker bzw. Rechenknoten viel länger als andere benötigen. Berücksichtigt werden muss jedoch der Aufwand für das Management der Task-Sammlungen. Dieser wird jedoch nicht besonders spürbar sein, wenn die Laufzeiten der einzelnen Tasks entsprechend lang sind. Eine Möglichkeit, dies zu erzwingen, ist die Vergrößerung der einzelnen Tasks.

4.4.3 Parallelismus in Schleifen

Der in diesem Unterkapitel behandelte Entwurfstil für die Parallelprogrammierung beschäftigt sich mit den in seriellen Programmen in Schleifen vorhandenen rechenintensiven Anteilen. Sehr viele Programme für Anwendungen aus den Rechnergestützten Wissenschaften und Ingenieurwesen sind durch umfangreiche iterative Konstrukte (*for, while, repeat until-Schleifen*) charakterisiert. Das Optimieren solcher Programme durch Konzentration auf diese rechenintensiven Schleifenkonstrukte hat bereits eine lange Tradition, die bis in die Anfänge der Programmierung von Vektorrechnern zurückreicht. Das Übertragen dieser Ansätze auf moderne Parallelrechnerumgebungen, wie z.B. Grids, erfordert Strategien für Algorithmen, durch die einzelne Tasks identifiziert werden, die als parallelisierte Schleifen ausgeführt werden.

Eine solche Strategie ist eher ungeeignet, wenn dies eine umfangreiche Neustrukturierung eines Programms erfordert. Vielmehr ist es für Situationen gedacht, in denen ein vorliegendes und häufig eingesetztes serielles Programm mit großen Schleifenanteilen parallelisiert wird. In diesem Falle kommt es darauf an, eine Reihe geeigneter Transformationen auf die in den Schleifen enthaltenen Anweisungen derart anzuwenden, dass als Ergebnis parallel ausführbare Konstrukte aus dem seriellen Programm extrahiert wurden. Wenn sich diese Transformationen ausschließlich auf den Schleifenanteil beschränken, um dort vorhandene Datenabhängigkeiten zu entfernen, und die restlichen Programmteile unberührt bleiben, so spricht man von einer *semantisch neutralen Transformation*. Ein solches Vorgehen kann natürlich nur angewandt werden, wenn ein Programm viele rechenintensive Schleifen enthält, die über genügend Nebenläufigkeit, d.h. parallelisierbare Anteile, verfügen und wenig Abhängigkeit voneinander aufweisen.

Ferner sind auch nicht alle parallelen Rechnerumgebungen für die effiziente Ausführung eines auf diese Weise strukturierten Programms geeignet. Falls beispielsweise der Code schlecht in verteilte Datenstrukturen aufteilbar ist, setzt dies voraus, dass die Maschine einen gemeinsamen Adressraum zur Verfügung stellt, was den Zugriff auf die Daten vom Programm aus erleichtert. Ist ein solcher gemeinsamer Adressraum für diese Art von Programmen nicht bereitstellbar, sind solche Architekturen ungeeignet. Für Grid-Systeme ist dies der Fall, ein gemeinsamer Adressraum ist nur schwierig, und wenn dann häufig auch nicht effizient umsetzbar, da ein klassischer Grid-Rechnerverbund aus weitverteilten Maschinen besteht. Bei Multi-Cluster-Grids mit engerer Kopplung ist die entscheidende Frage, ob die Aufteilung in Tasks ausreichend großkörnig erfolgen kann, sodass die höhere Latenz bei der Datenverteilung im Multi-Cluster aufgrund ohnehin hoher Rechenzeiten auf den Knoten im Grid tolerierbar ist.

Ein weiteres einschränkendes Kriterium für diese Klasse von Anwendungen ist schließlich durch das Amdahlsche Gesetz gegeben. Der serielle Anteil sollte nicht zu hoch sein, was natürlich generell gilt. Im Falle der Schleifen-Parallelisierung sind aber zumeist parallele Architekturen mit weniger Prozessorknoten die bessere Lösung, weil die Datenverteilung und Synchronisationsmaßnahmen in diesem Fall nicht zu intensiv sind.

Trotz all dieser Einschränkungen ist diese Klasse von parallelen Implementierungen in den letzten Jahren rapide gewachsen. Dies hat viel mit der OpenMP-Programmierumgebung zu tun, die extra für die Behandlung solcher durch rechenintensive Schleifen geprägte Anwendungen geschaffen wurde. OpenMP bietet nicht unbedingt die Fähigkeit einer großen Skalierbarkeit an, d.h. der problemlosen Portierung auf Systeme mit vielen Prozessoren, wie z.B. den in Zukunft erwarteten Vielkern-Prozessoren. Derzeit ist dies jedoch nicht das Problem, denn es gibt eine viel größere Zahl an Maschinen mit zwei, vier oder sechs Prozessorkernen als Maschinen, die Hunderte von Prozessoren aufweisen. Der spezielle Fall von für Allzweck-Aufgaben eingesetzten Graphikprozessoren (sog. *GPGPUs*, *General-Purpose Graphics Processing Units*), die mehrere hundert Prozessorkerne bieten, sei hier ausgeklammert, da diese ohnehin eigene spezielle Programmierumgebungen benötigen.

Die Stärken dieser Art der Parallelprogrammierung betreffen die Eigenschaft, dass ein Programm sowohl auf einem seriellen als auch auf einem parallelen Rechner laufen kann, was in der Literatur als *sequentielle Äquivalenz* bezeichnet wird. Sequentiell äquivalenter Code gilt im Allgemeinen als leichter zu schreiben und zu warten. Der bei dieser Art Parallelprogrammierung anzuwendende *inkrementelle Parallelismus* zeichnet sich ebenfalls als eine Stärke des Verfahrens aus. Inkrementeller Parallelismus bedeutet, dass die Parallelisierung des seriellen Programms durch eine inkrementelle Transformation der im Programm enthaltenen

Schleifen erfolgt. Verändern diese Transformationen nicht die sonstige Struktur des Programms, erleichtert dies die *Testbarkeit*. Diese wird dann für jede Schleifenänderung nacheinander durchgeführt (engl.: *one loop at a time*). Eine weitere Voraussetzung für eine effiziente Umsetzung betrifft die *Speicherauslastung*. Dies bezieht sich auf die in den Schleifen benötigten Datenzugriffsmuster. Diese sollten sich gut auf die Speicherhierarchie (d.h. Cache-Speicher erster, zweiter und dritter Ebene sowie Hauptspeicher) abbilden lassen. Ist dies nicht von vornherein der Fall bzw. muss dies durch Code-Umstrukturierungen herbeigeführt werden, was u.U. zur Schwächung der beiden eben genannten Stärken dieses Verfahrens, sequenzielle Äquivalenz und inkrementeller Parallelismus, beiträgt.

Im Folgenden wird aufgezeigt, wie man das bisher noch etwas abstrakt beschriebene Verfahren tatsächlich umsetzt und welche Möglichkeiten der Transformation von Schleifeninhalten angewandt werden. Die Vorgehensweise bei der Parallelisierung von Schleifen gliedert sich in die folgenden vier Schritte:

1. Auffinden des Flaschenhalses: Zunächst müssen die rechenintensivsten Schleifen in einem Programm gefunden werden. Dies kann entweder durch genaue Durchsicht des Programmcodes zur Ermittlung des Rechenleistungsbedarfs in Subproblemen erfolgen oder durch Verwendung von Software-Werkzeugen zur Programmanalyse.
2. Eliminieren von Abhängigkeiten im Schleifenkörper: Eine wichtige Voraussetzung für eine Transformation der Schleifen-Anweisungen in weitgehend parallel ausführbare Tasks ist die Unabhängigkeit der Anweisungen voneinander. Das heißt, wenn Datenabhängigkeiten zwischen den Anweisungen bestehen (z.B. Anweisung $i : A = B + C$; Anweisung j $(j > i) : D = sqrt(A)$), dürfen die entsprechenden Anweisungen nicht in verschiedene Tasks zerlegt werden. Solche durch Schreib-/Lesezugriffe bedingte Abhängigkeiten können nicht nur innerhalb einer Iteration, sondern auch zwischen verschiedenen Iterationen bestehen. Diese Abhängigkeiten sind mit den in Kap. 4.3.1, „Parallelismus auf Taskebene", beschriebenen Methoden aufzufinden und zu beseitigen. Lassen sich Zugriffe auf gemeinsam genutzte Daten von verschiedenen Tasks nicht vermeiden, so sind Synchronisationsmaßnahmen vorzusehen, die ein unbeabsichtigtes Überscheiben von Daten verhindern. Solche Synchronisationsmaßnahmen werden später in Kap. 4.4.5 behandelt.
3. Parallelisierung der Schleife: In diesem Schritt werden die vorab gefundenen Tasks, also die Zerlegung von Schleifen-Anweisungen, auf die Rechenknoten zum Zwecke der parallelen Ausführung verteilt. OpenMP versucht diesen Vorgang mit Hilfe entsprechender Compiler-Direktiven zu automatisieren. Da es ein Grid-OpenMP nicht gibt, ist eine solche Aufteilung für ein Grid manuell durchzuführen.
4. Optimierung der Ablaufplanung: Bei der Aufteilung muss darauf geachtet werden, dass die Rechenlast gleichmäßig auf die Knoten verteilt ist. In der Regel wird dies nicht durch eine gleichmäßige Aufteilung der Schleifeniterationen auf die vorhandenen Rechenknoten gehen. Das Auffinden einer effizienten Aufteilung wird häufig die Durchführung von vielen Testläufen erfordern.

Bezüglich der Transformationstechniken gibt es im Wesentlichen zwei Vorgehensweisen:

1. Schleifenzusammenführung: Falls ein Algorithmus aus mehreren Schleifen besteht, die untereinander konsistente Schleifengrenzen aufweisen, so können diese zu einem komplexeren Schleifenkörper zusammengefasst werden (s. Abb. 4.13). Dadurch entsteht eine grob-granularere Task, für die sich eine Parallelisierung eher auszahlt.

```
#define N 20
#define Npoints 512

void FFT();      // Funktion für FFT
void invFFT();   // Ausführen inverse FFT
void filter();   // Filter im Frequenzraum

int main() {
int i, j;
double A[Npoints], B[Npoints], C[Npoints], H[Npoints];

setH(Npoints, H);  // Setzen Filterkoeffizienten

// Variante 1: Berechnen A und C in getrennte Schleifen
for(i=0; i<N; i++) {
  FFT(Npoints, A, B);     // B = Fourier-Transformierte A
  filter(Npoints, B, H); // B = B gefiltert mit H
  invFFT(Npoints, B, A); // A = inv. Four.-Trans. von B
}
for(i=0; i<N; i++) {
  FFT(Npoints, C, B);     // B = Fourier-Transformierte C
  filter(Npoints, B, H); // B = B gefiltert mit H
  invFFT(Npoints, B, C); // C = inv. Four.-Trans. von B
}

// Variante 2: obige Schleifen zusammenführen
for(i=0; i<N; i++) {
  FFT(Npoints, A, B);     // B = Fourier-Transformierte A
  filter(Npoints, B, H); // B = B gefiltert mit H
  invFFT(Npoints, B, A); // A = inv. Four.-Trans. von B
  FFT(Npoints, C, B);     // B = Fourier-Transformierte C
  filter(Npoints, B, H); // B = B gefiltert mit H
  invFFT(Npoints, B, C); // C = inv. Four.-Trans. von B
}
return 0;
}
```

Abb. 4.13 Beispiel für das Zusammenfügen von Schleifen (entnommen aus [4])

2. Zusammenziehen von geschachtelten Schleifen: Geschachtelte Schleifen können häufig in eine einzige Schleife mit einer größeren Schleifeniteration zusammengezogen werden (s. Abb. 4.14). Die größere Anzahl an Iterationen kann helfen, den durch die Parallelisierung entstehenden Zusatzaufwand besser zu verstecken, da durch das Zusammenziehen mehr Nebenläufigkeit entsteht.

```
#define N 20
#define M 10

// Variante 1: Verschachtelte Schleifen
for(j=0; j<N; j++) {
    for(i=0; i<m; i++) {
      A[i][j] = work(i,j);
    }
}

// Variante 2: Vereinen geschachtelter Schleifen
for(ij=0; ij<N*M; ij++) {
   j = ij/N ;
   i = ij%M;
   A[i][j] = work(i,j);
}
return 0;
}
```

Abb. 4.14 Zusammenziehen geschachtelter Schleifen (entnommen aus [4])

Insbesondere für eine Aufteilung von rechenintensiven Schleifen in Grids ist das Erzeugen von grob-körnigeren Schleifenrümpfen und eine größere Iterationsanzahl von Interesse. Wie bereits oben erwähnt, wird vor allem der Rechenaufwand der Tasks darüber entscheiden, ob eine Migration der Anwendung ins Grid Sinn macht. Allgemein wird diese Art der Parallelisierung aber eher auf Multikern-Prozessoren lohnenswert sein.

4.4.4 Fork-/Join-Mechanismus

Der im vorigen Unterkapitel aufgezeigte Mechanismus zur Parallelisierung von Schleifen ist dadurch charakterisiert, dass die Schleifenanweisungen in eine konstante Anzahl von Tasks zerlegt werden. Es gibt aber Situationen, in denen eine solche starre Aufteilung nicht zum Ziel führt. Dies ist dann der Fall, wenn das Programm verlangt, dass die Anzahl der gleichzeitig ausfürbaren Tasks während der Programmausführung nicht konstant bleibt. In einem solchen Fall verlangt der Algorithmus nach Kontrollstrukturen, die in der Lage sind, parallele Tasks dynamisch zu verwalten. Dies bedeutet, es gibt die Möglichkeit, von einer Task aus andere Tasks zu erzeugen und nach deren Beendigung wieder mit der Task zu vereinen. In der englischsprachigen Literatur bezeichnet man diese Schritte als *fork*, das Erzeugen von sog. Kinder-Tasks, und *join*, das Vereinen mit den Eltern-Tasks.

Obwohl in vielen Fällen die Beziehungen zwischen den Tasks relativ einfach sind und in diesem Falle mit den im Unterkapitel zur Parallelisierung von Schleifen und zum Master-Worker-Prinzip vorgestellten Verfahren abgehandelt werden können, gibt es Bespiele, in denen die dort angewandten Mechanismen nicht greifen. Dies ist der Fall, wenn das Programm beispielsweise auf rekursive oder sehr irreguläre Datenstrukturen zurückgreift, die von einzelnen Tasks parallel bearbeitet werden können. Auch in Anwendungen, bei denen verschiedene Funktionen auf verschiedene nebenläufige Tasks abgebildet werden müssen, treten Situationen auf, in denen Tasks dynamisch erzeugt und danach wieder mit der Haupttask vereint werden.

Ein Beispiel für einen Algorithmus, der direkt von einem Fork-/Join-Mechanismus als Hilfsstruktur für den Entwurf paralleler Programme umgesetzt werden kann, ist das Teile und Herrsche-Prinzip. Während der Ausführung eines Programms zur Implementierung des Teile und Herrsche-Verfahrens wird ein Problem in Unterprobleme aufgeteilt. Diese werden Tasks zugewiesen, um die Unterprobleme zu berechnen, dazu müssen die Tasks dynamisch erzeugt werden. In diesen einzelnen Tasks kann es selbstverständlich auch wieder vorkommen, dass weitere Tasks erzeugt werden, weil die Unterprobleme erneut aufgeteilt werden müssen. Haben die Untertasks ihre Arbeit beendet, geben sie ihre Ergebnisse an den Eltern-Task zurück, der diese weiter verwertet, bis schließlich die gesamte hierarchische Kette zur obersten Task zurückgekehrt ist und die Berechnung zum endgültigen Abschluss kommt.

Entscheidend für die Effizienz des Verfahrens ist die Abbildung der Tasks auf die Rechenknoten. Für den Fork-/Join-Mechanismus existieren im Prinzip zwei Varianten für die Abbildung Tasks auf Rechenknoten. Einmal eine direkte Abbildung, d.h., für jede erzeugte Task wird gemäß einer 1 : 1 Abbildung ein Rechenknoten, z.B. ein Prozessorkern, bereit gestellt. Im OpenMP beginnt dazu ein einzelner Thread, als eine Art Master-Thread. Über ein entsprechendes paralleles Konstrukt werden weitere Threads erzeugt („geforkt") und zwar genauso viele wie Rechenknoten vorhanden sind. Voraussetzung ist ferner, dass alle diese Threads einen gemeinsamen Adressraum aufweisen. Für Grid-Umgebungen ist eine solche starre Zuordnung eher unpassend. Besser eignet sich die zweite Variante, bei der eine indirekte Abbildung der Tasks auf die Rechenknoten über einen Taskpool erfolgt. Analog zu dem Master-/Worker-Schema werden Tasks z.B. in eine Warteschlange eingereiht, von wo aus die Rechenknoten Tasks entnehmen. Auf diese Weise erfolgt die Abbildung von Tasks auf die Rechenknoten indirekt und dynamisch.

Dies entspricht vielmehr der Verfahrensweise in einem Grid. Anstelle von Tasks können dynamisch Jobs erzeugt werden, z.B. von einem in einer Grid-Middleware als höherer Dienst integrierten Framework, die einer Grid-Warteschlange, z.B. Gridway, übergeben werden. Das Framework erhält über Dienste aus der Middleware Informationen über den Status der Jobs und sorgt dementsprechend für das „Forken" und „Joinen" weiterer Jobs. Der Fork-/Join-Mechanismus, realisiert über die indirekte Zuordnung Jobs zu Rechenknoten, kann somit als Grundlage für die Implementierung einer Ausführung von Parameterstudien im Grid dienen.

Abschließend wird zur besseren Einordnung des Fork-/Join-Mechanismus dessen Relation zu den bisher behandelten Entwurfsmustern dargestellt. Algorithmen, die nach dem Prinzip Teile und Herrsche arbeiten, können sehr gut von einer Implementierung nach dem Fork-/Join-Prinzip profitieren. Das gezeigte Schleifen-Parallelisierungsverfahren ist als Instanz für das Fork/Join-Verfahren zu sehen. Das Master-Worker-Schema wiederum kann zur Implementierung der eben beschriebenen indirekten Abbildung von dynamisch erzeugten Tasks auf die Rechenknoten verwendet werden. Voraussetzung dafür sind unterstützende Datenstrukturen, wie z.B. die im Folgenden behandelten Gemeinsamen Daten, insbesondere eine gemeinsame Warteschlange.

4.4.5 Gemeinsame Daten

Im folgenden Unterkapitel werden die Mechanismen für die Bereitstellung unterstützender Datenstrukturen für die Implementierung nebenläufiger Prozesse dargelegt. Im Vordergrund steht die Behandlung gemeinsamer Daten, auf die die verschiedenen Prozesse Zugriff benötigen. Die einfachste Methode besteht in Techniken, welche die Daten, die gemeinsam behandelt werden müssen, aus den einzelnen Taskmengen sozusagen herausziehen. Beispiele dafür sind die Methode der Replikation und der Reduktion bei der Task-Parallelisierung und das alternierende Berechnen und Kommunizieren bei der Parallelisierungsstrategie nach der geometrischen Zerlegung. Im ersteren Fall werden die Daten, für die ein gemeinsamer Zugriff notwendig ist, zu Beginn der Berechnung vervielfältigt auf die einzelnen Tasks weitergegeben, dort lokal verarbeitet und am Ende werden die Teilergebnisse eingesammelt und quasi in ein Ergebnis reduziert. Im zweiten Fall erfolgt die Weitergabe gemeinsam genutzter Daten z.B über einen expliziten Kommunikationsschritt. Diese Lösungen greifen jedoch für bestimmte Anwendungsfälle nicht, sodass gemeinsam genutzte Daten innerhalb der nebenläufigen Tasks über andere Mechanismen behandelt werden müssen.

Ein Beispiel dafür stammt aus der Molekularbiologie und betrifft die Ermittlung bestimmter Beziehungen zwischen Organismen in der Abstammungsgeschichte (Phylogenese). Die Beziehungen der Organismen lassen sich in Form eines Baumes darstellen. Dabei können sehr große Unterbäume entstehen, die jeweils potentielle Lösungen darstellen. Diese Unterstrukturen können alle gleichzeitig untersucht werden. Stellt man dabei fest, dass bestimmte Verzweigungen bestimmte Randbedingungen nicht einhalten, kommen der entsprechende Organismus und alle daraus abgeleiteten Unterstrukturen als Lösung nicht mehr infrage. Daher macht es Sinn, über die Mengen an noch zu untersuchenden und bereits abgewiesenen Daten Buch zu führen und diesen Datenbestand allen Tasks in irgendeiner Form zur Verfügung zu stellen. Mit Hilfe der bei den Strategien Task-Parallelismus und Geometrischer Zerlegung behandelten Mechanismen zur Handhabung gemeinsamer Daten ist dies nicht möglich.

Dies gilt allgemein für Probleme, die folgende Eigenschaften aufweisen: Auf mindestens einer Datenstruktur wird im Verlauf eines Programms von mehreren Tasks aus zugegriffen (1). Mindestens eine der Tasks verändert die Datenstruktur (2) und die Tasks benötigen die veränderten Datenstrukturen für ihre eigenen Berechnungen (3).

An eine Lösung dieses Problems werden zudem folgende Anforderungen gestellt: Die Lösung der gemeinsam gelösten Aufgabe muss für jede beliebige Ausführungsreihenfolge der Tasks korrekt bleiben. Die explizite Behandlung der gemeinsamen Daten erzeugt einen durch die Parallelisierung bedingten Zusatzaufwand, der möglichst klein gehalten werden muss, damit die parallele Lösung effizient bleibt. Es besteht die Gefahr, dass die Technik zur Behandlung der gemeinsamen Daten, die Anzahl der nebenläufig ablaufbaren Tasks reduziert und damit die Skalierbarkeit einschränkt. Allgemein kann auch die Wartbarkeit der Programmes leiden, wenn allzu komplexe Konstrukte zur Sicherung der konsistenten Nutzung gemeinsamer Daten zum Einsatz kommen.

Bei der Lösung all dieser Fragen wird in der Literatur [4] folgende Vorgehensweise vorgeschlagen: Zunächst solle man sich gewissenhaft versichern, dass man um die Nutzung gemeinsamer Daten in seinem parallelen Programm nicht umhin kommt. Ist dies der Fall, ist für diese Daten ein abstrakter Datentyp zu definieren, wie z.B. die später beschriebene gemeinsame Warteschlange. Auf diesem abstrakten Datentyp wird eine Reihe von Operationen definiert, z.B. *put*, *get*, zur Einordnung und Entnahme eines Datensatzes aus einer Warteschlange. Hinzu kommen kann ferner eine Operation zur Abfrage, ob die Warteschlange gefüllt ist.

Aufbauend auf diesen abstrakten Datentyp kann die Implementierung eines geeigneten Protokolls zur konsistenten Steuerung der Nebenläufigkeit erfolgen. Konsistent bedeutet in diesem Zusammenhang, dass ein Überschreiben gemeinsam genutzter Daten durch eine Task im weiteren Verlauf der Berechnung nicht zu einem fehlerhaften Ergebnis führt. Die im Folgenden beschriebenen Maßnahmen stellen Alternativen dar, mit denen ein solches konsistentes Protokoll erzielt werden kann.

1. Serieller Zugriff: Die einfachste Variante, gemeinsam genutzte Daten zu schützen, sieht die Verwendung eines gegenseitigen Ausschlusses beim Zugriff auf diese Daten vor. Das heißt, jede Operation auf diesen Daten wird als Teil eines sog. kritischen Bereiches aufgefasst, der entsprechende Schutzmaßnahmen verlangt. Diese sehen so aus, dass zu einem Zeitpunkt immer nur ein Rechenknoten auf diesem kritischen Bereich arbeiten darf. Mit anderen Worten: Es erfolgt nur ein rein serieller Zugriff. Die konkrete Implementierung hängt von der vorhandenen Programmierumgebung ab. Beispielsweise können dafür sog. Semaphor-Variablen benutzt werden. Ist ein solcher Semaphor z.B. auf 1 gesetzt, darf eine Task den kritischen Bereich ausführen. Vor der Ausführung setzt sie jedoch den Semaphor auf 0 und sperrt damit den kritischen Bereich für andere Tasks, die dadurch bei einem gewünschten Zugriff auf diesen Bereich abgewiesen werden.

Nach Abschluss der Ausführung im kritischen Bereich wird der Semaphor wieder durch Setzen auf den Wert 1 freigegeben. Die Verwendung von Semaphor-Variablen kann bereits auf Betriebssystemebene, z.B. wie in Linux oder in Unix, unterstützt werden. In Nachrichten-gekoppelten Umgebungen könnte ein solcher Schutz am einfachsten durch Senden von Operationen an einem ausgezeichneten Rechenknoten erfolgen, der diese auf den gemeinsamen Daten nacheinander ausführt. Ist der gemeinsame Datenbereich über einen abstrakten Datentyp spezifiziert, können die Schutzmaßnahmen beispielsweise direkt in den zugehörigen Methoden implementiert werden. Allgemein gilt natürlich, dass ein rein serielles Zugriffsprotokoll Flaschenhälse erzeugen kann und sich damit leistungshemmend auf die Performanz auswirkt. In diesem Falle sollte über eine der folgenden Methoden nachgedacht werden.

2. Aufteilung in Mengen nicht-interferierender Operationen: Eine Operation *A* interferiert mit einer Operation *B*, wenn *A* eine Variable schreibt, die *B* liest. Eine Operation kann auch mit sich selbst interferieren. Dies ist jedoch nur von Belang, wenn diese Operation von verschiedenen Tasks mehrfach ausgeführt wird, z.B. mehrere Tasks, die eine *take*-Operation auf einer Wartschlange ausführen. Gelingt es, die einzelnen Operationen derart in Mengen aufzuteilen, dass Operationen in verschiedenen Mengen nicht miteinander interferieren, so kann der Grad der Nebenläufigkeit erhöht werden. Innerhalb einer Menge kann man nach dem Prinzip des rein seriellen Zugriffs verfahren, verschiedene Operationenmengen können jedoch gleichzeitig ausgeführt werden.
3. Schreib-/Leseprotokoll: Falls eine wie eben beschriebene Aufteilung nicht machbar ist, kann eine Verbesserung bei genauer Analyse der Schreib-/Leseoperationen dennoch möglich sein. Beispielsweise kann eine Operation *A* nur schreibend sein, d.h., sie liest und schreibt ein Datum, während hingegen eine Operation *B* das Datum nur liest. Wird *A* ausgeführt, sollten keine weiteren Tasks *A* oder *B* zur gleichen Zeit ausführen. Hingegen können mehrere Tasks *B* problemlos zeitgleich ausführen, sofern *A* nirgendwo anders ausgeführt wird. Die Implementierung eines entsprechenden Protokolls ist aufwändiger als dies bei der eben beschriebenen Methode nicht-interferierender Mengen der Fall ist. Es sollte daher die Ausführung der mit dem Lesen der Daten verbundenen Operationen umfangreicher sein, um den Protokoll-Zusatzaufwand zu kompensieren. Da dies z.B. in einer Grid-Umgebung ohnehin gegeben sein muss, ist die Implementierung eines Schreib-/Leseprotokolls zur konsistenten Regelung des Zugriffs auf gemeinsame Daten in solchen Umgebungen von Interesse.
4. Reduzierung des kritischen Bereiches: Ein weiterer Ansatz zur Performanz-Steigerung besteht in der Reduzierung der Länge des kritischen Bereichs. Dies ist möglich, wenn nur ein Teil der Operationen im kritischen Bereich mit anderen Operationen interferiert. Bei dieser Art der Optimierung ist jedoch darauf zu achten, dass sich durch die Modifikation keine Fehler ergeben, da sich durch diesen Eingriff die Programmstruktur verändert.
5. Verschachtelte Sperrungen: Zur Erklärung dieser Methode wird von folgendem Beispiel ausgegangen: Eine Operation *A* führt zunächst umfangreiche Tätigkeiten aus und greift dabei schreibend und lesend auf eine Variable x zu. Anschließend

erfolgt noch in einer einzigen Anweisung eine Aktualisierung einer Variablen *y*. Eine Operation *B* liest und schreibt die Variable *y*. Die Operationen *A* müssen sich wegen des Zugriffs auf die gemeinsame Variable *x* gegenseitig ausschließen, ebenso die Operation B wegen der Variablen *y*. Es wäre jedoch ineffizient, wenn Operation *A* auch zur Sperre von *B* führt, nur wegen des zeitlich begrenzten Konflikts bezüglich *y*. Die Lösung ist daher eine Verschachtelung von Sperranweisungen in Operation *A* (s. Abb. 4.15), die sich nur auf den kleinen Bereich des Zugriffs auf die Variable *y* beschränkt.

```
Class Y {
    Object lockA = new Object();
    Object lockB = new Object();

    void A()
   { synchronized(lockA) ;
       {  ... compute ... ; read and write x
            synchronized(lockB)
            {   ... read and update y ...  }
       }
  }

  Void B() throws interuptedException
  { synchronized(lockB)
         { ... compute ...
         }
  }
}
```

Abb. 4.15 Optimierung durch geschachtelte Sperrungen. *Synchronized(X)* sorgt für die Sperrung von X für den durch die geschweiften Klammern markierten kritischen Block (entnommen aus [4])

4.4.5.1 Gemeinsame Warteschlange

Eine gemeinsame Warteschlange ist ein Beispiel für eine gemeinsam genutzte Datenstruktur zwischen verschiedenen Tasks. Eine solche Datenstruktur ist z.B. notwendig für die Realisierung einer Warteschlange von Tasks, die nach dem Master-Worker-Schema bearbeitet werden. In diesem Sinne ist eine gemeinsame Warteschlange als eine Instanz des eben behandelten Entwurfsmusters Gemeinsame Daten zu verstehen. Zur Verdeutlichung ist in Abb. 4.16 ein Beispiel für eine Klasse *SharedQueue1* gezeigt, die als Zugriffsprotokoll die oben beschriebene Methode serieller Zugriff implementiert.

Im Sinne des oben angesprochenen abstrakten Datentyps wird ein Klasse Gemeinsame Warteschlange implementiert, welche die Methoden *take* und *put* sowie die Abfrage *isEmpty()* enthält. Letztere ist eine private Methode und kann daher nur von Methoden aus der Klasse selbst genutzt werden kann. Deshalb braucht diese auch nicht synchronisiert werden. Dies geschieht implizit durch Aufruf der Methoden *put* und *take*. Durch das Schlüsselwort *synchronized* wird sichergestellt, dass höchstens ein Thread auf die Datenstruktur zu einer bestimmten Zeit zugreifen kann. Die Warteschlange ist als verkettete Liste umgesetzt. Beim erstmaligen Instanziieren wird ein Knoten erzeugt, der zugleich Kopf und Ende der Liste ist. Ein Knoten enthält die auszuführende Task und einen Verweis auf den Nachfolgerknoten innerhalb der Liste. Mit *put* können neue Knoten aufgenommen werden. Dabei ist die auszuführende Task als Parameter zu übergeben.

Eine Optimierung kann durch die oben beschriebene Aufteilung in nicht-interferierende Blöcke erfolgen (s. Abb. 4.17). Die Methode *put* modifiziert die Variable *last* und *next*, die Methode *take* die Variablen *head* und *task*. Da es sich damit um nicht-interferierende Operationen handelt, können die Methoden gleichzeitig arbeiten. Nur mehrfache Aufrufe von *put* und *take* müssen voreinander geschützt werden durch *putLock* und *takeLock*.

4.4.5.2 Verteilte Feldstrukturen

Felder müssen beim parallelen Rechnen häufig zwischen den einzelnen Rechenknoten partitioniert werden. Es stellt sich in diesem Zusammenhang die Frage, wie man das gestalten kann, sodass das resultierende Programm sowohl lesbar als auch effizient bleibt. Insbesondere bei Problemen des wissenschaftlichen Rechnens werden häufig sehr große Felder benutzt. Gerade Grid-Strukturen können helfen, die damit verbundenen großen Datenmengen auf die im Grid vorhandenen Speicherressourcen der einzelnen Rechenknoten zu verteilen. Daher ist es besonders wichtig zu wissen, wie diese Aufteilung effizient vorgenommen werden kann. Vorteilhaft für eine Anwendung im Grid ist eine solche Zerlegung insbesondere für Probleme, bei denen die Datenaufteilung zu Beginn der Berechnung vorgenommen werden kann und dann nicht mehr verändert werden muss oder zumindest für ein möglichst langes Zeitintervall innerhalb der Berechnung unverändert bleiben kann.

Anwendbar ist diese Art unterstützender Hilfsstruktur vor allem für Parallelisierungen nach dem Prinzip der geometrischen Zerlegung und dem Ausführungsmodell SPMD. Im Laufe der Jahre haben sich folgende Partitionierungen großer Felder herauskristallisiert.

1. 1-dimensionaler Block: Das Feld (s. Abb. 4.18, links) wird in einen 1-dimensionalen Block oder in Streifen zerlegt, die jeweils den einzelnen Rechenknoten zugewiesen werden (s. Abb. 4.18, rechts). Zumeist erfolgt die Zerlegung gemäß zusammenhängender Zeilen oder Spalten. Je nachdem spricht man von einer zeilen- bzw. spaltenweisen Blockzerlegung. Die Rechenknoten selbst sind in diesem Falle zumindest virtuell als 1-dimensionale Architektur organisiert.

```
Public class sharedQueue1
    {   Class Node {
        Object task;
        Node   next;

        Node(Object task)
        {this.task = task; next = null;}
    }

   private Node head = new Node(null);
   private Node last = head ;

   public synchronized void put(Object task)
   { assert task != null:  "Leere Task nicht einordbar"
     Node p = new Node(task);
     last.next = p ;
     last = p ;
   }

   public synchronized Object take()
   {  // gibt erste Task aus Liste zurueck oder \\
         null wenn Liste leer
      Object task = null ;
      if (!isEmpty() {
          Node first = head.next;
          task = first.task;
          first.task = null;
          head = first;
      }
      return task;
   }

   private Boolean isEmpty(){return head.next == null;}
}
```

Abb. 4.16 Serieller Zugriff auf gemeinsame Warteschlange (entnommen aus [4])

2. 2-dimensionaler Block: Wie im Falle der 1-dimensionalen Zerlegung wird jeweils ein Block einem Rechenknoten zugewiesen (s. Abb. 4.19). Nur ist in diesem Falle der Block ein rechteckiger Unterblock aus dem globalen Feld. Ist der Unterblock von quadratischer Form spricht man auch von einer Schachbrettzerlegung.
3. Block-zyklische Zerlegung: Das Feld wird entweder in 1- oder 2-dimensionale Unterblöcke partitioniert. Es gilt jedoch, dass es mehr Blöcke als Rechenknoten gibt. Diese werden dann zyklisch auf die einzelnen Rechenknoten verteilt. Abb. 4.20 verdeutlicht die Vorgehensweise.

```
Public class sharedQueue2
   {  Class Node {
      Object task;
      Node   next;

      Node(Object task)
      {this.task = task; next = null;}
   }

   private Node head = new Node(null);
   private Node last = head ;

   public synchronized void put(Object task)
   { synchronized(putLock)  {
        assert task != null:  "Leere Task nicht einordbar"
        Node p = new Node(task);
        last.next = p ;
        last = p ;
     }
   }

   public Object take()
   { Object task = null ;
     synchronized(takeLock)  {
      if (!isEmpty() {
          Node first = head.next;
          task = first.task;
          first.task = null;
          head = first; }
      }
      return task;
   }
}
```

Abb. 4.17 Beispiel für nicht-interferierende Blöcke (entnommen aus [4])

4.5 Zusammenfassung

In diesem Kapitel wurden detailliert Techniken zur Parallelisierung rechenintensiver Anwendungen vorgestellt und im Hinblick auf ihre Übertragbarkeit ins Grid bewertet. Es wurde dabei eine Top-Down-Vorgehensweise favorisiert, d.h., man teilt den komplexen Vorgang der Parallelisierung in verschiedene Schichten unterschiedlicher Abstraktionsgrade ein und startet beim höchsten Abstraktionsniveau, indem man sein zu parallelisierendes Problem zunächst formuliert. Davon ausgehend bildet man die gefundene Lösung in Schichten niedrigeren Abstraktionsgrades ab, bis man letztendlich zu einer konkreten Implementierung gelangt.

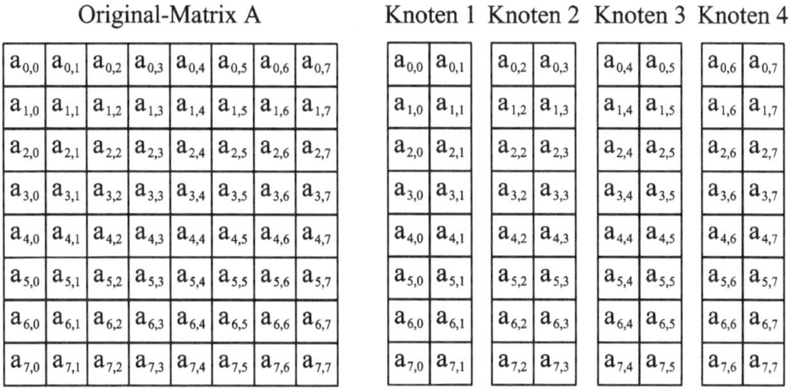

Original-Matrix A

$a_{0,0}$	$a_{0,1}$	$a_{0,2}$	$a_{0,3}$	$a_{0,4}$	$a_{0,5}$	$a_{0,6}$	$a_{0,7}$
$a_{1,0}$	$a_{1,1}$	$a_{1,2}$	$a_{1,3}$	$a_{1,4}$	$a_{1,5}$	$a_{1,6}$	$a_{1,7}$
$a_{2,0}$	$a_{2,1}$	$a_{2,2}$	$a_{2,3}$	$a_{2,4}$	$a_{2,5}$	$a_{2,6}$	$a_{2,7}$
$a_{3,0}$	$a_{3,1}$	$a_{3,2}$	$a_{3,3}$	$a_{3,4}$	$a_{3,5}$	$a_{3,6}$	$a_{3,7}$
$a_{4,0}$	$a_{4,1}$	$a_{4,2}$	$a_{4,3}$	$a_{4,4}$	$a_{4,5}$	$a_{4,6}$	$a_{4,7}$
$a_{5,0}$	$a_{5,1}$	$a_{5,2}$	$a_{5,3}$	$a_{5,4}$	$a_{5,5}$	$a_{5,6}$	$a_{5,7}$
$a_{6,0}$	$a_{6,1}$	$a_{6,2}$	$a_{6,3}$	$a_{6,4}$	$a_{6,5}$	$a_{6,6}$	$a_{6,7}$
$a_{7,0}$	$a_{7,1}$	$a_{7,2}$	$a_{7,3}$	$a_{7,4}$	$a_{7,5}$	$a_{7,6}$	$a_{7,7}$

Knoten 1		Knoten 2		Knoten 3		Knoten 4	
$a_{0,0}$	$a_{0,1}$	$a_{0,2}$	$a_{0,3}$	$a_{0,4}$	$a_{0,5}$	$a_{0,6}$	$a_{0,7}$
$a_{1,0}$	$a_{1,1}$	$a_{1,2}$	$a_{1,3}$	$a_{1,4}$	$a_{1,5}$	$a_{1,6}$	$a_{1,7}$
$a_{2,0}$	$a_{2,1}$	$a_{2,2}$	$a_{2,3}$	$a_{2,4}$	$a_{2,5}$	$a_{2,6}$	$a_{2,7}$
$a_{3,0}$	$a_{3,1}$	$a_{3,2}$	$a_{3,3}$	$a_{3,4}$	$a_{3,5}$	$a_{3,6}$	$a_{3,7}$
$a_{4,0}$	$a_{4,1}$	$a_{4,2}$	$a_{4,3}$	$a_{4,4}$	$a_{4,5}$	$a_{4,6}$	$a_{4,7}$
$a_{5,0}$	$a_{5,1}$	$a_{5,2}$	$a_{5,3}$	$a_{5,4}$	$a_{5,5}$	$a_{5,6}$	$a_{5,7}$
$a_{6,0}$	$a_{6,1}$	$a_{6,2}$	$a_{6,3}$	$a_{6,4}$	$a_{6,5}$	$a_{6,6}$	$a_{6,7}$
$a_{7,0}$	$a_{7,1}$	$a_{7,2}$	$a_{7,3}$	$a_{7,4}$	$a_{7,5}$	$a_{7,6}$	$a_{7,7}$

Abb. 4.18 1D-Partitionierung der Originalmatrix A auf vier Rechenknoten

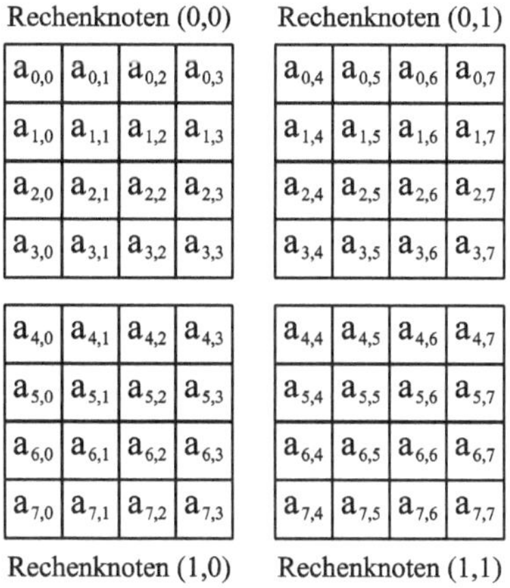

Rechenknoten (0,0)				Rechenknoten (0,1)			
$a_{0,0}$	$a_{0,1}$	$a_{0,2}$	$a_{0,3}$	$a_{0,4}$	$a_{0,5}$	$a_{0,6}$	$a_{0,7}$
$a_{1,0}$	$a_{1,1}$	$a_{1,2}$	$a_{1,3}$	$a_{1,4}$	$a_{1,5}$	$a_{1,6}$	$a_{1,7}$
$a_{2,0}$	$a_{2,1}$	$a_{2,2}$	$a_{2,3}$	$a_{2,4}$	$a_{2,5}$	$a_{2,6}$	$a_{2,7}$
$a_{3,0}$	$a_{3,1}$	$a_{3,2}$	$a_{3,3}$	$a_{3,4}$	$a_{3,5}$	$a_{3,6}$	$a_{3,7}$

$a_{4,0}$	$a_{4,1}$	$a_{4,2}$	$a_{4,3}$	$a_{4,4}$	$a_{4,5}$	$a_{4,6}$	$a_{4,7}$
$a_{5,0}$	$a_{5,1}$	$a_{5,2}$	$a_{5,3}$	$a_{5,4}$	$a_{5,5}$	$a_{5,6}$	$a_{5,7}$
$a_{6,0}$	$a_{6,1}$	$a_{6,2}$	$a_{6,3}$	$a_{6,4}$	$a_{6,5}$	$a_{6,6}$	$a_{6,7}$
$a_{7,0}$	$a_{7,1}$	$a_{7,2}$	$a_{7,3}$	$a_{7,4}$	$a_{7,5}$	$a_{7,6}$	$a_{7,7}$
Rechenknoten (1,0)				Rechenknoten (1,1)			

Abb. 4.19 2D-Partitionierung der Originalmatrix A auf 2x2 Rechenknoten

Den Ausgangspunkt bildet das Auffinden von Nebenläufigkeit z.B. in einem vorliegenden seriellen Programm zur Lösung eines bestimmten Problems bzw. durch entsprechende Überlegungen, wo in dem Problem Teilaufgaben liegen, die unbedingt seriell ausgeführt werden müssen bzw. die gleichzeitig ausführbar sind. Dazu werden zunächst Tasks aus dem Gesamtproblem extrahiert und hinsichtlich Datenabhängigkeiten zwischen den Tasks gruppiert und geordnet. Nach dieser Grobstrukturierung von Tasks erfolgt die weitere Bearbeitung in der algorithmischen Ebene derart, dass verschiedene Tasks durch eine geeignete Abbildung auf mehrere Rechenknoten in einer parallelen Rechnerumgebung gleichzeitig ausführbar sind. Um dies zu erreichen, gibt es Methoden wie den Parallelismus auf Taskebene, in Form peinlich paralleler Probleme, in der jede Task gleichzeitig ausgeführt werden

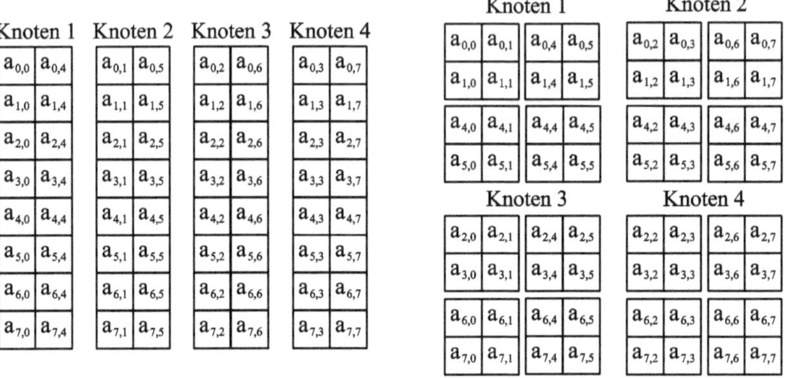

Abb. 4.20 Zyklische 1D- (links) und 2D-Blockpartitionierung (rechts) auf 2x2 Rechenknoten

kann. Diese Aufteilung ist aufgrund der geringen Abhängigkeiten unter den Tasks a priori für eine Durchführung im Grid geeignet. Weitere Mechanismen auf der Algorithmenebene betreffen die Methoden Teile und Herrsche, geometrische Zerlegung, rekursive Datenaufteilung, Pipeline-Verarbeitung und Ereignis-gesteuerte Koordinierung. Bei diesen Methoden hängt es im entscheidenden Maße davon ab, wie fein-körnig die Rechenaufgaben auf die einzelnen parallelen Recheneinheiten verteilt werden müssen. Je gröber diese ist, desto wahrscheinlicher ist eine Aufteilung für das Grid geeignet. Allgemein werden diese Methoden jedoch leichter auf Multi-Cluster-Grids effizient portierbar sein als in Grid-Strukturen mit lose gekoppelten Ressourcen. Sehr gut anwendbar in einem Grid ist die Methode der Ereignis-gesteuerten Koordinierung, die bei entsprechender Rechenintensität einzelner Tasks mit Grid-tauglichen Workflows umgesetzt werden kann.

Zur Umsetzung der auf der Algorithmenebene erfolgten Aufteilung existieren sog. Hilfsstrukturen oder Rechenmodelle für den Entwurf paralleler Programme. Dazu zählen das SPMD-Modell, das Master-Worker-Modell, das Ausnutzen von in Schleifen gegebener Parallelität, der Fork-/Join-Mechanismus auf der Ebene der Organisation von Kontrollflüssen, sowie Gemeinsame Datenbereiche, Gemeinsame Warteschlangen und Verteilte Felder auf der Ebene der Kommunikation und des Datenflusses. Auch hier gilt, je gröber die Modelle hinsichtlich ihrer atomaren Einheiten sind, desto geeigneter sind sie für eine Anwendung im Grid. So lassen sich aufgrund eines geringeren Kommunikationsaufwandes das Master-Worker-Modell und das SPMD-Modell besser mit Grid-Ressourcen umsetzen, als der Fork-Join-Mechanismus und die Parallelisierung in Schleifen, die eher geeignete Parallelisierungs-Maßnahmen für Multikern-Prozessoren bieten. Die gleiche Aussage gilt für die Aufteilung der Datenstrukturen. Entscheidend ist stets, dass das Verhältnis von Zeitaufwand für die Kommunikation im Grid zum Zeitaufwand für die Berechnung mit Grid-Ressourcen in ein Gleichverhältnis zu bringen ist bzw., dass das Übergewicht bei der Verarbeitung liegt, wie in der Regel beim Master-Worker-Modell.

Literaturverzeichnis

1. A. Chervenak, I. Foster, C. Kesselman, C. Salisbury, S. Tuecke. The Data Grid: Towards an Architecture for the Distributed Management and Analysis of Large Scientific Datasets, *Journal of Network and Computer Applications*, 23:187-200, 2001.
2. I. Foster, C. Kesselman. Chapter 2 in I. Foster and C. Kesselman (Eds.), *The Grid: Blueprint for a Future Computing Infrastructure, 1998* Morgan Kaufmann Publishers, 1998.
3. R. Buyya. in Rajkumar Buyya (editor), *High Performance Cluster Computing: Architectures and Systems. – Vol. 1*, Prentice Hall, 1999.
4. T.G. Mattson, B.A. Sanders, B.L. Massingill. *Patterns for Parallel Programming*, (Addison-Wesley, Boston, 2004).
5. A. Furtado, A. Reboucas, J. R. de Souza, D. Rexachs, E. Luque. Architectures for an Efficient Application Execution in a Collection of HNOWS, *LNCS 2474, Springer-Verlag Berlin Heidelberg*, pp. 450-460, 2002.
6. S.J. Plimpton. Fast parallel algorithms for short-range molecular dynamics, *Journal of Comp. Phys.*, 117(1):1-19, 1995.
7. M. Glesner. *An Introduction to Ray Tracing*, M. Glesner (Ed.), Morgan Kaufmann San Francisco, 9th printing, 2002.
8. M.P. Allen. Introduction to Molecular Dynamics Simulation, *Computational Soft Matter: From Synthetic Polymers to Proteins*, Lecture Notes, N. Attig et al, (Eds.), John von Neumann Institute for Computing, Jülich, NIC Series, Vol. 23, pp. 1-28, 2004.
9. J. *JàJà*. *An Introduction to Parallel Algorithms*, Addison-Wesley, Boston, 1992.
10. D. Hillis, G.L. Steele. Data parallel algorithms, *Communications of the ACM*, 29(12), pp. 1170-1183, 1986.
11. J.L. Hennessy, D.A. Patterson. Appendix A Pipelining: Basic and Intermediate Concepts in *Computer Architecture – A Quantitative Approach*, 4th ed., Morgan Kaufmann San Francisco, 2007.
12. W. Stallings. Chapter 12 CPU Structure and Function in *Computer Organization & Architecture*, 6th ed., Pearson Education, New Jersey, 2007.
13. M. Schröck. *Erweiterung eines TLM-Verfahrens auf die Berechnung gekrümmter Objekte und Optimierung der Kommunikationsflüsse in Cluster-Rechnern*, Diplomarbeit Institut für Informatik, Universität Jena, 2007.
14. E.P. Mancini, S. Marcarelli, P. Ritrovato, I. Vasilev, U. Villano. A Grid-Aware Branch, Cut and Price Implementation, *Proceedings Recent Advances in Parallel Virtual Machine and Message Passing Interface* LNCS, Vol. 3666, 38-47, 2005.

Kapitel 5
Eine kurze Einführung in MPI

Adrian Knoth

Zusammenfassung MPI (Message Passing Interface) ist die Standard-Programmierumgebung für parallele Maschinen mit verteiltem Speicher. Das zentrale Konzept hinter MPI ist das Message-Passing: Ein Prozess verpackt Informationen in eine Nachricht und schickt diese an einen anderen Prozess. MPI bietet aber weit mehr, z.B. Routinen zum Synchronisieren von Prozessen oder zum Aufsummieren verteilter Daten. Mit GridMPI liegt auch eine Variante für eine Anwendung im Grid vor. Das folgende Kapitel daher eine Einführung in diese Programmierumgebung.

5.1 Allgemeines

MPI wurde in den frühen 1990er Jahren entwickelt, um eine einheitliche Programmierschnittstelle für Cluster, massiv-parallele Systeme und sogar speichergekoppelte Parallelrechner zu etablieren. MPI wird als Bibliothek vertrieben und beinhaltet offiziell nur Unterstützung für C und Fortran, andere Programmiersprachen sind aber dennoch möglich. Die große Mehrheit der MPI-Programmierer verwendet heute die 1995 veröffentlichte Version 1.1. Der MPI-2.0-Standard erweiterte diese 1997 um paralleles I/O, dynamisches Prozessmanagement, einseitige Kommunikation und andere fortschrittliche Funktionen, die jedoch nur zögerlich von den Programmierern aufgenommen werden. Deshalb konzentriert sich die nachfolgende Diskussion auf MPI-1.1.

Da MPI lediglich eine Spezifikation ist, gibt es verschiedene Implementierungen, darunter die zwei am häufigsten anzutreffenden, Open MPI (s. Kap. 5.8) und MPICH. Beide sind kostenfrei im Internet verfügbar und unterstützen eine Vielzahl von parallelen Maschinen, z.B. Linux-Cluster, SMP-Systeme oder NUMA-Rechner.

Friedrich-Schiller-Universität Jena
Institut für Informatik
E-mail: adi@cs.uni-jena.de

D. Fey (ed.), *Grid-Computing*, eXamen.press, DOI 10.1007/978-3-540-79747-0_5,

5.2 Konzepte

Die grundlegende Idee hinter Message-Passing ist täuschend einfach: Ein Prozess sendet eine Nachricht, ein anderer empfängt sie. Im Detail kann Message-Passing jedoch wesentlich komplizierter sein: Wie werden Nachrichten im System gepuffert? Kann ein Prozess mit sinnvoller Arbeit fortfahren, während er Nachrichten sendet oder empfängt? Wie können Nachrichten unterschieden werden, so dass Sendungen stets der zugehörigen Empfangsanweisung zugeordnet werden können?

Der Langzeit-Erfolg von MPI beruht auf der eleganten Lösung all dieser Fragen, die im Wesentlichen aus zwei Elementen besteht: *Prozessgruppen* und *Kommunikationskontexte*. Eine *Prozessgruppe* ist die Menge der an einer Berechnung beteiligten Prozesse. Alle diese Prozesse werden zu Beginn einer Berechnung gestartet und gehören einer einzigen Gruppe an[1], der Programmierer kann jedoch im Verlauf des Programms die Prozessgruppe in verschiedene Subgruppen aufteilen und exakt steuern, wie diese miteinander interagieren.

In jedem Message-Passing-System müssen Nachrichten beschriftet werden, um sie an den oder die richtigen Empfänger zustellen zu können. Bei MPI bestehen diese Etiketten aus der Absender-ID, der Empfänger-ID sowie einer ordinalen Erkennungsmarke, einem Tag. Eine Empfangsanweisung beinhaltet dann die Angabe des erwarteten Absenders sowie des Tags, für beide Werte sind aber auch Wildcards zulässig. Das Ergebnis der Empfangsanweisung im Prozess i ist das Ausliefern einer Nachricht mit der Empfänger-ID i, dessen Absender-ID und Tag den Parametern der Empfangsanweisung entsprechen.

Wenngleich leicht verständlich, so ist die Identifikation von Nachrichten anhand von Absender, Empfänger und Tag für komplexe Szenarien nicht ausreichend, insbesondere wenn Bibliotheken oder fremde Programmteile verwendet werden. Beinhalten diese MPI-Aufrufe, könnte es zu Überschneidungen bei Tag-, Sender- oder Empfänger-IDs kommen.

MPI löst dieses Problem durch *Kommunikationskontexte*. Jeder Sende- und Empfangsvorgang gehört zu einem Kommunikationskontext, und nur der Kommunikationsvorgang findet statt, der innerhalb des gleichen Kontextes erfolgt. Daher können verschiedene Nachrichten die gleichen Quell-, Ziel- und Tag-IDs haben, aufgrund unterschiedlicher Kontexte werden sie aber nicht verwechselt. Kommunikationskontexte werden dynamisch und garantiert eindeutig erzeugt.

Bei MPI werden Prozessgruppe und Kommunikationskontext miteinander zu einem sog. *Kommunikator* vereint. Mit wenigen Ausnahmen unterstützen alle MPI-Funktionen die Angabe von Kommunikatoren. Bei Programmstart erzeugt die Laufzeitumgebung den allgemeinen Kommunikator

```
MPI_COMM_WORLD
```

In den meisten Fällen benötigt ein MPI-Programmierer nur einen einzigen Kommunikator und beschränkt sich auf `MPI_COMM_WORLD`. Üblicherweise müssen lediglich Entwickler von wiederverwendbarer Software mit Kommunikatoren arbeiten, daher entfällt in diesem Buch eine tiefergehende Betrachtung zu diesem Aspekt.

[1] Ab MPI-2.0 ermöglicht dynamisches Prozessmanagement auch verschiedene Startzeitpunkte.

5.3 Erste Schritte

Der MPI-Standard spezifiziert nicht, wie ein Programm (*Job*) gestartet wird, daher variiert dies je nach MPI-Implementierung und Umgebung (z.B. interaktiv gestartete Jobs gegenüber Warteschlangen). Um einen interaktiven MPI-Job zu starten, werden die beteiligten Maschinen einer Liste entnommen und auf allen das gleiche Programm gestartet. Dies geschieht meist mit dem Befehl *mpirun*, der als Parameter den Programmnamen erhält. Bedauerlicherweise definiert die MPI-Spezifikation kein exaktes Aufruf-Interface für mpirun, so daß die konkrete Realisierung je nach Implementierung variiert. Details müssen der jeweiligen Dokumentation entnommen werden.

Alle MPI-Programme beinhalten einige grundlegende Elemente. Im Folgenden soll das Programm in Abb. 5.1 parallelisiert werden, so daß jeder Prozess die Funktion ausführt. Dazu müssen zuerst die MPI-Prototypen durch Angabe der MPI-Header-Datei definiert werden:

```
#include "mpi.h"
```

Danach wird die MPI-Umgebung initialisiert. Als Teil dieser Initialisierung wird der Kommunikator `MPI_COMM_WORLD` erzeugt, der in allen Prozessen zur Verfügung steht:

```
MPI_Init (&argc, &argv);
```

Die Kommandozeilenargumente werden dabei an MPI_Init übergeben, so daß die MPI-Laufzeitumgebung das Verhalten des Programms durch eigene zusätzliche Parameter beeinflussen kann. Dieser Vorgang ist für den Programmierer transparent. Die Funktion signalisiert mittels eines ganzzahligen Rückgabewerts Erfolg oder Fehlerfall des Vorgangs, mögliche Vergleichskonstanten sind in `mpi.h` definiert. Mit wenigen Ausnahmen verfügen alle MPI-Funktionen über einen Rückgabestatus.

```
#include <stdio.h>

int main(int argc, char **argv) {
    printf ("Never miss a good chance to shut up\n");
}
```

Abb. 5.1 Ein einfaches Programm, das eine Textzeile ausgibt

Die meisten MPI-Programme verwenden die Anzahl der Prozesse innerhalb einer Prozessgruppe sowie den Rang[2] eines jeden Prozesses. Diese Werte werden durch die Funktionen `MPI_Comm_size()` und `MPI_Comm_rank()` ermittelt:

[2] Der Rang ist eine Ganzzahl im Bereich 0 bis n-1, wobei n die Anzahl der Prozesse der Prozessgruppe ist. Er beschreibt die Position des Prozesses innerhalb dieser Gruppe.

```
int num_procs; // the number of processes in the group
int rank;      // a unique ID ranging from 0 to (num_procs-1)

MPI_Comm_size (MPI_COMM_WORLD, &num_procs);
MPI_Comm_rank (MPI_COMM_WORLD, &rank);
```

Am Ende eines MPI-Programms muß die Laufzeitumgebung sauber gestoppt werden. Dies geschieht mittels

```
MPI_Finalize();
```

Abbildung 5.2 zeigt eine parallele Programmversion, die all diese Elemente nutzt.

```
#include <stdio.h>
#include "mpi.h"

int main(int argc, char **argv) {
    int num_procs; // the number of processes in the group
    int rank;      // a unique ID ranging from 0 to (num_procs-1)

    if (MPI_SUCCESS != MPI_Init (&argc, &argv)) {
        // error handling and exit
    }

    MPI_Comm_size (MPI_COMM_WORLD, &num_procs);
    MPI_Comm_rank (MPI_COMM_WORLD, &rank);
    printf ("\n Never miss a good chance to shut up %d\n", rank);

    MPI_Finalize();
}
```

Abb. 5.2 Paralleles Programm, so dass jeder Prozess eine Textzeile ausgibt

Falls an einer Stelle im Programm die Ausführung abgebrochen werden soll, ist es erforderlich, das parallele Programm sauber zu stoppen. Geschieht dies nicht, können Prozesse verwaisen und theoretisch unendlich lang auf die Interaktion mit anderen Prozessen warten. `MPI_Abort()` weist daher die Laufzeitumgebung an, so gut wie möglich die Programmausführung und folglich alle Prozesse zu stoppen.

5.4 Einfache Punkt-zu-Punkt-Kommunikation

Die MPI-Point-to-Point-Routinen senden eine Nachricht von einem Prozess zu einem anderen. Der MPI-1.1-Standard spezifiziert insgesamt 21 dieser Funktionen.

```
int MPI_Send (buff, count, MPI_type, dest, tag, Comm);
int MPI_Recv (buff, count, MPI_type, source, tag, Comm, &stat);
```

`buff`	Pointer auf einen Puffer, der typkompatibel mit `MPI_Type` ist
`int count`	Anzahl der Elemente vom Typ `MPI_Type` innerhalb des Puffers `buff`
`MPI_Type`	Typ der Elemente des Puffers. Gebräuchliche Typen sind z.B. `MPI_DOUBLE`, `MPI_INT`, `MPI_LONG` oder `MPI_FLOAT`.
`int source`	Rang des sendenden Prozesses. Die Konstante `MPI_ANY_SOURCE` kann für `MPI_Recv()` verwendet werden, um Nachrichten eines beliebigen Senders zu akzeptieren.
`int dest`	Ziel der Nachricht (Rang)
`int tag`	Ganzzahl zum Unterscheiden von Nachrichten. Die Konstante `MPI_TAG_ANY` dient als Wildcard, die zu beliebigen Tags passt.
`MPI_Status stat`	Struktur, die Statusinformationen zu einer empfangenen Nachricht enthält
`MPI_COMM Comm`	Der MPI-Kommunikator, meistens `MPI_COMM_WORLD`

Abb. 5.3 Standardfunktionen in C für eine blockierende Punkt-zu-Punkt-Kommunikation laut MPI-1.1-Standard

Sie unterscheiden sich in Bezug auf die Wiederverwendbarkeit der Nachrichtenpuffer sowie der Möglichkeit überlappender Kommunikation.

Am häufigsten kommen blockierende Sende- und Empfangsfunktionen zum Einsatz, wie sie in Abb. 5.3 gezeigt sind. Die Funktion `MPI_Send()` blockiert so lange, bis der Sendepuffer (`buff`) an das System übergeben wurde und danach innerhalb des Programms erneut verwendet werden kann. Empfangsseitig blockiert `MPI_Recv()`, bis der Puffer (`buff`) die Nachricht empfangen hat und zur Übernahme in das Programm bereit ist.

Der `MPI_Status`-Typ wird ebenfalls in `mpi.h` definiert und dient empfängerseitig dazu, eingehende Nachrichten näher zu beschreiben: Wird beispielsweise `MPI_Recv()` in Verbindung mit `MPI_ANY_TAG` aufgerufen, kann das tatsächliche Tag durch `status.MPI_TAG` extrahiert werden.

Das Programm in Abb. 5.4 ist ein Beispiel für den Einsatz der grundlegenden Message-Passing-Funktionen: Eine Nachricht wird zwischen zwei Prozessen hin- und hergestoßen. Dieses Programm wird auch als Ping-Pong-Test bezeichnet und häufig zur Leistungsmessung in parallelen Umgebungen eingesetzt.

Der Quelltext beginnt mit den üblichen Include-Anweisungen und Variablendeklarationen, gefolgt von der MPI-Initialisierung. Diese könnte auch später durchgeführt werden, wichtig ist lediglich, dass sie vor allen anderen MPI-Routinen stattfindet. Als nächsten Schritt bestimmt das Programm seinen Rang und die Größe der Prozessgruppe. Im Interesse der Anschaulichkeit soll letztere stets zwei betragen, anderenfalls wird abgebrochen.

Die Kommunikation selbst läuft in zwei Schritten ab: Der Prozess mit Rang 0 sendet, der andere Prozess (Rang 1) empfängt die Nachricht, um sie danach an Rang 0 zurückzuschicken. Da beide Kommandos blockierend arbeiten, können sich bei falschen Sender- oder Empfänger-IDs schnell Verklemmungen ergeben. Neben großer Sorgfalt stellen die asynchronen Kommunikationsfunktionen einen möglichen Ausweg dar, sie werden später noch detailliert beleuchtet.

```
#include <stdio.h>
#include "mpi.h"

int main(int argc, char **argv) {
    int Tag1 = 1, Tag2 = 2;
    int num_procs, rank, buffer_count = 100;
    long buffer[buffer_count];
    int i;
    MPI_Status stat;

    MPI_Init (&argc, &argv);
    MPI_Comm_rank (MPI_COMM_WORLD, &rank);
    MPI_Comm_size (MPI_COMM_WORLD, &num_procs);

    if (2 != num_procs) {
        MPI_Abort (MPI_COMM_WORLD, 1);
    }

    for (i=0; i < buffer_count; i++) {
        buffer[i] = (long) i;
    }

    if (0 == rank) {
        MPI_Send (&buffer, buffer_count, MPI_LONG, 1, Tag1,
                        MPI_COMM_WORLD);
        MPI_Recv (&buffer, buffer_count,
                        MPI_LONG, 1, Tag2, MPI_COMM_WORLD, &stat);
    } else {
        MPI_Recv (&buffer, buffer_count, MPI_LONG, 0, Tag1,
                        MPI_COMM_WORLD, &stat);
        MPI_Send (&buffer, buffer_count, MPI_LONG, 0, Tag2,
                        MPI_COMM_WORLD);
    }

    MPI_Finalize();
}
```

Abb. 5.4 MPI-Programm in C, das eine Nachricht zwischen zwei Prozessen hin- und herschickt. Es nutzt eine einfache, blockierende Punkt-zu-Punkt-Kommunikation des MPI-1.1-Standards

5.5 Kollektive Operationen

Ergänzend zur Punkt-zu-Punkt-Kommunikation unterstützt MPI eine Vielzahl kollektiver Operationen, bei denen alle Prozesse einer Prozessgruppe gemeinsam an einem gemeinsamen Kommunikationsvorgang teilnehmen. Diese Operationen sind bisweilen so bedeutend, dass einige Programme gänzlich auf paarweise Punkt-zu-Punkt-Kommunikation verzichten.

Die häufigsten kollektiven Operationen im Überblick:

MPI_Barrier: Eine Barriere stellt einen Synchronisierungspunkt dar, den alle Prozesse des Kommunikators erreichen müssen, bevor auch nur einer von ihnen mit der Programmausführung fortfahren darf.

MPI_Bcast: Ein Broadcast sendet eine Nachricht eines Prozesses an alle anderen Prozesse innerhalb der Prozessgruppe.

MPI_Reduce: Eine Reduktion verknüpft eine verteilte Menge von Werten (`inbuf`) innerhalb der Prozessgruppe mit einer binären, assoziativen Operation. Die bekanntesten Beispiele sind das Aufsummieren sowie Minimum- oder Maximumsuche einer Wertemenge. Das reduzierte Ergebnis steht dabei lediglich im `outbuf`-Puffer eines einzelnen Zielprozesses (`destination`) zur Verfügung. Sollen alle Prozesse das Ergebnis erhalten, kann `MPIAllreduce()` verwendet werden.

Die genaue Syntax dieser Funktionen ist in Abb. 5.5 zu finden

```
int MPI_Barrier (Comm);
int MPI_Bcast (outbuf, count, MPI_type, source, COMM);
int MPI_Reduce (inbuf, outbuf, count, MPI_type, OP, dest, COMM);
```

`inbuf, outbuf`	Pointer auf Puffer mit passendem `MPI_type`
`int count`	Anzahl der Elemente vom Typ `MPI_type` pro Puffer
`MPI_type`	Typ der Elemente der Puffer
`int source`	Rang des sendenden Prozesses
`int dest`	Rang des Prozesses, der das Reduktionsergebnis erhalten soll
`MPI_COMM Comm`	Der MPI-Kommunikator, meistens `MPI_COMM_WORLD`
`OP`	Binäre, assoziative Operation für die Reduktion gemäß Definition in `mpi.h`. Gebräuchliche Operationen sind z.B. `MPI_SUM`, `MPI_MIN` und `MPI_MAX`.

Abb. 5.5 Die wichtigsten kollektiven Operationen nach MPI-1.1-Standard, hier für C. (`MPI_Barrier`, `MPI_Bcast`, `MPI_Reduce`)

Die Abb. 5.6 und 5.7 zeigen ein Programm, das diese drei Funktionen nutzt. Es misst die benötigte Laufzeit, eine Nachricht innerhalb einer ringförmigen Prozessstruktur weiterzuleiten. Der Code für diese Ringkommunikation ist für die Diskussion nicht relevant, im Sinne der Vollständigkeit ist er jedoch in Abb. 5.8 zu finden. Die Laufzeit eines parallelen Programms ist die benötigte Zeit des langsamsten Prozesses. Folglich muß für jeden Prozess die Einzellaufzeit gemessen und im Anschluss das Maximum dieser Werte ermittelt werden. Die Zeit wird mit Hilfe der MPI-Zeitfunktion bestimmt:

```
double MPI_Wtime();
```

`MPI_Wtime()` gibt die Zeit in Sekunden an, die seit einem bestimmten Punkt in der Vergangenheit bis jetzt verstrichen sind. Eine Zeitspanne kann durch zweifachen Aufruf dieser Funktion gemessen werden.

Das Programm beginnt MPI-typisch mit Deklarationen, der MPI-Initialisierung sowie dem Bestimmen von Rang und Prozessanzahl. Im Anschluss werden die

Kommandozeilenparameter ausgewertet, um Nachrichtengröße und gewünschte Verschiebungsweite, also wie oft die Nachricht innerhalb des Rings verschoben werden soll, ermittelt. Da jeder Prozess diese Angaben benötigt, werden sie mittels `MPI_Bcast()` verteilt.

Im Anschluss initialisiert jeder Prozess seine Ein- und Ausgangsvektoren. Um konsistente Ergebnisse zu erhalten, muß dieser Vorgang abgeschlossen sein, bevor die Zeitmessung beginnt. Dies wird durch den Aufruf von `MPI_Barrier()` direkt vor Beginn der Zeitmessung gewährleistet. Hernach liefert `MPI_Wtime()` den Startzeitpunkt der Messung, dann wird der Ringtest durchgeführt und schlussendlich durch erneuten Aufruf von `MPI_Wtime()` der Endzeitpunkt bestimmt. Die Differenz zwischen Start- und Endzeitpunkt entspricht der Dauer, die dieser Prozess für den Nachrichtenversand im Ring benötigt hat.

Die Gesamtlaufzeit des MPI-Programms ist die Ausführungszeit des langsamsten Prozesses. Um eine einzige Zahl als Laufzeit ausgeben zu können, muss folglich das Maximum der einzelnen Prozesslaufzeiten ermittelt werden. Dies geschieht durch Aufruf von `MPI_Reduce()` mit `MPI_MAX`.

5.6 Erweiterte Punkt-zu-Punkt-Kommunikation

Viele MPI-Programme nutzen lediglich die herkömmlichen Funktionen für die Punkt-zu-Punkt-Kommunikation, MPI bietet jedoch weitaus mehr, um größeren Einfluss auf die Details der Kommunikationsvorgänge zu erhalten. Die wahrscheinlich wichtigsten Routinen sind dabei die *nichtblockierenden* oder *asynchronen* Kommunikationsfunktionen.

Mit Hilfe der nichtblockierenden Kommunikation kann ein MPI-Programm überlappend rechnen und Nachrichten austauschen. Aufrufe an die Kommunikationsfunktionen blockieren nicht, sondern kommen sofort zurück und stellen dabei ein Request-Handle zur Verfügung, dessen Zustand Auskunft über den Status des entsprechenden Kommunikationsvorgangs gibt. Das Handle kann wahlweise zwischen den Berechnungen (wiederholt) auf Fertigstellung getestet werden oder dient dazu, explizit und blockierend auf den Abschluss des Kommunikationsvorgangs zu warten. Die Syntax der nichtblockierenden Kommunikationsfunktionen ist in Abb. 5.9 gezeigt. Zum besseren Verständnis illustriert Abb. 5.11 den Einsatz der Funktionen an einem Beispiel.

Zu Beginn wird die MPI-Umbegung initialisiert, danach wird Speicher für das Array `U` und die Kommunikationspuffer für die Kanten von `U` reserviert (`B` und `inB`). Im Anschluss werden linker und rechter Nachbar für die Ringkommunikation bestimmt. Nach Eintritt in die Hauptschleife startet jede Iteration mit dem Aufruf der Empfangsroutine:

```
MPI_Irecv (inB, N, MPI_DOUBLE, left, i, MPI_COMM_WORLD,
           &req_recv);
```

Sobald die MPI-Umgebung den Nachrichtenempfang vorbereitet hat, wird die Funktion beendet. Das Handle `req_recv` kann genutzt werden, um den Status dieses

```
/*
 * Ring test
 * Kommandozeilenparameter bestimmen die Nachrichtengroesse sowie die
 * Anzahl, wie oft die Nachricht im Ring verschoben werden soll.
 */
#include <stdio.h>
#include <stdlib.h>
#include "mpi.h"

int main(int argc, char **argv) {
    int num_shifts = 0; /* FIXME: kompakter schreiben? */
    int buff_count = 0;
    int num_procs = 0;
    int ID;
    int buff_size_bytes;
    int i;

    double t0;
    double ring_time;
    double max_time;
    double *outgoing, *incoming; /* outgoing and incoming message */

    MPI_Status stat;

    /* MPI-Umgebung initialisieren */
    MPI_Init (&argc, &argv);
    MPI_Comm_rank (MPI_COMM_WORLD, &ID);
    MPI_Comm_size (MPI_COMM_WORLD, &num_procs);

    /* Kommandozeilenparameter parsen und broadcasten */
    if (0 == ID) {
        if (3 != argc) {
            fprintf (stderr, "Usage: %s <msg_size> <shifts>\n",
                     argv[0]);
            fflush (stderr);
            MPI_Abort (MPI_COMM_WORLD, 1);
        }

        buff_count = atoi(argv[1]); num_shifts = atoi(argv[2]);

        printf(": shift %d doubles %d times\n", buff_count,
               num_shifts);
        fflush (stdout);
    }
    //Fortsetzung in nächster Abbildung
```

Abb. 5.6 Programm zur Laufzeitmessung der Ring-Funktion (Fortsetzung in Abb. 5.7) Eine Nachricht wird innerhalb einer ringförmigen Prozessgruppe versandt und die größte dafür benötigte Laufzeit gemessen. Der Code für die Ringkommunikation ist nicht relevant, befindet sich jedoch für den interessierten Leser in Abb. 5.8

```
    //Fortsetzung von vorheriger Abbildung

    /* Werte von Prozess 0 an alle anderen broadcasten */
    MPI_Bcast (&buff_count, 1, MPI_INT, 0, MPI_COMM_WORLD);
    MPI_Bcast (&num_shifts, 1, MPI_INT, 0, MPI_COMM_WORLD);

    /* Pufferspeicher reservieren und IO-Vektoren füllen */
    buff_size_bytes = buff_count * sizeof(double);

    outgoing = (double*) malloc (buff_size_bytes);
    incoming = (double*) malloc (buff_size_bytes);

    if ((NULL == outgoing) || (NULL == incoming)) {
        MPI_Abort (MPI_COMM_WORLD, 2); /* out of memory */
    }

    for (i=0; i < buff_count; i++) {
        outgoing[i] = (double) i;
        incoming[i] = -1.0;
    }

    /* Ringkommunikation folgt */
    MPI_Barrier (MPI_COMM_WORLD);

    t0 = MPI_Wtime();
    /* Nachrichten entlang des Rings verteilen */
    ring (outgoing, incoming, buff_count, num_procs, num_shifts, ID);
    ring_time = MPI_Wtime() - t0;

    /* Ergebnis analysieren */
    MPI_Barrier (MPI_COMM_WORLD);

    MPI_Reduce (&ring_time, &max_time, 1, MPI_DOUBLE, MPI_MAX, 0,
            MPI_COMM_WORLD);

    if (0 == ID) {
        printf ("\n Ring test took %f seconds", max_time);
    }
    free (incoming); free (outgoing);
    MPI_Finalize();
    return EXIT_SUCCESS;
}
```

Abb. 5.7 Programm zur Laufzeitmessung der Ring-Funktion (Fortsetzung von Abb. 5.6)

```
/* Name: ring
 * Zweck: Diese Funktion implementiert die Ringkommunikation. Prozesse
 * mit ungeradem Rang senden zuerst und empfangen danach, Prozesse mit
 * geradem Rang hingegen empfangen zuerst und senden dann.
 * Die send-Aufrufe sind blockiert, da aber jedes send ein passendes
 * receive hat, kommt es nicht zu Verklemmungen.
 */

#define IS_ODD(x)  ((x)%2)

void ring(double *outgoing,
        double *incoming,
        int buff_count,
        int num_procs,
        int num_shifts,
        int my_ID) {

    int next = (my_ID + 1) % num_procs;
    int prev = ((0 == my_ID) ? (num_procs-1):(my_ID-1));
    int i;
    MPI_Status stat;

    if (2 > num_procs) {
        MPI_Abort (MPI_COMM_WORLD, 3); // give us at least 2 processes
    }

    for (i=0; i < num_shifts; i++) {
        if (IS_ODD(my_ID)) {
            MPI_Send (outgoing, buff_count, MPI_DOUBLE, next, 3,
                    MPI_COMM_WORLD);
            MPI_Recv (incoming, buff_count, MPI_DOUBLE, prev, 3,
                    MPI_COMM_WORLD, &stat);

        } else {
            MPI_Recv (incoming, buff_count, MPI_DOUBLE, prev, 3,
                    MPI_COMM_WORLD, &stat);
            MPI_Send (outgoing, buff_count, MPI_DOUBLE, next, 3,
                    MPI_COMM_WORLD);
        }
    }
}
```

Abb. 5.8 Funktion, um eine Nachricht in einer ringförmigen Prozessstruktur zu versenden. Sie ist verklemmungsfrei, da Sende- und Empfangsvorgänge auf gerade und ungerade Ränge verteilt sind

```
int MPI_Isend (buff, count, MPI_type, dest, tag, Comm, request);
int MPI_Irecv (buff, count, MPI_type, source, tag, Comm, request);
int MPI_Wait (request, status);
int MPI_Test (request, flag, status); FIXME: &flag?
```

`buff`	Pointer auf einen Puffer, der typkompatibel mit `MPI_Type` ist
`int count`	Anzahl der Elemente vom Typ `MPI_Type` innerhalb des Puffers `buff`
`MPI_Type`	Typ der Elemente des Puffers
`int source`	Rang des sendenden Prozesses
`int dest`	Ziel der Nachricht (Rang)
`int tag`	Ganzzahl (Label) zum Unterscheiden von Nachrichten
`MPI_Status stat`	Struktur, die Statusinformationen zu einer empfangenen Nachricht enthält
`MPI_COMM Comm`	Der MPI-Kommunikator, meistens `MPI_COMM_WORLD`
`MPI_Request request`	Struktur, um aktive Sende- und Empfangsvorgänge zu repräsentieren und referenzieren
`int flag`	Zeigt im Falle von true den Vollzug des Kommunikationsvorgangs an

Abb. 5.9 Standardfunktionen in C für nichtblockierende Punkt-zu-Punkt-Kommunikation laut MPI-1.1-Standard

soeben initialisierten Empfangsvorgangs abzufragen. Die Kante des Feldes wird nun extrahiert und an den rechten Nachbarn gesandt:

```
MPI_Isend (B, N, MPI_DOUBLE, right, i, MPI_COMM_WORLD,
          &req_send);
```

Während das MPI-System kommuniziert, aktualisiert das Programm den inneren Teil des Feldes. Innerhalb meint hierbei den Teil, der keine Kanteninformation der Nachbarn benötigt. Im Anschluss muss jeder Prozess warten, bis die Kommunikationsvorgänge abgeschlossen sind:

```
MPI_Wait (&req_recv, &status);
MPI_Wait (&req_send, &status);
```

Zu diesem Zeitpunkt sind die Feldgrenzen aktualisiert, so dass eine neue Iteration begonnen werden kann.

Eine weitere Methode zum Reduzieren des parallelen Overheads ist *langlebige (persistente) Kommunikation*. Dieser Ansatz ist hilfreich, wenn das Problem von wiederholten Kommunikationsmustern geprägt ist. Der Grundgedanke ist, die Kommunikation einmal vorzubereiten und dann mehrfach für den tatsächlichen Nachrichtenaustausch zu nutzen. Die Funktionen für langlebige Kommunikation sind

```
MPI_Send_init (outbuff, count, MPI_type, dest, tag, MPI_COMM,
              &request);
MPI_Recv_init (inbuff, count, MPI_type, src, tag, MPI_COMM,
              &request);
MPI_Start (&request);
MPI_Wait (&request, &status);
```

```
#include <stdio.h>
#include "mpi.h"

/* Aktualisiere in jedem Prozess ein verteiltes Feld mit einem lokalen
 * NxN-Block (array U). Ziel des Beispiels ist es, überlappende
 * Kommunikation und Berechnung zu zeigen, daher ist der Code für
 * andere Funktionen nicht gezeigt.
 */

#define N 100   /* Kantenlänge des quadratischen Feldes */
void extern initialize (int, double*);
void extern extract_boundary (int, double*, double*);
void extern update_interior (int, double*);
void extern update_edge (int, double*, double*);

int main (int argc, char **argv) {
    double *U, *B, *inB;
    int i, num_procs, ID, left, right, Nsteps = 100;
    MPI_Status status;
    MPI_Request req_recv, req_send;

    /* Initialize MPI environment */
    MPI_Init (&argc, &argv);
    MPI_Comm_rank (MPI_COMM_WORLD, &ID);
    MPI_Comm_size (MPI_COMM_WORLD, &num_procs);

    /* Speicherplatz für das Feld U und die Puffer zum Senden und
     * Empfangen der Kanten (B, inB) anfordern
     */
    U = (double*) malloc (N * N * sizeof (double));
    B = (double*) malloc (N * sizeof (double));
    inB = (double*) malloc (N * sizeof (double));
    if ((NULL == U) || (NULL == B) || (NULL == inB)) {
        /* out of memory */
        MPI_Abort (MPI_COMM_WORLD, 1);
    }

    // Fortsetzung in nächster Abbildung
```

Abb. 5.10 C-Programm, das nichtblockierende Kommunikation nutzt, um gleichzeitig zu berechnen und Nachrichten innerhalb eines Rings an den rechten Nachbarn zu senden

MPI_Send_init und MPI_Recv_init initialisieren die Kommunikation. Das zurückgegebene Handle dient zum Ändern der konkreten Kommunikationsvorgänge. Der Nachrichtenaustausch wird durch den Aufruf von MPI_Start angestoßen, danach kann das Programm mit beliebigen Berechnungen fortfahren. MPI_Wait wartet auf den Abschluss des Kommunikationsvorgangs. Abb. 5.12 zeigt den Einsatz langlebiger Kommunikation am Beispiel der Ringkommunikation aus Abb. 5.8.

Neben nichtblockierender und langlebiger Kommunikation unterstützt MPI noch weitere Varianten für den Umgang mit Sendepuffern:

```
    // Fortsetzung Abbildung vorheriger Abbildung

    /* Feld U initialisieren und Ringkommunikation vorbereiten */
    initialize (N, U);  /* Details sind nicht relevant */
    right = (ID + 1) % num_procs;
    left = (ID > 0) ? (ID - 1):(num_procs - 1);
    /* Das Feld U schrittweise aktualisieren */
    for (i=0; i < Nsteps; i++) {
        MPI_Irecv (inB, N, MPI_DOUBLE, left, i, MPI_COMM_WORLD,
                   &req_recv);
        extract_boundary (N, U, B); /* Kante von U nach B kopieren */
        MPI_Isend (B, N, MPI_DOUBLE, right, i, MPI_COMM_WORLD,
                   &req_send);
        update_interior (N, U);
        MPI_Wait (&req_recv, &status);
        MPI_Wait (&req_send, &status);
        update_edge (ID, inB, U);
    }

    free (U); free(B); free(inB);
    MPI_Finalize();
}
```

Abb. 5.11 C-Programm, das nichtblockierende Kommunikation nutzt, um gleichzeitig zu berechnen und Nachrichten innerhalb eines Rings an den rechten Nachbarn zu senden. (Fortsetzung von Abb. 5.10)

- Standardmodus: (MPI_Send) Standardfassung des Sendevorgangs. Dabei kehrt die Funktion zurück, sobald die Sendepuffer geleert wurden und für den erneuten Einsatz zur Verfügung stehen.
- Synchroner Modus: (MPI_SSend) Die Sendefunktion kehrt erst zurück, wenn ein zugehöriger Empfangsvorgang (Receive) gestartet wurde. Dadurch kann die Kommunikation zur paarweisen Synchronisierung eingesetzt werden.
- Gepufferter Modus: (MPI_Bsend) Ein vom Benutzer bereitgestellter Puffer dient zum Zwischenspeichern der Nachricht. Die Funktion kehrt zurück, sobald der Sendepuffer in den Systemspeicher übertragen wurde.
- Sofortmodus: (MPI_Rsend) Die Nachricht wird sofort versandt, unter der Annahme, dass ein dazu passender Empfangsvorgang bereits gestartet wurde (anderenfalls ist das Programm fehlerhaft). Auf einigen Systemen ist der Sofortmodus schneller als andere Sendeverfahren.

Die meisten MPI-Beispiele in diesem Buch verwenden den Standardmodus.

```
/* Name: ring-persistent
 * Zweck: Diese Funktion implementiert Ring-Kommunikation mit Hilfe
 *        langlebiger MPI-Kommunikation.
 */

void ring_persistent(double *outgoing,
        double *incoming,
        int buff_count,
        int num_procs,
        int num_shifts,
        int my_ID) {

    int next = (my_ID + 1) % num_procs;
    int prev = ((0 == my_ID) ? (num_procs-1):(my_ID-1));
    int i;
    MPI_Request snd_req, rcv_req;
    MPI_Status stat;

    if (2 > num_procs) {
        MPI_Abort (MPI_COMM_WORLD, 3); // give us at least 2 processes
    }

    MPI_Send_init (outgoing, buff_count, MPI_DOUBLE, next, 3,
                   MPI_COMM_WORLD, &snd_req);
    MPI_Recv_init (incoming, buff_count, MPI_DOUBLE, prev, 3,
                   MPI_COMM_WORLD, &rcv_req);

    for (i=0; i < num_shifts; i++) {
        MPI_Start (&snd_req);
        MPI_Start (&rcv_req);

        MPI_Wait (&snd_req, &stat);
        MPI_Wait (&rcv_req, &stat);
    }
}
```

Abb. 5.12 Funktion, um eine Nachricht in einer ringförmigen Prozessstruktur mit Hilfe persistenter Kommunikation zu versenden

5.7 MPI und Fortran

Die MPI-Spezifikation umfasst neben C- auch Fortranunterstützung. Die bisherigen Betrachtungen für C lassen sich mit einigen einfachen Regeln direkt auf Fortran übertragen:

- Die für Fortran einzubindende Header-Datei heißt `mpif.h`.
- MPI-Routinen haben in beiden Sprachen die gleichen Namen. Die MPI-C-Funktionen unterscheiden Groß- und Kleinschreibung, die Fortran-Unterprogramme hingegen nicht.

Reduktion in C

int MPI_Reduce (inbuf, outbuf, count, MPI_type, OP, dest, COMM);	
inbuf, outbuf	Pointer auf Puffer mit passendem MPI_type
int count	Anzahl der Elemente vom Typ MPI_type pro Puffer
MPI_type	Typ der Elemente der Puffer
int dest	Rang des Prozesses, der das Reduktionsergebnis erhalten soll
MPI_COMM Comm	Der MPI-Kommunikator, meistens MPI_COMM_WORLD
OP	Binäre, assoziative Operation für die Reduktion gemäß Definition in mpi.h. Gebräuchliche Operationen sind z.B. MPI_SUM, MPI_MIN und MPI_MAX.

Reduktion in Fortran

subroutine MPI_Reduce (inbuf, outbuf, count, MPI_type, OP, dest, COMM, ierr);	
inbuf, outbuf	Arrays mit passendem MPI_type
int count	Anzahl der Elemente vom Typ MPI_type pro Puffer
MPI_type	Typ der Elemente der Puffer
int dest	Rang des Prozesses, der das Reduktionsergebnis erhalten soll
MPI_COMM Comm	Der MPI-Kommunikator, meistens MPI_COMM_WORLD.
OP	Binäre, assoziative Operation für die Reduktion gemäß Definition in mpi.h. Gebräuchliche Operationen sind z.B. MPI_SUM, MPI_MIN und MPI_MAX.
integer ierr	Rückgabewert der MPI-Routine.

Abb. 5.13 Vergleich der Reduktionsanweisungen in C und Fortran

- Bis auf die Zeitmethoden verwendet Fortran Unterroutinen, C hingegen Funktionen.
- Die Argumente der C-Funktionen und MPI-Unterroutinen sind gleich, C-Standardtypen werden auf Fortran-Standardtypen abgebildet. Die meisten Fortran-Unterroutinen erhalten einen zusätzlichen Ganzzahlparameter `ierr`, der den MPI-Rückgabewert enthält.

Abbildung 5.13 zeigt zum Vergleich die MPI-Reduktion in C und Fortran. Komplexe Objekte, z.B. `MPI_COMM` oder `MPI_Request`, sind vom Typ `INTEGER`, ausgenommen boolsche Variablen, sie tragen den Typ `LOGICAL`.

In Abb. 5.14 ist ein Fortran-Programm zu sehen, das die MPI-Initialisierungs- und Finalisierungsroutinen nutzt. Die Analogie zu C ist offenkundig, MPI-Kenner einer Sprache können ihr Wissen direkt in der jeweils anderen Sprache wiederverwenden. Der gemischte Betrieb von C- und Fortran-Anwendungen wird vom MPI-Standard nicht unterstützt, da keine Interoperabilität zwischen den Sprachen gewährleistet wird.

5.8 Zusammenfassung

MPI ist die mit Abstand meistgenutzte Programmierumgebung für parallele Anwendungen und wird aufgrund seiner Nähe zum MIMD-Modell paralleler Rechner oftmals als *Assembler der Parallelprogrammierung* bezeichnet. MPI erlaubt es, die parallele Verarbeitung präzise zu beeinflussen und damit hocheffiziente Programme

```
program firstprog
include "mpif.h"
integer ID, Nprocs, ierr

call MPI_INIT( ierr )
call MPI_COMM_RANK ( MPI_COMM_WORLD, ID, ierr)
call MPI_COMM_SIZE ( MPI_COMM_WORLD, Nprocs, ierr)

print *, "Process ", ID, " out of ", Nprocs

call MPI_FINALIZE (ierr)

end
```

Abb. 5.14 Einfaches MPI-Programm in Fortran. Jeder Prozess gibt seinen Rang und die Größe der Prozessgruppe aus

zu entwickeln. Wichtiger jedoch: Es ermöglicht das Schreiben portabler paralleler Programme, die auf Shared-Memory-Systemen über Cluster jeder Größe und sogar im Grid lauffähig sind.

Der MPI-1.1-Standard bietet mehr als 125 verschiedene Funktionen und mag aufgrund seiner Komplexität auf den ersten Blick abschrecken. Viele Programmierer vermeiden diese Komplexität und beschränken sich auf eine Teilmenge an Funktionen. So ist es möglich, mit nur sechs Funktionen ein paralleles Programm zu schreiben: `MPI_Init`, `MPI_Comm_Size`, `MPI_Comm_Rank`, `MPI_Send`, `MPI_Recv` und `MPI_Finalize`. MPI ist meist als Quellcode für eine Vielzahl von Systemen verfügbar, am gebräuchlichsten sind Open MPI (s. Kap. 6.0) und MPICH.

Literaturverzeichnis

1. J. Dongarra, S.W. Otto, M. Snir, D. Walker, An Introduction to the MPI Standard, *Technical Report University of Tennessee*, UT-CS-95-274, 2001.
2. W. Gropp, E. Lusk, A. Skjellum, *Using MPI: Portable Parallel Programming with the Message-Passing Interface*, (2nd edition, MIT Press, 1999).
3. T.G. Mattson, B.A. Sanders, B.L. Massingill, Appendix B „A Brief Introduction to MPI“ in *Patterns for Parallel Programming*, (Addison-Wesley, Boston, 2004).

Kapitel 6
Open MPI

Adrian Knoth

Zusammenfassung Open MPI [1] ist eine freie MPI-2.0-Implementierung, die aus den MPI-Bibliotheken FT-MPI [2], LA-MPI [3], LAM/MPI [4],[5] und PACX-MPI [6] hervorgegangen ist. Neben den Universitäten Tennessee und Indiana gehören u.a. Cisco, IBM, Sun, das Los Alamos National Laboratory sowie das HLRS Stuttgart zu den Projektteilnehmern, die ihre langjährige Erfahrung auf dem Gebiet des Clustercomputings einbringen. Den namensprägenden Zusatz *Open* trägt das Projekt nicht nur aufgrund seiner New-BSD-Lizenz: Interessenten werden offen als neue Partner begrüßt und können so an der Bibliothek mitwirken. Das folgende Kapitel stellt den grundlegenden Aufbau der Architektur von OpenMPI dar.

6.1 Der Aufbau von OpenMPI

Das dominierende interne Konzept hinter Open MPI heißt *modular component architecture*, kurz MCA. Es beschreibt ein plugin-ähnliches Design, das die Basis für das Gros der bereitgestellten Funktionalität bietet, die üblicherweise[1] durch Nachladen von dynamischen Bibliotheken automatisch an die Gegebenheiten der Umgebung angepasst wird. Insbesondere ist es möglich, verschiedene Kommunikationswege gleichzeitig und unabhängig voneinander zu verwenden, indem die passende Komponente instanziiert wird. In der Open-MPI-Terminologie heißen diese Instanzen *modules*. So gibt es beispielsweise lediglich eine TCP-MPI-Transfer-Komponente, für jede verfügbare Netzwerkkarte wird aber zur Laufzeit ein sepa-

Friedrich-Schiller-Universität Jena
Institut für Informatik
adi@cs.uni-jena.de

[1] Bei Verzicht auf shared libraries wird die Funktionalität statisch einkompiliert.

D. Fey (ed.), *Grid-Computing*, eXamen.press, DOI 10.1007/978-3-540-79747-0_6,

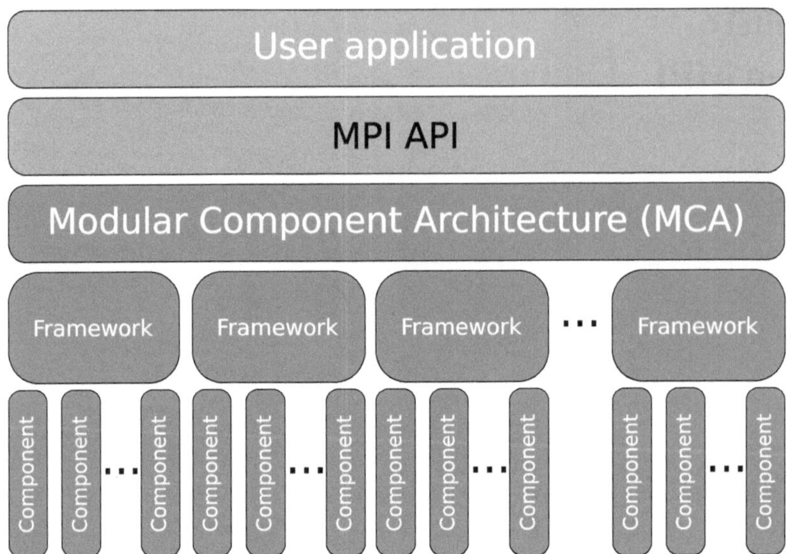

Abb. 6.1 Dominierendes Konzept hinter Open MPI: Frameworks bieten abstrakte Funktionen, deren konkrete Implementierung in verschiedenen Komponenten erfolgen kann. Dieser Plugin-Mechanismus wird als *Modular Component Architecture* bezeichnet

rates TCP-Modul erzeugt. In Analogie zu objektorientierten Programmiersprachen sind Komponenten also Klassen, Module hingegen Instanzen.

Den Komponenten übergeordnet rangiert der Begriff des *Frameworks*, er steht für eine einzelne, wohldefinierte Aufgabe und abstrahiert von den möglichen Implementierungen, um dieses Ziel zu erreichen. Ein wesentlicher Vertreter ist der *Byte-Transfer-Layer*, kurz BTL, der unabhängig vom verwendeten Netzwerk die MPI-Datenkommunikation bereitstellt, indem er Komponenten für Infiniband, Myrinet, TCP und andere bietet. Abbildung 6.1 veranschaulicht das MCA-Konzept grafisch.

Auf oberster Ebene gliedert sich Open MPI in die drei Teilbereiche *OMPI*, *ORTE* und *OPAL*, die in dieser Reihenfolge zwar aufeinander aufbauen, nicht jedoch im Sinne eines Callstacks nacheinander durchlaufen werden. Abbildung 6.2 zeigt das Verhältnis der Schichten zueinander.

6.1.1 OPAL – Open Portable Access Layer

OPAL, der Open Portable Access Layer, liefert unterstützende Funktionalität für OMPI und ORTE, insbesondere alle internen projektweiten Datenstrukturen, wie z.B. `opal_list_t` für verkettete Listen oder `opal_object_t` für die Open-MPI-eigene Objektorientierung. Darüber hinaus beinhaltet OPAL die eigene, optionale Speicherverwaltung *ptmalloc2*, die `malloc()`-Aufrufe gegenüber der Standardli-

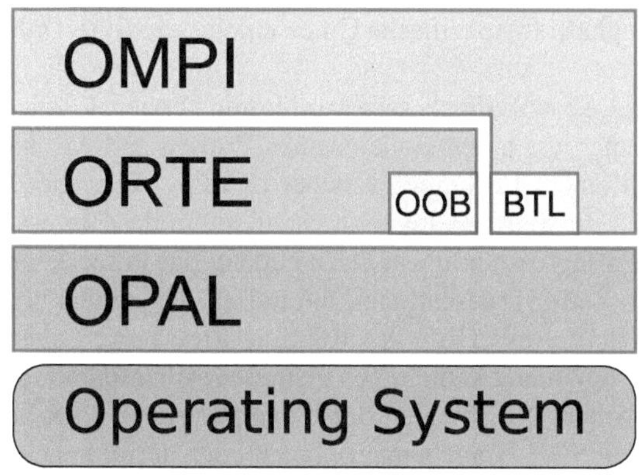

Abb. 6.2 Schematischer Aufbau der Open-MPI-Biblbiothek

brary reduziert, indem vorab größere Speicherblöcke angefordert werden. Speicheranfragen der Anwendung sowie der übrigen Bibliothek werden dann aus dem internen Pool beantwortet, wodurch auch auf Systemen mit suboptimaler `malloc()`-Implementierung eine leistungsstarke Speicherverwaltung zur Verfügung gestellt wird.

OPAL bietet ferner ein eigenes Thread- und Eventhandling, das konkurrierende Programmierung innerhalb der Open-MPI-Bibliothek ermöglicht. Diese wird beispielsweise für Timeouts und Retry-Zyklen beim Verbindungsaufbau genutzt, indem Timer-Events nach Ablauf einer Frist entsprechende Callback-Funktionen auslösen, wenn z.B. keine Verbindung hergestellt werden konnte.

Darüber hinaus stellt OPAL eine Sammlung von Hilfsfunktionen zur Verfügung, die im gesamten Projekt Anwendung finden. Neben Konvertierungs- und Ausgabeprozeduren gehören beispielsweise auch Implementierungen für `qsort()`, `strncpy()` oder `basename()` dazu, die immer dann zum Einsatz kommen, wenn ein System diese nicht oder nur unzulänglich bietet. Schlussendlich zeichnet sich OPAL für die Ethernet-Interface-Discovery verantwortlich, die sowohl von OMPI als auch ORTE benötigt wird.

6.1.2 ORTE – Open Runtime Environment

Das Open Runtime Environment war ursprünglich ein kleiner Teil von Open MPI, ist aber inzwischen zu einem umfangreichen Projekt mit eigener Organisationsstruktur herangewachsen, dessen vorrangige Aufgabe das Bereitstellen einer geeigneten Umgebung für Message-Passing ist. Das Runtime-Environment wird auf jedem Host durch den ORTE-Daemon, *orted*, repräsentiert. Herzstück bildet dabei die General-Purpose-Registry (GPR), die Informationen zu allen beteiligten Prozessen enthält. Sie ist als MCA-Framework ausgeführt und dient anderen Komponenten als zentraler Datenspeicher, muss dafür aber auf das Data-Switch-System (DSS) zurückgreifen, um plattformspezifische Unterschiede wie Byte-Ordering oder Packing auszugleichen.

ORTEs zentraler Abstraktionsansatz war bis zur Version 1.2 die Zelle (*cell*). Sie umfaßt alle Computer, die einen gemeinsamen Prozessstart-Mechanismus aufweisen, und wird von einem Resource Manager (RMGR) verwaltet, der neben Ressourcenfindung und Ressourcenallokation vor allem für das Prozess-Mapping sowie die Prozess-Ausführung zuständig ist. Dazu nutzt er das Process Launching System (PLS), das je nach Zelle variieren kann, um auf all denjenigen beteiligten Knoten den orted zu starten, die mit Hilfe des Runtime Messaging Layers (RML) untereinander kommunizieren und somit einen zentralen Anlaufpunkt für den Austausch performanceunkritischer Nachrichten darstellen. Bekannte PLS-Vertreter sind rsh (ssh), gridengine (für SGE-Umgebungen), bproc oder slurm. In neueren Open-MPI-Versionen wurde das Konzept der Zelle verworfen, das Process Launching System in Process Lifecycle Management Subsystem (PLM) umbenannt und der Gedanke an Mehr-Zellen-Installationen aufgegeben. Dadurch können Multi-Domänen-Cluster nur noch innerhalb einer gemeinsamen virtuellen Zelle betrieben werden, müssen also den gleichen Startmechanismus verwenden.

In einem typischen Start-Szenario erzeugt der Nutzer einen Headnode-Prozess (HNP), der das passende bzw. konfigurierte Prozessstart-Verfahren auswählt und daraufhin weitere Nodes kontaktiert. Die zu startenden orteds erhalten über Kommandozeilenparameter alle notwendigen Informationen für die Zelle, insbesondere, wie sie den Headnode-Prozess erreichen können. Dafür existiert ein weiteres MCA-Framework, die Out of Band Communication (OOB), die derzeit aber lediglich eine Komponente (oob/tcp) enthält. Sie stellt den gesamten Datentransport für den Runtime-Messaging-Layer bereit, mit dessen Hilfe die neuen Prozesse in einem Callback-Verfahren den HNP bezüglich der eigenen Erreichbarkeit informieren. ORTE übernimmt daraufhin auf allen beteiligten Nodes das Überwachen und Verwalten der eigentlichen Nutzanwendung. Dazu gehört neben dem Starten und Beenden von (MPI-)Programmen auch das IO-Forwarding, das Ein- und Ausgaben der entfernten Knoten zum Headnode-Prozess umleitet. Ein Error-Manager regelt ferner das Verhalten in Ausnahmesituationen, z.B. wenn Anwendungen vorzeitig abgebrochen werden müssen oder gar nicht erst gestartet werden können. Da ORTE selbst keine Message-Passing-Funktionalität im Sinne des MPI-Standards bietet, kann es auch für das Ausführen beliebiger Programme Verwendung finden, indem diese als Argument an *orterun* übergeben werden. Tatsächlich sind die beiden MPI-Äquivalente *mpirun* sowie *mpiexec* lediglich symbolische Links auf orterun und funktional gleichwertig, wie das nachfolgende Beispiel zeigt:

```
adi@ipc654:~$ orterun -np 2 -host inge,dana hostname
inge
dana
adi@ipc654:~$ mpirun -np 2 -host inge,dana hostname
inge
dana
adi@ipc654:~$ mpiexec -np 2 -host inge,dana hostname
inge
```

```
dana
```

Da während der Programmausführung die Standard-Ein- und -Ausgaben durch ORTE umgeleitet und gebündelt werden, ergeben sich Einschränkungen für interaktive Programme, die stdin nutzen möchten. Mit Hilfe von X-Forwards ist es jedoch möglich, xterms oder andere grafische Nutzerschnittstellen als Argument für mpirun anzugeben. Diese Programme unterliegen nicht der IO-Beschränkung, da sie direkt mit dem lokalen X-Server kommunizieren.

6.1.3 OMPI – Open Message Passing Interface

6.1.3.1 Grundlegende Funktionen des OMPI-Layers

Dritter und gleichzeitig größter Bestandteil des Open-MPI-Projekts ist OMPI. Schon die Namensgebung deutet an, daß es sich hierbei um die eigentliche Implementierung des MPI-(2)-Standards handelt. Sie beinhaltet derzeit Unterstützung für Anwendungsprogramme in C, C++, Fortran77 sowie Fortran90, intern sind aber alle Sprach-Bindings als Wrapper für C-Funktionen realisiert, da nur Letztere im Interesse der Performance vollständig ausprogrammiert vorliegen.

Das Gros der Funktionalität wird im OMPI-Layer in Form von MCA-Komponenten zur Verfügung gestellt: Es existieren u.a. Frameworks für Topologiesupport, kollektive Operationen oder MPI-IO, von Bedeutung ist auch der Peer-to-Peer-Management-Layer (PML) bzw. der ihm untergeordnete Byte-Transfer-Layer, kurz BTL. Das Verhältnis zwischen PML und BTL ist in Abb. 6.3 dargestellt.

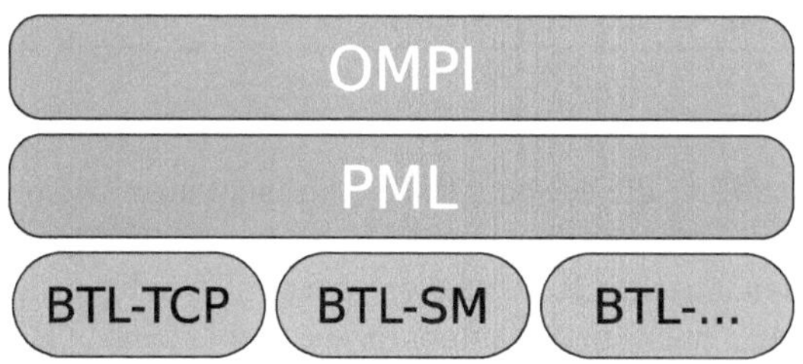

Abb. 6.3 Performance-kritische Kommunikation findet bei Open MPI im OMPI-Layer statt. Der P2P-Management-Layer (PML) verteilt dazu die zu sendenden Nachrichten auf eine oder mehrere Hardware-Treiber (BTL-Instanzen), die je nach Rechnerkonfiguration automatisch zur Laufzeit geladen werden

Vorrangige Aufgabe des PMLs ist das Fragmentieren und Disponieren von MPI-P2P-Nachrichten über verschiedene Transportwege, der eigentliche Nachrichtentransfer wird hingegen von BTL-Instanzen übernommen. Während der Initialisierungsphase prüfen dazu alle BTL-Module die Erreichbarkeit der anderen Teilnehmer, indem sie deren Kontaktinformation aus ORTEs General Purpose Registry mit der lokalen Konfiguration vergleichen. Diese sowie die eigenen Daten wurden zuvor mit Hilfe der PML-Funktionen `ompi_modex_recv()` und `ompi_modex_send()` zwischen den Beteiligten über ORTEs OOB-Kommunikationskanal ausgetauscht.

Aus der Menge der möglichen Transportwege wählt der PML diejenigen BTL-Instanzen aus, die a) den jeweiligen Prozess erreichen können und b) dafür am geeignetsten sind. In einem typischen Szenario ist der lokale Prozess via self-Komponente am schnellsten verfügbar, Prozesse auf dem gleichen Host nutzen das Shared-Memory-BTL (SM), und entfernte Kommunikationspartner bedürfen eines Netzwerks, z.B. in Form von Infiniband (OpenIB), Myrinet oder TCP. Die auf Erreichbarkeit und Leistung basierende Auswahl wird mit Hilfe einer internen Gewichtung durchgeführt, so dass auch mehrere unterschiedliche Netzwerktechnologien gleichzeitig zum Einsatz kommen können. Der OMPI-spezifische Begriff für diese Gewichtung lautet *exclusivity*, es gelten die in Tabelle 6.1 dargestellten Werte.

Tabelle 6.1 Beispiel für die Gewichtung der Transportwege in OpenMPI

BTL	verbale Gewichtung	Gesamtwert
elan	MCA_BTL_EXCLUSIVITY_DEFAULT	1024
gm	MCA_BTL_EXCLUSIVITY_DEFAULT	1024
mx	MCA_BTL_EXCLUSIVITY_DEFAULT	1024
ofud	MCA_BTL_EXCLUSIVITY_DEFAULT	1024
openib	MCA_BTL_EXCLUSIVITY_DEFAULT	1024
portals		60
self	MCA_BTL_EXCLUSIVITY_HIGH	65536
sctp	MCA_BTL_EXCLUSIVITY_LOW	0
sm	MCA_BTL_EXCLUSIVITY_HIGH-1	65535
tcp	MCA_BTL_EXCLUSIVITY_LOW + 100	100
udapl	MCA_BTL_EXCLUSIVITY_DEFAULT - 10	1014

Transportwege (BTLs), die nach der PML-Entscheidung nicht mehr für die Kommunikation vorgesehen sind, werden vom PML deaktiviert, ihr Speicher freigegeben und im Falle von dynamischen Bibliotheken sogar vollständig entladen.

Aufgabe des PMLs ist es, im Anschluss für die verbleibenden BTLs einen geeigneten Scheduling-Algorithmus, z.B. Round-Robin oder eine gewichtete Verteilung nach Exclusivity-Level, zu implementieren und anstehende Nachrichten auf die unterschiedlichen Kommunikationskanäle zu verteilen, wenn ein Ziel über mehrere Routen erreichbar ist [7]. Dieser Vorgang heißt *Message-Striping.*

6.1.3.2 BTL-Komponenten und -Instanzen

Aufgrund der unterschiedlichen BTL-Ausprägungen ist die Zuständigkeit für das Message-Striping, also die Lastverteilung über verschiedene Leitungswege, nicht zwangsläufig beim PML angesiedelt, sondern kann auch vom BTL selbst durchgeführt werden. Dieser Teilaspekt erfordert einen tiefergehenden Exkurs in den BTL.

Der Byte-Transfer-Layer ist ein MCA-Framework für den MPI-P2P-Nachrichtentransport und unterliegt damit der üblichen MCA-Unterteilung in *Komponente* und *Modul*: Verzeichnisse unterhalb von `ompi/mca/btl` repräsentieren Komponenten, ihre Instanzen heißen Module. Darüber hinaus bezeichnet der Begriff der Komponente aber auch die Zusammenfassung der Codeteile, die vom übergeordneten PML nur einmal aufgerufen werden und für alle Module (gleichzeitig) Wirkung erzielen. Das Beispiel soll es verdeutlichen:

Jede BTL-Komponente, z.B. tcp, openib oder mx, implementiert die Funktion `mca_btl_base_component_init_fn_t()`, deren Rückgabewert eine der drei folgenden Ausprägungen annehmen kann:

1. eine NULL-Liste, wenn die Netzwerktechnologie nicht verfügbar ist
2. eine Liste mit nur einem BTL-Modul, das selbst eine Abstraktionsschicht für den Umgang mit mehreren physischen Geräten (z.B. Netzwerkkarten) bietet.
3. eine Liste mit mehreren BTL-Modulen, wobei jedes Modul ein einzelnes physisches Gerät repräsentiert.

Während dieser Initialisierungsphase sollten die BTL-Komponenten mittels `ompi_modex_send()` ihre Kontaktinformation via ORTEs General Purpose Registry an die Peers übermitteln. Im Falle der BTL-TCP-Komponente öffnet dazu vorher der gemeinsame Komponentencode den Listen-Socket für eingehende Verbindungen und erzeugt danach für jede einzelne Netzwerkkarte neue Instanzen, die im Gegensatz zur „Komponente" jedoch ausschließlich abgehende Verbindungen bedienen und somit keinen eigenen Listen-Socket pro Interface erzeugen. Es besteht also eine Arbeitsteilung zwischen Komponente (lediglich eine für eingehende Verbindungen) und Modulen (eine pro Netzwerkkarte für abgehende Verbindungen). Diese Differenzierung spiegelt sich auch in der unterschiedlichen Anwendung der ompi_modex-Funktionen wider: Die Komponente übermittelt eigene Adressen sowie den zugehörigen Listen-Port mit Hilfe von `ompi_modex_send()`, die Module hingegen empfangen die Peer-Information durch `ompi_modex_recv()`.

Es ist ferner zu beachten, daß diese Peer-Information erst im Anschluss der Komponenten-Initialisierungsphase und damit nach Verlassen der `mca_btl_base_component_init_fn_t()`-Funktion zur Verfügung steht, sie deshalb also nicht während der Modul-Initialisierung verwendet werden kann. Da ein Modul aber nur mit Hilfe der Peer-Information die Erreichbarkeit entfernter Prozesse zu entscheiden vermag, wird diese Frage später in einer separaten Phase beantwortet, indem der PML für jedes BTL-Modul dessen `mca_btl_base_add_proc_fn_t()`-Funktion ruft.

6.2 Der Open MPI-Coding-Standard

Open MPI als quelloffene MPI2-Implementierung lädt mit seiner liberalen New-BSD-Lizenz zur aktiven Projektteilnahme ein. Damit trotz weltweit verteilter Entwicklung der Code ein einheitliches Erscheinungsbild hat, halten sich alle Open MPI-Programmierer an einen projektweiten Coding-Standard. Dieser ist auf ein Minimum reduziert, darf aber nicht ignoriert werden, wenn eine Eigenentwicklung als offizieller Open MPI-Bestandteil integriert werden soll. Stilistisch gibt es lediglich drei Anforderungen:

- Die Einrücktiefe (Indentation) beträgt vier Leerzeichen. Tabulatoren sind nicht zulässig.
- Geschweifte öffnende Klammern stehen auf der ersten Zeile des Blocks: if (3 < 4) {.
- Präprozessor-Makros vollständig in Großschreibung (all upper case)

Für viele Entwickler ungewohnt dürften die Anforderungen an defensives Programmieren sein. Die Motivation dahinter ist recht plakativ: *Wenn Debugging der Vorgang ist, Fehler aus Programmen zu entfernen, dann ist Programmieren der Vorgang, Fehler in ein Programm einzubauen.* Dies gilt es nach Möglichkeit zu vermeiden.

Am deutlichsten kommt der defensive Ansatz bei Konstanten in Vergleichsausdrücken zum Vorschein. Open MPI fordert, dass alle Konstanten stets auf der linken Seite eines Ausdrucks stehen:

```
if (NULL == foo) {...
```

Die in anderen Projekten häufig benutzte Schreibweise *if (foo == NULL)* ist unzulässig, da bereits ein kleiner Tippfehler immense semantische Auswirkungen hat: Schreibt man versehentlich *if (foo = NULL)*, so ist dies zwar noch gültiger C-Code, jedoch wird die Variable *foo* mit *NULL* überschrieben, statt sie mit *NULL* zu vergleichen. Da eine Zuweisung in C auch einen Rückgabewert liefert, wird er als *True* oder *False* des *if*-Statements interpretiert, so dass im Programmablauf nicht einmal sofort auffällt, wenn *foo* unbeabsichtigt verändert wurde.

Um Flüchtigkeitsfehler bei der Erweiterung bestehenden Codes zu vermeiden, müssen alle Blöcke in geschweifte Klammern eingeschlossen werden, auch und vor allem einzeilige Blöcke:

```
if (NULL != foo) {
    bar();
}
printf(...);
```

Würde man, etwa aus Bequemlichkeit, die im Falle einzeiliger Blöcke optionalen geschweiften Klammern weglassen, könnten sich später leicht Fehler ergeben, wenn obiges Beispiel erweitert werden soll:

```
if (NULL != foo)
    bar();
    baz();
printf(...);
```

Die Funktion *bar()* würde zwar korrekt ausgeführt, die Funktion *baz()* hingegen wird nicht mehr in Abhängigkeit von *foo* aufgerufen. Auch wenn die Einrücktiefe die Intension des Programmierers widerspiegelt, wird *baz()* in jedem Fall bedingungslos ausgeführt. Solch ein Flüchtigkeitsfehler wäre in den derzeit zirka 300.000 Codezeilen von Open MPI wahrscheinlich nicht leicht zu finden.

Die verbleibenden Anforderungen sind weniger ungewöhnlich:

- Funktionen ohne Argumente sind (void)
- Keine C++-Kommentare im C-Code
- keine GCC-Erweiterungen, außer in GCC-only-Code
- kein C++-Code in den Bibliotheken, nach Möglichkeit auch nicht innerhalb von Komponenten
- Präprozessor-Makros als logische 0 oder 1 definieren, um *#if FOO* statt *#ifdef FOO* verwenden zu können. Der Compiler liefert somit bei Fehlern, z.B. vergessener Definition von *FOO*, entsprechende Hinweise.
- System-Includes sind in <> und durch Makros geschützt:

  ```
  #if HAVE\_UNISTD\_H
  #include <unistd.h>
  #endif
  ```

- Open MPI-spezifische Includes werden mit vollem Pfad in Anführungszeichen referenziert:

  ```
  #include "opal/mca/base.h"
  #include "ompi/group/group.h"
  ```

- Alle Header-Dateien werden mit Präprozessor-Makros geschützt:

  ```
  #ifndef _THIS_HEADER_FILE_NAME_H
  #define _THIS_HEADER_FILE_NAME_H
  /* Inhalt der Header-Datei */
  #endif
  ```

- Der Zugriff auf externe Symbole darf nur über ihre Header-Dateien erfolgen. Es ist weder zulässig, Variable in .c-Dateien als *extern* zu deklarieren als auch für externe Funktionen innerhalb von .c-Dateien Prototypen anzulegen.
- Vor allen öffentlichen Symbolen in Header-Dateien steht *OMPI_DECLSPEC*. Dieses Makro dient der Windows-Kompatibilität, indem es relevante Schlüsselwörter für den MS-C-Compiler einfügt. Auf POSIX-Systemen wird es ignoriert und zu Blank aufgelöst:

  ```
  OMPI_DECLSPEC extern int ompi_op_foo;
  OMPI_DECLSPEC int mca_base_open(void);
  ```

- Der Quellcode muss auf allen Plattformen und mit allen Compilern ohne Warnungen kompilieren. Der GCC ist dabei der Standard-Compiler für Entwickler, der mit dem Open MPI-configure-Flag *–enable-picky* zu maximaler Gründlichkeit veranlasst werden kann. Ausgenommen von dieser Forderung sind VAPI-Header mit GCC-Erweiterungen und Flex-generierter Code, für dessen Warnungen der Programmierer nicht verantwortlich ist.
- Öffentliche Symbole und Dateien müssen den korrekten Präfix tragen. Die Bibliotheken verwenden `opal_`, `orte_` oder `ompi_`, Komponenten hingegen `mca_framework_component_*`, z.B. `mca_btl_tcp_` oder `mca_pml_ob1_`.
- Private Symbole sind `static`.

Literaturverzeichnis

1. Edgar Gabriel, Graham E. Fagg, George Bosilca, Thara Angskun, Jack J. Dongarra, Jeffrey M. Squyres, Vishal Sahay, Prabhanjan Kambadur, Brian Barrett, Andrew Lumsdaine, Ralph H. Castain, David J. Daniel, Richard L. Graham, and Timothy S. Woodall. Open MPI: Goals, concept, and design of a next generation MPI implementation. In *Proceedings, 11th European PVM/MPI Users' Group Meeting*, pages 97–104, Budapest, Hungary, September 2004.
2. G.E. Fagg and J. Dongarra. Ft-mpi: Fault tolerant mpi, supporting dynamic applications in a dynamic world. In *Proceedings of the 7th European PVM/MPI Users' Group Meeting on Recent Advances in Parallel Virtual Machine and Message Passing Interface*, pages 346–353. Springer-Verlag, 2000.
3. Rob T. Aulwes, David J. Daniel, Nehal N. Desai, Richard L. Graham, L. Dean Risinger, Mark A. Taylor, and Timothy S. Woodall. Architecture of la-mpi, a network-fault-tolerant mpi. In *In International Parallel and Distributed Processing Symposium*, 2004.
4. Greg Burns, Raja Daoud, and James Vaigl. LAM: An Open Cluster Environment for MPI. In *Proceedings of Supercomputing Symposium*, pages 379–386, 1994.
5. Jeffrey M. Squyres and Andrew Lumsdaine. A Component Architecture for LAM/MPI. In *Proceedings, 10th European PVM/MPI Users' Group Meeting*, number 2840 in Lecture Notes in Computer Science, pages 379–387, Venice, Italy, September / October 2003. Springer-Verlag.
6. R. Keller and M. Liebing. Using pacx-mpi in metacomputing applications. In *18th Symposium Simulationstechnique*, Spetember 2005.
7. A. Lichei T. Mehlan, T. Hoefler. Towards optimal message-striping for heterogeneous networks in Open MPI. In *Proceedings of KiCC'07, Chemnitzer Informatik Berichte*, February 2007.

Kapitel 7
Eine kurze Einführung in OpenMP

Adrian Knoth

Zusammenfassung OpenMP ist eine Sammlung von Compiler-Anweisungen und Bibliotheksfunktionen, die in Kombination mit C, C++ oder Fortran eine Programmiersprache erzeugt, die threadparalleles Arbeiten auf Maschinen mit gemeinsamen Adressraum ermöglicht. OpenMP ist insbesondere für speichergekoppelte parallele Rechnerumgebungen interessant, z.B. in den mit Multikern-Prozessoren ausgestatteten Rechnerknoten eines Multi-Cluster-Grids. In Kombination mit der zur Knoten-externen Kommunikation verwendeten Programmierumgebung MPI erledigt OpenMP die Knoten-interne Kommunikation in einem solchen heterogenen Parallelrechner. Das folgende Kapitel führt in den Aufbau und in die Funktionsweise von OpenMP ein.

7.1 Aufbau von OpenMP

OpenMP ist in einer Doppelspezifikation definiert, eine für Fortran, die andere für C und C++. Sie unterscheiden sich lediglich in kleineren Details, so dass ein Programmierer sein einmal erlangtes OpenMP-Wissen mit geringem Aufwand in der jeweils anderen Sprache nutzen kann. OpenMP basiert auf dem Fork-Join-Programmiermodell. Ein OpenMP-Programm startet als einzelner Thread. Für Codeabschnitte, die parallel ausgeführt werden sollen, forkt sich das Programm in zusätzliche Threads, dem sog. *Thread-Team*. Diese Codeabschnitte werden als *parallele Regionen* bezeichnet und von den Threads parallel bearbeitet. Die Threads warten dann am Ende der jeweiligen parallelen Region, bis das Team diesen Codeabschnitt hinter sich gelassen hat, um sich danach wieder zu einem einzelnen Thread zu vereinen. Der frühere Master-Thread übernimmt dann die serielle Programmausführung bis zur nächsten parallelen Region bzw. bis zum Programmende.

Friedrich-Schiller-Universität Jena
Institut für Informatik
adi@cs.uni-jena.de

D. Fey (ed.), *Grid-Computing*, eXamen.press, DOI 10.1007/978-3-540-79747-0_7,

Ziel der OpenMP-Erfinder war es, OpenMP für Anwendungsentwickler leicht handhabbar zu gestalten. Leistung ist wichtig, nicht jedoch um jeden Preis, nämlich nicht, wenn sie komplizierte Sprachkonstrukte erfordern würde, die einer einfachen Programmentwicklung entgegenstehen würden. Deshalb gelten zwei OpenMP-Entwurfsparadigmen: *Sequentielle Äquivalenz* sowie *inkrementelle Parallelisierung*.

Ein Programm heißt *sequentiell äquivalent*, wenn es sowohl mit einem als auch mit mehreren Threads das gleiche Resultat[1] liefert. Ein sequentiell äquivalentes Programm ist häufig einfacher zu pflegen, in den meisten Fällen auch einfacher zu verstehen und folglich einfacher zu schreiben.

```
program simple
print *,"E pur si muove"
stop
end
```

```
#include <stdio.h>

int main(void) {
  printf("E pur si muove %d\n",i);
}
```

Abb. 7.1 Fortran- und C-Programme, die eine Zeichenkette ausgeben

Inkrementelle Parallelisierung bezeichnet den Vorgang, ein serielles Programm schrittweise in ein paralleles zu überführen. Der Entwickler startet mit einem funktionierenden seriellen Programm, in dem er Stück für Stück Codeabschnitte findet, für die parallele Ausführung lohnenswert ist. Dadurch wird Parallelität nur schrittweise ergänzt, so dass stets eine lauffähige und testbare Programmversion vorliegt.

Es ist nicht immer möglich, inkrementell zu arbeiten oder ein äquivalentes serielles Programm zu formulieren. Manchmal erfordert der parallele Algorithmus ein vollständiges Umstrukturieren der seriellen Vorlage, in anderen Fällen wurde das Programm gleich als paralleles Programm entwickelt, so dass gar keine serielle Fassung existiert, die inkrementell parallelisiert werden könnte. Ferner gibt es parallele Algorithmen, die nicht mit lediglich einem Thread funktionieren und es folglich auch kein serielles Äquivalent geben kann. Dennoch bilden inkrementelle Parallelisierung und sequentielle Äquivalenz die Schlüsselkonzepte hinter OpenMP und werden für den praktischen Einsatz empfohlen.

7.1.1 Grundlegende Konzepte

Wir beginnen unseren Überblick über die grundlegenden Konzepte hinter OpenMP mit einem einfachen Programm, das eine Zeichenkette auf die Standardausgabe schreibt. Fortran- und C-Versionen des Programms sind in Abb. 7.1 gezeigt.

[1] Ergebnisse können aufgrund der Nicht-Assoziativität von Floating-Point-Operationen leicht variieren.

Wir werden das Programm nun so umschreiben, dass mehrere Prozesse erzeugt werden, jeder soll dabei „E pur si muove."[2] ausgeben.

OpenMP ist eine Programmiersprache mit expliziter Parallelität, da der Compiler selbst nicht in der Lage ist, Nebenläufigkeiten zu erkennen. Stattdessen muss der Programmierer den Compiler anweisen, von ihm gekennzeichnete Blöcke parallel als Threads auszuführen. In C und C++ geschieht dies mit folgendem Pragma:

```
#pragma omp parallel
```

bzw. in Fortran mit der Anweisung

```
C$OMP PARALLEL
```

Moderne Programmiersprachen wie C oder C++ sind blockorientiert, Fortran hingegen nicht. Deshalb definiert die Fortran-Spezifikation eine Direktive zum Schließen des parallelen Codeabschnitts:

```
C$OMP END PARALLEL
```

Dieses Muster wird auch für weitere Fortran-Konstrukte verwandt: Eine Anweisung öffnet den parallelen Block, eine zugehörige Zeile schließt ihn, indem das Wort *END* nach *OMP* eingefügt wird.

Abbildung 7.2 zeigt die parallelen Programme, in denen jeder Thread eine Zeichenkette ausgibt.

Führt man das Programm aus, erzeugt die OpenMP-Laufzeitumgebung mehrere Threads, von denen jeder die Anweisungen innerhalb des Parallel-Abschnitts durchläuft. Gibt der Programmierer nicht explizit vor, wie viele Threads erzeugt werden sollen, nimmt die Laufzeitumgebung einen Standardwert. Wir werden später noch darauf eingehen, wie man diesen Standardwert verändern kann, zum Zwecke der Anschaulichkeit sei bis auf Weiteres angenommen, dass es drei Threads sind.

```
      program simple
C$OMP PARALLEL
      print *,"E pur si muove"
C$OMP END PARALLEL
      stop
      end
```

```
#include <stdio.h>
#include <omp.h>

int main(void) {

#pragma omp parallel
    {
        printf("E pur si muove\n");
    }
}
```

Abb. 7.2 Fortran- und C-Programme, die eine Zeichenkette ausgeben

[2] In Anlehnung an Giordano Bruno, der am 16. Februar 1600 auf dem Scheiterhaufen darauf bestand, dass die Erde die Sonne umkreist. Der Ausspruch wird gemeinhin mit „Und sie dreht sich doch." übersetzt und fälschlicherweise Galilei zugeordnet.

OpenMP fordert, dass die Ein- und Ausgabe sicher threadparallel ausgeführt werden kann. Das bedeutet, dass jede Ausgabe eines Threads ungestört und unbeeinflusst von anderen Threads erfolgt. Das Programm in Abb. 7.2 könnte z.B. die folgende Ausgabe liefern[3] :

```
E pur si muove
E pur si muove
E pur si muove
```

In diesem Falle waren alle Ausgaben gleich, da aber jede Zeile als eigene Einheit geschrieben wird, kann sich der Programmierer nicht darauf verlassen, dass die Threads ihre Ausgaben in einer bestimmten Reihenfolge vornehmen.

```
      program simple
      integer i
      i = 5

C$OMP PARALLEL
      print *,"E pur si muove",i
C$OMP END PARALLEL

      stop
      end
```

```
#include <stdio.h>
#include <omp.h>

int main(void) {
   int i=5;

   #pragma omp parallel
   {
      printf("E pur si muove %d\n"
             ,i);
   }
}
```

Abb. 7.3 Fortran- und C-Programme, die eine Zeichenkette ausgeben.

OpenMP nutzt ein Shared-Memory-Programmiermodell. Die Details dieses Modells werden später ausgeführt, aber eine Daumenregel, die in den meisten Fällen gültig ist, lautet: *Eine Variable, die vor einem parallelen Abschnitt deklariert wurde, wird von den Threads geteilt.* Folglich gibt das Programm in Abb. 7.3 aus:

```
E pur si muove 5
E pur si muove 5
E pur si muove 5
```

Wird eine Variable innerhalb eines parallelen Abschnitts deklariert, heißt sie *lokal* oder *privat* bezüglich eines Threads. In C kann eine Variablendeklaration in jedem Block erfolgen, in Fortran hingegen nur am Anfang eines Unterprogramms.

Abbildung 7.4 zeigt ein C-Programm mit einer lokalen Variablen sowie einem Funktionsaufruf für `omp_get_thread_num()`. Diese Funktion ist Bestandteil der

[3] OpenMP-Unterstützung muss beim Übersetzen aktiviert werden. Für den gcc-Compiler geschieht dies durch Angabe von `-fopenmp`.

```
#include <stdio.h>
#include <omp.h>

int main(void) {
    int i=5; /* a shared variable */

#pragma omp parallel
    {
        int c; /* a variable local or private to each thread */
        c = omp_get_thread_num();
        printf ("c = %d, i = %d\n", c, i);
    }
}
```

Abb. 7.4 Ein einfaches Programm, das den Unterschied zwischen gemeinsamen und lokalen (privaten) Variablen zeigt

OpenMP-Laufzeitumgebung (ausführlich dazu später) und gibt für jeden Thread eine eindeutige Ganzzahl von Null bis zur Anzahl der Threads abzüglich Eins zurück. Im Falle von drei Threads ergibt sich die folgende Ausgabe (die Reihenfolge der Zeilen kann beliebig variieren):

```
c = 0, i = 5
c = 2, i = 5
c = 1, i = 5
```

Der erste ausgegebene Wert ist der Inhalt der privaten Variablen c. Jeder Thread verfügt über eine eigene private Kopie von c, die ein eigenständiges Datum enthält. Die zweite Variable, i, wird von allen Threads geteilt, so dass alle drei Threads den gleichen Wert für i ausgeben.

In allen bisherigen Beispielen obliegt es der Laufzeitumgebung, die Anzahl der Threads zu bestimmen. Dies ist ein gängiger Ansatz, es ist jedoch möglich, die standardmäßig zu erzeugenden Threads durch Setzen der Umgebungsvariablen *OMP_NUM_THREADS* zu ändern. Vor Programmstart schreibt man im Falle eines Linux-Systems mit bash-Interpreter

```
export OMP_NUM_THREADS=3
```

Die Anzahl der zu nutzenden Threads kann auch innerhalb des Programms vorgegeben werden. Um beispielsweise für einen Codeabschnitt drei Threads zu erzeugen, schreibt der Programmierer

```
#pragma omp parallel num_threads(3)
```

In allen Fällen sollte die Anzahl der Threads lediglich als Anfrage verstanden werden. Unter bestimmten Umständen kann das System auch weniger als die angeforderten Threads bereitstellen. Wenn ein Algorithmus die tatsächliche Anzahl kennen muss, kann der Programmierer diesen Wert innerhalb des parallelen Abschnitts vom System erfragen. Wir kommen später darauf zurück, wenn wir die OpenMP-Laufzeitumgebung näher beschreiben.

7.1.2 Strukturierte Blöcke und Anweisungsformate

Ein OpenMP-Konstrukt ist definiert als eine spezielle Anweisung (Pragma) mit einem zugehörigen Codeblock. Nicht jeder Codeblock ist geeignet, es muss ein strukturierter Block sein, der sich durch einen einzigen Einstiegspunkt zu Beginn und einen einzigen Ausstiegspunkt am Ende auszeichnet[4]

Einem OpenMP-Programm ist es nicht gestattet, in einen strukturierten Block hinein oder aus einem heraus zu verzweigen. Solch ein Vorhaben ist ein fataler Fehler und wird während der Übersetzung gefunden. Analog kann ein strukturierter Block keine `return`-Anweisung enthalten. Einzig zulässig sind Anweisungen zum Beenden des ganzen Programms (`STOP` in Fortran, `exit()` in C). Falls der strukturierte Block nur eine Anweisung enthält, ist es nicht notwendig, die geschweiften Klammern (in C) oder die `end construct`-Anweisung zu verwenden. Wie bereits im einfachen Beispiel gezeigt, hat eine OpenMP-Anweisung in C oder C++ die Form

```
#pragma omp directive-name [clause[ clause] ... ],
```

wobei `directive-name` ein OpenMP-Konstrukt angibt und die optionalen Parameter[5] `clause` dieses Konstrukt modifizieren. Folgend einige Beispiele für OpenMP-Pragmas in C bzw. C++:

```
#pragma omp parallel private(ii, jj, kk)
#pragma omp barrier
#pragma omp for reduction(+:result)
```

In Fortran ist die Lage etwas schwieriger. Wir werden nur den einfachsten Fall betrachten, Fixed-Form-Fortran-Programme[6]. In diesem Falle haben OpenMP-Anweisungen die folgende Gestalt:

```
sentinel directive-name [clause[[,]clause] ... ],
```

wobei `sentinel` eine von folgenden Möglichkeiten ist:

```
C$OMP
C!OMP
*!OMP
```

[4] Single entry, single exit

[5] Sofern nicht anders angegeben, bezeichnen eckige Klammern optionale syntaktische Elemente.

[6] Fixed Form bezeichnet die festgelegten Spaltenpositionen für Anweisungen, wie es in Fortran77 oder davor erforderlich war.

Die Regeln des festen Zeilenformats gelten analog. Leerzeichen innerhalb der Anweisung sind optional, ein Zeichen in Spalte sechs beschreibt das Fortführen der vorangegangenen Anweisung. Die nachfolgenden OpenMP-Anweisungen sind daher äquivalent:

```
C$OMP PARALLEL DO PRIVATE(I,J)

*!OMP PARALLEL
*!OMP1 DOPRIVATE(I,J)

C$OMP PARALLEL DO PRIVATE(I,J)
```

7.1.3 Arbeitsteilung

Bisher haben alle Threads den gleichen Anweisungsblock ausgeführt. Es gibt jedoch Fälle, in denen die einzelnen Threads unterschiedliche Anweisungen ausführen sollen. Dies wird *Arbeitsteilung* (Worksharing) genannt.

Das häufigste Worksharing-Konstrukt verteilt Schleifeniterationen auf einzelne Threads. Der Entwurf paralleler Algorithmen aus parallelen Schleifen ist ein bekanntes Paradigma der Parallelprogrammierung [1] und wird auch als *Loop-Splitting* bezeichnet. Dazu identifiziert der Programmierer die zeitaufwändigsten Schleifen und restrukturiert sie bei Bedarf so, dass einzelne Iterationen möglichst unabhängig voneinander werden. Das Programm wird parallelisiert, indem diese Einzeliterationen in Gruppen den verschiedenen Threads zugeteilt werden.

```
      program simple
      real *8 answer, res
      real *8 big_comp
      integer i, N
      N = 1000
      answer = 0.0;
      do i=1,N
         res = big_comp(i)
         call combine(answer, res)
      end do
      print *,answer
      stop
      end
```

```
#include <stdio.h>
#define N 1000
extern void combine(double, double);
extern double big_comp(int);

int main(void) {
    int i=5;
    double answer=0.0, res;

    for (i=0; i < N; i++) {
        res = big_comp(i);
        combine (answer, res);
    }
    printf ("%f\n", answer);
}
```

Abb. 7.5 Fortran- und C-Beispiele eines typischen Programms mit Schleifen

Betrachten Sie beispielsweise das Programm in Abb. 7.5. Die rechenintensive Funktion `big_comp()` wird wiederholt aufgerufen und die berechneten Ergebnisse anschließend zum Gesamtergebnis zusammengesetzt. Im Interesse der Anschaulichkeit sollen folgende Annahmen gelten:

- Die Funktion `combine()` hat nur eine sehr geringe Laufzeit.
- Die Funktion `combine()` muss in der korrekten sequentiellen Reihenfolge aufgerufen werden.

```
program simple
real *8 answer, res(1000)
real *8 big_comp
integer i, N
N = 1000
answer = 0.0;
do i=1,N
   res(i) = big_comp(i)
end do

do i=1,N
   call combine(answer, res)
end do

print *,answer
stop
end
```

```
#include <stdio.h>
#define N 1000
extern void combine(double, double);
extern double big_comp(int);

int main(void) {
    int i=5;
    double answer=0.0, res[N];

    for (i=0; i < N; i++) {
        res[i] = big_comp(i);
    }

    for (i=0; i < N; i++) {
        combine (answer, res[i]);
    }

    printf ("%f\n", answer);
}
```

Abb. 7.6 Fortran- und C-Beispiele eines typischen Programms mit Schleifen. In dieser Fassung wurde die rechenintensive Schleife isoliert und dadurch so verändert, dass die einzelnen Durchläufe voneinander unabhängig sind

Der erste Schritt ist nun, die Schleifeniterationen voneinander unabhängig zu machen. Eine Möglichkeit hierfür zeigt Abb. 7.6. Da die `combine()`-Funktion in serieller Reihenfolge aufgerufen werden muss, erzeugt sie eine Abhängigkeit zwischen den Schleifeniterationen. Um die Schleife parallel durchlaufen zu können, muss diese Abhängigkeit beseitigt werden.

Wir haben angenommen, dass die `combine()`-Funktion leicht und schnell zu berechnen ist und sie folglich seriell außerhalb des parallelen Codeabschnitts ausgeführt werden kann. Dazu werden die einzelnen Zwischenergebnisse der `big_comp()`-Funktion in einem Array gespeichert und im Anschluss in sequentieller Reihenfolge in einer gesonderten Schleife an die `combine()`-Funktion übergeben. Diese Programm-Modifikation erhält die Semantik der ursprünglichen Fassung, die Ergebnisse sind folglich identisch.

Durch diese Veränderung sind die einzelnen Iterationen der ersten Schleife voneinander unabhängig und können problemlos parallel ausgeführt werden. Um die Schleifendurchläufe auf mehrere Threads aufzuteilen, wird ein OpenMP-*Worksharing*-Konstrukt benutzt. Dieses Konstrukt ordnet Iterationen der unmittelbar folgenden Schleife einem Thread-Team zu. Wir werden später sehen, welche Einflussmöglichkeiten auf die Zuordnung der Schleifendurchläufe auf die Threads bestehen, gegenwärtig sei diese Entscheidung aber dem System überlassen. Die parallelen Programmfassungen sind in Abb. 7.7 gezeigt.

```
      program simple
      real *8 answer, res(1000)
      real *8 big_comp
      integer i, N
      N = 1000
      answer = 0.0;

C$OMP PARALLEL
C$OMP DO
      do i=1,N
         res(i) = big_comp(i)
      end do
C$OMP END DO
C$OMP END PARALLEL

      do i=1,N
         call combine(answer, res)
      end do

      print *,answer

      stop
      end
```

```
#include <stdio.h>
#define N 1000
extern void combine(double, double);
extern double big_comp(int);

int main(void) {
    int i=5;
    double answer=0.0, res[N];

#pragma omp parallel
    {
        #pragma omp for
        for (i=0; i < N; i++) {
            res[i] = big_comp(i);
        }
    }

    for (i=0; i < N; i++) {
        combine (answer, res[i]);
    }

    printf ("%f\n", answer);
}
```

Abb. 7.7 Fortran- und C-Beispiele eines typischen Programms mit Schleifen, die mittels OpenMP parallelisiert wurden

Die OpenMP-`parallel`-Anweisung erzeugt das Thread-Team, gefolgt von der Worksharing-Anweisung, die die Schleifendurchläufe auf die einzelnen Threads aufteilt (`DO` in Fortran bzw. `for` in C/C++). Das Programm kann korrekt parallel ausgeführt werden und erhält somit die sequentielle Äquivalenz, da nie zwei Threads die gleiche Variable überschreiben und alle nicht-assoziativen bzw. -kommutativen Operationen (z.B. der Aufruf der `combine()`-Funktion) ausschließlich seriell ausgeführt werden. Beachten Sie, dass entsprechend der bisher genannten Regeln der Schleifenindex `i` von den Threads geteilt wird. OpenMP erkennt jedoch, dass es nicht sinnvoll ist, einen gemeinsamen Index zu verwenden[7] und erzeugt automatisch für jeden Thread eine private Kopie der Zählvariablen.

Standardmäßig schließt eine implizite Barrier-Anweisung das Workshare-Konstrukt ab, so dass die Ausführung erst dann fortgesetzt wird, wenn alle Threads diese Zeile erreicht haben. Diese Grenze kann durch den `nowait`-Parameter entfernt werden:

```
#pragma omp for nowait
```

Man sollte `nowait` stets mit Bedacht verwenden, da Barrier-Grenzen meist notwendig sind, um Race-Conditions zu vermeiden.

Es gibt zwei weitere, häufig gebrauchte Worksharing-Konstrukte: die `single`-Anweisung sowie die `section`-Anweisung. Die `single`-Anweisung definiert einen Codeabschnitt, der durch den ersten eintreffenden Thread ausgeführt wird. Alle an-

[7] Jeder Thread muss `i` inkrementieren, d.h. überschreiben.

deren Threads überspringen den Abschnitt und warten an der impliziten Barrier-Grenze am Ende der `single`-Umgebung (es sei denn, der `nowait`-Parameter wurde angegeben). Anwendung findet dieses Konstrukt beispielsweise, wenn eine gemeinsam genutzte Variable belegt werden soll. Dies darf nur durch einen Thread erfolgen:

```
#pragma omp single
    num_threads = omp_get_num_threads();
```

Die `section`-Anweisung dient dazu, den einzelnen Threads unterschiedliche Codeblöcke zuzuweisen. Jeder dieser Blöcke wird durch ein `section`-Konstrukt eingeleitet. Da keines der hier besprochenen Beispiele die `section`-Anweisung verwendet, wird sie hier nicht näher erläutert.

Häufig folgt auf eine OpenMP-`parallel`-Anweisung eine Worksharing-Anweisung. In Abb. 7.7 steht beispielsweise

```
#pragma omp parallel
{
   #pragma omp for
       ...
}
```

Dies kann kürzer formuliert werden:

```
#pragma omp parallel for
   ...
```

Beide Fassungen sind zueinander äquivalent.

7.1.4 Speichernutzung zwischen Threads

OpenMP hat eine vergleichsweise einfache API. Die größten Herausforderungen bestehen in der Frage, wie Daten von mehreren Threads gemeinsam genutzt bzw. initialisiert werden.

Wir beginnen mit Begriffsdefinitionen: Eine *Variable* ist ein Behälter, genauer ein Speicherplatz, der über einen Namen angesprochen werden kann und einen *Wert* enthält. Variablen können zur Laufzeit gelesen und geschrieben, *Konstanten* hingegen lediglich gelesen werden.

Bei OpenMP kommt es darauf an, an welcher Stelle eine Variable deklariert wurde: vor einem parallelen Codeabschnitt, in einem parallelen Codeabschnitt oder nach einem solchen. Wurde die Variable vor einem parallelen Codeabschnitt deklariert, wird sie standardmäßig von allen Threads gemeinsam benutzt, das heißt, der Name zeigt auf den gleichen Speicherplatz.

OpenMP erlaubt es andererseits, mit optionalen Parametern bei `parallel`- oder Worksharing-Anweisungen die Speichernutzung zu beeinflussen. Der `private(Liste)`-Parameter weist den Compiler an, für jeden Thread eine *private* (synonym *lokale*) Kopie der Variablen aus der Liste zu erstellen. Die in der Liste aufgeführten Variablen müssen bereits vor dem parallelen Codeabschnitt deklariert worden sein. Die initialen Werte der neuen privaten Variablen sind undefiniert. Folglich müssen sie explizit initialisiert werden. Nach Verlassen des parallelen Codeabschnitts sind die Werte aller Variablen aus der `private`-Parameterliste undefiniert.

```
#include <stdio.h>
#include <math.h>
#include <omp.h>

int main(void) {
    int i;
    int num_steps = 1000000;
    double x, pi, step, sum = 0.0;

    step = 1.0/(double) num_steps;

#pragma omp parallel for private(x) reduction(+:sum)
    for (i=0; i < num_steps; i++) {
        x = (i+0.5)*step;
        sum += 4.0/(1.0+x*x)
    }
    pi = step * sum;
    printf("pi %lf\n", pi);
    return 0;
}
```

Abb. 7.8 Trapez-Integration in C zur Berechnung von $\int_0^1 \frac{4}{1+x^2}\,dx$

Abbildung 7.8 zeigt eine numerische Trapez-Integration. Das Programm besteht aus einer einzelnen Schleife, innerhalb derer Werte des Integranden an der Stelle x berechnet werden. Die Variablen x ist lediglich temporär und wird in jeder Iteration überschrieben. Die dadurch entstehende Abhängigkeit kann vermieden werden, wenn jedem Thread eine eigene Kopie von x zur Verfügung gestellt wird. Dies lässt sich, wie in Abb. 7.8 gezeigt, durch Angabe von `private(x)` erreichen. Die im Beispiel genannte `reduction`-Anweisung soll erst später betrachtet werden.

Es gibt einige weitere Anweisungen zur Beeinflussung des Speicherverhaltens zwischen Threads. Die gebräuchlichsten sind:

- `firstprivate(Liste)`. Analog zu `private` wird für jede Variable in der Liste eine thread-eigene Kopie erzeugt. Im Gegensatz zu `private` wird jede lokale Kopie jedoch mit dem Wert der Variablen initialisiert, den sie vor Eintritt in den parallelen Codeabschnitt hatte. `firstprivate` kann sowohl für `parallel`- als auch für Worksharing-Konstrukte verwendet werden.
- `lastprivate(Liste)`. Diese Anweisung kann nur in schleifenbasierten Worksharing-Abschnitten verwendet werden. Wie zuvor wird für jeden Thread eine eigene Kopie erstellt. Nach Verlassen der letzten Schleifeniteration (entsprechend

der seriellen Reihenfolge) werden die Werte der Variablen aus der Parameterliste in den nachfolgenden Codeabschnitt kopiert, sie enthalten also die Belegung des seriell letzten Schleifendurchlaufs.

Variablen können allgemein nur innerhalb einer Parameterliste stehen, ausgenommen `firstprivate` und `lastprivate`. Es ist durchaus möglich und notwendig, dass Variablen einen wohldefinierten Startwert haben und außerdem ihr Endwert in den nachfolgenden Codeabschnitt propagiert werden soll.

```
#include <stdio.h>
#include <omp.h>
#define N 1000

int main(void) {
    int h = 1, i, j = 2, k = 0;

#pragma omp parallel for private(h) firstprivate(j,k) lastprivate(j,k)
    for (i=0; i < N; i++) {
        k++;
        j = h + i; /* FALSCH: h ist undefiniert, j folglich auch */
    }

    printf("h = %d, j = %d, k=%d\n", h, j, k); /* FALSCH: */
                                               /* j,h undefiniert */
}
```

Abb. 7.9 C-Programm, das `private`, `firstprivate` und `lastprivate` verwendet. Das Programm ist falsch, da die Variablen h und j keine wohldefinierten Werte beim Aufruf von `printf` haben

Ein entsprechendes Beispiel ist in Abb. 7.9 gezeigt. Für jeden Thread werden vier private Variablen deklariert (h,i,j,k), drei von ihnen werden explizit belegt: $h = 1, j = 2$ und $k = 0$. Nach Abschluss der Schleife werden die Werte von h, j und k ausgegeben. Die Variable k ist wohldefiniert: Innerhalb jeden Threads wird pro Iteration k inkrementiert. Sie zählt somit, wie viele Schleifendurchläufe der jeweilige Thread ausgeführt hat. Der Wert, der an den nachfolgenden Block aufgrund der `lastprivate`-Anweisung übergeben wird, ist der Wert von k desjenigen Threads, der die sequentiell letzte Iteration durchgeführt hat (der Durchlauf, für den $i = 999$). Die Werte für h und j sind undefiniert, jedoch aus verschiedenen Gründen. Die Variable j ist undefiniert, da ihr die Summe aus i und der uninitialisierten Variablen h zugewiesen wurde. Die Variable h ist in doppelter Hinsicht problematisch: Einerseits wurde sie als `private` deklariert, so dass ihre Belegung ohne erneute Zuweisung innerhalb der Schleife undefiniert ist. Darüber hinaus ist sie aber auch nach Ende des parallelen Codeabschnitts undefiniert, so dass die `printf`-Anweisung im Anschluss des `parallel for`-Abschnitts keinen wohldefinierten Wert für h ausgeben kann.

Es gibt noch einige weitere Möglichkeiten, die gemeinsame Nutzung von Variablen zu beeinflussen, sie sollen in diesem Buch aber nicht betrachtet werden.

Das letzte syntaktische Element zur gemeinsamen Datennutzung ist die `reduction`-Anweisung. Eine Reduktion ist eine Operation, die mit Hilfe eines assoziativen binären Operators[8] eine Menge von Werten zu einem einzigen Wert vereint. Eine OpenMP-Reduktionsanweisung besteht aus einer Variablenliste sowie einem binären Operator. Für jeden Eintrag der Variablenliste wird eine thread-lokale Kopie erstellt und mit dem neutralen Element der zugehörigen Operation initialisiert, z.B. 0 bei Addition oder 1 bei der Multiplikation. Jeder Thread reduziert seinen Anteil in die lokalen Kopien der Variablen, die am Ende des `reduction`-Abschnitts zusammen mit den Werten, die diese Variablen vor Eintritt in den parallelen Codeabschnitt hatten, zu einem Endergebnis vereinigt werden.

Ein Beispiel für eine Reduktion wurde in Abb. 7.8 gezeigt: die `reduction`-Anweisung enthielt den +-Operator, um über alle Schleifendurchläufe zu summieren und das Ergebnis in der Variablen *sum* zu akkumulieren.

Neben der Summation unterstützt OpenMP in Fortran die folgenden Operatoren: `+`, `*`, `-`, `.AND.`, `.OR.`, `.EQV.`, `.NEQV.`, `MAX`, `MIN`, `IAND`, `IOR` und `IEOR`. Für C/C++ unterstützt OpenMP Reduktionen über den Standardoperatoren `+`, `-`, `*`, `&`, `|`, `^`, `&&` und `||`.

7.1.5 Die Laufzeitumgebung

Die OpenMP-Syntax basiert weitestgehend auf Compiler-Direktiven. Einige Sprachmerkmale können jedoch nur mit Bibliotheksfunktionen zur Laufzeit umgesetzt werden. Nachfolgend eine Liste der gebräuchlichsten Funktionen:

- `omp_set_num_threads()` erwartet ein Ganzzahl-Argument und fordert das Betriebssystem auf, für den nachfolgenden Codeabschnitt diese Anzahl Threads zur Verfügung zu stellen.
- `int omp_get_num_threads()` liefert die Anzahl der tatsächlichen Threads im aktuellen Thread-Team zurück.
- `int omp_get_thread_num()` liefert die ID eines Threads zurück. Der Wertebereich erstreckt sich von 0 bis zur Anzahl der Threads abzüglich 1. Thread-ID 0 entspricht dem Master-Thread.
- Die lock-Funktionen erzeugen, benutzen oder lösen Locks. Sie werden im Abschnitt 7.1.6 behandelt.

Abbildung 7.10 zeigt ein einfaches Beispiel zum Gebrauch dieser Funktionen. Das Programm gibt die jeweilige Thread-ID und die Gesamtanzahl der Threads aus:

```
I am thread 2 out of 3
I am thread 0 out of 3
I am thread 1 out of 3
```

[8] Ein binärer Operator ist eine Operation mit zwei Operanden, z.B. die Addition. Das Inkrement (++x in C) ist hingegen lediglich ein unärer Operator, der nur einen Operanden (*x*) hat.

Die ausgegebenen Zeilen sind vollständig und nicht überlappend, da OpenMP thread-sicheres I/O verlangt. Welcher Thread jedoch seine Zeile wann ausgibt, ist nicht spezifiziert, jede beliebige Reihenfolge kann und darf auftreten.

```
#include <stdio.h>
#include <omp.h>

int main(void) {
    int id, number;

    omp_set_num_threads(3);

#pragma omp parallel private (id, number)
    {
        id = omp_get_thread_num();
        number = omp_get_num_threads();
        printf ("I am thread %d out of $d\n", id, number);
    }
}
```

Abb. 7.10 Ein C-Programm, das die häufigsten OpenMP-Laufzeitfunktionen nutzt

7.1.6 Synchronisierung

Viele OpenMP-Programme können bereits mit `parallel` oder `parallel for` (`parallel do` in Fortran) geschrieben werden. Einige Algorithmen erfordern jedoch größere Kontrolle über die gemeinsame Variablennutzung. Wenn mehrere Threads gemeinsam genutzte Daten lesen oder schreiben, muss der Programmierer sicherstellen, dass sich die Threads nicht gegenseitig beeinflussen, sie also unabhängig von der Ausführungsreihenfolge stets das gleiche Ergebnis liefern. Dies ist von besonderer Bedeutung, da in einem parallelen Programm jede semantisch zulässige Permutation der Einzelanweisungen (verteilt über die Threads) auftreten kann. Folglich muss der Programmierer Lese- und Schreibzugriffe auf gemeinsam genutzte Variablen koordinieren, damit alle Threads die richtigen Daten lesen und nie mehrere Threads gleichzeitig auf dieselbe Variable schreiben. Dieser Vorgang wird *Synchronisierung* genannt.

Betrachten wir erneut das Beispiel in Abb. 7.5. Es diente dem Illustrieren des Worksharing-Paradigmas, wobei die Annahme galt, dass das Zusammenfügen der Teilergebnisse nur wenig Zeit in Anspruch nimmt und in streng sequenzieller Reihenfolge durchgeführt werden muss. Daher war es möglich, Zwischenergebnisse in einem gemeinsam genutzten Array abzulegen und sie später seriell zu vereinen.

Häufiger ist jedoch der Fall, dass die Ergebnisse von `big_comp()` in beliebiger Reihenfolge zusammengesetzt werden können. Spannender noch: Die Funktionen `big_comp()` und `combine()` sollen nun beide sehr rechenintensiv sein und eine unvorhersagbare sowie stark schwankende Laufzeit aufweisen. Deshalb muss die `combine()`-Funktion ebenfalls in den parallelen Codeabschnitt verschoben und mit Hilfe von Synchronisierungsanweisungen sichergestellt werden, dass sich die parallelen Aufrufe für `combine()` nicht gegenseitig stören.

Die wichtigsten Synchronisierungsanweisungen für OpenMP lauten:

- `flush` erzeugt einen Synchronisierungspunkt, der Speicherkohärenz erzwingt. Dies kann recht heikel sein: Moderne Computer halten Werte in Registern oder Caches, die von den Werten im Hauptspeicher temporär abweichen können.

  ```
  #pragma omp flush [(Variablenliste)]
  ```

  Die durch Kommata getrennte Variablenliste gibt an, welche Variablen in den Hauptspeicher zurückgeschrieben werden sollen. Falls keine solche Liste angegeben wird, werden alle Variablen zurückgeschrieben, die zu diesem Zeitpunkt für den Thread sichtbar sind. Programmierer müssen nur selten `flush` verwenden, da diese Anweisung bei Bedarf in den meisten Fällen automatisch eingefügt wird. Typischerweise wird sie nur benötigt, wenn eigene Low-Level-Synchronisierungsanweisungen implementiert werden sollen.
- `critical` definiert einen kritischen Abschnitt mit wechselseitigem Ausschluss, d.h., nur ein Thread kann jeweils den strukturierten Codeblock der `critical`-Umgebung ausführen. Alle anderen Threads warten am Anfang des Blocks auf Ausführung.

  ```
  #pragma omp critical [(name)]
  { strukturierter Block}
  ```

  Der optionale Name dient dazu, mehrere verschiedene kritische Codeabschnitte zu definieren. Eine `critical`-Anweisung impliziert ein `flush` vor Eintritt und nach Verlassen des Codeblocks.
- `barrier` erzeugt einen Synchronisierungspunkt, an dem alle Threads aufeinander warten, bevor die Ausführung fortgesetzt wird.

  ```
  #pragma omp barrier
  ```

  `barrier` kann explizit angegeben werden, wird aber in geeigneten Fällen automatisch eingefügt, beispielsweise am Ende einer `parallel`- oder Worksharing-Anweisung. `barrier` impliziert `flush`.

Zurück zum Beispiel 7.5: `combine()` kann in den parallelen Codeabschnitt aufgenommen werden, wenn man für diese Funktion wechselseitigen Ausschluss erzwingt. Abbildung 7.11 zeigt, wie dies mit Hilfe von `critical` erreicht werden kann. Es ist ferner zu beachten, dass eine private Kopie der Variablen *res* erzeugt werden muss, um Abhängigkeiten zwischen verschiedenen Schleifeniterationen zu vermeiden.

Für die meisten Programmierer sind die OpenMP-Synchronisierungsmechanismen ausreichend, es gibt jedoch Fälle, in denen sie nicht verwendet werden können, typischerweise wenn

```
#include <stdio.h>
#include <omp.h>
#define N 1000
extern void combine (double, double);
extern double big_comp (int);

int main(void) {
    int i;
    double answer = 0.0, res;

#pragma omp parallel for private (res)
    for (i=0; i < N; i++) {
        res = big_comp (i);
#pragma omp critical
        combine (answer, res);
    }
    printf ("%f\n", answer);
}
```

Abb. 7.11 Parallele Version des Programms aus Abb. 7.5. Es sei diesmal angenommen, dass `combine()` in beliebiger Reihenfolge aufgerufen werden kann, solange jeweils nur ein Thread gleichzeitig die Funktion ausführt. Dies wird durch die `critical`-Anweisung erzielt

- die Synchronisierungsanforderungen des Problems nicht mit Hilfe der OpenMP-Synchronisierungsanweisungen modelliert werden können oder
- der Overhead der OpenMP-Synchronisierungsmechanismen zu groß ist.

Als Ausweg stellt die OpenMP-Laufzeitumgebung Low-Level-Synchronisierungsfunktionen zur Lock-Verwaltung zur Verfügung. Folgende sind die wichtigsten dieser in `omp.h` deklarierten Funktionen:

- `void omp_init_lock(omp_lock_t *lock)` initialisiert das Lock.
- `void omp_destroy_lock(omp_lock_t *lock)` löscht das Lock und gibt den zugehörigen Speicher frei.
- `void omp_set_lock(omp_lock_t *lock)` setzt bzw. erwirbt das Lock. Sofern das Lock frei ist, setzt der `omp_set_lock()`-rufende Prozess die Ausführung fort. Ist das Lock bereits durch einen anderen Thread in Verwendung, wartet der Thread bei Aufruf von `omp_set_lock()`, bis es wieder verfügbar ist.
- `void omp_unset_lock(omp_lock_t *lock)` gibt das Lock wieder frei, so dass ein anderer Thread es anfordern kann.
- `int omp_test_lock(omp_lock_t *lock)` fragt an, ob das Lock verfügbar ist. Wenn ja, erwirbt der Thread das Lock und setzt seine Ausführung fort. Test und Erwerb des Locks werden atomar ausgeführt, d.h. als eine Einheit, so dass kein anderer Thread dazwischenkommen kann. Falls das Lock nicht verfügbar ist, gibt die Funktion *false* (ungleich Null) zurück, ohne auf das Lock zu warten. Dadurch ist es möglich, periodisch die Verfügbarkeit des Locks zu prüfen und in der Zwischenzeit sinnvolle Arbeit zu verrichten.

Die Lock-Funktionen garantieren, dass die Lock-Variable selbst korrekt von den verschiedenen Threads aktualisiert wird, allerdings implizieren sie kein `flush` anderer Variablen. Abbildung 7.12 zeigt ein Beispiel zum Einsatz der Locking-Funktionen. Zu Beginn deklariert und initialisiert das Programm die Lock-Variable. Da dies vor dem parallelen Codeabschnitt geschieht, wird die Lock-Variable von allen Threads gemeinsam genutzt. Innerhalb des parallelen Codeabschnitts wird die erste Lock-Variable dazu genutzt, dass nur ein Thread eine Ausgabe erzeugt. Das Lock ist notwendig, damit die zwei `printf`-Aufrufe zusammen ausgeführt und nicht von Ausgaben anderer Threads durchmischt werden. Das zweite Lock wird benötigt, damit zu jedem Zeitpunkt nur ein Thread die `go_for_it()`-Funktion aufruft, diesmal wird jedoch die `omp_test_lock()`-Funktion benutzt, so dass der Thread nützliche Arbeit leisten kann, während er auf das Lock wartet. Durch Aufruf von `omp_lock_destroy()` wird nach Ende des parallelen Abschnitts der Speicher des Locks freigegeben.

```
#include <stdio.h>
#include <omp.h>
extern void do_something_else (int);
extern void go_for_it (int);

int main(void) {
    omp_lock_t lck1, lck2;
    int id;

    omp_init_lock (&lck1);
    omp_init_lock (&lck2);

#pragma omp parallel shared (lck1, lck2) private (id)
    {
        id = omp_get_thread_num();

        omp_set_lock (&lck1);
        printf ("thread %d has the lock\n", id);
        printf ("thread %d ready to release the lock\n", id);
        omp_unset_lock (&lck1);

        while (! omp_test_lock (&lck2)) {
            /* While waiting for the lock, do something useful */
            do_something_else (id);
        }
        go_for_it (id); /* Thread has the lock */

        omp_unset_lock (&lck2);
    }
    omp_destroy_lock (&lck1);
    omp_destroy_lock (&lck2);
}
```

Abb. 7.12 Exemplarische Verwendung der OpenMP-Lock-Funktionen

7.1.7 Ablaufplanung

Der Schlüssel zu effizienter Programmausführung in schleifenbasierenden Algorithmen ist das geeignete Verteilen der Iterationen auf die Threads, so dass die Arbeitslast unter den Threads ausgeglichen wird. OpenMP-Compiler versuchen, dies für den Programmierer zu übernehmen. Compiler beherrschen Datenabhängigkeiten und allgemeine Optimierungen, verstehen jedoch wenig von Speicherzugriffsmustern und iterationsabhängigen Ausführungszeiten. Um die Leistungsfähigkeit des Programms zu steigern, muss der Programmierer daher dem Compiler sagen, wie Schleifendurchläufe auf die Threads verteilt werden.

Dies geschieht durch einen `schedule`-Zusatz zum `for`- oder `do`-Statement. In Fortran und C lautet die Syntax gleichermaßen

```
schedule (sched [,chunk]),
```

wobei `sched` wahlweise `static`, `dynamic`, `guided` oder `runtime` ist und `chunk` einen optionalen Ganzzahlparameter beschreibt.

- `schedule (static [,chunk])`. Der Iterationsraum wird in Blöcke der Größe `chunk` aufgeteilt. Falls `chunk` nicht angegeben ist, wird die Blockgröße so gewählt, dass in etwa gleich große Blöcke pro Thread entstehen. Die Blöcke werden dann an die Threads des Thread-Teams reihum verteilt. Beispielsweise führt eine 2er-Blockgröße bei drei Threads und zwölf Iterationen zu den Blöcken (0,1), (2,3), (4,5), (6,7), (8,9), (10,11), die als [(0,1), (6,7)] dem ersten, [(2,3), (8,9)] dem zweiten und [(4,5), (10,11)] dem dritten Thread zugeordnet werden.
- `schedule (dynamic [,chunk])`. Der Iterationsraum wird in Blöcke der Größe `chunk` aufgeteilt. Falls `chunk` nicht angegeben ist, beträgt die Blockgröße 1. Jedem Thread wird zu Beginn ein Block an Iterationen zugeteilt, die restlichen Blöcke werden in einer Warteschlange gesammelt. Wenn ein Thread seinen aktuellen Block bearbeitet hat, holt er den nächsten zu berechnenden Iterationsblock aus der Warteschlange. Dies geschieht so lange, bis alle Iterationen berechnet sind.
- `schedule (guided [,chunk])`. Dies ist eine Variante der zuvor genannten dynamischen Ablaufplanung, jedoch mit vermindertem Scheduling-Overhead. Analog zum dynamischen Scheduling werden die Iterationen in Blöcke aufgeteilt, jedem Thread initial ein Block zugeordnet und weitere nach Abschluss des aktuellen. Der Unterschied liegt in der Blockgröße: Die Größe des ersten Blocks ist implementierungsabhängig, aber auf jeden Fall groß. Die Blockgröße nimmt danach rapide bis auf `chunk` ab. Diese Methode bietet alle Vorteile der dynamischen Ablaufplanung, durch die großen Anfangsblöcke ist die Anzahl der zur Laufzeit notwendigen Aufteilungsentscheidungen und somit der Overhead deutlich geringer.
- `schedule (runtime)`. Die Ablaufplanung wird zur Laufzeit aus der Umgebungsvariablen `OMP_SCHEDULE` bestimmt. Der Programmierer kann somit verschiedene Ablaufpläne ausprobieren, ohne das Programm wiederholt übersetzen zu müssen.

```
#include <stdio.h>
#include <omp.h>
#define N 1000
extern void combine (double, double);
extern double big_comp(int);

int main(void) {
    int i;
    double answer, res;

    answer=0.0;

#pragma omp parallel for private (res) schedule (dynamic, 10)
    for (i=0; i < N; i++) {
        res = big_comp(i);

        #pragma omp critical
        combine (answer, res);
    }
    printf ("%f\n", answer);
}
```

Abb. 7.13 Modifizierte parallele Version des Programms aus Abb. 7.11 zum Illustrieren der `schedule`-Anweisung

Abbildung 7.13 zeigt ein schleifenbasiertes Programm. Da die `schedule`-Anweisungen für Fortran und C identisch sind, sei hier lediglich die C-Fassung betrachtet. Wenn die Laufzeit der einzelnen Schleifendurchläufe unvorhersagbar schwankt, kann eine statische Iterationsaufteilung nicht effizient sein. Deshalb kommt die dynamische Ablaufplanung zum Einsatz, die jedoch mit hohem Overhead für die Zuteilungsentscheidungen behaftet ist. Um dies zu vermeiden, wird die Blockgröße im Beispiel mit zehn Iterationen (pro Zuteilungsentscheidung) angegeben. Es gibt keine festen Regeln, und OpenMP-Programmierer variieren üblicherweise mit einer Vielzahl von Ablaufplanungen und Blockgrößen, bis das Optimum gefunden ist. Beispielsweise können parallele Schleifen wie in Abb. 7.13 auch mit einer statischen Ablaufplanung effizient bearbeitet werden, solange die Blockgröße klein genug ist, um die Last gleichmäßig auf alle Threads zu verteilen.

7.1.8 Weitere Spracheigenschaften

Wir haben zwar die gebräuchlichsten OpenMP-Merkmale betrachtet, ernsthaft an OpenMP interessierte Programmierer sollten jedoch die ganze Spezifikation [2] konsultieren. Die API umfasst lediglich 50 Textseiten sowie 25 Seiten mit Beispielen. Ferner seien als weitere Literatur [3] und [4] empfohlen.

Literaturverzeichnis

1. Accredited Standards Committee X3. Parallel extensions for fortran. Technical Report Technical Report X3H5/93-SDI revision M, American National Standards Institute, East Lansing, Michigan, April 1993.
2. Openmp specification. Technical report.
3. S. Hoffmann and R. Lienhart. *OpenMP: Eine Einführung in die parallele Programmierung mit C/C++*. Springer-Verlag Berlin Heidelberg, 2008.
4. Timothy Mattson, Beverly Sanders, and Berna Massingill. *Appendix B „A brief Inroduction into OpenMP" in Patterns for parallel programming*. Addison-Wesley Professional, 2004.

Teil III
Grundlagen der Mathematik und Physik für Computational Science

Kapitel 8
Numerische Verfahren für gewöhnliche Differentialgleichungen

Martin Hermann

Zusammenfassung Die mathematische Modellierung naturwissenschaftlicher, technischer und ökonomischer Prozesse basiert sehr häufig auf Systemen gewöhnlicher Differentialgleichungen. Durch die Hinzufügung algebraischer Gleichungen an einem oder beiden Rändern des zugrunde liegenden Intervalls entstehen daraus Anfangs- bzw. Zweipunkt-Randwertprobleme. Da geschlossene analytische Lösungen derartiger Probleme nur in wenigen Ausnahmefällen zur Verfügung stehen, müssen numerische Verfahren zum Einsatz kommen. In diesem Kapitel sollen die für das Grid Computing geeigneten Mehrfach-Schießverfahren zur Lösung von Zweipunkt-Randwertproblemen sowie die Klasse der Runge-Kutta-Verfahren zur Lösung von Anfangswertproblemen dargestellt werden. Dabei stellen die Runge-Kutta-Verfahren auch einen wichtigen Baustein der Schießverfahren dar.

8.1 Anfangswertprobleme

8.1.1 Differentialgleichungen

Gegeben sei ein System von n gewöhnlichen Differentialgleichungen (DGLn) erster Ordnung für n unbekannte Funktionen $x_1(t), x_2(t), \ldots, x_n(t)$, das sich ausführlich in der Form

$$\begin{aligned} \dot{x}_1(t) &= f_1(t,x_1(t),\ldots,x_n(t)) \\ \dot{x}_2(t) &= f_2(t,x_1(t),\ldots,x_n(t)) \\ \vdots\ &= \qquad \vdots \\ \dot{x}_n(t) &= f_n(t,x_1(t),\ldots,x_n(t)) \end{aligned} \tag{8.1}$$

Friedrich-Schiller-Universität Jena
Institut für Angewandte Mathematik
E-mail: martin.hermann@uni-jena.de

D. Fey (ed.), *Grid-Computing*, eXamen.press, DOI 10.1007/978-3-540-79747-0_8,

angeben lässt. Dabei bezeichnet $\dot{x}_i(t)$ die Ableitung der Funktion $x_i(t)$ nach der Variablen t, $i = 1,\ldots,n$. Setzt man $x \equiv x(t) = (x_1(t),\ldots,x_n(t))^T$ und ist analog $f(t,x) \equiv (f_1(t,x),\ldots,f_n(t,x))^T$, dann kann ein solches System in der übersichtlicheren Vektordarstellung wie folgt aufgeschrieben werden:

$$\dot{x}(t) \equiv \frac{d}{dt}x(t) = f(t,x(t)). \tag{8.2}$$

Im weiteren Text werde stets vorausgesetzt, dass $t \in J \subset \mathbb{R}$ und $x(t) \in \Omega \subset \mathbb{R}^n$ gilt.

Treten in mathematischen Modellen skalare DGLn höherer Ordnung

$$u^{(n)} = G(t,u,\dot{u},\ddot{u},\ldots,u^{(n-1)}) \tag{8.3}$$

auf, dann setze man $x = (x_1,x_2,\ldots,x_n)^T \equiv (u,\dot{u},\ddot{u},\ldots,u^{(n-1)})^T$, so dass das System (8.1) in diesem Fall die folgende Gestalt annimmt:

$$\begin{aligned}
\dot{x}_1 &= x_2\\
\dot{x}_2 &= x_3\\
\vdots &= \vdots\\
\dot{x}_{n-1} &= x_n\\
\dot{x}_n &= G(t,x_1,x_2,\ldots,x_n).
\end{aligned} \tag{8.4}$$

Fügt man zu den DGLn (8.2) eine Anfangsbedingung $x(t_0) = x_0$, $t_0 \in J$, $x_0 \in \Omega$, hinzu, dann resultiert daraus ein sog. *Anfangswertproblem* (AWP):

$$\begin{aligned}
&\dot{x}(t) = f(t,x(t)), \quad t \in J,\\
&x(t_0) = x_0.
\end{aligned} \tag{8.5}$$

In der Regel ist die Variable t physikalisch als Zeit interpretierbar. Anfangswertprobleme stellen dann reine Evolutionsprobleme dar, d.h., an späteren Zeitpunkten $t > t_0$ hängt die Lösung $x(t)$ nur vom Zustand des Systems zur Startzeit t_0 ab.

Der Satz von Picard-Lindelöf (s. z.B. [1]) gibt Bedingungen an, unter denen das AWP (8.5) eine eindeutige Lösung auf dem Intervall $[t_0,t_0+\alpha]$ besitzt, mit $\alpha \equiv \min(a,b/M)$. Die Grundlage dieser Bedingungen ist ein Parallelepiped

$$S \equiv \{(t,x) : t_0 \le t \le t_0+a,\ ||x-x_0|| \le b\},$$

auf welchem dann gelten muss:

- $||f(t,x)|| \le M$ auf S, und
- $f(t,x)$ ist auf S stetig und gleichmäßig Lipschitz-stetig bezüglich x.

Eine Funktion $f(t,x)$, $t \in J \subset \mathbb{R}$, $x(t) \in \Omega \subset \mathbb{R}^n$, ist *gleichmäßig Lipschitz-stetig* auf $J \times \Omega$ bezüglich x, falls eine Konstante $L \ge 0$ existiert, so dass gilt

$$||f(t,x_1) - f(t,x_2)|| \le L||x_2 - x_1||, \tag{8.6}$$

für alle $(t,x_i) \in J \times \Omega$, $i = 1,2$. Jede Konstante L, die der Ungleichung (8.6) genügt, heißt *Lipschitz-Konstante* (für f auf $J \times \Omega$).

Im Folgenden wollen wir stets annehmen, dass die Bedingungen des Satzes von Picard-Lindelöf erfüllt sind. Somit gibt es stets ein (zumindest kleines) Intervall $[t_0, t_0 + a]$, auf dem die Existenz und Eindeutigkeit einer Lösung des AWPs (8.5) garantiert ist. Die vorausgesetzte Lipschitz-Stetigkeit ist keine einschneidende Voraussetzung, da für die Konstruktion der numerischen Verfahren eine viel stärkere Glattheit der Funktion $f(t,x)$ gefordert werden muss.

8.1.2 Diskretisierung einer DGL

In den meisten Anwendungen ist es nicht möglich, die exakte Lösung $x(t)$ des AWPs (8.5) in geschlossener Form darzustellen. Deshalb muss $x(t)$ mit numerischen Verfahren approximiert werden. Es bezeichne $[t_0, T]$ dasjenige Intervall, auf dem eine eindeutige Lösung von (8.5) existiert. Dieses Intervall werde durch die Festlegung von $N+1$ Zeitpunkten

$$t_0 < t_1 < \cdots < t_N \equiv T \tag{8.7}$$

in N Segmente unterteilt. Die Punkte (8.7) definieren ein *Gitter*

$$J_h \equiv \{t_0, t_1, ..., t_N\} \tag{8.8}$$

und werden deshalb auch *Gitterpunkte* oder *Knoten* genannt. Dabei bezeichnet

$$h_j \equiv t_{j+1} - t_j, \quad j = 0, \ldots, N-1, \tag{8.9}$$

die *Schrittweite* vom Gitterpunkt t_j zum nächsten Gitterpunkt t_{j+1}. Sind die Schrittweiten h_j konstant, d.h., $h_j = h$, $h = (t_N - t_0)/N$, dann spricht man von einem *äquidistanten* Gitter. Im Falle eines nichtäquidistanten Gitters setzt man üblicherweise

$$h \equiv \max h_j, \qquad j = 0, \ldots, N-1. \tag{8.10}$$

Da es auf einem Computer nur möglich ist, mit diskreten Werten einer Funktion zu arbeiten, benötigt man das Konzept der Diskretisierung von $x(t)$.

Definition 8.1. Unter einer *Diskretisierung* der Funktion $x(t)$, $t_0 \le t \le t_N$, versteht man die Projektion von $x(t)$ auf das Gitter J_h. Es entsteht dabei eine Folge $\{x(t_i)\}_{i=0}^N$, mit $t_i \in J_h$. Eine Funktion, die nur auf einem Gitter definiert ist, wird *Gitterfunktion* genannt.

Im weiteren Text wird nun das Ziel verfolgt, für die im Allgemeinen unbekannte Gitterfunktion $\{x(t_i)\}_{i=0}^N$ eine genäherte Gitterfunktion $\{x_i\}_{i=0}^N$ zu bestimmen. Mit anderen Worten, es sind Approximationen x_i für $x(t_i)$, $t_i \in J_h$, zu berechnen. Dies wird mit einem sog. numerischen Diskretisierungsverfahren realisiert.

Definition 8.2. Ein *numerisches Diskretisierungsverfahren* zur Approximation der Lösung $x(t)$ des AWPs (8.5) ist ein Algorithmus, der eine Gitterfunktion $\{x_i\}_{i=0}^N$ erzeugt, mit $x_i \approx x(t_i)$, $t_i \in J_h$.

Um die Abhängigkeit der jeweiligen Approximation von der aktuellen Schrittweite zu kennzeichnen, werden wir auch x_i^h anstelle von x_i schreiben.

In diesem Beitrag sollen ausschließlich *Einschrittverfahren* (ESVn) betrachtet werden. Das sind solche Verfahren, die (explizit) nur auf die Information zurückgreifen, die einen Zeitschritt zuvor angefallen ist (im Unterschied zu den Linearen Mehrschrittverfahren (LMVn), die die Information aus mehreren vorangegangenen Zeitschritten verwenden; s. z.B. [1, 2, 3]).

Definition 8.3. Ein Einschrittverfahren ist ein numerisches Diskretisierungsverfahren der Form

$$x_{i+1} = x_i + h_i \Phi(t_i, x_i, x_{i+1}; h_i), \quad i = 0, \ldots, N-1. \tag{8.11}$$

Da in (8.11) die *Inkrementfunktion* Φ sowohl von x_i als auch von x_{i+1} abhängt, spricht man genauer von einem *impliziten* ESVn.
Somit ist ein *explizites* ESV durch die Formel

$$x_{i+1} = x_i + h_i \Phi(t_i, x_i; h_i), \quad i = 0, \ldots, N-1. \tag{8.12}$$

charakterisiert.

Bei impliziten Verfahren kann x_{i+1} nicht auf direktem Wege berechnet werden. Setzt man $y \equiv x_{i+1}$, dann ist der unbekannte Vektor $y \in \mathbb{R}^n$ die Lösung des n-dimensionalen Systems nichtlinearer algebraischer Gleichungen

$$F(y) \equiv y - x_i - h_i \Phi(t_i, x_i, y; h_i) = 0. \tag{8.13}$$

Zur numerischen Bestimmung von y werden im Allgemeinen Varianten des bekannten Newton-Verfahrens (s. z.B. [4]) verwendet.

Eine spezielle Klasse der Einschrittverfahren sind die Runge-Kutta-Verfahren, die wir im folgenden Abschnitt diskutieren werden.

8.1.3 Runge-Kutta-Verfahren

Der naheliegende Weg, ein Diskretisierungsverfahren zu entwickeln, besteht darin, die DGL (8.2) zuerst in die folgende äquivalente Integralform zu überführen:

$$x(T) = x(t) + \int_t^T f(\tau, x(\tau)) d\tau. \tag{8.14}$$

Nun wird der Integrand $f(t,x)$ durch ein Interpolationspolynom approximiert. Die Substitution dieses Polynoms in (8.14) vereinfacht die Berechnung des Integrals auf der rechten Seite sehr, selbst dann, wenn hohe Genauigkeitsanforderungen gestellt werden.

Es sei $[t,T] \equiv [t_i,t_{i+1}]$. Weiter werde vorausgesetzt, dass ein äquidistantes Gitter mit der Schrittweite $h = t_{i+1} - t_i$ gegeben ist. Unter Verwendung von m paarweise verschiedenen Zahlen $\rho_1,...,\rho_m$, $0 \le \rho_j \le 1$, mögen im Intervall $[t_i,t_{i+1}]$ die folgenden Gitterpunkte festgelegt sein:

$$t_{ij} := t_i + \rho_j h, \quad j = 1,\ldots,m. \tag{8.15}$$

Wir nehmen nun zunächst einmal an, dass an diesen Gitterpunkten gewisse Approximationen x_{ij}^h für die exakte Lösung $x(t_{ij})$ des AWPs (8.5) bereits bekannt sind. Dann lässt sich das Interpolationspolynom vom Grad höchstens $m-1$ konstruieren, das durch die Punkte $(t_{ij}, f(t_{ij},x_{ij}^h))$ verläuft. Substituiert man dieses Polynom in die Formel (8.14) und berechnet das Integral auf der rechten Seite, dann erhält man eine Relation der Form

$$x_{i+1}^h = x_i^h + h\sum_{j=1}^m \beta_j f(t_{ij},x_{ij}^h). \tag{8.16}$$

Da die Näherungen x_{ij}^h jedoch noch gar nicht bekannt sind, muss die obige Strategie unter Verwendung des gleichen Gitters $\{t_{ij}\}_{j=1}^m$ noch einmal auf den m Intervallen $[t,T] \equiv [t_i,t_{ij}]$, $j = 1,\ldots,m$, wiederholt werden. Man erhält dann die folgenden Gleichungen:

$$x_{ij}^h = x_i^h + h\sum_{l=1}^m \gamma_{il} f(t_{il},x_{il}^h), \quad j = 1,\ldots,m. \tag{8.17}$$

Die Formeln (8.16) und (8.17) stellen eine spezielle Klasse von AWP-Lösern dar, die zu der allgemeineren Klasse der sog. Runge-Kutta-Verfahren gehören.

Heute definiert man unabhängig vom Zugang über die Integralform (8.14), der nur der Motivation dienen sollte, die Klasse der Runge-Kutta-Verfahren viel allgemeiner.

Definition 8.4. Es sei $m \in \mathbb{N}$. Ein Einschrittverfahren der Form

$$\begin{aligned} x_{i+1}^h &= x_i^h + h\sum_{j=1}^m \beta_j k_j, \\ k_j &= f(t_i + \rho_j h, x_i^h + h\sum_{l=1}^m \gamma_{jl} k_l),\ j = 1,\ldots,m, \end{aligned} \tag{8.18}$$

wird *m-stufiges Runge-Kutta-Verfahren* (RKV) genannt. Die freien Parameter γ_{ij}, ρ_j und β_j des Verfahrens müssen dabei so gewählt werden, dass die Gleichungen (8.18) gegen die Gleichungen des AWPs (8.5) konvergieren, wenn die Schrittweite h gegen Null geht. Die Vektoren k_j werden *Steigungen* genannt.

Man nennt nun ein RKV

- *explizit* (ERK) genau dann, wenn $\gamma_{ij} = 0$ für $i \leq j$ gilt,
- *diagonal-implizit* (DIRK) genau dann, wenn $\gamma_{ij} = 0$ für $i < j$ ist,
- *einfach diagonal-implizit* (SDIRK) genau dann, wenn es diagonal-implizit ist und zusätzlich $\gamma_{ii} = \gamma$ gilt, wobei $\gamma \neq 0$ eine Konstante ist,
- *voll-implizit* bzw. *implizit* (FIRK) genau dann, wenn mindestens ein $\gamma_{ij} \neq 0$ für $i < j$ ist, und schließlich
- *linear implizit* (LIRK) genau dann, wenn es implizit ist und das Newton-Verfahren zur Lösung des zugehörigen nichtlinearen algebraischen Gleichungssystems nach dem ersten Iterationsschritt abgebrochen wird.

Es ist üblich, die Parameter eines RKVs in kompakter Form als sog. *Butcher-Diagramm* darzustellen (s. Tabelle 8.1).

Tabelle 8.1 Butcher-Diagramm eines m-stufigen RKVs

$$\begin{array}{c|ccc} \rho_1 & \gamma_{11} & \cdots & \gamma_{1m} \\ \vdots & \vdots & \ddots & \vdots \\ \rho_m & \gamma_{m1} & \cdots & \gamma_{mm} \\ \hline & \beta_1 & \cdots & \beta_m \end{array} \qquad \text{oder} \qquad \begin{array}{c|c} \rho & \Gamma \\ \hline & \beta^T \end{array}$$

Im Folgenden sind einige Beispiele bekannter RKVn angegeben:

- *Euler(vorwärts)-Verfahren*: $x_{i+1}^h = x_i^h + hf(t_i, x_i^h)$
  Dieses Verfahren wurde erstmals von dem berühmten Mathematiker Leonard Euler im Jahre 1768 (s. [5]) vorgeschlagen. Da man hier $x_{i+1}^h = x_i^h + h \cdot 1 \cdot k_1$, mit $k_1 = f(t_i + 0 \cdot h, x_i^h + h \cdot 0 \cdot k_1)$, schreiben kann, resultiert das in der Tabelle 8.2 angegebene Butcher-Diagramm.

Tabelle 8.2 Euler(vorwärts)-Verfahren

$$\begin{array}{c|c} 0 & 0 \\ \hline & 1 \end{array} \tag{8.19}$$

- *Euler(rückwärts)-Verfahren*: $x_{i+1}^h = x_i^h + hf(t_{i+1}, x_{i+1}^h)$
  Hier kann man $x_{i+1}^h = x_i^h + h \cdot 1 \cdot k_1$, mit $k_1 = f(t_i + 1 \cdot h, x_i^h + h \cdot 1 \cdot k_1)$, schreiben, so dass sich das in der Tabelle 8.3 dargestellte Butcher-Diagramm ergibt.
- *Mittelpunktsregel*: $x_{i+1}^h = x_i^h + hf(t_i + \frac{1}{2}h, \frac{1}{2}(x_i^h + x_{i+1}^h))$

Tabelle 8.3 Euler(rückwärts)-Verfahren

$$\begin{array}{c|c} 1 & 1 \\ \hline & 1 \end{array} \tag{8.20}$$

Somit ist $x_{i+1}^h = x_i^h + h \cdot 1 \cdot k_1$, mit $k_1 = f(t_i + \frac{1}{2} \cdot h, x_i^h + \frac{1}{2} \cdot h \cdot k_1)$. Das zugehörige Butcher-Diagramm ist in der Tabelle 8.4 angegeben.

Tabelle 8.4 Mittelpunktsregel

$$\begin{array}{c|c} \frac{1}{2} & \frac{1}{2} \\ \hline & 1 \end{array} \tag{8.21}$$

- *Trapezregel*: $x_{i+1}^h = x_i^h + \frac{h}{2} f(t_i, x_i^h) + \frac{h}{2} f(t_{i+1}, x_{i+1}^h)$

  Es ist $x_{i+1}^h = x_i^h + h\{\frac{1}{2}k_1 + \frac{1}{2}k_2\}$, mit

  $k_1 = f(t_i + 0 \cdot h, x_i^h + h(0 \cdot k_1 + 0 \cdot k_2))$ and $k_2 = f(t_i + 1 \cdot h, x_i^h + h(\frac{1}{2} \cdot k_1 + \frac{1}{2} \cdot k_2))$.

  Das zugehörige Butcher-Diagramm kann der Tabelle 8.5 entnommen werden.

Tabelle 8.5 Trapezregel

$$\begin{array}{c|cc} 0 & 0 & 0 \\ 1 & \frac{1}{2} & \frac{1}{2} \\ \hline & \frac{1}{2} & \frac{1}{2} \end{array} \tag{8.22}$$

- *Heun-Verfahren*: $x_{i+1}^h = x_i^h + h\{\frac{1}{2} f(t_i, x_i^h) + \frac{1}{2} f(t_{i+1}, x_i^h + hf(t_i, x_i^h))\}$

  Ersetzt man in der Trapezregel auf der rechten Seite x_{i+1}^h durch den Ausdruck des Euler(vorwärts)-Verfahrens, dann erhält man das erstmals von Heun im Jahre 1900 (s. [6]) vorgeschlagene explizite RKV, das in der Tabelle 8.6 dargestellt ist.

Tabelle 8.6 Heun-Verfahren

$$\begin{array}{c|cc} 0 & 0 & 0 \\ 1 & 1 & 0 \\ \hline & \frac{1}{2} & \frac{1}{2} \end{array} \tag{8.23}$$

- *Klassisches Runge-Kutta-Verfahren*:

$$\begin{aligned} x_{i+1}^h &= x_i^h + h\{\frac{1}{6}k_1 + \frac{1}{3}k_2 + \frac{1}{3}k_3 + \frac{1}{6}k_4\}, \\ k_1 &= f(t_i, x_i^h), \quad k_2 = f(t_i + \frac{h}{2}, x_i^h + \frac{h}{2}k_1), \\ k_3 &= f(t_i + \frac{h}{2}, x_i^h + \frac{h}{2}k_2), \quad k_4 = f(t_i + h, x_i^h + hk_3). \end{aligned} \tag{8.24}$$

Dieses Verfahren ist wohl das in der Praxis bisher am häufigsten verwendete RKV. Es wurde von Runge im Jahre 1895 (s. [7]) konstruiert und von Kutta 1901 (s.[8]) in der heute üblichen Form aufgeschrieben. Viele Naturwissenschaftler und Ingenieure verstehen unter einem RKV genau diesen Spezialfall aus der o.a. allgemeinen Klasse der RKVn. Das Butcher-Diagramm des klassischen RKVs ist der Tabelle 8.7 zu entnehmen.

Tabelle 8.7 Klassisches Runge-Kutta-Verfahren

$$\begin{array}{c|cccc} 0 & 0 & 0 & 0 & 0 \\ \frac{1}{2} & \frac{1}{2} & 0 & 0 & 0 \\ \frac{1}{2} & 0 & \frac{1}{2} & 0 & 0 \\ 1 & 0 & 0 & 1 & 0 \\ \hline & \frac{1}{6} & \frac{1}{3} & \frac{1}{3} & \frac{1}{6} \end{array} \tag{8.25}$$

- *Eingebettete RKVn*:
Für die automatische Steuerung der Schrittweite h eines RKVs sind die sog. *eingebetteten* RKVn von großer Bedeutung (s. Abschn. 8.1.8). Dabei handelt es sich um ganze Familien von Runge-Kutta Formeln, bei denen die Parameter der Verfahren geringerer Stufenzahl (bzw. Ordnung; s. Abschn. 8.1.4) in den Butcher-Diagrammen der Verfahren höherer Stufenzahl (bzw. Ordnung) enthalten sind. Dies hat zur Konsequenz, dass bei der Ausführung eines Verfahrens höherer Ordnung auf die (als bekannt vorausgesetzten) Funktionswertberechnungen ei-

nes Verfahrens niedrigerer Ordnung zurückgegriffen werden kann. Zum Einsatz kommt dann ein Formel-Paar, das aus einem RKV der Ordnung p und einem RKV der Ordnung q (gewöhnlich $q = p + 1$) besteht. Die Ordnungen der beiden verwendeten Vertreter aus der jeweiligen Familie werden an den Namen der Familie in der Form `Name`$p(q)$ angefügt. Wir wollen nun einige dieser Familien von RKVn betrachten:

1. Eine in der Praxis häufig verwendete Familie eingebetteter RKVn ist die Runge-Kutta-Fehlberg Familie (s. z.B. [2, 9, 10]). In den Tabellen 8.8 und 8.9 sind zwei solche Formel-Paare angegeben.

Tabelle 8.8 Runge-Kutta-Fehlberg 2(3)

$$
\begin{array}{c|cc|cl}
0 & 0 & 0 & 0 & \text{(zusätzliche Spalte für RKF3)} \\
1 & 1 & 0 & 0 & \\
\hline
\frac{1}{2} & \frac{1}{4} & \frac{1}{4} & 0 & \text{(zusätzliche Zeile für RKF3)} \\
\hline\hline
 & \frac{1}{2} & \frac{1}{2} & & \beta_i \text{ (für RKF2)} \\
\hline
 & \frac{1}{6} & \frac{1}{6} & \frac{4}{6} & \beta_i \text{ (für RKF3)}
\end{array}
\tag{8.26}
$$

Tabelle 8.9 Runge-Kutta-Fehlberg 4(5)

$$
\begin{array}{c|ccccc|cl}
0 & 0 & 0 & 0 & 0 & 0 & 0 & \\
\frac{1}{4} & \frac{1}{4} & 0 & 0 & 0 & 0 & 0 & \\
\frac{3}{8} & \frac{3}{32} & \frac{9}{32} & 0 & 0 & 0 & 0 & \text{(zusätzliche Spalte für RKF5)} \\
\frac{12}{13} & \frac{1932}{2197} & -\frac{7200}{2197} & \frac{7296}{2197} & 0 & 0 & 0 & \\
1 & \frac{439}{216} & -8 & \frac{3680}{513} & -\frac{845}{4104} & 0 & 0 & \\
\hline
\frac{1}{2} & -\frac{8}{27} & 2 & -\frac{3544}{2565} & \frac{1859}{4104} & -\frac{11}{40} & 0 & \text{(zusätzliche Zeile für RKF5)} \\
\hline\hline
 & \frac{25}{216} & 0 & \frac{1408}{2565} & \frac{2197}{4104} & -\frac{1}{5} & & \beta_i \text{ (für RKF4)} \\
\hline
 & \frac{16}{135} & 0 & \frac{6656}{12825} & \frac{28561}{56430} & -\frac{9}{50} & \frac{2}{55} & \beta_i \text{ (für RKF5)}
\end{array}
\tag{8.27}
$$

2. Die Fehlberg-Familie besitzt den Nachteil, dass sich mit diesen Verfahren im Falle einer reinen Quadratur $\dot{x}(t) = f(t)$ der Fehler nicht vernünftig abschätzen

lässt (er wird immer als identisch Null geschätzt). Eine andere Familie eingebetteter RKVn, die diese nachteilige Eigenschaft nicht besitzt, ist die Runge-Kutta-Verner Familie [11]. Die Parameter eines häufig verwendeten Formel-Paars aus dieser Familie sind in der Tabelle 8.10 angegeben. Die Tabelle 8.11 enthält ein weiteres 8-stufiges eingebettetes Verfahren von Verner der Ordnung 5(6), welches in der bekannten Subroutine DVERK von Hull, Enright und Jackson [12] verwendet wird.

Tabelle 8.10 Runge-Kutta-Verner 5(6)

$$
\begin{array}{c|ccccccc|cl}
0 & 0 & 0 & 0 & 0 & 0 & 0 & 0 & 0 & \\
\frac{1}{18} & \frac{1}{18} & 0 & 0 & 0 & 0 & 0 & 0 & 0 & \\
\frac{1}{6} & -\frac{1}{12} & \frac{1}{4} & 0 & 0 & 0 & 0 & 0 & 0 & \\
\frac{2}{9} & -\frac{2}{81} & \frac{4}{27} & \frac{8}{81} & 0 & 0 & 0 & 0 & 0 & \\
\frac{2}{3} & \frac{40}{33} & -\frac{4}{11} & -\frac{56}{11} & \frac{54}{11} & 0 & 0 & 0 & 0 & \text{(zusätzliche Spalte für RKV6)} \\
1 & -\frac{369}{73} & \frac{72}{73} & \frac{5380}{219} & -\frac{12285}{584} & \frac{2695}{1752} & 0 & 0 & 0 & \\
\frac{8}{9} & -\frac{8716}{891} & \frac{656}{297} & \frac{39520}{891} & -\frac{416}{11} & \frac{52}{27} & 0 & 0 & 0 & \\
\hline
1 & \frac{3015}{256} & -\frac{9}{4} & -\frac{4219}{78} & \frac{5985}{128} & -\frac{539}{384} & 0 & \frac{693}{3328} & 0 & \text{(zusätzliche Zeile für RKV6)} \\
\hline\hline
 & \frac{3}{80} & 0 & \frac{4}{25} & \frac{243}{1120} & \frac{77}{160} & \frac{73}{700} & 0 & & \beta_i \text{ (für RKV5)} \\
\hline
 & \frac{57}{640} & 0 & -\frac{16}{65} & \frac{1377}{2240} & \frac{121}{320} & 0 & \frac{891}{8320} & \frac{2}{35} & \beta_i \text{ (für RKV6)}
\end{array}
\qquad (8.28)
$$

3. Als letztes Beispiel für eingebettete RKVn soll die Dormand-Prince Familie [13] genannt werden. Diese Familie wurde so entwickelt, dass der lokale Fehler der mit dem Verfahren höherer Ordnung erzeugten Näherung minimal wird, da diese Näherung im nächsten Integrationsschritt verwendet wird. Das in der Tabelle 8.12 dargestellte eingebettete RKV Dormand-Prince 5(4) besitzt 7 Stufen, wobei die letzte Stufe mit der ersten Stufe des nächsten Schrittes übereinstimmt. Deshalb unterscheidet sich der Aufwand nicht von dem eines 6-stufigen Verfahrens.

8.1.4 Lokaler Diskretisierungsfehler und Konsistenz

Gegeben sei das implizite ESV

$$x_{i+1}^h = x_i^h + h\,\Phi(t_i, x_i^h, x_{i+1}^h; h). \qquad (8.31)$$

Tabelle 8.11 Runge-Kutta-Verner 5(6) in `DVERK`

0	0	0	0	0	0	0	0	0	
$\frac{1}{6}$	$\frac{1}{6}$	0	0	0	0	0	0	0	
$\frac{4}{15}$	$\frac{4}{75}$	$\frac{16}{75}$	0	0	0	0	0	0	
$\frac{2}{3}$	$\frac{5}{6}$	$-\frac{8}{3}$	$\frac{5}{2}$	0	0	0	0	0	
$\frac{5}{6}$	$-\frac{165}{64}$	$\frac{55}{6}$	$-\frac{425}{64}$	$\frac{85}{96}$	0	0	0	0	(zusätzliche Spalte für RKV6)
1	$\frac{12}{5}$	-8	$\frac{4015}{612}$	$-\frac{11}{36}$	$\frac{88}{255}$	0	0	0	
$\frac{1}{15}$	$-\frac{8263}{15000}$	$\frac{124}{75}$	$-\frac{643}{680}$	$-\frac{81}{250}$	$\frac{2484}{10625}$	0	0	0	
1	$\frac{3501}{1720}$	$-\frac{300}{43}$	$\frac{297275}{52632}$	$-\frac{319}{2322}$	$\frac{24068}{84065}$	0	$\frac{3850}{26703}$	0	(zusätzliche Zeile für RKV6)
	$\frac{13}{160}$	0	$\frac{2375}{5984}$	$\frac{5}{16}$	$\frac{12}{85}$	$\frac{3}{44}$	0		β_i (für RKV5)
	$\frac{3}{40}$	0	$\frac{875}{2244}$	$\frac{23}{72}$	$\frac{264}{1955}$	0	$\frac{125}{11592}$	$\frac{43}{616}$	β_i (für RKV6)

(8.29)

Tabelle 8.12 Dormand-Prince 5(4)

0	0	0	0	0	0	0	0	
$\frac{1}{5}$	$\frac{1}{5}$	0	0	0	0	0	0	
$\frac{3}{10}$	$\frac{3}{40}$	$\frac{9}{40}$	0	0	0	0	0	
$\frac{4}{5}$	$\frac{44}{45}$	$-\frac{56}{15}$	$\frac{32}{9}$	0	0	0	0	(zusätzliche Spalte für DOPRI5)
$\frac{8}{9}$	$\frac{19372}{6561}$	$-\frac{25360}{2187}$	$\frac{64448}{6561}$	$-\frac{212}{729}$	0	0	0	
1	$\frac{9017}{3168}$	$-\frac{355}{33}$	$\frac{46732}{5247}$	$\frac{49}{176}$	$-\frac{5103}{18656}$	0	0	
1	$\frac{35}{384}$	0	$\frac{500}{1113}$	$\frac{125}{192}$	$-\frac{2187}{6748}$	$\frac{11}{84}$	0	(zusätzliche Zeile für DOPRI5)
	$\frac{35}{384}$	0	$\frac{500}{1113}$	$\frac{125}{192}$	$-\frac{2187}{6784}$	$\frac{11}{84}$		β_i (für DOPRI4)
	$\frac{5179}{57600}$	0	$\frac{7571}{16695}$	$\frac{393}{640}$	$-\frac{92097}{339200}$	$\frac{187}{2100}$	$\frac{1}{40}$	β_i (für DOPRI5)

(8.30)

Der Differenzenoperator

$$\triangle_h\, u(t_{i+1}) \equiv \frac{1}{h}\left[u(t_{i+1}) - u(t_i) - h\,\Phi(t_i, u(t_i), u(t_{i+1}); h)\right] \tag{8.32}$$

werde für $i = 0, 1, \ldots, N$ auf eine Gitterfunktion u angewendet, für die $u(t_0)$ fixiert ist. Des Weiteren sei x^h eine approximierende Gitterfunktion, die den Wert x_i^h an der Stelle t_i, $i = 0, 1, \ldots, N$, annimmt. Dann erfüllt das ESV (8.31) die Beziehung

$$\triangle_h x^h(t_{i+1}) = 0.$$

Die numerische Analyse gewöhnlicher DGLn beschäftigt sich schwerpunktmäßig mit den Fehlern, die bei jedem Integrationsschritt durch die Differenzenapproximation hervorgerufen werden und wie diese sich während der Rechnung akkumulieren. Ein Maß für den Fehler, der in einem Schritt zu verzeichnen ist, stellt der *lokale Diskretisierungsfehler* dar.

Definition 8.5. Der lokale Diskretisierungsfehler $\delta(\cdot)$ ist das Residuum des Differenzenoperators $\triangle_h$, wenn dieser auf die exakte Lösung des AWPs (8.5) angewendet wird, d.h.

$$\begin{aligned} \delta(t_{i+1},x(t_{i+1});h) &\equiv \triangle_h x(t_{i+1}) \\ &= \frac{1}{h}\left[x(t_{i+1})-x(t_i)-h\,\Phi(t_i,x(t_i),x(t_{i+1});h)\right]. \end{aligned} \tag{8.33}$$

Der lokale Diskretisierungsfehler gibt an, wie gut der Differenzenoperator den Differentialoperator approximiert. Es erweist sich, dass die grundlegende Voraussetzung, die ein ESV erfüllen muss, dessen *Konsistenz* ist. Diese wichtige Eigenschaft der ESVn wird auf der Basis des lokalen Diskretisierungsfehlers definiert.

Definition 8.6. Das ESV (8.31) ist konsistent (mit dem AWP) von der Ordnung p, wenn p die größte ganze Zahl bezeichnet, für die der lokale Diskretisierungsfehler die Beziehung

$$\delta(t_{i+1},x(t_{i+1});h) = O(h^p), \qquad h \to 0, \tag{8.34}$$

erfüllt. Dabei impliziert $O(h^p)$ die Existenz endlicher Konstanten C und $h_0 > 0$, so dass

$$\delta(t_{i+1},x(t_{i+1});h) \le C\,h^p$$

ist, für $h \le h_0$. Konsistenz bedeutet im Allgemeinen, dass für die Ordnung des Verfahrens $p \ge 1$ gilt.

Ist die exakte Lösung des AWPs hinreichend glatt, dann lässt sich die Konsistenzordnung eines ESVs wie folgt ermitteln: Zuerst werden die exakte Lösung $x(t_{i+1}) = x(t_i+h)$ bzw. $x(t_i) = x(t_{i+1}-h)$ des AWPs und die Inkrementfunktion Φ des ESVs in Taylorreihen entwickelt. Dann setzt man diese Reihenentwicklungen in (8.33) ein und fasst alle Terme zusammen, die in der gleichen h-Potenz stehen. Das betrachtete Verfahren besitzt nun die Ordnung p, falls die Koeffizienten der Terme in der 0-ten bis zur p-ten h-Potenz verschwinden.

Zur Vereinfachung wollen wir jetzt annehmen, dass $f(t,x)$ eine *autonome* Funktion ist, d.h., es möge $f(t,x) = f(x)$ gelten. Hierdurch werden im Folgenden partielle Ableitungen bezüglich t vermieden. Ist das nicht der Fall, dann lässt sich (8.2) mittels einer sog. *Autonomisierung* stets in ein autonomes Problem der Dimension $n+1$ überführen. Man setzt $y = (y_1,y_2,\ldots,y_{n+1})^T \equiv (t,x_1,x_2,\ldots,x_n)^T$ und fügt die triviale DGL $(d/dt)t = 1$ zum System (8.1) hinzu. Damit geht das DGL-System über in

$$\left.\begin{aligned} \dot{y}_1 &= 1 \\ \dot{y}_2 &= f_1(y_1,\dots,y_{n+1}) \\ \vdots &= \vdots \\ \dot{y}_{n+1} &= f_n(y_1,\dots,y_{n+1}) \end{aligned}\right. \quad \Longleftrightarrow \quad \dot{y} = g(y). \tag{8.35}$$

Offensichtlich ist das Problem (8.35) autonom, so dass wir diese Eigenschaft ohne Beschränkung der Allgemeinheit voraussetzen können. Um die Darstellung noch etwas zu vereinfachen, wollen wir im Weiteren von einem *skalaren* Problem ausgehen, d.h., es sei $f(x) \in \mathbb{R}$. Die unter dieser Bedingung gezeigten Eigenschaften der ESVn behalten ihre Gültigkeit auch bei n-dimensionalen AWPn der Form (8.5).

Es ist

$$\begin{aligned} x(t_{i+1}) &= x(t_i + h) = x(t_i) + h\dot{x}(t_i) + \frac{h^2}{2}\ddot{x}(t_i) + \frac{h^3}{6}\dddot{x}(t_i) + O(h^4), \quad \text{und} \\ x(t_i) &= x(t_{i+1} - h) \\ &= x(t_{i+1}) - h\dot{x}(t_{i+1}) + \frac{h^2}{2}\ddot{x}(t_{i+1}) - \frac{h^3}{6}\dddot{x}(t_{i+1}) + O(h^4). \end{aligned}$$

Da $\dot{x}(t)$ mit $f(x)$ über die DGL (8.2) in Beziehung steht, lassen sich die höheren Ableitungen der exakten Lösung $x(t)$ in Ausdrücken der Funktion $f(x)$ und deren Ableitungen darstellen. Man erhält

$$\begin{aligned} \dot{x} &= f(x) := f \\ \ddot{x} &= f_x\dot{x} = f_x f \qquad \left(f_x \equiv \frac{df(x)}{dx}, \text{ etc.}\right) \\ \dddot{x} &= f_{xx}f^2 + (f_x)^2 f \\ &\vdots \end{aligned}$$

Wir wollen jetzt für zwei der zuvor dargestellten ESVn die zugehörige Konsistenzordnung bestimmen. Dabei verwenden wir die folgenden Abkürzungen

$$f_i \equiv f(x(t_i)), \quad (f_i)_x \equiv \frac{df}{dx}(x(t_i)), \quad (f_i)_{xx} \equiv \frac{d^2 f}{dx^2}(x(t_i)), \quad \text{etc.}$$

- *Euler(rückwärts)-Verfahren*: $x_{i+1}^h = x_i^h + hf(x_{i+1}^h)$

  Man erhält

$$\begin{aligned} \delta(\cdot) &= \frac{1}{h}\left[x(t_{i+1}) - x(t_i) - hf(x(t_{i+1}))\right] \\ &= \frac{1}{h}\left[h\dot{x}(t_{i+1}) + O(h^2) - hf(x(t_{i+1}))\right] \\ &= \frac{1}{h}\left[hf(x(t_{i+1})) + O(h^2) - hf(x(t_{i+1}))\right] = O(h^1) \end{aligned}$$

  Somit besitzt das Verfahren die Konsistenzordnung $p = 1$.

- *Trapezregel*: $x_{i+1}^h = x_i^h + h\left[\frac{1}{2}f(x_i^h) + \frac{1}{2}f(x_{i+1}^h)\right]$
Es ist
$$\delta(\cdot) = \frac{1}{h}\left[x(t_{i+1}) - x(t_i) - h\left(\frac{1}{2}f(x(t_i)) + \frac{1}{2}f(x(t_{i+1}))\right)\right],$$
woraus folgt
$$\delta(\cdot) = \frac{1}{h}\left[h\dot{x}(t_i) + \frac{h^2}{2}\ddot{x}(t_i) + \frac{h^3}{6}\dddot{x}(t_i) + O(h^4)\right.$$
$$\left. -h\left(\frac{1}{2}f(x(t_i)) + \frac{1}{2}f(x(t_{i+1}))\right)\right].$$
Daraus erhält man
$$\delta(\cdot) = \frac{1}{h}\left[hf_i + \frac{h^2}{2}(f_i)_x f_i + \frac{h^3}{6}\left((f_i)_{xx}f_i^2 + (f_i)_x^2 f_i\right) + O(h^4)\right.$$
$$\left. -\frac{h}{2}(f_i + f_{i+1})\right].$$
Es gilt
$$\begin{aligned} f_{i+1} &= f(x(t_{i+1})) = f(x(t_i + h)) \\ &= f\Big(x(t_i) + \underbrace{hf_i + \frac{h^2}{2}(f_i)_x f_i + O(h^3)}_{\equiv \tilde{h}}\Big) \\ &= f(x(t_i) + \tilde{h}) = f_i + (f_i)_x \tilde{h} + \frac{1}{2}(f_i)_{xx}\tilde{h}^2 + \cdots \\ &= f_i + h(f_i)_x f_i + \frac{h^2}{2}(f_i)_x^2 f_i + \frac{h^2}{2}(f_i)_{xx} f_i^2 + O(h^3). \end{aligned}$$
Setzt man diesen Ausdruck in $\delta(\cdot)$ ein, so resultiert
$$\begin{aligned} \delta(\cdot) = \frac{1}{h}\Big[&hf_i + \frac{h^2}{2}(f_i)_x f_i + \frac{h^3}{6}\left((f_i)_{xx}f_i^2 + (f_i)_x^2 f_i\right) \\ &- hf_i - \frac{h^2}{2}(f_i)_x f_i - \frac{h^3}{4}\left((f_i)_{xx}f_i^2 + (f_i)_x^2 f_i\right) + O(h^4)\Big] \\ = {} & O(h^2). \end{aligned}$$
Folglich besitzt das Verfahren die Konsistenzordnung $p = 2$.

Auf entsprechende Weise kann man zeigen, dass die 5- und 6-stufigen Runge-Kutta-Fehlberg Formeln RKF4 und RKF5 (s. Tab. 8.9) die Konsistenzordnung 4 bzw. 5 besitzen. Somit muss die Stufenzahl nicht mit der Ordnung des RKVs übereinstimmen. Damit kommen wir zu einem wichtigen Ergebnis, das in den Arbeiten von Butcher [14, 15] bewiesen wurde. Bezeichnet m die Anzahl der Stufen eines RKVs, dann existiert für $p \geq 5$ kein explizites RKV der Ordnung p mit $m = p$. Das Hinzufügen weiterer Stufen führt zu einer Erhöhung des numerischen Aufwandes. Deshalb sind die Verfahren 4. Ordnung mit $m = 4$ optimal. Ein Beispiel hierfür ist das klassische Runge-Kutta-Verfahren (8.25). Der Tabelle 8.9 ist zu entnehmen, dass RKF4 nicht optimal ist, da dieses Verfahren der Ordnung 4 die Stufenzahl $m = 5$ besitzt. Demgegenüber ist RKF5 optimal, denn nach der Aussage von Butcher kann ein Verfahren der Ordnung 5 nicht mit 5 Stufen realisiert werden. Das Verfahren RKF5 benötigt aber nur eine zusätzliche Stufe, denn es gilt hier $m = 6$.

Der Zusammenhang zwischen der Ordnung eines expliziten RKVs und seiner Stufenzahl ist in der Tabelle 8.13 dargestellt. Dabei bezeichnet m_p die *minimale*

Tabelle 8.13 Minimale Stufenzahl expliziter RKVn

p	1	2	3	4	5	6	7	8	$\cdots$	≥ 9
m_p	1	2	3	4	6	7	9	11	$\cdots$	$\geq p+3$

Stufenzahl, mit der ein optimales (explizites) RKV der Konsistenzordnung p konstruiert werden kann. Die Zahlen m_p werden üblicherweise als *Butcher-Schranken* bezeichnet.

Wir wollen uns nun wieder den allgemeinen Runge-Kutta Formeln (8.18) zuwenden. Sie gehören zur Klasse der ESVn, denn es gilt

$$\Phi(t_i, x_i^h, x_{i+1}^h; h) = \sum_{j=1}^{m} \beta_j k_j. \tag{8.36}$$

In der Definition 8.4 ist nichts dazu ausgesagt, wie die Parameter γ_{ij}, ρ_j und β_j im konkreten Fall festzulegen sind. Wie wir jedoch oben gesehen haben, erweist sich die Konsistenz als eine Minimalforderung, die an ein ESV zu stellen ist. Es besteht nun folgender Zusammenhang zwischen den Parametern und der Konsistenz eines RKVs:

Theorem 8.1. *Das m-stufige Runge-Kutta-Verfahren* (8.18) *ist konsistent mit dem AWP* (8.5) *genau dann, falls*

$$\beta_1 + \beta_2 + \cdots + \beta_m = 1 \tag{8.37}$$

gilt.

Beweis. Siehe z.B. die Monografie [1].

Anhand der Formeln (8.35) haben wir gesehen, wie man aus einem n-dimensionalen System nichtautonomer DGLn mittels des Autonomisierungsprozesses ein äquivalentes $(n+1)$-dimensionales System autonomer DGLn erzeugen kann. Es stellt sich nun die Frage, ob die Anwendung eines RKVs auf das ursprüngliche (nichtautonome) und auf das autonomisierte (autonome) Problem zu den gleichen Ergebnissen führt. Der Satz 8.2 gibt darauf eine Antwort.

Theorem 8.2. *Ein ERK ist genau dann invariant gegenüber einer Autonomisierung, wenn es konsistent ist und die folgende Beziehung zwischen den Parametern in ρ und Γ besteht*

$$\rho_j = \sum_{l=1}^{m} \gamma_{jl}, \quad j = 1, \ldots, m. \tag{8.38}$$

Beweis. Siehe z.B. die Monografie [1].

8.1.5 Entwicklung von Runge-Kutta-Verfahren

In diesem Abschnitt wollen wir eine Antwort auf die Frage geben, wie sich zu einer vorgegebenen Konsistenzordnung p die zugehörigen RKVn entwickeln lassen. Die Konstruktion basiert auf zwei Schritten:

- Aufstellung von Bedingungsgleichungen (die sog. Ordnungsbedingungen) an die Parameter ρ, Γ und β, so dass das resultierende RKV die vorgegebene Konsistenzordnung p besitzt.
- Lösung dieses im Allgemeinen unterbestimmten nichtlinearen Gleichungssystems, d.h. die Bestimmung konkreter Parametersätze. Dabei ist es wichtig, dass die Lösungen der Ordnungsbedingungen exakt in Form von *rationalen* Ausdrücken angegeben werden.

Den ersten Schritt wollen wir anhand der Konsistenzordnung $p = 4$ beispielhaft demonstrieren. Gegeben sei hierzu das System von n autonomen DGLn 1. Ordnung

$$\dot{x} = f(x). \tag{8.39}$$

Um die Taylorentwicklung der exakten Lösung $x(t)$ zu berechnen, benötigen wir die folgenden Beziehungen zwischen den Ableitungen von $x(t)$ und der Funktion $f(x)$:

$$\begin{aligned}
\dot{x} &= f(x) \equiv f \\
\ddot{x} &= f_x f \\
\dddot{x} &= f_{xx}(f,f) + f_x f_x f \\
\ddddot{x} &= f_{xxx}(f,f,f) + 3 f_{xx}(f_x f, f) + f_x f_{xx}(f,f) + f_x f_x f_x f \\
&\vdots
\end{aligned} \tag{8.40}$$

Offensichtlich führt die Fortsetzung dieses Prozesses, obwohl theoretisch möglich, zu sehr komplizierten und unübersichtlichen Ausdrücken. Es ist deshalb vorteilhaft, auf eine von Butcher [15, 16] sowie Hairer und Wanner [17] entwickelte *algebraische* Theorie der RKVn zurückzugreifen, die auch als *Technik der monoton indizierten Wurzel-Bäume* bekannt ist. Für unsere Zwecke ist es jedoch ausreichend, den Formelsatz (8.40) zur Hand zu haben.

Unter Verwendung der Abkürzung $f^i \equiv f(x(t_i))$ erhält man die folgende Taylorentwicklung für $x(t_{i+1})$:

$$\begin{aligned} x(t_{i+1}) =& x(t_i) + hf^i + \frac{h^2}{2!} f_x^i f^i + \frac{h^3}{3!} \left[f_{xx}^i(f^i, f^i) + f_x^i f_x^i f^i \right] \\ &+ \frac{h^4}{4!} \left[f_{xxx}^i(f^i, f^i, f^i) + 3 f_{xx}^i(f_x^i f^i, f^i) + f_x^i f_{xx}^i(f^i, f^i) + f_x^i f_x^i f_x^i f^i \right] \\ &+ O(h^5). \end{aligned} \quad (8.41)$$

Um auch die Inkrementfunktion Φ des RKVs in Potenzen von h zu entwickeln, benutzen wir nicht die Taylorreihen-Technik, da die fortgesetzte Differentiation schnell unübersichtlich wird. Stattdessen verwenden wir eine völlig andere Strategie, die im Englischen als *boot-strapping process* bezeichnet wird. Eine direkte deutsche Übersetzung gibt es nicht. Der Begriff *Münchhausen-Methode* beschreibt das Vorgehen aber recht gut. Dabei wird Bezug genommen auf eine Erzählung des Barons von Münchhausen, in der er sich (angeblich!) selbst an den Haaren aus einem Sumpf zieht. Im Gegensatz zu der Lügengeschichte des Barons handelt es sich bei diesem Verfahren um eine durchaus praktikable Methode (s. auch http://de.wikipedia.org/wiki/Bootstrapping). Man kann nämlich in den rekursiven Gleichungen

$$k_j = f(x(t_i) + h \sum_{l=1}^{m} \gamma_{jl} k_l), \quad j = 1, \ldots, m, \quad (8.42)$$

die Tatsache ausnutzen, dass die Stufen k_j innerhalb der Funktion f mit h multipliziert werden.

Die Stetigkeit von f impliziert

$$k_j = O(1) \text{ für } j = 1, \ldots, m, \quad h \to 0.$$

Verwendet man diese Information in der rechten Seite von (8.42), so folgt

$$k_j = f(x(t_i) + O(h)) = f^i + O(h), \; j = 1, \ldots, m. \quad (8.43)$$

Im nächsten Schritt wird diese neue Information (8.43) wieder in (8.42) verwendet. Es ergibt sich nun mit $\rho_j \equiv \sum_j \gamma_{jl}$:

$$k_j = f(x(t_i) + h \sum_l \gamma_{jl} f^i + O(h^2)) = f^i + h\rho_j f_x^i f^i + O(h^2). \quad (8.44)$$

Der dritte Schritt führt zu

$$\begin{aligned} k_j &= f\Big(x(t_i) + h\sum_l \gamma_{jl}(f^i + h\rho_l f_x^i f^i) + O(h^3)\Big) \\ &= f^i + h\rho_j f_x^i f^i + h^2 \sum_l \gamma_{jl}\rho_l f_x^i f_x^i f^i + \frac{h^2}{2}\rho_j^2 f_{xx}^i(f^i, f^i) + O(h^3). \end{aligned} \tag{8.45}$$

Schließlich erhält man im (letzten) vierten Schritt

$$\begin{aligned} k_j = f\Big(&x(t_i) + h\rho_j f^i + h^2 \sum_l \gamma_{jl}\rho_l f_x^i f^i + h^3 \sum_l \sum_r \gamma_{jl}\gamma_{lr}\rho_r f_x^i f_x^i f^i \\ &+ \frac{h^3}{2}\sum_l \gamma_{jl}\rho_l^2 f_{xx}^i(f^i, f^i) + O(h^4)\Big) \\ = {}& f^i + h\rho_j f_x^i f^i + h^2 \sum_l \gamma_{jl}\rho_l f_x^i f_x^i f^i + \frac{h^2}{2}\rho_j^2 f_{xx}^i(f^i, f^i) \\ &+ h^3 \sum_l \sum_r \gamma_{jl}\gamma_{lr}\rho_r f_x^i f_x^i f_x^i f^i + \frac{h^3}{2}\sum_l \gamma_{jl}\rho_l^2 f_x^i f_{xx}^i(f^i, f^i) \\ &+ h^3 \sum_l \rho_l \gamma_{jl}\rho_j f_{xx}^i(f_x^i f^i, f^i) + \frac{h^3}{6}\rho_j^3 f_{xxx}^i(f^i, f^i, f^i) + O(h^4). \end{aligned} \tag{8.46}$$

Mit dieser rekursiven Vorgehensweise erhält man von Schritt zu Schritt immer mehr Informationen über die Stufen k_j. Setzt man nun (8.46) in den Ausdruck $h\Phi(\cdot)$ ein (s. (8.36)), so resultiert

$$\begin{aligned} h\Phi(\cdot) = {}& h\sum_j \beta_j f^i + h^2 \sum_j \beta_j \rho_j f_x^i f^i \\ &+ \frac{h^3}{3!}\Big(3\sum_j \beta_j \rho_j^2 f_{xx}^i(f^i, f^i) + 6\sum_j \sum_l \beta_j \gamma_{jl}\rho_l f_x^i f_x^i f^i\Big) \\ &+ \frac{h^4}{4!}\Big(4\sum_j \beta_j \rho_j^3 f_{xxx}^i(f^i, f^i, f^i) + 24\sum_j \sum_l \beta_j \rho_j \gamma_{jl}\rho_l f_{xx}^i(f_x^i f^i, f^i) \\ &\qquad + 12\sum_j \sum_l \beta_j \gamma_{jl}\rho_l^2 f_x^i f_{xx}^i(f^i, f^i) \\ &\qquad + 24\sum_j \sum_l \sum_r \beta_j \gamma_{jl}\gamma_{lr}\rho_r f_x^i f_x^i f_x^i f^i\Big) + O(h^5). \end{aligned} \tag{8.47}$$

Jetzt kann man die Entwicklungen (8.41) und (8.47) in die Formel (8.33) des lokalen Diskretisierungsfehlers einsetzen und fordern, dass alle Terme, die h, h^2, h^3 und h^4 enthalten, verschwinden. Hieraus folgt unmittelbar die Aussage des Satzes 8.3. Insbesondere erhält man Forderungen an die freien Parameter des RKVs, die eine bestimmte Konsistenzordnung garantieren. Diese Forderungen werden *Ordnungsbedingungen* genannt.

Theorem 8.3. *Es sei f eine hinreichend glatte Funktion. Ein RKV besitzt genau dann die Konsistenzordnung*

- $p = 1$, *falls die Parameter die Bedingung*

$$\sum_j \beta_j = 1 \tag{8.48}$$

erfüllen;

- $p = 2$, *falls die Parameter zusätzlich die Bedingung*

$$\sum_j \beta_j \rho_j = \frac{1}{2} \tag{8.49}$$

erfüllen;

- $p = 3$, *falls die Parameter zusätzlich die zwei Bedingungen*

$$\sum_j \beta_j \rho_j^2 = \frac{1}{3}, \qquad \sum_j \sum_l \beta_j \gamma_{jl} \rho_l = \frac{1}{6} \tag{8.50}$$

erfüllen;

- $p = 4$, *falls die Parameter zusätzlich die vier Bedingungen*

$$\begin{aligned} \sum_j \beta_j \rho_j^3 &= \frac{1}{4}, & \sum_j \sum_l \beta_j \rho_j \gamma_{jl} \rho_l &= \frac{1}{8}, \\ \sum_j \sum_l \beta_j \gamma_{jl} \rho_l^2 &= \frac{1}{12}, & \sum_j \sum_l \sum_r \beta_j \gamma_{jl} \gamma_{lr} \rho_r &= \frac{1}{24} \end{aligned} \tag{8.51}$$

erfüllen. Die Summationen erstrecken sich jeweils von 1 bis m.

Offensichtlich vergrößert sich die Anzahl der Bedingungen, die die Parameter erfüllen müssen, mit wachsender Konsistenzordnung signifikant. Die Tabelle 8.14 vermittelt einen Eindruck davon.

Tabelle 8.14 Anzahl der Ordnungsbedingungen N_p in Abhängigkeit von der Ordnung p

p	1	2	3	4	5	6	7	8	9	10	20
N_p	1	2	4	8	17	37	85	200	486	1205	20247374

Der zweite Schritt bei der Konstruktion von RKVn besteht nun in der Lösung der Ordnungsbedingungen. Um die Darstellung zu vereinfachen, wollen wir nur die

Parameter eines (expliziten) ERK bestimmen. Somit sind $4(4+1)/2 = 10$ Parameter β und Γ eines 4-stufigen RKVs gesucht, die die 8 nichtlinearen algebraischen Gleichungen (8.48) bis (8.51) erfüllen. Da wir ein explizites Verfahren bestimmen wollen, sind diese Gleichungen von der folgenden Gestalt:

$$\beta_1 + \beta_2 + \beta_3 + \beta_4 = 1, \quad \beta_2\rho_2 + \beta_3\rho_3 + \beta_4\rho_4 = \frac{1}{2}, \tag{8.52}$$

$$\beta_2\rho_2^2 + \beta_3\rho_3^2 + \beta_4\rho_4^2 = \frac{1}{3}, \quad \beta_3\gamma_{32}\rho_2 + \beta_4(\gamma_{42}\rho_2 + \gamma_{43}\rho_3) = \frac{1}{6}, \tag{8.53}$$

$$\beta_2\rho_2^3 + \beta_3\rho_3^3 + \beta_4\rho_4^3 = \frac{1}{4}, \quad \beta_3\rho_3\gamma_{32}\rho_2 + \beta_4\rho_4(\gamma_{42}\rho_2 + \gamma_{43}\rho_3) = \frac{1}{8}, \tag{8.54}$$

$$\beta_3\gamma_{32}\rho_2^2 + \beta_4(\gamma_{42}\rho_2^2 + \gamma_{43}\rho_3^2) = \frac{1}{12}, \quad \beta_4\gamma_{43}\gamma_{32}\rho_2 = \frac{1}{24}. \tag{8.55}$$

Zusätzlich müssen noch die Gleichungen (8.38) erfüllt sein, d.h.

$$\rho_1 = 0, \qquad \rho_2 = \gamma_{21}, \qquad \rho_3 = \gamma_{31} + \gamma_{32}, \qquad \rho_4 = \gamma_{41} + \gamma_{42} + \gamma_{43}. \tag{8.56}$$

Um nun spezielle Parametersätze aus den obigen Gleichungen herzuleiten, wollen wir die Formeln (8.52) – (8.53,a) und (8.54,a) aus dem Blickwinkel einer reinen Integration betrachten. Es seien die Parameter β_1, β_2, β_3 und β_4 die Gewichte sowie die Parameter $\rho_1 = 0$, ρ_2, ρ_3 und ρ_4 die Knoten einer auf dem Intervall $[0,1]$ definierten Quadraturformel

$$\int_0^1 f(t)dt \approx \sum_{j=1}^4 \beta_j f(\rho_j), \tag{8.57}$$

die Polynome 3. Grades exakt integriert. Die bekannte Simpson-Regel

$$\int_0^1 f(t)\,dt \approx \frac{1}{6}[f(0)+4f(1/2)+f(1)] = \frac{1}{6}[f(0)+2f(1/2)+2f(1/2)+f(1)],$$

stellt eine solche Quadraturformel dar (s. z.B. [4]). Da die Simpson-Regel mit nur 3 Knoten arbeitet, wenden wir den folgenden Trick an. Wir schreiben den mittleren Knoten aus Symmetriegründen doppelt und erhalten damit für die rechte Seite von (8.57) die folgende Parameterkonstellation:

$$\rho = (0, 1/2, 1/2, 1)^T, \qquad \beta = (1/6, 2/6, 2/6, 1/6)^T.$$

Setzt man diese (vordefinierten) Parameter in die Ordnungsbedingungen ein, dann erhält man nach kurzer Rechnung (s. auch [1])

$$\gamma_{21} = 1/2, \quad \gamma_{31} = 0, \quad \gamma_{32} = 1/2, \quad \gamma_{41} = 0, \quad \gamma_{42} = 0, \quad \gamma_{43} = 1.$$

Ein Blick auf die Tabelle 8.7 zeigt, dass wir auf diese Weise das klassische Runge-Kutta-Verfahren erhalten haben.

Eine andere Quadraturformel (8.57) mit der oben postulierten Eigenschaft ist die Newtonsche 3/8-Regel

$$\int_0^1 f(t)\,dt \approx \frac{1}{8}[f(0)+3f(1/3)+3f(2/3)+f(1)].$$

Hieraus leiten sich die folgenden Parameter ab

$$\rho = (0,1/3,2/3,1)^T, \qquad \beta = (1/8,3/8,3/8,1/8)^T.$$

Substituiert man diese in die Ordnungsbedingungen, dann führt wieder eine kurze Rechnung zu dem Ergebnis

$$\gamma_{21} = 1/3,\ \gamma_{31} = -1/3,\ \gamma_{32} = 1,\ \gamma_{41} = 1,\ \gamma_{42} = -1,\ \gamma_{43} = 1.$$

Das resultierende RKV wird in Anlehnung an die Quadraturformel ebenfalls als 3/8-*Regel* bezeichnet. Das zugehörige Butcher-Diagramm ist in der Tabelle 8.15 angegeben.

Tabelle 8.15 3/8-Regel

$$\begin{array}{c|cccc}
0 & 0 & 0 & 0 & 0 \\
\frac{1}{3} & \frac{1}{3} & 0 & 0 & 0 \\
\frac{2}{3} & -\frac{1}{3} & 1 & 0 & 0 \\
1 & 1 & -1 & 1 & 0 \\
\hline
 & \frac{1}{8} & \frac{3}{8} & \frac{3}{8} & \frac{1}{8}
\end{array} \tag{8.58}$$

8.1.6 Kollokation und implizite Runge-Kutta-Verfahren

Wir beginnen mit der folgenden Definition:

Definition 8.7. Es seien m paarweise verschiedene reelle Zahlen $\rho_1,\ldots,\rho_m$ gegeben, mit $0 \le \rho_j \le 1$, $j=1,\ldots,m$. Unter einem Kollokationspolynom $P_m(t)$ versteht man ein Polynom vom Grad höchstens m, welches die folgenden Kollokationsbedingungen erfüllt.

$$P_m(t_i) = x_i \tag{8.59}$$
$$\dot{P}_m(t_i + \rho_j h) = f(t_i + \rho_j h, P_m(t_i + \rho_j h)), \quad j = 1, \ldots, m, \tag{8.60}$$

Als numerisches Kollokationsverfahren wird nun

$$x_{i+1} \equiv P_m(t_i + h) \tag{8.61}$$

definiert.

Für $m = 1$ hat das Kollokationspolynom die Form

$$P_1(t) = x_i + (t - t_i)k, \text{ mit } k \equiv f(t_i + \rho_1 h, x_i + h\rho_1 k).$$

Somit sind

- das *Euler(vorwärts)-Verfahren* (8.19) mit $\rho_1 = 0$,
- das *Euler(rückwärts)-Verfahren* (8.20) mit $\rho_1 = 1$ und
- die *Mittelpunktsregel* (8.21) mit $\rho_1 = 1/2$

Kollokationsverfahren.
Für $m = 2$ ergibt sich mit $\rho_1 = 0$ und $\rho_2 = 1$ die Trapezregel (8.22).

Der Zusammenhang zwischen den Kollokationsverfahren und den RKVn wird mit dem folgenden Satz aufgezeigt:

Theorem 8.4. *Das Kollokationsverfahren ist zu einem m-stufigen impliziten FIRK mit den Parametern*

$$\gamma_{jl} \equiv \int_0^{\rho_j} L_l(\tau)d\tau, \quad \beta_j \equiv \int_0^1 L_j(\tau)d\tau, \quad j,l = 1, \ldots, m, \tag{8.62}$$

äquivalent, wobei $L_j(\tau)$ das Lagrangesche Interpolationspolynom [4]

$$L_j(\tau) = \prod_{l=1, l\neq j}^{m} \frac{\tau - \rho_l}{\rho_j - \rho_l}$$

bezeichnet.

Beweis. Siehe z.B. [1].

Wegen $\tau^{k-1} = \sum_{j=1}^{m} \rho_j^{k-1} L_j(\tau)$, $k = 1, \ldots, m$, sind die Gleichungen (8.62) zu den linearen Systemen

$$\begin{aligned} C(q): &\quad \sum_{l=1}^{m} \gamma_{jl}\rho_l^{k-1} = \frac{\rho_j^k}{k}, \quad k = 1, \ldots, q, \ j = 1, \ldots, m, \\ B(p): &\quad \sum_{j=1}^{m} \beta_j \rho_j^{k-1} = \frac{1}{k}, \quad k = 1, \ldots, p, \end{aligned} \tag{8.63}$$

äquivalent, mit $q = m$ and $p = m$. Die Gleichungen (8.63) sind Bestandteil der sog. *vereinfachenden Bedingungen*, die von Butcher im Jahre 2003 [16] eingeführt wurden. Zu ihnen gehören noch die Gleichungen

$$D(r): \quad \sum_{j=1}^{m} \beta_j \rho_j^{k-1} \gamma_{jl} = \frac{1}{k} \beta_l (1 - \rho_l^k), \quad l = 1, \ldots, m, \quad k = 1, \ldots, r. \tag{8.64}$$

Die vereinfachenden Bedingungen ermöglichen die Konstruktion von RKVn sehr hoher Konsistenzordnung. Sind sie erfüllt, dann lässt sich die Anzahl der Ordnungsbedingungen wesentlich reduzieren.

Die grundlegende Beziehung zwischen den RKVn und den Kollokationsverfahren ist im Satz 8.5 formuliert.

Theorem 8.5. *Ein m-stufiges RKV mit paarweise verschiedenen Knoten $\rho_1, \ldots, \rho_m$ und der Konsistenzordnung $p \geq m$ ist genau dann ein Kollokationsverfahren, falls die vereinfachende Bedingung $C(m)$ erfüllt ist.*

Beweis. Siehe z.B. [3].

Über die Konsistenzordnung eines FIRK, die durch die Parameter (8.62) bestimmt ist, lässt sich Folgendes aussagen.

Theorem 8.6. *Ist die vereinfachende Bedingung $B(p)$ für ein $p \geq m$ erfüllt, dann hat das Kollokationsverfahren die Konsistenzordnung p. Mit anderen Worten, in diesem Fall besitzt das Kollokationsverfahren die gleiche Konsistenzordnung wie die zugrunde liegende Quadraturformel.*

Beweis. Siehe z.B. [2].

Der Satz 8.6 zeigt, dass die Wahl einer geeigneten Quadraturformel für die Konstruktion von FIRK von großer Bedeutung ist. Eine wichtige Klasse von FIRK basiert auf den Gauß-Legendre-Quadraturformeln [4]. Man nennt sie deshalb auch *Gauß-Verfahren*. Die Knoten $\rho_1, \ldots, \rho_m$ eines Gauß-Verfahrens sind die paarweise verschiedenen Nullstellen des verschobenen (engl.: *shifted*) Legendre-Polynoms vom Grad m

$$\hat{\phi}_m(t) \equiv \phi_m(2t-1) = \frac{1}{m!} \frac{d^m}{dt^m} \big(t^m (t-1)^m\big),$$

d.h., es handelt sich um die Gauß-Legendre-Punkte im Intervall $(0, 1)$. Diese Nullstellen findet man tabelliert in den gängigen Handbüchern mathematischer Funktionen, so z.B. in [18].

Da die hier verwendete Quadraturformel von der Genauigkeitsordnung $2m$ ist, folgt aus dem Satz 8.6, dass ein auf diesen Knoten ρ_j basierendes FIRK ebenfalls die Ordnung $p = 2m$ besitzt. Für $m = 1$ ergibt sich die Mittelpunktsregel (8.21) mit der Konsistenzordnung $p = 2m = 2$. Sie gehört damit auch zu den Gauß-Verfahren. Die Parameter der FIRK mit der Stufenzahl $m = 2$ und $m = 3$ sind in den Tabellen 8.16 und 8.17 angegeben.

Tabelle 8.16 Gauß-Verfahren der Konsistenzordnung 4

$$\begin{array}{c|cc}
\frac{1}{2}-\frac{\sqrt{3}}{6} & \frac{1}{4} & \frac{1}{4}-\frac{\sqrt{3}}{6} \\
\frac{1}{2}+\frac{\sqrt{3}}{6} & \frac{1}{4}+\frac{\sqrt{3}}{6} & \frac{1}{4} \\
\hline
 & \frac{1}{2} & \frac{1}{2}
\end{array} \tag{8.65}$$

Tabelle 8.17 Gauß-Verfahren der Konsistenzordnung 6

$$\begin{array}{c|ccc}
\frac{1}{2}-\frac{\sqrt{15}}{10} & \frac{5}{36} & \frac{2}{9}-\frac{\sqrt{15}}{15} & \frac{5}{36}-\frac{\sqrt{15}}{30} \\
\frac{1}{2} & \frac{5}{36}+\frac{\sqrt{15}}{24} & \frac{2}{9} & \frac{5}{36}-\frac{\sqrt{15}}{24} \\
\frac{1}{2}+\frac{\sqrt{15}}{10} & \frac{5}{36}+\frac{\sqrt{15}}{30} & \frac{2}{9}+\frac{\sqrt{15}}{15} & \frac{5}{36} \\
\hline
 & \frac{5}{18} & \frac{4}{9} & \frac{5}{18}
\end{array} \tag{8.66}$$

Zu einer vorgegebenen Stufenzahl m besitzen die Gauß-Verfahren die höchste Konsistenzordnung, die mit einem FIRK erreicht werden kann. Da ihre Stabilitätseigenschaften jedoch nicht optimal sind, lassen sich Verfahren der Konsistenzordnung $p = 2m - 1$ konstruieren, die ein besseres Stabilitätsverhalten aufweisen. Dies ist insbesondere dann von Bedeutung, wenn die gegebene DGL steif ist.

Die theoretische Grundlage für die Entwicklung derartiger FIRK liefert der Satz 8.7.

Theorem 8.7. *Die Konsistenzordnung eines FIRK sei $p = 2m - 1$. Dann sind die Knoten $\rho_1, \ldots, \rho_m$ die Nullstellen des Polynoms*

$$\phi_{m,\xi}(2t-1) = \phi_m(2t-1) + \xi\, \phi_{m-1}(2t-1), \quad \xi \in \mathbb{R}.$$

Beweis. s.[3].

Von besonderem Interesse sind hierbei die Fälle $\xi = 1$ und $\xi = -1$. Als Quadraturformeln ergeben sich dann die linksseitige ($\rho_1 = 0$) sowie die rechtsseitige ($\rho_m = 1$) Radau-Quadraturformel, die beide von der Genauigkeitsordnung $2m - 1$ sind. Die darauf aufbauenden FIRK heißen *Radau-I-Verfahren* bzw. *Radau-II-Verfahren*.
Die Knoten eines Radau-Verfahrens sind paarweise verschieden und liegen im Intervall $[0, 1)$.

Genauer gilt:

- Die Knoten $\rho_1 = 0,\ \rho_2, \ldots, \rho_m$ eines Radau-I-Verfahrens sind die Nullstellen des Polynoms
$$\phi_1(t) \equiv \frac{d^{m-1}}{d\,t^{m-1}}\left(t^m (t-1)^{m-1}\right).$$
- Die Knoten $\rho_1, \ldots, \rho_{m-1}, \rho_m = 1$ eines Radau-II-Verfahrens sind die Nullstellen des Polynoms
$$\phi_2(t) \equiv \frac{d^{m-1}}{d\,t^{m-1}}\left(t^{m-1} (t-1)^{m}\right).$$

Die Parameter β_j eines Radau-Verfahrens werden durch die vereinfachende Bedingung $B(m)$ (s. Formel (8.63)) festgelegt. Für die Wahl der Elemente von Γ gibt es in der Literatur verschiedene Vorschläge:

- Radau-I-Verfahren: Γ wird mit der vereinfachenden Bedingung $C(m)$ bestimmt [14],
- Radau-IA-Verfahren: Γ wird mit der vereinfachenden Bedingung $D(m)$ bestimmt [19],
- Radau-II-Verfahren: Γ wird mit der vereinfachenden Bedingung $D(m)$ bestimmt [14],
- Radau-IIA-Verfahren: Γ wird mit der vereinfachenden Bedingung $C(m)$ bestimmt [19].

Da die Radau-IA- und Radau-IIA-Verfahren im Hinblick auf die numerische Stabilität verbesserte Varianten der Radau-I- bzw. Radau-II-Verfahren sind, werden sie in der Praxis häufiger verwendet. Schließlich impliziert die Genauigkeitsordnung der verwendeten Quadraturformeln, dass die m-stufigen Radau I-, Radau IA-, Radau II- und Radau IIA-Verfahren die Konsistenzordnung $p = 2m-1$ besitzen.

In den Tabellen 8.18 und 8.19 sind die Parameter der Radau-IA-Verfahren mit $m = 1,2,3$ angegeben.

Die Tabellen 8.20 und 8.21 enthalten die Parameter der Radau-IIA-Verfahren mit $m = 1,2,3$.

Tabelle 8.18 Radau-IA-Verfahren der Konsistenzordnung 1 und 3

$$\begin{array}{c|c} 0 & 1 \\ \hline & 1 \end{array} \qquad \begin{array}{c|cc} 0 & \frac{1}{4} & -\frac{1}{4} \\ \frac{2}{3} & \frac{1}{4} & \frac{5}{12} \\ \hline & \frac{1}{4} & \frac{3}{4} \end{array}$$

Tabelle 8.19 Radau-IA-Verfahren der Konsistenzordnung 5

$$
\begin{array}{c|ccc}
0 & \frac{1}{9} & \frac{-1-\sqrt{6}}{18} & \frac{-1+\sqrt{6}}{18} \\
\frac{6-\sqrt{6}}{10} & \frac{1}{9} & \frac{88+7\sqrt{6}}{360} & \frac{88-43\sqrt{6}}{360} \\
\frac{6+\sqrt{6}}{10} & \frac{1}{9} & \frac{88+43\sqrt{6}}{360} & \frac{88-7\sqrt{6}}{360} \\
\hline
 & \frac{1}{9} & \frac{16+\sqrt{6}}{36} & \frac{16-\sqrt{6}}{36}
\end{array}
$$

Tabelle 8.20 Radau-IIA-Verfahren der Ordnung 1 und 3

$$
\begin{array}{c|c}
1 & 1 \\
\hline
 & 1
\end{array}
\qquad
\begin{array}{c|cc}
\frac{1}{3} & \frac{5}{12} & -\frac{1}{12} \\
1 & \frac{3}{4} & \frac{1}{4} \\
\hline
 & \frac{3}{4} & \frac{1}{4}
\end{array}
$$

Tabelle 8.21 Radau-IIA-Verfahren der Ordnung 5

$$
\begin{array}{c|ccc}
\frac{4-\sqrt{6}}{10} & \frac{88-7\sqrt{6}}{360} & \frac{296-169\sqrt{6}}{1800} & \frac{-2+3\sqrt{6}}{225} \\
\frac{4+\sqrt{6}}{10} & \frac{296+169\sqrt{6}}{1800} & \frac{88+7\sqrt{6}}{360} & \frac{-2-3\sqrt{6}}{225} \\
1 & \frac{16-\sqrt{6}}{36} & \frac{16+\sqrt{6}}{36} & \frac{1}{9} \\
\hline
 & \frac{16-\sqrt{6}}{36} & \frac{16+\sqrt{6}}{36} & \frac{1}{9}
\end{array}
$$

Zum Abschluss dieses Abschnittes wollen wir noch eine weitere Klasse von FIRKs betrachten, deren theoretische Grundlage der folgende Satz darstellt:

Theorem 8.8. *Besitzt ein RKV die Konsistenzordnung $p = 2m-2$, dann sind die Knoten $\rho_1, \ldots, \rho_m$ die Nullstellen eines Polynoms*

$$\phi_{m,\xi,\mu}(2t-1) \equiv \phi_m(2t-1) + \xi\,\phi_{m-1}(2t-1) + \mu\,\phi_{m-2}(2t-1), \qquad \xi, \mu \in \mathbb{R}.$$

Beweis. Siehe z.B. [3].

Setzt man nun $\xi = 0$ und $\mu = -1$, dann erhält man daraus die wichtigen *Lobatto-Formeln*. Aus der Integrationstheorie ist bekannt, dass die Lobatto-Quadraturformeln genau dann die größtmögliche Genauigkeitsordnung besitzen, falls die beiden Knoten an den Rändern mit zum Gitter gehören, was wiederum $\rho_1 = 0$ und $\rho_m = 1$ impliziert. Die resultierenden FIRK werden *Lobatto-III-Verfahren* genannt.

Die Knoten eines Lobatto-Verfahrens sind paarweise verschieden und liegen im Intervall $[0,1]$. Weiter ist bekannt, dass bei einem Lobatto-III-Verfahren die zugehörigen Knoten $\rho_1 = 0, \rho_2, \ldots, \rho_{m-1}, \rho_m = 1$ die Nullstellen des Polynoms

$$\phi_3(t) \equiv \frac{d^{m-2}}{dt^{m-2}}\left(t^{m-1}(t-1)^{m-1}\right)$$

sind. Die Parameter β_j ergeben sich aus der jeweiligen Quadraturformel. Für die Wahl der Elemente γ_{jk} der Parametermatrix Γ gibt es in der Literatur verschiedene Vorschläge:

- *Lobatto-IIIA-Verfahren*: Γ wird mittels der vereinfachenden Bedingung $C(m)$ bestimmt [19],
- *Lobatto-IIIB-Verfahren*: Γ wird mittels der vereinfachenden Bedingung $D(m)$ bestimmt [19],
- *Lobatto-IIIC-Verfahren*: Γ wird mittels der vereinfachenden Bedingung $C(m-1)$ sowie den Gleichungen $\gamma_{j1} = \beta_1$, $j = 1, \ldots, m$, bestimmt [20].

Schließlich impliziert die Genauigkeitsordnung der zugrunde liegenden Quadraturformel, dass die m-stufigen Lobatto-IIIA-, Lobatto-IIIB- und Lobatto-IIIC-Verfahren die Konsistenzordnung $p = 2m-2$ besitzen.

In den Tabellen 8.22 und 8.23 sind die Parameter der Lobatto-IIIA-Verfahren mit $m = 3$ und $m = 4$ angegeben.

Die entsprechenden Lobatto-IIIB-Verfahren für $m = 3$ and $m = 4$ findet man in den Tabellen 8.24 und 8.25.

Ein Blick auf den Satz 8.5 zeigt, dass die Gauß-Verfahren, die Radau-I-Verfahren, die Radau-IIA-Verfahren und die Lobatto-IIIA-Verfahren zur Klasse der Kollokationsverfahren gehören.

Tabelle 8.22 Lobatto IIIA-Verfahren der Konsistenzordnung 4

0	0	0	0
$\frac{1}{2}$	$\frac{5}{24}$	$\frac{1}{3}$	$-\frac{1}{24}$
1	$\frac{1}{6}$	$\frac{2}{3}$	$\frac{1}{6}$
	$\frac{1}{6}$	$\frac{2}{3}$	$\frac{1}{6}$

Tabelle 8.23 Lobatto IIIA-Verfahren der Konsistenzordnung 6

$$\begin{array}{c|cccc}
0 & 0 & 0 & 0 & 0 \\
\frac{5-\sqrt{5}}{10} & \frac{11+\sqrt{5}}{120} & \frac{25-\sqrt{5}}{120} & \frac{25-13\sqrt{5}}{120} & \frac{-1+\sqrt{5}}{120} \\
\frac{5+\sqrt{5}}{10} & \frac{11-\sqrt{5}}{120} & \frac{25+13\sqrt{5}}{120} & \frac{25+\sqrt{5}}{120} & \frac{-1-\sqrt{5}}{120} \\
1 & \frac{1}{12} & \frac{5}{12} & \frac{5}{12} & \frac{1}{12} \\
\hline
 & \frac{1}{12} & \frac{5}{12} & \frac{5}{12} & \frac{1}{12}
\end{array}$$

Tabelle 8.24 Lobatto IIIB-Verfahren der Konsistenzordnung 4

$$\begin{array}{c|ccc}
0 & \frac{1}{6} & -\frac{1}{6} & 0 \\
\frac{1}{2} & \frac{1}{6} & \frac{1}{3} & 0 \\
1 & \frac{1}{6} & \frac{5}{6} & 0 \\
\hline
 & \frac{1}{6} & \frac{2}{3} & \frac{1}{6}
\end{array}$$

Tabelle 8.25 Lobatto IIIB-Verfahren der Konsistenzordnung 6

$$\begin{array}{c|cccc}
0 & \frac{1}{12} & \frac{-1-\sqrt{5}}{24} & \frac{-1+\sqrt{5}}{24} & 0 \\
\frac{5-\sqrt{5}}{10} & \frac{1}{12} & \frac{25+\sqrt{5}}{120} & \frac{25-13\sqrt{5}}{120} & 0 \\
\frac{5+\sqrt{5}}{10} & \frac{1}{12} & \frac{25+13\sqrt{5}}{120} & \frac{25-\sqrt{5}}{120} & 0 \\
1 & \frac{1}{12} & \frac{11-\sqrt{5}}{24} & \frac{11+\sqrt{5}}{24} & 0 \\
\hline
 & \frac{1}{12} & \frac{5}{12} & \frac{5}{12} & \frac{1}{12}
\end{array}$$

8.1.7 Globaler Fehler und Konvergenz

Beim Studium des lokalen Diskretisierungsfehlers wurde die numerische Integration des AWPs (8.5) über ein einzelnes Intervall $[t_i, t_{i+1}]$ der Länge h des Gitters

J_h betrachtet und dabei vorausgesetzt, dass am Anfang dieses Intervalls der exakte Wert der Lösung $x(t)$ gegeben ist. Das entspricht natürlich nicht der Realität. Vielmehr findet der Integrationsprozess sukzessive auf allen durch das Gitter definierten Intervallen $[t_j, t_{j+1}]$, $j = 0, \ldots, N-1$, statt. Bereits am Ende des ersten Intervalls $[t_0, t_1]$ liegt dann nur noch eine Approximation x_1^h für $x(t_1)$ vor. Wichtig dabei ist, dass sich in der Näherung x_{i+1}^h alle vorangegangenen lokalen Fehler aufsummiert haben. Diese Akkumulation der lokalen Fehler wird mit dem *globalen Fehler* gemessen.

Definition 8.8. Es bezeichne wie bisher x_{i+1}^h die mit einem ESV und der Schrittweite h bestimmte Approximation der exakten Lösung $x(t_{i+1})$. Der globale Fehler dieser Approximation ist

$$e_{i+1}^h \equiv x(t_{i+1}) - x_{i+1}^h. \tag{8.67}$$

Eine sehr wichtige Aussage über den globalen Fehler ist in dem folgenden Satz formuliert.

Theorem 8.9. *Die Funktion f sei auf $J \times \Omega$ gleichmäßig Lipschitz-stetig (s. Formel* (8.6)*) und L bezeichne die zugehörige Lipschitz-Konstante. Die Integrationsgrenze T $(< \infty)$ sei so gewählt, dass die Lösungstrajektorie in dem abgeschlossenen Gebiet Ω verbleibt. Dann gibt es eine Konstante C, so dass für alle i mit $t_0 + (i+1)h \leq T$ die Abschätzung*

$$||e_{i+1}^h|| \leq C \max_{j \leq i} ||\delta(t_{j+1}, x_j(t_{j+1}); h)|| \tag{8.68}$$

gilt. Insbesondere ist $||e_{i+1}^h|| = O(h^p)$, wobei p die Konsistenzordnung des verwendeten ESVs bezeichnet.

Beweis. Siehe z.B. [1].

Die bereits im Abschnitt 8.1.4 betrachtete Konsistenz sagt aus, dass die Differenzengleichung eines ESVs für h gegen Null gegen das gegebene AWP (8.5) konvergiert. Wir kommen nun zur *Konvergenz* eines ESVs, die den Sachverhalt beschreibt, dass die exakte Lösung dieser Differenzengleichung auch gegen die exakte Lösung des AWPs für $h \to 0$ konvergiert.

Definition 8.9. Ein ESV wird konvergent genannt, wenn ein Gebiet Ω wie im Satz 8.9 existiert, so dass für ein fixiertes $t \equiv t_0 + (i+1)h \leq T$ gilt

$$\lim_{h \to 0,\, i \to \infty} e_{i+1}^h = 0. \tag{8.69}$$

Die größte positive ganze Zahl q, für die $e_{i+1}^h = O(h^q)$ erfüllt ist, heißt *Konvergenzordnung* des ESVs.

Aus dem Satz 8.9 folgt nun die wichtige Aussage, dass ein ESV genau dann konvergent mit der Konvergenzordnung p ist, wenn es konsistent ist und die Konsistenzordnung p besitzt. Da somit die Konvergenzordnung mit der Konsistenzordnung übereinstimmt, spricht man oftmals nur noch von der *Ordnung* eines ESVs bzw. RKVs.

8.1.8 Schätzung des lokalen Diskretisierungsfehlers und Schrittweitensteuerung

In den vorangegangenen Abschnitten wurde bei der Integration des AWPs (8.5) stets von einer konstanten Schrittweite h ausgegangen. Wir wollen jetzt ein *nicht-äquidistantes Gitter* betrachten und die Schrittweite dem jeweiligen Wachstumsverhalten der exakten Lösung $x(t)$ des AWPs anpassen. Um eine geeignete Strategie für die Schrittweitensteuerung entwickeln zu können, benötigt man hinreichend genaue Abschätzungen für den lokalen Diskretisierungsfehler, die sich zudem ohne zu großen zusätzlichen numerischen Aufwand berechnen lassen. Die heute am häufigsten verwendete Methode zur Schätzung des lokalen Fehlers eines RKVs basiert auf den eingebetteten RKVn (s. Abschn. 8.1.3, Tabellen 8.8–8.12). Sie wird deshalb auch als Schätzung mittels des *Einbettungsprinzipes* bezeichnet. Diese Technik kann jedoch auch allgemeiner mit zwei ESVn *unterschiedlicher* Ordnung realisiert werden. Wir wollen deshalb an dieser Stelle davon ausgehen, dass zwei explizite ESVn der Form

$$x_{i+1}^h = x_i^h + h\,\Phi_1(t_i, x_i^h; h) \quad \text{und} \quad \bar{x}_{i+1}^h = x_i^h + h\,\Phi_2(t_i, x_i^h; h)$$

gegeben sind, mit

$$\begin{aligned} x_{i+1}^h &= x_i(t_{i+1}) - h\,\delta(t_{i+1}, x_i(t_{i+1}); h), \; \delta(\cdot) = O(h^p) \\ \bar{x}_{i+1}^h &= x_i(t_{i+1}) - h\,\bar{\delta}(t_{i+1}, x_i(t_{i+1}); h), \; \bar{\delta}(\cdot) = O(h^q) \end{aligned}$$

und $q \geq p+1$. Die Subtraktion beider Gleichungen führt auf

$$\bar{x}_{i+1}^h - x_{i+1}^h = h\delta(\cdot) - h\bar{\delta}(\cdot).$$

Somit ist

$$\frac{1}{h}\left(\bar{x}_{i+1}^h - x_{i+1}^h\right) + \underbrace{\bar{\delta}(\cdot)}_{O(h^q)} = \underbrace{\delta(\cdot)}_{O(h^p)}.$$

Als eine geeignete Schätzung für den lokalen Diskretisierungsfehler ergibt sich daraus

$$EST \equiv \frac{1}{h}\left(\bar{x}_{i+1}^h - x_{i+1}^h\right). \tag{8.70}$$

Verwendet man für diese Schätzung ein benachbartes Paar aus einer Klasse eingebetteter RKVn, dann muss man nicht unabhängig voneinander zwei verschiedene RKVn berechnen. So führen z.B. die Verfahren RKF4 und RKF5 (s. Tab. 8.9) mit $p=4$ bzw. $q=5$ auf die nur mit geringem zusätzlichen Aufwand zu berechnende Schätzung

$$\delta(t_{i+1}, x_i(t_{i+1}); h) \approx EST = \sum_{j=1}^{6} (\bar{\beta}_j - \beta_j) k_j, \tag{8.71}$$

wobei $\{\beta_j\}_{j=1}^5$ ($\beta_6 = 0$) zu RKF4 und $\{\bar{\beta}_j\}_{j=1}^6$ zu RKF5 gehören.

Eine andere Strategie, eine Schätzung des lokalen Diskretisierungsfehlers zu bestimmen, ist das sog. *Runge-Prinzip*. Hier verwendet man nur ein einziges ESV, berechnet aber mit diesem zwei Näherungen an der Stelle t_{i+1}, indem die Integration sowohl mit der Schrittweite h als auch mit der Schrittweite $h/2$ durchgeführt wird. Als eine Schätzung für den Fehler ergibt sich dann (s. z.B. [1])

$$EST \equiv \frac{1}{(1-(\frac{1}{2})^p)h}\left(\bar{x}_{i+1}^h - x_{i+1}^h\right), \tag{8.72}$$

wobei x_{i+1}^h die mit der Schrittweite h und $\bar{x}_{i+1}^h$ die mit der Schrittweite $h/2$ berechnete Näherung für $x(t_{i+1})$ bezeichnen.

Wir kommen nun zur Steuerung der Schrittweite und vereinfachen die Darstellung wiederum dadurch, dass wir nur explizite ESVn betrachten. Die lokalen Schrittweiten mögen mit $h_i \equiv t_{i+1} - t_i$ bezeichnet werden.
Zu einer vorgegebenen (absoluten) Toleranz TOL für die Norm des lokalen Diskretisierungsfehlers werden üblicherweise die folgenden zwei Kriterien zur Schrittweitensteuerung verwendet:

- *Fehler pro Schritt* (EPS): Die Schrittweite h_i wird so bestimmt, dass
$$\|h_i\,\delta(t_{i+1}, x_i^{h_i}(t_{i+1}); h_i)\| \approx TOL \tag{8.73}$$
gilt,
- *Fehler pro Einheitsschritt* (EPUS): Die Schrittweite h_i wird so bestimmt, dass
$$\|\delta(t_{i+1}, x_i^{h_i}(t_{i+1}); h_i)\| \approx TOL \tag{8.74}$$
gilt.

Für die Realisierung des EPS-Kriteriums werde vorausgesetzt, dass eine Schätzung $NEST$ für $\|h_i\,\delta(t_{i+1}, x_i^{h_i}(t_{i+1}); h_i)\|$, mit $NEST \neq 0$, bekannt ist. Des Weiteren bezeichne α eine wie folgt zu berechnende Konstante:

$$\alpha \equiv 0.9\left(\frac{TOL}{NEST}\right)^{\frac{1}{p+1}}. \tag{8.75}$$

Die Schrittweite wird nun nach der folgenden Strategie gesteuert:

- Ist $NEST/TOL \leq 1$ erfüllt, dann wird die aktuelle Schrittweite h_i akzeptiert und die Schrittweite h_{i+1} für den nächsten Integrationsschritt auf dem Intervall $[t_{i+1}, t_{i+1} + h_{i+1}]$ nach der Vorschrift
$$h_{i+1} = \alpha\, h_i \tag{8.76}$$
vergrößert.
- Gilt jedoch $NEST/TOL > 1$, dann wird die aktuelle Schrittweite $h_i^{\text{alt}} \equiv h_i$ nicht akzeptiert. Stattdessen verkleinert man die Schrittweite nach der Vorschrift

$$h_i^{\text{neu}} = \alpha\, h_i^{\text{alt}}. \tag{8.77}$$

Anschließend wendet man das ESV auf dem verkleinerten Intervall $[t_i, t_i + h_i^{\text{neu}}]$ an und schätzt den lokalen Diskretisierungsfehler der am Ende dieses Intervalls erhaltenen Näherung.

Die Formeln (8.76) und (8.77) basieren auf dem Sachverhalt, dass $\|h\,\delta(\cdot)\|$ von der Ordnung $p+1$ ist, d. h., $h \equiv h_{i+1}$ bzw. $h \equiv h_i^{\text{neu}}$ werden so ermittelt, dass gilt

$$\left[\frac{h}{h_i}\right]^{p+1} \approx \frac{TOL}{NEST}. \tag{8.78}$$

In der Praxis hat es sich als sinnvoll erwiesen, in die Formel (8.75) einen sog. *Sicherheitsfaktor* einzuführen, der hier 0.9 beträgt. In machen Implementierungen findet man auch den Wert 0.8.

Ist $NEST \approx 0$, dann lässt sich α nicht nach der Formel (8.75) berechnen. Deshalb hat der Anwender in den Implementierungen dieser Strategie eine maximale Schrittweite h_{max} sowie eine minimale Schrittweite h_{min} vorzugeben, die in dieser Ausnahmesituation Verwendung finden.

In einigen Computerprogrammen wird der sich nach (8.75) ergebende Wert von α nicht immer verwendet. So setzen z.B. die AWP-Codes in MATLAB nach einer erfolglosen Verkleinerung der Schrittweite α auf den konstanten Wert 0.5 und verwenden diesen solange, bis wieder der Fall $NEST/TOL \le 1$ eintritt.

Beim EPUS-Kriterium geht man analog wie beim EPS-Kriterium vor. $NEST$ ist aber jetzt eine Schätzung für $\|\delta(t_{i+1}, x_i^{h_i}(t_{i+1}); h_i)\|$, mit $NEST \neq 0$. Des Weiteren hat man in den Formeln (8.75) und (8.78) den Ausdruck $p+1$ durch p zu ersetzen.

Neben der Schrittweitensteuerung mittels geeigneter Schätzungen des absoluten lokalen Diskretisierungsfehlers, wie dies oben ausgeführt ist, berücksichtigt man in der Praxis oftmals auch noch den relativen lokalen Diskretisierungsfehler. Hierzu werden zwei entsprechende Kriterien verwendet:

- *relativer Fehler pro Schritt* (REPS): Die Schrittweite h_i wird so bestimmt, dass
$$\frac{\|h_i\,\delta(t_{i+1}, x_i^{h_i}(t_{i+1}); h_i)\|}{\|x_{i+1}^{h_i}\|} \approx TOL \tag{8.79}$$
gilt.
- *relativer Fehler pro Einheitsschritt* (REPUS): Die Schrittweite h_i wird so bestimmt, dass
$$\frac{\|\delta(t_{i+1}, x_i^{h_i}(t_{i+1}); h_i)\|}{\|x_{i+1}^{h_i}\|} \approx TOL \tag{8.80}$$
gilt.

Um die Steuerung so effektiv wie möglich zu machen, arbeitet man im Allgemeinen mit einer Kombination aus dem EPS-Kriterium und dem REPS-Kriterium (bzw. EPUS-Kriterium und REPUS-Kriterium). Es ist dann neben einer absoluten

Toleranz TOL auch noch eine relative Toleranz $RTOL$ vorzugeben. Die Schrittweite bestimmt sich dann aus der Forderung, dass

$$NEST \approx TOL + RTOL \, \|x_{i+1}^{h_i}\| \tag{8.81}$$

gelten muss.

Beispiel 8.1.
(s. auch http://de.wikipedia.org/wiki/Lotka-Volterra-Gleichung)

Der Einfluss der Konsistenzordnung eines RKVs sowie der verwendeten Schrittweitensteuerung auf die Rechengenauigkeit soll anhand der bekannten Räuber-Beute-Gleichungen

$$\begin{aligned} \dot{y}_1(t) &= y_1(t)\,(\varepsilon_1 - \gamma_1 y_2(t)), \\ \dot{y}_2(t) &= -y_2(t)\,(\varepsilon_2 - \gamma_2 y_1(t)) \\ y_1(0) &= 700, \quad y_2(0) = 500 \end{aligned} \tag{8.82}$$

demonstriert werden. Dabei bezeichnen y_1 die Anzahl der Beutelebewesen und y_2 die Anzahl der Räuber. Das AWP (8.82) besitzt für bestimmte Parameterkonfigurationen eine zeitlich periodische Lösung. Die den Testrechnungen zugrunde liegenden Parameterwerte waren: $\varepsilon_1 = 0.7$, $\varepsilon_2 = 0.09$, $\gamma_1 = 0.002$ und $\gamma_2 = 0.0001$. In der Abb. 8.1 sind die Ergebnisse für vier ERKs unterschiedlicher Konsistenzordnung dargestellt, wobei die Integration von $t = 0$ bis $t = 10,000$ durchgeführt wurde. Dargestellt ist jeweils y_2 versus y_1. Die ersten drei Verfahren wurden mit der gleichen konstanten Schrittweite $h = 10/6$ realisiert, während beim vierten Verfahren die Schrittweite anhand des lokalen Diskretisierungsfehlers automatisch gesteuert wurde (verwendete Toleranz TOL=1e-7). Offensichtlich gibt das vierte Bild in der Abb. 8.1 den exakten Lösungsverlauf relativ gut wieder, während die ersten drei Bilder zeigen, wie sich die Fehler dahingehend anhäufen, dass sich keine periodische Lösung einstellt. □

8.1.9 Absolute Stabilität und Steifheit

Die bisher betrachteten Eigenschaften eines ESVs, wie Konsistenz und Konvergenz, sind asymptotische Begriffe, d.h., sie müssen für $h \to 0$ erfüllt sein. Wenn man jedoch auf einem Computer mit dem jeweiligen ESV rechnet, dann ist die Schrittweite zwar sehr klein, in jedem Fall aber ungleich Null. Deshalb ist man auch an

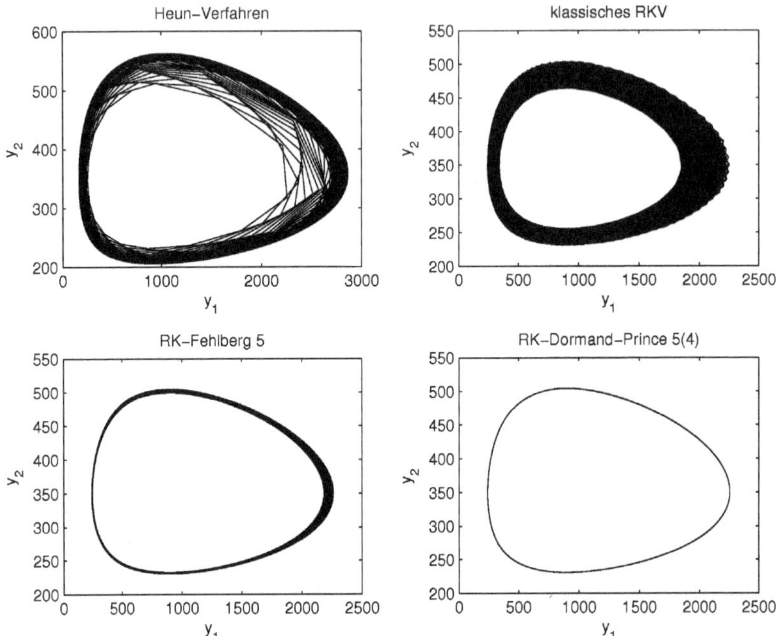

Abb. 8.1 Der Einfluss der Konsistenzordnung auf die Genauigkeit

Kenngrößen interessiert, die das Verhalten eines ESVs bei Schrittweiten $h \neq 0$ charakterisieren. Eine solche Kenngröße stellt die *absolute Stabilität* dar. Dieser Stabilitätsbegriff basiert auf dem folgenden, von Dahlquist im Jahre 1963 (s. [21]) erstmals betrachteten Testproblem

$$\dot{x}(t) = \lambda\, x(t), \quad x(0) = 1, \tag{8.83}$$

mit $\lambda \in \mathbb{R}$ bzw. $\lambda \in \mathbb{C}$. Offensichtlich ist $x(t) = e^{\lambda t}$ die exakte Lösung dieses AWPs.

Wir wollen zuerst untersuchen, wie sich das klassische RKV (8.24) verhält, wenn man mit ihm eine Approximation der Lösung des Testproblems (8.83) bestimmt. Da die zugehörigen DGLn autonom sind, vereinfachen sich die Differenzengleichungen des klassischen RKVs wie folgt:

$$x_{i+1}^h = x_i^h + h\{\frac{1}{6}k_1 + \frac{1}{3}k_2 + \frac{1}{3}k_3 + \frac{1}{6}k_4\},$$

mit

$$k_1 = f(x_i^h), \quad k_2 = f(x_i^h + \frac{1}{2}hk_1), \quad k_3 = f(x_i^h + \frac{1}{2}hk_2), \quad k_4 = f(x_i^h + hk_3).$$

Für das AWP (8.83) ergeben sich damit

$$\begin{aligned}
k_1 &= \lambda x_i^h, \\
k_2 &= \lambda (x_i^h + \frac{1}{2} h k_1) = (\lambda + \frac{1}{2} h \lambda^2) x_i^h, \\
k_3 &= \lambda (x_i^h + \frac{1}{2} h k_2) = (\lambda + \frac{1}{2} h \lambda^2 + \frac{1}{4} h^2 \lambda^3) x_i^h, \\
k_4 &= \lambda (x_i^h + h k_3) = (\lambda + h \lambda^2 + \frac{1}{2} h^2 \lambda^3 + \frac{1}{4} h^3 \lambda^4) x_i^h,
\end{aligned}$$

sowie

$$x_{i+1}^h = \left(1 + h\lambda + \frac{1}{2} h^2 \lambda^2 + \frac{1}{6} h^3 \lambda^3 + \frac{1}{24} h^4 \lambda^4\right) x_i^h. \tag{8.84}$$

Mit

$$\Psi(h\lambda) \equiv 1 + h\lambda + \frac{1}{2} h^2 \lambda^2 + \frac{1}{6} h^3 \lambda^3 + \frac{1}{24} h^4 \lambda^4 \tag{8.85}$$

lässt sich die Formel (8.84) in der Form

$$x_{i+1}^h = \Psi(h\lambda) x_i^h \tag{8.86}$$

aufschreiben. Die Funktion $\Psi(h\lambda)$ wird *Stabilitätsfunktion* genannt.

Die exakte Lösung $x(t)$ des Testproblems erfüllt demgegenüber die Beziehung

$$x(t_{i+1}) = e^{\lambda(t_i + h)} = e^{h\lambda} e^{\lambda t_i} = \left(e^{h\lambda}\right) x(t_i). \tag{8.87}$$

Ein Vergleich von (8.86) mit (8.87) ergibt, dass die Stabilitätsfunktion (8.85) mit der abgebrochenen Taylorreihe von $e^{h\lambda}$ bis einschließlich des Terms 4. Ordnung in h übereinstimmt. Somit stellt sie für betragskleine $h\lambda$ eine gute Approximation für $e^{h\lambda}$ dar.

Ist $\lambda > 0$ (d.h. $z \equiv h\lambda > 0$), dann gilt $\Psi(z) > 1$. In diesem Fall wächst die numerisch berechnete Gitterfunktion $\{x_i^h\}_{i=0}^{\infty}$ und stimmt im Wachstumsverhalten mit der Gitterfunktion der exakten Lösung überein. Man sagt: „Wachsende Lösungen werden auch wachsend integriert“ . Da hier das qualitative Verhalten beider Gitterfunktionen ohne Restriktionen an die Stabilitätsfunktion $\Psi(h\lambda)$ identisch ist, stellt $\lambda > 0$ sicher nicht den interessanten Fall dar. Des Weiteren erweist sich das AWP (8.83) für große positive λ als schlecht konditioniert, da selbst bei sehr kleinen Unterschieden in den Anfangswerten die Differenzen zwischen den zugehörigen Lösungskurven für $t > t_0$ stark anwachsen können.

Ist andererseits $\lambda < 0$, dann fällt die exakte Lösung des AWPs (8.83), das in diesem Falle ein gut konditioniertes Problem darstellt. Noch wichtiger ist aber die Tatsache, dass die numerisch berechnete Gitterfunktion $\{x_i^h\}_{i=0}^{\infty}$ dann und nur dann das gleiche Wachstumsverhalten wie $\{x(t_i)\}_{i=0}^{\infty}$ aufweist, wenn für die Stabilitätsfunktion $|\Psi(z)| < 1$ gilt. Ist dies der Fall, dann sagt man: „Fallende Lösungen werden auch fallend integriert“ . Die Stabilitätsfunktion (8.85) des klassischen RKVs ist ein Polynom 4. Grades, für das gilt:

$$\lim_{z \to -\infty} \Psi(z) = +\infty.$$

Somit ist die Beziehung $|\Psi(z)| < 1$ nicht für alle negativen Werte von z erfüllt. Sie erweist sich als eine wichtige Forderung, die auch für alle anderen numerischen Integrationsverfahren von Bedeutung ist.

Die obigen Ausführungen legen nun den Gedanken nahe, im Testproblem (8.83) nur den Fall $\lambda < 0$ zu berücksichtigen. Des Weiteren sollte man auch komplexe Werte für den Problemparameter λ zulassen, da in den Anwendungen häufig oszillierende Lösungen auftreten. Damit kommen wir zu der folgenden Modifikation des Testproblems (8.83):

$$\dot{x}(t) = \lambda\, x(t),\ x(0) = 1, \quad \lambda \in \mathbb{C} \text{ mit } \mathscr{R}\mathrm{e}(\lambda) < 0. \tag{8.88}$$

Der Satz 8.10 sagt nun aus, dass nicht nur das klassische RKV, sondern alle RKVn bei ihrer Anwendung auf das Testproblem (8.88) zu einer Gleichung der Form (8.86) führen.

Theorem 8.10. *Die Parameter eines m-stufigen RKVs* (8.18) *seien durch ein Butcher-Diagramm, das durch die Matrix $\Gamma \in \mathbb{R}^{m\times m}$ sowie die Vektoren $\beta, \rho \in \mathbb{R}^m$ charakterisiert ist (s. Tab.* 8.1)*, gegeben. Dann gilt für die Stabilitätsfunktion*

$$\Psi(h\lambda) = 1 + \beta^T h\lambda (I - h\lambda\Gamma)^{-1}\mathbb{1}, \quad \mathbb{1} \equiv (1,1,\ldots,1)^{\mathrm{T}}. \tag{8.89}$$

Beweis. Siehe z.B. [22].

Ist das RKV *explizit* , dann gilt $\Gamma^m = 0$, so dass sich die Inverse in der Formel (8.89) für kleine h mittels der Neumannschen Reihe darstellen lässt. Die Gleichung (8.89) geht dann über in

$$\Psi(h\lambda) = 1 + \beta^T h\lambda \sum_{j=0}^{m-1} (h\lambda\Gamma)^j \mathbb{1}. \tag{8.90}$$

Somit ist die Stabilitätsfunktion wie beim klassischen RKV ein Polynom in $h\lambda$ vom Grad m. Darüber hinaus kann Folgendes gezeigt werden:

- Wird ein p-stufiges RKV der Ordnung $p \le 4$ auf das Testproblem (8.88) angewendet, dann stimmt die Stabilitätsfunktion $\Psi(h\lambda)$ stets mit den ersten $p+1$ Termen der Taylorreihe von $e^{h\lambda}$ überein.
- RKVn der Ordnung $p > 4$ besitzen $m > p$ Stufen (s. Tab. 8.13), so dass dann $\Psi(h\lambda)$ ein Polynom vom Grad m ist, das in den ersten $p+1$ Termen mit der Taylorreihe von $e^{h\lambda}$ übereinstimmt. Die Koeffizienten der sich daran anschließenden Terme hängen vom speziellen Verfahren ab.

Wir kommen nun zu den folgenden Definitionen:

Definition 8.10. Die Menge

$$S \equiv \{z \in \mathbb{C} : \ |\Psi(z)| \leq 1\} \tag{8.91}$$

wird das zu dem ESV gehörende *Gebiet der absoluten Stabilität* genannt.

Im Falle $\mathscr{R}\mathrm{e}(\lambda) < 0$ muss die Schrittweite h stets so gewählt werden, dass $z = h\lambda$ im Gebiet der absoluten Stabilität S liegt. Die Näherungen x_i^h sind dann für $i \to \infty$ beschränkt, d.h., das numerische Verfahren verhält sich stabil.

Definition 8.11. Ein ESV, dessen Gebiet der absoluten Stabilität S der Beziehung

$$S \supset \mathbb{C}^- \equiv \{z \in \mathbb{C} : \mathscr{R}\mathrm{e}(z) \leq 0\} \tag{8.92}$$

genügt, wird *absolut stabil* bzw. *A-stabil* genannt. Die Stabilitätsfunktion $\Psi(z)$ heißt in diesem Falle *A-verträglich*.

Bei einem absolut stabilen ESV kann die Schrittweite h im Hinblick auf das richtige qualitative Verhalten der numerischen Gitterfunktion ohne Einschränkungen gewählt werden. Die Wahl der Schrittweite hängt dann nur noch von den Anforderungen an die Genauigkeit ab. Jedoch sind alle *expliziten* RKVn nicht absolut stabil, wie der Satz 8.11 zeigt.

Theorem 8.11. *Das Gebiet der absoluten Stabilität eines konsistenten, m-stufigen expliziten RKVs ist nicht leer, beschränkt und liegt lokal links vom Nullpunkt.*

Beweis. Siehe z.B. [1].

Das Gebiet der absoluten Stabilität des Euler(vorwärts)-Verfahrens (8.19) ist der Kreis mit dem Mittelpunkt $z = -1$ und dem Radius Eins in der komplexen Ebene. Die Gebiete der absoluten Stabilität vergrößern sich bei Erhöhung der Konsistenzordnung, wie der Abb. 8.2 entnommen werden kann. Die eingezeichneten Stabilitätsgebiete können wie folgt ermittelt werden. Man beachte dabei, dass sich alle komplexen Zahlen vom Betrag Eins in der komplexen Ebene durch $e^{i\theta}$, $0 \leq \theta \leq 2\pi$, darstellen lassen. Die Stabilitätsbedingung lautet $|\Psi(z)| \leq 1$, wobei $\Psi(z)$ durch (8.90) gegeben ist. Um nun den Rand des Gebietes der absoluten Stabilität zu berechnen, sind die Nullstellen $z(\theta)$ der Gleichung

$$\Psi(z) - e^{i\theta} = 0 \tag{8.93}$$

für eine Folge von θ-Werten zu berechnen. Man startet sinnvollerweise mit dem Wert $\theta = 0$, für den $z = 0$ ist. Dann vergrößert man sukzessive θ um einen kleinen Zuwachs und berechnet in jedem Schritt das zugehörige z mit einem Verfahren zur Nullstellenbestimmung (z.B. mit dem Newton-Verfahren), wobei als Startwert das Ergebnis des vorangegangenen Schrittes verwendet wird. Den Prozess führt man solange durch, bis man auf dem Rand des Stabilitätsgebietes wieder an den Ausgangspunkt zurückkommt.

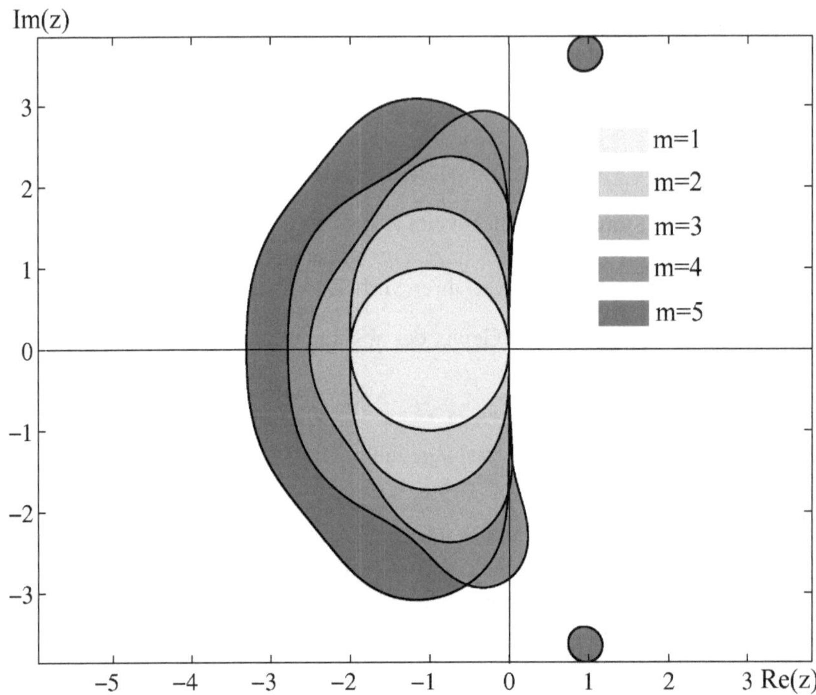

Abb. 8.2 Gebiete der absoluten Stabilität einiger expliziter RKVn

Eine andere Strategie für die Bestimmung des Gebietes der absoluten Stabilität besteht darin, über einen recht großen Teil der linken Halbebene ein feinmaschiges Gitter zu legen. In jedem Gitterpunkt berechnet man dann den Wert der Stabilitätsfunktion $\Psi(z)$ und kennzeichnet diejenigen Gitterpunkte z_{ij} als zum Stabilitätsgebiet gehörend, für die $|\Psi(z_{ij})| < 1$ gilt.

Ein Maß für die Größe des Gebietes der absoluten Stabilität ist auch das sog. *Stabilitätsintervall*. Für die in der Abb. 8.2 berücksichtigten expliziten RKVn sind in der Tabelle 8.26 die zugehörigen Stabilitätsintervalle angegeben.

Tabelle 8.26 Stabilitätsintervalle einiger expliziter RKVn

Ordnung p	1	2	3	4	5
Stabilitätsintervall	$[-2,0]$	$[-2,0]$	$[-2.51,0]$	$[-2.78,0]$	$[-3.21,0]$

Es soll nun das Gebiet der absoluten Stabilität *impliziter* ESVn untersucht werden. Wendet man die Trapezregel (8.22) auf das Testproblem (8.88) an, dann ergibt sich

$$x_{i+1}^h = x_i^h + \frac{h}{2}\{\lambda x_i^h + \lambda x_{i+1}^h\} \quad \text{bzw.} \quad x_{i+1}^h = \frac{1+1/2h\lambda}{1-1/2h\lambda}x_i^h \equiv \Psi(h\lambda)x_i^h. \tag{8.94}$$

Offensichtlich ist jetzt die zugehörige Stabilitätsfunktion $\Psi(z)$ gebrochen rational. Sie erfüllt die Beziehung

$$|\Psi(z)| = \left|\frac{2+z}{2-z}\right| < 1 \quad \text{für alle } z \text{ mit } \mathscr{R}\mathrm{e}(z) < 0,$$

da der Realteil des Zählers für $\mathscr{R}\mathrm{e}(z) < 0$ betragsmäßig stets kleiner als der Realteil des Nenners ist, während sich die Imaginärteile nur im Vorzeichen unterscheiden. Somit enthält das Gebiet der absoluten Stabilität die gesamte linke Halbebene, d.h., die Trapezregel ist A-stabil.

Ein anderes Beispiel für implizite ESVn ist die Mittelpunktsregel (8.21). Wendet man sie auf das Testproblem (8.88) an, so resultiert

$$k_1 = \lambda(x_i^h + \frac{1}{2}hk_1), \quad \text{d. h.,} \; k_1 = \frac{\lambda}{1-1/2h\lambda}x_i^h,$$

woraus unmittelbar

$$x_{i+1}^h = x_i^h + hk_1 = \frac{1+1/2h\lambda}{1-1/2h\lambda}x_i^h = \Psi(h\lambda)x_i^h$$

folgt. Die Mittelpunktsregel ist wiederum A-stabil, da sie die gleiche Stabilitätsfunktion wie die Trapezregel besitzt.

Dieses Ergebnis impliziert die Frage, ob nicht alle impliziten RKVn A-stabil sind. Bei deren Beantwortung spielt der Begriff der Padé-Approximation einer Funktion eine tragende Rolle.

Definition 8.12. Es sei $f(z)$ eine in der Umgebung von $z = 0$ analytische Funktion. Dann heißt die rationale Funktion

$$R_{jk}(z) = \frac{P_{jk}(z)}{Q_{jk}(z)} = \frac{\sum_{l=0}^{k} a_l z^l}{\sum_{l=0}^{j} b_l z^l}, \quad b_0 = 1,$$

eine *Padé-Approximation* von $f(z)$ mit dem *Index* (j,k), falls gilt

$$R_{jk}^{(l)}(0) = f^{(l)}(0), \quad \text{für } l = 0,\ldots,j+k. \tag{8.95}$$

Für die im Abschnitt 8.1.6 betrachteten impliziten RKVn lässt sich Folgendes feststellen.

Theorem 8.12. *Die Stabilitätsfunktion $\Psi(z)$ der nachfolgend genannten m-stufigen impliziten RKVn ist eine Padé-Approximation von e^z und zwar für*

- *das Gauß-Verfahren mit dem Index* (m,m),
- *das Radau-IA-Verfahren mit dem Index* $(m,m-1)$,
- *das Radau-IIA-Verfahren mit dem Index* $(m,m-1)$,
- *das Lobatto-IIIA-Verfahren mit dem Index* $(m-1,m-1)$,
- *das Lobatto-IIIB-Verfahren mit dem Index* $(m-1,m-1)$,
- *das Lobatto-IIIC-Verfahren mit dem Index* $(m,m-2)$.

Beweis. Siehe z.B. [3].

Somit erfordert der Nachweis der A-Stabilität eines impliziten RKVs den Nachweis der A-Verträglichkeit (s. Definition 8.11) der zugehörigen Padé-Approximation. Dieser Zusammenhang wird im Satz 8.13 hergestellt.

Theorem 8.13. *Alle Padé-Approximationen mit dem Index* (j,k), *für den die Beziehung* $j-2 \leq k \leq j$ *gilt, sind A-verträglich.*

Beweis. Siehe z.B. [3].

Folglich sind alle im Satz 8.12 genannten impliziten RKVn A-stabil.

In den Anwendungen treten häufig DGLn auf, die sich mit den expliziten RKVn nicht lösen lassen. Die Ursache ist oftmals das Vorhandensein sehr unterschiedlicher Zeitskalen im Modell. Solche DGLn werden *steif* genannt. Aus mathematischer Sicht gibt es verschiedene Definitionen des Steifheitsbegriffs, die auf sehr hohem theoretischen Niveau den Sachverhalt mehr oder weniger gut beschreiben (s. [1]). Eine sehr pragmatische Definition der Steifheit ist an das Verhalten des Euler(vorwärts)-Verfahrens, das stellvertretend für alle *expliziten* RKVn steht, gekoppelt (s. auch [23]).

Definition 8.13. Das AWP (8.5) wird auf einem Intervall $[t_0,t_N]$ als steif bezeichnet, falls die für die Gewährleistung der Stabilität des Euler(vorwärts)-Verfahrens erforderliche Schrittweite viel kleiner als diejenige Schrittweite ist, die zur Berechnung einer hinreichend genauen Lösung benötigt wird.

Wird somit bei Verwendung eines expliziten RKVs mit der im Abschnitt 8.1.8 beschriebenen automatischen Schrittweitensteuerung die Schrittweite gegen Null gesteuert (d.h., das Verfahren kommt nicht von der Stelle), dann liegt im Allgemeinen ein steifes AWP vor. In einem solchen Fall muss man auf die A-stabilen impliziten RKVn zurückgreifen, deren Gebiet der absoluten Stabilität die gesamte linke Halbebene ist. Bei der numerischen Behandlung eines AWPs sollte man aber immer zuerst versuchen, die Lösung mit einem expliziten Verfahren zu approximieren, da hier keine nichtlinearen algebraischen Gleichungssysteme zu lösen sind.

8.2 Randwertprobleme

8.2.1 Einführung

Gegeben sei wieder ein System von n gewöhnlichen DGLn 1. Ordnung, das wir wie in (8.2) in der Vektornotation

$$\dot{x}(t) = f(t,x(t)), \quad t \in J \equiv [a,b] \subset \mathbb{R}, \quad x(t) \in \Omega \subset \mathbb{R}^n, \tag{8.96}$$

aufschreiben wollen. Die Funktion $f : J \times \Omega \to \mathbb{R}^n$ werde dabei als hinreichend glatt vorausgesetzt. Anstelle einer Anfangsbedingung $x(t_0) = x_0$ fügen wir jetzt die Zweipunkt-Randbedingung

$$g(x(a),x(b)) = 0 \tag{8.97}$$

zum System (8.96) hinzu. Die Funktion $g : \Omega_1 \times \Omega_2 \to \mathbb{R}^n$, $\Omega_1 \subset \mathbb{R}^n$ und $\Omega_2 \subset \mathbb{R}^n$ werde ebenfalls als hinreichend glatt vorausgesetzt. Die komponentenweise Darstellung von (8.97) lautet dann

$$\begin{aligned} g_1(x_1(a),\ldots,x_n(a),x_1(b),\ldots,x_n(b)) &= 0, \\ g_2(x_1(a),\ldots,x_n(a),x_1(b),\ldots,x_n(b)) &= 0, \\ &\vdots \\ g_n(x_1(a),\ldots,x_n(a),x_1(b),\ldots,x_n(b)) &= 0. \end{aligned}$$

Die Kombination von (8.96) und (8.97) wird *Zweipunkt-Randwertproblem* (RWP) genannt:

$$\begin{aligned} &\dot{x}(t) = f(t,x(t)), \quad a \le t \le b, \\ &g(x(a),x(b)) = 0. \end{aligned} \tag{8.98}$$

Von ihrem Charakter her gesehen, unterscheiden sich AWPe und RWPe signifikant. Bei AWPn ist die Variable t im Allgemeinen als physikalische Zeit interpretierbar. AWPe stellen dann reine Evolutionsprobleme dar, d.h., zu einem späteren Zeitpunkt $t > t_0$ hängt die Lösung $x(t)$ nur vom Zustand des Systems zum Startpunkt t_0 ab. Demgegenüber hängt die Lösung eines RWPs zu einem Zeitpunkt t, mit $a < t < b$, sowohl von der Vergangenheit $t = a$ als auch der Zukunft $t = b$ ab, d.h., es handelt sich nicht mehr um ein Evolutionsproblem. Die Variable t beschreibt im Allgemeinen auch nicht mehr die Zeit, so dass dem Problem jede Dynamik fehlt. Vielmehr lassen sich mit RWPn statische Zusammenhänge, wie sie u. a. in der Elastomechanik auftreten, modellieren.

In den Anwendungen ist die Funktion g oftmals linear. Die Randbedingung (8.97) kann dann in der Form

$$B_a x(a) + B_b x(b) = \beta \tag{8.99}$$

geschrieben werden, mit konstanten Randmatrizen $B_a, B_b \in \mathbb{R}^{n \times n}$ und einem Vektor der rechten Seite $\beta \in \mathbb{R}^n$.

Ein lineares RWP liegt vor, wenn sowohl die DGLn als auch die Randbedingungen linear sind, d.h.

$$\begin{aligned} \dot{x}(t) &= A(t)x(t) + r(t), \quad a \le t \le b, \\ B_a x(a) + B_b x(b) &= \beta, \end{aligned} \tag{8.100}$$

mit $A(t), B_a, B_b \in \mathbb{R}^{n\times n}$, $r(t), \beta \in \mathbb{R}^n$.

Ist der Nachweis der Existenz und Eindeutigkeit von Lösungen linearer RWPe (theoretisch) noch möglich (s. [1]), dann gelingt dies für nichtlineare RWPe nur in den seltensten Fällen. Wir wollen deshalb stets voraussetzen, dass eine lokal eindeutige (isolierte) Lösung $x(t)$ des RWPs (8.98) existiert, die dann mit numerischen Techniken approximiert werden soll.

Die wichtigsten numerischen Verfahren zur Lösung von (8.98) lassen sich in drei Klassen einteilen:

- Schießverfahren,
- Differenzenverfahren und
- Kollokationsverfahren.

In diesem Text wollen wir nur die Schießverfahren betrachten, da diese die im ersten Teil dargestellten AWP-Löser als wichtigen Baustein enthalten. Des Weiteren eignen sie sich sehr gut für das Grid Computing bzw. die Parallelrechentechnik.

8.2.2 Einfach-Schießverfahren

Die Idee des Einfach-Schießverfahrens für nichtlineare RWPe (8.98) besteht darin, dem RWP ein AWP der Form

$$\dot{u}(t) = f(t, u(t)), \quad u(a) = s \in \mathbb{R}^n, \tag{8.101}$$

zuzuordnen. Der Anfangsvektor s ist noch frei wählbar und besitzt die Funktion eines Parameters. Deshalb bezeichnen wir die Lösung dieses AWPs mit $u \equiv u(t;s)$.

Da das RWP (8.98) und das AWP (8.101) die gleiche DGL besitzen, ist der Vektor s in (8.101) so zu bestimmen, dass die zugehörige Trajektorie $u(t;s)$ auch die Randbedingungen (8.97) erfüllt. Daraus ergibt sich ein n-dimensionales System nichtlinearer algebraischer Gleichungen für den unbekannten n-dimensionalen Vektor s

$$F(s) \equiv g(s, u(b;s)) = 0. \tag{8.102}$$

Zwischen den Lösungen des algebraischen Systems (8.102) und denen des RWPs (8.98) besteht folgender Zusammenhang:

- Ist $s = s^*$ eine Nullstelle von (8.102), dann ist auch $x(t) \equiv u(t;s^*)$ eine Lösung des RWPs (8.98),
- zu jeder Lösung $x(t)$ des RWPs (8.98) stellt der Vektor $s = x(a)$ eine Nullstelle von (8.102) dar,

- zu jeder isolierten Lösung von (8.98) gehört eine einfache Nullstelle von (8.102).

Somit hat man das in geeigneten (unendlich-dimensionalen) Funktionenräumen definierte nichtlineare RWP (8.98) auf das endlich-dimensionale nichtlineare algebraische Problem (8.102) reduziert - und dies auf exakte Weise, d.h. ohne einen Approximationsfehler. Dies ist ein wichtiger Vorteil der Schießverfahren gegenüber den o.g. anderen Verfahrensklassen.

Wie bei allen anderen nichtlinearen Problemen auch, benötigt man für die numerische Behandlung von (8.102) Informationen über die ungefähre Lage der isolierten Nullstelle s^* sowie eine zugehörige Umgebung U^*, in der sich keine weitere Lösung mehr befindet. Für ein konkretes RWP lassen sich diese Informationen nur sehr selten mathematisch exakt bestimmen. Man ist dann auf ein mehr experimentelles Vorgehen angewiesen. Dabei spielen Erfahrungen und Ergebnisse in Bezug auf die durch (8.98) modellierte praktische Problemstellung eine wesentliche Rolle.

Das gebräuchlichste numerische Verfahren zur Lösung von (8.102) ist das mehrdimensionale Newton-Verfahren (s. z.B. [4]), da es die Konvergenzordnung 2 besitzt und deshalb relativ schnell konvergiert. Ausgehend von einem hinreichend nahe bei der Lösung s^* gelegenen Startvektor

$$s_0 \in S(s^*) \equiv \{s \in \mathbb{R}^n : \; ||s - s^*|| \leq \varepsilon\}$$

erzeugt man mit dem Newton-Verfahren eine Folge $\{s_k\}_{k=0}^{\infty}$ nach der Iterationsvorschrift

$$s_{k+1} = s_k - c_k, \quad k = 0, 1, \ldots, \tag{8.103}$$

wobei der Inkrementvektor c_k durch das n-dimensionale lineare algebraische Gleichungssystem

$$M_k \, c_k = q_k \tag{8.104}$$

bestimmt ist. Für die rechte Seite von (8.104) gilt $q_k \equiv F(s_k)$. Die Systemmatrix $M_k \equiv M(s_k)$ ist die Jacobi-Matrix $M(s)$ von $F(s)$ an der Stelle $s = s_k$, d. h., es ist $M_k = \partial F(s_k)/\partial s$.

Um die Darstellung etwas zu vereinfachen, werde die Randbedingung abkürzend in der Form $g(v, w) = 0$ geschrieben. Die Jacobi-Matrix $M(s)$ berechnet sich dann nach der Kettenregel zu

$$M(s) = \frac{\partial}{\partial s} g(s, u(b; s)) = [\frac{\partial}{\partial v} g(v, w) + \frac{\partial}{\partial w} g(v, w) \frac{\partial}{\partial s} w]\Big|_{\substack{v=s \\ w=u(b;s)}}.$$

Die in diesem Ausdruck auftretende Funktion $\partial u(b; s)/\partial s$ lässt sich unter Beachtung von (8.101) als Lösung des AWPs

$$\frac{d}{dt} \frac{\partial}{\partial s} u(t; s) = \frac{\partial}{\partial u} f(t, u)\Big|_{u=u(t;s)} \cdot \frac{\partial}{\partial s} u(t; s), \qquad \frac{\partial}{\partial s} u(a; s) = I \tag{8.105}$$

berechnen.

Definiert man schließlich

$$B_{a,k} \equiv B_a(s_k) \equiv \frac{\partial}{\partial v} g(v,w)\Big|_{\substack{s=s_k\\ v=s\\ w=u(b;s)}}, \quad B_{b,k} \equiv B_b(s_k) \equiv \frac{\partial}{\partial w} g(v,w)\Big|_{\substack{s=s_k\\ v=s\\ w=u(b;s)}},$$
$$X(t;s_k) \equiv \frac{\partial}{\partial s} u(t;s)\big|_{s=s_k}, \quad A(t;s_k) \equiv \frac{\partial}{\partial u} f(t,u)\big|_{\substack{s=s_k\\ u=u(t;s)}},$$

dann nehmen M_k und q_k in (8.104) die folgende Form an:

$$M_k = B_{a,k} + B_{b,k} X_k^e, \qquad q_k = F(s_k), \tag{8.106}$$

mit $X_k^e \equiv X(b;s_k)$.
Mit diesen Bezeichnungen und $X(t) \equiv X(t;s_k)$ geht (8.105) über in das Matrix-AWP

$$\begin{aligned} \dot{X}(t) &= A(t;s_k)X(t), \quad a \le t \le b, \\ X(a) &= I, \end{aligned} \tag{8.107}$$

das man auch als *Variationsproblem* bezeichnet.

Die für die Verwendung von (8.107) erforderliche analytische Berechnung der Matrizen $A(t;s)$ ist oftmals viel zu aufwändig. In den entsprechenden Implementierungen des Einfach-Schießverfahrens werden die Matrizen $X(t;s_k)$ deshalb direkt mittels Differenzenquotienten approximiert. Man bestimmt dazu $u(t;s_k)$ für $s = s_k$ aus dem AWP (8.101) und berechnet weitere n Funktionen $u^{(j)} \equiv u^{(j)}(t;s_k)$, $j = 1,\ldots,n$, aus den gestörten AWPn

$$\begin{aligned} \dot{u}^{(j)}(t) &= f(t,u^{(j)}(t)), \quad a \le t \le b, \\ u^{(j)}(a) &= s_k + \delta\, e^{(j)}, \quad j = 1,\ldots,n. \end{aligned} \tag{8.108}$$

In (8.108) bezeichnet $e^{(j)} \equiv (0,\ldots,0,1,0,\ldots,0)^T$ den j-ten Einheitsvektor im $\mathbb{R}^n$ und $\delta \neq 0$ ist eine sehr kleine positive Zahl, mit $\delta \approx \sqrt{\nu}$. Die Zahl ν steht für die jeweils verwendete relative Maschinengenauigkeit (s. auch [4]). Definiert man

$$\hat{u}^{(j)}(t;s_k) \equiv (u^{(j)}(t;s_k) - u(t;s_k))/\delta,$$

dann ist

$$\hat{X}(t;s_k) \equiv [\hat{u}^{(1)}(t;s_k), \hat{u}^{(2)}(t;s_k), \ldots, \hat{u}^{(n)}(t;s_k)] \tag{8.109}$$

eine hinreichend genaue Differenzenapproximation von $X(t;s_k)$.

Der bekannte Satz von Newton-Kantorovich (s. [24]) gibt Bedingungen an, unter denen das Newton-Verfahren konvergiert. Da sich diese für ein praktisches Problem im Allgemeinen nicht überprüfen lassen, stellen sie nur gewisse „Tröstungen“ dar. Der lokalen Konvergenz des Newton-Verfahrens entsprechend wird man versuchen, einen Startvektor s_0 in der Nähe der Lösung zu finden, für den das Verfahren dann auch konvergiert. Ist dies nicht der Fall, dann bleibt einem nichts anderes übrig, als durch trial-and-error den Startvektor solange abzuändern, bis das Newton-Verfahren konvergiert.

In [1] wird gezeigt, dass die gute Kondition eines linearen RWPs (8.100) mit einer sog. *Dichotomie* des zugehörigen Raumes der Fundamentallösungen einhergeht. Dieser Raum wird dichotomisch genannt, wenn es sowohl wachsende als auch fallende Komponenten gibt. Wachsen nun einige dieser Komponenten stark an, dann haben die AWP-Löser große Schwierigkeiten, diese über ein größeres Intervall genau zu berechnen. Die Konsequenz ist, dass die numerisch bestimmten Fundamentallösungen ihre lineare Unabhängigkeit verlieren und die Lösung des RWPs falsch berechnet wird. Diese Eigenschaft linearer RWPe überträgt sich natürlich auch auf nichtlineare RWPe, d.h., ist das Intervall $[a,b]$ nicht sehr klein, dann kann es aus den genannten Gründen zu beträchtlichen Schwierigkeiten bei der numerischen Lösung mittels des Einfach-Schießverfahrens kommen. Insbesondere wird die Kondition des linearen Gleichungssystems (8.104) sehr schlecht. Des Weiteren kann gezeigt werden (s. [1]), dass der Konvergenzradius des Einfach-Schießverfahrens in vielen Fällen sehr klein ist. Schließlich kann der Fall eintreten, dass für eine Iterierte s_k das zugehörige AWP (8.101) mit $s = s_k$ eine Lösungstrajektorie $u(t;s_k)$ besitzt, die gar nicht das rechte Intervallende $t = b$ erreicht, obwohl für die exakte Lösung $s = s^*$ der Wert von $u(t;s^*)$ wohldefiniert ist. Ein Beispiel hierfür ist das bekannte Testproblem von Troesch (s.u.a. [1, 25, 26, 27]). Diese Schwierigkeiten lassen sich mit dem im nächsten Abschnitt dargestellten Mehrfach-Schießverfahren zum großen Teil beseitigen.

8.2.3 Mehrfach-Schießverfahren

Die Grundidee des Mehrfach-Schießverfahrens besteht darin, das Intervall $[a,b]$ in m Segmente

$$a = \tau_0 < \tau_1 < \cdots < \tau_{m-1} < \tau_m = b \tag{8.110}$$

zu unterteilen. Die Segmentierungspunkte τ_j werden auch *Schießpunkte* genannt. Auf jedem Segment $[\tau_j, \tau_{j+1}]$, $0 \le j \le m-1$, wird nun ein AWP

$$\begin{aligned} \dot{u}_j(t) &= f(t, u_j(t)), \quad \tau_j \le t \le \tau_{j+1}, \\ u_j(\tau_j) &= s_j \in \mathbb{R}^n \end{aligned} \tag{8.111}$$

definiert, dessen DGL mit der des gegebenen RWPs (8.98) übereinstimmt. Die Lösung von (8.111) sei $u_j \equiv u_j(t;s_j)$. Durch eine geeignete Wahl der Vektoren s_j werden nun die Lösungen $u_j(t;s_j)$ der AWPe (8.111) auf den Segmenten $[\tau_j, \tau_{j+1}]$, $j = 0, \ldots, m-1$, so zusammengesetzt, dass eine stetige Lösung von (8.98,a) resultiert, die auch die Randbedingungen (8.98,b) erfüllt (s. Abb. 8.3).

Diese Stetigkeitsbedingungen in den inneren Punkten des Gitters (8.110) lassen sich durch die Beziehungen

$$u_j(\tau_{j+1}; s_j) - s_{j+1} = 0, \quad j = 0, \ldots, m-2, \tag{8.112}$$

ausdrücken. Schreibt man die Randbedingungen (8.98,b),

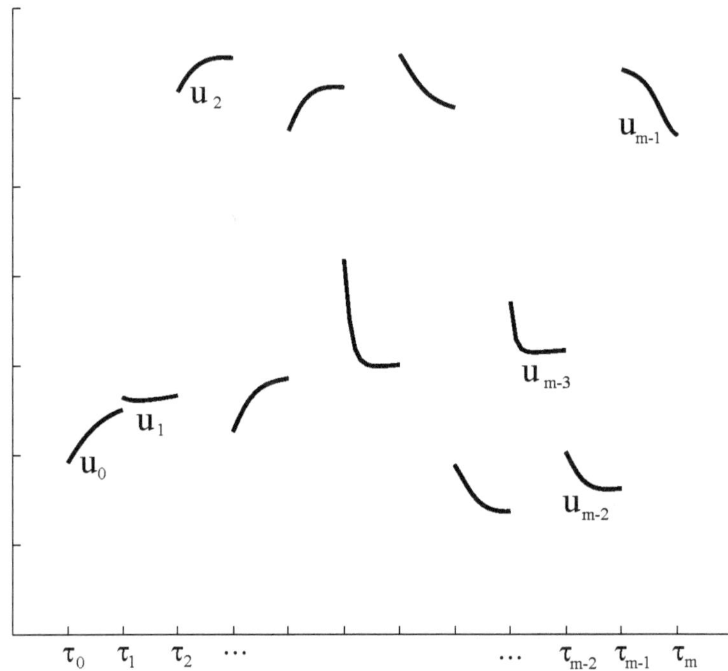

Abb. 8.3 Prinzip des Mehrfach-Schießverfahrens

$$g(s_0, u_{m-1}(b; s_{m-1})) = 0, \tag{8.113}$$

zuerst auf und fügt die Stetigkeitsbedingungen (8.112) hinzu, dann ergibt sich das folgende nichtlineare algebraische Gleichungssystem der Dimension mn für den Vektor $s^{(m)} \equiv (s_0, \ldots, s_{m-1})^T \in \mathbb{R}^{mn}$ der noch in (8.111) unbestimmten Anfangsvektoren $s_j \in \mathbb{R}^n$:

$$F(s^{(m)}) \equiv \begin{pmatrix} g(s_0, u_{m-1}(b; s_{m-1})) \\ u_0(\tau_1; s_0) - s_1 \\ u_1(\tau_2; s_1) - s_2 \\ \vdots \\ u_{m-2}(\tau_{m-1}; s_{m-2}) - s_{m-1} \end{pmatrix} = 0. \tag{8.114}$$

Der durch die Formeln (8.110) – (8.114) definierte numerische Algorithmus wird *Mehrfach-Schießverfahren* genannt. In [25] wird hierfür auch der Begriff *Mehrzielmethode* verwendet. Die englische Bezeichnung ist *multiple shooting* oder aber auch *parallel shooting*. Letzterer Begriff orientiert sich an der Tatsache, dass die AWPe (8.111) parallel, d.h. unabhängig voneinander, auf den einzelnen Segmenten des

Gitters (8.110) gelöst werden können. Mit dem Mehrfach-Schießverfahren liegt damit der Prototyp eines parallelen numerischen Algorithmus vor.

Bezeichnet $x^*(t)$ die exakte (isolierte) Lösung des RWPs (8.98), deren Existenz wir hier vorausgesetzt haben, dann lässt sich zeigen: Es gibt zu jedem $s_j^* \equiv x^*(\tau_j)$ eine n-dimensionale Umgebung U_j^*, so dass für jedes $s_j \in U_j^*$ das AWP (8.111) eine auf dem gesamten Intervall $[\tau_j, \tau_{j+1}]$ existierende Lösung $u_j(t;s_j)$ besitzt. Somit existiert auch eine mn-dimensionale Umgebung

$$\hat{U}^* \equiv U_0^* \times U_1^* \times \cdots \times U_{m-1}^*$$

des Vektors $s_*^{(m)} \equiv (s_0^*, \ldots, s_{m-1}^*)^T \in \mathbb{R}^{mn}$, in der $F: \hat{U}^* \to \mathbb{R}^{mn}$ definiert und stetig differenzierbar ist.

Zur Lösung des nichtlinearen algebraischen Gleichungssystems (8.114) wird üblicherweise eine Variante des mehrdimensionalen Newton-Verfahrens verwendet. Der k-te Schritt des Newton-Verfahrens besteht in der Lösung des linearen Gleichungssystems

$$M_k^{(m)} c_k^{(m)} = q_k^{(m)}, \quad s_{k+1}^{(m)} = s_k^{(m)} - c_k^{(m)}. \tag{8.115}$$

Dabei sind die Jacobi-Matrix $M_k^{(m)} \equiv M^{(m)}(s_k^{(m)}) \in \mathbb{R}^{mn\times mn}$ und der Vektor der rechten Seite $q_k^{(m)} \equiv q^{(m)}(s_k^{(m)}) \in \mathbb{R}^{mn}$ wie folgt definiert:

$$M_k^{(m)} \equiv \begin{pmatrix} B_{a,k} & & & & B_{b,k}X_{m-1,k}^e \\ X_{0,k}^e & -I & & & \\ & X_{1,k}^e & -I & & \\ & & \ddots & \ddots & \\ & & & X_{m-2,k}^e & -I \end{pmatrix}, \qquad q_k^{(m)} \equiv F(s_k^{(m)}),$$

mit

$$X_{j,k}^e \equiv \frac{\partial u_j(\tau_{j+1}; s_{j,k})}{\partial s_j} \in \mathbb{R}^{n\times n}, \quad j = 0, \ldots, m-1,$$

sowie

$$B_{i,k} \equiv B_i(s_k^{(m)}) \equiv \frac{\partial g(s_{0,k}, u_{m-1}(b; s_{m-1,k}))}{\partial x(i)} \in \mathbb{R}^{n\times n}, \quad i = a, b.$$

In [1] wird gezeigt, dass die Systemmatrix $M_k^{(m)}$ genau dann nichtsingulär ist, falls die Matrix

$$M(s_{0,k}, s_{m-1,k}) \equiv B_{a,k} + B_{b,k}X_{m-1,k}^e$$

nichtsingulär ist.
Für $s_{0,k} = s_k$, $s_{m-1,k} = u(\tau_{m-1}; s_k)$ stimmt $M(s_{0,k}, s_{m-1,k})$ mit der durch (8.106) definierten Matrix M_k überein. Im Falle einer isolierten Lösung $x^*(t) = u(t;s^*)$ von (8.98) ist daher $M(s^*, u(\tau_{m-1}; s^*))$ nichtsingulär, was dann auch für $M_k^{(m)}(s_*^{(m)})$ mit

$$s_*^{(m)} \equiv (s^*, u(\tau_1; s^*), \ldots, u(\tau_{m-1}; s^*))^T$$

zutrifft.

Setzt man

$$A_j(t; s_{j,k}) \equiv \frac{\partial f}{\partial u_j}(t, u_j(t; s_{j,k})), \quad j = 0, \ldots, m-1,$$

und bezeichnet man die Lösung des linearen AWPs

$$\begin{aligned} \dot{Z}_j(t) &= A_j(t; s_{j,k}) Z_j(t), \quad \tau_j \le t \le \tau_{j+1}, \\ Z_j(\tau_j) &= I \end{aligned} \tag{8.116}$$

mit $Z_j(t; s_{j,k})$, dann ist $X_{j,k}^e$ durch $X_{j,k}^e = Z_j(\tau_{j+1}; s_{j,k})$ gegeben und könnte mittels numerischer Integration von (8.116) berechnet werden. Wie beim Einfach-Schießverfahren ist es im Allgemeinen sehr aufwändig, die Matrizen $A_j(t; s_{j,k})$ analytisch zu berechnen. Deshalb ist es ökonomischer, die in der Jacobi-Matrix $M_k^{(m)}$ auftretenden Matrizen $X_{j,k}^e$, $j = 0, \ldots, m-1$, in Analogie zum Vorgehen beim Einfach-Schießverfahren (s. Formeln (8.108), (8.109)), durch Differenzenquotienten zu approximieren. Hierzu sind in jedem Iterationsschritt zusätzlich mn AWPe zu integrieren, so dass dann pro Iterationsschritt insgesamt $m(n+1)$ AWPe zu lösen sind. Die Matrizen $B_{a,k}$ und $B_{b,k}$ werden im Allgemeinen vom Anwender durch analytische Differentiation erzeugt. Dies macht insofern einen Sinn, als dass in der Praxis häufig nur lineare Randbedingungen auftreten und damit diese Ableitungen entfallen.

Zur Lösung des linearen algebraischen Gleichungssystems (8.115) gibt es im Wesentlichen zwei Strategien. Die erste Strategie basiert auf der sog. *Kompaktifikation* (s. z.B. [28, 29, 25]). Die Idee besteht in der Transformation des Systems (8.115) in ein äquivalentes lineares System

$$\bar{M}_k^{(m)} c_k^{(m)} = \bar{q}_k^{(m)}, \tag{8.117}$$

dessen Systemmatrix $\bar{M}_k^{(m)}$ eine untere Block-Diagonalstruktur besitzt. Die geänderte Matrix des ursprünglichen Systems sei

$$[M_k^{(m)} | q_k^{(m)}] \equiv \begin{pmatrix} B_{a,k} & & & & B_{b,k} X_{m-1,k}^e & q_{0,k}^{(m)} \\ X_{0,k}^e & -I & & & & q_{1,k}^{(m)} \\ & X_{1,k}^e & -I & & & q_{2,k}^{(m)} \\ & & \ddots & \ddots & & \\ & & & X_{m-2,k}^e & -I & q_{m-1,k}^{(m)} \end{pmatrix} \tag{8.118}$$

In einem ersten Schritt wird die blockweise Gauß-Elimination angewendet, um in der ersten Zeile von $M_k^{(m)}$ die letzte Block-Komponente zu eliminieren. Hierzu multipliziert man in $[M_k^{(m)} | q_k^{(m)}]$ die m-te Zeile von links mit $B_{b,k} X_{m-1,k}^e$ und addiert das Ergebnis zur ersten Zeile. Im zweiten Eliminationsschritt wird die $(m-1)$-te Zeile von links mit $B_{b,k}X^e_{m-1,k}X^e_{m-2,k}$ multipliziert und das Resultat wiederum zur ersten Zeile addiert. Für $i = m-3, \ldots, 2$ wendet man jeweils einen entsprechenden Eliminationsschritt auf die i-te Zeile an. Am Ende dieses blockweisen Eliminationsprozesses erhält man die äquivalente geränderte Matrix

$$[\bar{M}_k^{(m)} | \bar{q}_k^{(m)}] \equiv \begin{pmatrix} S_k & & & & & \bar{q}_{0,k}^{(m)} \\ X^e_{0,k} & -I & & & & q_{1,k}^{(m)} \\ & X^e_{1,k} & -I & & & q_{2,k}^{(m)} \\ & & \ddots & \ddots & & \\ & & & X^e_{m-2,k} & -I & q_{m-1,k}^{(m)} \end{pmatrix}, \tag{8.119}$$

mit

$$S_k = B_{a,k} + B_{b,k}X^e_{m-1,k}X^e_{m-2,k}X^e_{m-3,k}\cdots X^e_{1,k}X^e_{0,k},$$

$$\bar{q}_{0,k}^{(m)} = q_{0,k}^{(m)} + B_{b,k}X^e_{m-1,k}\Big(q_{m-1,k}^{(m)} + X^e_{m-2,k}q_{m-2,k}^{(m)} + \\ X^e_{m-2,k}X^e_{m-3,k}q_{m-3,k}^{(m)} + \cdots + X^e_{m-2,k}X^e_{m-3,k}\cdots X^e_{2,k}X^e_{1,k}q_{1,k}^{(m)}\Big).$$

Die Auflösung des zugehörigen Gleichungssystems wird nun wie folgt realisiert:

1. Lösung des linearen Gleichungssystems mit der Systemmatrix $S_k \in \mathbb{R}^{n\times n}$

$$S_k\, c_{0,k}^{(m)} = \bar{q}_{0,k}^{(m)}, \quad \text{und} \tag{8.120}$$

2. Ausführung der Rekusion

$$c_{j+1,k}^{(m)} = X^e_{j,k}\, c_{j,k}^{(m)} - q_{j+1,k}^{(m)}, \quad j = 0, 1, \ldots, m-2. \tag{8.121}$$

Nachdem der Vektor $c_k^{(m)} = (c_{0,k}^{(m)}, \ldots, c_{m-1,k}^{(m)})^T$ bestimmt ist, kann die neue Iterierte des Newton-Verfahrens entsprechend der Formel (8.115) zu $s_{k+1}^{(m)} = s_k^{(m)} - c_k^{(m)}$ bestimmt werden.

In [30] wurde gezeigt, dass die Rekursion (8.121) ein numerisch instabiler Prozess ist. Die Akkumulation der Rundungsfehler bei dieser Auflösungsvariante kann jedoch durch eine anschließende Nachiteration abgemildert werden (s. [29]. Der numerisch sachgemäßere Zugang zur Lösung des linearen Gleichungssystems (8.115) besteht in einer LU-Faktorisierung der Systemmatrix $M_k^{(m)}$ mit partieller Pivotisierung und Skalierung sowie einer Nachiteration. In [31] wurde für allgemeine lineare Gleichungssysteme gezeigt, dass diese Strategie zu einem numerisch stabilen Algorithmus führt. Ohne Berücksichtigung einer Kompaktspeicherung der LU-Faktorisierung von $M_k^{(m)}$ würde ein Speicherplatz von $m \times [n^2 m]$ Zahlen benötigt. Die Implementierung RWPM des Mehrfach-Schießverfahrens (s. [32, 33, 34]) basiert auf dieser Auflösungsvariante. Sie verwendet jedoch eine Kompaktspeicherung der LU-Faktorisierung, bei der nur noch maximal $4 \times [n^2(m-1)]$ Zahlen abgespeichert werden müssen.

Es ist aber auch möglich, allgemeine Techniken für schwach besetzte Matrizen (engl.: *sparse matrices*) zur Lösung der linearen Schießgleichungen heranzuziehen, wie sie z.B. in der MATLAB zur Verfügung stehen. Wie numerische Tests mit der MATLAB zeigten, bleibt der für die LU-Faktorisierung benötigte Speicherplatz auch hier unter der o.a. Schranke $4 \times [n^2(m-1)]$. In der Abb. 8.4 ist eine typische Situation für das *fill-inn* (englischer Begriff, der das Hinzukommen zusätzlicher Nichtnull-Elemente während der Elimination beschreibt) im Falle $m = 10$ und $n = 10$ angegeben. Die Größe `nz` gibt die Anzahl der „non-zero" (nichtverschwindenden) Elemente in den jeweiligen Matrizen an.

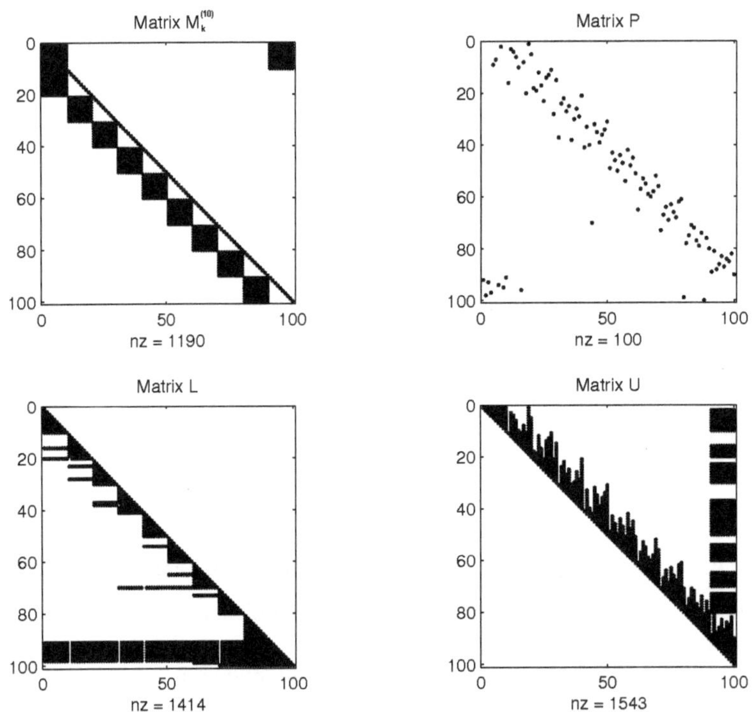

Abb. 8.4 Beispiel für das fill-in bei der LU-Faktorisierung

Die Konvergenzeigenschaften der Folge der Iterierten $\{s_k^{(m)}\}_{k=0}^{\infty}$ ergeben sich unmittelbar aus der Anwendung des Satzes von Newton-Kantorovich (s. [24]) auf das System (8.114). Des Weiteren wird in [1] gezeigt, dass sich durch den Übergang vom Einfach- zum Mehrfach-Schießverfahren der Konvergenzradius vergrößert.
In der Praxis wird man das Newton-Verfahren bzw. eine Variante mit diskretisierter

Jacobi-Matrix (Quasi-Newton-Verfahren) nicht in der o.a. Standardform, sondern unter Verwendung sog. *Dämpfungs- und Regularisierungsstrategien* (zu diesen Begriffen s. beispielsweise die Monografie [4]) implementieren. Des Weiteren ist es sinnvoll, die aufwändige Differenzenapproximation der Jacobi-Matrix nicht in jedem Iterationsschritt zu berechnen. Dies wird möglich, wenn man auf die Rang-1 Modifikationsformel von Sherman und Morrison zurückgreift. Das daraus resultierende Verfahren zur Lösung der nichtlinearen algebraischen Gleichungen wird *Broyden-Verfahren* genannt (s. z.B. [4]).

In [1] ist ein gedämpftes Quasi-Newton-Verfahren dargestellt, das bei unzureichendem Abstiegsverhalten oder singulärer Jacobi-Matrix in ein regularisiertes Quasi-Newton-Verfahren übergeht. Dieses Verfahren eignet sich sehr gut für die Lösung des nichtlinearen algebraischen Gleichungssystems (8.114). Einzelheiten zu diesem Verfahren findet man auch in [35, 36, 37]. Der k-te Iterationsschritt ist von der Form

$$s_{k+1}^{(m)} = s_k^{(m)} - \gamma_k \left[(1-\lambda_k) D^k + \lambda_k \left(M_k^{(m)} \right)^{-1} \right] F(s_k^{(m)}). \tag{8.122}$$

In der Formel (8.122) bezeichnen λ_k, $0 < \lambda_k \leq 1$, einen Regularisierungsparameter und γ_k, $0 < \gamma_k \leq 1$, einen Dämpfungsparameter. Für $\lambda_k = 1$ ergibt sich somit ein gedämpftes Newton-Verfahren. Die Matrix $D^k \in \mathbb{R}^{nm \times nm}$ ist eine Diagonalmatrix mit $D^k = \text{diag}(\|M_k^{(m)} e^{(i)}\|_2 + 10^{-3})$, wobei $e^{(i)}$ den i-ten Einheitsvektor bezeichnet. Die bei diesem Verfahren verwendete Abstiegsbedingung lautet

$$\|F^{(m)}(s_{k+1}^{(m)})\|_2^2 \leq (1-2\delta\gamma_k)\, \|F^{(m)}(s_k^{(m)})\|_2^2, \quad \delta \in (0, 1/2). \tag{8.123}$$

Bisher wurde stets davon ausgegangen, dass im Gitter (8.110) die Schießpunkte τ_j, $j = 0, \ldots, m$, vom Anwender vorgegeben sind und sich während der Abarbeitung des Verfahrens nicht mehr ändern. Das ist aber nicht immer günstig. Das Mehrfach-Schießverfahren basiert auf zwei qualitativ unterschiedlichen Gittertypen:

- einem feinen inneren Gitter, das durch die Knoten des verwendeten RKVs in den einzelnen Segmenten $[\tau_j, \tau_{j+1}]$ festgelegt ist, und
- einem groben äußeren Gitter, das aus den Schießpunkten τ_j besteht.

Das innere Gitter wird im Allgemeinen automatisch erzeugt. Die an diesen Stellen erhaltenen Zwischenergebnisse müssen nicht während der gesamten Rechnung im Speicher bleiben. Um den numerischen Aufwand des Verfahrens gering zu halten, wird man neben den Intervallgrenzen a und b weitere Schießpunkte nur dort festlegen, wo es auch zwingend notwendig ist. Da der Verlauf der Lösungskurve im Allgemeinen nicht a priori bekannt ist, sollte deshalb das Gitter (8.110) ebenfalls automatisch angepasst, d.h. vom Mehrfach-Schießverfahren selbst erzeugt bzw. verändert werden. In der Praxis hat sich die Strategie bewährt, dass der Anwender ein Start-Gitter auf dem Intervall $[a, b]$ vorgibt, das dann vom Algorithmus eventuell verfeinert wird. Im ersten Iterationsschritt muss es prinzipiell auch möglich sein, die vom Anwender vorgeschlagenen Schießpunkte durch geeignetere zu ersetzen. Zusätzliche Schießpunkte sollten während der Lösung des nichtlinearen Gleichungssystems (8.114) in zwei Abschnitten automatisch erzeugt werden, und zwar während der Auswertung des Funktionenvektors $F(s_0^{(m)})$, $s_0^{(m)}$ vorgegebener Startvektor, und während der Berechnung einer Differenzenapproximation $\hat{M}(s_k^{(m)}, h_k)$, $k = 0, 1, \ldots$, der Jacobi-Matrix $M_k^{(m)}$. Für die Auswahl eines weiteren Schießpunktes sind mindestens drei Kriterien maßgebend, die wir im Folgenden darstellen wollen. Die beiden Konstanten

$$c_1 \equiv 1/\sqrt{\text{KPMACH}}, \quad \text{KPMACH kleinste positive Maschinenzahl,}$$
$$c_2 \equiv 1/\sqrt{\text{EPMACH}}, \quad \text{EPMACH relative Maschinengenauigkeit } \nu$$

werden hierbei benötigt. Die Kriterien sind:

1. Das Wachstums der Lösung $u(t)$ des AWPs $\dot{u}(t) = f(t, u(t))$, $u(t_0) = u_0$ wird überwacht:
   τ^* wird neuer Schießpunkt, wenn $\|u(\tau^*)\| \geq \max(c_1, (\|u_0\| + 1)c_2)$.
2. Das Wachstum der partiellen Ableitungen $X_{j,k}^e$ $(j = 0, \ldots, m-1)$ wird überwacht: Im Segment $[\tau_j, \tau_{j+1}]$ wird ein neuer Schießpunkt τ^* eingefügt, wenn

$$\max_{i=1,\ldots,n} \|X_{j,k}^e e^{(i)}\| / \min_{i=1,\ldots,n} \|X_{j,k}^e e^{(i)}\| \geq c_2, \quad e^{(i)} \text{ } i\text{-ter Einheitsvektor.}$$

3. Ein neuer Schießpunkt $\tau^* = \bar{t}$ wird hinzugefügt, wenn an der Stelle $\bar{t}$ ein irregulärer Abbruch des AWP-Lösers auftritt und zwar wegen folgender Punkte:
   a. Die geforderte Integrationsgenauigkeit wird nicht erreicht,
   b. $f(\bar{t}, u)$ ist nicht berechenbar oder
   c. eine obere Schranke für die Anzahl der Integrationsschritte wird überschritten.

Beispiel 8.2. (modifizierte ARCHIMEDISCHE SPIRALE)

Die Arbeitsweise des Mehrfach-Schießverfahrens lässt sich sehr instruktiv anhand des folgenden Problems veranschaulichen: Auf einer rotierenden kreisrunden Scheibe bewegt sich ein Stift vom Mittelpunkt nach außen. Dieser Vorgang wird durch das folgende RWP mathematisch modelliert:

$$
\begin{aligned}
&\dot{x}_1(t) = \cos x_3(t) - t^2 x_4(t) \sin x_3(t), \qquad && x_1(0) = x_2(0) = x_3(0) = 0,\\
&\dot{x}_2(t) = \sin x_3(t) + t^2 x_4(t) \cos x_3(t), && x_3(1) = \omega 2\pi,\\
&\dot{x}_3(t) = t x_4(t), &&\\
&\dot{x}_4(t) = 0. &&
\end{aligned}
\tag{8.124}
$$

Der Parameter ω gibt dabei an, nach wie viel Umdrehungen der Stift am äußeren Rand ankommen soll. Bei der hier dokumentierten Rechnung wurde $\omega = 9$ gesetzt. Insgesamt waren 7 Iterationen erforderlich, um die geforderte Genauigkeit von 10^{-8} zu erreichen. In der Abb. 8.5 sind von 6 Iterierten die Komponenten $x_2(t)$ gegenüber $x_1(t)$ aufgetragen. Um eine optisch ansprechende Grafik zu erhalten, wurden 1000 äquidistant verteilte Schießpunkte im Intervall $[0,1]$ festgelegt, d.h., es wurde $m = 1001$ gesetzt. Die Iteration wurde mit der (trivialen) Trajektorie $x_i(t_j) = 0$, $j = 0,\ldots,m$, $i = 1,\ldots,4$, gestartet. Es ist an den einzelnen Grafiken sehr gut zu erkennen, wie sich während des Iterationsprozesses die Spirale (exakte Lösung) herausbildet. □

8.2.4 *Zur Parallelisierung des Mehrfach-Schießverfahrens*

Wie schon die englische Bezeichnung *parallel shooting* des Mehrfach-Schießverfahrens ausdrückt, ist diese numerische Technik zur Lösung von RWPn der Form (8.98) für das Grid Computing gut geeignet. Die wesentlichen Bausteine des Mehrfach-Schießverfahrens sind:

- die Lösung der AWPe (8.111) auf den durch das Gitter (8.110) definierten Segmenten $[\tau_j, \tau_{j+1}]$, $0 \le j \le m-1$,
- die Bestimmung von Nullstellen des nichtlinearen algebraischen Gleichungssystems (8.114) mit einem (regularisierten und/oder gedämpften) Quasi-Newton-Verfahren sowie
- die Lösung des linearen Gleichungssystems (8.115) in jedem Iterationsschritt des Newton-Verfahrens.

Der numerische Aufwand des Mehrfach-Schießverfahrens ist in etwa zu 80% durch die Integration der AWPe bestimmt. Deshalb sollte eine Parallelisierung des Verfahrens genau hier einsetzen. Ist das Gitter (8.110) vom Anwender vorgegeben, dann können auf den Segmenten $[\tau_0, \tau_1], \ldots, [\tau_{m-1}, \tau_m]$ die AWPe (8.111) unabhängig voneinander mit den im Abschnitt 8.1 dargestellten RKVn gelöst werden. Bei einer automatischen Erzeugung des Gitters ist das natürlich nicht mehr möglich. Des Weiteren lassen sich auf jedem Segment $[\tau_j, \tau_{j+1}]$ die zur Bildung einer Differenzenapproximation $\hat{M}(s_k^{(m)}, h_k)$ der Jacobi-Matrix $M_k^{(m)}$ erforderlichen AWPe parallel, d.h.,

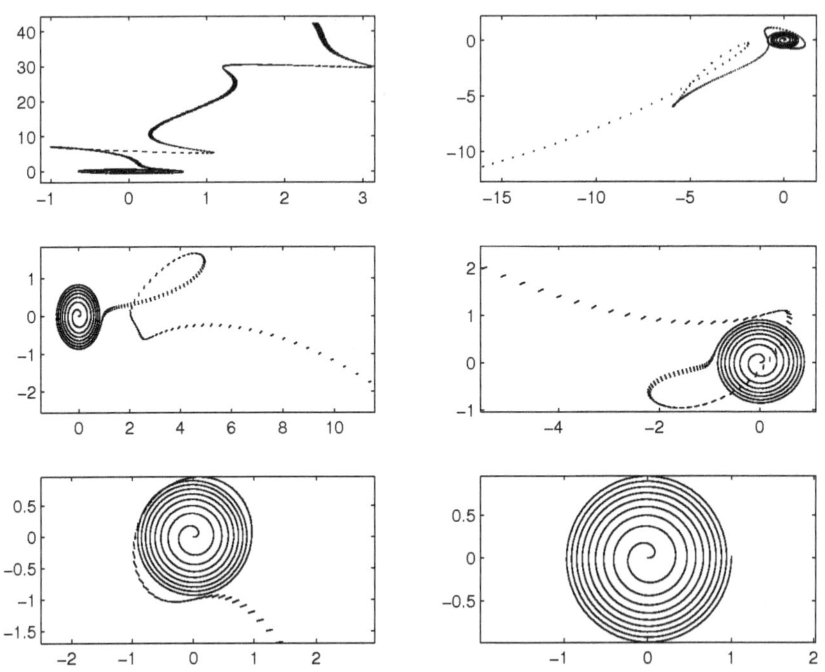

Abb. 8.5 Die Iterierten nähern sich der Spirale an

unabhängig voneinander, numerisch lösen. Implementierungen der genannten Strategien für das Grid Computing findet man z.B. in [38, 39, 40, 41, 42, 43, 44, 45, 46].

Eine andere Möglichkeit der Parallelisierung des Mehrfach-Schießverfahrens ergibt sich, wenn das lineare algebraische System (8.115) mittels dem durch die Formeln (8.117) – (8.121) beschriebenen und auf der Kompaktifikation basierenden Algorithmus aufgelöst wird. Insbesondere sind bei der Bestimmung von S_k, $\bar{q}_{0,k}^{(m)}$ sowie der Rekursion (8.121) Produkte von Matrizen $X_{j,k}^e$ zu berechnen. Diese Matrizenprodukte lassen sich parallel sehr effektiv unter Verwendung der sog. *fast parallel prefix* Matrizenmultiplikation realisieren (s. z.B. [47]). Wie bereits weiter oben erwähnt, ist diese Auflösungsvariante numerisch instabil und muss unbedingt mit der Nachiteration kombiniert werden. Ein Vorschlag, wie die Nachiteration in den parallelen Lösungsalgorithmus effektiv integriert werden kann, findet sich ebenfalls in [47].

Zum Abschluss soll noch auf eine weitere Idee hingewiesen werden, wie sich eine verteilte Rechnerstruktur beim Mehrfach-Schießverfahren gewinnbringend ausnutzen lässt. Wendet man nämlich zur Lösung des nichtlinearen Gleichungssystems (8.114) ein gedämpftes Newton-Verfahren (Formel (8.122) mit $\lambda_k = 1$) an, dann ist es jetzt möglich, Iterationen mit unterschiedlichen Werten des Dämpfungsparameters γ_k unabhängig voneinander auf verschiedenen Rechnereinheiten zu realisieren. Insbesondere sollten für den Dämpfungsparameter Werte größer als Eins zugelassen werden (z.B. $0 < \gamma_k \leq 2$). Dies kann zu einer signifikanten Beschleunigung des Rechenprozesses führen. Darüber hinausgehend wird in [48] nicht nur die Dämpfung γ_k, sondern auch die Suchrichtung modifiziert (Wechsel zwischen der Newton- und der Gradientenrichtung bzw. Kombinationen aus diesen beiden Richtungen) und parallel realisiert. Die Grundlage hierfür bildet die von Shi [49] vorgeschlagene Globalisierungstechnik für das Newton-Verfahren. Mit dieser Technik konnten noch bessere Resultate erzielt werden als im Falle der Parallelisierung des gedämpften Newton-Verfahrens.

Literaturverzeichnis

1. M. Hermann. *Numerik gewöhnlicher Differentialgleichungen. Anfangs- und Randwertprobleme*. Oldenbourg Verlag, München und Wien, 2004.
2. E. Hairer, S. P. Nørsett, and G. Wanner. *Solving Ordinary Differential Equations*, volume I. Springer Verlag, Berlin, 1993.
3. K. Strehmel and R. Weiner. *Numerik gewöhnlicher Differentialgleichungen*. Teubner Verlag, Stuttgart, 1995.
4. M. Hermann. *Numerische Mathematik*. Oldenbourg Verlag, München und Wien, 2006. 2., überarbeitete und erweiterte Auflage.
5. L. Euler. Institutionum calculi integralis. *Volumen Primum, Opera Omnia*, XI, 1768.
6. K. Heun. Neue Methode zur approximativen Integration der Differentialgleichungen einer unabhängigen Veränderlichen. *Zeitschr. für Math. u. Phys.*, 45:23–38, 1900.
7. C. Runge. Über die numerische Auflösung von Differentialgleichungen. *Math. Ann.*, 46:167–178, 1895.
8. W. Kutta. Beitrag zur näherungsweisen Integration totaler Differentialgleichungen. *Zeitschr. für Math. u. Phys.*, 46:435–453, 1901.
9. E. Fehlberg. Classical fifth-, sixth-, seventh-, and eighth order Runge-Kutta formulas with step size control. Technical Report 287, NASA, 1968.
10. E. Fehlberg. Low-order classical Runge-Kutta formulas with step size control and their application to some heat transfer problems. Technical Report 315, NASA, 1969.
11. J. H. Verner. Explicit Runge-Kutta methods with estimates of the local truncation error. *SIAM J. Numer. Anal.*, (15):772–790, 1978.
12. T. E. Hull, W. H. Enright, and K. R. Jackson. User's guide for DVERK - a subroutine for solving nonstiff ode's. Technical Report 100, University of Toronto, Department of Computer Science, Toronto, Canada, 1976.
13. J. R. Dormand and P. J. Prince. A family of embedded Runge-Kutta formulae. *J. Comp. Appl. Math.*, (6):19–26, 1980.
14. J. C. Butcher. On Runge-Kutta processes of high order. *J. Austral. Math. Soc.*, IV, Part 2:179–194, 1964.
15. J. C. Butcher. On the attainable order of Runge-Kutta methods. *Math. of Comp.*, 19:408–417, 1965.
16. J. C. Butcher. Coefficients for the study of Runge-Kutta integration processes. *J. Austral. Math. Soc.*, 3:185–201, 1963.
17. E. Hairer and G. Wanner. On the Butcher group and general multi-value methods. *Computing*, 13:1–15, 1974.
18. M. Abramowitz and I. A. Stegun. *Handbook of Mathematical Functions*. Dover Publications, New York, 1972.

19. B. L. Ehle. High order A-stable methods for the numerical solution of systems of DEs. *BIT*, 8:276–278, 1968.
20. F. H. Chipman. A-stable Runge-Kutta processes. *BIT*, 11:384–388, 1971.
21. G. Dahlquist. A special stability problem for linear multistep methods. *Bit*, (3):27–43, 1963.
22. K. Dekker and J. G. Verwer. *Stability of Runge-Kutta Methods for Stiff Nonlinear Differential Equations*. North-Holland, Amsterdam, 1984.
23. U. M. Ascher and L. R. Petzold. *Computer Methods for Ordinary Differential Equations and Differential-Algebraic Equations*. SIAM, Philadelphia, 1998.
24. J. E. Dennis and R. B. Schnabel. *Numerical Methods for Unconstrained Optimization and Nonlinear Equations*. Prentice-Hall, Inc., Englewood Cliffs, NJ., 1983.
25. J. Stoer and R. Bulirsch. *Introduction to Numerical Analysis*. Springer Verlag, New York, Berlin, Heidelberg, 2002.
26. B. A. Troesch. A simple approach to a sensitive two-point boundary value problem. *J. Comput. Phys.*, 21:279–290, 1976.
27. M. Hermann. Shooting methods for two-point boundary value problems – a survey. In M. Hermann, editor, *Numerische Behandlung von Differentialgleichungen*, Wissenschaftliche Beiträge der FSU Jena, pages 23–52, Jena, 1983. Friedrich-Schiller-Universität.
28. P. Deuflhard. Recent advances in multiple shooting techniques. In Gladwell/Sayers, editor, *Computational Techniques for Ordinary Differential Equations*, pages 217–272, London, New York, 1980. Academic Press.
29. P. Deuflhard and G. Bader. Multiple shooting techniques revisited. In P. Deuflhard and E. Hairer, editors, *Numerical Treatment of Inverse Problems in Differential and Integral Equations*, pages 74–94, Boston, Basel, Stuttgart, 1983. Birkhäuser Verlag.
30. M. Hermann. Ein ALGOL-60-Programm zur Diagnose numerischer Instabilität bei Verfahren der linearen Algebra. *Wiss. Ztschr. HAB Weimar*, (20):325–330, 1975.
31. R. D. Skeel. Iterative refinement implies numerical stability for Gaussian elimination. *Math. Comput.*, (35):817–832, 1980.
32. M. Hermann and D. Kaiser. RWPM: a software package of shooting methods for nonlinear two-point boundary value problems. *Appl. Numer. Math.*, 13:103–108, 1993.
33. M. Hermann and D. Kaiser. Shooting methods for two-point BVPs with partially separated endconditions. *ZAMM*, (75):651–668, 1995.
34. M. Hermann and D. Kaiser. Numerical methods for parametrized two-point boundary value problems – a survey. In W. Alt and M. Hermann, editors, *Berichte des IZWR*, volume Math/Inf/06/03, pages 23–38. Friedrich-Schiller-Universität Jena, Jenaer Schriften zur Mathematik und Informatik, 2003.
35. J. M. Ortega and W. C. Rheinboldt. *Iterative Solution of Nonlinear Equations in Several Variables*. Academic Press, New York, 1970.
36. H. Schwetlick. *Numerische Lösung nichtlinearer Gleichungen*. VEB Deutscher Verlag der Wissenschaften, Berlin, 1979.
37. H. Berndt and D. Kaiser. Zwei Programmpakete zur Berechnung von nichtlinearen bzw. linearen Zweipunkt-Randwertaufgaben. In M. Hermann, editor, *Numerische Behandlung von Differentialgleichungen III*, pages 1–49, Jena, Germany, 1985. Friedrich-Schiller-Universität.
38. M. Kuhnert. Parallelisierung des Mehrfachschießverfahrens zur Lösung von Zwei-Punkt-Randwertproblemen auf dem Parallelrechner MasPar MP-2. Master's thesis, Friedrich Schiller University, Institute of Applied Mathematics, 1998.
39. S. K. Andersen, P. G. Thomsen, and H. Carlsen. Parallel shooting methods for finding periodic steady state solutions to models of machines with reciprocating pistons. *Simulation Modelling Practice and Theory*, 15:1052–1067, 2007.
40. H. B. Keller and P. Nelson. A comparison of hypercube implementations of parallel shooting. In *Mathematics for large scale computing*, volume 120 of *Lecture Notes in Pure and Appl. Math.*, pages 49–79. Dekker, New York, 1989.
41. H. B. Keller and P. Nelson. Hypercube implementations of parallel shooting. *Appl. Math. Comput.*, 31:574–603, 1989.

42. R. Mehlhorn, M. Schumann, and M. Kiehl. Parallelisierung der Mehrzielmethode und Implementierung auf einem iPSC-Hypercube mit Anwendungen in der Flugbahnoptimierung. *ZAMM*, 75:599–600, 1995.
43. G. Kraut and I. Gladwell. Parallel methods for boundary value problem linear algebra. In R. F. Sincovec and D. E. Keyes, editors, *Proceedings of the Sixth SIAM Conference on Parallel Processing for Scientific Computing*, pages 647–651. Soc.for Industrial & Applied Maths., 1993.
44. S. J. Wright. Stable parallel elimination for boundary value odes. *Numer. Math.*, 67:521–535, 1994.
45. P.H. Muir, R.N. Pancer, and K.R. Jackson. Runge-Kutta software for the parallel solution of boundary value ODEs. Technical Report Technical Report 2000-08, Department of Mathematics and Computing Science, Saint Mary's University, 2003.
46. P. H. Muir, R. N. Pancer, and K. R. Jackson. PMIRKDC: a parallel mono-implicit Runge-Kutta code with defect control for boundary value ODEs. *Parallel Computing*, 29:711–741, 2003.
47. K. L. Chow and W. H. Enright. Distributed parallel shooting for BVODEs. In A. Tentner, editor, *Proceedings of High Performance Computing*, pages 203–210, Boston, 1998. The Society of Computer Simulation.
48. N. Mattheis. Untersuchung numerischer Techniken zur Lösung nichtlinearer Gleichungssysteme auf dem Parallelrechner MasPar MP-2204. Master's thesis, Friedrich Schiller University, Institute of Applied Mathematics, 1998.
49. Y. Shi. A globalization procedure for solving nonlinear systems of equations. *Numerical Algorithms*, 12:273–286, 1996.

Kapitel 9
Finite-Differenzen-Methoden

Steffen Limmer

Zusammenfassung Eine partielle Differentialgleichung (PDG) ist eine Gleichung, welche Ableitungen einer Funktion von zwei oder mehr Variablen enthält. Wissenschaftler und Ingenieure nutzen partielle Differentialgleichungen, um eine breite Auswahl an physikalischen Systemen zu modellieren. Praxisbezogene Probleme ergeben partielle Differentialgleichungen, welche zu kompliziert sind, um sie analytisch zu lösen. Für diese werden Computer eingesetzt, um approximative Lösungen zu berechnen. Insbesondere die Lösung großer PDGs ist für Grid-Strukturen geeignet. Die in diesem Kapitel vorgestellte Finite-Differenzen-Methode ist eine Technik zum Lösen von PDGs.

9.1 Einleitung

Eine *gewöhnliche Differentialgleichung* ist eine Gleichung, welche Ableitungen einer Funktion enthält, die nur von einer Variablen abhängt. Eine *partielle Differentialgleichung* (PDG) ist eine Gleichung mit Ableitungen einer Funktion aus zwei oder mehr Variablen. Viele wissenschaftliche und technische Phänomene lassen sich durch PDGs modellieren. Hier ein paar Beispiele:

- Luftstrom über der Tragfläche eines Flugzeugs
- Blutzirkulation im menschlichen Körper
- Wasserzirkulation im Ozean
- Deformationen einer Brücke, wenn sie Verkehr trägt
- Entwicklung eines Gewitters
- Schwingungen von Hochhäusern bei Erdbeben
- Beanspruchbarkeit eines Spielzeugs

Friedrich-Alexander-Universität Erlangen-Nürnberg
Lehrstuhl für Rechnerarchitektur
E-mail: steffen.limmer@informatik.uni-erlangen.de

D. Fey (ed.), *Grid-Computing*, eXamen.press, DOI 10.1007/978-3-540-79747-0_9,

- Temperaturverteilung am Kühler einer CPU
- Vibrationen eines Subwoofers

Es ist möglich, einfache PDGs analytisch zu lösen. Im Allgemeinen sind analytische Lösungen aber nicht möglich und wir müssen nach approximativen Lösungen der Gleichung mit Hilfe numerischer (rechnergestützter) Methoden suchen. Diese numerischen Methoden sind üblicherweise sehr rechenintensiv. Deshalb ist es lohnenswert, parallele Methoden zum Lösen von PDGs zu untersuchen. Die zwei gängigsten Techniken zum Lösen von PDGs sind die *Finite-Elemente-Methode* und die *Finite-Differenzen-Methode*. Dieses Kapitel konzentriert sich auf die Finite-Differenzen-Methode.

Sie formt eine PDG in eine Matrixgleichung um, wobei die dabei entstehenden Matrizen dünnbesetzt[1] sind. Implementierungen der Finite-Differenzen-Methode lassen sich in zwei große Kategorien unterteilen, je nachdem wie die dünnbesetzte Matrix dargestellt wird. Matrixbasierte Implementierungen stellen die Matrix explizit dar unter Ausnutzung von Datenstrukturen, die den effizienten Zugriff auf die Matrixelemente ungleich 0 unterstützen. Matrixfreie Implementierungen stellen die Werte der Matrix implizit dar. In diesem Kapitel wollen wir uns auf die matrixfreien Implementierungen der Finite-Differenzen-Methoden konzentrieren.

Beginnen wollen wir mit der Definition linearer PDGs 2. Ordnung. Diese lassen sich in 3 Kategorien einteilen, von der jede eine unterschiedliche Lösungsmethode hat. Wir werden außerdem zeigen, wie Differenzenquotienten die erste und zweite Ableitung einer stetigen Funktion in einem Punkt approximieren. Zwei Beispiele – die Probleme der schwingenden Saite und der stationären Wärmeverteilung – illustrieren die Techniken zum parallelen Programmieren.

9.2 Partielle Differentialgleichungen

9.2.1 Kategorien von Partiellen Differentialgleichungen

Wie bereits erwähnt, ist eine PDG eine Gleichung, die Ableitungen von Funktionen zweier oder mehr Variablen enthält. Sei z.B. u eine Funktion von x und y: $u = f(x,y)$. Wir bezeichnen die partielle Ableitung von u nach x als u_x. Entsprechend sei u_y die partielle Ableitung von u nach y. Da nur eine einzige partielle Ableitung gebildet wird, haben diese partiellen Ableitungen die Ordnung eins. Wenn k partielle Ableitungen gebildet werden, so haben sie die Ordnung k. Hier sind drei partielle Ableitungen von u der Ordnung zwei: u_{xx},u_{xy} und u_{yy}.

Eine *partielle Differentialgleichung 2. Ordnung* enthält keine partiellen Ableitungen von Ordnungen größer zwei. Sie sind die am häufigsten genutzten PDGs zur Lösung physikalischer und technischer Probleme.

Lineare partielle Differentialgleichungen 2. Ordnung sind von der Form

[1] Typischerweise sind nur ein paar wenige Elemente pro Zeile von 0 verschieden.

$$Au_{xx} + 2Bu_{xy} + Cu_{yy} + Eu_x + Fu_y + Gu = H, \tag{9.1}$$

wobei A, B, C, D, E, F, G und H Funktionen einzig und allein von x und y sind. Hier zwei Beispiele linearer PDGs 2. Ordnung:

$$4u_x x + 6xyu_{xy} = 0$$

$$\pi u_{xy} + x^2 u_{yy} = sin(xy)$$

Die folgenden Gleichungen sind keine linearen PDGs zweiter Ordnung:

$$u_{xx}^2 + u_{yy} = 0$$

$$uu_{xy} + sin(xy)u_{yy} = x + y$$

Die erste Gleichung ist keine lineare PDG zweiter Ordnung, da der u_{xx}-Term quadriert ist, und die zweite, weil u_{xy} mit u multipliziert wird. Abhängig von den Werten von A, B und C in Gleichung 9.1 können wir die linearen PDGs zweiter Ordnung in drei Kategorien klassifizieren:

- **Elliptische PDGs** für $B^2 - AC < 0$
- **Parabolische PDGs** für $B^2 - AC = 0$
- **Hyperbolische PDGs** für $B^2 - AC > 0$

Zu jeder dieser Kategorien gibt es ein bekanntes typisches Beispiel.

Die *Poisson-Gleichung*, $u_{xx} + u_{yy} = f(x,y)$, ist ein Beispiel für eine elliptische PDG. Sie entstand aus Untersuchungen zu Problemen der Elektrizität, des Magnetismus, der Gravitation und der stationären Verteilung von Wärme oder Magnetismus in homogenen Leitern. Für $f(x,y) = 0$ wird die Poisson-Gleichung als *Laplace-Gleichung* bezeichnet.

Die *Wärmeleitungsgleichung*, $ku_{xx} = u_t$, ist ein Beispiel einer parabolischen PDG. Sie ging aus Untersuchungen zur Wärmeleitung in Feststoffen hervor. Die Studien zur Ausbreitung von Flüssigkeiten und Gasen resultieren in dieselbe Gleichung, welche in diesem Zusammenhang aber als *Diffusionsgleichung* bezeichnet wird.

Die *Wellengleichung*, $c^2 u_{xx} = u_{tt}$, ist ein Beispiel für eine hyperbolische PDG. Sie entstand aus Modellierungen von Wellenausbreitung sowie Schwingungen von Saiten und Membranen.

9.2.2 Der Differenzenquotient

Während unterschiedliche Algorithmen zur Lösung elliptischer, parabolischer und hyperbolischer Gleichungen verwendet werden, approximieren alle Finite-Differenzen-Methoden die Lösung einer PDG durch Unterteilung der Variablen (zumeist

Zeit und Ort) in diskrete Intervalle. Um diesen Prozess zu verdeutlichen, betrachten wir die Approximation der ersten und zweiten Ableitung einer Funktion.

Gegeben sei die Funktion f aus Abb. 9.1 (wir nehmen an, f ist eine stetige Funktion die eine Ableitung in jedem Punkt besitzt). Wir wollen die erste und zweite Ableitung von f an einem bestimmten Punkt x berechnen. Eine sinnvolle Approximation von $f'(x)$ ist

$$f'(x) \approx \frac{f(x+h/2) - f(x-h/2)}{h}.$$

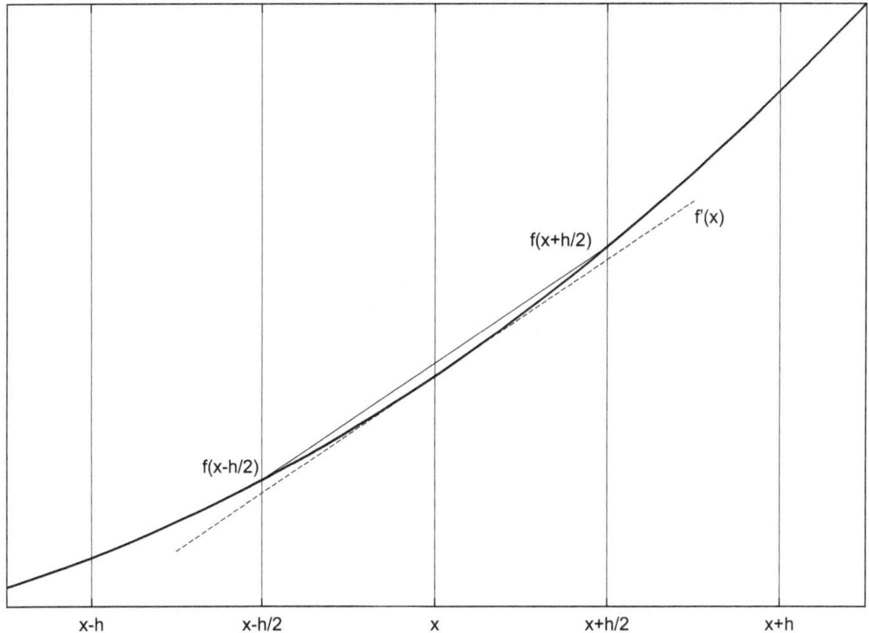

Abb. 9.1 Approximation der Ableitung von f an der Stelle x

Durch Verkleinerung von h können wir den Fehler bei der Approximation reduzieren. Wir können dieselbe Formel nutzen, um $f''(x) = f'(f'(x))$ zu bestimmen:

$$\begin{aligned} f''(x) &\approx \frac{\frac{f(x+h/2+h/2)-f(x+h/2-h/2)}{h} - \frac{f(x-h/2+h/2)-f(x-h/2-h/2)}{h}}{h} \\ &\approx \frac{f(x+h) - f(x) - ((f(x) - f(x-h))}{h^2} \\ &\approx \frac{f(x+h) - 2f(x) + f(x-h)}{h^2} \end{aligned}$$

9.3 Schwingende Saite

Als erste Fallstudie zur Finite-Differenzen-Methode betrachten wir ein Beispiel einer hyperbolischen PDG. Dabei wird nur ein kleiner Einblick gegeben. Für mehr Details siehe [2].

9.3.1 Herleiten von Gleichungen

Unser Ziel ist es, das Verhalten einer schwingenden Saite (wie z.B. einer Gitarrensaite) zu modellieren. Genauer gesagt, wollen wir in der Lage sein, ausgehend von der Anfangsposition die Position der Saite zu einem zukünftigen Zeitpunkt zu bestimmen. Die Endpunkte der Saite sind befestigt. Die Variable x repräsentiert die Punkte entlang der imaginären Linie zwischen den beiden Endpunkten. Der linke Endpunkt befindet sich bei $x = 0$ und der rechte bei $x = 1$. Daher gilt $0 \leq x \leq 1$. Die Variable t repräsentiere die Zeit. Die Anfangsposition der Saite ist ihre Position zum Zeitpunkt $t = 0$. Somit ist $t > 0$ (s. Abb. 9.2).

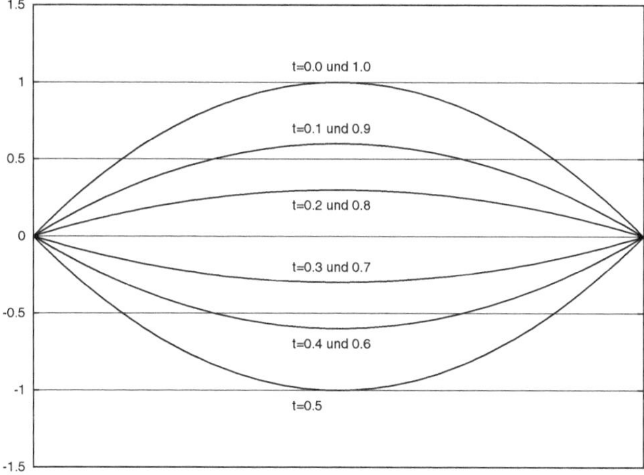

Abb. 9.2 Bewegung einer Saite während der Zeit

Die Funktion $u(x,t)$ beschreibt die Auslenkung der Saite am Punkt x zum Zeitpunkt t. Das eigentliche Problem wird durch eine Reihe von Gleichungen modelliert. Die erste Gleichung, eine lineare PDG 2. Ordnung, drückt aus, wie sich die Auslenkung abhängig von der Zeit verändert:

$$4u_{xx} = u_{tt} \quad 0 < x < 1, \quad 0 < t$$

Die zweite Gleichung beschreibt den Fakt, dass die Enden der Saite fest sind:

$$u(0,t) = u(1,t) = 0 \quad mit \quad t > 0$$

Die dritte und vierte Gleichung beschreiben die Ausgangsposition und Geschwindigkeit der Seite zur Zeit 0 entsprechend:

$$u(x,0) = sin(\pi x), \quad u_t(x,0) = 0 \quad mit \quad 0 \leq x \leq 1$$

Unser Problem ist ein spezielles Beispiel einer Wellengleichung, welche diese allgemeine Form hat:

$$c^2 u_{xx} = u_{tt} \quad 0 \leq x \leq a, \quad t \geq 0$$

$$u(x,0) = F(x) \quad und \quad u_t(x,0) = G(x) \quad auf \quad [0,a]$$

$$u(0,t) = u(a,t) = 0$$

Im Allgemeinen wollen wir Lösungen des Problems für x-Werte zwischen 0 und a und alle Zeiten zwischen 0 und T finden. Wir unterteilen den Raum in n Intervalle und die Zeit in m Intervalle. Außerdem definieren wir $h = a/n$ und $k = T/m$. Mit anderen Worten: k ist der Zeitschritt und h der „Raumschritt". Ist der Zeitschritt k zu groß, so ist unsere Diskretisierung zu grob und der Algorithmus würde nicht stabil sein (d.h., der Unterschied zwischen unserer approximativen Lösung und der korrekten Lösung würde mit jedem Zeitschritt rapide anwachsen). Das ist der Fall für $kc/h > 1$. Ist der Zeitschritt andererseits zu klein, so können sich Rundungsfehler anhäufen, was die Genauigkeit der Schätzung auch reduzieren würde. Dies ist der Fall bei $kc/h < 1$. Somit lassen sich die besten Schätzungen mit $kc/h = 1$ erzielen.

Nachdem wir überprüft haben, dass $kc/h \leq 1$ ist, können wir fortfahren. Wir definieren

$$x_i = ih \quad i = 0, 1, ..., n$$

$$t_j = jk \quad j = 0, 1, ..., m$$

Nun können wir $u_{i,j} = u(x_i, t_j)$ als die Auslenkung der Saite an Position x_i zur Zeit t_j definieren (s. Abb. 9.3).

9.3.2 Herleiten des seriellen Programms

Mit Hilfe der Formel aus Abschn. 9.2.2 können wir eine Approximation der zweiten partiellen Ableitung u_{xx} bilden:

$$u_{xx}(x_i, t_j) \approx \frac{u(x_i + h, t_j) - 2u(x_i, t_j) + u(x_i - h, t_j)}{h^2}$$
$$\approx \frac{u_{i+1,j} - 2u_{i,j} + u_{i-1,j}}{h^2}$$

Ebenso können wir die zweite partielle Ableitung u_{tt} approximieren:

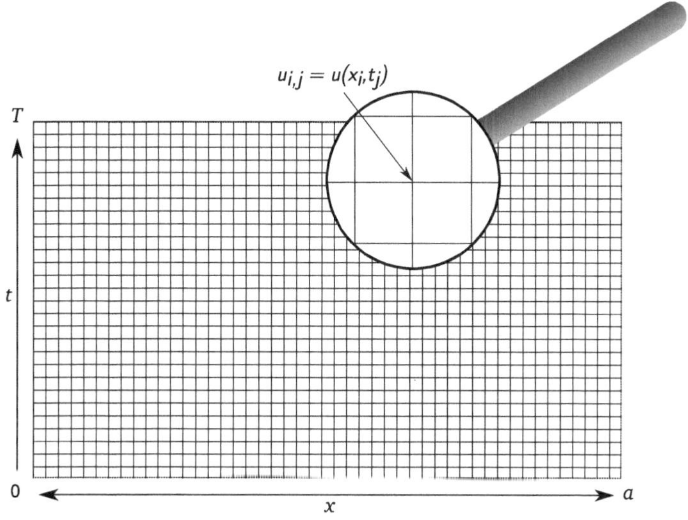

Abb. 9.3 Die Einteilung von Zeit und Raum in diskrete Intervalle erzeugt ein rechteckiges Gitter. Jeder Kreuzungspunkt $u_{i,j}$ repräsentiert eine Näherung von u für x_i und t_j – mit anderen Worten die Auslenkung eines Punktes der Saite zu einem bestimmten Zeitpunkt

$$
\begin{aligned}
u_{tt}(x_i,t_j) &\approx \frac{u(x_i,t_j+k)-2u(x_i,t_j)+u(x_i,t_j-k)}{k^2} \\
&\approx \frac{u_{i,j+1}-2u_{i,j}+u_{i,j-1}}{k^2}
\end{aligned}
$$

Diese Näherungen können in die Wellengleichung eingesetzt werden. Nach einer Reihe weiterer Näherungen und Verfeinerungen (s. [2] für Details) ergibt sich das C-Programm aus Abb. 9.4.

9.3.3 Design des parallelen Programms

Wir beginnen damit, primitive Tasks zu definieren und Datenabhängigkeiten zwischen ihnen zu identifizieren. Anschließend werden wir nach einer geeigneten Zusammenfassung der Tasks suchen. Die feinstgranularen Tasks sind diejenigen, welche ein Element der Matrix u berechnen. Wie im C-Code in Abb. 9.4 zu sehen, hängt der Wert von $u[j+1][i]$ von den Werten von $u[j][i-1]$, $u[j][i]$, $u[j][i+1]$ und $u[j-1][i]$ ab (s. Abb. 9.5).

Die Berechnung der Auslenkung eines einzelnen Punkts für verschiedene Zeitpunkte ist inhärent sequentiell: Der Wert von $u[j+1][i]$ hängt von $u[j][i]$ und

```
/* Sequentielle Loesung für das Problem der schwingenden Saite*/

#include <stdio.h>
#include <math.h>
#define F(x) sin(3.14159*(x)) //Anfangsposition der Saite
#define G(x) 0.0              //Anfangsgeschwindigkeit der Saite
#define a    1.0              //Laenge der Saite
#define c    2.0              //Saitenabhaengige Konstante
#define m    20               //Anzahl diskreter Zeitintervalle
#define n    8                //Anzahl diskreter Raumintervalle
#define T    1.0              //Endzeit der Simulation

int main (int argc, char *argv[]){
    double h;                    //Laenge eines Raumintervalls
    int    i,j;
    double k;                    //Laenge eines Zeitintervalls
    double L;                    //Berechneter Koeffizient
    double u[m+1][n+1];          //Ausschlaege der Saite

    h=a/n;
    k=T/m;
    L=(k*c/h)*(k*c/h);
    for(j=0; j<=m; j++) u[j][0]=u[j][n]=0;
    for(i=1; i<n; i++) u[0][i]=F(i*h);
    for(i=1; i<n; i++)
        u[1][i]=(L/2.0)*(u[0][i+1]+u[0][i-1])+
                (1.0-L)*u[0][i]+k*G(i*h);
    for(j=1; j<m; j++)
        for(i=1; i<n; i++)
            u[j+1][i]=2.0*(1.0-L)*u[j][i]+
               L*(u[j][i+1]+u[j][i-1])-u[j-1][i];
    for(j=0;j<=m;j++){
        for(i=0;i<=n;i++) printf("%6.3f ",u[j][i]);
        putchar('\n');
    }
    return 0;
}
```

Abb. 9.4 Sequentielle C-Implementierung der Finite-Differenzen-Methode zur Lösung des Problems der schwingenden Saite (abgeleitet vom Pseudo-Code aus [2])

$u[j-1][i]$ ab. Daher sollten wir die Tasks zusammenfassen, die für die Berechnung aller Werte von x_i zuständig sind. An diesem Punkt findet Kommunikation ausschließlich zwischen angrenzenden Tasks statt. Werden die Tasks noch weiter zusammengefasst, so dass Tasks zuständig für zusammenhängende Abschnitte der Saite gebündelt werden, so sinkt die Kommunikation zwischen den Tasks.

Angenommen die $n+1$ Elemente der Saite werden auf p Prozesse aufgeteilt. Betrachten wir die Kommunikation, die nötig ist, um Zeile $j+1$ der Matrix zu berechnen. Abbildung 9.6 (a) veranschaulicht dies: Prozess q ist zuständig für die Berechnung von $u[j+1][i]$ für vier verschiedene Werte von i. Die Werte der grau-

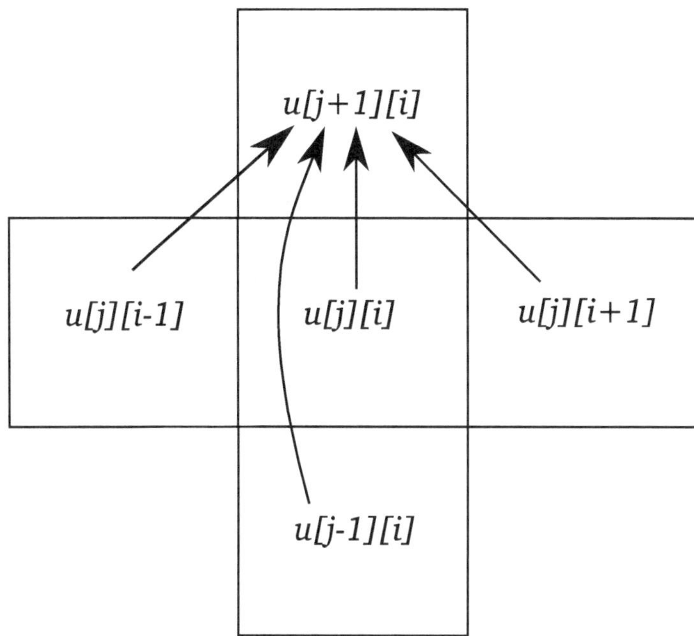

Abb. 9.5 Der Wert von $u[j+1][i]$ hängt von den Werten von $u[j][i-1]$, $u[j][i]$, $u[j][i+1]$ und $u[j-1][i]$ ab.

en Zellen kann er ohne jegliche Kommunikation berechnen. Doch zur Berechnung der schwarzen Zellen benötigt er Werte von seinen Nachbarprozessen. Abbildung 9.6 (b) illustriert, wie Prozess q Daten mit seinen Nachbarprozessen $q-1$ und $q+1$ austauschen muss. Nachdem diese Daten ausgetauscht wurden, können die schwarzen Zellen berechnet werden.

Das parallele Programm vereinfacht sich stark, falls dieselbe Schleife, die die Werte am Rand aktualisiert, auch die inneren Werte aktualisiert. Dies kann geschehen, indem man Prozess q zwei extra Spalten gibt. In diesen Spalten werden die von den Nachbarprozessen empfangenen Werte gespeichert (ein Spaltenelement pro Iteration). Man spricht dabei von *Geisterzonen* bzw. *Geisterpunkten* (s. auch Abschn. 4.3.3). Abbildung 9.6 (c) veranschaulicht die Geisterpunkte für $n=16$ und $p=4$ unter der Annahme, dass keine Kommunikation von der einen Seite zur anderen fließen muss.

Während der Iteration, welche Zeile $j+1$ berechnet, sendet jeder Prozess die entsprechenden Randwerte von Zeile j an seine Nachbarn und erhält im Gegenzug die Randwerte der Zeile j seiner Nachbarn. Nachdem die Werte in den Geisterpunkten gespeichert wurden, genügt eine einzige Iteration, damit der Prozess die Werte der Zeile $j+1$ berechnen kann.

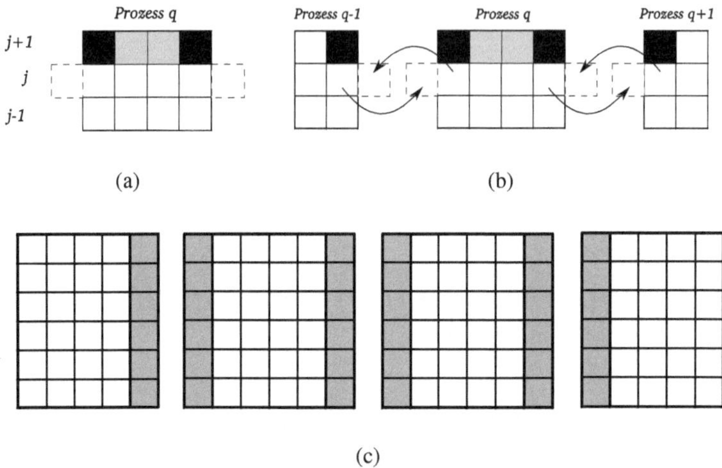

Abb. 9.6 (a) Bei der Berechnung der Zeile $j+1$ hat der Prozess q alle Werte um die grauen Zellen zu berechnen, benötigt aber Werte von den Nachbarprozessen um die schwarzen Zellen zu berechnen. (b) Jeder Prozess sendet Werte seiner Kanten an seine Nachbarn und erhält eintreffende Werte von seinen Nachbarn in Geisterpunkte. Die Geisterpunkte enthalten somit Kopien der Werte. (c) Die Programmierung vereinfacht sich, wenn die Geisterpunkte als extra Spalten oder Zeilen im Daten-Array behandelt werden. Hier dargestellt für $n = 16$ und $p = 4$ unter der Annahme, dass keine Kommunikation von der einen Seite zur anderen fließen muss.

9.3.4 Vervielfältigen von Berechnungen

Was können wir tun, um den Overhead durch die Kommunikation zu reduzieren? Da die Nachrichten der Prozesse nur einen einzigen Datenwert enthalten, macht die Latenzzeit den Großteil der Kommunikationszeit aus. Wir können zwei Datenwerte in nahezu derselben Zeit versenden, die benötigt wird, um einen Datenwert zu senden. Betrachten wir die Auswirkungen, wenn wir mehrfache Datenwerte verschicken. Abbildung 9.7a zeigt, was in dem Original-Algorithmus geschieht, wie er bereits vorgestellt wurde. Die weißen Quadrate symbolisieren die Zellen, für die ein Prozess zuständig ist. Die gestrichelten weißen Quadrate sind die Geisterpunkte. Wurden die Geisterpunkte empfangen, so kann der Prozess die Werte für die grauen Quadrate (die Zellen seines Bereichs im nächsten Zeitschritt) berechnen. In Abb. 9.7b sieht man was passiert, wenn die Anzahl der Geisterpunkte von eins auf zwei erhöht wird. Jeder Prozess kann nun zwei Werte zu jedem seiner Nachbarprozesse senden. Hat er ein Paar von Werten von jedem seiner Nachbarn empfangen, so kann er die Simulation zwei Zeitschritte fortführen. Im ersten Schritt berechnet er die Werte für all die Zellen, für die er zuständig ist, und zusätzlich für die Geisterpunkte an jeder Seite (die gestrichelten grauen Quadrate). Diese zusätzlichen Berechnungen sind redundant, da die Werte schon von Nachbarprozessen berechnet werden, welche „offiziell“ für die Zellen zuständig sind. Aber im Besitz der redundanten Werte kann der Prozess den zweiten Zeitschritt ohne weitere Kommunikation durchführen.

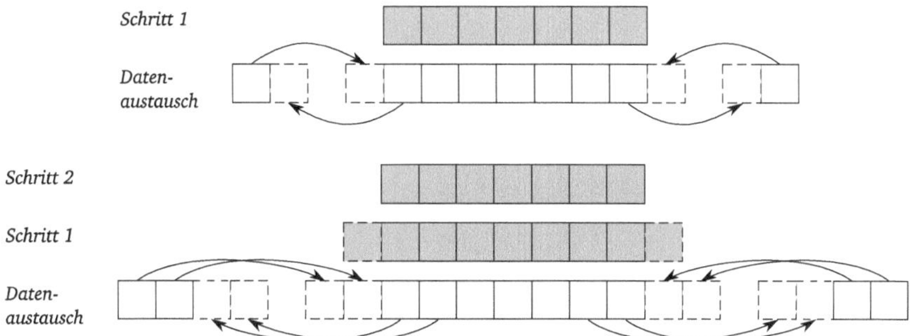

Abb. 9.7 Der Zeitaufwand für die Kommunikation kann durch Vervielfältigung von Berechnungen reduziert werden. (a) Übermittlung eines einzigen Kantenelements erlaubt dem Algorithmus nur das Bearbeiten eines Zeitschritts für jede Kommunikation. (b) Werden zwei Kantenelemente übergeben, kann der Algorithmus auf Kosten zweier zusätzlicher Berechnungen zwei Zeitschritte pro Kommunikation durchführen

Das Vermehren der Geisterpunkte hat drei Effekte: wachsende Nachrichtenlängen, verminderte Häufigkeit von Nachrichten und zusätzliche redundante Berechnungen. Im Folgenden wollen wir den parallelen Overhead als eine Funktion in der Anzahl der Geisterpunkte bestimmen. Wenn es k Geisterpunkte auf jeder Seite gibt, so werden alle k Iterationen Nachrichten der Länge k zu und von den Nachbarn gesendet. Sei λ die Latenz und β die Bandbreite. Dann dauert das Senden einer Nachricht $\lambda + k/\beta$ Zeiteinheiten.

Die Anzahl zusätzlicher redundanter Berechnungen ist

$$\sum_{i=1}^{k-1} i = k(k-1)/2.$$

Sei χ die Dauer einer solchen Berechnung, dann beträgt der parallele Overhead pro Prozess und pro Iteration

$$\frac{2(\lambda + k/\beta) + \chi k(k-1)/2}{k} = \frac{2\lambda}{k} + \frac{2}{\beta} + \frac{\chi(k-1)}{2}\,.$$

.

Der Term mit der Latenz λ ist umgekehrt proportional zu k während die Rechenzeit linear mit k wächst. Damit hat die Funktion typischerweise eine Form wie in Abb. 9.8 dargestellt. Der Wert von k, bei dem die Funktion ihr Minimum hat, hängt von den konkreten Werten von λ und χ ab.

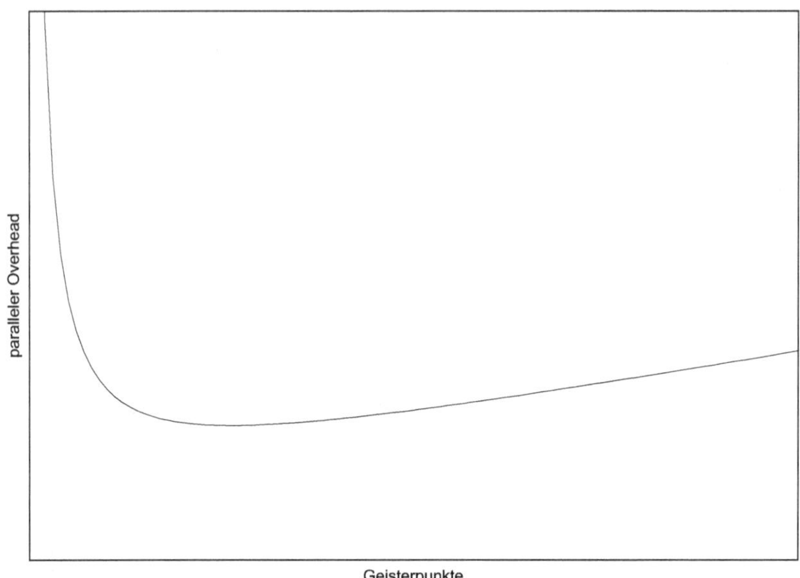

Abb. 9.8 Das Erhöhen der Anzahl von Geisterpunkten kann den parallelen Overhead bis zu einem gewissen Punkt verringern. Danach überwiegen die Kosten der redundanten Berechnungen den Nutzen der geringeren Anzahl gesendeter und empfangener Nachrichten

9.4 Stationäre Wärmeverteilung

Als ein zweites Beispiel betrachten wir im Folgenden die Parallelisierung eines Programms zur Berechnung einer stationären Wärmeverteilung über einer dünnen rechteckigen Platte.

9.4.1 Herleiten von Gleichungen

Die zugrunde liegende PDG ist eine Poisson-Gleichung:

$$u_{xx} + u_{yy} = f(x,y) \quad 0 \leq x \leq a, \quad 0 \leq y \leq b$$

Durch Hinzufügen von Randbedingungen vervollständigen wir sie zu einem Randwertproblem:

$$u(x,0) = G_1(x) \quad \textit{und} \quad u(x,b) = G_2(x) \quad 0 \leq x \leq a$$

$$u(0,y) = G_3(y) \quad \textit{und} \quad u(a,y) = G_4(y) \quad 0 \leq y \leq b$$

Wenn die Funktionen G_1, G_2, G_3 und G_4 an den Rändern stetig sind und die Funktion f innerhalb der Ränder, so besitzt das Problem eine eindeutige Lösung.

Wie im vorhergehenden Beispiel werden wir ein zweidimensionales Gitter erstellen. Allerdings wird die Interpretation des Gitters diesmal eine andere sein. Während bei der schwingenden Saite jeder Gitterpunkt (x_i, t_j) für die Auslenkung des Punktes x_i zum Zeitpunkt t_j stand, so repräsentiert hier jeder Gitterpunkt (x_i, y_j) den Wert der stationären Lösung an einem bestimmten Punkt (x, y) im Rechteck. Im letzten Beispiel haben wir den Wert an jedem Gitterpunkt nur einmal berechnet. Jetzt werden wir die Werte aller inneren Gitterpunkte wiederholt aktualisieren, bis die Werte konvergieren.

9.4.2 Herleiten des seriellen Programms

Wir unterteilen die Dimension x in n Teile und die Dimension y in m Teile. Außerdem definieren wir $h = x/n$ und $k = y/m$. Mit Hilfe der Approximation aus Abschnitt 9.2.2 erhalten wir

$$
\begin{aligned}
u_{xx}(x_i, y_j) &\approx \frac{u(x_i + h, y_j) - 2u(x_i, y_j) + u(x_i - h, y_j)}{h^2} \\
&\approx \frac{u_{i+1,j} - 2u_{i,j} + u_{i-1,j}}{h^2}
\end{aligned}
$$

und analog

$$
u_{yy}(x_i, y_j) \approx \frac{u_{i,j+1} - 2u_{i,j} + u_{i,j-1}}{k^2}
$$

Wenn wir diese Näherungen in die Poisson-Gleichung einsetzen, bekommen wir

$$
\frac{u_{i+1,j} - 2u_{i,j} + u_{i-1,j}}{h^2} + \frac{u_{i,j+1} - 2u_{i,j} + u_{i,j-1}}{k^2} = f(x_i, y_j)
$$

Sei $\lambda = k/h$. Nach einer Reihe weiterer Approximationen (s. [2] für Details) kommen wir auf eine neue Formel für den Lösungswert an jedem Gitterpunkt:

$$
w_{i,j} = \frac{\lambda^2(w_{i+1,j} + w_{i-1,j}) + w_{i,j+1} + w_{i,j-1} - k^2 f_{i,j}}{2(1 + \lambda^2)}
$$

Werfen wir nun einen Blick auf das spezielle Problem, welches wir zu lösen beabsichtigen. Eine dünne Stahlplatte ist von drei Seiten von einem kondensierenden Dampfbad umgeben (Temperatur 100°C). Die vierte Seite liegt in einem Eisbad (0°C Temperatur). Eine isolierende Schicht bedeckt die Ober- und Unterseite der Platte. Unser Ziel ist es jetzt, die stationäre Wärmeverteilung an gleichmäßig verteilten Punkten der Platte zu berechnen.

Da die Punkte gleichmäßig verteilt sind, gilt $h = k$ und somit $\lambda = 1$. Weil die Platte isoliert ist, dringt außer an den Kanten keine Wärme in sie ein.

Das bedeutet $f_{i,j} = 0$. Damit reduziert sich unsere Approximation für die Lösung der PDG 2. Ordnung auf:

$$w_{i,j} = \frac{w_{i+1,j} + w_{i-1,j} + w_{i,j+1} + w_{i,j-1}}{4}$$

Beginnend mit Schätzungen für alle $w_{i,j}$ können wir iterativ neue Schätzungen berechnen bis die Werte konvergieren. Basierend auf Schätzungen aus Iteration i neue Schätzungen für Iteration $i+1$ zu berechnen wird als *Jacobi-Methode* [1] bezeichnet. Eine C-Implementierung zur Lösung des Problems der stationären Wärmeverteilung ist in Abb. 9.9 zu sehen.

```
/* Problem der stationaeren Waermeverteilung sequentiell*/

#include <stdio.h>
#include <math.h>
#define N       100
#define EPSILON 0.01

int main (int argc, char *argv[]){
    double diff;                  /*Veraenderung des Werts*/
    int    i,j;
    double mean;                  /*mittlerer Randwert*/
    double u[N][N];               /*alter Wert*/
    double w[N][N];               /*neuer Wert*/

    /*Setze Randwerte und berechne mittleren Randwert*/
    mean=0.0;
    for(i=0;i<N;i++){
        u[i][0]=u[i][N-1]=u[0][i]=100.0;
        u[N-1][i]=0.0;
        mean+=u[i][0]+u[i][N-1]+u[0][i]+u[N-1][i];
    }
    mean/=(4.0*N);

    /*Initialisiere innere Werte*/
    for(i=1;i<N-1;i++)
        for(j=1;j<N-1;j++) u[i][j]=mean;

    /*Berechne Loesung*/
    for(;;){
        diff=0.0;
        for(i=1;i<N-1;i++)
            for(j=1;j<N-1;j++){
                w[i][j]=(u[i-1][j]+u[i+1][j]+
                         u[i][j-1]+u[i][j+1])/4.0;
                if(fabs(w[i][j]-u[i][j])>diff)
                    diff=fabs(w[i][j]-u[i][j]);
            }
```

```
        if(diff<=EPSILON) break;
        for(i=1;i<N-1;i++)
            for(j=1;j<N-1;j++) u[i][j]=w[i][j];
    }
    /*Gib Loesung aus*/
    for(i=0;i<N;i++){
        for(j=0;j<N;j++) printf("%6.2f ",u[i][j]);
        putchar('\n');
    }
    return 0;
}
```

Abb. 9.9 C-Implementierung zur Lösung des Problems der stationären Wärmeverteilung unter Ausnutzung der Jacobi-Methode

9.4.3 Design des parallelen Programms

Wir können der Berechnung eines jeden $w[i,j]$ einen primitiven Task zuordnen. Der Aktualisierungsschritt der Jacobi-Methode ist perfekt parallel. Zur Berechnung von $w[i,j]$ benötigt jeder Task die u-Werte seiner Nachbarn im Norden, Süden, Osten und Westen (s. Abb. 9.10).

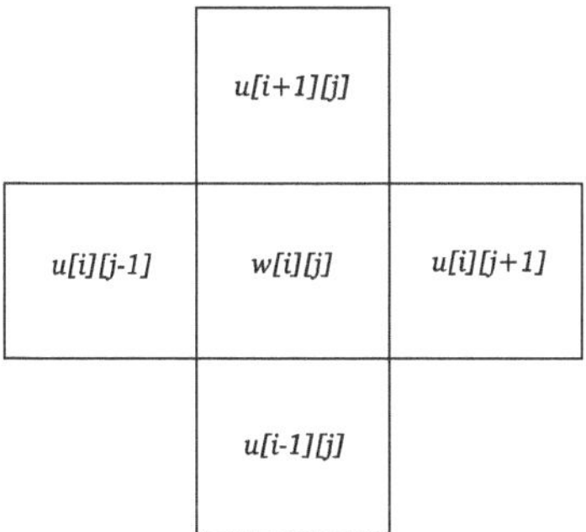

Abb. 9.10 Der Wert von $w[i][j]$ hängt von den Werten von $u[i-1][j]$, $u[i][j+1]$, $u[i+1][j]$ und $u[i][j-1]$ ab

Was ist der beste Weg, die Tasks zu bündeln, um sie auf die parallelen Prozesse zu verteilen? Ist jeder Prozess für eine rechteckige Region zuständig, so kann die Berechnung der Elemente von w im Inneren des Rechtecks mit Hilfe lokal verfügbarer Werte von u stattfinden. Für die Berechnung von w an den Rändern werden Werte von anderen Prozessen benötigt. Wir können Geisterpunkte an den Rändern der Rechtecke eines jeden Prozesses einführen. Nachdem die Werte von den benachbarten Prozessen in den Geisterpunkten empfangen wurden, genügt eine doppelt verschachtelte Schleife, um alle Werte von w zu berechnen.

Eine Möglichkeit ist es, die Aufteilung zeilenförmig vorzunehmen (s. Abb. 9.11 (a)). Damit tauscht jeder innere Prozess Nachrichten mit zwei Nachbarprozessen aus. Eine naheliegende Alternative ist die schachbrettförmige Aufteilung (s. Abb. 9.11 (b)). In diesem Fall tauscht jeder innere Prozess Nachrichten mit vier Nachbarn aus.

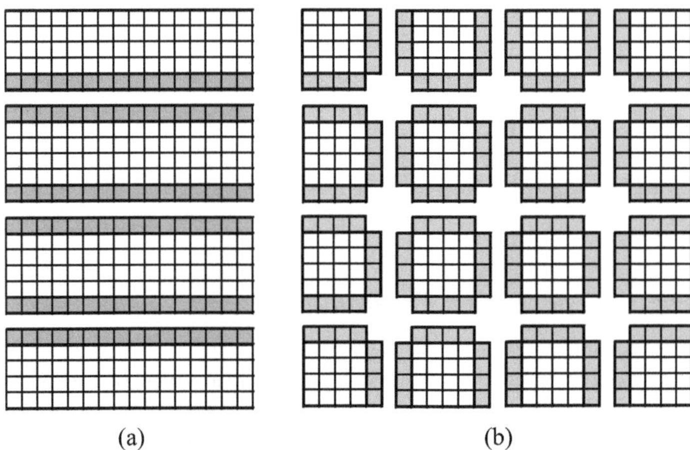

Abb. 9.11 Mögliche Aufteilung der Daten zur Lösung des zweidimensionalen Problems der stationären Wärmeverteilung. (a) Abbildung eines 16×16-Gitters aufgeteilt auf vier Prozesse mit zeilenförmiger Aufteilung. Jeder Prozess ist für eine $(n/p)\times n$-Region zuständig. Geisterpunkte werden hier als graue Quadrate dargestellt. (b) Abbildung eines 16×16-Gitters aufgeteilt auf 16 Prozesse mit schachbrettförmiger Aufteilung. Jeder Prozess ist für eine $(n/\sqrt{p})\times(n/\sqrt{p})$-Region zuständig. Geisterpunkte werden hier als graue Quadrate dargestellt

9.5 Ausführung im Grid

In einem Grid wird es typischerweise eine hohe Latenz und eine niedrige Bandbreite bei der Kommunikation geben. Damit ist das Versenden von Daten, im Vergleich zu einem Cluster oder einem Parallelrechner, zwischen den Prozessen relativ zeitintensiv. Ist die benötigte Rechenzeit χ für einen einzelnen Gitterpunkt aber ausreichend groß, so fällt das weniger ins Gewicht und eine parallele Verarbeitung im Grid kann lohnenswert sein. Dasselbe gilt, wenn das gesamte zu berechnende Gitter ausreichend groß ist. Dann können den einzelnen Prozessen auch hinreichend große Teilfelder zugewiesen werden. Da die Anzahl der zu berechnenden Gitterpunkte quadratisch und die Anzahl der zu versendenden bzw. zu emfangenden Gitterpunkte nur linear mit der Größe des Gitters steigt, nimmt der Anteil der Kommunikation an der Gesamtlaufzeit mit wachsender Gittergröße ab.

9.6 Zusammenfassung

Die gängigsten numerischen Techniken zur Lösung von partiellen Differentialgleichungen sind die Finite-Elemente-Methode und die Finite-Differenzen-Methode. Matrixbasierende Implementierungen der Finite-Differenzen-Methode stellen die Matrix explizit dar unter Nutzung von Datenstrukturen, die den effizienten Zugriff auf Elemente ungleich Null unterstützen. Matrixfreie Implementierungen stellen die Matrix-Werte implizit dar. In diesem Abschnitt haben wir auf matrixfreien Implementierungen basierende parallele Programme für die Finite-Differenzen-Methode betrachtet.

Lineare PDGs 2. Ordnung lassen sich in elliptisch, parabolisch und hyperbolisch unterteilen. Für jeden dieser Typen von PDG werden unterschiedliche Algorithmen zur Lösung angewandt, wenn auch gewisse Gemeinsamkeiten bestehen. Als Beispiele haben wir die Lösungen der Probleme der schwingenden Saite (eine hyperbolische PDG) und der stationären Wärmeverteilung (eine elliptisches PDG) betrachtet. Für beide Beispiele wurde dieselbe Methode zur Herleitung des parallelen Algorithmus genutzt. Wir haben damit begonnen, die primitiven Tasks und das Kommunikationsmuster zu den beiden Beispielen zu identifizieren. Anschließend haben wir sie so zusammengefasst, dass ein bestmöglicher Kompromiss zwischen minimaler Kommunikation und maximaler Auslastung erzielt wird.

In beiden Fällen haben wir Geisterpunkte genutzt, um Werte von anderen Prozessen zu speichern. Nachdem die Werte empfangen wurden, können alle Zellen im selben Teil des Programmcodes aktualisiert werden. Wir haben außerdem untersucht, wie wir die Anzahl der Geisterpunkte erhöhen können, um die Häufigkeit der Kommunikation auf Kosten zusätzlicher Berechnungen zu verringern. Die optimale Anzahl von Geisterpunkten hängt von der Latenz, der Bandbreite und der benötigten Rechenzeit für eine Zelle ab.

9.7 Anmerkung

Dieses Kapitel basiert auf Kapitel 13 *Finite Difference Methods* aus dem englischsprachigen Buch von M.J. Quinn [3] und stellt größtenteils eine Übersetzung ins Deutsche dar.

Literaturverzeichnis

1. Jacobi, C.G.J. „Über eine neue Auflösungsart der bei der Methode der kleinsten Quadrate vorkommenden linearen Gleichungen.“ *Astr. Nachr.* 22(523):297-323, 1999.
2. Plybon, Benjamin F., *An Introduction to Applied Numerical Analysis.* Boston, MA:PWS-Kent Publishing Company, 1992.
3. Quinn, Michael J. „Finite Difference Methods“, Chapter 13 in „Parallel Programming in C with MPI and OpenMPI“ International Edition, The McGraw-Hill Companies, New York, 2003, pp. 318-335.

Kapitel 10
Physikalische Modelle zur Lichtausbreitung

Matthias Brinkmann, Malte Hagemann, Uwe Langbein und Andreas Hermerschmidt

Zusammenfassung Computational Photonics ist ein aufgrund der damit verbundenen rechenintensiven Anforderungen lohnenswertes Anwendungsgebiet für Grid-Rechnerstrukturen. Eine Grundlage für die damit verbundenen Berechnungen stellen die im folgenden Kapitel dargestellten physikalische Modelle zur Lichtausbreitung dar. Ferner erfolgt ein Überblick zu Methoden der Simulation der dargestellten Modelle für verschiedene optische Strukturen und den dazugehörigen Berechnungsalgorithmen.

10.1 Modelle zur Lichtausbreitung

Die physikalische Natur des Lichts ist seit den Tagen von James Maxwell, Max Planck und Albert Einstein ausreichend geklärt und mathematisch exakt beschrieben. Während Maxwell Licht als klassisches elektromagnetisches Wellenphänomen beschrieb [8], erweiterten Planck und Einstein dieses Modell durch die Einführung des Photons auf ein quantenphysikalisches Wellenphänomen [9]. In der heutigen Zeit können daher physikalisch-technische Fragestellungen zum Thema Licht mit

Matthias Brinkmann
Fachbereich Mathematik und Naturwissenschaften, Hochschule Darmstadt,
E-mail: matthias.brinkmann@h-da.de

Malte Hagemann
Fachbereich Mathematik und Naturwissenschaften, Hochschule Darmstadt,
E-mail: malte.hagemann@h-da.de

Uwe Langbein
Fachbereich Ingenieurwissenschaften, Hochschule RheinMain,
E-mail: uwe.langbein@hs-rm.de

Andreas Hermerschmidt
HOLOEYE Photonics AG,
E-mail: andreas.hermerschmidt@holoeye.de

D. Fey (ed.), *Grid-Computing*, eXamen.press, DOI 10.1007/978-3-540-79747-0_10,

drei verschiedenen mathematischen Modellen beschrieben werden: Das klassische Strahlenmodell kann benutzt werden, wenn der Wellencharakter der Lichtausbreitung (Interferenz, Beugung, ...) für die Lösung des Problems keine entscheidende Rolle spielt. Treten Interferenzeffekte auf (Beugung an Blenden, optische Beschichtungen, optische Gitter), so kann mit Hilfe der Maxwellschen elektromagnetischen Wellentheorie die physikalisch-technische Berechnung des Problems durchgeführt werden. Spielt die Wechselwirkung zwischen Licht und Materie in der Fragestellung eine entscheidende Rolle (z.B. bei Lichtquellen wie (O)LEDs oder Lasern), so muss auf die mathematische Beschreibung im quantenphysikalischen Photonen-Modell zurückgegriffen werden. Im Folgenden sollen die Grundlagen zum Strahlen- und Wellenmodell dargestellt werden.

10.1.1 Lichtausbreitung im Strahlenmodell

Im Strahlenmodell wird das Lichtfeld repräsentiert durch einen Satz von N Lichtstrahlen [10]. Diese Strahlen gehen von den erzeugenden Lichtquellen LQ aus und „haften" zunächst an dieser Quelle. Jeder Lichtstrahl s kann als Vektor repräsentiert werden, der einen Aufpunkt (x_s, y_s, z_s) und eine Raumrichtung $\Omega_s = (\theta_s, \phi_s)_s$ besitzt. Ohne Beschränkung der Allgemeinheit soll die Raumrichtung durch die beiden Winkel θ_s und ϕ_s relativ zur z-Achse beschrieben werden. Dies ist in Abb. 10.1

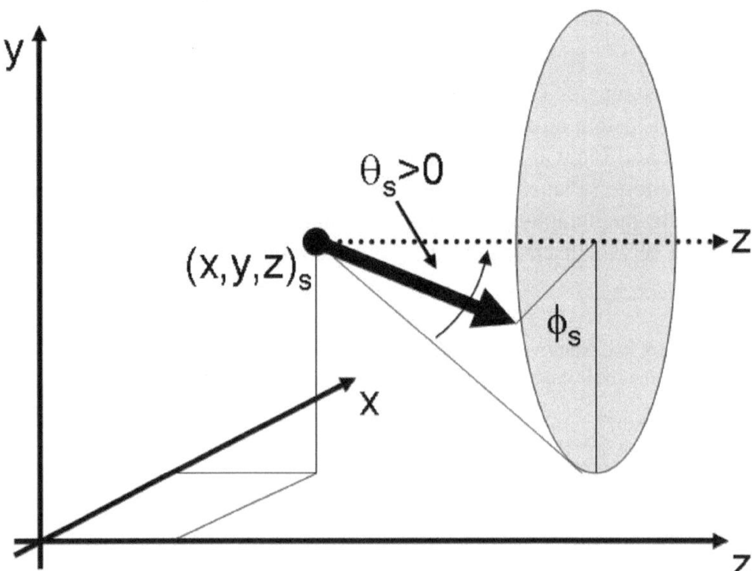

Abb. 10.1 Darstellung eines Lichtstrahls mit Aufpunkt $(x,y,z)_s$ und Raumrichtungswinkeln θ_s und ϕ_s

dargestellt. Jeder Strahl s trägt einen Bruchteil Φ_s des gesamten von der Lichtquelle abgegebenen Strahlungsflusses Φ_{LQ} und es gilt

$$\Phi_{LQ} = \sum_{s=1}^{N} \Phi_s \,. \tag{10.1}$$

Die räumliche Länge des Strahlvektors ist in diesem Modell nicht von Bedeutung. Sie wird willkürlich als 1 angenommen. Die „Kunst" der Modellierung von Lichtquellen im Strahlenmodell besteht darin, einen „geeigneten" Satz von N Strahlen zu definieren, welcher das Lichtfeld optimal bezüglich lateraler und winkelabhängiger Verteilung beschreibt:

Das Lichtfeld einer Punktlichtquelle im Koordinatenursprung lässt sich z. B. gut durch N Strahlen beschreiben, welche alle den Aufpunkt $(0,0,0)$ und den Fluß $\frac{\Phi_{LQ}}{N}$ besitzen. Der volle Raumwinkelbereich 4π um den Lichtpunkt wird nun in N Teilraumwinkel $\frac{4\pi}{N}$ unterteilt. In das Zentrum jedes Teilraumwinkels zielt jeweils einer der Strahlen. Abbildung 10.2a illustriert diese Anordnung. Ist die Strahlzahl N hoch ($N > 10000$), so kann die jeweilige Raumrichtung der Strahlen auch von einem Zufallsgenerator erzeugt werden, wobei jedoch auf eine statistische Gleichverteilung der Strahlen im Winkelbereich zu achten ist.

Als zweites Beispiel zeigt Abb. 10.2b eine Lichtquelle in Form einer rechteckigen Fläche A, welche eine Lambertsche Abstrahlcharakteristik in den oberen Halbraum aufweist. Hier wird die Fläche zunächst in N Teilflächen der Größe $\frac{A}{N}$ zerlegt, in deren Zentrum jeweils M Strahlen ihren Aufpunkt besitzen. Die Raumwinkelverteilung innerhalb des N-ten Strahlensatzes (a M Strahlen) ist nicht homogen, sondern folgt dem Verhalten

$$m(\theta_t, \phi_p) = m_0 \cos(\theta_t) \tag{10.2}$$

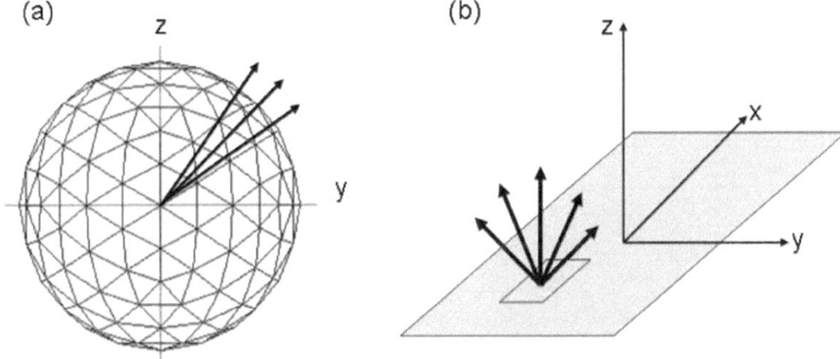

Abb. 10.2 Illustration der Strahlverteilung einer Punktlichtquelle (a) und eines Lambertschen Flächenstrahlers (b)

Dabei gibt $m(\theta_t, \phi_p)$ die Anzahl an Strahlen an (nach Rundung auf eine ganze Zahl), welche in die Richtung θ_t $(t = 0, 1, 2, ...T)$,θ_p $(p = 0, 1, 2, ...P)$ mit $T \cdot P = M$ zeigen. Alle $N \cdot M$ Strahlen sollen wiederum den gleichen Teilfluss $\frac{\Phi_{LQ}}{N \cdot M}$ tragen.

Die numerische Strahlverfolgung, das sog. Raytracing, besteht nun darin, den Aufpunkt jedes Strahls entlang der Strahlrichtung so weit zu verschieben, bis die Oberfläche eines der optischen Elemente getroffen wird. Besitzt diese Oberfläche absorbierende Eigenschaften, so bleibt der Aufpunkt am Auftreffpunkt dieser Fläche haften. Der Strahl wird nicht weiterverfolgt. Alternativ kann an der Oberfläche Reflexion oder Brechung stattfinden. In diesem Fall ändert sich die Strahlrichtung und der Aufpunkt des Strahls wird entlang der neuen Strahlrichtung weiterverschoben. Dieses Verfahren wird so lange fortgeführt, bis der Strahl entweder auf eine absorbierende Fläche trifft oder kein weiteres optisches Element der Strahlausbreitungsrichtung mehr im Wege steht. Im letzteren Fall wird der Strahl als „entkommen" angesehen und nicht weiter betrachtet.

Die Propagation der Strahlen durch ein beliebiges optisches System kann mathematisch formal durch einen Matrix-Operator-Formalismus erfolgen. Dieser soll im Folgenden vereinfachend für den zweidimensionalen Fall, also einer Strahlausbreitung in der z-y-Ebene vorgestellt werden. Abbildung 10.3 illustriert den Sachverhalt. Jeder Strahl wird durch einen Vektor dargestellt.

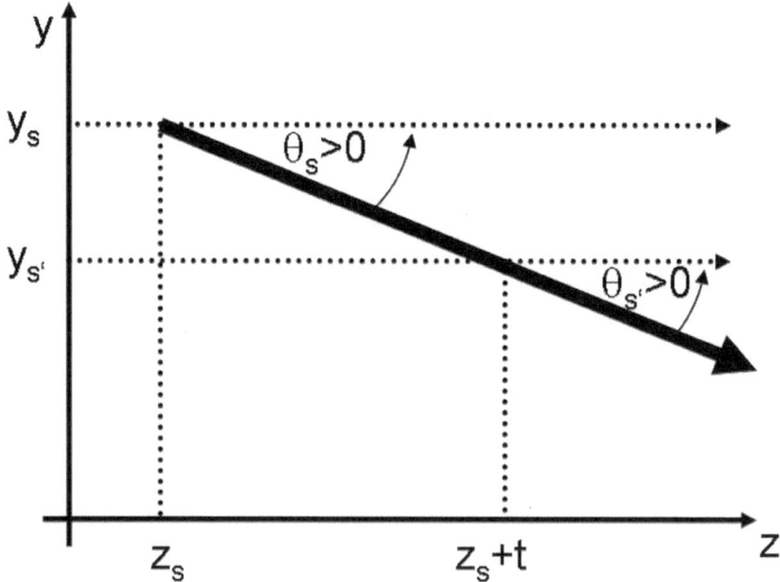

Abb. 10.3 Darstellung eines Lichtstrahls im Propagationsformalismus

$$\mathbf{s} = \begin{pmatrix} y_s \\ \theta_s \end{pmatrix}_{z_s} \tag{10.3}$$

z_s und y_s geben dabei den Aufpunkt des Strahls in der z-y-Ebene an, die dritte Komponente θ_s den Strahlwinkel zur z-Achse. Dabei bedeuten $\theta_s = \frac{-\pi}{2} \cdots \frac{+\pi}{2}$ Strahlen, welche nach rechts laufen. Strahlen mit $|\theta_s| > \frac{\pi}{2}$ sind in negative z-Richtung gewendet und werden im Folgenden nicht betrachtet, insbesondere gelten hier nicht die unten angegeben Propagationsoperatoren. Mathematisch erfolgt die Strahldurchrechnung nun durch sog. Propagationsoperatoren in Form von 2×2 Matrizen. Die drei wichtigsten Operatoren sollen hier kurz vorgestellt werden:

Der Translationsoperator P_t beschreibt die Bewegung des Aufpunktes zwischen optischen Oberflächen, d.h. an der Luft oder in optischen Medien. Dabei wird der Aufpunkt entlang der z-Achse um die Distanz t verschoben. Seine Form lautet

$$\mathbf{P}_t = \begin{pmatrix} 1 & (-t \cdot \tan(\cdot)) \\ 0 & 1 \end{pmatrix}_t \tag{10.4}$$

Wendet man diesen Operator auf den Aufpunktvektor $\mathbf{s}$ an, so erhält man den verschobenen Aufpunktvektor

$$\mathbf{s}' = \begin{pmatrix} y_s - t \cdot \tan(\theta_s) \\ \theta_s \end{pmatrix}_{z_s + t} \tag{10.5}$$

Erreicht man mit dem Translationsoperator eine reflektierende (hier als planar angenommene) Oberfläche, so findet an dieser Reflexion statt. Die Änderung der Richtung des Strahlvektors wird durch den Reflexionsoperator $\mathbf{P}_r$ beschrieben:

$$\mathbf{P}_r = \begin{pmatrix} 1 & 0 \\ 0 & (2\alpha - (\cdot)) \end{pmatrix} \tag{10.6}$$

Dabei besitzt die Spiegelfläche-Normale einen Winkel α zur y-Achse. Zu beachten ist, dass diese Matrix nur für den Fall gilt, dass der Strahl weiter in positive z-Richtung verläuft. Abbildung 10.4 illustriert diesen Sachverhalt.

Die dritte hier betrachtete Propagationsmatrix beschreibt die Brechung an einer planen Fläche, also den Strahlungsdurchtritt von einem Medium mit Brechzahl n_s durch eine Oberfläche in ein Medium mit Brechzahl $n_{s'}$. Abbildung 10.5 illustriert dies.

Dabei soll hier ohne Beschränkung der Allgemeinheit die Oberfläche senkrecht zur z-Achse stehen. Der Brechungsoperator lautet hier

$$\mathbf{P}_n = \begin{pmatrix} 1 & 0 \\ 0 & \left(\arcsin\left(\frac{n_s}{n_{s'}} \sin(\cdot)\right)\right) \end{pmatrix} \tag{10.7}$$

Im Matrixformalismus zur Strahlpropagation lassen sich nun beliebige Operatoren miteinander kombinieren, um einen Lichtstrahl durch komplexe optische Systeme zu tracen:

$$\mathbf{s}' = \mathbf{P}_n \cdot \mathbf{P}_{(n-1)} \cdots \mathbf{P}_2 \cdot \mathbf{P}_1 \cdot \mathbf{s} \tag{10.8}$$

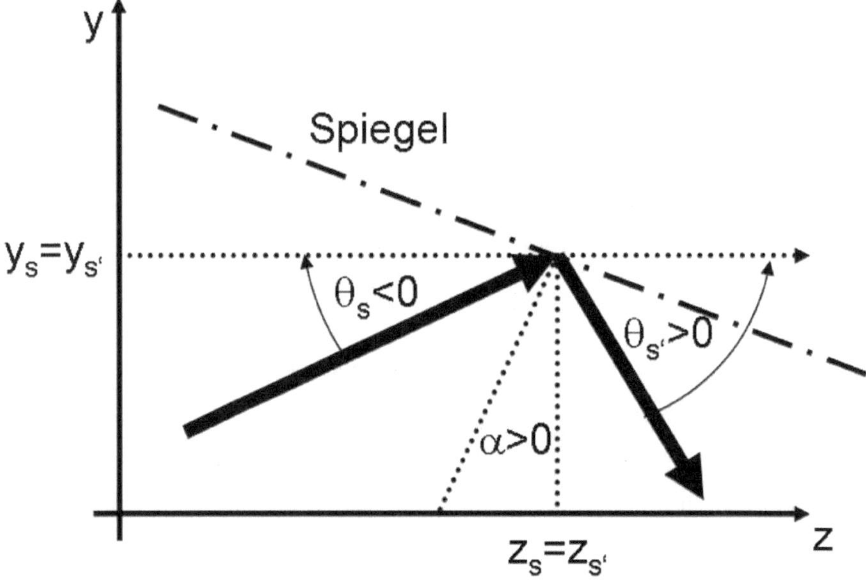

Abb. 10.4 Reflexion eines Lichtstrahls im Propagationsformalismus

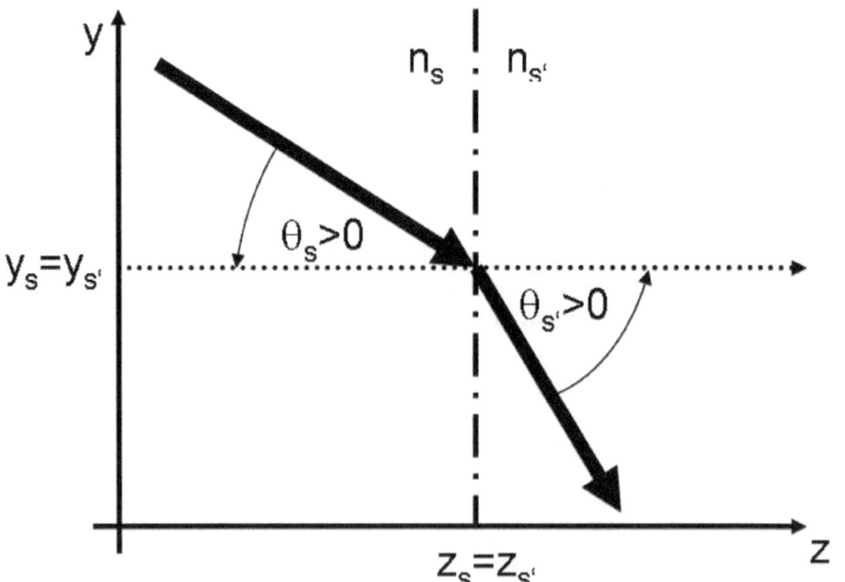

Abb. 10.5 Brechung eines Lichtstrahls im Propagationsformalismus

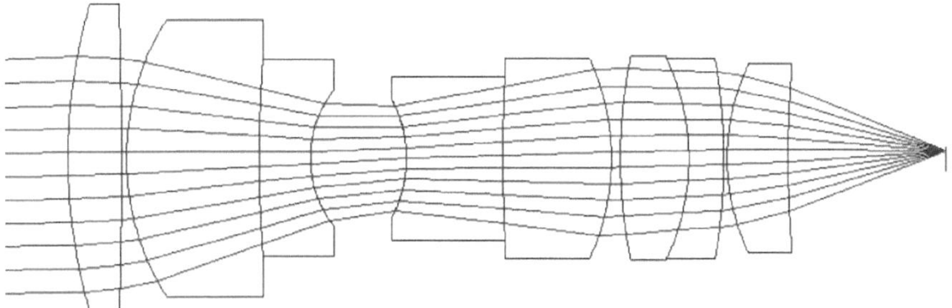

Abb. 10.6 Lichtstrahlführung in einem aufwändigen Mikroskopobjektiv

Diese Matrix- und Vektoroperationen lassen sich sehr schnell und effizient in speziellen Optik-Programmen wie Zemax, Oslo, CodeV, ASAP, SPEOS ... realisieren [11]. Hiermit können in kurzer Rechenzeit Millionen von Lichtstrahlen durch optische Systeme geschickt und deren Endpositionen und Endwinkelverteilungen analysiert werden. Abbildung 10.6 zeigt dies am Beispiel eines aufwändigen Mikroskopobjektivs.

10.1.2 Lichtausbreitung im Wellenmodell

10.1.2.1 Überblick anhand eines vereinfachten Wellenmodells

In der Maxwellschen Theorie des Elektromagnetismus werden zwei zeit- und ortsabhängige Vektorfelder $\mathbf{E}(\mathbf{x},t)$ und $\mathbf{H}(\mathbf{x},t)$ betrachtet [8]. Diese Felder gehorchen den Maxwellschen Wellengleichungen. Da das magnetische Feld $\mathbf{H}$ in den meisten Fällen senkrecht auf dem elektrischen Feld $\mathbf{E}$ steht, wird hier nur die Wellengleichung des elektrischen Feldes

$$\triangle\mathbf{E}(\mathbf{x},t) - \frac{n^2(\mathbf{x})}{c^2}\ddot{\mathbf{E}}(\mathbf{x},t) = 0 \tag{10.9}$$

betrachtet (Vakuumlichtgeschwindigkeit $c \approx 3 \cdot 10^8$ m/s). $n(\mathbf{x})$ stellt dabei die komplexzahlige ortsabhängige Brechzahlverteilung (hier vereinfachend wellenlängenunabhängig angenommen) der lichtdurchfluteten Materialien dar. Transparente Materialien haben dabei im Allgemeinen hohe Realteile und reflektierende bzw. absorbierenden Stoffe hohe Imaginärteile.
Betrachtet man monochromatisches Licht hoher Kohärenz, so kann man den zeitabhängigen Anteil des elektrischen Feldes mit

$$\mathbf{E}(\mathbf{x},t) = \mathbf{E}(\mathbf{x}) \cdot e^{i\omega t} \tag{10.10}$$

beschreiben (Kreisfrequenz des Lichts: ω) und erhält als zeitunabhängige Wellengleichung

$$\triangle \mathbf{E}(\mathbf{x}) + k_0^2 \cdot n^2(\mathbf{x}) \cdot \mathbf{E}(\mathbf{x}) = 0 \tag{10.11}$$

wobei $k_0 = \frac{2\pi}{\lambda_0}$ den Vakuumwellenvektor (Vakuumwellenlänge λ_0) angibt, welcher mit der Kreisfrequenz ω verknüpft ist nach

$$c = \frac{\omega}{k_0} \tag{10.12}$$

Gleichung 10.11 stellt bereits eine starke Vereinfachung und Spezialisierung der kompletten Maxwellschen Wellenbeschreibung des Lichts als elektromagnetische Strahlung dar. Dennoch ist die numeriche Berechnung der Lösung der Differentialgleichung in komplexen optischen Systemen (komplizierte Brechzahlverteilung $n(\mathbf{x})$) mit erheblich höheren IT-Ressourcen (Hardware, Software und Rechenzeit) verbunden als bei Verwendung des Strahlenmodells. Dies liegt u.a. daran, dass die räumliche Zellengröße des Diskretisierungsgitters kleiner sein muss als die Wellenlänge λ_0. Diese liegt bei sichtbarem Licht im Bereich von 0.5 μm, so dass in ungünstigen Fällen (z.B. Defektstrukturen in Photonischen Kristallen) Simulationsgebiete von nur einem Kubikzentimeter Volumen bereits über 8 Milliarden Gitterzellen aufweisen müssen.

Gleichung 10.11 lässt sich für den Fall einer beliebigen Brechzahlverteilung $n(\mathbf{x})$ mit Hilfe von Finite Elemente Methoden numerisch lösen. Für einige wichtige Spezialfälle ergeben sich jedoch einfachere und effektivere Methoden. Diese Fälle sind in Abb. 10.7 illustriert.

Abbildung 10.7a stellt den Fall von optischen Schichtsystemen dar, bei denen das Licht meistens unter kleinen Winkeln zur Flächennormalen durch eine Vielzahl von dünnen Schichten tritt. Dabei interferiert die Lichtwelle durch Vielfachreflexionen in komplexer Weise mit sich selbst, was zu einer effektiven Netto-Transmission und -Reflexion am Interface führt. Diese Berechnungen und – aufbauend hierauf – Optimierungen des Schichtsystems können in einem relativ einfachen Matrixalgorithmus durchgeführt werden.

Abbildung 10.7b stellt den Fall des Wellendurchgangs durch eine mikrostrukturierte Oberfläche dar. Hierbei wird die einfallende Wellenfront lokal gekrümmt, wodurch sich im Nahfeld (direkt hinter der Oberfläche) komplizierte Interferenzmuster ausbilden, welche nach der Propagation ins Fernfeld eine einfache Intensitätsverteilung ausbilden. Mathematisch lässt sich dies mit sog. Wellenfront-Propagatoren beschreiben.

Bei der Wellenleitung in Abb. 10.7c trifft die Lichtwelle im Allgemeinen unter einem sehr flachen Winkel auf die Grenzflächen zwischen verschiedenen transparenten Materialien unterschiedlicher Brechzahl. Hierdurch wird das Licht aufgrund der Totalreflexion an den Wellenleiter-Wänden vielfach reflektiert, interferiert mit sich selbst und wird auf diese Weise im Wellenleiter geführt. Dabei bilden sich eine Vielzahl von Intensitätsverläufen senkrecht zur Wellenleiterstruktur, sog. Moden, aus. Verschiedene Modesolver-Algorithmen können diese Profile berechnen.

10.1.2.2 Methoden zur Simulation von Schichtsystemen

Aus den Maxwell-Gleichungen lässt sich das Verhalten von Licht im Wellenmodell beim Durchgang durch eine Grenzfläche zwischen zwei optischen Medien ableiten. Hier wollen wir vereinfachend annehmen, dass die Grenzfläche plan und hinreichend glatt sei und dass alle beteiligten optischen Medien keine Absorption und Dispersion aufweisen, d.h. jeweils durch eine reele Brechzahl $n > 1$ beschrieben werden können.

Abbildung 10.8 illustiert den Durchgang und die Reflexion einer ebenen Lichtwelle durch eine Grenzfläche vom Medium 1 mit der Brechzahl n_1 in das Medium 2 mit der Brechzahl n_2. Der Einfallswinkel (= Reflexionswinkel) gegenüber dem Lot sei α, der Ausfallswinkel im Medium 2 sei β. Es gilt das Brechungsgesetz

$$n_1 \sin(\alpha) = n_2 \sin(\beta) \tag{10.13}$$

An der Grenzfläche wird nun ein Teil der einfallenden Welle reflektiert und der Rest dringt in das Medium 2 ein. Die einfallende Welle besitzt die Amplitude E_0, wobei zwischen den beiden Polarisationsrichtungen $E_{0,\parallel}$ und $E_{0,\perp}$ unterschieden wird. Bei $E_{0,\parallel}$ liegt die Polarisationsrichtung in der Einfallsebene, welche aus dem Lot zur Grenzfläche und der Einfallsrichtung des Lichts aufgespannt wird. Für

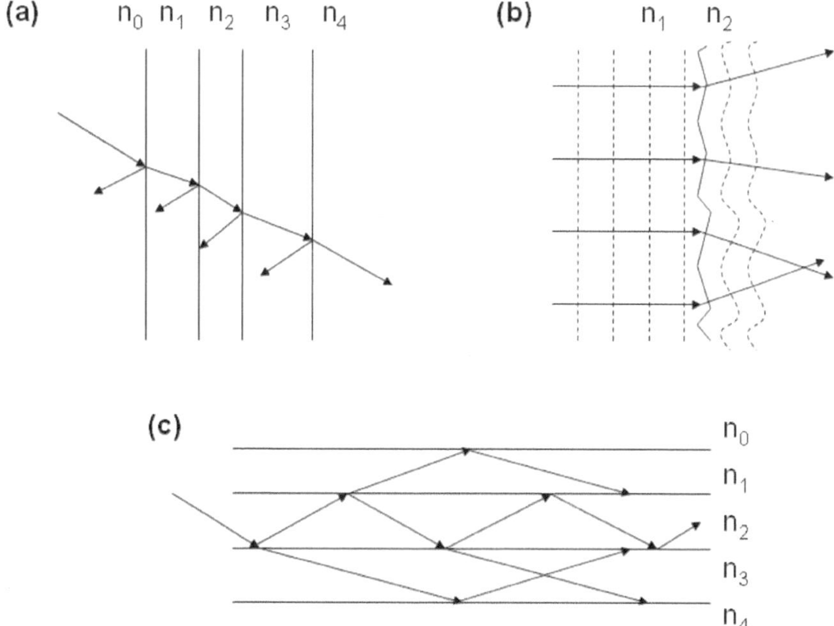

Abb. 10.7 Lichttransfer durch häufig verwendete Brechzahlverteilungen: (a) Optische Beschichtungen, (b) Mikrostrukturierte Diffraktive Oberflächen und (c) Optische Wellenleiter. Die Lichtwelle wird in den Skizzen sowohl durch die Propagationsrichtungen (Pfeile) als auch Wellenfronten (gestrichelte Linien) beschrieben.

$E_{0,\perp}$ steht der elektrische Feldstärkevektor senkrecht auf der Einfallsebene. Aus den Maxwell-Gleichungen ergeben sich nun die jeweiligen Verhältnisse zwischen Amplituden der reflektierten ($E_{r,\parallel}$ und $E_{r,\perp}$) bzw. transmittierten ($E_{t,\parallel}$ und $E_{t,\perp}$) Welle zu den Amplituden der einfallenden Welle ($E_{0,\parallel}$ und $E_{0,\perp}$) nach

$$r_{\parallel} = \left(\frac{E_{r,\parallel}}{E_{0,\parallel}}\right) = \frac{n_2 \cos(\alpha) - n_1 \cos(\beta)}{n_1 \cos(\beta) + n_2 \cos(\alpha)} \tag{10.14}$$

$$r_{\perp} = \left(\frac{E_{r,\perp}}{E_{0,\perp}}\right) = \frac{n_1 \cos(\alpha) - n_2 \cos(\beta)}{n_1 \cos(\alpha) + n_2 \cos(\beta)} \tag{10.15}$$

$$t_{\parallel} = \left(\frac{E_{t,\parallel}}{E_{0,\parallel}}\right) = \frac{2 n_1 \cos(\alpha)}{n_1 \cos(\beta) + n_2 \cos(\alpha)} \tag{10.16}$$

$$t_{\perp} = \left(\frac{E_{t,\perp}}{E_{0,\perp}}\right) = \frac{2 n_1 \cos(\alpha)}{n_1 \cos(\alpha) + n_2 \cos(\beta)} \tag{10.17}$$

Aus diesen Reflexions- und Transmissionskoeffizienten lassen sich die (physikalisch messbaren) Reflexions- und Transmissionsgrade berechnen nach

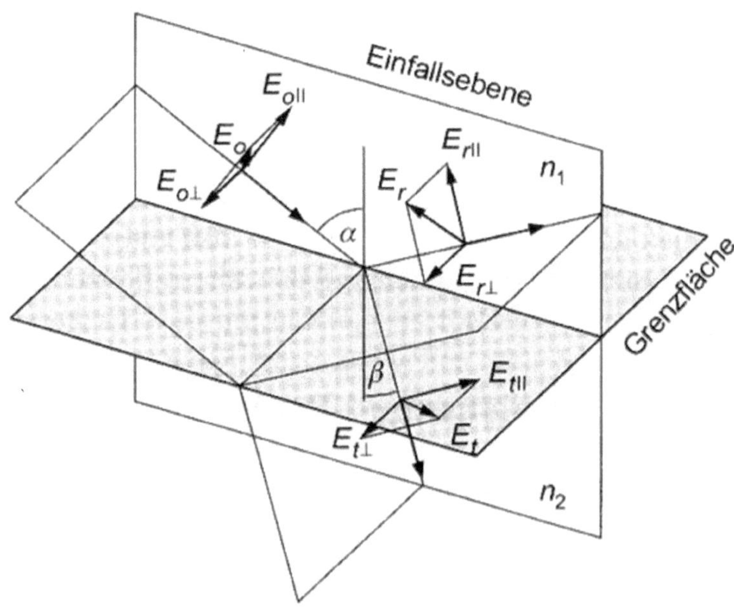

Abb. 10.8 Darstellung der wellenoptischen Brechung und Reflexion einer ebenen Welle mit parallel und senkrecht polarisierten Anteilen an einer ebenen Grenzfläche zwischen zwei Medien n_1 und n_2, aus [12]

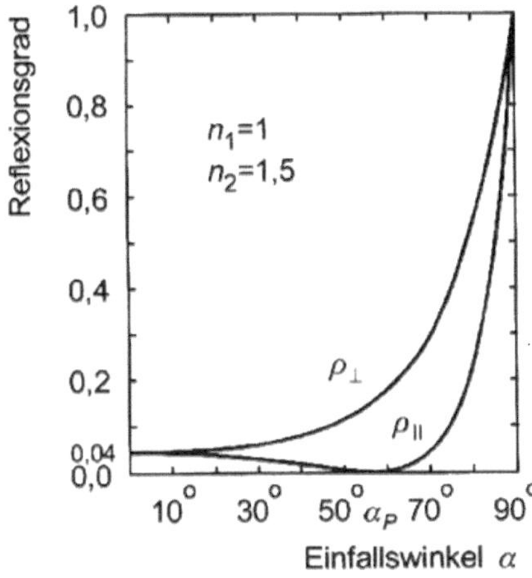

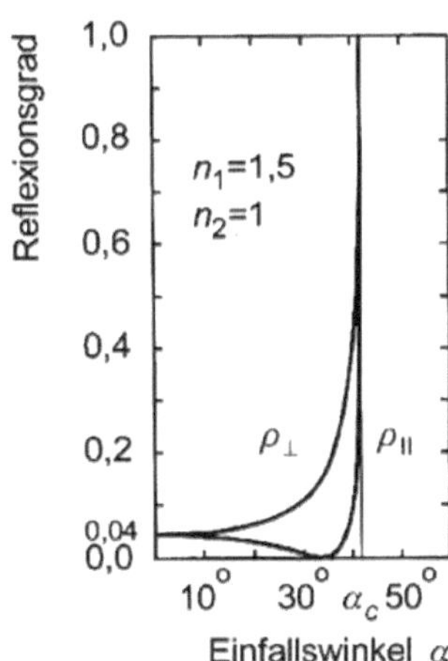

Abb. 10.9 Verlauf des winkelabhängigen Reflexionsgrades an einer Grenzfläche zwischen n_1 und n_2, α_C: Totalreflexionswinkel, α_P: Brewsterwinkel, aus [12]

$$\rho_{\parallel,\perp} = r^2_{\parallel,\perp} \tag{10.18}$$

$$\tau_{\parallel,\perp} = \frac{n_2 \cos(\beta)}{n_1 \cos(\alpha)} t^2_{\parallel,\perp} \tag{10.19}$$

Abbildung 10.9 zeigt an einem Beispiel den Verlauf des polarisationsabhängigen Reflexionsgrades als Funktion des Einfallswinkels. im Folgenden wollen wir bei den optischen Schichtsystemen im Wesentlichen den nahezu senkrechten Einfalls betrachten. Damit vereinfachen sich die obigen Gleichungen. Es soll nun ein Schichtstapel aus (M-2) verschiedenen optischen Medien (dünne Schichten) auf einem Substratmedium (welche formal die Schichtnummer i=M erhält) betrachtet werden. Das Eintrittsmedium erhalte die Schichtnummer i=1 und sei bespielsweise Luft ($n_1 = 1$). Dies ist in Abb. 10.10 dargestellt. Auf diese Weise erhält man M optische Grenzflächen und Übergänge.

Die mathematische Beschreibung der Lichtausbreitung im Schichtsystem erfolgt durch einen Matrixformalismus. Dabei gibt der Vektor

$$\mathbf{E}_i = \begin{pmatrix} E_i^{(l)} \\ E_i^{(r)} \end{pmatrix} \tag{10.20}$$

die jeweilige Amplitude der nach links (l) und nach rechts (r) laufenden ebenen Welle in der Schicht i an. Es wird wiederum die senkrechte und parallele Polarisation getrennt berücksichtigt, jedoch hier nicht mehr explizit in den Formeln angedeutet. Des Weiteren wird unterschieden zwischen dem Vektor $\mathbf{E}_i$ an der rechten Grenzfläche der Schicht i (zum Medium i+1) und $\mathbf{E}_i'$ an der linken Grenzfläche der Schicht i (zum Medium i-1). Es werden nun zwei Matrizen definiert. Die Übergangsmatrix

$$\mathbf{D}_{i-1,i} = \frac{1}{t_{i-1,i}} \begin{pmatrix} 1 & r_{i-1,i} \\ r_{i-1,i} & 1 \end{pmatrix} \tag{10.21}$$

beschreibt durch

$$\mathbf{E}'_{i-1} = \mathbf{D}_{i-1,i} \cdot \mathbf{E}_i \tag{10.22}$$

die Transmission des Lichts durch die Grenzfläche zwischen i-1 und i. Die Ausbreitungsmatrix

$$\mathbf{A}_i = \begin{pmatrix} \exp(-i\delta_i) & 0 \\ 0 & \exp(i\delta_i) \end{pmatrix} \tag{10.23}$$

beschreibt durch

$$\mathbf{E}'_{i-1} = \mathbf{A}_{i-1,i} \cdot \mathbf{E}_i \tag{10.24}$$

und mit δ_i die Phasenänderung der Lichtwelle bei der Translation von der linken zur rechten Seite der Schicht i mit

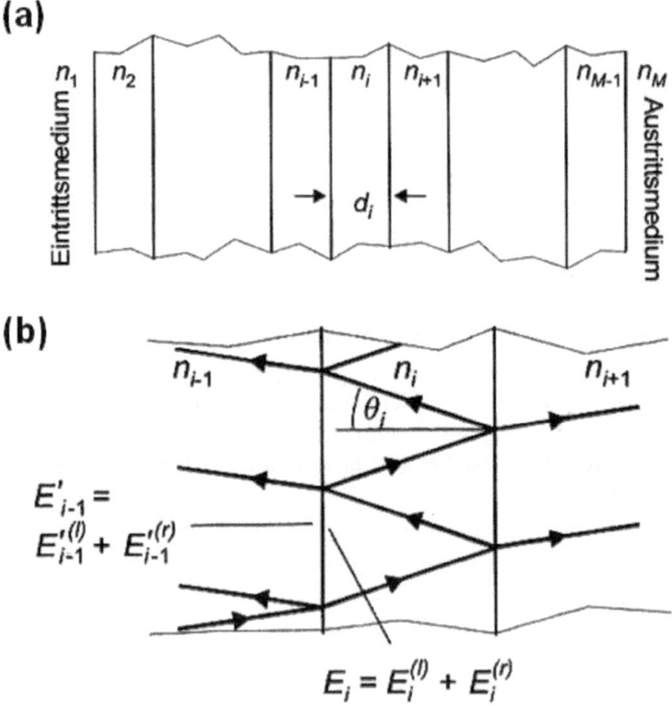

Abb. 10.10 (a) Aufbau eines optischen Schichtsystems aus M-2 dünnen Schichten der Dicke d_i und Brechzahl n_i zwischen einem Eintrittsmedium i=1 und einem Substrat i=M. (b) Darstellung der Vielfachreflexion in der Schicht i, aus [12]

$$\delta_i = 2\pi \frac{n_i d_i}{\lambda}. \tag{10.25}$$

Die Propagation des Wellenfeldes durch ein komplettes Schichtsystem kann dann durch eine Systemmatrix

$$\mathbf{S} = \mathbf{D}_{1,2} \cdot \mathbf{A}_2 \cdot \mathbf{D}_{2,3} \cdot \mathbf{A}_3 \ldots \mathbf{D}_{M-2,M-1} \cdot \mathbf{A}_{M-1} \cdot \mathbf{D}_{M-1,M} \tag{10.26}$$

und

$$\mathbf{E}_1' = \mathbf{S} \cdot \mathbf{E}_M \tag{10.27}$$

beschrieben werden. Für den Gesamttransmissions- und Gesamtreflexionskoeffizienten ergibt sich dann

$$t = \frac{E_M^{(r)}}{E_1'^{(r)}} = \frac{1}{S_{22}} \tag{10.28}$$

$$r = \frac{E_1^{(l)}}{E_1'^{(r)}} = \frac{S_{12}}{S_{22}} \tag{10.29}$$

Als Beispiel zeigt Abb. 10.11 den spektralen Reflexionsgrad von Beschichtungen, welche aus N=1,3 und 6 Wiederholungen der Schichtfolge $n_h = 2.32$ / $n_l = 1.38$

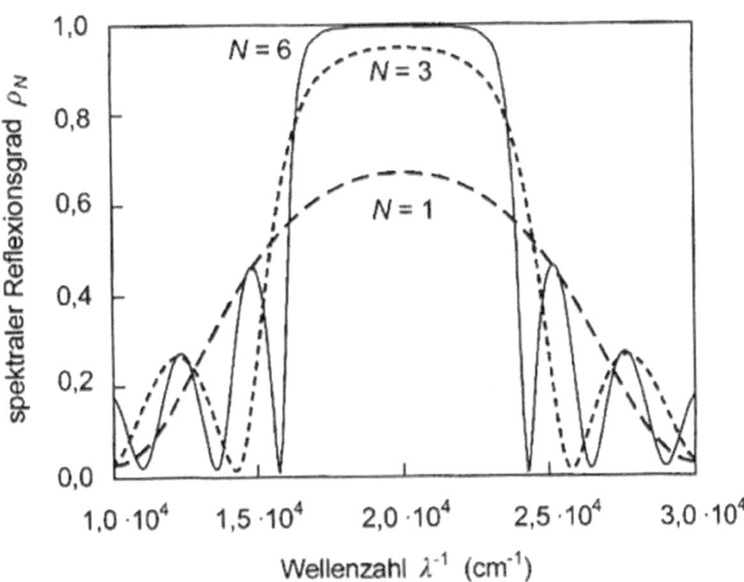

Abb. 10.11 Spektraler Reflexionsgrad eines Schichtsystems bestehend aus N=1, 3 und 6 Wiederholungen der Schichtkombination $n_h = 2.32$ / $n_l = 1.38$ auf einem Glassubstrat, aus [12]

auf einem Glassubstrat aufgebaut sind. Man erhält einen dielektrischen Spiegel mit bandpassartigem Verhalten.

10.1.2.3 Methoden zur Simulation von Diffraktiven Optiken

In diesem Abschnitt wird im Wesentlichen die Berechnung der Lichtausbreitung von Wellen, die z. B. von Beugung an Diffraktiven Optiken herrühren können, ins Fraunhofer-Fernfeld beschrieben, da diese mathematisch am einfachsten ist und numerisch am besten umgesetzt werden kann.

Das Beugungsphänomen wurde anschaulich von Huyghens und Fresnel beschrieben. Demnach sendet jeder Punkt eines Objektes, an dem eine Lichtwelle gebeugt wird, eine Elementarwelle in Form einer Kugelwelle aus. Ein in endlichem Abstand befindlicher Betrachter sieht die Lichtintensität, die durch Überlagerung aller dieser Elementarwellen zustande kommt, s. Abb. 10.12(a). Rechnerisch kann das Lichtfeld an einem beliebigen Punkt demnach durch eine Integration über die Amplituden all dieser Teilwellen bestimmt werden, wobei all diese Teilwellen interferieren. Der Einfachheit halber soll davon ausgegangen werden, dass das Licht komplett kohärent ist, und in diesem Falle können die Lichtfelder für die Berücksichtigung ihrer relativen Phasenbeziehungen durch komplexwertige Feldgrößen ausgedrückt werden, so dass das Gesamtfeld einfach durch komplexwertige Addition – d.h. im Grenzfall unendlich vieler Teilwellen durch Integration – der Feldwerte der Elementarwellen am Betrachtungspunkt erhalten wird.

Die relativen Amplituden der Teilwellen kommen bei uniformer Beleuchtung durch verschiedene lokale Transmissionswerte zustande, können aber auch in ört-

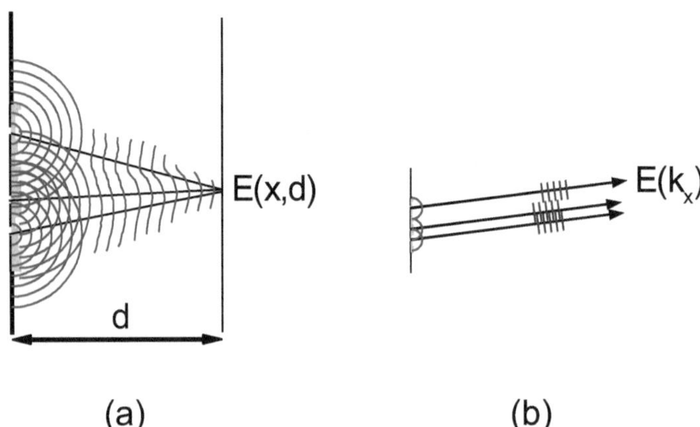

Abb. 10.12 (a) Die Amplitude des Lichtfeldes $E(x,d)$ wird durch komplexwertige Addition der Amplituden der einzelnen nach dem Huyhgens-Fresnelschen Prinzip entstehenden Elementarwellen erhalten, wodurch rechnerisch deren relative Amplituden (d.h. Helligkeit) und Phasen (d.h. Verzögerung) berücksichtigt werden. (b) Im Fernfeld wird nur noch Licht aus einer bestimmten Richtung beobachtet, so dass die abhängige Koordinate hier im Grenzfall der unendlich weit entfernten Beobachterposition mit $k_x = |\mathbf{k}|\sin(\phi)$ winkelabhängig statt ortsabhängig wird

lichen Amplitudenvariationen der Beleuchtungswelle selbst begründet sein. Die relativen Phasenbeziehungen der Teilwellen werden durch die Phasenbeziehungen am Ort des Beugungsobjektes bestimmt und zusätzlich durch die von der Welle auf dem Weg vom Beugungsobjektpunkt bis zum Beobachterpunkt zurückgelegte Weglänge, welche dabei natürlich in Bezug zur Wellenlänge des Lichts zu setzen ist. Am Ort des Beugungsobjektes können die relativen Phasenbeziehungen durch unterschiedliche lokale Brechungsindizes hervorgerufen werden, z. B. durch Schlieren in einem transparenten Material, oder auch durch gezielte Manipulation des Materials, wie z. B. bei GRIN Linsen oder schaltbaren Arrays aus Flüssigkristallzellen.

Als diffraktiv-optische Elemente (DOEs) werden oft homogene transparente Materialien mit einer dünnen Oberflächen-Mikrostruktur eingesetzt, welche durch den Brechzahlunterschied zwischen dem Material und dem umgebenden Medium ebenfalls zu einer ortsabhängigen Phasenveränderung führen.

Rechnerisch werden der Einfachheit halber alle Modifikationen, welche die eingefallene Lichtwelle durch das Beugungsobjekt erfährt, in einer ortsabhängigen komplexwertigen Funktion, der sog. Transmissionsfunktion $\tau(x,y)$ zusammengefasst (s. Abb. 10.13). Der Betrag $t(x,y)$ (zwischen 0 und 1) erfasst die Veränderung der Amplitude und die Phase wird durch den Faktor $\exp(\mathrm{i}\Phi(x,y))$ beschrieben:

$$\tau(x,y) = t(x,y)\exp(\mathrm{i}\Phi(x,y)) \,. \tag{10.30}$$

Die Transmission einer einfallenden Welle E_{in} durch das Beugungsobjekt wird einfach durch Multiplikation ihrer komplexwertigen Feldstärke mit eben der Transmissionsfunktion beschrieben, das Beugungsobjekt wird somit als unendlich dünnes Objekt abstrahiert. Somit ist noch die Ausbreitung der so erhaltenen Welle $E_{out}(x,y)$ bis zum Betrachter zu beschreiben, was für endliche Abstände durch die oben beschriebene, dem Huyghens-Fresnelschen Prinzip entlehnte Integrationsmethode beschrieben wird.

Das Fernfeld (auch Fraunhofer-Beugung genannt) wird durch eine Weiterführung desselben Gedankens bestimmbar, denn hier werden die von jedem Punkt ausgesandten Elementarwellen erst im Unendlichen überlagert, so dass sie dem Betrachter wie ebene Wellen erscheinen, die sich nur durch einen vom Ort und der Richtung der Abstrahlung abhängigen Faktor unterscheiden, welcher mit Hilfe des Wellenvektors $\mathbf{k}$ als $\exp(\mathrm{i}\mathbf{k}\cdot\mathbf{r})$ geschrieben werden kann. Die Integration über alle diese Wellen liefert dann

$$E(\mathbf{k}) = \int\int (E(x,y)\exp(\mathrm{i}\mathbf{k}\cdot\mathbf{r})\,dxdy \,, \tag{10.31}$$

was mathematisch gerade eine Fourier-Transformation darstellt. Vereinfachend auf nur eine räumliche Koordinate reduziert, erhält man eine Abhängigkeit $E(k_x)$ vom Beugungswinkel ϕ über $k_x = |\mathbf{k}|\sin\phi$, s. auch Abb. 10.12(b). Eine genauere Herleitung, die (vereinfacht) aus den Maxwellschen Gleichungen über die Helmholtz-Gleichung, das Sommerfeldsche Beugungsintegral, die Fresnel-Näherung für kleine Beugungswinkel und deren Näherung für große Abstände ebenfalls auf dieselbe mathematische Formel führt, ist neben einer Erläuterung all der dabei benötigten Näherungen in der Fachliteratur zu finden [13].

Für die schnellere rechnerische Bestimmung auf numerischem Wege (als diskrete Fourier-Transformation, DFT) mit einem PC ist die Näherung als Fourier-Transformation natürlich sehr vorteilhaft, da für diese oft benötigte Transformation schnelle Algorithmen (Fast Fourier Transform, FFT) und Implementierungen existieren, die kontinuierlich weiterentwickelt und oft offen zugänglich gemacht werden, wie beispielsweise die FFTW[14]. Bei numerischer Beschreibung der Beugung müssen jedoch bestimmte Eigenheiten dieser Implementierungen beachtet werden. Die Felder, deren Ausbreitung berechnet werden soll, müssen genau genug abgetastet werden. Wenn zwischen zwei Abtastpunkten wesentliche Änderungen des Feldes „übersehen“ oder starke lokale Variationen in einem gemittelten Wert zusammengefasst werden, können erhebliche Fehler entstehen. Laut dem Abtasttheorem besteht ein entsprechender Zusammenhang zwischen der Dichte der Abtastpunkte und den bei einer diskreten Fourier-Transformation beschriebenen Frequenzen. Bei einem beugenden Objekt werden diese Frequenzen als Ortsfrequenzen oder auch als Raumfrequenzen bezeichnet, und feinere Strukturen führen zu höheren Raumfrequenzen $[f_x, f_y]$ und damit wellenlängenabhängig zu größeren Beugungswinkeln mit Abstrahlrichtungen

$$\mathbf{d}([f_x, f_y]) = \left[\lambda f_x, \lambda f_y, \sqrt{1-(\lambda^2(f_x^2+f_y^2))}\right] . \tag{10.32}$$

Bei einer diskreten Fourier-Transformation ist zu beachten, dass zwischen den durch die Rechnung bestimmten Richtungen (oder Raumfrequenzen) die Feldstärke im Grunde unbekannt ist. Dies kann dazu führen, dass bestimmte Beugungseffekte rechnerisch nicht korrekt vorhergesagt werden, z.B. wenn zwischen den rechnerisch

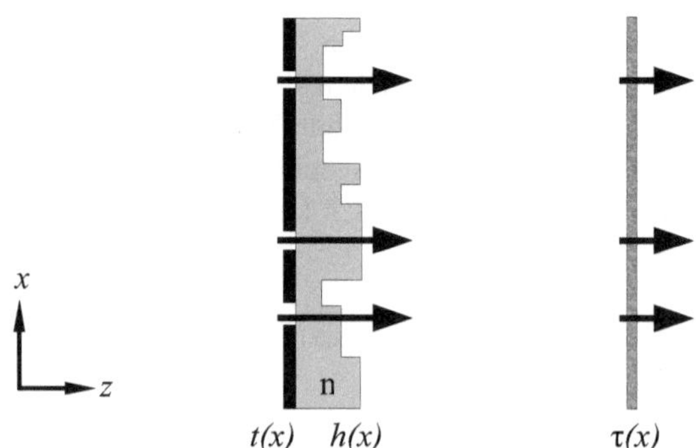

Abb. 10.13 Veranschaulichung der Transmissionsfunktion: Links ist ein zweigeteiltes optisches Element zu sehen; eine binäre Amplitudenmaske nimmt abhängig von der Position x die Werte $t(x)$ von 0 oder 1 an, und auf der Rückseite des Substrates der Brechzahl n ist ein dreistufiges Höhenprofil $h(x)$ vorhanden. Unter der vereinfachenden Annahme der Transmission nur parallel zur z-Richtung kann man eine ortsabhängige komplexwertige Transmissionsfunktion $\tau(x) = t(x)\exp(\mathrm{i}2\pi(n-1)h(x)/\lambda)$ für eine Welle der Wellenlänge λ definieren; das so abstrahierte Beugungsobjekt hat dann keine Ausdehnung in z-Richtung mehr

bestimmten, in der Intensität von null verschiedenen Punkten im Fernfeld ein Phasenvortex und ein zugehöriger Punkt mit Intensität null liegt [15]. Um rechnerisch ein feineres Frequenzraster des Fernfeldes zu erhalten, muss ein räumlich größerer, d.h. ausgedehnterer Bereich in der Ebene des Ausgangsfeldes abgetastet werden – selbst wenn beispielsweise in diesem Bereich die Feldstärke durch eine harte Aperturbegrenzung null sein sollte.

Diffraktive Elemente haben oft charakteristische Merkmale wie räumliche Pixeliertheit oder räumliche Periodizität, die sich bei homogener Beleuchtung auf das transmittierte Lichtfeld übertragen und zu ebenfalls charakteristischen Eigenschaften der Beugung und ihrer numerischen Berechnung führen. Pixelierte Strukturen resultieren aus der begrenzten räumlichen Auflösung und der technischen Umsetzung der für die Herstellung von DOEs benutzen lithographischen Geräte. Bei diesen Strukturen ist im Grunde bei einer Abtastung, die sinnvollerweise mit dem Abstand der Pixelgröße erfolgt, die Transmissionsfunktion des Elements trotz der endlichen Anzahl der Abtastwerte komplett bekannt. Das gesamte Winkel- (oder Raumfrequenz-) Spektrum des Beugungsfernfeldes kann daher unter Berücksichtigung der Pixelform vorherberechnet werden. Interessanterweise kommt es dabei zu einer periodischen Wiederholung des Beugungsbilds, allerdings mit einer einhüllenden Funktion, die zu Intensitätsmimima inmitten dieser Wiederholungen führt (s. Abb. 10.14(a)). Eine andere Eigenheit tritt bei periodischen Beugungsobjekten auf: Bei solchen oft als Gitter bezeichneten Objekten wird das Licht nur in diskrete Richtungen abgelenkt, die als Beugungsordnungen bezeichnet werden. Rechnerisch ist

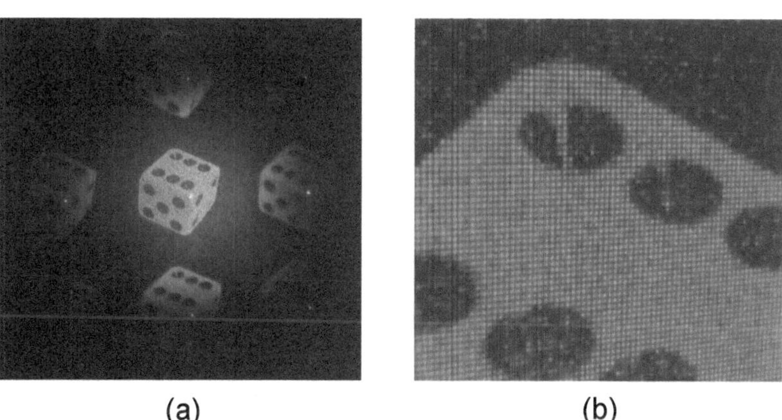

Abb. 10.14 Optische Rekonstruktion von dynamischen DOEs, implementiert mit einem schaltbaren räumlichen Lichtmodulator auf der Basis phasenmodellierender Flüssigkristallzellen. Die Beugungsfigur entsteht in der Fokusebene des zur Beleuchtung verwendeten Helium-Neon-Lasers, der mit leicht konvergenter Wellenfront auf das DOE einfällt. (a) Durch die Zellenstruktur des Lichtmodulators wird das DOE *pixeliert* dargestellt und es entsteht ein räumlich *periodisches* Fernfeld-Beugungsmuster mit einer Intensitätsmodulation der Maxima. (b) Durch die *Periodizität* des auf dem Lichtmodulator addressierten DOEs entstehen diskrete Beugungsmaxima, das bildhafte Beugungsmuster ist daher *pixeliert*, wie man in der vergrößerten Kameraaufnahme sehen kann

dies aus der Fourier-Transformation heraus einfach begründbar: Periodische Objekte führen zu einem diskreten Frequenzspektrum (s. Abb. 10.14(b)). Daher ist in diesem Fall ebenfalls das gesamte Winkel- (oder Raumfrequenz-) Spektrum des Beugungsfernfeldes bekannt, falls eine einzelne Gitterperiode des Beugungsobjektes exakt bekannt ist – beispielsweise durch eine analytische Beschreibbarkeit von Gittern, die durch Interferenzholographie hergestellt werden. Bei einer numerischen Berechnung ist aber wieder zu beachten, dass die Feinheit der Abtastung gut genug ist, um alle Details der Struktur hinreichend genau zu erfassen – andernfalls werden wichtige Beugungsordnungen nicht korrekt oder gar nicht erfasst, und durch die in einer DFT immer gegebene Energieerhaltung wird das in diese Ordnungen gebeugte Licht zwangsläufig rechnerisch – fälschlicherweise – anderen Beugungsordnungen „zugeschlagen", so dass die Amplituden dieser berechneten Ordnungen ebenfalls falsch sein können.

10.1.2.4 Methoden zur Simulation von Wellenleiterstrukturen

Von der Vielzahl wellenleitender Strukturen sollen uns in diesem Abschnitt nur jene Grundformen interessieren, die mindestens eine Translationsinvarianz aufweisen, in deren Richtung sich die optischen Eigenschaften der Struktur nicht ändern. Diese Richtung definiert die Ausbreitungsrichtung des geführten Lichtfelds. Wir wollen sie als z-Achse bezeichnen. Wenn man die optischen Eigenschaften mit Hilfe der komplexen dielektrischen Funktion erfasst

$$\varepsilon(\mathbf{x}, \omega) = \varepsilon_0 \cdot n^2(x, y, \omega) \tag{10.33}$$

hängt der zugehörende Brechungsindex n auf Grund der Translationsinvarianz nur von den beiden Koordinaten x und y ab, die den Wellenleiterquerschnitt beschreiben. Die dielektrischen Eigenschaften eines Wellenleiters sind per se ortsabhängig, da Wellenleiter aus Materialien mit unterschiedlichem Brechungsindex n aufgebaut sein müssen. Bei planaren Wellenleitern (optischen Schichten) hängt n nur von einer kartesischen Koordinate ab, etwa $n(x)$; faseroptische Wellenleiter weisen im Allgemeinen eine Radialsymmetrie auf $n\left(\rho = \sqrt{x^2 + y^2}\right)$. Andere Wellenleiterquerschnitte, wie auch photonische Kristallfasern, führen zu $n(x, y)$. Absorbierende Materialien führen zu einem komplexwertigen Brechungsindex. ω gibt die Kreisfrequenz des monochromatischen Feldes an und liegt bei optischen Feldern in der Größenordnung von 10^{12} bis $10^{16} s^{-1}$. Das Auftreten von ω im Argument von ε und n erfasst die Materialdispersion.

Zur Modellierung der Lichtausbreitung in Wellenleitern kommt man nicht umhin, den Wellencharakter des Lichts zu berücksichtigen, d.h. die klassische Elektrodynamik für hochfrequente elektromagnetische Felder anzuwenden (Abschn. 10.1.2). Das Strahlenmodell aus Abschn. 10.1.1 hat für die Wellenleitermodellierung i.a. nur eine heuristische Bedeutung, da es die für die Wellenleitung ganz wesentlichen Interferenzeffekte zwischen den totalreflektierten Teilwellen nicht erfasst.

Die optischen Eigenschaften von Wellenleitern werden von der Frage bestimmt, welche Feldstrukturen kann ein Wellenleiter führen, wie breiten sich diese entlang des Wellenleiters aus, wie lassen sich geführte Wellenfelder anregen und wie wechselwirken benachbarte Wellenleiter miteinander. Wie auch in anderen Bereichen der Physik liefert bei der Beantwortung dieser Fragen das Konzept der "Normalmoden" einen hervorragenden Zugang sowohl in mathematischer Hinsicht als auch bei der Interpretation der Ergebnisse. Als „Normalmoden" werden grob gesagt die Eigenschwingungen eines Systems bezeichnet, d.h. die Systemresonanzen. Man denke etwa im Bereich der Mechanik an ein System gekoppelter Pendel, die Schwingungsformen einer eingespannten Saite oder Membran. Im Falle dielektrischer Wellenleiter und monochromatischer Felder, auf die wir uns hier beschränken wollen, hat man damit den folgenden Satz gekoppelter linearer, partieller Differentialgleichungen 1. Ordnung zu lösen

$$\nabla \cdot [\varepsilon(\mathbf{x}) \cdot \mathbf{E}(\mathbf{x})] = 0 \tag{10.34}$$

$$\nabla \cdot \mathbf{H}(\mathbf{x}) = 0 \tag{10.35}$$

$$\mathbf{E}(\mathbf{x}) = \frac{-i}{\varepsilon(\mathbf{x}) \cdot \omega} \nabla \times \mathbf{H}(\mathbf{x}) \tag{10.36}$$

$$\mathbf{H}(\mathbf{x}) = \frac{i}{\mu_0 \cdot \omega} \nabla \times \mathbf{E}(\mathbf{x}) \tag{10.37}$$

$(\varepsilon_0 = 8.854 \cdot 10^{-12} As/Vm,\ \mu_0 = 4\pi \cdot 10^{-7} Vs/Am)$.

Dabei bezeichnen die Vektorsymbole **E** und **H** die ortsabhängige elektrische bzw. magnetische Feldstärke in komplexer Schreibweise. Das heißt, nur die Realteile der Gesamtfelder sind physikalisch relevant. Der Ortsvektor **x** fasst die drei Raumkoordinaten zusammen. Im einfachsten Fall hat man einen dielektrischen Schichtwellenleiter mit vernachlässigbaren Verlusten vorliegen, dessen Eigenschaften (Geometrie, reeller Brechungsindex) sich in Ausbreitungsrichtung des Wellenfeldes nicht ändern, s. Abb. 10.15.

Ein definierter Modensatz lässt sich immer dann bestimmen, wenn der Wellenleiter, wie vorausgesetzt, sein Profil in einer Richtung, der Ausbreitungsrichtung der geführten Wellen, nicht ändert. Anderenfalls kann man einen Wellenleiter entlang der Ausbreitungsrichtung in kurze Stücke mit festem Profil zerlegen und für das jeweils entstehende $n(x,y)$-Profil einen lokalen Modensatz bestimmen.

Die **E**-Feldstruktur einer Wellenleitermode lautet

$$\mathbf{E}_\mu(\mathbf{x}) = \hat{\mathbf{E}}_\mu(x,y) \cdot e^{-i\frac{\omega}{c}N_{eff}^{(\mu)}z} \tag{10.38}$$

$(\mu = 0,1,2,3,\dots \mu_{max})$, wobei $\hat{\mathbf{E}}_\mu(x,y)$ die charakteristische Feldverteilung über den Wellenleiterquerschnitt erfasst. Bei planaren Wellenleitern gelte $\hat{\mathbf{E}}_\mu(x)$.

$N_{eff}^{(\mu)}$ bezeichnet den sog. „Effektiven Brechungsindex" der Mode, den man sich als eine Art feldprofilgewichteten Mittelwert über $n(x,y)$ vorstellen kann. N_{eff} kann sowohl reell als auch komplexwertig sein. Sein Realteil definiert für jede Mode eine eigene Phasengeschwindigkeit

$$c_\mu = \frac{c}{Re\left(N_{eff}^{(\mu)}\right)}, \tag{10.39}$$

was zu mannigfaltigen Interferenzeffekten zwischen verschiedenen Moden führen kann. Der gesamte Modensatz eines Wellenleiters lässt sich in „Geführte Moden", "Strahlungsmoden" und „Leckmoden" unterteilen, wobei letztere den Übergang von geführten Moden zu Strahlungsmoden beschreiben und streng genommen bereits zu den Strahlungsmoden gehören. Geführte Moden zeichnen sich dadurch aus, dass ihre optische Leistung im Wellenleiter und dessen unmittelbarer Umgebung transportiert wird, d.h. die Modenfelder mit wachsendem Abstand vom Wellenleiter rasch abklingen. Da die Zahl μ_{max} der geführten Moden, die ein Wellenleiter führen kann, stets endlich ist, werden sie mit dem Index μ gelabelt. Die begrenzte Zahl geführter Moden hängt damit zusammen, dass die ihnen zugrunde liegenden totalreflektierten Teilwellen auch konstruktiv miteinander interferieren müssen, um eine geführte Welle zu bilden. Das ist nur für bestimmte Ausbreitungsrichtungen der totalreflektierten Teilwellen erreichbar. Der Imaginärteil von N_{eff} beschreibt die Dämpfung der Moden auf Grund von Materialabsorption oder Strahlungsverlusten. Wenn $P(0)$ die über den Wellenleiterquerschnitt bei $z = 0$ ermittelte geführte Lei-

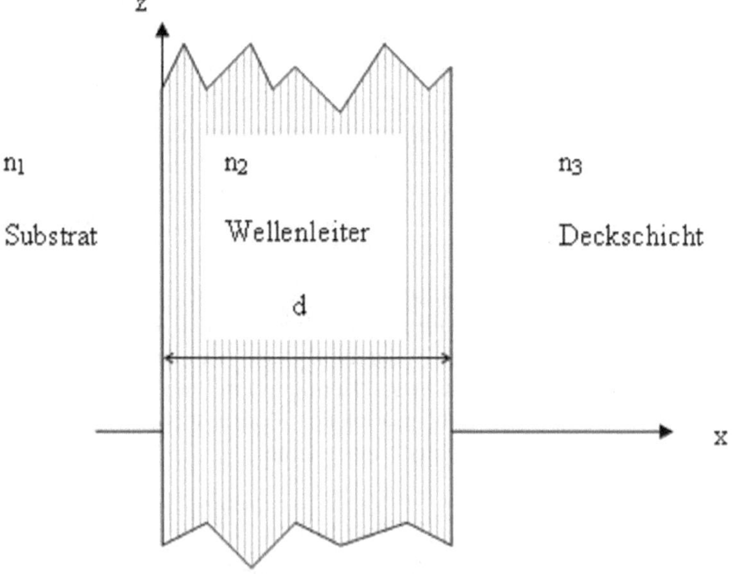

Abb. 10.15 Einfacher dielektrischer Schichtwellenleiter: d = Wellenleiterdicke z = Ausbreitungsrichtung der geführten Wellen; n_1, n_2, n_3 = reelle Brechungsindices mit $n_2 > n1 > n_3$

stung (z-Komponente des zeitlich gemittelten Poynting-Vektors) bezeichnet, dann errechnet sich die geführte Leistung bei $P(z)$ aus

$$P(z) = P(0)\, e^{-\frac{\omega}{c} Im\left(N_{eff}^{(\mu)}\right) z} . \tag{10.40}$$

Mit einem negativen Realteil kann auch optische Verstärkung erfasst werden. Die Felder von Strahlungsmoden sind nicht in der Umgebung des Wellenleiters lokalisiert. Sie zeichnen sich durch ein kontinuierliches N_{eff}-Spektrum aus und spielen bei der Anregung geführter Moden und deren Ausbreitung in Wellenleitern mit variablem Querschnitt eine Rolle. Diese Fälle sollen hier nicht weiter betrachtet werden.

Für die Modenanalyse von Wellenleitern spielen die Modensätze von dielektrischen Wellenleitern im Grenzfall vernachlässigbarer Absorption eine besondere Rolle. Diese aus geführten Moden und Strahlungsmoden bestehenden Modensätze bestimmen sich aus einem Hermiteschen Eigenwertproblem und weisen daher ein reelles N_{eff}-Spektrum auf. Die dazu gehörenden Eigenfunktionen sind orthonormierbar, bilden ein vollständiges Funktionensystem und liefern die Feldprofile der Moden. Nach einem solchen Funktionensystem lassen sich beliebige stationäre Feldverteilungen $\mathbf{E}(\mathbf{r})$ entwickeln, analog zur Fourieranalyse bei periodischen Funktionen:

$$\mathbf{E}(\mathbf{r}) = \sum_{\mu} a_{\mu} \hat{\mathbf{E}}_{\mu}(x,y) \cdot e^{-i\frac{\omega}{c} N_{eff}^{(\mu)} z} + \int b(\mu) \cdot \hat{\mathbf{E}}_{\mu}(x,y) \cdot e^{-i\frac{\omega}{c} N_{eff}^{(\mu)} z} d\mu \tag{10.41}$$

Die a_{μ}, b_{μ} bezeichnen die Modenamplituden der geführten bzw. der Strahlungsmoden. Die Leistungsfähigkeit des Modenkonzepts beruht ganz wesentlich auf der Entwickelbarkeit komplexer Felder nach den Normalmoden der entsprechenden Konfiguration.

10.1.2.5 Berechnungsalgorithmen für geführte Moden

Geführte Moden zeichnen sich dadurch aus, dass ihre elektrischen (und magnetischen) Feldkomponenten außerhalb des Wellenleiters typischerweise exponentiell abklingen. Mit entsprechenden Feldansätzen lässt sich das homogene Gleichungssystem 10.34 bis 10.37 für einfache Wellenleitergeometrien, etwa Stufenindex-Wellenleiter in Schicht- oder Fasergeometrie, analytisch lösen [16],[17]. Die Feldprofile der Moden normiert man schließlich, etwa auf eine einheitliche, durch das Wellenleiterprofil transportierte optische Leistung.

Bei komplexeren Wellenleiterstrukturen, etwa einem planaren Vielschicht-Wellenleiter, ermittelt man zunächst die Response-Matrix $\mathbf{S}(k_z)$ des Systems [16] als Funktion der gemeinsamen z-Komponente des Wellenzahlvektors aller auftretenden Felder. Die $\mathbf{S}(k_z)$-Berechnung kann etwa mit Hilfe eines Standard Matrix-**Formalismus erfolgen**, siehe etwa Abschnitt 10.1.2.2. Die Resonanzen (Polstellen) der Response-Matrix $k_z^{(\mu)}$ liefern aber gerade die $N_{eff}^{(\mu)}$ der geführten Moden

$$k_z^{(\mu)} = \frac{\omega}{c} N_{eff}^{(\mu)} \tag{10.42}$$

mit ihren Feldverteilungen $\hat{\mathbf{E}}_\mu\,(x,y)$. Bei diesem Verfahren wird man versuchen, sowohl zur Ermittlung der Responsefunktion als auch bei der Polstellensuche numerische Routinen einzusetzen. Der Matrix-Formalismus beinhaltet ausschließlich Matrix-Multiplikationen und -Inversionen, während man bei der Polstellen- bzw. Nullstellensuche der inversen Responsefunktion auf Algorithmen einschlägiger Programmbibliotheken, etwa MATLAB, zurückgreifen kann.

Die Polstellen- (Nullstellen-) Suche bildet insofern eine Herausforderung, als die Polstellen auf einer mehrblättrigen Riemannschen Fläche versteckt sind, die hinreichend „gefurcht" ist und eine Vielzahl lokaler Extrema enthält, an denen ein Suchalgorithmus hängen bleiben kann. Aus diesem Grund ist auch das Auffinden des vollständigen Modensatzes nicht trivial und nur über eine systematische und effiziente Durchmusterung des Lösungsraumes zu gewährleisten.

Die Response-Matrix eines planaren Schichtsystems lässt sich natürlich auch außerhalb ihrer Polstellen berechnen. Dann erhält man, gewissermaßen als Nebenprodukt der Modenbestimmung, die Reflexions- und Transmissionseigenschaften des Schichtsystems mit allen dem Modell inhärenten Interferenzeffekten, so dass die Dimensionierung von optischen Interferenzschichtsystemen oder die Auswertung ellipsometrischer Daten möglich wird.

Alternativ zum Matrix-Formalismus lässt sich ein geführtes optisches Wellenfeld auch mit Hilfe eines Runge-Kutta-Verfahrens durch den Wellenleiter „hindurchfädeln".

Die soeben erläuterten Verfahren lassen sich auf radialsymmetrische Wellenleiter, d.h. optische Mehrmantelfasern, übertragen, wobei statt der für den planaren Matrixformalismus typischen Winkel- und Exponentialfunktionen BESSEl- und HANKEL-Funktionen zum Einsatz kommen. Dieser Umstand und die komplizierteren Polarisationsverhältnisse bei optischen Fasern stellen deutlich höhere Ansprüche an den Suchalgorithmus für die Polstellen der Response-Matrix.

Die bisherigen Aussagen sollen zunächst an den geführten TE-Moden eines planaren Mehrschicht-Wellenleiters illustriert werden. Sein reelles $n(x)$-Profil ist in Abb. 10.16 dargestellt. Bei einer Wellenlänge λ = 633 nm kann dieser Wellenleiter 2 TE-Moden führen. Diese haben die N_{eff}: 1.52293733 (TE0-Mode) und 1.50165356 (TE1-Mode). Die hierzu notwendigen Rechnungen wurden mit der Software ATSOS [22] durchgeführt, an deren Entwicklung einer Autoren, Uwe Langbein, beteiligt ist.

Die entsprechenden Feldprofile findet man in Abb. 10.17; durchgehende Linie: TE0-Profil; gestrichelte Linie: TE1-Profil. Das strichpunktiert eingezeichnete Feldprofil gehört zu einer „Leckmode", deren N_{eff} komplexwertig ist: $N_{eff-Leck}$ = 1.481680819 + i 0.012094574. Sie gehört nicht zum Normalmodenspektrum des Wellenleiters, wird aber von leistungsfähigen Suchalgorithmen mit ausgegeben. Eine Leckmode kann aus einer geführten Mode hervorgehen, wenn diese durch eine (gedachte) Parameteränderung des Wellenleiters nicht mehr geführt werden kann, d.h. über ihren „cut-off"geschoben wird.

Wie das Feldprofil der Leckmode zeigt, strahlt diese Energie in das Substratgebiet $x > 2\mu m$ ab. Die daraus resultierende Strahlungsdämpfung wird gerade im Imaginärteil von N_{eff} erfasst. Diese Leckwelleninterpretation lässt sich durch einen Parameterscan belegen, bei dem die Dicke $d3$ der WL-Schicht 3 ($1\mu m < x < 2\mu m$) von ihrem Anfangswert $1\mu m$ kontinuierlich abgesenkt wird, s. Abb. 10.18 und 10.19.

Während die TE0-Mode (durchgehende Kurven) eine geführte Mode mit reellem N_{eff} bleibt, verwandelt sich die bisher geführte TE1-Mode bei einem $d3$ - Wert von ca. 445 nm in eine Leckmode mit komplexem N_{eff} um (gestrichelte Kurve in Abb. 10.18 und 10.19). Für $d_3 < 445$ nm erhält N_{eff1} einen von Null verschiedenen Imaginärteil; s. Abb. 10.19.

Die Strahlungsdämpfung der bereits vorhandenen Leckmode (strichpunktierte Kurve in Abb. 10.19) nimmt mit sinkendem d_3-Wert markant zu.
Für den Einsatz bei Parameter-Scans muss der betreffende Suchalgorithmus schnell genug sein sowie Korrelationen zwischen den Datensätzen benachbarter Parameterwerte herstellen können. Dies ist noch relativ einfach, wenn das Prinzip der „Modenverfolgung" angewandt wird, also der Datensatz eines bereits berechneten Parameterwerts die Startwerte für die Modensuche des benachbarten Parameterwerts liefert. Diese Prozedur erfasst jedoch keine im Scan-Intervall neu auftretenden Moden. Die Zuordnung der Datensätze wird wesentlich schwieriger, wenn etwa cut-off-Werte von Moden überschritten werden und das richtige Blatt der Riemannschen Fläche zu wählen ist oder der Algorithmus einmal eine Mode überspringt bzw. eine

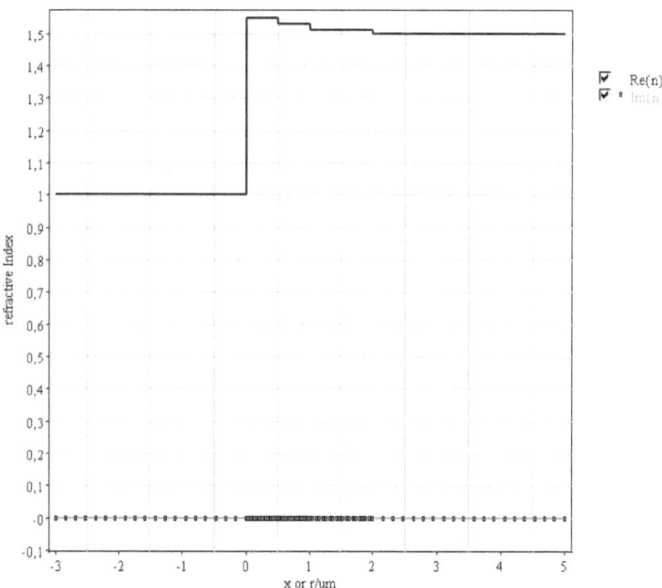

Abb. 10.16 Brechungsindex-Profil $n(x)$ eines dielektrischen Dreischicht-Wellenleiters (WL); Deckschicht $x < 0$ μm; Substrat $x > 2$ μm

Scheinlösung einfügt, was gerade bei komplexeren Konfigurationen immer wieder vorkommt.

Suchalgorithmen, die Leckwellen lokalisieren können, sind im Allgemeinen auch in der Lage, das durchweg komplexwertige N_{eff}-Spektrum von absorptionsbehafteten Wellenleitern zu ermitteln, deren Materialabsorption über einen komplexen Brechungsindex erfasst wird. Sofern ein solcher Algorithmus ohne Näherungsverfahren arbeitet, wird er auch auf die Materialklasse der Metalle anwendbar sein, deren Imaginärteil des Brechungsindex im optischen Frequenzbereich betragsmäßig häufig dessen Realteil übertrifft. Geführte Wellen an Metallschichten können sich in der Form sog. Oberflächenplasmonen (OF-Plasmon) ausbreiten, die in der Nanophotonik zunehmend Bedeutung erlangen.

Im nächsten Beispiel werden die geführten Moden einer goldbeschichteten Quarzglasfaser bei 633 nm Lichtwellenlänge dargestellt: Durchmesser des SiO_2-Kerns (n_{SiO_2} = 1.46) $d_{SiO_2} = 2\ \mu m$, die Dicke des Goldmantels (n_{Au} = 0.55 + i 2.40) beträgt 50 nm.

Die Feldprofile zweier Moden zeigen, dass sich sowohl an der Goldschicht lokalisierte OF-Plasmonen (s. Abb. 10.20: durchgehendes Feldprofil) als auch sog. Hybridmoden (s. Abb. 10.20; gestricheltes Feldprofil) an dieser Faser ausbilden können, bei denen eine WL-Mode mit einem OF-Plasmon gekoppelt ist. Solche Effekte sind etwa beim Design von Rastertunnelspitzen oder Sensoren von Bedeutung.

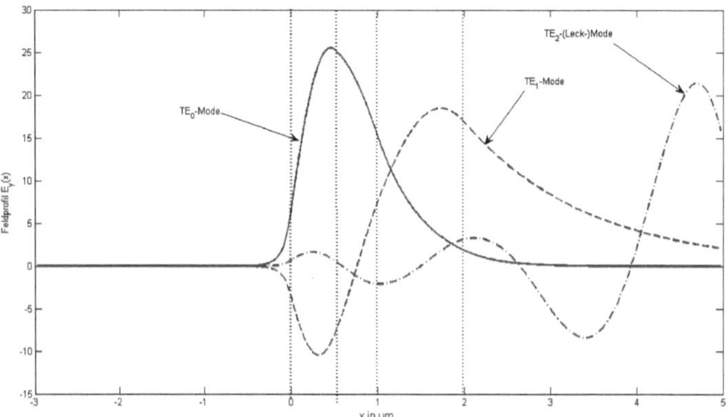

Abb. 10.17 Die Feldprofile dreier vom WL in Abb. 10.16 geführten TE-Moden; strichpunktierte Linie = Leckmode (im Substrat nicht abklingend)

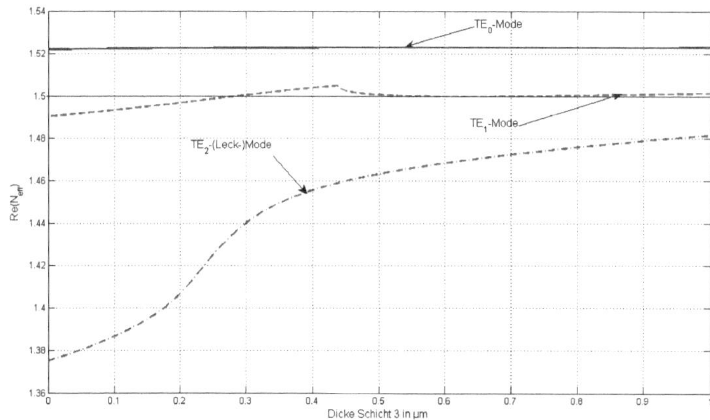

Abb. 10.18 Der für die Phasengeschwindigkeit der Moden verantwortliche N_{eff}-Realteil der drei gezeigten Moden in Abhängigkeit von der Dicke der rechten WL-Teilschicht d_3

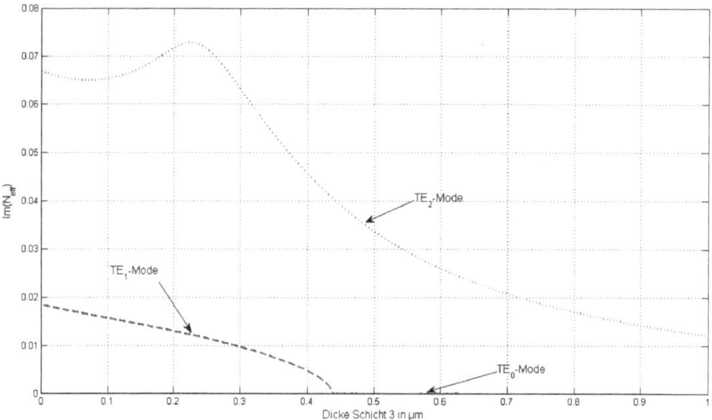

Abb. 10.19 Der für die Dämpfung der Moden verantwortliche N_{eff}-Imaginärteil der drei in Abb. 10.18 gezeigten Moden in Abhängigkeit von der Dicke der rechten WL-Teilschicht d_3. (durchgehende Linie = TE0-Mode; gestrichelte Linie = TE1-Mode; punktierte Linie = Leckmode). Im Bereich $d_3 < 445\ nm$ erhält die TE1-Mode Leckwellencharakter

10.1.2.6 Modesolver und ihre Eigenschaften

Als „Modesolver" werden Softwaretools bezeichnet, die die o.g. Eingeschaften mehr oder weniger leistungsfähig implementiert haben und im Allgemeinen über eine grafische Benutzeroberfläche verfügen. Sie unterscheiden sich im Allgemeinen hinsichtlich folgender Fähigkeiten:

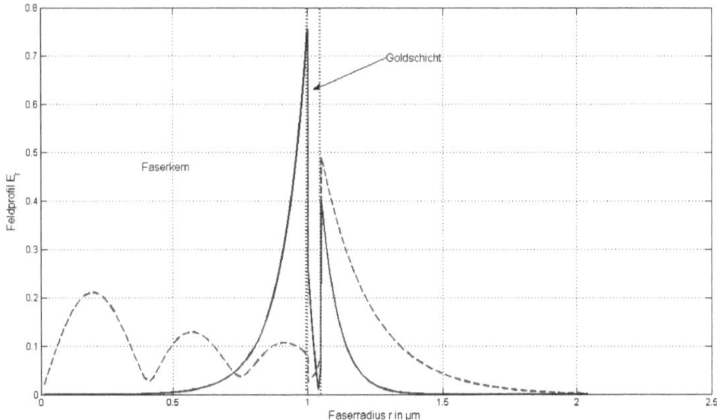

Abb. 10.20 Quarzglasfaser mit Goldmantel: Er-Feldkomponenten zweier geführter Moden (0. azimuntale Ordnung; TM-Pol): Gestricheltes Feldprofil N_{eff} = 1.1160 + j0.0385; Feldmaximum auf der Goldmantelaußenseite; durchgezogenes Feldprofil N_{eff} = 1.7682 + j0.3218; Feldmaximum auf der Goldmantelinnenseite. Feldoszillationen im Kern, "exponentielles" Abklingen im Außenraum; Faserparameter im Text.

1. Erfasste Wellenleiterprofile
   a. Eindimensionale Profile:
      - Planare Schichtstapel
      - Gradientenindex-Schichten
   b. Radialsymmetrische Profile:
      - Stufenindex-Fasern
      - Mehrmantelfasern
      - Hohlkernfasern
      - GRIN-Fasern
   c. Wellenleiter mit rechteckigem Querschnittsprofil
   d. Wellenleiter mit komplexerem Querschnittprofil:
      - Ionenausgetauschte Wellenleiter
      - Wellenleiter in Photonischen Kristallstrukturen
2. Erfasste Materialklassen
   a. Dielektrika ohne Berücksichtigung der Materialabsorption bei λ-Scans
   b. Dielektrika mit Berücksichtigung der Materialabsorption bei λ-Scans
   c. Metalle mit Berücksichtigung der Materialabsorption bei λ-Scans
3. Erfasste Modentypen
   a. Geführte Moden (N_{eff} - reell)
   b. Leckmoden (N_{eff} - komplex)

   c. Strahlungsmoden (N_{eff} - reell, kontinuierliches Spektrum künstlich diskretisiert)

4. Erfasste Polarisationseigenschaften der Moden
   a. Skalare und semiskalare Modelle (bei kleinen Brechzahlsprüngen an den Grenzflächen)
   b. Exakte Erfassung (exakte Lösung der MAXWELL-Gleichungen)

5. Implementierter Algorithmus
   a. Komplexe Nullstellensuche mit Randbedingungen (Constraints)
   b. Finite-Differenzen-Methoden zur Lösung des Eigenwertproblems
   c. Finite-Elemente-Methoden zur Lösung des Eigenwertproblems
   d. Korrelationsverfahren über die Fourier-Transformation der Feldinterferenzen in einem Wellenleiter
   e. Behandlung des künstlichen Feldbeschnitts an den Grenzen der Rechenfenster über geeignete Randbedingungen (BC): Absorbing BCs, Transparent BCs, Perfectly matched Layers

Mehr oder weniger leistungsfähige Modesolver hinsichtlich der o.g. Kriterien sind Bestandteil aller wellenoptischen Modellierungsprogramme, sofern sie auch die Lichtausbreitung in Wellenleitern erfassen. Einige auf dem Markt befindliche Tools wurden in [23], [24] zusammengestellt.

Die unter [23] zusammengefassten Programmpakete sind auf die Modellierung der Ausbreitung von Wellenfeldern entlang wellenleitender Strukturen spezialisiert und verwenden Modesolver zur Definition von Startfeldern und zur Analyse von komplexen Feldverteilungen.

Unter [24] sind einige leistungsfähige Modesolver aufgeführt, die als eigenständige Programme auf dem Markt erhältlich sind: Die FIMMWAVE-Solver arbeiten auf FD- und FE-Basis, sind also hinsichtlich der WL-Querschnitte sehr flexibel. Die Minimierung des Einflusses des Rechenfensters auf das Modenspektrum bedarf allerdings einiger Sorgfalt. Der Modesolver ATSOS kann planare und zylindrische Wellenleiterstrukturen auf der Basis eines exakten Matrix-Formalismus erfassen und dabei über die Festlegung des asymptotischen Feldverhaltens auf Rechenfenster verzichten. Das Gleiche trifft auf das Programm TRAMAX zu, das allerdings auf planare WL-Strukturen beschränkt ist.

Einfache Modesolver sind als Hilfsprogramme in fast jedem optischen CAD-Programm zu finden, wie z.B. Optiwave, RSOFT. Einige leistungsfähige Modesolver sind als eigenständige Programme auf dem Markt, z.B. ATSOS, TRAMAX oder oder als Bestandteil anspruchsvoller Modellierungstools, wie z.B. Lumerical, Photon Design oder JCMWave.

Die Grenzen des Modenkonzepts, und damit auch des leistungsfähigsten Modesolvers, sind dann erreicht, wenn der Algorithmus numerisch instabil wird, die Zahl der von einem Wellenleiter geführten und bei der Modellierung eines bestimmten Effekts zu berücksichtigenden Moden nicht mehr systematisierbar ist oder die Kapazität der Hardware sprengt. Dann ist es im Allgemeinen nicht sinnvoll, die sich ausbildenden Felder wellenoptisch zu diskutieren. Häufig reicht es in diesem Fall aus, das Strahlenbild zu verwenden. Die Leistungsfähigkeit von Modesolvern wird auch auf die Probe gestellt, wenn die sog. Supermoden nur lose miteinander gekoppelter Wellenleiter zu berechnen sind. Wegen der geringen Kopplung können die Feldverläufe zwischen den Wellenleitern leicht im numerischen Rauschen verschwinden und zu Scheinlösungen führen. Zusammenfassend lässt sich feststellen, dass es derzeit keinen universell einsetzbaren Modesolver gibt. Je nach Wellenleiterkonfiguration, Modellierungsziel, erforderlicher Genauigkeit und verfügbarer Hardware kommen unterschiedliche Modesolver zum Einsatz. Für die Auswahl geeigneter Rechen- und Optimierungsstrategien sowie die Bewertung der Modellierungsergebnisse ist nach wie vor ein solides optisches Hintergrundwissen unabdingbar.

Danksagung: Der Autor dankt A. Unger, (MPI für Polymerforschung Mainz), U. Trutschel (DOOS Tabarz), und Ch. Wächter (FhG-IOF, Jena) für zahlreiche Hinweise.

Literaturverzeichnis

1. M. Pope et al., J. Chem. Phys., vol. 38, p. 2042 (1963).
2. J. Dresner. RCA rev. 30, p. 322 (1969).
3. C. W. Tang et al., Appl. Phys. Lett., vol. 51, p. 913 (1987).
4. J. A. E. Wasey et al., J. Mod. Opt. vol. 47, 725-741 (2000).
5. P. A. Hobson et al., Adv. Mater., No. 19, p. 1393 (2002).
6. J. M. Leger et al., Phys Rev. B, vol. 68, 054209 (2003).
7. M. Wie et al., Optics Express, vol. 12, no. 23 (2004).
8. J.D. Jackson, Klassische Elektrodynamik, Walter de Gruyter, Berlin, 1983.
9. J.D. Bjorken, Relativistische Quantenfeldtheorie, BI-Hochschultaschenbücher, Band 101, Mannheim, 1990.
10. H. Gross (Ed.), Handbook of Optical Systems, Wiley-VCH, Weinheim, 2005.
11. ZEMAX: www.zemax.com, OSLO: www.sinopt.com, Code V: www.opticalres.com, ASAP: www.breault.com, SPEOS: www.optis.fr, LIGHTTOOLS: www.opticalres.com.
12. D. Kühlke, Optik, Verlag Harri Deutsch, Frankfurt, 2004.
13. J.W. Goodman, Introduction to Fourier Optics, 3rd edition, Roberts & Co., 2004.
14. FFTW: www.fftw.org.
15. H. Aagedal, M. Schmid, T. Beth, S. Teiwes, and F. Wyrowski, „Theory of speckles in diffractive optics and its application to beam shaping,"J. Mod. Opt. 43, 1409 - 1421 (1996).
16. P. Yeh, „Optical Waves in Layered Media", John Wiley & Sons, New York, 1988.
17. R. März, Integrated Optics - Design and Modelling", Artech House, Boston, 1995.
18. J. Bures, "Guided Optics", Wiley-VCH, Weinheim, 2009.
19. F. deFornel, „Evanescent Waves", Springer Berlin, 2001.
20. D. L. Andrews, Z. Gaburro (eds.): Frontiers in Surface Nanophotonics", Springer New York, 2007.
21. Wächter, „Integrated optics design: Software tools and diversified application" in 'Frontiers in Planar Lightwave Circuit Technologie: Design, Simulation and Fabrication', S. Janz, J. Ctyroky, and Stoyan Tanev (eds.), NATO Science Series, II. Mathematics, Physics and Chemistry - Vol. 216, pp. 245 - 280, Springer, 2006.
22. A.Unger, U. Langbein, U. Trutschel, "Design software for stratified optical systems with planar and cylindrical symmetry"; DGaO-Proceedings 2007; http://www.dgao-proceedings.de - ISSN: 1614-8436.

23. OptiBPM, OptiFDTD: http://www.optiwave.com/, BeamPROP, ModePROP: http://www.rsoftdesign.com/, Mode Solutions: http://www.lumerical.com/, JCMSuite: http://www.jcmwave.com/, FIMMPROP: http://www.photond.com.
24. FIMMWAVE: http://www.photond.com/, ATSOS: http://www.doos.de/, TRAMAX: http://www.photonik.uni-jena.de/.

Teil IV
Grid Computung Infrastrukturen

Kapitel 11
Softwaresysteme für den Betrieb von Grids

Steffen Limmer

Zusammenfassung In früheren Kapiteln wurde bereits erläutert, was man unter Gridtechnologie versteht und welche Vorteile man sich von ihr verspricht. In diesem Kapitel soll nun dargelegt werden, welche gängigen Werkzeuge für den Aufbau und den Betrieb von Grids existieren und wie sie eingesetzt werden, um den Herausforderungen der Gridtechnologie Herr zu werden. Dazu werden die Inhalte und Bedeutung eines Grid-Betriebssystems, der Grid-Middleware, herausgearbeitet. Das betrifft das Management für die Ausführung von Jobs im Grid, Maßnahmen zum Monitoring und zum Auffinden von Grid-Ressourcen, der Sicherheit im Grid, die Organisation der Ablaufplanung sowie den benutzerfreundlichen Zugriff auf Grid-Ressourcen über Web-Portale.

11.1 Das Globus Toolkit 4

Die zentrale Software für den Betrieb eines Grids stellt die sog. Grid-Middleware dar. Sie dient als Schnittstelle zwischen den einzelnen meist heterogenen Teilen eines Grids (im Allgemeinen Cluster und Einzelrechner). In zahlreichen gridbasierten Projekten weltweit wird das Globus Toolkit 4 (GT4) als Grid-Middleware eingesetzt. Neben diesem existieren weitere Pakete für Grid-Middleware, wie UNICORE, gLite oder LCG. Das GT4 hat sich aber als De-facto-Standard durchgesetzt und soll im Folgenden genauer beschrieben werden. Entwickelt und stetig weiter verbessert wird es als Open Source Projekt von der Globus Alliance. Die Wurzeln gehen zurück auf das I-Way Projekt von 1995. Wie der Begriff „Toolkit" bereits andeutet, ist das GT4 eine ganze Sammlung von Tools zum Aufbau und Betrieb von Grids. Viele der Globus-Komponenten sind dabei als Webservices implementiert. Ein Webservice ist

Friedrich-Alexander-Universität Erlangen-Nürnberg
Department Informatik, Lehrstuhl für Rechnerarchitektur
E-mail: steffen.limmer@informatik.uni-erlangen.de

D. Fey (ed.), *Grid-Computing*, eXamen.press, DOI 10.1007/978-3-540-79747-0_11,

ein Software-System zur Unterstützung dialogfähiger Interaktionen zwischen Maschinen über ein Netzwerk. Es besitzt eine Schnittstelle, die in einer maschinenverarbeitbaren Sprache (insbesondere WSDL) beschrieben ist. Andere Systeme interagieren mit dem Webservice, wie dies durch die Beschreibung vorgegeben ist. Dazu nutzen sie SOAP-Nachrichten, die typischerweise per HTTP als XML-Daten in Verbindung mit anderen webbezogenen Standards versandt werden. Webservices sind plattformunabhängig und im hohen Grade standardisiert. Insbesondere die Standardisierung der Schnittstellenbeschreibung mittels WSDL erleichtert die Entwicklung auf bestehenden Webservices basierender Anwendungen und Clients. Die Webservices des Globus Toolkit sind allesamt in Java implementiert, während die anderen Komponenten größtenteils C-Programme sind. Zum Betrieb der Services bietet das GT4 einen simplen Container, in den sie geladen werden können. Alternativ sind auch komplexere Servlet Container wie z.B. Apache Tomcat einsetzbar. Hinsichtlich der Funktionalität lassen sich die Komponenten des GT4 in vier Bereiche klassifizieren: *Data Management*, *Execution Management*, *Monitoring & Discovery* und *Security*. Im Folgenden soll auf die einzelnen Bereiche und die wichtigsten dazu enthaltenen Komponenten etwas näher eingegangen werden.

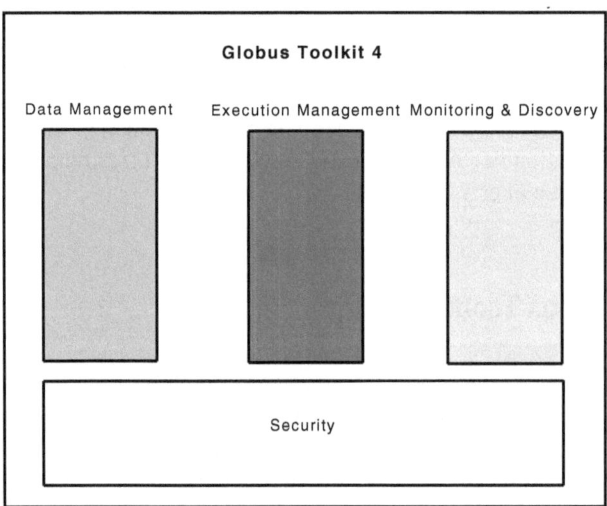

Abb. 11.1 Die vier Säulen des GT4

11.1.1 Data Management

Die Aufgabe des Data Managements betrifft das Auffinden, Transportieren und Verwalten verteilter Daten. Dafür bietet das GT4 einen GridFTP-Server und einen GridFTP-Client, welche das GridFTP-Protokoll implementieren. Dies ist eine Erweiterung des üblichen FTP-Protokolls für den sicheren, robusten und schnellen

Versand von Dateien im Grid. Spezifiziert ist das Protokoll in einer Empfehlung des Global Grid Forums GFD.020, RFC 959, RFC 2228 und RFC 2389. Der Server namens *globus-gridftp-server* hört nach dem Start per Default auf Port 2811 nach eintreffenden Verbindungen. Zur besseren Zugriffskontrolle empfiehlt es sich, einen Xinetd-Service für ihn einzurichten. Der GridFTP-Client von Globus heißt *globus-url-copy*. Er kann über die Kommandozeile bedient werden. Das folgende Kommando würde z.B. eine Datei von einem entfernten GridFTP-Server auf das lokale Dateisystem kopieren:

globus-url-copy gsiftp://remote.host/pfad/zu/datei file:///pfad/auf/lokalem/host

Eine weitere wichtige Komponente zum Dateitransfer ist der Reliable File Transfer Service (RFT). Dieser Webservice speichert Anfragen zu Dateitransfers in einer Datenbank und arbeitet sie anschließend mit Hilfe des GridFTP-Servers ab. Da die Anfragen nicht wie beim GridFTP-Client im Arbeitsspeicher gehalten werden, sondern im persistenten Speicher, ist RFT weniger anfällig gegenüber Ausfällen als der GridFTP-Client.

11.1.2 Execution Management

Das Execution Management betrifft das Einleiten, Beobachten, Verwalten, Planen und Koordinieren verteilter Berechnungen. Die zentrale Globus-Komponente für diese Aufgaben ist die WS-GRAM (Webservice Grid Resource Allocation & Management). Sie besteht aus einer ganzen Reihe von Webservices, die dafür zuständig sind, Jobs an Grid-Ressourcen zu übergeben, sie zu beobachten oder abzubrechen. Über den im GT4 enthaltenen Client *globusrun-ws* kann per Kommandozeile auf die WS-GRAM zugegriffen werden. So können insbesondere Jobs zur Bearbeitung an die WS-GRAM übergeben werden. Solch ein Job kann neben den eigentlichen Anweisungen für Berechnungen auch Anforderungen für Dateitransfers enthalten, die vor oder nach der Berechnung ausgeführt werden sollen. So kann beispielsweise gewährleistet werden, dass nötige Inputdateien vor dem Start der Berechnung auf dem ausführenden Host verfügbar sind oder anfallende Outputdateien nach der Berechnung auf einen speziellen Host rücktransferiert werden. Diese spezielle Art von Dateitransfers wird auch als Staging bezeichnet. Für die Abarbeitung von Staging-Anweisungen greift die WS-GRAM auf RFT zurück.

Die WS-GRAM hat die Möglichkeit, Jobs mittels gewöhnlichen Unix fork()-Methoden zu starten. Viele größer skalierte Grid-Ressourcen (vor allem Cluster) stehen aber häufig unter der Kontrolle lokaler Ressourcen Manager (LRMs) wie z.B. LSF, PBS oder Loadleveler, die für die Allokation von Jobs zuständig sind. Die WS-GRAM ist in der Lage, mit solchen LRMs zu kommunizieren und Jobs an sie abzugeben. Ein sog. Scheduler-Adapter bildet dabei die Schnittstelle zwischen WS-GRAM und LRM. Seine Hauptaufgabe besteht darin, Globus-Jobbeschreibungen in äquivalente Jobbeschreibungen für den LRM zu „übersetzen“ und sie an diesen abzugeben. Weiterhin muss er Statusinformationen vom LRM an die WS-GRAM weiterleiten und Jobs auch wieder abbrechen können. Über den Scheduler-Adapter kann Globus auch MPI-Jobs an einen LRM bzw. das darunterliegende Cluster abgeben. Im GT4 sind Scheduler-Adapter für die LRMs PBS, Condor und LSF enthalten. Adapter für weitere LRMs sind von Drittanbietern verfügbar. Eine einfache Jobbeschreibung für Globus könnte wie folgt aussehen:

```
<?xml version="1.0" encoding="UTF-8"?>
<job>
  <executable>/usr/bin/cat</executable>
  <argument>/tmp/test.txt</argument>

  <fileStageIn>
    <transfer>
        <sourceUrl>gsiftp://racl00/tmp/test.txt</sourceUrl>
        <destinationUrl>file:///tmp/test.txt</destinationUrl>
    </transfer>
  </fileStageIn>
  <fileCleanUp>
    <deletion>
        <file>file:///tmp/test.txt</file>
    </deletion>
  </fileCleanUp>
</job>
```

Sie besagt, dass vor der Jobausführung eine Datei `/tmp/test.txt` per GridFTP vom Host racl00 transferiert und auf dem lokalen Dateisystem unter `/tmp` gespeichert werden soll. Anschließend soll `/usr/bin/cat` mit der Datei als Parameter aufgerufen werden, wodurch ihr Inhalt ausgegeben wird. Abschließend soll die Datei wieder gelöscht werden. Abbildung 11.2 zeigt das Absenden des Jobs an die lokale Maschine mittels *globusrun-ws*.

11.1.3 Monitoring & Discovery

Unter Monitoring & Discovery versteht man das Auffinden und Beobachten von Ressourcen im Grid. Dafür bietet das GT4 das Monitoring and Discovery System (MDS). Dies sind wiederum eine ganze Reihe von Webservices. Der wichtigste davon ist der Index Service. Dieser sammelt Daten und Informationen von verschiedenen Quellen. Zum Abruf der Informationen durch Benutzer oder dritte Programme stehen diverse Clients, wie z.B. *wsrf-query* (Web Service Resource Framework Query) zur Verfügung. Mit WebMDS enthält das GT4 auch ein nutzerfreundliches Frontend, welches es ermöglicht, Informationen über einen Web Browser abzurufen. In jeden Container einer Globus-Installation wird automatisch ein Default Index Service geladen, welcher u.a. Informationen zu den Komponenten WS-GRAM und RFT sammelt. Dieser kann auch an Monitoring Tools wie Ganglia angebunden

```
limmer@grid ~ $ globusrun-ws -submit -s -f job.rsl
Delegating user credentials...Done.
Submitting job...Done.
Job ID: uuid:a6ab96f8-951d-11dd-8f15-67cd4fef0e0a
Termination time: 10/09/2008 09:44 GMT
Current job state: StageIn
Current job state: Active
Current job state: CleanUp-Hold
DIES IST EIN TEST
Current job state: CleanUp
Current job state: Done
Destroying job...Done.
Cleaning up any delegated credentials...Done.
```

Abb. 11.2 Absenden des Beispieljobs mittels *globusrun-ws*. Mit der Option *-s* wird der Output des Jobs direkt auf der Konsole ausgegeben. Hinter *-f* wird die Datei mit der Jobbeschreibung angegeben. Neben dem Output, der in diesem Fall der Inhalt der Datei `test.txt` ist, werden auch die aktuellen Zustände des Jobs ausgegeben

werden und damit zusätzliche Informationen zu einem System beziehen. Zusätzlich kann er Informationen wie insgesamt vorhandene und freie Knoten eines Clusters von einem Scheduler-Adapter erfragen. Es besteht die Möglichkeit, eine Hierarchie von Index Services mehrerer Globus-Installationen zu bilden. Das heißt, man kann einen Index Service durch einen Eintrag in eine spezielle Datei dazu veranlassen, seine Informationen an einen Index Service einer anderen Globus-Installation abzugeben. Das erlaubt es, alle Informationen aus einem Grid an zentraler Stelle zu sammeln. Ein weiterer Bestandteil des MDS ist der Trigger Service. Dieser kann nicht nur Informationen sammeln, sondern zusätzlich in Abhängigkeit von ihnen gewisse Aktionen starten. So kann er z.B. eine E-Mail an den Administrator senden, sobald ein vorher festgelegtes Ereignis eintritt. In der Abb. 11.3 soll das Zusammenspiel aller bisher erwähnten Globus-Komponenten veranschaulicht werden.

11.1.4 Security

Zum vierten Bereich, Security, zählt das Ermitteln der Identität von Nutzern und Services (Authentifizierung), das Absichern der Kommunikation und das Bestimmen, wer zu welchen Aktionen berechtigt ist (Autorisierung). Zur Authentifizierung benötigt jeder Globus-Nutzer und jeder Host mit Globus-Installation im Grid ein Schlüsselpaar. Diese Schlüssel stehen mathematisch derart in Beziehung, dass eine Nachricht, die mit dem einen Schlüssel kodiert wurde, nur mit dem anderen wieder dekodiert werden kann und es nahezu unmöglich ist, einen der Schlüssel aus dem anderen zu berechnen. Einer der Schlüssel wird öffentlich gemacht und der andere privat gehalten. So ist es möglich, zu überprüfen, ob jemand den privaten Schlüssel besitzt, indem man eine Zufallsnachricht mit dem öffentlichen Schlüssel kodiert und ihn auffordert, diese mittels seines privaten Schlüssels zu dekodieren. Entspricht die dekodierte Nachricht der Originalnachricht, ist nachgewiesen, dass

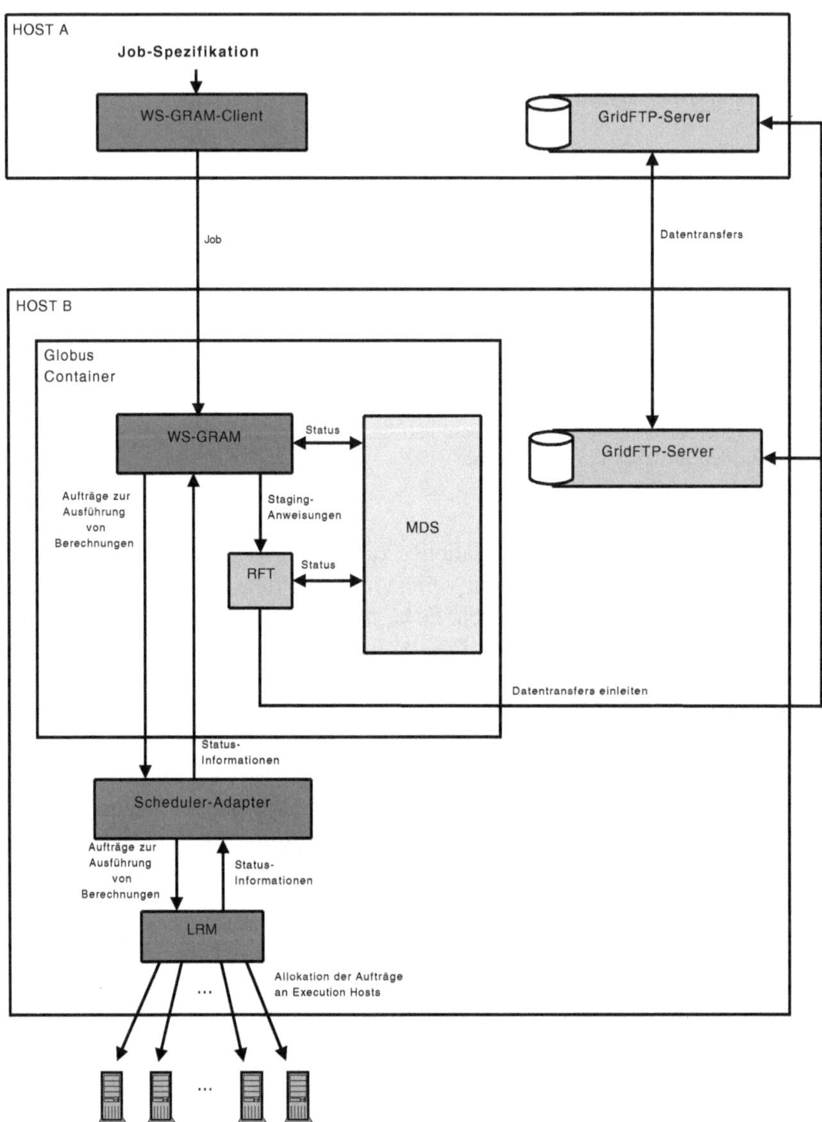

Abb. 11.3 Überblick über die wichtigsten Globus-Komponenten. Die in Host A und Host B gezeigten Funktionen können grundsätzlich auch auf einem Host vorhanden sein

er den privaten Schlüssel besitzt. Dieses Verfahren wird Public Key Cryptography genannt. Der private Schlüssel eines Nutzers oder Hosts wird passwortgeschützt verschlüsselt und in einer Datei gespeichert. Der öffentliche Schlüssel wird in einer öffentlich zugänglichen Datei zusammen mit einem Namen, der den Besitzer identifiziert, gespeichert. Ohne weitere Sicherheitsvorkehrungen wäre es nun aber möglich, dass sich ein Angreifer die öffentlich lesbare Datei eines autorisierten Nutzers kopiert und den darin enthaltenen öffentlichen Schlüssel durch einen eigenen ersetzt, zu dem er den passenden privaten Schlüssel besitzt. Damit könnte er sich als der autorisierte Nutzer beim Grid authentifizieren und erhielte Zugriffsrechte auf die entsprechenden Ressourcen und Services.

Deshalb muss die Datei von einer sog. Certificate Authority (CA) digital signiert werden. Eine CA ist eine spezielle Software, die selbst einen privaten und öffentlichen Schlüssel besitzt. Um eine Nachricht zu signieren, berechnet sie einen Hash aus den Informationen. Diesen kodiert sie mit ihrem privaten Schlüssel und hängt ihn an die Nachricht an. Der Empfänger kann dann selbst einen Hash aus der erhaltenen Nachricht berechnen und den kodierten Hash mit dem öffentlichen Schlüssel der CA dekodieren. Stimmen die beiden Hashes nicht überein, so wurde die Nachricht nach dem signieren verändert oder nicht mit dem privaten Schlüssel der CA signiert und ist somit nicht vertrauenswürdig. Durch Anhängen ihrer Signatur an die Datei mit dem öffentlichen Schlüssel bescheinigt eine CA also, dass der angegebene Name wirklich zu dem Schlüssel gehört und es kann geprüft werden, ob die Datei nachträglich von einer unprivilegierten Person verändert wurde. Zusätzlich muss noch der Name der signierenden CA in der Datei gespeichert werden, damit auch klar ist, welcher öffentliche Schlüssel zum Überprüfen der Signatur notwendig ist. Eine solche Datei, zusammen mit ein paar weiteren Informationen, wie z.B. dem Erstellungsdatum, wird als Zertifikat bezeichnet und im weitverbreiteten X.509-Format gespeichert. Das Zertifikat zusammen mit der Datei mit dem kodierten privaten Schlüssel bilden ein sog. Credential (Berechtigungsnachweis). Um sich mit einem Credential bei einem Host im Grid und somit bei den Services, die auf ihm laufen zu authentifizieren, muss der Host bzw. die dortige Globus-Installation der CA „vertrauen“, die das Zertifikat signiert hat. Das heißt in der Praxis, dass der öffentliche Schlüssel der CA dem Host bekannt ist. Häufig ist es so, dass in einem Grid entweder eine zentrale CA zum Einsatz kommt und alle Grid-Ressourcen vertrauen ihr oder jede virtuelle Organisation betreibt ihre eigene CA die nicht zwangsläufig von allen Ressourcen des Grids anerkannt werden muss. Das Signieren von Zertifikaten mit einer CA des Grids kann in jedem Fall nur von einem privilegierten Administator vorgenommen werden. Ein Nutzer mit gültigem Credential kann sich über Public Key Cryptography also bei Grid-Ressourcen bzw. den darauf laufenden Services authentifizieren. In die Gegenrichtung authentifiziert sich aber auch die Grid-Ressource mit ihrem Credential beim User. Es findet also gegenseitige Authentifizierung statt. Zur Absicherung der Kommunikation kommt dabei Transport Layer Security[1] (TLS) zum Einsatz. Ein User-Zertifikat für Globus könnte wie folgt aussehen:

---

[1] TLS ist ein Verschlüsselungsprotokoll zur sicheren Datenübertragung im Internet. Es ist auch unter Secure Socket Layer (SSL) bekannt.

```
Certificate:
    Data:
        Version: 3 (0x2)
        Serial Number: 27 (0x1b)
        Signature Algorithm: md5WithRSAEncryption
        Issuer: O=Grid, OU=GlobusTest, OU=simpleCA-grid.inf-ra.uni-jena.de,
                CN=Globus Simple CA
        Validity
            Not Before: Aug 28 09:25:10 2008 GMT
            Not After : Aug 28 09:25:10 2009 GMT
        Subject: O=Grid, OU=GlobusTest, OU=simpleCA-grid.inf-ra.uni-jena.de,
                 OU=inf-ra.uni-jena.de, CN=Steffen Limmer
        Subject Public Key Info:
            Public Key Algorithm: rsaEncryption
            RSA Public Key: (1024 bit)
                Modulus (1024 bit):
                    00:bc:2d:9c:31:3f:2f:97:72:90:85:c0:a9:d3:e6:
                    a0:4b:95:02:4c:b5:81:95:7a:5f:fe:dd:9e:a3:d4:
                    e9:e4:bb:22:77:02:d5:84:f9:ad:f8:9b:06:3f:99:
                    dc:ef:0d:9f:37:36:99:48:3e:75:85:36:0b:3a:e7:
                    4c:f6:19:33:5e:bf:57:ca:15:29:59:94:da:e0:a8:
                    8f:33:4c:e8:4e:0b:d5:9d:e0:05:b1:cf:7f:ce:25:
                    32:bb:5b:37:d2:72:fb:7f:a7:cb:be:d3:25:b9:77:
                    cf:11:d9:3a:18:8c:8b:fd:fc:db:b4:2d:ba:62:7a:
                    fc:a0:c8:4e:1d:2f:b5:42:ff
                Exponent: 65537 (0x10001)
        X509v3 extensions:
            Netscape Cert Type:
                SSL Client, SSL Server, S/MIME, Object Signing
    Signature Algorithm: md5WithRSAEncryption
        13:f9:58:da:35:d0:f3:cd:8b:e2:10:39:39:85:20:08:13:00:
        a7:70:b6:b0:ea:5e:87:5d:e6:b9:bc:eb:da:40:c8:4c:b3:58:
        af:7c:be:0e:2d:1f:03:3a:9d:aa:fc:a7:e8:57:86:de:c3:c7:
        a9:fc:a3:d6:23:28:21:0e:fb:c3:45:20:10:4d:9f:95:b8:a0:
        ce:bc:ed:a9:2b:5d:50:4a:6f:42:9e:29:1c:ad:ec:d6:25:80:
        b0:c8:c2:30:ab:d7:72:04:32:f6:a0:34:76:3e:08:f3:5f:87:
        8a:de:51:80:d1:ee:de:79:c6:ce:a4:9c:af:8c:15:fe:c7:6d:
        f3:56
-----BEGIN CERTIFICATE-----
MIICezCCAeSgAwIBAgIBGzANBgkqhkiG9w0BAQQFADBqMQ0wCwYDVQQKEwRHcmlk
MRMwEQYDVQQLEwpHbG9idXNUZXN0MSkwJwYDVQQLEyBzaW1wbGVDQS1ncmlkLmlu
ZilyYS51bmktamVuYS5kZTEZMBcGA1UEAxMQR2xvYnVzIFNpbXBsZSBDQTAeFw0w
ODA4MjgwOTI1MTBaFw0wOTA4MjgwOTI1MTBaMIGFMQ0wCwYDVQQKEwRHcmlkMRMw
EQYDVQQLEwpHbG9idXNUZXN0MSkwJwYDVQQLEyBzaW1wbGVDQS1ncmlkLmluZi1y
YS51bmktamVuYS5kZTEbMBkGA1UECxMSaW5mLXJhLnVuaS1qZW5hLmRlMRcwFQYD
VQQDEw5TdGVmZmVuIExpbW1lcjCBnzANBgkqhkiG9w0BAQEFAAOBjQAwgYkCgYEA
vC2cMT8vl3KQhcCp0+agS5UCTLWBlXpf/t2eo9Tp5LsidwLVhPmt+JsGP5nc7w2f
NzaZSD51hTYLOudM9hkzXr9XyhUpWZTa4KiPM0zoTgvVneAFsc9/ziUyu1s30nL7
f6fLvtMluXfPEdk6GIyL/fzbtC26Ynr8oMhOHS+1Qv8CAwEAAaMVMBMwEQYJYIZI
AYb4QgEBBAQDAgTwMA0GCSqGSIb3DQEBBAUAA4GBABP5WNo10PPNi+IQOTmFIAgT
AKdwtrDqXodd5rm869pAyEyzWK98vg4tHwM6nar8p+hXht7Dx6n8o9YjKCEO+8NF
IBBNn5W4oM687akrXVBKb0KeKRyt7NYlgLDIwjCr13IEMvagNHY+CPNfh4reUYDR
7t55xs6knK+MFf7HbfNW
-----END CERTIFICATE-----
```

Folgende Informationen sind in ihm enthalten: welche X.509-Version verwendet wird, eine Seriennummer, die von der erstellenden CA für das Zertifikat ausgegeben wurde, der Algorithmus, der für die Signatur verwendet wurde, der Name der unterzeichnenden CA, die Gültigkeitsdauer, der Name des Besitzers, der öffentliche

Schlüssel, die Signatur und evtl. noch diverse Erweiterungen. Am Ende stehen die gesamten Informationen nochmal in PEM-Kodierung[2].

Zur Authentifizierung über Public Key Cryptography muss der Nutzer sein Passwort für den privaten Schlüssel angeben. Schickt er einen Job ab, in den mehrere Grid-Ressourcen involviert sind, muss für jede der Ressourcen gegenseitige Authentifizierung stattfinden und der Nutzer muss jedesmal sein Passwort angeben. Daher kommen in der Praxis sog. Proxy-Credentials für die Authentifizierung zum Einsatz, s. Kapitel 12.

Diese bestehen wiederum aus einem Zertifikat und einem privaten Schlüssel und können von einem Nutzer mit gültigen Credentials erstellt werden. Das Zertifikat enthält den Namen des Nutzers, der es erstellt hat, in leicht abgewandelter Form, um zu kennzeichnen, dass es sich um einen Proxy handelt, und wird vom Nutzer selbst signiert. Solch ein Proxy-Credential hat nur eine sehr begrenzte Lebensdauer. Daher ist es nicht nötig, den privaten Schlüssel mit einem Passwort zu kodieren, solange die Datei-Zugriffsrechte restriktiv genug sind. Hat ein Nutzer einmal ein Proxy-Credential unter Angabe seines Passworts für den privaten Schlüssel erstellt, so kann es für die Dauer seiner Lebenszeit für die gegenseitige Authentifizierung ohne Passwortabfrage genutzt werden. Dabei muss der öffentliche Schlüssel des Nutzers mitgesandt werden, um seine Signatur überprüfen zu können.

Das Erstellen eines Proxy-Credentials für Globus geschieht über das Kommandozeilen-Tool *grid-proxy-init*. Dies erzeugt ein per Default 12 Stunden gültiges Proxy-Credential, was quasi einem Login ins Grid gleichkommt. Mit der SimpleCA enthält Globus auch eine einfache Implementierung einer CA. Nutzer können von ihr einen privaten Schlüssel und ein unsigniertes Zertifikat anfordern. Ein Administrator kann das Zertifikat dann von der SimpleCA signieren lassen.

Eine weitere Komponente von Globus ist der MyProxy-Server mit dazugehörigem Client. Der MyProxy-Server ist ein Online Credential Depot. Mittels *myproxy-init* können Nutzer Proxy-Credentials erstellen und passwortgeschützt für eine gewisse Zeitspanne (per Default sieben Tage) auf den Server laden lassen. Dabei müssen sie das Passwort für ihren privaten Schlüssel eingeben und ihre Credentials müssen auf dem lokalen Dateisystem vorliegen. Anschließend können sie von einem anderen Rechner aus mittels *myproxy-logon* ein kurzlebiges Proxy-Credential vom Server beziehen und dieses zur Authentifizierung nutzen. Damit müssen die eigenen Credentials nicht zwangsläufig lokal auf dem Rechner vorliegen, von dem aus man sich authentifizieren möchte. Das ermöglicht z.B. auch die Authentifizierung über ein Web Portal.

[2] PEM (Privacy Enhanced Mail) ist eine Kodierung, die von TLS/SSL standardmäßig für Zertifikate und private Schlüssel verwendet wird. Sie beruht auf einer Base64-Kodierung und ist in RFC1421 definiert.

Zur Erinnerung: Authentifizierung heißt nur das Ermitteln der Identität. Zusätzlich muss noch geregelt werden, wer Zugriffsberechtigung auf welche Ressourcen hat. Dies geschieht üblicherweise durch Einträge in eine spezielle Datei, dem Grid Map File. Jede Globus-Installation hat dabei sein eigenes Grid Map File, in welches die Namen der zugriffsberechtigten Personen eingetragen sind. Die Namen entsprechen dabei den Namen aus den X.509-Zertifikaten. Über die Einträge wird zusätzlich geregelt, auf welchen konkreten User Account eines Betriebssystems ein zugriffsberechtigter Nutzer abgebildet wird.

11.2 GridWay

Wie in Abschnitt 11.1.2 beschrieben, ist die WS-GRAM in der Lage, Jobs über einen geeigneten Scheduler-Adapter an lokale Ressourcen Manager abzugeben, welche daraufhin die Allokation der Jobs auf die ihnen unterstehenden Ressourcen übernehmen. In einem Grid befinden sich aber üblicherweise mehrere Globus-Installationen, die alle eine eigene Instanz der WS-GRAM besitzen. Die einzelnen WS-GRAM-Instanzen haben dabei Zugriff auf unterschiedliche Ressourcen bzw. LRMs im Grid. Gibt ein Nutzer einen Globus-Job über den WS-GRAM-Client ab, so stellt sich die Frage, an welche der verfügbaren WS-GRAM-Instanzen bzw. LRMs der Job übergeben werden soll.

Diese Entscheidung bleibt erst einmal dem Nutzer selbst überlassen, denn der Client und die WS-GRAM übernehmen keinerlei Scheduling-Aufgaben. Er muss also bei jedem Versenden eines Jobs das Ziel angeben. Doch das ist aus der Nutzersicht nicht sehr praktikabel. Denn es setzt voraus, dass der Nutzer Kenntnisse über die im Grid verfügbaren Ressourcen und ihre Auslastung hat. Daher werden in etlichen Grids gridweite Scheduler zur Verfügung gestellt.

Einer der bekanntesten dieser sog. Meta-Scheduler ist GridWay. Er wird als Open Source Tool an der Universität Complutense Madrid entwickelt. Seit Januar 2007 ist er Teil des Globus-Projektes und seit der Version 4.0.5 auch als Komponente im GT4 enthalten. Die Bedienung erfolgt über die Kommandozeile und entspricht der eines lokalen Ressourcen Managers. GridWay ruft mittels *wsrf-query* periodisch Informationen von einem Default Index Service ab. Wurde eine geeignete Hierarchie aus den im Grid aktiven Index Services aufgebaut, so kann GridWay Informationen über die insgesamt bereitstehenden Ressourcen und ihre aktuelle Auslastung sammeln. Diese Daten können mittels *gwhost* auch von GridWay abgerufen und übersichtlich angezeigt werden (s. Abb.11.4). Mit dem Befehl *gwsubmit* kann ein Nutzer mit gültigem Credential Jobs abgeben, die evtl. bestimmte Anforderungen an die ausführenden Ressourcen stellen. Eintreffende Jobs werden zunächst in eine Queue (Warteschlange) eingereiht. Abhängig von den Informationen über die verfügbaren Ressourcen, den Jobanforderungen und weiteren Faktoren entscheidet ein integrierter Scheduler, zu welchem Zeitpunkt ein Job aus der Queue ausgeführt werden soll, bzw. ob überhaupt, und wo die Jobausführung stattfinden soll. GridWay versucht dann die Jobs gemäß der Vorgaben des Schedulers an die entsprechenden Grid-Ressourcen zu versenden. Dies geschieht mit Hilfe des GridFTP-Clients

```
gridsphere@racl00 ~ $ gwhost
HID PRIO  OS              ARCH   MHZ %CPU  MEM(F/T)     DISK(F/T)     N(U/F/T) LRMS                 HOSTNAME
0   10    Linux2.6.24-gen x86_6 2385    0   41/3970 140178/225208    0/28/28 SGE                  racl00.inf-ra.uni-jena.d
1   1     Linux2.6.24-19- x86_6 1998  400 2391/3879 143395/155945      0/4/4 Fork                 mpc632.mata.uni-jena.de
2   1     Linux2.6.21.6   x86   2000    0     4/503   17538/31245    0/48/50 PBS                  grid.inf-ra.uni-jena.de
3   1     Linux2.6.18-53. x86_6 1000    0 7027/27649  91683/126114    0/4/16 SGE                   sunny.rz.uni-jena.de
4   1     Linux2.6.24-19- x86_6 1998  400 3070/3879 143444/155945      0/4/4 Fork                 mpc633.mata.uni-jena.de
```

Abb. 11.4 Die Ausgabe von gwhost. Neben den verfügbaren Hosts mit WS-GRAM-Instanzen und Systeminformationen zu ihnen werden die verfügbaren LRMs mit ihrer aktuellen Auslastung angezeigt

globus-url-copy und des WS-GRAM-Clients *globusrun-ws*. Mit dem Befehl *gwps* können jederzeit Informationen zum Ausführungsstatus abgesendeter Jobs abgerufen werden. Abbildung 11.5 soll den Zusammenhang zwischen GridWay und den Globus-Tools nochmals veranschaulichen.

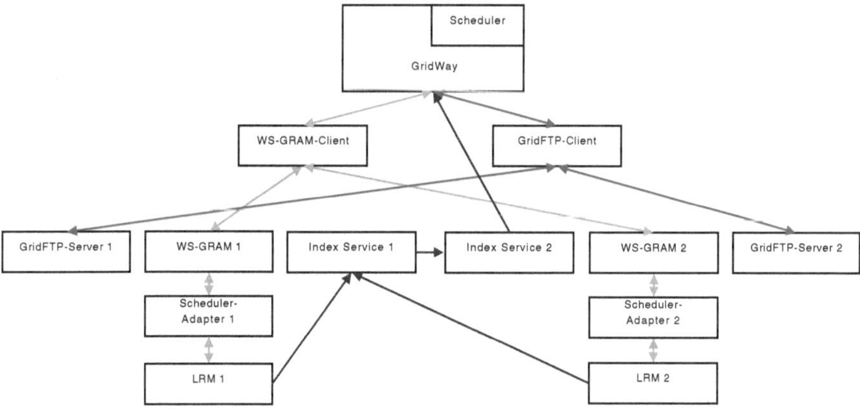

Abb. 11.5 Funktionsweise von GridWay. In der Abbildung kann GridWay Jobs an zwei LRMs, LRM 1 und LRM 2, senden

11.3 GridSphere und Grid Portlets

Der Zugriff auf verfügbare Grid-Ressourcen und -Services ist über die entsprechenden Clients des GT4 und ggf. über bereitgestellte Meta-Scheduler möglich. Das bietet zwar zum einen einen großen Funktionsumfang, ist aber für den Endnutzer nur bedingt geeignet. Dieser muss sich per SSH o.Ä. auf eine Grid-Ressource einloggen und sich um Dinge wie Staging oder Proxy-Credentials kümmern. Er muss auch über ein gewisses Mindestmaß an Kenntnissen bezüglich Gridtechnologie verfügen. Außerdem bevorzugt er häufig die Bedienung über eine grafische Benutzeroberfläche. Ein obligates Konzept zur Realisierung geeigneter Benutzeroberflächen stellt die Implementierung in Form von Portlets dar.

Für diese Aufgabe existieren praktische Werkzeuge wie GridSphere und die Grid Portlets. Das GridSphere Portal Framework ist ein Open Source Projekt, das die Entwicklung und den Einsatz von Portlets ermöglicht. Es bietet einen Portal Container, in den Portlets geladen werden können, um sie über das Internet verfügbar zu machen, und eine (lt. den Entwicklern) zu 100% JSR 168[3] kompatible Java-API zur Entwicklung von Portlets. Portlets sind eine Weiterentwicklung von Servlets. Sie stellen Anwendungen dar, die auf einem Portalserver ausgeführt werden und über eine einfach zu bedienende Benutzeroberfläche innerhalb eines Web Browsers zu steuern sind. Sie lassen sich beliebig zu einem Web-Portal kombinieren. Mit dem Portal Container von GridSphere wird automatisch ein Web-Portal mit diversen Kern-Portlets geladen, das sich mit weiteren Portlets beliebig erweitern lässt. Zu den Kern-Portlets zählen z.B. Portlets zum Login, Logout, Gruppen- und Nutzerverwaltung. Damit bietet das GridSphere Portal bereits allgemeine Funktionen für die Administration. Ein Administrator kann so neue GridSphere-User erstellen, sie zu Gruppen zusammenfassen und die Zugriffsrechte auf die einzelnen Portlets des Portals verwalten. Der Portlet Container von GridSphere ist kein Standalone Container. Er muss in einen Servlet Container geladen werden. Dafür bietet sich z.B. Apache Tomcat an. Mit den Grid Portlets lässt sich das „Grid" in GridSphere einbinden. Die Grid Portlets sind eine Reihe von Portlets für den Zugriff auf bereitgestellte Dienste eines Grids. Man kann darüber Proxy-Credentials von einem MyProxy-Server beziehen und sich somit beim Grid authentifizieren und autorisieren. Anschließend ist der Zugriff auf Services wie GridFTP oder WS-GRAM möglich. Welche Dienste und Ressourcen im Grid verfügbar sind, wird den Grid Portlets vom Administrator durch Einträge in eine Registry-Datei mitgeteilt. Die Grid Portlets sind aber weniger als fertige Anwendung zu verstehen, da die enthaltenen Portlets sehr allgemein gehalten sind und dem Nutzer viele Kenntnisse über die Struktur und Nutzung des Grids abverlangen. Vielmehr ist es ein Framework zur Entwicklung eigener gridbasierter Portlets.

Dafür stellt es zahlreiche wiederverwendbare Java-Interfaces und -Klassen zur Verfügung. Diese lassen sich zur Erstellung von individuellen Portlets für konkrete Grid-Anwendungen nutzen. So kann man beispielsweise ein Portlet entwickeln, das speziell für Matlab-Anwendungen im Grid geeignet ist. Im folgenden Abschnitt soll kurz dargelegt werden, wie sich Portlets mit Hilfe von GridSphere implementieren lassen.

11.3.1 Implementierung von Portlets

Bei der Implementierung eines Portlets müssen allgemein zwei Teile implementiert werden: die Benutzeroberfläche und die Logik dahinter. Die Oberfläche eines Portlets für GridSphere lässt sich als JSP (Java Server Page) implementieren. Dabei

[3] Die Java Portlet Specification JSR (Java Specification Request) 168 ist ein Standard für Portlets und wurde am 19. Januar 2002 eingereicht. Portlets nach diesem Standard sollen auf allen Portalservern ausführbar sein.

werden visuelle Komponenten in Form spezieller XML-Tags, sog. UI Tags, angegeben und beliebig miteinander kombiniert. Der GridSphere Container kann aus den UI Tags dann HTML-Elemente erzeugen, die von einem Web Browser angezeigt werden können. Die GridSphere UI Tag Library umfasst z.B. UI Tags für Listen, Textfelder, Buttons und Dateiupload-Dialoge. Die Logik lässt sich in einer von der Klasse `ActionPortlet` der GridSphere API abgeleiteten Klasse implementieren. Innerhalb der Klasse kann dann angegeben werden, welche JSPs vom Portlet angezeigt werden sollen. In Form von Java Visual Beans kann innerhalb der Klasse auf die einzelnen Elemente der JSPs zugegriffen werden. Damit die Elemente eindeutig identifiziert werden können, kann man für die einzelnen UI Tags einer JSP Bean IDs als Attribut angeben. Bestimmte Tags, wie z.B. Buttons, können auch über ein Attribut an Methoden der Klasse angebunden werden, die dann ausgeführt werden, wenn der Button mit der Maus betätigt wird. Das Konzept soll anhand eines kleinen Beispiels verdeutlicht werden. Angenommen man möchte ein Portlet erstellen, bei dem der Nutzer einen Text in ein Textfeld eingeben kann, der nach Betätigen eines Buttons verarbeitet wird (s. Abb. 11.6). Dann könnte die JSP dafür wie folgt aussehen:

```
<%@ taglib uri="/portletUI" prefix="ui" %>
<%@ taglib uri="http://java.sun.com/portlet" prefix="portlet" %>
<portlet:defineObjects/>

<ui:textfield beanId="myText"/>
<ui:actionsubmit action="doAction" value="klick mich"/>
```

Nach dem Kopf der JSP werden lediglich das Textfeld und der Button als UI Tag definiert. Das Textfeld erhält die Bean ID „myText“, unter der es im Action Portlet eindeutig identifiziert werden kann, und der Button wird mit der Methode `doAction` verknüpft. Die JSP kann z.B. unter dem Dateinamen `beispiel.jsp` in einem bestimmten Unterverzeichnis des Portlets gespeichert werden. Der Java-Code für die Logik könnte dann wie folgt aussehen:

```
import org.gridlab.gridsphere.provider.portlet.jsr.
       ActionPortlet;
import org.gridlab.gridsphere.provider.event.jsr.
       ActionFormEvent;
import org.gridlab.gridsphere.provider.portletui.beans.
       TextFieldBean;
import javax.portlet.PortletConfig;
import javax.portlet.PortletException;

public class BeispielPortlet extends ActionPortlet {

   public void init(PortletConfig config)
   throws PortletException{
      super.init(config);
      DEFAULT_VIEW_PAGE = "beispiel.jsp";
   }
```

```
    public void doAction (ActionFormEvent event){
        TextFieldBean myText = event.getTextFieldBean("myText");
        String text = myText.getValue();

        //hier kann irgendetwas mit text gemacht werden

        setNextState(event.getActionRequest(),DEFAULT_VIEW_PAGE);
    }
}
```

Die Methode `init` wird immer beim ersten Laden des Portlets ausgeführt. In ihr wird angegeben, dass die vorher erstellte JSP `beispiel.jsp` nach dem Start des Portlets angezeigt wird. Die Methode `doAction` wird ausgeführt, wenn der Button betätigt wird. In ihr wird das Textfeld über ein Objekt der Klasse `TextFieldBean` referenziert und auf dessen Inhalt über die Methode `getValue` zugegriffen. Durch den Aufruf der Methode `setNextState` wird angegeben, welche JSP als nächstes angezeigt wird. Hier wird weiter die `beispiel.jsp` nach Betätigen des Buttons angezeigt. Durch das Compilieren und Einbinden des Portlets in ein GridSphere Portal kann das Portlet nun über einen Web Browser verfügbar gemacht werden (s. Abb. 11.6). Dafür ist lediglich der Aufruf der Kommandos *ant install* und *ant deploy* des Build-Tools Apache Ant erforderlich.

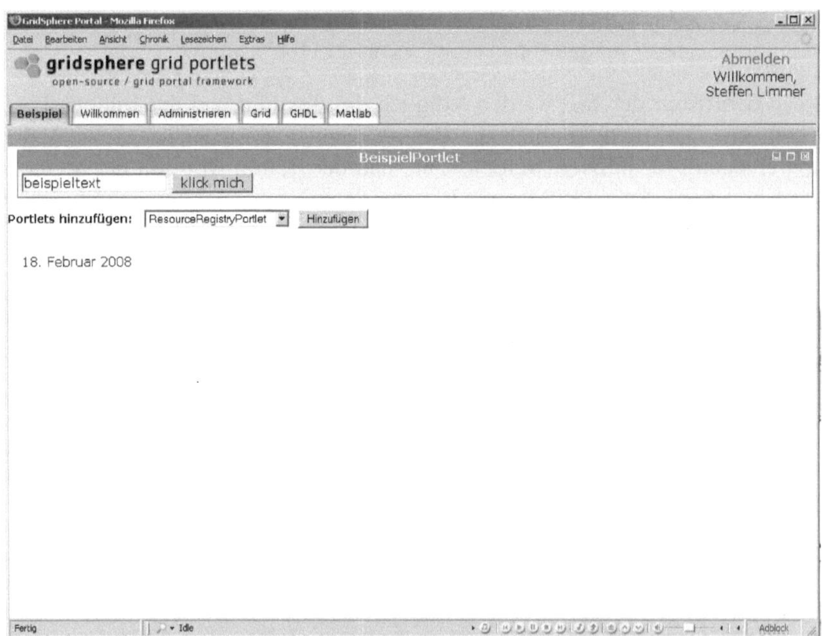

Abb. 11.6 Die Benutzeroberfläche des Beispiel-Portlets

11.3.2 Ein Portlet für die Simulation Zellulärer Automaten

In diesem Abschnitt soll beschrieben werden, wie ein mit Hilfe von Grid Portlets entwickeltes Portlet für eine Grid-Anwendung aussehen könnte. Das soll anhand eines Portlets für die Simulation Zellulärer Automaten (ZA) geschehen. Für die parallele Simulation Zellulärer Automaten eignet sich gut das Konzept der geometrischen Parallelisierung. Dazu wird der Bereich der Zellen in mehrere etwa gleichgroße Rechtecke zerlegt und diese auf die zur Verfügung stehenden Prozessoren aufgeteilt. Jeder Prozessor simuliert dann den Zellulären Automaten auf „seinem" Bereich. Allerdings ist es nötig, dass die Prozessoren regelmäßig Randinformationen austauschen. Die Prozesse sind also nicht komplett unabhängig voneinander und es muss Kommunikation zwischen ihnen stattfinden. Daher eignet sich MPI zur Realisierung der Parallelisierung. Das Portlet soll es dem Nutzer nun ermöglichen, mehrere Typen in MPI implementierter Zellulärer Automaten über Globus an ein Cluster zur Simulation zu übergeben. Daher benötigt das Portlet schon einmal eine JSP, auf der der Nutzer den zu simulierenden Typ aus einer Liste wählen kann (s. Abb. 11.7). Da das Portlet die Simulationen über Globus verschicken soll, benötigt es ein gültiges Proxy-Credential zur Authentifizierung. Grid Portlets bietet Klassen und Methoden mittels derer Proxy-Credentials von einem MyProxy-Server bezogen werden können. Diese können somit automatisch vom Portlet geliefert werden, wenn ein Nutzer zum ersten Mal auf die Startseite mit der Auswahl der ZA geht. Voraussetzung ist, dass vorher geeignete Proxy-Credentials auf den Server geladen wurden.

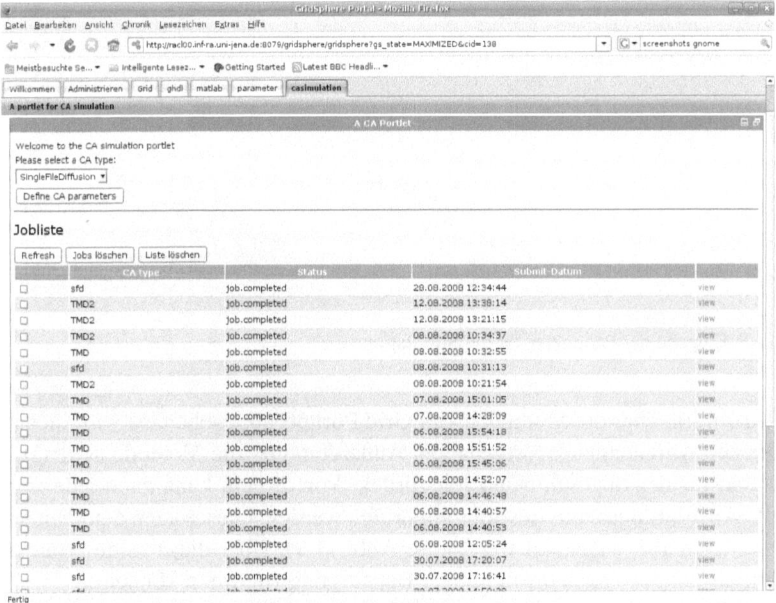

Abb. 11.7 Startseite mit Auswahl des ZA und Liste bereits abgeschickter Jobs

Nachdem der Nutzer einen ZA aus der Liste gewählt hat, soll er auf eine weitere JSP gelangen, auf der er die Parameter für die Simulation, wie z.B. die Größe des Automaten, die Anzahl der Prozessoren zur Berechnung oder die Partikelkonzentration, angeben kann (s. Abb. 11.8). Die JSP enthält dazu einfach Textfelder, die mit Bean IDs versehen sind, damit das Portlet die Werte zur späteren Weiterverarbeitung aus den Feldern herauslesen kann. Dies geschieht, wenn der Nutzer einen Button auf der Seite betätigt. Das Portlet kennt somit den zu simulierenden ZA und damit die ausführbare Binärdatei, die gestartet werden muss, und weiß, welche Parameter beim Start zu übergeben sind. Jetzt kann es eine geeignete Globus-Jobspezifikation über das Interface `JobSpec` anlegen und den Job mittels der Methode `submitJob` der Klasse `jobSubmissionService` an Globus abgeben. Dabei können alle Jobs entweder immer an dasselbe Cluster abgegeben werden. Oder sie werden an GridWay gesandt, welches die Jobs dann auf mehrere Cluster verteilen kann. Das hängt ganz davon ab, wie das Grid aufgebaut ist.

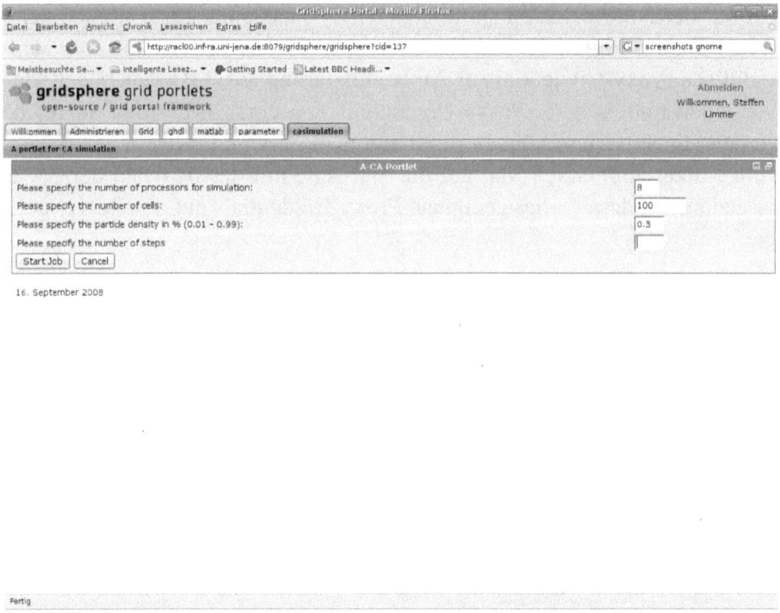

Abb. 11.8 Eingabe der Parameter für die Simulation

Wird ein Job über die Methoden von Grid Portlets abgegeben, so wird dies in einer internen Aufzeichnung festgehalten. Außerdem gibt die Methode `submitJob` ein Objekt für den abgeschickten Job zurück. Von diesem kann dann jederzeit der aktuelle Ausführungsstatus des Jobs abgerufen werden. Dieser kann dem Nutzer auf einer weiteren JSP angezeigt werden (s. Abb. 11.9). Über diese sollte er auch auf die Outputs der Jobs nach erfolgreicher Beendigung zugreifen können.

Die Outputs können dabei entweder in textueller Form in einem Textfeld angezeigt werden, falls die Simulation Konsolenoutputs produziert, oder in Form einer

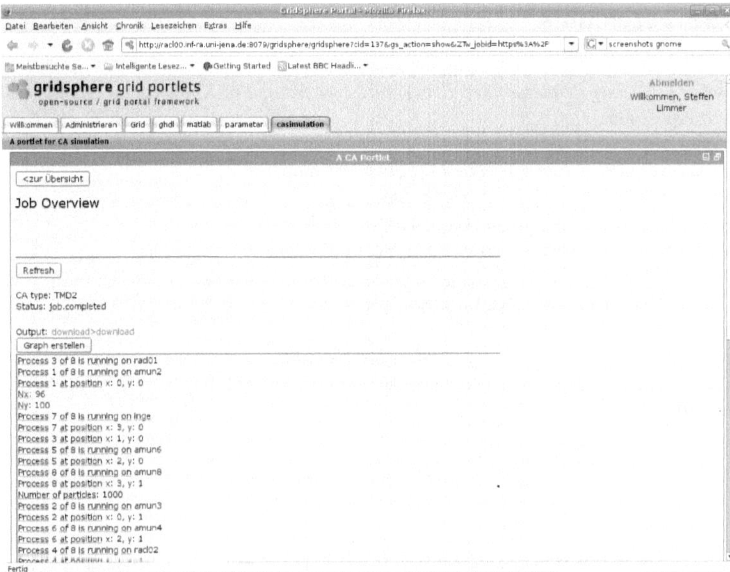

Abb. 11.9 Übersicht zum Job und seinem aktuellen Ausführungsstatus

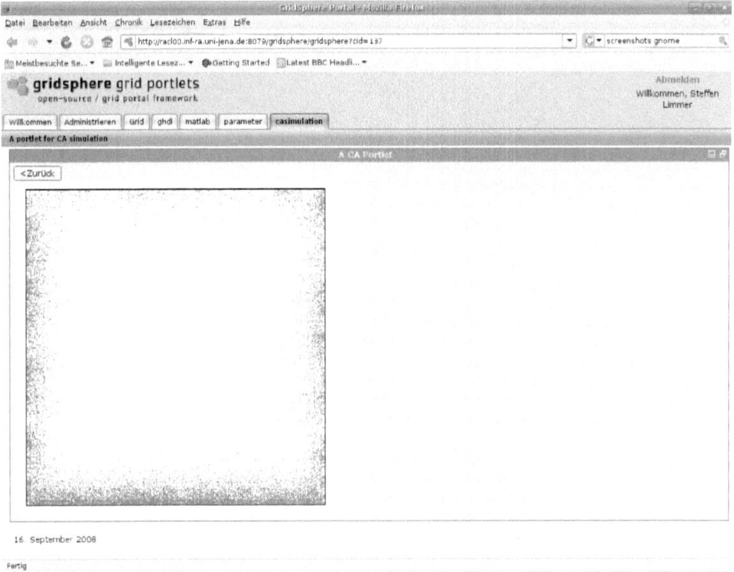

Abb. 11.10 Grafische Ausgabe des Outputs einer Simulation

Grafik, die entweder vom Portlet oder dem MPI-Programm selbst erzeugt wird (s. Abb. 11.10). Das hängt ganz von der Implementierung der ZA ab und welche Ergebnisse von ihnen zurückgeliefert werden sollen.

Literaturverzeichnis

1. Ian Foster. *A Globus Primer - - Or, Everything You Wanted to Know about Globus, but Were Afraid To Ask*, 2005.
   online unter http://www.globus.org/toolkit/docs/4.0/key/.
2. The Globus Alliance. *Globus Toolkit 4.0 Release Manuals*.
   online unter http://www.globus.org/toolkit/docs/4.0/.
3. GridWay Team. *Guides & Howtos GridWay 5.4*, 2008.
   online unter http://www.gridway.org/doku.php?id=documentation:howto.
4. Gridsphere Portal Framework. *GridSphere Administrator's Guide*.
   online unter http://www.gridsphere.org/gridsphere/docs-GS-2.2.X/AdminGuide/AdminGuide.html.
5. Gridsphere Portal Framework. *Grid Portlets User's Guide*.
   online unter http://www.gridsphere.org/gridsphere/docs-GS-2.2.X/gridportlets/docbook/UserGuide/UserGuide.html.

Kapitel 12
Sicherheit im Grid

Dietmar Fey

Zusammenfassung Eine der wichtigsten Aspekte im Zusammenhang mit der Nutzung von Rechen-Grids ist die Gewährleistung von Sicherheit [1]. Diese Frage ist in einem Grid von besonderer Bedeutung, da ein Grid ein u.U. weit verteiltes System darstellt, in dem Daten verschiedene Netzwerke und Rechensysteme mehrerer administrativer Einheiten durchlaufen und dabei der Gefahr einer Verletzung der Vertraulichkeit ausgesetzt sind. In diesem Kapitel werden sowohl grundlegende Problematiken bei der Sicherheit als auch Techniken zur Lösung dieser Probleme beschrieben, um damit eine robuste und sichere Grid Computing Umgebung herzustellen.

12.1 Einführung

Neben der Vertraulichkeit ist auch die Integrität der Daten von zentraler Bedeutung. Diese ist verletzt wenn die im Grid übertragenen Daten zwar zum Empfängerort zugestellt werden, dort jedoch aufgrund mutwilliger Veränderung oder technischer Fehler verfälscht ankommen. Weiterhin sind Mechanismen von Nöten, mit deren Hilfe sog. Entitäten wie z.B. Benutzer, Hosts und Dienste im Grid eindeutig identifiziert werden können und festgestellt werden kann, welche Rechte sie besitzen. Im Einzelnen werden in diesem Kapitel folgende Themen behandelt:

- Grundlegende Fragestellungen zur Sicherheit im Grid
- Überblick zum Thema Sicherheitsinfrastrukturen mit öffentlichen Schlüsseln
- Das Framework-Konzept in der Middleware Globus zur Herstellung von Sicherheit (siehe auch Abschnitt 11.1)
- Potentielle Sicherheitsrisiken im Grid

Friedrich-Alexander-Universität Erlangen-Nürnberg
Lehrstuhl für Rechnerarchitektur
E-mail: dietmar.fey@informatik.uni-erlangen.de

D. Fey (ed.), *Grid-Computing*, eXamen.press, DOI 10.1007/978-3-540-79747-0_12,

Die wichtigsten Aufgaben, die in einem Grid hinsichtlich der Herstellung von Sicherheit zu leisten sind, betreffen die Fragen der Authentifizierung, der Autorisierung und der gegenseitigen Vertraulichkeit bei der Kommunikation zwischen Komponenten im Grid. Maßnahmen zur Herstellung von Sicherheit in Grids bauen selbstverständlich auf bekannten Sicherheitsstandards auf. Daher werden im Folgenden zunächst bekannte Standards zur Verschlüsselung von Daten auf der Basis von öffentlichen und privaten Schlüsseln vorgestellt. Anschließend wird erklärt, wie diese im Grid zum Einsatz kommen.

12.1.1 Grundlagen zur Sicherheit

Drei grundlegende Dienste müssen in einem Grid zur Herstellung von Sicherheit geleistet werden: *Authentifizierung*, *Autorisierung* und *Verschlüsselung*. Die Authentifizierung dient zur Feststellung, wer man im Grid ist. Dies ist notwendig, um zu überprüfen, ob überhaupt Zugriffe auf Grid-Ressourcen zulässig sind. Dies kann dabei sowohl eine Person, also einen konkreten Grid-Nutzer, als auch eine Grid-Ressource, wie z.B. einen bestimmten Server-Rechner, betreffen. Nach erfolgter Authentifizierung kann der nächste Schritt erfolgen, die Autorisierung. Dabei wird entschieden, welchen Zugriff auf Grid-Ressourcen ein identifizierter Nutzer bzw. eine Grid-Ressource besitzt, d.h., was man darf. Damit Daten, die auf dem Weg zwischen autorisierten Einheiten übertragen werden, ebenfalls geschützt sind, gibt es den Dienst der Verschlüsselung (engl.: *encryption*). Er sorgt für die Datenintegrität und soll die Vertraulichkeit der Daten gewährleisten. Dies geschieht durch die Verwendung von Schlüsseln. Deren sichere Erzeugung, Aufbewahrung, Verteilung und Überprüfung auf Echtheit fasst man unter dem Begriff des *Schlüsselmanagements* zusammen.
Um die Details bei der Behandlung der Sicherheit in Grids verstehen zu können, sind vorab einige grundlegende Techniken und bestimmte Begriffe zu klären.

- **Symmetrische Verschlüsselung**: Hier verwendet man einen einzelnen Schlüssel, der sowohl für Verschlüsselung als auch Entschlüsselung der Daten benutzt wird.
- **Asymmetrische Verschlüsselung (Public Key Cryptography)**: Hier verwendet man ein Schlüsselpaar für Verschlüsselung und Entschlüsselung. Das bekannteste Beispiel für diese Art der Verschlüsselung ist die Verwendung eines sog. öffentlichen und privaten Schlüssels.
- **SSL (secure socket layer) Übertragung**: Ein Protokoll, das sich der Verwendung von asymmetrischer (und symmetrischer) Schlüsseltechniken bedient, um eine sichere Übertragung in einem Netzwerk herzustellen.
- **Öffentliche Schlüsselverwaltung**: Bezeichnet die gesamten Maßnahmen, Komponenten und Protokolle, die notwendig sind, um mit öffentlichen Schlüsseln umzugehen.

- **gegenseitige Authentifizierung (Mutual Authentification)**: Beide Kommunikationspartner authentifizieren sich beim jeweils anderen.

12.1.2 Symmetrische Verschlüsselungstechnik

Bei dieser Technik verwenden zwei Parteien, die miteinander kommunizieren wollen, einen geheimen Schlüssel. Dies erfordert die vorherige sichere Verteilung des Schlüssels und dessen sichere Aufbewahrung. Ein Dritter, der in den Besitz des Schlüssels gelangt, ist in der Lage, verschlüsselte Daten zu entschlüsseln und damit einzusehen. Bekannte Verfahren, die symmetrische Verschlüsselungstechniken nutzen, sind der Mitte der 1970er Jahre entwickelte Data Encryption Standard (DES) [2, 3, 4], der einen 56 Bit langen Schlüssel verwendet zuzüglich weiteren acht Paritätsbits. Die symmetrische Verschlüsselung hat gegenüber der asymmetrischen Verschlüsselung den Vorteil, dass sie schneller abgewickelt werden kann.

12.1.3 Asymmetrische Verschlüsselungstechnik

Bei dieser Technik wird zur sicheren Übertragung von beiden Parteien, dem Sender und dem Empfänger, jeweils ein Paar von Schlüsseln verwendet. Dieses besteht aus einem geheimen privaten Schlüssel und einem bekannten öffentlichen Schlüssel. Der öffentliche Schlüssel wird in einer Grid Middleware, wie z.B. Globus, über *Zertifikate* (siehe Abschnitt 12.3) mitgeteilt. Ein Zertifikat zusammen mit dem passenden privaten Schlüssel wird als *Credential* (Berechtigungsnachweis) bezeichnet. Jeder Host und jeder Nutzer eines Globus-Grids muss über solch ein Credential verfügen. Öffentlicher und geheimer Schlüssel sind derart miteinander korreliert, dass man eine Nachricht, die mit einem der beiden Schlüssel kodiert wurde, nur mit dem anderen Schlüssel wieder dekodieren kann. Eine Partei kann somit eine Information mit dem bekannten öffentlichen Schlüssel der anderen Partei kodieren. Nur mit dem geheimen Schlüssel der anderen Partei lässt sich diese Information dekodieren. Das Verfahren hat den Vorteil, dass vor einer sicheren Kommunikation kein gemeinsamer Schlüssel ausgetauscht bzw. vereinbart werden muss. Der zur Entschlüsselung notwendige private Schlüssel verbleibt immer bei der jeweiligen Partei und wird passwortgeschützt kodiert. Falls das Zertifikat mit dem privaten Schlüssel gestohlen wird, ist dadurch ohne Kenntnis des Passwortes noch kein Zugriff zum Grid möglich.
Eine Datenübertragung wird dann zweifach gesichert. Der Sender verschlüsselt Daten, die er verschicken will, zunächst mit seinem eigenen privaten Schlüssel und das Ergebnis anschließend mit dem öffentlichen Schlüssel des Empfängers. Der Empfänger entschlüsselt zunächst mit seinem privaten Schlüssel und erhält damit die mit dem privaten Schlüssel des Senders kodierten Daten, die er mit dessen

öffentlichem Schlüssel wieder lesbar macht. Dieses Verfahren der doppelten Verschlüsselung hat den Vorteil, dass eine Verfälschung (engl.: *tampering*) der Daten auf der Übertragungsstrecke bemerkt wird, da in diesem Falle z.B. eine abschließende Fehlerüberprüfung, z.B. CRC (Cyclic Redundancy Check), auf den am Ende freigelegten Daten fehlschlägt.
Das Erzeugen des asymmetrischen Schlüsselpaares geschieht über die Berechnung zweier sehr großer Primzahlen. Trotz der Preisgabe des öffentlichen Schlüssels ist es mit praktikablem Zeitaufwand nahezu unmöglich, den zugehörigen anderen Schlüssel systematisch zu ermitteln, da die dafür benötigte Faktorisierung von Zahlen mit Hunderten von Ziffern sehr rechenintensiv ist. Die asymmetrische Verschlüsselung liefert ein sehr sicheres Verfahren der Datenübertragung um den Preis eines hohen Rechenaufwands bei der Verschlüsselung und Entschlüsselung.

Exkurs: RSA-Verfahren

Die folgenden Ausführungen verdeutlichen den mathematischen Zusammenhang zwischen dem aus öffentlichem und privatem Schlüssel bestehenden Schlüsselpaar und dem in Grids häufig eingesetzten RSA-Verfahren. Dieses Verfahren wurde 1978 von Ronald Rivest, Adi Shamir und Leonard Adleman [7] entwickelt. Die drei Anfangsbuchstaben des Nachnamens der Entwickler verhalfen dem Algorithmus zu seinen Namen. Der Algorithmus ist weit verbreitet. Er wird häufig für die sichere Kommunikation im Internet eingesetzt und gilt als äußerst leistungsstark, was seine Robustheit gegenüber Versuchen betrifft, die durchgeführte Kodierung aufzubrechen. Dies liegt daran, dass der RSA-Algorithmus die schwer zu lösende Aufgabe ausnutzt, große Zahlen in ihre Primfaktoren zu zerlegen. Im Folgenden zeigen wir ein konkretes Beispiel für eine Kodierung mit dem RSA-Verfahren, dem die folgenden vier Schritte zugrunde liegen:

1. Basis sind zwei Primzahlen p und q, die jeweils einen Wert größer 1024 aufweisen.
2. Man benötigt das Produkt der beiden Primzahlen $n = p \cdot q$ und das Produkt der beiden jeweils um 1 niedrigeren Primzahlen $z = (p-1) \cdot (q-1)$.
3. Als nächstes bestimmt man einen Wert d, der kleiner ist als z und z nicht ganzzahlig teilt.
4. Abschließend benötigt man noch eine Zahl e, für die $(e \cdot d)\ mod\ z = 1$ gilt.

Die beiden Schlüssel, öffentlicher und privater, bestehen jeweils aus den Schlüsselpaaren (n,e) und (n,d). Sei (n,e) der öffentliche Schlüssel, ergibt sich die Verschlüsselung eines Wertes P, welche die Chiffrierung C ergibt, nach folgender Formel:

$$P = C^d\ mod\ n$$

Die Entschlüsselung errechnet sich wie folgt:

$$C = P^e \; mod \; n$$

Folgendes Beispiel demonstriert die Effektivität des Verfahrens anhand kleiner Zahlenwerte. Für die beiden Prizmahlen werden $p = 5$ und $q = 3$ gewählt. Somit ergibt sich für $n = 5 \cdot 3 = 15$ und für $z = (5-1) \cdot (3-1) = 8$. Weiterhin gilt $d = 3$ und $e = 11$, was die oben unter den Punkten 3 und 4 aufgeführten Bedingungen erfüllt. Damit ergeben sich folgende in Tabelle 12.1 aufgeführten Werte für die Verschlüsselung eines Klartextes $P = 12$ und die Entschlüsselung des Chiffretextes C.

Tabelle 12.1 Beispiel für eine RSA-Codierung

Klartext	Chiffretext	Entschlüsselung
$P = 12$	$C = 12^3 \; mod \; 15 = 3$	$3^{11} \; mod \; 15 = 12$

12.2 Die Zertifizierungsstelle

Hauptaufgabe der *Zertifizierungsstelle* (engl.: *Certificate Authority*) ist das Erzeugen und Ausstellen von Zertifikaten für Nutzer im Grid. Zertifikate zusammen mit einem entsprechenden privaten Schlüssel (bezeichnet als Credential) sind für die in einem Grid auftretenden Einheiten notwendig, um im Grid agieren zu können, d.h. konkret die Erlaubnis zu erhalten, auf im Grid zur Verfügung stehende Ressourcen zuzugreifen. Damit die Zertifizierungsstelle diese Hauptaufgabe erfüllen kann, muss sie eine Reihe weiterer Aufgaben leisten:

- Identifizierung von Einheiten im Grid, z.B. Nutzer oder auch Maschinen, die Zertifikate für die Grid-Nutzung anfordern,
- Ausstellen, Archivieren und Entfernen von Zertifikaten,
- Schutz des Serverrechners der Zertifizierungsstelle,
- Schaffen eines einheitlichen Namensraums für die Zertifikatsbesitzer,
- Protokollierung von Abläufen.

Einige dieser Aufgaben können von einer vorhandenen Infrastruktur erledigt werden, die asymmetrische Verschlüsselung bietet (PKI - Public Key Infrastructure)

[8]. Solche Umgebungen beinhalten häufig sog. *Registrierungsstellen* (engl.: *Registry Authority*), die einige dieser Aufgaben für eine Zertifizierungsstelle übernehmen. Solche Stellen entscheiden bevor ein Zertifikat von der Zertifizierungsstelle für einen Nutzer ausgestellt wird, ob dieser überhaupt die Berechtigung dafür hat. Somit hat die Registrierungsstelle die Aufgabe, Anfragen nach Zertifikaten für öffentliche Schlüssel abzuweisen bzw. die überprüfte Nutzerinformation an die Zertifizierungsstelle weiterzureichen. Bei großen Grid-Verbünden übernehmen große Einrichtungen die Aufgabe der Zertifizierungsstelle. Im Falle von D-Grid ist dies u.a. der DFN-Verein. Für ein Campus-Grid kann dies z.B. das Rechenzentrum der Universität übernehmen. In der Middleware des Globus-Toolkits ist für Testzwecke beim Aufbau des Grids eine einfache Zertifizierungsstelle enthalten, die sog. SimpleCA, welche auch eine Registrierungsstelle enthält. Für große Grid-Verbünde, in denen eine Vielzahl von Zertifikaten benötigt wird, ist dies aus Gründen der besseren Handhabbarkeit jedoch nicht mehr sinnvoll. In diesem Falle sind Zertifizierungsstelle und Registrierungsstelle getrennte Komponenten, wobei die Registrierungsstelle der Zertifizierungsstelle zuarbeitet.

Damit eine Zertifizierungsstelle überhaupt vertrauenswürdige Zertifikate ausstellen kann, muss sie zunächst selbst dafür sorgen, dass ihre Identität über ein eigenes Credential gewährleistet ist. Dazu muss sie die folgenden vier Schritte ausführen.

- Erzeugen eines zufälligen asymmetrischen Schlüsselpaares.
- Schutz des eigenen privaten Schlüssels.
- Erzeugen eines eigenen Zertifikates.
- Unterzeichnen des Zertifikates mit dem eigenen privaten Schlüssel.

Falls eine Grid-Ressource mit einer anderen Grid-Ressource sicher kommunizieren möchte, benötigt sie dazu ein von einer Zertifizierungsstelle ausgestelltes bzw. unterschriebenes Zertifikat. Dazu meldet sich die Grid-Ressource bei der Zertifizierungsstelle mit einem nicht unterschriebenen digitalen Zertifikat (im eigentlichen Sinne ist es ohne die Unterschrift noch kein Zertifikat) an, das Informationen über die Identität der Grid-Ressource enthält. Hat die Grid-Ressource die Berechtigung für den gewünschten Zugriff, wird die Zertifizierungsstelle mit ihrem privaten Schlüssel das Zertifikat unterzeichnen und zurückschicken. Der private Schlüssel der Zertifizierungsstelle wird benutzt, um alle ausgestellten Zertifikate digital zu signieren. Damit ist dieser Schlüssel offensichtlich eines der wichtigsten Elemente in der PKI einer Zertifizierungsstelle. Der Serverrechner der Zertifizierungsstelle muss folglich besonders gesichert werden. Sowohl ein direkter als auch entfernter Zugriff, Überwachungs- und Prüfungsfunktionen auf diesen Server dürfen nur sehr eingeschränkt durchgeführt werden. Üblicherweise stellt eine Zertifizierungsstelle Zertifikate für eine Gruppe von festen und bekannten Nutzern aus.

Wollen jedoch zwei Nutzer, die verschiedenen virtuellen Organisationen angehören und denen von zwei verschiedenen Zertifizierungsstellen Zertifikate ausgestellt wurden, miteinander in Kontakt treten, muss ein Weg gefunden werden, damit die beiden Nutzer gegenseitig ihre Zertifikate mit ihren öffentlichen Schlüsseln bekommen. In diesem Falle müssen entsprechende Rollen und Beziehungen zwischen den Zertifizierungsstellen gefunden werden, so dass sich Nutzer bzw. Rechner verschiedener virtueller Organisationen wechselseitig vertrauen. Eine Lösung für Kreuzzertifizierung zwischen verschiedenen Zertifizierungsstellen besteht darin, dass eine über beiden Zertifizierungsstellen übergeordnet agierende PKI -Infrastruktur geschaffen wird.

12.3 Digitale Zertifikate

Ein digitales Zertifikat ist ein digitales Dokument, das Nutzer und Ressourcen in einem Grid mit ihrem öffentlichen Schlüssel verbindet. Rein technisch betrachtet ist ein digitales Zertifikat (im Folgenden kurz als Zertifikat bezeichnet) eine Datenstruktur, die den öffentlichen Schlüssel und eine Reihe weiterer Informationen über den Besitzer des öffentlichen Schlüssels enthält. Zweck eines Zertifikates ist es, nachdem es von einer Zertifizierungsstelle ausgestellt, d.h. elektronisch unterschrieben wurde, eine elektronische Identität im Grid zu liefern, die trotz eines öffentlich bekannten Schlüssels gegen Manipulationen gesichert ist.

Im Folgenden werden Aufbau und Funktionsweise von digitalen Zertifikaten genauer erläutert. Der Aufbau von digitalen Zertifikaten folgt dem von der internationalen Fernmeldeunion (engl.: *ITU - International Telecommunication Unit*) festgelegten X.509 Standard [5]. Die Aufgabe von digitalen Zertifikaten ist vergleichbar mit der eines Ausweises einer Person im realen Leben. Ein digitales Zertifikat weist im Grid nicht eine Person, sondern eine Grid-Ressource aus. Im Gegensatz zu einem Ausweis kann ein digitales Zertifikat in einem Grid ohne Einschränkung kopiert und weitergegeben werden. Dies ist möglich, da Zertifikate keine vertraulichen Informationen enthalten. Ihre Aufgabe ist es, die gesicherte Weitergabe des öffentlichen Schlüssels, der mit dem Zertifikatsbesitzer verbunden ist, zu gewährleisten. Dieser Schlüssel ist nicht vertraulich. Vielmehr muss dessen Integrität bei der Weitergabe sichergestellt sein. Die Sicherstellung der Integrität erfolgt mit Hilfe einer sog. *Signatur*. Diese verändert sich, wenn Abschnitte des Zertifikates von einem Dritten manipuliert werden bzw. es ist schwer, solche Manipulationen vorzunehmen, ohne dass dies anhand der Signatur festgestellt wird.

Wenn ein Grid-Nutzer eine gesicherte Verbindung mit einem anderen Grid-Teilnehmer aufnehmen möchte, so hängt er nicht seinen öffentlichen Schlüssel an die zu übertragende Nachricht an, sondern sein Zertifikat. Die digitale Signatur entstand durch die Unterschrift der ausstellenden Einrichtung, also der Zertifizierungsstelle. Das digitale Unterzeichnen läuft folgendermaßen ab: Die Zertifizierungsstelle berechnet aus den Informationen des Zertifikats einen mathematischen Hash-Wert nach einem Algorithmus, der allen Grid-Ressourcen bekannt ist (z.B. MD5

[6]). Anschließend kodiert sie den Hash mit ihrem privaten Schlüssel und hängt ihn an das Zertifikat an. Erhält eine Grid-Ressource nun solch ein unterzeichnetes Zertifikat, mit dem sich eine andere Grid-Ressource authentifizieren möchte, dekodiert sie die Signatur mit Hilfe des öffentlichen Schlüssels der Zertifizierungsstelle und berechnet selbst einen Hash aus den Nutzerinformationen des Zertifikats. Stimmen der selbst berechnete Hash und der aus der Signatur überein, so ist sichergestellt, dass das Zertifikat wirklich von der Zertifizierungsstelle (mit ihrem privaten Schlüssel) unterzeichnet wurde und das Zertifikat seit dem Zeitpunkt der Unterschrift nicht (evtl. mutwillig) verändert wurde. Damit ist sichergestellt, dass der öffentliche Schlüssel im Zertifikat wirklich zu der dort angegebenen Identität gehört und das Zertifikat somit zur weiteren Authentifizierung genutzt werden kann.

Abbildung 12.1 zeigt den Aufbau eines digitalen Zertifikates nach X.509. Die Namen des Ausstellers und des Inhabers werden nach dem X.500 Standard dargestellt (C=XY, ST=Austria, L=Graz, O=TrustMe Ltd, OU=Certificate Authority, CN=CA/Email=ca@trustme.dom), in dem Land, Staat, Ort, Organisation, Unterorganisation und Adresse angegeben werden können. In der Version 2 (X.509v2) sind zusätzlich eindeutige Identifikationsnamen für den Aussteller und den Inhaber des Zertifikates optional möglich. Die aktuelle Version 3 (X.509v3) sieht zusätzlich Felder für beliebige Erweiterungen vor. Dazu verfügt das Erweiterungsfeld über eine feste Struktur bestehend aus einer Kennung der Erweiterung, einem kritisch/unkritischen Flag und den Wert des Erweiterungsfeldes. Das Flag gibt an, ob die Erweiterung von der Implementierung beachtet werden muss oder ob diese ignoriert werden kann. Für Testzwecke kann es nützlich sein, bestimmte Erweiterungen zu Beginn auf unkritisch zu setzen. Ferner wird noch angegeben, welche Algorithmen für die Erstellung der Signatur (z.B. md5WithRSAEncryption) bzw. für den Verschlüsselungsalgorithmus mit öffentlichen und privaten Schlüsseln (z.B. RSA) eingesetzt wurden. Genaue Informationen über den Aufbau von Zertifikaten nach X.509 sind unter http://www.itu.int/rec/T-REC-X.509-200508-I einzusehen.

Damit ein Grid-Nutzer bzw. ein Grid-Server ein Zertifikat von einer Zertifizierungsstelle erhält, sind folgende Schritte zu leisten:

1. Zunächst muss vom Antragsteller ein Schlüsselpaar, bestehend aus öffentlichem und privatem Schlüssel erstellt werden. Der private Schlüssel wird sicher verwahrt, der öffentliche Schlüssel in die Zertifikatsanforderung eingebaut.
2. Der Antragsteller unterzeichnet mit Hilfe seines privaten Schlüssels seinen öffentlichen Schlüssel und weitere von der Zertifizierungsstelle gewünschte Informationen und sendet das Ergebnis an die Zertifizierungsstelle. Mit dem digitalen Unterschreiben dieser Information zeigt der Antragsteller an, dass er zu dem übermittelten öffentlichen Schlüssel auch wirklich den passenden geheimen Schlüssel besitzt.
3. Entweder die Zertifizierungsstelle oder eine Registrierungsstelle überprüft die Identität des Antragstellers, z.B. per E-mail, Telefonat oder direkter Kommunikation von Angesicht zu Angesicht.

Abb. 12.1 Aufbau eines digitalen Zertifikates nach X.509

4. Im Falle einer erfolgreichen Überprüfung erzeugt die Zertifizierungsstelle ein Zertifikat durch Unterschrift mit ihrem geheimen Schlüssel und reicht das Zertifikat entweder direkt oder über eine Registrierungsstelle an den Antragsteller weiter.

In einer Grid-Umgebung werden verschiedene Zertifikatstypen verwendet. Es gibt Zertifikate für Benutzer und für Hosts im Grid. Ein Benutzer-Zertifikat legt den Benutzernamen eines Benutzers im Grid fest. So hat z.B. ein Zertifikat für einen Nutzer namens Dietmar Fey folgenden ausgezeichneten Namen.

„/O=Grid/O=GridTest/OU=test.domain.com/CN=Dietmar Fey“

Im Falle der Zertifizierung eines Hosts, der im Grid Dienste verrichten soll, ist es notwendig, ein Host-Zertifikat zu erhalten, das den vollständigen Namen innerhalb einer Domäne des Hosts enthält. Für einen Rechner namens grid.inf-ra.uni-jena.de sieht der entsprechende Eintrag im Zertifikat wie folgt aus:

„/CN=Service/grid.inf-ra.uni-jena.de“

12.4 Infrastruktur für Grid-Sicherheit

Im Folgenden wird detaillierter dargelegt, wie die in der Grid Middleware Globus in der sog. GSI (Grid Security Infrastructure) zusammengefassten für die Sicherheit sorgenden Komponenten aufgebaut sind und zusammenarbeiten. Abildung 12.2 verdeutlicht, wie man nun mit Hilfe eines Credentials und der Funktionalität der GSI in einem Globus-Grid mit Grid-Ressourcen kommunizieren kann und dabei sicher geht, dass die Daten von der Ressource stammen und dass diese einem vertraut. Im Folgenden wird von einem Szenario ausgegangen, in dem ein auf Host A eingeloggter Benutzer mit gültigem Credential die im Grid zur Verfügung stehende Ressource B nutzen möchte. Bis auf den letzten Schritt, der der Autorisierung dient, sind alle Schritte davor für die Authentifizierung gedacht:

1. Ein Benutzer oder eine Applikation sendet ihr Zertifikat an den Host B.
2. Über den öffentlichen Schlüssel der Zertifizierungsbehörde prüft Host B die Signatur des Zertifikats.
3. Um sicher zu gehen, dass A den passenden privaten Schlüssel zum öffentlichen Schlüssel im Zertifikat besitzt und somit die im Zertifikat angegebene Identität, erzeugt B einen Zufallswert, kodiert diesen mit dem öffentlichen Schlüssel von A und sendet diesen an A.
4. A dekodiert diesen über eine Passworteingabe mit seinem privaten Schlüssel und schickt das Ergebnis wieder an B.
5. B vergleicht den empfangenen Wert mit seinem per Zufall erzeugten Wert. Stimmen beide überein, besitzt A tatsächlich den passenden privaten Schlüssel, der zu dem erhaltenen öffentlichen Schlüssel passt, und ist somit aus Sicht von B authentifiziert.
6. Im letzten Schritt wird geprüft, ob der im Zertifikat angegebene Benutzer Zugriffsrechte auf Host B hat. Ist dies der Fall, so wird er auf einen lokalen (Unix-) Nutzernamen abgebildet, über den er Aktionen auf Host B ausführen kann.

Analog, nur in umgekehrter Richtung, authentifiziert sich aber auch der Host B mittels seines Host-Zertifikats und privaten Schlüssels bei Host A bzw. dem Benutzer. Es muss schließlich sichergestellt sein, dass man es wirklich mit Host B zu tun hat. Es findet also gegenseitige Authentifizierung statt. In einem Grid besteht das Problem, dass ein Nutzer, wenn er mehrere Ressourcen im Grid nutzen möchte (was üblicherweise der Fall ist), sich bei all diesen Ressourcen authentifizieren und dabei das Passwort für seinen privaten Schlüssel angeben müsste. Da dies aus Nutzersicht relativ umständlich wäre, gibt es das Konzept der *Proxy-Credentials* (im Folgenden auch kurz als Proxies bezeichnet). Dies sind wiederum Credentials, bestehend aus einem privaten Schlüssel und einem Zertifikat, die von einem Nutzer ausgestellt werden können und stellvertretend für seine Nutzer-Credentials für die Authentifizierung genutzt werden können. Dafür wird das Proxy-Zertifikat mit dem privaten Schlüssel des Nutzers und nicht von einer Zertifizierungsbehörde signiert. Solche Proxies haben nur eine relativ begrenzte Gültigkeitsdauer. Deshalb muss der private Schlüssel nicht so geheim gehalten werden wie der eines Nutzer-Credentials. Die Zugriffskontrollen des lokalen Dateisystems reichen dafür aus und

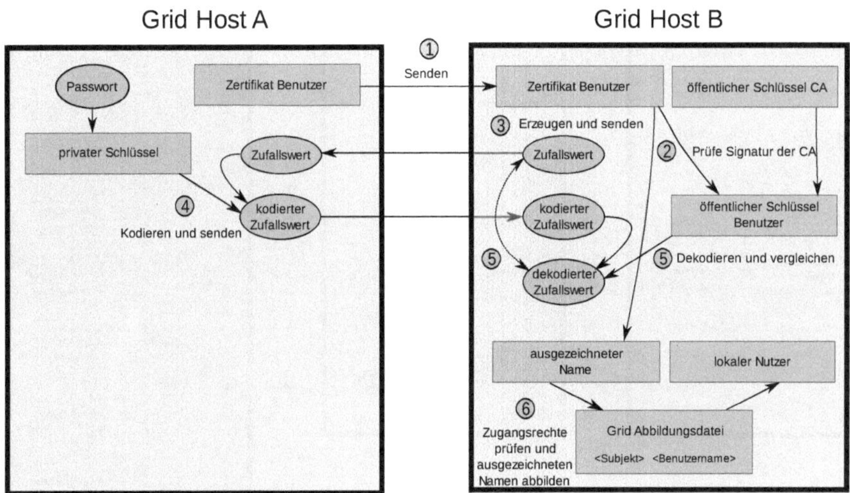

Abb. 12.2 Authentifizierungsprozess

eine passwortgeschützte Kodierung kann entfallen. Der Nutzer muss somit nur einmal sein Passwort bei der Erstellung des Proxies angeben und kann sich anschließend mit ihm für einen gewissen Zeitraum ohne Passwortabfrage bei beliebig vielen Ressourcen authentifizieren. Dieser Prozess wird auch als *Single Sign-On* bezeichnet.

12.4.1 Delegieren von Rechten

Über die eben beschriebenen Proxy-Credentials ist es auch möglich, Rechte an andere Grid-Ressourcen zu delegieren. Wenn z.B. ein Nutzer von einem Host A aus einen Grid-Job auf Host B startet, welcher wiederum Dateien von Host C holen soll, muss sich der Job bei Host C authentifizieren. Dafür wird dem Job vom Nutzer ein Proxy erstellt, mit dem er sich stellvertretend für den Nutzer bei Host C authentifizieren kann. Abbildung 12.3 veranschaulicht die Abfolge der einzelnen Schritte.

- Proxy-Erzeugung

  1. Der Benutzer und Host B authentifizieren sich gegenseitig wie im letzten Abschnitt beschrieben. Dabei wird das Nutzerzertifikat an Host B übertragen. Anschließend wird eine sichere Kommunikation zwischen Host A und Host B aufgebaut.
  2. Host A teilt Host B mit, dass er an ihn Rechte delegieren möchte.
  3. Host B erstellt eine Anfrage für ein Proxy-Zertifikat und einen passenden privaten Schlüssel und sendet die Anfrage an Host A.

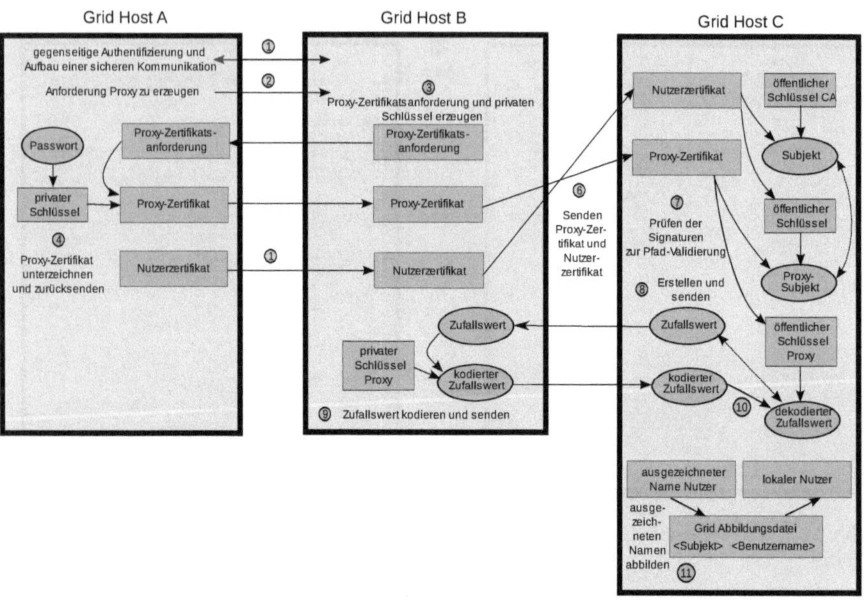

Abb. 12.3 Authentifizierung im Grid über einen Proxy

4. Host A unterzeichnet mit seinem privaten Schlüssel das Proxy-Zertifikat und schickt es an B zurück

Somit sind beim Host B sowohl das Nutzerzertifikat als auch das Proxy-Credential vorhanden. Damit kann sich Host B stellvertretend für Host A bzw. den Nutzer authentifizieren:

- Proxy-Aktion
    1. Host B sendet das Nutzerzertifikat und das Proxy-Zertifikat an den Host C, der stellvertretend für A als Ressource im Grid angesprochen werden soll.
    2. Host C überprüft die Vertrauenswürdigkeit des Proxy-Zertifikats durch folgende, Pfad-Validierung genannten Schritte. Damit wird eine „Kette des Vertrauens" von der CA über das Nutzer-Zertifikat bis hin zum Proxy-Zertifikat aufgebaut.
        a. Das Subjekt des Nutzerzertifikats ist ein ausgezeichneter Name, wie z.B. in der folgenden Form gegeben:

           „/O=Grid/O=GridTest/OU=test.domain.com/CN=Fey"

           Das Subjekt des Proxy-Zertifikats wird ähnlich lauten, z.B. wie folgt:

           „/O=Grid/O=GridTest/OU=test.domain.com/CN=Fey/CN=proxy"

           Host C überprüft, ob das Subjekt des Proxy-Zertifikats von dem des Nutzerzertifikats abgeleitet wurde, ob also nach Streichen des Zusatzes „CN= proxy" das Subjekt des Nutzerzertifikats übrig bleibt.

   b. Host C überprüft mit Hilfe des öffentlichen Schlüssels der Zertifizierungsbehörde die Signatur des Nutzer-Zertifikats.
   c. Mit dem öffentlichen Schlüssel des Nutzers wird im nächsten Schritt die Signatur des Proxy-Zertifikats überprüft.
3. Host C erstellt eine Zufallsnachricht und sendet sie an Host B mit der Aufforderung, sie mit dem privaten Schlüssel des Proxies zu kodieren.
4. Host B kodiert die Nachricht mit dem privaten Schlüssel und schickt sie zurück.
5. Host C dekodiert sie mit dem öffentlichen Schlüssel des Proxies und vergleicht das Ergebnis mit der ursprünglichen Zufallsnachricht.
6. Es wird geprüft, ob der im Nutzerzertifikat angegebene Nutzer Zugriffsrechte auf Host C hat. Falls dies der Fall ist, wird er auf einen lokalen Nutzer auf Host C abgebildet.

Host B kann nun stellvertretend für den Benutzer Anweisungen an C schicken, die dort als der lokale Nutzer ausgeführt werden. Mit einem vorhandenen Proxy-Credential lässt sich auch ein weiteres Proxy-Credential erzeugen, mit dem wiederum Rechte delegiert werden können. So lässt sich eine ganze Kette aufbauen, entlang derer Nutzerrechte weitergegeben werden.

12.5 Sichere Kommunikation im Grid

In der Abb. 12.3 wurde unter Punkt 1 vorausgesetzt, dass zum Zwecke des Austausches der Proxy-Zertifikate zwischen Host A und Host B ein sicherer Kommunikationsmechanismus aufgebaut wird. Allgemein benötigen wir zum Zwecke des Datenaustausches zwischen Server- und Client-Rechner nicht nur zu Beginn der Authentifizierung, sondern auch nachdem die Authentifizierung erfolgreich verlief sichere Kommunikationsmechanismen im Grid. Diese basieren im Grid zum einen auf der gezeigten Verfahrensweise der gegenseitigen Authentifizierung mit Hilfe von Zertifikaten und der SSL/TSL Verbindung.

Das Globus Toolkit greift dazu auf das OpenSSL-Paket zurück. Ein Client, der mit einem Server Kontakt aufnehmen will, bedient sich dazu einer symmetrischen Verschlüsselung, die auf X.509-Zertifikaten und dem Austausch des für eine Sitzung vereinbarten Schlüssels nach dem SSL-Protokoll basiert. Dieses funktioniert wie folgt:

1. Ein Grid Client nimmt mit einem entfernten Grid Server, mit dem er eine sichere Datenverbindung aufbauen möchte, über ein X.509 Zertifikat Kontakt auf.
2. Der Grid Client schickt dem Server u.a. die Nummer der SSL-Version, die der Client benutzt, Angaben zum genutzten Verschlüsselungsalgorithmus (Cipher) und einen zufällig erzeugten Datensatz, die der Server benötigt, um über SSL eine sichere Kommunikation aufzubauen.
3. Der Grid Server antwortet, indem er automatisch dem Grid Client seine SSL-Versionsnummer, Cipher Settings und sein digitales Zertifikat schickt.

4. Die Information im Zertifikat des Servers wird ausgewertet und wie folgt verifiziert:

   a. Das Gültigkeitsdatum des Zertifikates ist nicht überschritten.
   b. Die Zertifizierungsbehörde, die das Server-Zertifikat ausgestellt hat, ist aus Sicht des Clients vertrauenswürdig und das Zertifikat der Zertifizierungsbehörde ist auf Client-Seite vorhanden.
   c. Mit Hilfe des öffentlichen Schlüssels der Zertifizierungsbehörde wird die digitale Signatur des Server-Zertifikates überprüft.
   d. Der aktuelle Domänenname des Servers und der im Server-Zertifikat angegebene Domänenname stimmen überein.

5. Sofern der Server erfolgreich authentifiziert wurde, erzeugt der Client einen eindeutigen Schlüssel für eine Übertragungssitzung, um über symmetrische Verschlüsselung die Daten während des Austausches zwischen Sender und Empfänger zu verschlüsseln.
6. Mit Hilfe des aus dem Server-Zertifikat erhaltenen öffentlichen Server-Schlüssels wird der erzeugte Sitzungsschlüssel verschlüsselt und an den Server verschickt.
7. Nur der Server kann diesen Wert richtig entschlüsseln, da nur er den passenden privaten Schlüssel hat.
8. Im folgenden Schritt informiert der Client den Server, dass er nun alle Nachrichten mit dem ausgemachten Sitzungsschlüssel verschlüsselt schickt. Anschließend informiert der Server den Client, dass er von nun an ebenso verfährt.
9. Damit ist der Aufbau einer SSL-sicheren Verbindung abgeschlossen, die eine im Vergleich zur asymmetrischen Verschlüsselung schnellere symmetrische Verschlüsselung benutzt.
10. Alle weiteren Ressourcen, die im Grid benutzt werden sollen, authentifizieren sich mit dem Client nach dem gleichen Prinzip.
11. Nachdem die Übertragung beendet ist, wird die Sitzung abgebaut, was mit dem Löschen des Sitzungsschlüssels einhergeht.

Literaturverzeichnis

1. L. Ferreira et al., „Chapter 3 *Security* in Introduction to Grid Computing with Globus“, *IBM Redbook series*, http://ibm.com/redbooks, 2002.
2. W.E. Burr, „Data Encryption Standard“, *in NIST's anthology* „A Century of Excellence in Measurements, Standards, and Technology: A Chronicle of Selected NBS/NIST Publications“, pp. 250-253, http://nvl.nist.gov/pub/nistpubs/sp958-lide/html/250-253.html.
3. Data Encryption Standard, Federal Information Processing Standards Publication, (FIPS PUB) 46, National Bureau of Standards, Washington, DC (1977).
4. D. Coppersmith, „The data encryption standard (DES) and its strength against attacks“, *IBM Journal of Research and Development, 38(3)*, pp. 243-250, 1994.
5. Internet X.509 Public Key Infrastructure, http://www.ietf.org/rfc/rfc3280.txt.
6. The MD5 Message-Digest Algorithm, http://tools.ietf.org/html/rfc1321.
7. R. Rivest, A. Shamir, L. Adleman, „A Method for Obtaining Digital Signatures and Public-Key Cryptosystems“, *Communications of the ACM 21 (2)*, pp. 120-126, 1978.
8. R. Housley, „Internet Public Key Infrastructure, X509 Certificates and CRL Profile“, RFC 2459, http://www.faqs.org/ftp/rfc/pdf/rfc2459.txt.pdf, 1999.

Weiterführende Literatur

9. B. Schneier *Applied Cryptography, Protocols, Algorithms, and Source Code in C*, John Wiley and Sons, New York, 1995.
10. G. Schäfer *Netzwerksicherheit - Grundlagen und Protokolle*. Dpunkt Verlag, 2003.

Kapitel 13
Globus-Webservices

Steffen Limmer

Zusammenfassung In einem Grid wird eine Vielzahl von Anwendungen für verschiedenste Aufgaben, wie z.B. Job Management, Ressourcen Management oder Security, benötigt. Diese Anwendungen müssen dabei häufig untereinander interagieren. Wenn für jede dieser Anwendungen unterschiedlichste Implementierungen mit vollkommen unterschiedlichen Schnittstellen existieren, wird es nahezu unmöglich, sie in Einklang zu bringen, so dass sie sinnvoll miteinander arbeiten. Daher sind gewisse Standards für die wesentlichen Dienste im Grid nötig. Ein internationales Grid-Standardisierungsgremium einigte sich darauf solche Grid-Dienste, oder Grid-Services, mit der Technik der Webservices zu implementieren. In diesem Kapitel werden ausgehend von Webservices die Funktionsweise von Grid-Services erklärt und Beispiele für solche Dienste aufgezeigt.

13.1 Einleitung

Es waren zunächst auch Standards, die das World Wide Web populär machten (HTML, HTTP, etc.). Grundlegende Standards für Grid-Systeme werden durch die OGSA (Open Grid Service Architecture) des OGF[1] (Open Grid Forum) definiert. Unter anderem legt OGSA Webservices als die für Grid-Syteme zu Grunde liegende Technologie fest. Eine Motivation dafür ist, dass die Beschreibung der Schnittstellen von Webservices durch die plattform-, programmiersprachen- und protokollunabhängige Sprache WSDL (Web Service Description Language) standardisiert ist. Weiterhin sind die Webservices selbst plattform- und programmierspra-

Friedrich-Alexander-Universität Erlangen-Nürnberg
Department Informatik, Lehrstuhl für Rechnerarchitektur
E-mail: steffen.limmer@informatik.uni-erlangen.de

[1] Das Open Grid Forum ist eine offene Gemeinschaft von Nutzern, Entwicklern und Herstellern mit dem Ziel, das angewandte verteilte Rechnen voranzutreiben. Sie leitet die globalen Anstrengungen zur Standardisierung des Grid-Computings.

D. Fey (ed.), *Grid-Computing*, eXamen.press, DOI 10.1007/978-3-540-79747-0_13,

chenunabhängig. So kann beispielsweise ein in C++ geschriebener Client auf einem Windows-Betriebssystem ohne Probleme mit einem in Java implementierten Service auf Linux kommunizieren. Ein weiterer Vorteil von Webservices ist, dass sie zumeist HTTP als Transport-Protokoll nutzen, was sehr gut für die Kommunikation über das Internet geeignet ist, da es damit wenig Probleme mit Firewalls und Proxies gibt. Insgesamt sind Webservices also sehr gut für lose gekoppelte Systeme, insbesondere Grids, geeignet.

In Kapitel 11 wurde bereits das Globus Toolkit 4 als Grid-Middleware vorgestellt. Das GT4 realisiert die OGSA und implementiert den Großteil seiner Komponenten als Webservices. In diesem Kapitel soll die Funktionsweise der Globus-Webservices genauer beschrieben werden. Dazu wird zunächst das allgemeine Konzept von Webservices dargelegt, bevor anschließend auf die grid- bzw. globusspezifischen Aspekte eingegangen wird.

13.2 Webservices allgemein

Da die Technologie der Webservices ein sehr weitgefächertes Gebiet ist und eine Unmenge verschiedener Realisierungen existiert, ist es schwer, eine konsistente Definition zu liefern, was einen Webservice nun eigentlich ausmacht. Das W3C (World Wide Web Consortium) definiert einen Webservice wie folgt:

Ein Webservice ist ein Software-System, das durch eine URI (Uniform Resource Identifier) eindeutig identifizierbar ist und dessen öffentliche Schnittstellen und Anbindungen mittels XML definiert und beschrieben sind. Die Definition kann von anderen Software-Systemen aufgefunden werden. Diese Systeme können anschließend unter Nutzung XML-basierter Nachrichten, die über Internet-Protokolle übertragen werden, mit dem Webservice interagieren, wie durch die Definition vorgegeben.

Als XML-basierte Nachrichten, von denen in der Definition die Rede ist, wird heutzutage fast ausschließlich SOAP[2] genutzt. SOAP ist ein leichtgewichtiges XML-basiertes Protokoll zum Austausch strukturierter Informationen in einer verteilten Umgebung. Typischerweise werden SOAP-Nachrichten über HTTP übertragen. Es ist aber auch möglich, andere Protokolle, wie z.B. FTP oder SMTP, zu nutzen. Ursprünglich wurde SOAP von Microsoft und Userland entwickelt. Heute ist es durch die W3C in seiner aktuellen Version 1.2 standardisiert. Eine SOAP-Nachricht setzt sich aus mehreren Teilen zusammen: ein Envelope, ein Header, ein Body und optional ein zusätzlicher Inhalt.

Der Envelope ist das XML-Wurzelelement. Er kennzeichnet die Nachricht als eine SOAP-Nachricht und dient als Behälter für den restlichen Inhalt der Nachricht. Der Header ist optional. Ist er enthalten, so muss er als erstes Element im Envelope auftauchen. Er kann Metainformationen beinhalten, die beispielsweise zum Routing oder zur Authentifizierung genutzt werden. Nach dem Header (bzw. als erstes

[2] SOAP stand ursprünglich für Simple Object Access Protocol. Da SOAP aber weder simpel ist, noch dem direkten Zugriff auf Objekte dient, ist SOAP ab Version 1.2 ein Eigenname.

im Envelope, falls kein Header vorhanden ist) muss der Body folgen. In diesem werden die eigentlichen Informationen gespeichert, wie z.B. Methodenaufrufe, Objekte oder Strukturen. Die Interpretation der Daten bleibt den kommunizierenden Entitäten überlassen. Optional kann dem Body noch weiterer Inhalt folgen. Typischerweise werden solche Nachrichten über HTTP zwischen einem Client und einem Webservice in einem Web Container ausgetauscht. Dazu wird die gesamte SOAP-Nachricht nochmal mit einem HTTP-Header versehen (Abb. 13.1).

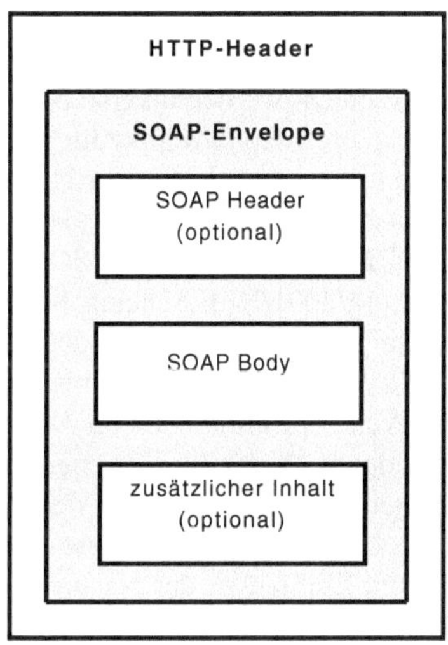

Abb. 13.1 Eine SOAP-Nachricht

Der SOAP-Standard 1.1 ließ nur XML-kodierte Daten in SOAP-Nachrichten zu. Version 1.2 erlaubt es, zusätzliche Inhalte, die nicht XML sein müssen, als Attachment an die Nachricht anzuhängen. Auf diese Weise könnten z.B. Audio- oder Video-Daten mit einer SOAP-Mitteilung übermittelt werden. Eine sehr einfache SOAP-Nachricht könnte z.B. so aussehen:

```
<?xml version="1.0" encoding="UTF-8"?>
<soap-env:Envelope xmlns:soap-env="http:// \
                        schemas.xmlsoap.org/soap/envelope/"
        xmlns:tns="urn:org.myns"
        xmlns:SOAP-ENC="http://schemas.xmlsoap.org/soap/ \
                        encoding/"
        xmlns:xsd="http://www.w3.org/2001/XMLSchema"
        xmlns:xsi="http://www.w3.org/2001/XMLSchema-instance"
        soap-env:encodingStyle="http://schemas.xmlsoap.org/ \
                        soap/encoding/">
    <soap-env:Header>
          <AuthInfo xmlns="urn:org.myns2">
                <UserName>mylogin</UserName>
                <Password>mypw</Password>
          </AuthInfo>
```

```
        </soap-env:Header>
        <soap-env:Body>
                <tns:MyArray xsi:type="SOAP-ENC:Array"
                             SOAP-ENC:arrayType="xsd:string[]">
                    <item>hallo</item>
                    <item>welt</item>
        </soap-env:Body>
    </soap-env:Envelope>
```

Ein Backslash (\) am Zeilenende soll hier nur dazu dienen, überlange Zeilen zu trennen. In der XML-Datei gehört die nächste Zeile noch dazu. Mit dieser Nachricht wird ein Array von Strings übermittelt, welches zwei Elemente, „hallo" und „welt", enthält. Im Envelope-Element werden diverse Namensräume definiert. Dabei wird http://schemas.xmlsoap.org/soap/envelope/ für alle der Standard-Elemente von Envelope genutzt. urn:org.myns ist ein beliebiger Namensraum, der für private Elemente genutzt wird. http://schemas.xmlsoap.org/soap/encoding/ enthält XML-Elemente zur Darstellung von Daten, die nach den SOAP Encoding Regeln[3] kodiert wurden. http://www.w3.org/2001/XMLSchema beinhaltet Definitionen, die den W3C XML-Schemastandard betreffen. Insbesondere sind dies eingebaute Typen wie string oder int. Damit verbunden ist der Namensraum http://www.w3.org/2001/XMLSchema-instance, welcher Definitionen für Attribute wie type enthält. Zu guter Letzt wird für den Envelope noch das Attribut *encodingStyle* gesetzt, welches angibt, welche Kodierungsregeln zur Repräsentation der Daten genutzt werden. In diesem Fall sind es die SOAP Encoding Regeln. Diese müssen dafür natürlich sowohl vom Sender als auch vom Empfänger der Nachricht verstanden werden. Im Header ist ein AuthInfo-Element mit einem Passwort und einem Usernamen angegeben. Wie (und ob überhaupt) diese Daten interpretiert werden, hängt von der Implementierung des Empfängers ab. Er könnte diese Daten beispielsweise zur HTTP Basic Authentication nutzen. Der Body enthält ein String-Array namens MyArray. Damit der Empfänger diese Darstellung versteht, muss er wissen, wie der Sender das Array kodiert hat. Glücklicherweise definieren die SOAP Encoding Regeln einen Standardweg zur Kodierung von Arrays. Die allgemeine Form für Arrays einfacher Typen sieht wie folgt aus:

```
<tns:Name xsi:type= "SOAP-ENC:Array"
          SOAP-ENC:arrayType= "arrayType">
    <item>itemWert1</item>
    <item>itemWert2</item>
    <!-- und so weiter -->
</tns:ElementName>
```

Das Attribut *xsi:type* wird durch den W3C XML-Schemastandard definiert und gibt in diesem Falle an, dass es sich um ein SOAP-kodiertes Array handelt. In unserer SOAP-Nachricht wird *xsd:string* als Elementtyp deklariert, welcher ein einfacher Datentyp des XSD-Schemas ist. Die Werte der einzelnen Elemente werden

[3] SOAP Encoding, auch bekannt als Section 5 Encoding, ist eine Erweiterung der SOAP-Spezifikation, die Regeln definiert, wie Datenwerte in XML dargestellt werden sollen. Die Umwandlung von Datenwerten in das XML-Format wird auch als Serialisierung bezeichnet und das Rücktransformieren in die ursprünglichen Werte als Deserialisierung.

in item-Tags angegeben. Statt „item“ kann aber auch eine beliebige andere Bezeichnung gewählt werden. In der Praxis ist SOAP eine sehr diffizile Angelegenheit. Doch glücklicherweise existieren Programmierschnittstellen, die den Entwickler weitestgehend vom Umgang mit SOAP befreien. Aus diesem Grunde sollen die bis hierhin aufgeführten Erläuterungen zum Thema SOAP auch genügen.

In der bereits angeführten Definition von Webservices heißt es, dass die Schnittstellen von Webservices in XML beschrieben sind und durch andere Software-Systeme aufgefunden werden können. Die Schnittstellenbeschreibung findet dabei für gewöhnlich in WSDL (Web Service Description Language) statt. Diese XML-basierte Sprache ist plattform- und programmiersprachenunabhängig und wurde von IBM, Microsoft und Ariba entwickelt. Auch für sie existiert mittlerweile ein Standard von der W3C. Ein WSDL-Dokument beschreibt einen Webservice in Form von Operationen, die der Service zur Verfügung stellt und den Datentypen, die als Inputs und Outputs jeder Operation benötigt werden. Eine WSDL-Beschreibung muss mit dem Wurzelelement *definitions* beginnen. Innerhalb dessen sind folgende sechs Hauptelemente erlaubt:

- import
- types
- message
- portType
- binding
- service

Durch die ersten vier Elemente wird der Webservice zunächst abstrakt beschrieben. Durch die Elemente *binding* und *service* wird diese Beschreibung an eine bestimmte Instanz eines Webservices gebunden. Das *import*-Element erlaubt es, Definitionen aus externen Dateien zu importieren. Im *types*-Element werden die Datentypen beschrieben, die vom Webservice genutzt werden. Durch das *message*-Element werden die Nachrichten beschrieben, die zwischen Client und Service ausgetauscht werden. Typischerweise sind dies Methodenaufrufe und Rückmeldungen von Methoden. Aber auch mögliche Exceptions, die durch Funktionen des Webservices geworfen werden, müssen hier angegeben werden. Zur Beschreibung der Nachrichten werden die Datentypen aus dem types-Abschnitt genutzt. Innerhalb von *portType* wird die eigentliche Schnittstelle definiert. Dies ist praktisch äquivalent zur Definition eines Interfaces in Java. Nur werden bei WSDL als Input- und Return-Parameter der Methoden die im message-Teil definierten Nachrichten genutzt. Mit Hilfe des *binding*-Elements wird festgelegt, welche Protokolle zur Übertragung der Nachrichten genutzt werden sollen. Typischerweise ist dies SOAP in Verbindung mit HTTP. Das *service*-Element kann ein oder mehrere *port*-Elemente enthalten. Jedes dieser Elemente gibt zu einem speziellen Binding eine Adresse an, unter der der Webservice über dieses Binding erreicht werden kann. So kann ein Webservice z.B. unter einer gewissen Adresse über SMTP erreicht werden und unter einer anderen Adresse über HTML. In Abschnitt 13.3.1.1 ist ein Beispiel einer kompletten WSDL-Datei zu sehen.

Zur Entwicklung von Webservices und Clients stehen heutzutage eine Vielzahl von Bibliotheken und Tools zur Verfügung. Das ASP.NET Framework von Microsoft kann genutzt werden, um Services und Clients in C# oder Visual Basic zu implementieren. Im Unix-Umfeld ist sicherlich Java die bevorzugte Programmiersprache zur Implementierung von Webservices (zumindest serverseitig). So sind auch nicht zuletzt die Webservices des Globus Toolkit 4 in Java erstellt. Deshalb soll an dieser Stelle etwas genauer auf die verfügbaren Werkzeuge zur Implementierung von Webservices in Java eingegangen werden.

Es gibt eine Reihe von Spezifikationen für Java-APIs, die zur Programmierung von Webservices und dem damit verbundenen Umgang mit XML dienen: JAXM, JAXP, JAXR, SAAJ, JAX-RPC und weitere. Von besonderer Bedeutung sind hierbei SAAJ und JAX-RPC. SAAJ (SOAP with Attachments API for Java) dient zum Umgang mit SOAP-Nachrichten. Über sie können SOAP-Nachrichten erstellt werden, welche anschließend per HTTP versendet werden können. Der Empfänger hat dann die Möglichkeit SAAJ zu nutzen, um den Inhalt der Nachricht auszulesen. Da der direkte Umgang mit SOAP aber kompliziert, aufwändig und fehleranfällig ist, wird mit JAX-RPC (Java API for XML-Based RPC) eine höhere Bibliothek spezifiziert, welche den Entwickler weitestgehend von SOAP befreit. Intern nutzt sie SAAJ zum Verwalten der SOAP-Nachrichten. Der Entwickler wird kaum mit der zugrundeliegenden Technologie der Webservices konfrontiert und kann sich auf die Implementierung der gewünschten Logik konzentrieren. Wie der Name schon sagt, ist JAX-RPC besonders gut (aber nicht nur) zur Erstellung von Webservices im RPC-Stil geeignet. RPC, also Remote Procedure Call, heißt dabei, dass der Webservice in Form eines Objektes (oder mehrerer Objekte) vorliegt und der Client über SOAP-Nachrichten Methoden des Objekts aufrufen kann. Anschließend erhält der Client als Anwort in Form einer SOAP-Nachricht entweder eine Exception, falls ein Problem aufgetreten ist, den Rückgabewert der Methode oder einfach eine Bestätigung, falls die Methode keinen Rückgabewert liefert. Implementierungen von SAAJ und JAVA-RPC finden sich z.B. in Apache Axis oder der Referenzimplementierung von Sun in Glassfish. Sowohl Glassfish als auch Axis beinhalten noch einige weitere Bibliotheken und nützliche Tools zur Programmierung von Webservices. Die Webservices des Globus Toolkit nutzen übrigens die Bibliotheken von Axis. Zur Kommunikation zwischen einem in JAX-RPC implementierten Webservice und einem entsprechenden Client sind sog. Client- und Server-Stubs erforderlich. Dies sind Klassen, die für den korrekten Umgang mit den auszutauschenden SOAP-Nachrichten verantwortlich sind.

Möchte ein Client eine Methode des Webservices aufrufen, so kann er nicht direkt die Methode des Webservice-Objekts aufrufen, da sich dieses in einer anderen Java Runtime Environment befindet. Stattdessen ruft er die Methode für ein Objekt des Client-Stubs auf. Von dieser werden entsprechende SOAP-Nachrichten generiert und an den Server-Stub gesendet, welcher daraus dann die gewünschten Methodenaufrufe für die Webservice-Instanz erzeugt. Die Antwort des Services erfolgt nach Ausführung der Methode analog in die Gegenrichtung (s. Abb. 13.2).

Axis und Glassfish bieten Tools und Klassen zur automatischen Generierung solcher Stubs aus der WSDL-Datei des Webservices.

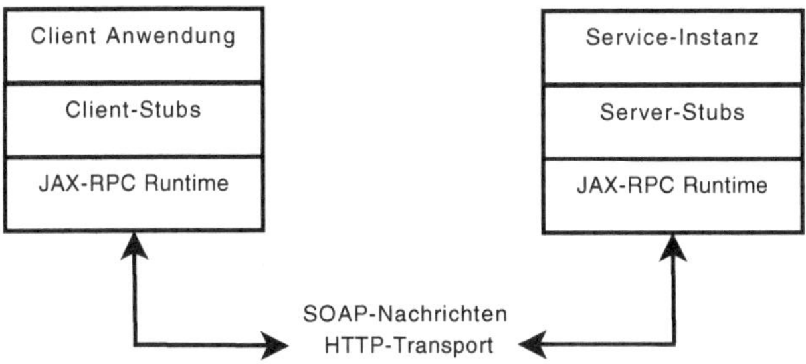

Abb. 13.2 Kommunikation zwischen Client und Service über Stubs

13.3 Webservices und Globus

Wie bereits beschrieben, fordert die OGSA Webservices als zu Grunde liegende Technologie für eine Grid-Architektur. Weiterhin wird gefordert, dass diese Webservices zustandsbehaftet sind. Das heißt, dass sich ein Webservice an Informationen „erinnern" kann. Doch obwohl Webservices theoretisch zustandsbehaftet sein können, sind sie zumeist zustandslos und es gibt keine Standardmethode um sie zustandsbehaftet zu machen.

Aus diesem Grunde entwickelte die OASIS (Organization for the Advancement of Structured Information Standards) WSRF (Web Service Resource Framework). Dies ist eine Spezifikation, die neben ein paar anderen Dingen angibt, wie zustandsbehaftete Webservices zu implementieren sind. WSRF stellt eine Erweiterung der allgemeinen W3C-Spezifikation für Webservices dar und entstand in Zusammenarbeit zwischen der Webservice- und der Grid-Gemeinde. Das Globus Toolkit 4 beinhaltet eine komplette Implementierung der WSRF-Spezifikation, welche auch zur Implementierung der meisten in Globus enthaltenen Webservices genutzt wurde. Die Abb. 13.3 soll die beschriebenen Beziehungen nochmals verbildlichen.

Die Speicherung von Zuständen hat laut WSRF in sog. Ressourcen (engl.: *resources*) zu erfolgen. Jede Ressource besitzt dabei einen eindeutigen Schlüssel, über den sie angesprochen werden kann. Möchte ein Client zustandsbehaftet mit einem Webservice interagieren, so muss er den Webservice lediglich anweisen, eine bestimmte Ressource zu nutzen. Nehmen wir z.B. einen Service zum Aufaddieren von Zahlen, wie in Abb. 13.4 dargestellt, mit drei Ressourcen (A, B und C). Soll sich der Service von Aufruf zu Aufruf an den Wert erinnern, so muss der Client eine Ressource spezifizieren, in der der Service den Wert speichern soll. In diesem Beispiel hält eine Ressource nur einen einzigen Integer-Wert. Ressourcen können sich aber auch aus mehreren Werten zusammensetzen. Diese werden als Ressourcen-Bestandteile (Resource Properties) bezeichnet. Ein Paar aus einem Webservice und einer zugehörigen Ressource wird WS-Ressource (WS-Resource) genannt. Die WSRF-Spezifikation setzt sich aus vier einzelnen Spezifikationen zusammen:

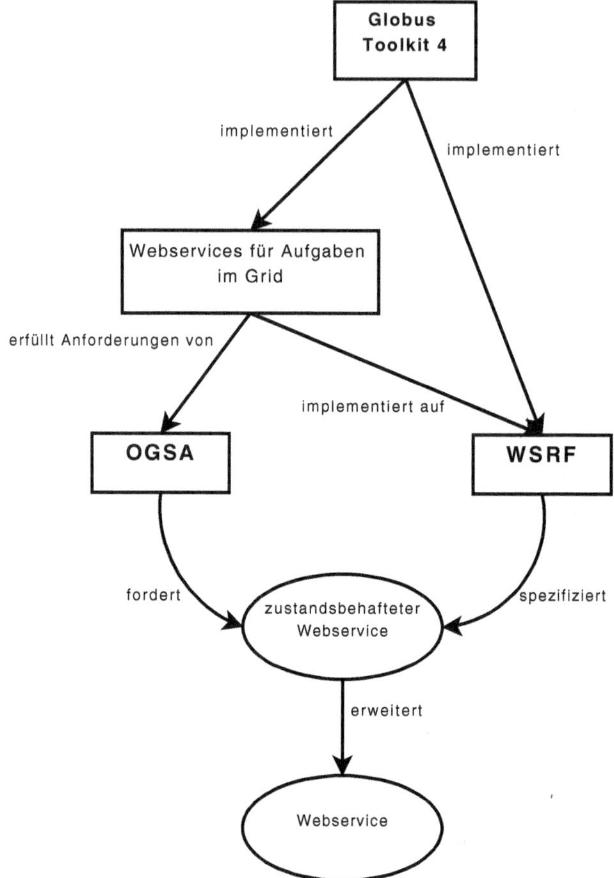

Abb. 13.3 Beziehungen zwischen OGSA, GT4, WSRF und Webservices

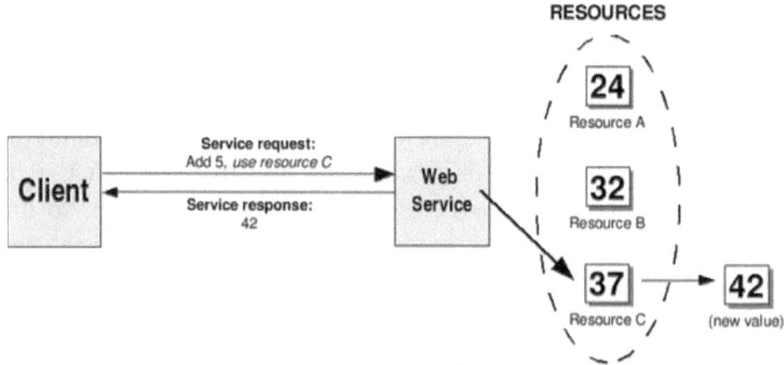

Abb. 13.4 Einsatz von Ressourcen zur Speicherung von Zuständen

WS-ResourceProperties beschreibt, wie Resource Properties definiert werden und wie auf sie zugegriffen wird. Resource Properties werden in der WSDL-Datei eines Webservices definiert.

WS-ResourceLifetime stellt Mechanismen zur Verwaltung von Lebenszyklen von Ressourcen bereit. Ressourcen können nämlich dynamisch generiert und zerstört werden.

WS-ServiceGroup spezifiziert, wie Services oder WS-Ressourcen zu Gruppen zusammengefasst werden können.

WS-BaseFaults liefert Methoden zur Ausgabe von Fehlermeldungen, wenn beim Aufruf eines Services ein Problem auftritt.

Zwei weitere wichtige Spezifikationen, die mit WSRF und Globus-Webservices in Beziehung stehen, sind WS-Addressing und WS-Notification. WS-Addressing bietet Mechanismen zur Adressierung von Webservices. Diese werden zur Adressierung von WS-Ressourcen (Webservice + Ressource) genutzt. Mit Hilfe von WS-Notification ist es möglich, einen Webservice so zu erstellen, dass er bei bestimmten Ereignissen Meldungen produziert und Clients zu veranlassen, diese zu empfangen. WS-Notification wird teilweise im GT4 implementiert.

13.3.1 Implementierung eines WSRF-Webservices

Im Folgenden soll als Beispiel die Implementierung eines WSRF-Webservices beschrieben werden und wie er in einen Globus-Container geladen wird. Dabei soll ein simpler Mathematik-Service namens MathService implementiert werden. Dieser soll es erlauben, zu einem Wert andere Werte aufzuaddieren und abzuziehen. Außerdem soll es möglich sein, den aktuellen Wert zu erfragen. Dafür bietet er folgende Methoden:

- add zum Addieren
- substract zum Subtrahieren
- getValueRP um den aktuellen Wert abzufragen

Es soll eine einzige Ressource mit folgenden Properties geben:

- Value (Integer) - der aktuelle Wert
- LastOp (String) - die zuletzt ausgeführte Operation

Value wird mit 0 initialisiert und LastOp mit „NONE“. Die Methoden add und substract erwarten einen Parameter vom Typ int. Werden sie ausgeführt, wird der Wert zu Value addiert bzw. von ihm abgezogen und LastOp wird entsprechend in „ADDITION“ bzw. „SUBTRACTION“ geändert. Bevor der Service in Java implementiert wird, soll seine Schnittstelle mittels WSDL beschrieben werden.

13.3.1.1 Die WSDL-Datei

In der WSDL-Datei wird angegeben, welche Operationen ein Webservice bereitstellt. Die Schnittstelle wird im Zusammenhang mit Webservices als *Port Type* (meist *portType* geschrieben) bezeichnet. Beschrieben in Java könnte die Schnittstelle für den Mathematik-Service folgendermaßen aussehen:

```
public interface Math{
  public void add(int a);

  public void subtract(int a);

  public int getValueRP();
}
```

Diese Schnittstelle gilt es jetzt in WSDL zu beschreiben. Das Wurzelelement ist dabei, wie in Abschnitt 13.2 beschrieben, *definitions*:

```
<?xml version="1.0" encoding="UTF-8"?>
<definitions name="MathService"
    targetNamespace="http://org/examples/MathService"
    xmlns="http://schemas.xmlsoap.org/wsdl/"
    xmlns:tns="http://org/examples/MathService"
    xmlns:wsdl="http://schemas.xmlsoap.org/wsdl/"
    xmlns:wsrp="http://docs.oasis-open.org/wsrf/2004/06/ \
                wsrf-WS-ResourceProperties-1.2-draft-01.xsd"
    xmlns:xsd="http://www.w3.org/2001/XMLSchema">
```

Durch das Attribut *name* wird der Name der WSDL-Datei spezifiziert, und *targetNamespace* ist der Namensraum, dem alle in der Datei definierten Port Types und Operationen zugeordnet werden. Beides ist frei wählbar. Zusätzlich werden im *definitions*-Element alle Namensräume deklariert, die im Weiteren in der Datei genutzt werden. Als nächstes muss die WSDL-Datei der WSRF-Spezifikation WS-ResourceProperties importiert werden, von welcher später noch Definitionen genutzt werden:

```
<wsdl:import
   namespace="http://docs.oasis-open.org/wsrf/2004/06/ \
             wsrf-WS-ResourceProperties-1.2-draft-01.wsdl"
   location="../../wsrf/properties/WS-ResourceProperties.wsdl"/>
```

Die Definition des Port Types für den Mathematik-Service sieht so aus:

```
<portType name="MathPortType"
    wsrp:ResourceProperties="tns:MathResourceProperties">

        <operation name="add">
                <input message="tns:AddInputMessage"/>
                <output message="tns:AddOutputMessage"/>
        </operation>

        <operation name="subtract">
                <input message="tns:SubtractInputMessage"/>
```

```
                <output message="tns:SubtractOutputMessage"/>
        </operation>

        <operation name="getValueRP">
                <input message="tns:GetValueRPInputMessage"/>
                <output message="tns:GetValueRPOutputMessage"/>
        </operation>

</portType>
```

Jeder Port Type hat einen Namen. Durch das Attribut *wsrp:ResourceProperties* wird angegeben, was die Resource Properties des Services sind. In diesem Fall ist das *tns:MathResourceProperties*, was an einer anderen Stelle der WSDL-Datei definiert ist, auf welche wir noch zu sprechen kommen. Innerhalb des *portType*-Elements werden alle Operationen definiert, die der Service bieten soll. Jeder Operation müssen dabei In- und Ouput-Nachrichten zugeordnet sein. Auch denen, die eigentlich keinen Rückgabewert liefern, wie hier add und substract. Wie die In- und Output-Nachrichten beschaffen sind, wird in einem *message*-Element näher definiert. Für die add-Operation könnte die Beschreibung der Nachrichten so aussehen:

```
<message name="AddInputMessage">
        <part name="parameters" element="tns:add"/>
</message>
<message name="AddOutputMessage">
        <part name="parameters" element="tns:addResponse"/>
</message>
```

Jede Nachricht setzt sich aus einem oder mehr *part*-Elementen zusammen, welche angeben, von welchem Datentyp Eingabeparameter bzw. Rückgabewerte sind, welche in der Nachricht ausgetauscht werden. In diesem Fall sind es add und addResponse. Diese werden im *types*-Abschnitt der WSDL-Datei definiert:

```
<types>
<xsd:schema targetNamespace="http://org/examples/MathService"
    xmlns:tns="http://org/examples/MathService"
    xmlns:xsd="http://www.w3.org/2001/XMLSchema">

        <xsd:element name="add" type="xsd:int"/>
        <xsd:element name="addResponse">
               <xsd:complexType/>
        </xsd:element>

</xsd:schema>
</types>
```

Der Input-Parameter add ist vom Typ Integer. Da die Operation keinen Rückgabewert liefert, setzt sich addResponse lediglich aus einem leeren *complexType* zusammen. Im *types*-Abschnitt werden auch die Resource Properties genauer spezifiziert. Bei der Definition des Port Types wurde ja über *wsrp:ResourceProperties= "tns:MathResourceProperties"* angegeben, welche Resource Properties der Service hat. Die Beschreibung von MathResourceProperties könnte folgendermaßen aussehen:

```
<xsd:element name="Value" type="xsd:int"/>
<xsd:element name="LastOp" type="xsd:string"/>

<xsd:element name="MathResourceProperties">
<xsd:complexType>
        <xsd:sequence>
                <xsd:element ref="tns:Value" minOccurs="1"
                             maxOccurs="1"/>
                <xsd:element ref="tns:LastOp" minOccurs="1"
                             maxOccurs="1"/>
        </xsd:sequence>
</xsd:complexType>
</xsd:element>
```

Damit wird angegeben, dass es ein Resource Property Value vom Typ Integer und ein weiteres Resource Property LastOp vom Typ String gibt. Beide dürfen genau einmal auftreten. Durch Erhöhen von *maxOccures* wäre es auch möglich, Arrays als Resource Properties zu spezifizieren. Die komplette WSDL-Datei für den Mathematik-Service wäre nun:

```
<?xml version="1.0" encoding="UTF-8"?>
<definitions name="MathService"
    targetNamespace="http://org/examples/MathService"
    xmlns="http://schemas.xmlsoap.org/wsdl/"
    xmlns:tns="http://org/examples/MathService"
    xmlns:wsdl="http://schemas.xmlsoap.org/wsdl/"
    xmlns:wsrp="http://docs.oasis-open.org/wsrf/2004/06/ \
                wsrf-WS-ResourceProperties-1.2-draft-01.xsd"
    xmlns:xsd="http://www.w3.org/2001/XMLSchema">

<wsdl:import
   namespace="http://docs.oasis-open.org/wsrf/2004/06/ \
             wsrf-WS-ResourceProperties-1.2-draft-01.wsdl"
   location="../../wsrf/properties/WS-ResourceProperties.wsdl"/>

<!============================================================

                       T Y P E S

  ============================================================>
<types>
<xsd:schema targetNamespace="http://org/examples/MathService"
    xmlns:tns="http://org/examples/MathService"
    xmlns:xsd="http://www.w3.org/2001/XMLSchema">


        <!-- REQUESTS AND RESPONSES -->

        <xsd:element name="add" type="xsd:int"/>
        <xsd:element name="addResponse">
                <xsd:complexType/>
        </xsd:element>

        <xsd:element name="subtract" type="xsd:int"/>
```

```
        <xsd:element name="subtractResponse">
                <xsd:complexType/>
        </xsd:element>

        <xsd:element name="getValueRP">
                <xsd:complexType/>
        </xsd:element>
        <xsd:element name="getValueRPResponse"
                    type="xsd:int"/>

        <!-- RESOURCE PROPERTIES -->

        <xsd:element name="Value" type="xsd:int"/>
        <xsd:element name="LastOp" type="xsd:string"/>

        <xsd:element name="MathResourceProperties">
        <xsd:complexType>
               <xsd:sequence>
                        <xsd:element ref="tns:Value"
                                minOccurs="1" maxOccurs="1"/>
                        <xsd:element ref="tns:LastOp"
                                minOccurs="1" maxOccurs="1"/>
               </xsd:sequence>
        </xsd:complexType>
        </xsd:element>

</xsd:schema>
</types>

<!============================================================

                       M E S S A G E S

  ============================================================>
<message name="AddInputMessage">
        <part name="parameters" element="tns:add"/>
</message>
<message name="AddOutputMessage">
        <part name="parameters" element="tns:addResponse"/>
</message>

<message name="SubtractInputMessage">
        <part name="parameters" element="tns:subtract"/>
</message>
<message name="SubtractOutputMessage">
        <part name="parameters" element="tns:subtractResponse"/>
</message>

<message name="GetValueRPInputMessage">
        <part name="parameters" element="tns:getValueRP"/>
</message>
<message name="GetValueRPOutputMessage">
        <part name="parameters"
              element="tns:getValueRPResponse"/>
```

```
</message>

<!============================================================

                        P O R T T Y P E

  ============================================================>
<portType name="MathPortType"
    wsrp:ResourceProperties="tns:MathResourceProperties">

        <operation name="add">
                <input message="tns:AddInputMessage"/>
                <output message="tns:AddOutputMessage"/>
        </operation>

        <operation name="subtract">
                <input message="tns:SubtractInputMessage"/>
                <output message="tns:SubtractOutputMessage"/>
        </operation>

        <operation name="getValueRP">
                <input message="tns:GetValueRPInputMessage"/>
                <output message="tns:GetValueRPOutputMessage"/>
        </operation>
</portType>

</definitions>
```

13.3.1.2 Implementierung in Java

Nachdem der Service in WSDL beschrieben wurde, ist der nächste Schritt die Implementierung. In diesem Beispiel soll eine einzige Java-Klasse implementiert werden, die sowohl den Service, als auch die Ressource realisiert. Diese Methode sollte aber nur für sehr simple Services genutzt werden. Üblicherweise werden die Ressourcen in separaten Klassen umgesetzt. Da dies hier aber nicht der Fall ist, muss die Klasse zwei Interfaces implementieren:

```
package org.examples.impl;

import java.rmi.RemoteException;
import javax.xml.namespace.QName;

import org.globus.wsrf.Resource;
import org.globus.wsrf.ResourceProperties;
import org.globus.wsrf.ResourceProperty;
import org.globus.wsrf.ResourcePropertySet;
import org.globus.wsrf.impl.ReflectionResourceProperty;
import org.globus.wsrf.impl.SimpleResourcePropertySet;
import org.examples.stubs.MathService.AddResponse;
import org.examples.stubs.MathService.SubtractResponse;
import org.examples.stubs.MathService.GetValueRP;
```

```
public class MathService implements Resource,
                                    ResourceProperties {


}
```

Für das Interface *Resource* müssen keine zusätzlichen Methoden implementiert werden. Es zeigt einfach nur an, dass eine Klasse eine Ressource darstellt. Durch Implementierung von *ResourceProperties* wird gekennzeichnet, dass die Klasse eine Menge von Resource Properties hat. Dafür muss folgender Code zur Klasse hinzugefügt werden:

```
private ResourcePropertySet propSet;

public ResourcePropertySet getResourcePropertySet() {
  return this.propSet;
}
```

Darin wird eine Instanzvariable propSet vom Typ *ResourcePropertySet* festgelegt, die die Menge der Resource Properties repräsentiert, und eine Methode *ResourcePropertySet* zum Abrufen von propSet. Für die einzelnen Resource Properties (in unserem Fall Value und LastOp) müssen auch entsprechende Instanzvariablen mit zugehörigen Get- und Set-Methoden angegeben werden:

```
/* Resource properties */
private int value;
private String lastOp;

/* Get/Setters for the RPs */
public int getValue() {
  return value;
}

public void setValue(int value) {
   this.value = value;
}

public String getLastOp() {
  return lastOp;
}

public void setLastOp(String lastOp) {
  this.lastOp = lastOp;
}
```

Die Initialisierung von propSet findet im Konstruktor der Klasse statt:

```
/* Constructor. Initializes RPs */
public MathService() throws RemoteException {
  public static final String NS =
                       "http://org/examples/MathService";
```

```
    this.propSet = new SimpleResourcePropertySet(
    new QName(NS,"MathResourceProperties"));

    /* Initialize the RP's */
    try {
      ResourceProperty valueRP = new ReflectionResourceProperty(
              new QName(NS, "Value"), "Value", this);
      this.propSet.add(valueRP);
      setValue(0);

      ResourceProperty lastOpRP = new ReflectionResourceProperty(
      new QName(NS, "LastOp"), "LastOp", this);
      this.propSet.add(lastOpRP);
      setLastOp("NONE");
    } catch (Exception e) {
      throw new RuntimeException(e.getMessage());
    }
  }
```

Hier werden die einzelnen Resource Poperties unter Angabe ihres qualifizierten Namens aus der WSDL-Datei erzeugt, zu propSet hinzugefügt und initialisiert. Nun müssen nur noch die Methoden implementiert werden, welche der Service der Außenwelt zur Verfügung stellen soll. In diesem Fall sind die Methoden recht einfach. Dies wäre z.B. die add-Methode:

```
public AddResponse add(int a) throws RemoteException {
  value += a;
  lastOp = "ADDITION";

  return new AddResponse();
}
```

Sie muss ein Objekt vom Typ AddResponse zurückgeben. Das liegt daran, dass WSRF Document/Literal-Bindung nutzt[4] . Dabei werden die Parameter und Rückgabewerte von Operationen, die in der WSDL-Datei definiert sind, in speziellen Fällen in Stub-Klassen „verpackt". So z.B. wenn der Rückgabewert void ist, wie bei der add-Methode. Da AddResponse eine Stub-Klasse ist, wird sie automatisch erzeugt und muss nicht selbst implementiert werden. Der komplette Quellcode für den Mathematik-Service sähe nun so aus:

```
package org.examples.impl;

import java.rmi.RemoteException;
import javax.xml.namespace.QName;

import org.globus.wsrf.Resource;
import org.globus.wsrf.ResourceProperties;
```

[4] Die Document/Literal-Bindung ist eine von fünf möglichen WSDL-SOAP-Bindungen. Diese beschreiben wie ein Webservice an das SOAP-Protokoll angebunden ist und werden im *binding*-Abschnitt der WSDL-Datei spezifiziert. Neben Document/Literal gibt es noch folgende WSDL-SOAP-Bindungen: Wrapped Document/Literal, Document/Encoded, RPC/Literal und RPC/Encoded.

```
import org.globus.wsrf.ResourceProperty;
import org.globus.wsrf.ResourcePropertySet;
import org.globus.wsrf.impl.ReflectionResourceProperty;
import org.globus.wsrf.impl.SimpleResourcePropertySet;
import org.examples.stubs.MathService.AddResponse;
import org.examples.stubs.MathService.SubtractResponse;
import org.examples.stubs.MathService.GetValueRP;

public class MathService implements Resource,
                                    ResourceProperties {

  /* Resource Property set */
  private ResourcePropertySet propSet;

  /* Resource properties */
  private int value;
  private String lastOp;

  /* Constructor. Initializes RPs */
  public MathService() throws RemoteException {
    public static final String NS =
                   "http://org/examples/MathService";

    this.propSet = new SimpleResourcePropertySet(
                   new QName(NS,"MathResourceProperties"));

    /* Initialize the RP's */
    try {
      ResourceProperty valueRP = new ReflectionResourceProperty(
                   new QName(NS, "Value"), "Value", this);
      this.propSet.add(valueRP);
      setValue(0);

      ResourceProperty lastOpRP =new ReflectionResourceProperty(
                   new QName(NS, "LastOp"), "LastOp", this);
      this.propSet.add(lastOpRP);
      setLastOp("NONE");
    } catch (Exception e) {
      throw new RuntimeException(e.getMessage());
    }
  }

  /* Get/Setters for the RPs */
  public int getValue() {
    return value;
  }

  public void setValue(int value) {
    this.value = value;
  }

  public String getLastOp() {
    return lastOp;
  }
```

```
    public void setLastOp(String lastOp) {
      this.lastOp = lastOp;
    }

    /* Remotely-accessible operations */

    public AddResponse add(int a)
    throws RemoteException {
      value += a;
      lastOp = "ADDITION";
      return new AddResponse();
    }

    public SubtractResponse subtract(int a)
    throws RemoteException {
      value -= a;
      lastOp = "SUBTRACTION";
      return new SubtractResponse();
    }

    public int getValueRP(GetValueRP params)
    throws RemoteException {
      return value;
    }

    /* Required by interface ResourceProperties */
    public ResourcePropertySet getResourcePropertySet() {
      return this.propSet;
    }
  }
```

Nach der Implementierung des Webservices kann er nun in einen Globus-Container geladen und somit öffentlich verfügbar gemacht werden. Dazu sind folgende Schritte nötig:

1. Definition von Parametern, die angeben, wie der Service in den Container geladen wird. Dazu muss eine WSDD-Datei (Web Service Deployment Descriptor) und eine JNDI-Datei (Java Naming and Directory Interface) für den Service angegeben werden.
2. Generierung der Stub-Klassen, Kompilierung des gesamten Quellcodes und Erzeugung einer GAR-Datei (Grid Archive). Dies erfolgt üblicherweise automatisiert mit Hilfe des Java-Build-Tools Ant.
3. Einbindung des Webservices in den Container. Dazu wird ein spezielles Globus-Tool genutzt, welches die GAR-Datei als Input erhält.

Wurde der Service erfolgreich in den Container geladen, so kann er über einen entsprechenden Client angesprochen werden. Auf Einzelheiten zur Einbindung in den Container und wie ein Client für den Service aussehen sollte, soll an dieser Stelle nicht eingegangen werden. Wer weitergehende Informationen zur Implementierung von WSRF-Webservices wünscht, dem sei hier auf das exzellente Tutorial von Borja Sotomayor verwiesen, welches über die Globus-Webseite verfügbar ist (http://gdp.globus.org/gt4-tutorial/).

Literaturverzeichnis

1. H. Burbiel. *SOA & Webservices in der Praxis*, 2007.
2. K. Topley. *Java Web Services In A Nutshell*, 2003.
3. I. Foster. *A Globus Primer - Or, Everything You Wanted to Know about Globus, but Were Afraid To Ask*, 2005. online unter http://www.globus.org/toolkit/docs/4.0/key/.
4. W3C. *Web Services Architecture*. online unter http://www.w3.org/TR/ws-arch.
5. W3C. *SOAP 1.2 Specification*. online unter http://www.w3.org/TR/soap/.
6. B. Sotomayor. *The Globus Toolkit 4 Programmer's Tutorial*, 2005. online unter http://gdp.globus.org/gt4-tutorial/.

Kapitel 14
Condor

Steffen Limmer

Zusammenfassung In diesem Kapitel soll das Batch-System Condor vorgestellt werden. Diese Software findet vielfach Anwendung im Zusammenhang mit verteilten Systemen. So kann sie im Zusammenspiel mit Grids und dedizierten Clustern eingesetzt werden, bzw. als Alternative dazu. Condor ist eine zuverlässige und skalierbare Middleware für den Betrieb in einem verteilten System, welche sich schon seit vielen Jahren bewährt hat. Es verwaltet Computer-Systeme mit mehreren Besitzern und mehreren Nutzern, ohne eine zentrale administrative Struktur. Dabei kann es sehr gut mit Fehlern und Ausfällen umgehen. Condor ist insbesondere als Middleware für verteilte Anwendungen aus der Klasse des High-Throughput-Computing geeignet.

14.1 Einleitung

Condor ist ein Produkt des Condor Projekts an der University of Wisconsin-Madison (UW-Madison). Das Projekt startete 1988 als eine Fortsetzung der Arbeit einer Gruppe um Professor M. Livny zum Thema verteiltes Ressourcen Management und baute auf die Resultate des Remote-Unix (RU) Projektes auf, welches von den Professoren D. Dewitt, R. Finkel und M. Solomon geleitet wurde. Ziel war es, eine möglichst optimale Umgebung für High-Troughput-Berechnungen zu schaffen, wobei es darauf ankommt, in einem längeren Zeitraum (Tage, Wochen oder Monate) so viele Rechenoperationen wie möglich auszuführen. Der Schlüssel dazu ist die effiziente Ausnutzung der vorhandenen Ressourcen. Früher wurden wissenschaftliche Berechnungen fast ausschließlich auf großen Mainframes ausgeführt. Diese wurden von vielen Personen gleichzeitig genutzt und somit relativ hoch ausgelastet. Als die Rechner kleiner, schneller und billiger wurden, stieg man mehr und mehr auf PCs

Friedrich-Alexander-Universität Erlangen-Nürnberg
Lehrstuhl für Rechnerarchitektur
E-mail: steffen.limmer@informatik.uni-erlangen.de

D. Fey (ed.), *Grid-Computing*, eXamen.press, DOI 10.1007/978-3-540-79747-0_14,

und Workstations um, welche jeweils nur einer Person oder einem kleinen Personenkreis zugänglich waren. Dies ist zwar komfortabler für den Nutzer, aber weniger effizient. Die Maschinen sind zumeist über längere Perioden unbeschäftigt. Condor „stiehlt" diese freie Rechenzeit und macht sie anderen Nutzern zugänglich.

14.2 Das System

Condor ist ein spezialisiertes Workload Management System zur Ausführung rechenintensiver Jobs in einem Rechner-Pool (Abschnitt 14.2.1). Es bietet für unterschiedliche Arten von Programmen unterschiedliche Umgebungen (sog. Universen), in denen sie ausgeführt werden (siehe Abschnitt 14.2.2). So gibt es jeweils spezielle Universen für Programme in C, Java und anderen Programmiersprachen sowie für Software, die MPI oder PVM nutzt. Wie andere voll ausgestattete Batch-Systeme, bietet es einen Mechanismus zur Verwaltung von Warteschlangen für Aufträge, Richtlinien für die Ablaufplanung, Prioritäten, Monitoring von Ressourcen und Ressourcen Management. Nutzer geben ihre seriellen oder parallelen Jobs an Condor. Daraufhin reiht Condor die Jobs in eine Queue ein, entscheidet abhängig von den Richtlinien für die Ablaufplanung wo und wann die Jobs ausgeführt werden, überwacht ihren Ausführungsstatus und informiert den Nutzer über beendete Jobs. So kann Condor wie ein traditionelles Batch-System genutzt werden, um ein dediziertes Cluster zu verwalten. Bestimmte Mechanismen erlauben es aber auch Condor einzusetzen, um Rechenzeit effektiv auszunutzen, die sonst ungenutzt bliebe. Zum Beispiel kann Condor konfiguriert werden, nur Desktop-Rechner für Jobs zu nutzen, deren Tastatur und Maus nicht betätigt werden. Sollte Condor registrieren, dass eine Maschine nicht mehr länger verfügbar ist (weil z.B. eine Taste gedrückt wurde), so ist es in den meisten Fällen in der Lage, Checkpoints dort laufender Jobs anzufertigen und die Jobs auf eine andere noch verfügbare Maschine umzulagern (siehe Abschnitt 14.2.3.2). Condor benötigt kein verteiltes Dateisystem, es kann Dateien im Auftrag von Nutzern transferieren und es ist auch in der Lage, alle I/O-Anfragen eines Jobs an den Rechner zurückzuleiten, von dem aus er abgeschickt wurde (Abschnitt 14.2.3.3). Das Konzept der ClassAds (Classified Advertisements) in Condor bietet ein sehr flexibles System um Ressourcennachfragen (Jobs) mit Ressourcenangeboten (Maschinen) zu vergleichen (Abschnitt 14.2.3.1). So kann leicht angegeben werden, was ein Job zur Ausführung benötigt und was er bevorzugt. Entsprechend kann man für eine Maschine Ansprüche und Vorlieben an Jobs, welche auf ihr ausgeführt werden sollen, stellen.

14.2.1 Der Condor-Pool

Ein verteiltes System welches unter der Kontrolle von Condor steht, wird als *Condor-Pool* (Abb. 14.1) bezeichnet. Dieser setzt sich aus einer beliebigen Anzahl

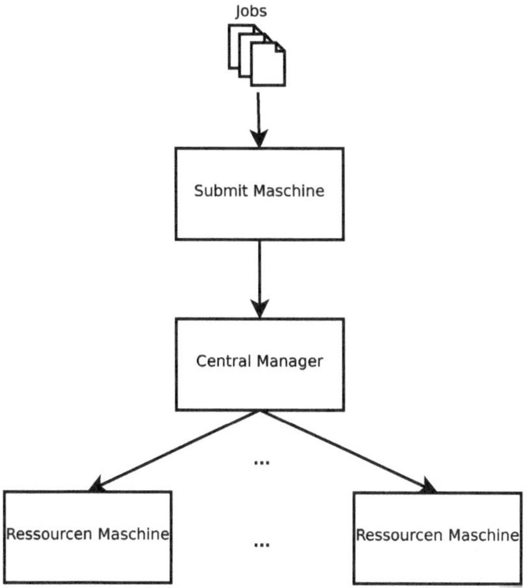

Abb. 14.1 Grober Überblick über einen Condor-Pool. Über eine zentrale Instanz, den Central Manager, werden Jobs von Submit-Maschinen an Ressourcen- Maschinen abgegeben

von Maschinen zusammen, die im Pool eine oder mehrere der folgenden Rollen einnehmen können: *Ressourcen Maschine*, *Submit Maschine* und *Central Manager*. Ressourcen Maschinen sind diejenigen Maschinen, die bereitgestellt wurden, um Condor-Jobs auszuführen. Jede Ressourcen Maschine hat einen Besitzer, nämlich die Person, die daran arbeitet. Sie hat die absolute Kontrolle über ihr System und kann regeln, wann welche Jobs darauf ausgeführt werden dürfen. So z.B. könnte man nur Jobs von der Person XY zulassen und dies nur am Dienstagabend. Condor verfolgt das Ziel, die Ressourcenbesitzer in einem möglichst geringen Maße zu beeinträchtigen.

Jede Maschine im Pool kann auch als Submit Maschine konfiguriert werden. Dann ist es möglich, von ihr Jobs an Condor abzugeben. Jeder Job hat wiederum einen Besitzer: die Person, die ihn abschickt. Ihre Interessen stehen stets gegenüber den Interessen der Ressourcenbesitzer zurück. Denn sie sind die Nutznießer des Systems, während die Ressourcenbesitzer Rechenleistung zur Verfügung stellen ohne evtl. selbst einen Vorteil daraus zu ziehen.

In jedem Condor Pool muss genau eine Maschine als Central Manager konfiguriert sein. Dessen Aufgabe ist es, abgeschickte Jobs entgegenzunehmen und sie verfügbaren Ressourcen zuzuordnen. Dafür muss er stets über den aktuellen Zustand des restlichen Condor-Pools informiert sein. Die Maschine, die als Central Manager dient, sollte möglichst zuverlässig sein und über eine schnelle Netzwerkverbindung zu den anderen Maschinen verfügen.

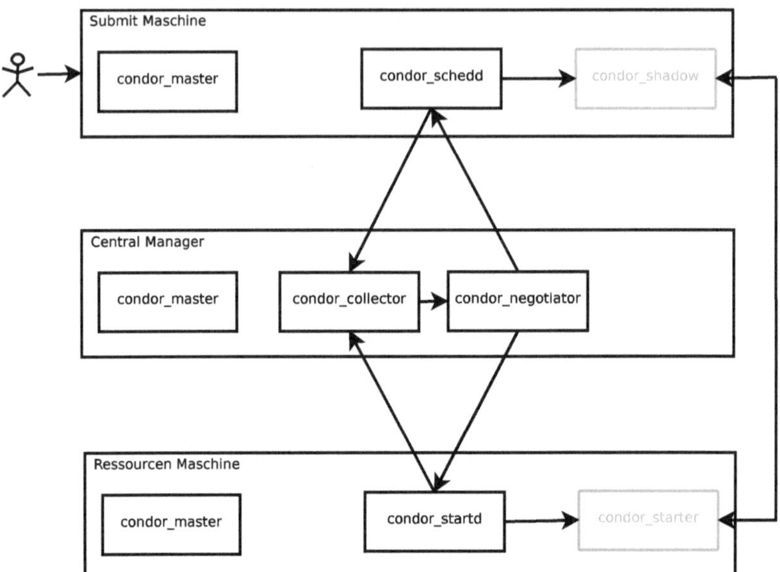

Abb. 14.2 Übersicht über die Condor-Dämonen

Die Funktionalitäten, die von den einzelnen Maschinen unterschiedlicher Rollen im System ausgeübt werden, wurden, wie in Abb. 14.2 dargestellt, in unterschiedlichen Dämonen implementiert. Auf jeder Maschine wird der Master-Dämon *condor_master* ausgeführt. Er ist dafür zuständig, die restlichen Dämonen zu initialisieren und sie wenn nötig neu zu starten. Die Aufgaben des Central Managers werden von den beiden Dämonen *condor_collector* und *condor_negotiator* übernommen. Der Collector sammelt alle Informationen bezüglich des Zustandes des Condor-Pools. Alle restlichen Dämonen senden Updates von ClassAds (siehe Abschnitt 14.2.3.1) an ihn. Diese ClassAds beinhalten Informationen über den Status der Dämonen, über Ressourcen und Ressourcennachfragen (Jobs). Der condor_negotiator ist dafür zuständig, die Liste aller Jobs mit der Liste aller verfügbaren Ressourcen zu vergleichen und passende Paare daraus zu bilden. Wurde ein Paar gefunden, so wird dies der entsprechenden Ressourcen- und Submit-Maschine mitgeteilt.

Auf jeder Submit Maschine wird vom Master-Dämon ein Agent namens *condor_schedd* gestartet, welcher die Ressourcennachfragen an den Condor-Pool repräsentiert. Er nimmt Jobs entgegen und verwaltet sie über eine interne Queue. Über den Central Manager versucht er, passende Ressourcen für die wartenden Jobs zu finden. Wurde für einen Job eine passende Ressource zur Ausführung gefunden, so startet er einen Shadow-Prozess für den Job. Dieser Prozess macht der Ressourcen Maschine die Job-Datei und evtl. benötigte In- und Output-Dateien zugänglich. Außerdem ist er dafür veranwortlich, Remote System Calls (Abschnitt 14.2.3.3) serverseitig auszuführen.

Eine Ressourcen Maschine wird durch den Dämon *condor_startd* repräsentiert. Er schickt alle wichtigen Informationen über die Ressource an den Central Manager (bzw. condor_collector). Ist er bereit, einen Condor-Job auszuführen, so startet er den *condor_starter*-Prozess. Dieser startet den Job auf der Maschine, nachdem er die für die Ausführung benötigte Umgebung eingerichtet hat. Nach Beendigung des Jobs schickt er Statusinformationen an die Submit Maschine und beendet sich dann selbst.

14.2.2 Universen

Wie eingangs schon erwähnt, bietet Condor verschiedene Laufzeitumgebungen (*Universen*), in denen Condor-Jobs ausgeführt werden können. Auf diese Art und Weise sollen möglichst viele Arten von Anwendungen durch Condor unterstützt werden. Außerdem bieten einige der Universen zusätzliche Features für die Ausführung von Jobs an (z.B. Checkpointing, wie in Abschnitt 14.2.3.2 beschrieben). Bei der Spezifikation eines Jobs kann angegeben werden, welches Universum bei der Ausführung genutzt werden soll. Folgende Universen stehen zur Verfügung:

Vanilla Das Vanilla-Universum ist die einfachste in Condor enthaltene Umgebung und für Programme gedacht, die sich nicht neu linken lassen (wie z.B. auch Shell-Skripte). Das ergibt den Nachteil, dass Jobs im Vanilla-Universum kein Checkpointing oder Remote System Calls (siehe Abschnitt 14.2.3) nutzen können. Das könnte sich nachteilig auswirken, wenn ein Job unterbrochen werden muss, weil die ausführende Ressource nicht mehr länger für Condor verfügbar ist. Außerdem können Remote System Calls nicht genutzt werden, um auf In- und Output-Dateien zuzugreifen. Die Alternativen wären ein verteiltes Dateisystem (z.B. NFS oder AFS) oder Condor zu veranlassen, die Dateien vor und nach Ausführung des Jobs zu transferieren.

Standard Das Standard-Universum unterstützt im Gegensatz zum Vanilla-Universum Checkpointing und Remote System Calls. Es erfordert allerdings das Linken der auszuführenden Programme mit der Condor-Bibliothek mittels *condor_compile*. Außerdem sind einige Einschränkungen für die Programme zu berücksichtigen. So sind z.B. keine Programme mit mehreren Prozessen oder Threads erlaubt.

Parallel Das Parallel-Universum ist für die Ausführung paralleler Programme, wie z.B. MPI-Programme, gedacht.

Local Jobs, die das Local-Universum nutzen, werden lokal auf der Submit-Maschine ausgeführt. Dieses Universum sollte anstelle des veralteten Scheduler-Universums genutzt werden.

Grid Das Grid-Universum ist gedacht, um Jobs an entfernte Job Management Systeme zu senden. Jobs, die in dieser Umgebung ausgeführt werden, können z.B. an Globus, PBS, oder ein anderes Condor-System geschickt werden.

Java Programme im Java-Universum können auf jeder Maschine ausgeführt werden, auf der eine Java Virtual Machine vorhanden ist. Condor kümmert sich dabei um alle Details, wie z.B. das Auffinden der JVM-Binary oder das Setzen des Classpath.

Scheduler Das Scheduler-Universum erlaubt es, wie das Local-Universum, Jobs direkt auf dem Submit Host auszuführen. Es war ursprünglich für die Nutzung von Metaschedulern wie DAGMan gedacht. Diese laufen auf der Submit Maschine, nehmen Condor-Jobs entgegen und geben sie entsprechend vorher definierter Abhängigkeiten (z.B. starte Job B erst nachdem Job A beendet wurde) an Condor weiter. Im Gegensatz zum Local-Universum nutzt das Scheduler-Universum aber nicht den condor_starter-Dämon zum Verwalten von Jobs. Dadurch sind einige Features nicht nutzbar. Daher wird empfohlen, das Local-Universum zu nutzen.

VM Im VM-Universum können virtuelle Maschinen mit VMware oder Xen ausgeführt werden.

14.2.3 Die Schlüsselmechanismen

Kommen wir nun zu den wichtigsten Mechanismen und Techniken, die Condor einsetzt bzw. bietet. Dies sind: *ClassAds*, *Checkpointing und Migration* sowie *Remote System Calls*.

14.2.3.1 ClassAds

Die zentrale Aufgabe von Condor besteht darin, wartende Jobs Ressourcen Maschinen zuzuordnen. Zu diesem Zwecke werden von Condor sog. ClassAds (Classified Advertisements) verglichen. Diese sind analog zu Zeitungsanzeigen, in denen ein Verkäufer angibt, was er anzubieten hat, und ein Käufer spezifiziert, was er sucht. Jede Maschine im Condor-Pool macht über ClassAds Merkmale wie verfügbarer RAM-Speicher, CPU-Typ und -Geschwindigkeit oder aktueller Load bekannt. Weiterhin wird darüber spezifiziert, welche Arten von Jobs eine Maschine annimmt und unter welchen Bedingungen sie bereit ist, einen Condor-Job auszuführen. Es besteht auch die Möglichkeit, anzugeben, welche Art von Jobs bevorzugt angenommen werden. Ein ClassAd einer Maschine könnte wie folgt aussehen:

```
MyType = "Machine"
TargetType = "Job"
Memory = 1024
Arch = "INTEL"
OpSys = "LINUX"
Disk = 35788
Requirements = KeyboardIdle >= 15*60
               && LoadAvg <= 0.3
               && Group != "group1"
Rank = (Owner == "limmer" * 3 )
                  + ( Group == "hpi" * 2 )
```

ClassAds setzen sich aus mehreren Attributen zusammen, wobei jedes Attribut aus einem Bezeichner und einem Ausdruck besteht. Einige Bezeichner haben eine vordefinierte Bedeutung in Condor. Neben ihnen können auch frei gewählte Bezeichner genutzt werden. Mit dem Bezeichner *Requirements* werden Anforderungen angegeben, die unbedingt erfüllt sein müssen. Im obigen ClassAd werden also nur Jobs auf der Maschine zugelassen, wenn die Tastatur mind. 15 Minuten nicht betätigt wurde, der Load höchstens bei 0,3 liegt und der Jobbesitzer nicht in Gruppe group1 ist. Über den Bezeichner *Rank* werden Vorlieben ausgedrückt. Je höher der Rank eines Jobs ist, um so bevorzugter wird er behandelt. Nach dem gezeigten ClassAd würden z.B. Jobs vom Nutzer limmer lieber angenommen werden als Jobs von anderen Nutzern.

Für Jobs werden über ClassAds genauso Anforderungen und Vorlieben angegeben. Dies könnte z.B. so aussehen:

```
MyType = "Job"
TargetType = "Machine"'
Owner = "limmer"
Group = "mit"
DiskUsage = 2045
Requirements = ((OpSys == "IRIX65"
                 && Arch == "SGI") ||
                (OpSys == "LINUX"
                && Arch == "INTEL"))
                && (Disk >= DiskUsage)
Rank = Memory >= 64
```

Wie in Abschnitt 14.2.1 bereits erwähnt, werden die ClassAds von Jobs und Ressourcen vom Central Manager gesammelt. Dieser vergleicht die ClassAds von Jobs und Ressourcen und versucht Paare zu bilden, so dass alle Anforderungen erfüllt sind. Kommen für eine Maschine auf Grund der Anforderungen mehrere Jobs in Frage, so wird der Job mit dem höchsten Rank gewählt. Die Entscheidungen des Central Managers werden den entsprechenden Submit und Ressourcen Maschinen mitgeteilt, damit die Jobs adäquat gestartet werden können.

14.2.3.2 Checkpointing und Migration

Condor wurde für die Ausführung besonders lang laufender Jobs entworfen. Gleichzeitig handelt es sich aber um eine opportunistische Umgebung, bei der nicht sichergestellt ist, wie lange Ressourcen zur Jobausführung zur Verfügung stehen. Jederzeit kann der Besitzer einer ungenutzten Maschine diese beanspruchen und Condor muss dort laufende Jobs unterbrechen. Es ist also sehr wahrscheinlich, dass ein gestarteter Condor-Job nicht ohne Unterbrechung bis zum Ende ausgeführt werden kann. Daher ist ein Mechanismus notwendig, der es erlaubt, laufende Jobs zu unterbrechen und später auf derselben Maschine oder sogar einer anderen an der Stelle fortzusetzen, wo er unterbrochen wurde. Genauso einen Mechanismus bietet Condor mit dem Checkpointing und Migration, welches im Standard-Universum verfügbar ist.

Ein Checkpoint ist dabei eine Momentaufnahme des Zustandes eines Programmes in der Form, dass das Programm zu einem späteren Zeitpunkt in genau diesem Zustand neugestartet bzw. fortgesetzt werden kann. Da Programme nichts anderes als Prozesse sind, schreibt Condor den Zustand des Prozesses in eine Datei oder auf einen Netzwerk-Socket. Der Zustand beinhaltet dabei u.a. die Inhalte des Stacks, des Datensegments und des Codesegments, den Zustand der CPU sowie die Inhalte der Code- und Datensegmente verwendeter Bibliotheken. Außerdem wird der Status aller geöffneten Dateien, von Signalhandlern und noch nicht behandelten Signalen berücksichtigt.

Damit Condor Checkpoints von Programmen erstellen und sie ggf. migrieren kann, müssen die Programme aber gegen die Condor System Call Bibliothek `libcondorsyscall.a` gelinkt werden. Diese verfügt sowohl über die Interfaces der Standard C Bibliothek als auch über einen Signalhandler, der auf das Checkpoint-Signal reagiert und Methoden zur Wiederherstellung eines Prozesses aus einem Checkpoint. Das heißt, dass ein Nutzer die Objekt-Dateien oder den Quellcode eines Programms haben muss, um Checkpointing nutzen zu können. Außerdem muss das Programm gewisse Voraussetzungen erfüllen. So ist z.B. jegliche Art von Nebenläufigkeit (in Form von Prozessen oder Threads) sowie die Benutzung von Alarmen, Timern und Sleep-Funktionen untersagt.

Von den Jobs, die Checkpointing erlauben, fertigt Condor periodisch Checkpoints an, wobei die genaue Zeitspanne zwischen zwei aufeinanderfolgenden Checkpoints konfigurierbar ist. Dies erhöht die Fehlertoleranz. Wird ein Job aufgrund der Ressourcen-Zuteilungsrichtlinien von einer Maschine verdrängt, so wird auch versucht ein Checkpoint anzufertigen. Schlägt dies fehl, weil z.B. das Erstellen des Checkpoints zu lange dauert, wird der nächstfrühere fertiggestellte Checkpoint genutzt, um den Job auf einer alternativen Maschine fortzusetzen. Ohne Checkpoints müsste der Job komplett neugestartet werden. Über das Kommando `condor_ckpt` kann ein Nutzer Condor auch explizit dazu auffordern, umgehend einen Checkpoint zu erstellen. Per Default werden Checkpoints in eine Datei auf der Submit Maschine geschrieben. Es ist aber auch möglich, einen Checkpoint Server für einen Condor-Pool einzurichten, auf dem dann alle Checkpoints gespeichert werden.

14.2.3.3 Remote System Calls

Obwohl die Jobs auf entfernten Maschinen laufen, bietet Condor mit dem Standard-Universum die Möglichkeit, die Laufzeitumgebung der lokalen Maschine beizubehalten. Das geschieht über den Mechanismus der Remote System Calls. Dabei werden Systemaufrufe von Condor von der Ressourcen-Maschine auf die Submit-Maschine umgeleitet. Der Job verhält sich dadurch so, als würde er auf der Submit-Maschine unter dem Nutzer laufen, der ihn abgeschickt hat. Der Nutzer benötigt noch nicht einmal einen Account auf der Ressourcen-Maschine. Hierdurch wird nicht nur die Sicherheit auf der Ressourcen-Maschine erhöht, sondern der Nutzer braucht sich auch keine Gedanken mehr zu machen, wie Input-Dateien für den Job verfügbar gemacht werden sollen und Output-Dateien auf die Submit Maschine zurückgelangen. Denn über die Remote System Calls werden jegliche IO-Systemaufrufe zur Submit-Maschine geleitet. Operationen auf Dateien finden somit direkt auf der Submit-Maschine statt. Damit ein Programm Remote System Calls nutzen kann, muss es wie beim Checkpointing mit der Systembibliothek von Condor gelinkt werden. Dadurch werden Systemaufrufe nicht an das Betriebssystem der Ressourcen Maschine gegeben, sondern über das Netzwerk an den condor_shadow-Prozess der Submit Maschine geleitet, welcher den Systemaufruf auf der Submit Maschine ausführt und ggf. Ergebnisse an den Job zurückliefert.

14.2.4 Condor und Gridcomputing

Im Folgenden soll erklärt werden, welche Beziehungen zwischen Condor und der Gridtechnologie bestehen. Es gibt verschiedene Wege, Condor im Zusammenhang mit Gridcomputing zu nutzen:

14.2.4.1 Flocking

Ein Condor-Pool erstreckt sich zumeist nur über eine administrative Domäne. Auch wenn es technisch möglich wäre, einen Condor-Pool über mehrere Domänen aufzubauen, so ist dies in der Praxis doch die Ausnahme. Über die Technik des *Flockings* lassen sich aber mehrere separate Condor-Pools unterschiedlicher administrativer Domänen miteinander verbinden, um auf diese Weise eine Art Grid zu erstellen. Durch das Flocking ist es einer Submit Maschine eines Condor-Pools A möglich, Jobs in einen Condor-Pool B zu senden (Abb. 14.3). Dazu muss nur der condor_schedd-Dämon der Submit Maschine und der Pool B entsprechend konfiguriert werden. Ein Job, der von der Submit Maschine versendet wird, wird aber nur dann an Pool B abgegeben, falls er nicht in Pool A ausgeführt werden kann.

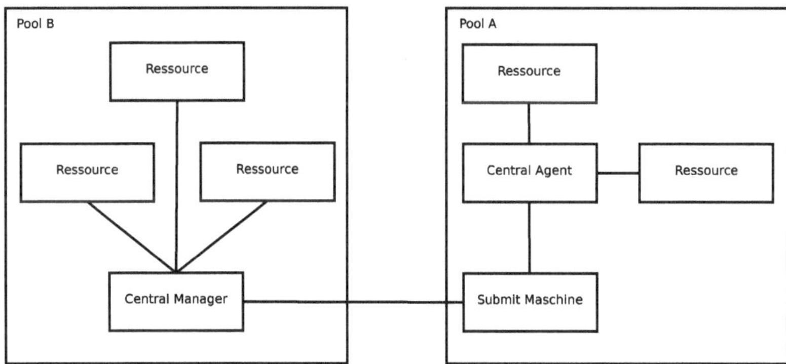

Abb. 14.3 Flocking von einem Condor-Pool A in einen Pool B

14.2.4.2 Condor-G

Condor kann auch als ein Globus-Client eingesetzt werden. Über das Grid-Universum können Jobs an Gridressourcen geschickt werden. In diesem Zusammenhang wird Condor als *Condor-G* bezeichnet. Es kann automatisch Globus-Jobbeschreibungen erstellen und diese an eine vorher definierte Globus-Installation absenden. Dabei bietet es mehr Features als der in Globus enthaltene Client `globusrun-ws`: Es können mehrere Jobs gleichzeitig abgegeben und über ein komfortables Interface beobachtet werden. Kombiniert man Condor-G mit DAGMan, so lassen sich leicht Workflows von Jobs erstellen (Abb 14.4).

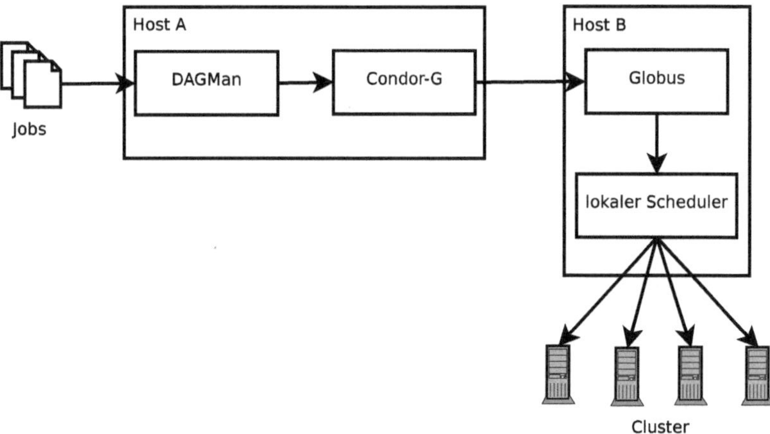

Abb. 14.4 Condor-G als Globus-Client. Mit Hilfe von DAGMan lassen sich so Workflows von Globus-Jobs erzeugen

14.2.4.3 Condor als lokaler Scheduler

Condor kann auch als ein lokaler Scheduler in ein Grid eingebunden werden. So können dann Jobs über Globus an einen Condor-Pool abgegeben werden. Ein passender Scheduler-Adapter als Schnittstelle zwischen Globus und Condor ist im Globus Toolkit 4 enthalten.

Literaturverzeichnis

1. *Condor Dokumentation.*
   online unter http://www.cs.wisc.edu/condor/.
2. Chang Liu, Zhiwen Zhao, Fang Liu. An Insight into the Architecture of Condor - A Distributed Scheduler. *CNMT International Symposium on Computer Network and Multimedia Technology*, 2010.

3. James Frey, Todd Tannenbaum, Miron Livny, Ian Foster, Steven Tuecke. Condor-G: a computation management agent for multi-institutional grids. *Proceedings of the 10th IEEE International Symposium on High Performance Distributed Computing*, 2002.
4. Mike Litzkow, Miron Livny. Experience with the Condor distributed batch system. *Proceedings of the IEEE Workshop on Experimental Distributed Systems*, 2002.

Teil V
Computational Science Anwendungen in Multi-Clustern und Grids

Kapitel 15
Computational Statistical Physics – Stochastische Simulation von Diffusionsprozessen

Uwe Renner

Zusammenfassung Die Diffusion ist ein in der Natur häufig anzutreffender Prozess, der auch vielfache technische Anwendung findet. Sowohl ihre numerische Behandlung durch partielle Differentialgleichungen, als auch die hier näher untersuchte mikroskopische Realisierung durch stochastische Prozesse, lässt eine nahezu parallele Realisierung durch das Grid-Computing zu. Hierzu werden die mathematischen Grundlagen ausgehend vom Wahrscheinlichkeitsbegriff, die Erzeugung der Simulation notwendigen Zufallszahlen, als auch die mathematische Beschreibung stochastischer Prozesse kompakt dargestellt. Diese statistische Sichtweise lässt sich leicht durch zufällige, parallele Wanderungen der Teilchen im Computer als Simulation realisieren, wobei ihr räumlicher Platzwechsel sowohl in diskreten Zeitschritten oder allgemeiner, als zeitlicher Sprungprozess in stetiger Zeit erfolgen kann.

15.1 Einleitung

In diesem Kapitel soll als wichtiger Transportprozess die Diffusion beschrieben und die Grundlagen für die Simulation solcher Prozesse bereitgestellt werden. Diese Vorbereitungen sollen in einem späteren Kapitel dazu dienen, einen solchen Prozess, speziell die single-file-Diffusion, mittels der Programmierschnittstelle MPI auf Cluster-Computern bzw. Grids zu simulieren.

Man begegnet der Diffusion in der Natur und bei technischen Anwendungen in vielfacher Weise. Sie bewirkt den Stoffausgleich infolge eines Konzentrationsunterschiedes, so dass ein Stoff aufgelöst wird oder sich mit einem anderen vermischt. Aber nicht nur bei der Schaffung von Unordnung ist die Diffusion beteiligt. Sie ermöglicht andererseits die Zufuhr verbrauchter Nährstoffe etwa bei Pflanzen aus dem Boden. Diffusion ist beim Stofftransport in biologischen Systemen, wie in den Zellen selbst, beteiligt. Durch diesen Prozess erfolgt auch der Ionentransport durch

Arnold-Sommerfeld-Gesellschaft Leipzig
E-mail: info@renner-uwe.de

D. Fey (ed.), *Grid-Computing*, eXamen.press, DOI 10.1007/978-3-540-79747-0_15,

die Zellmembran. Wachstums- und Strukturbildungsprozesse sind nicht ohne Diffusion vorstellbar. In Verbindung mit chemischen Reaktionen entstehen daraus komplexe Formen. Die Ergebnisse solcher Reaktions-Diffusions-Prozesse können in der Natur anhand verschiedenster Formen und Muster bewundert werden.

Viele technische Vorgänge machen sich die Diffusion zunutze. Mit ihr kann man z.B. Eigenschaften an Oberflächen durch Eindiffundieren bestimmter Teilchen beeinflussen, so die optischen Eigenschaften von Glas oder durch Härten die Festigkeit gegenüber mechanischen Beanspruchungen. Mittels Dotierung von Fremdatomen über Diffusion etwa eines Gases durch die Oberfläche lassen sich die elektrischen Eigenschaften von Halbleitern gezielt steuern. Als Sintern bezeichnet man einen Diffusionsprozess durch Oberflächen, bei dem die Kontaktflächen fest verbunden werden können. Die unterschiedlichen Diffusionskonstanten der Stoffe kann man, wenn man diese einem Feld aussetzt, auch zum Trennen der Stoffe nutzen (Isotopentrennung, Chromatographie).

Bei chemischen Prozessen in heterogenen Katalysatoren bewirkt die Diffusion den Stofftransport zu und von den Reaktionszentren, und das Zeitverhalten der Diffusion kann wesentlich den Gesamtverlauf bestimmen. Viele derartige Katalysatoren wie Zeolithe besitzen zum Erreichen eines hohen Stoffumsatzes große Oberflächen und damit verbunden ein enges Porensystem. Der Teilchentransport wird hierin durch die geometrische Einengung in den Kanälen bestimmt. Insbesondere können sich die Teilchen in manchen Abschnitten nicht mehr überholen und sind in einer Reihe angeordnet. Das Diffusionsverhalten in einem solchen single-file-System unterscheidet sich auch qualitativ von der herkömmlichen Diffusion. Zwischen den Teilchen bestehen starke korrelative Abhängigkeiten in ihrer Bewegung. Bisher gibt es nur theoretische Aussagen zum Zeitverhalten für große Zeiten. Das Verhalten eines solchen Mehrteilchensystems soll in einem späteren Kapitel (s. Kap. 20) durch Simulation mit einem zellulären Automaten für einen großen Zeitbereich untersucht werden. Ähnlich anomales Verhalten findet man auch in porösen System wie Aktivkohlen und Gesteinen, bei denen die Diffusion entlang eines Perkolationsnetzwerkes erfolgt, d.h. wo die spezielle Topologie bzw. Geometrie des Systems wesentlich wird.

Makroskopisch lässt sich die Diffusion durch die Diffusionsgleichung beschreiben. Mikroskopisch gesehen ist die Diffusion ein zeitlicher und räumlicher stochastischer Prozess, welcher das zufällige Umherirren der Teilchen beschreibt. Die Entdeckung des zufälligen Charakters der Diffusion wird dem schottischen Botaniker ROBERT BROWN im Jahre 1827 zugeschrieben, welcher unter dem Mikroskop die unregelmäßige Bewegung von Pollen in einem Wassertropfen zuerst beobachtete. Die makroskopische Beschreibung der Diffusion durch Differentialgleichungen geht auf ADOLF FICK aus dem Jahr 1855 [14] zurück. Wesentlichen Anteil bei der physikalischen Beschreibung der Diffusion als BROWNsche Molekularbewegung hatte ALBERT EINSTEIN mit seiner aus dem Jahre 1905 stammenden Arbeit [3]. Die BROWNsche Molekularbewegung besitzt gewisse Analogien zum Verlauf von Aktienkursen, denn auch deren Zustandekommen unterliegt ähnlichen stochastischen Gesetzen.

Viele natürliche Prozesse besitzen einen zufälligen Verlauf und ihre Gesetze lassen sich mathematisch durch die Wahrscheinlichkeitsrechnung und insbesondere durch die Statistische Physik als stochastische Transportprozesse beschreiben. Zu diesen gehört auch die Diffusion, welche die zufällige Ausbreitung von Teilchen betrachtet. Derartige Prozesse werden oft als Transportgleichungen für die Wahrscheinlichkeitsdichten formuliert. Hierzu gehören u. a. die Diffusionsgleichung, die FOKKER-PLANCK-Gleichung und die BOLTZMANN-Gleichung. Diese lassen sich vielfach nur numerisch für das jeweilige konkrete Problem lösen. Oftmals ist es von Vorteil, die Vorgänge qualitativ und quantitativ durch eine direkte Simulation der Elementarprozesse mittels Monte-Carlo-Methoden [6, 9] oder durch die Methode der zellulären Automaten [16, 17, 18, 19] zu modellieren und damit die statistisch relevanten Größen als Mittelwerte zu bestimmen.

Zum besseren Verständnis sollen zunächst einige wichtige mathematische Begriffe zur Beschreibung stochastischer Prozesse eingeführt werden. Ausgangspunkt ist der Begriff des Elementarereignisses. Quantitativ wird der Zufall durch die Wahrscheinlichkeit bzw. durch Wahrscheinlichkeitsdichten und Verteilungsfunktionen beschrieben. Für die numerische Auswertung sind die Mittelwerte der zufälligen Größen und deren Momente wichtig. Es soll auch erläutert werden, wie man mit dem Computer (pseudo-)zufällige Größen bzw. Zahlen und Verteilungen zum Zwecke der Simulation erzeugt.

In diesem Kapitel werden die stochastischen Prozesse definiert, d.h. zeitliche Prozesse mit zufälligem Verlauf. Solche Prozesse sind nicht völlig willkürlich und lassen sich mit den Begriffen der Wahrscheinlichkeitsrechnung beschreiben. Zufällige physikalische Vorgänge können durch partielle Differentialgleichungen bzw. als stochastische Prozesse mit der Zeit als Parameter mathematisch formuliert werden und lassen sich durch Korrelationsfunktionen quantitativ charakterisieren. Diese Größen und Funktionen haben einen engen Bezug zu physikalischen Messwerten.

Beispielhaft soll der eindimensionale makroskopische Diffusionsprozess bzw. mikroskopisch die Zufallswanderung unter verschiedenen Blickwinkeln und mit unterschiedlichen Methoden untersucht werden, von der gewöhnlichen FICKschen Diffusion bis hin zum anomalen Charakter der single-file-Diffusion in engporigen Systemen. Die Betrachtungen lassen sich auf mehrere Raumdimensionen und auch auf komplexe topologische Systeme oder Netzwerke anwenden.

15.2 Mathematische Grundbegriffe der Wahrscheinlichkeitsrechnung

Von zentraler Bedeutung bei den Wahrscheinlichkeitsbetrachtungen ist das Elementarereignis. Es ist das unmittelbare Ergebnis eines Versuches, z.B. „Kopf“ oder „Zahl“ beim Münzwurf oder die Augenzahl beim Würfel. Es kann nicht, im Gegensatz zu zusammengesetzten Ereignissen, durch andere Ereignisse dargestellt werden. Die Ereignisse lassen sich durch zufällige Größen bzw. Zufallsgrößen $X(\omega)$, wobei ω ein Element aus dem Raum der Elementarereignisse (Grundmenge) Ω ist, etwa durch diskrete Zahlen wie die Augenzahl eines Würfels oder die Karte in einem Spiel, die kontinuierliche Wartezeit für den Sprung eines Teilchens aus eine Potentialtopf, aber auch durch Vektoren wie den Ort beschreiben. Für ein konkretes Ereignis (die Realisierung) ω_k wird der Wert $X(\omega_k) = x_k$ mit der Wahrscheinlichkeit $P(\omega_k) = P(x_k)$ angenommen.

In den folgenden Ausführungen wird die *klassische* Wahrscheinlichkeitsdefinition verwendet, wonach die Wahrscheinlichkeit $P(A)$ für das Auftreten des Ereignisses A durch

$$P(A) = \frac{n(A)}{n}, \tag{15.1}$$

gegeben ist. Es ist $n(A)$ die Anzahl der für A günstigen Versuchsausgänge (Elementarereignisse) und n die Anzahl aller möglichen Elementarereignisse. Für die praktische Untersuchung ist es zweckmäßig, die Wahrscheinlichkeit als Grenzwert der relativen Häufigkeit anzusehen. Nach dieser Häufigkeitsinterpretation ist

$$P(A) = \lim_{N\to\infty} \frac{N(A)}{N}, \tag{15.2}$$

wobei $N(A)$ die Anzahl der Versuchsausgänge mit dem Ereignis A ist, d.h. dessen absolute Häufigkeit und N die Gesamtzahl der Experimente. Der Ausdruck $N(A)/N$ wird als relative Häufigkeit von A bei N Versuchen bezeichnet. Sie ist ein Schätzwert für die Wahrscheinlichkeit nach Definition (15.1). Die Wahrscheinlichkeit besitzt die Eigenschaft

$$0 \leq P(A) \leq 1. \tag{15.3}$$

Für das unmögliche Ereignis (leere Menge) $A = \emptyset$ ist stets $P(\emptyset) = 0$ und für das sichere Ereignis (Gesamtmenge) $A = \Omega$ ist stets $P(\Omega) = 1$. In Verbindung mit einer Ereignisalgebra $\mathscr{A}$, d.h. einem System von Teilmengen der Menge Ω, die alle möglichen zusammengesetzten Ereignisse beschreibt, bezeichnet das Tripel $(\Omega, \mathscr{A}, P)$ den Wahrscheinlichkeitsraum. Für die zufällige Größe X mit $x \in (-\infty, \infty)$ lässt sich die Verteilungsfunktion

$$F_X(x) = P(X < x) \tag{15.4}$$

definieren. Sie gibt die Wahrscheinlichkeit an, dass X Werte im Intervall $(-\infty, x)$ annimmt und ist eine monoton nicht-fallende Funktion mit den Grenzeigenschaften $\lim_{x\to-\infty} F_X(x) = 0$ und $\lim_{x\to\infty} F_X(x) = 1$. Existiert die Ableitung von $F_X(x)$, so bezeichnet

$$f_X(x) = \frac{\mathrm{d}F_X(x)}{\mathrm{d}x} \tag{15.5}$$

die Wahrscheinlichkeitsdichte bzw. Verteilungsdichte. Für diskrete zufällige Größen X mit den endlich (oder abzählbar unendlich) vielen Werten $x_1, x_2, \ldots, x_k, \ldots$ und den Einzelwahrscheinlichkeiten $P(X = x_k) = p_k$ gilt stets $\sum_k p_k = 1$.

Von besonderer Bedeutung zur Charakterisierung sind die Erwartungswerte bestimmter Funktionen der Zufallsgröße X, insbesondere ihre Potenzen bzw. die Momente. Der Erwartungswert (Mittelwert) EX oder $\langle X\rangle$ oder auch $\bar{X}$ bzw. das erste Moment m_1 der Zufallsgröße X ist gegeben durch

$$m_1 = \mathrm{E}X = \int_{-\infty}^{\infty} \mathrm{d}F(x)\,x = \int_{-\infty}^{\infty} \mathrm{d}x\,x\,f_X(x) \tag{15.6}$$

bzw. im Falle diskreter Ereignisse durch die mit der Wahrscheinlichkeit gewichtete Summe

$$\mathrm{E}X = \sum_k p_k x_k.$$

Allgemeiner sind die höheren Momente m_l der Zufallsgröße in der Potenz l gegeben durch

$$m_l = \mathrm{E}X^l = \int_{-\infty}^{\infty} \mathrm{d}F(x)\,x^l = \int_{-\infty}^{\infty} \mathrm{d}x\,x^l\,f_X(x) \tag{15.7}$$

bzw. im diskreten Fall durch

$$m_l = \sum_k p_k x_k^l.$$

Von Interesse sind auch die zentralen um den Mittelwert EX zentrierten Momente

$$\mu_l = \mathrm{E}(X - \mathrm{E}X)^l, \tag{15.8}$$

womit die Abweichungen von diesem Mittelwert bestimmt werden. Für physikalische Anwendungen, so in der Diffusionstheorie, ist das zweite zentrale Moment μ_2 bzw. die Streuung (auch mittleres Schwankungsquadrat, mittlere quadratische Abweichung, Varianz var(X) oder Dispersion genannt) σ^2 mit

$$\sigma^2 = \mu_2 = \mathrm{var}(X) = \mathrm{E}(X - \mathrm{E}X)^2 = \mathrm{E}X^2 - (\mathrm{E}X)^2. \tag{15.9}$$

von besonderer Bedeutung. Die positive Quadratwurzel hieraus bezeichnet man als Standardabweichung.

Oftmals ist es vorteilhafter, nicht die Wahrscheinlichkeitsdichte $f_X(x)$, sondern ihre FOURIER-Transformierte, d.h. die charakteristische Funktion $\hat{\varphi}(k)$[1] mit der komplexzahligen Variablen k, zu betrachten. Diese ist durch

$$\hat{\varphi}_X(k) = \mathrm{E}e^{ikX} = \int_{-\infty}^{\infty} \mathrm{d}x\,\mathrm{e}^{ikx} f_X(x) \tag{15.10}$$

oder im diskreten Fall durch

$$\hat{\varphi}_X(k) = \sum_l p_l \mathrm{e}^{ix_l k}$$

definiert. Man erhält hieraus spektrale Eigenschaften der Zufallsgröße X.

[1] Zur besseren Kennzeichnung transformierter Funktionen werden diese oftmals durch ein „Dach", Tilden oder andere Verzierungen gekennzeichnet.

Werden zwei oder mehrere Zufallsgrößen miteinander verglichen, so ist die Korrelation oder Kovarianz ein Maß für deren gegenseitige Abhängigkeit. Sind X_1 und X_2 zwei zufällige Größen mit den Erwartungswerten $\mathrm{E}X_1$ bzw. $\mathrm{E}X_2$ und der Verteilungsfunktion $F(x_1,x_2)$ bzw., falls existent, der Wahrscheinlichkeitsdichte $f(x_1,x_2)$, so ist die Kovarianz durch

$$\begin{aligned}\mathrm{cov}(X_1,X_2) &= \sigma^2(X_1,X_2) = \mathrm{E}(X_1-\mathrm{E}X_1)(X_2-\mathrm{E}X_2)\\ &= \int_{-\infty}^{\infty}\int_{-\infty}^{\infty} \mathrm{d}F(x_1,x_2)\,(x_1-\mathrm{E}X_1)(x_2-\mathrm{E}X_2)\\ &= \int_{-\infty}^{\infty}\int_{-\infty}^{\infty} \mathrm{d}x_1\mathrm{d}x_2\,(x_1-\mathrm{E}X_1)(x_2-\mathrm{E}X_2)\,f(x_1,x_2), \qquad (15.11)\end{aligned}$$

mit der Symmetrieeigenschaft $\mathrm{cov}(X_1,X_2) = \mathrm{cov}(X_2,X_1)$ gegeben. Für diskrete zufällige Größen mit den Einzelwahrscheinlichkeiten $P(X_1 = x_i^{(1)}, X_2 = x_k^{(2)}) = p_{ik}$ und den Erwartungswerten $m_1^{(1)} = \mathrm{E}X_1 = \sum_i x_i^{(1)} p_i^{(1)}$ bzw. $m_1^{(2)} = \mathrm{E}X_2 = \sum_k x_k^{(2)} p_k^{(2)}$ ist diese durch

$$\mathrm{cov}(X_1,X_2) = \sum_i\sum_k p_{ik}(x_i^{(1)} - m_1^{(1)})(x_k^{(2)} - m_1^{(2)}).$$

gegeben. Im Falle von n zufälligen Größen, welche einen n-dimensionalen zufälligen Vektor $\mathbf{X} = (X_1,X_2,\ldots,X_n)^T$ mit dem Erwartungswertevektor $\mathrm{E}\mathbf{X} = (\mathrm{E}X_1,\mathrm{E}X_2,\ldots,\mathrm{E}X_n)^T$ bilden, lässt sich allgemeiner die Kovarianzmatrix

$$\mathbf{B} = \mathrm{E}(\mathbf{X}-\mathrm{E}\mathbf{X})^T(\mathbf{X}-\mathrm{E}\mathbf{X}) \qquad (15.12)$$

mit den Matrixelementen $B_{ik} = \mathrm{cov}(X_i,X_k) = \mathrm{E}(X_i-\mathrm{E}X_i)(X_k-\mathrm{E}X_k)$, $i,k = 1,\ldots,n$ definieren. Ihre Diagonalelemente $B_{ii} = \sigma_i^2$ sind die Streuungen der zufälligen Größe X_i. [1]

15.3 Zufallszahlen, Pseudozufallszahlen und Zufallsgeneratoren

Möchte man die statistischen Kenngrößen wie den Mittelwert, die höheren Momente oder die Varianzen und Korrelationsfunktionen durch Computersimulation bestimmen, ist man auf eine sehr große Anzahl von unabhängigen Realisierungen (Versuche, Durchläufe) angewiesen. Derartige Realisierungen können die Zufallspfade diffundierender Teilchen sein. Idealerweise kann man diese auf einzelne Computer und Prozesse in einem Cluster oder Computer-Grid verteilen und nach Beendigung (oder in Zwischenstopps) der Simulation diese Kenngrößen aus den Erwartungswerten der Teilprozesse bestimmen. Eine solche Vorgehensweise findet z.B. Anwendung bei der direkten Simulation stochastischer physikalischer Prozesse durch die Monte-Carlo-Methode oder mittels stochastischer zellulärer Automaten. Hierzu ist man auf die schnelle Bereitstellung von Zufallszahlen angewiesen.

Prinzipiell könnte man zur Erzeugung der Zufallszahlen in Computersimulationen natürliche bzw. „echte“ Generatoren, etwa Rauschgeneratoren, verwenden. Nur sind diese oft zu langsam, möglicherweise gefährlich in der Handhabung[2], zu teuer, nicht temperaturstabil genug oder beinhalten nicht korrigierbare Artefakte. Eine Reproduzierbarkeit damit durchgeführter Versuche etwa zum Zwecke der Verifikation wäre nur dann gegeben, wenn man die Werte in (riesigen) Tabellen speichert. Diese Tabellen sind aber für umfangreiche Simulationen oft nicht groß genug oder würden viel Speicher in einem Computer belegen. Deshalb verwendet man meist künstlich generierte Pseudozufallszahlen, die während der Simulation schnell mittels Algorithmen durch Generatoren bereitgestellt werden können.

Solch deterministisch erzeugte Pseudozufallszahlen können im Idealfall ohne Kenntnis des Algorithmus kaum vorhergesagt werden. Statistische Tests (z.B. für die Unabhängigkeit von Teilfolgen) geben Aufschluss über deren Güte, wobei sie ähnlich gute Eigenschaften aufweisen sollten wie natürliche Zufallszahlen. Insbesondere bei der verteilten Simulation auf mehreren Computern muss man darauf achten, dass die Pseudozufallsgeneratoren selbst voneinander unabhängig sind, da sonst Korrelationen das Gesamtergebnis verfälschen könnten. Nachfolgend wird nicht mehr zwischen natürlichen Zufallszahlen und künstlichen Pseudozufallszahlen unterschieden und eine für die Aufgaben ausreichende Qualität vorausgesetzt.

Besitzt man einen Generator für gleichverteilte Zufallszahlen X mit Werten x im Intervall $[0,1)$, so lassen sich durch die Transformation $x \to y$ auch Zufallszahlen Y mit der Verteilungsfunktion $F(y)$ durch Bildung der Umkehrfunktion F^{-1} an der Stelle x

$$y = F^{-1}(x) \tag{15.13}$$

erzeugen. Obwohl die Berechnung formal durchführbar ist, z.B. durch Tabellen und Interpolationen oder bei expliziter Kenntnis auch direkt durch die numerische Berechnung, ist es oft vorteilhafter, diese Zufallszahlen durch andere Verfahren schneller zu erzeugen.

Allgemein erhält man für ein n-Tupel aus Zufallszahlen $(X_1, X_2, \ldots X_n)$ und der Dichte $p(x_1, x_2, \ldots x_n)$ mit der Transformation

$$y_i = y_i(x_1, x_2, \ldots x_n)$$

ein neues n-Tupel aus Zufallszahlen $(Y_1, Y_2, \ldots Y_n)$ der Dichte

$$p(y_1, y_2, \ldots y_n) = \left| \frac{\partial(x_1, x_2, \ldots x_n)}{\partial(y_1, y_2, \ldots y_n)} \right| p(x_1, x_2, \ldots x_n),$$

d.h., die Dichten transformieren sich im jeweiligen Definitionsbereich über den Absolutbetrag der Funktionaldeterminanten. [2]

Man kann m neue unabhängige Zufallszahlen $Y_1, Y_2, \ldots, Y_m$ aus n unabhängigen Zufallszahlen $X_1, X_2, \ldots, X_n$ auch durch die Methode der Dimensionsreduktion $\mathbb{R}^n \to \mathbb{R}^m$ $(m < n)$ erhalten, indem man bestimmte funktionale Abhängigkeiten der m neuen Variablen von den n Variablen mit bekannter Verteilung annimmt. Für

[2] falls z.B. radioaktive Quellen eingesetzt werden

$m = 1$ und $y = f(x_1, x_2, \ldots x_n)$ bekommt man unter Verwendung der DIRACschen δ-Funktion (δ-Distribution) wegen

$$\int \mathrm{d}^n x\, p(x_1, x_2, \ldots x_n) = \int \mathrm{d}^n x \int \mathrm{d}y\, \delta\left[y - f(x_1, x_2, \ldots x_n)\right]\, p(x_1, x_2, \ldots x_n)$$

durch Integration über die Werte $x_1, x_2, \ldots x_n$ mit $\int \mathrm{d}^n x\, p(x_1, x_2, \ldots x_n) = \int \mathrm{d}y\, p(y)$ eine Verteilung der Zufallsvariablen Y.

Die Verwerfungsmethode, die in ihrer ursprünglichen Form auf JOHN V. NEUMANN [7] zurückgeht, ist eine universelle Methode zur Bestimmung von Zufallszahlen für beliebige Verteilungen und ist auch dann anwendbar, wenn die Umkehrfunktion der Verteilungsfunktion nicht einfach zu berechnen oder explizit bekannt ist, sondern nur deren Dichte $p(x)$. Hierzu lässt sich eine beliebige, leicht zu berechnende Dichtefunktion $q(x)$ mit bekannter inverser Verteilungsfunktion $Q^{-1}(x)$ verwenden, so dass für eine geeignet zu wählende Konstante C die Eigenschaft

$$C q(x) \geq p(x) \tag{15.14}$$

erfüllt ist. Man bildet das Paar (x, y), wobei x mit der Dichte $q(x)$ zufällig gemäß (15.13) und y aus einer Gleichverteilung in $[0, C q(x)]$ gewählt wird. Dieses Paar wird nur dann akzeptiert, wenn $y \leq p(x)$ ist, andernfalls wird es verworfen. Die akzeptierten Werte x besitzen dann die geforderte Verteilung. Der Abstand zwischen $Cq(x)$ und $p(x)$ sollte so gering wie möglich sein, um möglichst wenige Werte zu verwerfen. Mit einer Umnormierung kann man y aus einer Gleichverteilung in $[0, 1]$ wählen, womit nur dann die Paare (x, y) akzeptiert werden, wenn $y \leq p(x)/C q(x)$ gilt.

Eine weitere Methode zur Erzeugung von Zufallszahlen mit der Dichte $p(x)$ verwendet die Verhältnismethode [9, 10] von in $(0, 1]$ gleichverteilten Zufallszahlen u und v. Dazu benötigt man ein Gebiet in der (u, v)-Ebene mit der Eigenschaft $0 \leq u \leq \sqrt{p\left(\frac{v}{u}\right)}$. Wenn die beiden Variablen in dem Gebiet liegen, so ist $x = \frac{v}{u}$ eine Zufallszahl mit der gewünschten Dichte $p(x)$.

15.4 Stochastische Prozesse

Neben den deterministischen Prozessen, etwa in der Mechanik bei denen der zeitliche Verlauf zumindest prinzipiell nach bekannten Gesetzen und daher vorhersagbar verläuft, gibt es Prozesse, deren Verläufe zufällig sind oder erscheinen und nicht mehr eindeutig prognostiziert werden können. Man kann die Unbestimmtheit des Verlaufs oft auf molekular-chaotische Ursachen zurückführen. Bei vielen Prozessen, so den Quantenprozessen, wird die Zufälligkeit als eine fundamentale Eigenschaft angesehen. Im Folgenden soll die Ursächlichkeit des Zufalls nicht weiter hinterfragt und stattdessen dieser als die Ursache oder Kraft ansehen werden, die Veränderung bzw. Bewegung hervorrufen kann. Ein solcher natürlicher Prozess ist die Diffusion. Hierbei unterliegen die Teilchen im mikroskopischen Maßstab gesehen Stößen durch andere Teilchen, deren Richtung und Betrag selbst wieder zufällig ist und von der molekularen Umgebung beeinflusst werden kann. Durch die Folge zufälliger Wechselwirkungen legt das betrachtete Teilchen einen zufälligen Zick-Zack-Kurs zurück. Die Temperatur als Systemparameter bestimmt wesentlich den Prozessverlauf.

Solche zufälligen Vorgänge lassen sich in geeigneter Weise durch statistische Größen mit der Wahrscheinlichkeitstheorie beschreiben. Man fasst zeitlich stochastische Prozesse X_t als zufällige Funktion $X(t)$ auf, bei der in Abhängigkeit vom nichtzufälligen Prozessparameter Zeit t zufällige Funktionswerte X angenommen werden. Beispielsweise ist das der Ort des Teilchens bei einer Zufallswanderung oder allgemeiner ein Punkt im Phasenraum (Ort und Impuls). Ein mit der Zeit aufgezeichneter Funktionsgraph, z.B. die Trajektorie oder die Zeitreihe, ist als eine bestimmte Realisierung ω aller möglichen Prozesse Ω, $\omega \in \Omega$ anzusehen. Mathematisch werden die Prozesse durch Wahrscheinlichkeitsdichten $P(x,t)$ bzw. durch Verteilungsfunktionen beschrieben.

Die Prozesse lassen sich sowohl hinsichtlich der Zeit als auch der möglichen Funktionswerte (bzw. für beide) in diskrete und stetige einteilen. Zeitlich diskrete Prozesse mit einer diskreten/stetigen Zustandsmenge werden zufällige Ketten/Folgen genannt. Die entsprechenden zeitlich stetigen Prozesse werden als diskrete/stetige Zufallsprozesse bezeichnet. Von besonderer Bedeutung sind stationäre stochastische Prozesse. Sie sind vom Betrachtungszeitpunkt unabhängig. Insbesondere gilt diese Zeitinvarianz für die Wahrscheinlichkeitsdichte bzw. die Verteilungsfunktion. Dazu müssen die Prozessbedingungen wie die Temperatur konstant gehalten werden. Die gewöhnliche Diffusion gehört zu den stationären Prozessen.

Man unterscheidet die stochastischen Prozesse auch hinsichtlich ihrer Abhängigkeit von den Zuständen zurückliegender Zeitpunkte. Besteht überhaupt kein solcher Zusammenhang, dann wird der Prozess als rein stochastisch bezeichnet. Zu ihnen gehören z. B. Rauschprozesse. Wird der aktuelle Prozesszustand nur vom unmittelbar vorangegangenen Zustand beeinflusst, so bezeichnet man diesen als MARKOV-Prozess. Hängt ein Prozess von allen vorangegangenen Zuständen, insbesondere vom Startpunkt ab, so wird er als nicht-MARKOVsch bezeichnet. In guter Näherung können viele Prozesse als MARKOV-Prozesse angesehen werden. Für derartige diskrete Prozesse lässt sich dann eine Master-Gleichung für die Besetzungswahrscheinlichkeiten $p_i(t)$ des Zustandes i mittels der Übergangswahrscheinlichkeiten w_{ij} (genauer Raten)

$$\frac{\mathrm{d}p_i(t)}{\mathrm{d}t} = \sum_j \left[w_{ij}p_j(t) - w_{ji}p_i(t)\right] \tag{15.15}$$

aufstellen. Summiert wird über alle möglichen Zustände j, die in den Zustand (Zufluss) bzw. aus dem Zustand (Abfluss) i führen. Bei diesen Zuständen kann es sich um diskrete Energiezustände, aber auch um diskrete Punkte $\mathbf{s}_i$ im Raum handeln. Im letzten Fall betrachtet man z.B. räumliche Übergänge wie die Diffusion auf Gittern.

Für MARKOV-Prozesse mit einer stetigen Zustandsmenge gilt für die Übergangswahrscheinlichkeitsdichten $p(x_2,t_2|x_1,t_1)$ von einem Anfangszustand 1 in einen

Endzustand 2 mit einem beliebigen Zwischenzeitpunkt τ, $t_1 < \tau < t_2$, die CHAPMAN-KOLMOGOROV-Gleichung

$$p(x_2,t_2|x_1,t_1) = \int_{-\infty}^{+\infty} p(x_2,t_2|\xi,\tau)\, p(\xi,\tau|x_1,t_1)\, \mathrm{d}\xi. \tag{15.16}$$

Die diskrete Form der Beschreibung solcher Prozesse nennt man MARKOV-Ketten. Genauer spricht man dann von zufälligen Ketten, wenn der Prozess zeitlich diskret in einem diskreten Zustandsraum erfolgt. Insbesondere gehört hierzu die zeitlich-diskrete Zufallswanderung, wie man sie mit dem Computer auf einem Gitter durch Sprünge realisiert. Eine natürliche Diskretisierung des Raumes kann etwa durch die Atome in einem Gitter vorliegen. Die zufälligen, zeitlichen Prozesse erfolgen hingegen in der Natur zumeist kontinuierlich, etwa als POISSON-Prozess, lassen sich aber näherungsweise oft durch die mittlere Sprungzeit oder durch eine mittlere Sprungrate (Frequenz) diskret beschreiben.

15.5 Korrelationsfunktionen

Viele physikalische Stoffeigenschaften wie Diffusionskonstanten oder Suszeptibilitäten werden durch Korrelationsfunktionen definiert und sind ein Maß für die Wechselwirkung der ablaufenden physikalischen Prozesse. Insbesondere sollen hier stationäre zeitliche Prozesse mit Mittelwerten $\langle X(t)\rangle \equiv 0$ betrachtet werden. Allgemein können die Realisierungen auch komplexzahlige Werte annehmen. Außerdem wird der im zeitlichen Fenster $-\frac{T}{2} \le t \le \frac{T}{2}$ definierte Prozess $X_T(t)$ durch

$$X_T(t) = \begin{cases} X(t), & -\frac{T}{2} \le t \le \frac{T}{2} \\ 0, & \text{sonst} \end{cases}$$

mit der Eigenschaft $\lim_{T\to\infty} X_T(t) = X(t)$ eingeführt.

Die zeitliche Autokorrelationsfunktion $K_{XX}(\tau)$ beschreibt die Korrelation zweier um die Differenz τ verschobener Prozesswerte desselben stochastischen Prozesses $X(t)$. Sie wird mittels der konjugiert komplexen Größe X^* über den zeitlichen Mittelwert $\langle\cdots\rangle_t$ durch

$$K(\tau) = K_{XX}(\tau) = \langle X(t)X^*(t+\tau)\rangle_t = \lim_{T\to\infty} \frac{1}{T} \int_{-\infty}^{\infty} X_T(t) X_T^*(t+\tau)\, \mathrm{d}t \tag{15.17}$$

definiert und besitzt die Symmetrieeigenschaft $K(\tau) = K(-\tau)$. Sie ist wegen $K(\tau) = K^*(\tau)$ stets reell. Für $\tau = 0$ nimmt sie ihr Maximum an und muss für $\tau \to \infty$ verschwinden, d.h. $\lim_{\tau\to\infty} K(\tau) = 0$. Oftmals lassen sich die Prozesse näherungsweise durch eine exponentiell fallende Korrelationsfunktion beschreiben.

Man kann die Autokorrelationsfunktion jedoch auch zu den zwei Zeitpunkten t_1 und t_2 über das Ensemblemittel $\langle\langle\ldots\rangle\rangle$ über die Realisierungen des Prozesses durch

$$K_{XX}(t_1,t_2) = \langle\langle X(t_1)X(t_2)\rangle\rangle \tag{15.18}$$

definieren. Im Falle zweier unterschiedlicher reelwertiger Prozesse $X(t)$ und $Y(t)$ mit $\langle X_t\rangle = 0$ bzw. $\langle Y_t\rangle = 0$ lässt sich die zeitliche Kreuzkorrelationsfunktion durch

$$K_{XY}(\tau) = \langle X(t)Y(t+\tau)\rangle_t \tag{15.19}$$

bzw. durch

$$K_{XY}(t_1,t_2) = \langle\langle X(t_1)Y(t_2)\rangle\rangle \tag{15.20}$$

bestimmen. Mittels der FOURIER-Transformation

$$\xi_T(\nu) = \int_{-\infty}^{\infty} X_T(t)\,\mathrm{e}^{2\pi i\nu t}\mathrm{d}t$$

der im Zeitfenster T definierten Funktion $X_T(t)$ lässt sich die Spektraldichte (Leistungsspektrum) $S_{XX}(\nu)$ bzw. $S(\nu)$ durch

$$S_{XX}(\nu) = \lim_{T\to\infty}\frac{1}{T}\,|\xi_T(\nu)|^2 \tag{15.21}$$

definieren und es gilt die Beziehung

$$\langle X(t)X^*(t)\rangle_t = \int_{-\infty}^{\infty} S_{XX}(\nu)\,\mathrm{d}\nu.$$

Nach dem WIENER-CHINTCHIN-Theorem bestehen zwischen der Autokorrelationsfunktion $K(\tau)$ und der Spektraldichte $S(\nu)$ die Zusammenhänge

$$K(\tau) = \int_{-\infty}^{\infty} S(\nu)\,\mathrm{e}^{2\pi i\nu t}\mathrm{d}\nu \quad \text{bzw.} \quad S(\nu) = \int_{-\infty}^{\infty} K(\tau)\,\mathrm{e}^{-2\pi i\nu t}\mathrm{d}\tau.$$

Die zuvor erwähnte exponentiell abfallenden Korrelationsfunktionen werden dann als Spektraldichten im Frequenzbild durch LORENTZ-Kurven dargestellt. [1]

15.6 Allgemeines zur Diffusion

Die Diffusion ist ein wichtiger physikalischer Transportprozess, der das Auseinanderfließen oder Zerstreuen von Teilchen, aber auch die Durchmischung von Stoffen aufgrund unterschiedlicher Konzentrationen beschreibt. Die Konzentration der Teilchen bzw. die Teilchenzahldichte n wird durch die Teilchenzahl pro Volumeneinheit definiert. Befinden sich in einem abgeschlossenen Volumen Bereiche mit unterschiedlicher Konzentration, so bewirkt der Konzentrationsgradient einen Ausgleich und die Teilchenströme erfolgen makroskopisch gesehen in Gebiete niedrigerer Konzentration. Dabei erhöht sich die Entropie des Systems. Die Diffusion ist nach dem Zweiten Hauptsatz der Thermodynamik ein freiwillig ablaufender Prozess und lässt sich nicht ohne äußere Einwirkung umkehren. Der mikroskopische Vorgang der Diffusion – auch BROWNsche Molekularbewegung genannt – beruht statistisch gesehen auf der thermischen Eigenbewegung der Teilchen, wobei es sich z.B. um Atome, Moleküle, Ionen und andere Ladungsträger wie Elektronen oder Defektelektronen handeln kann. Die Ausbreitung der Teilchen lässt sich durch deren Abstand vom Startpunkt messen. Typischerweise wächst dessen Quadrat im Mittel linear mit der Zeit. Die Diffusionskonstante bzw. der Diffusionskoeffizient als Proportionalitätsfaktor in dieser Beziehung ist ein Maß für die Beweglichkeit (Einheit: $m^2 \cdot s^{-1}$) der Teilchen. Die Diffusion ist in allen Größenskalen zu beobachten und tritt in allen Aggregatzuständen und zwischen diesen als universelles Gesetz in Erscheinung. Die Ausbreitungsgeschwindigkeiten der Teilchen können sich wegen der sehr unterschiedlichen Diffusionskonstanten um Größenordnungen unterscheiden. Diffusion erfolgt auch durch poröse Wände oder Membrane.

Man unterscheidet die Diffusion hinsichtlich der beteiligten Partner. Sie findet auch dann statt, wenn es keinen makroskopischen Konzentrationsgradienten gibt. Man spricht dann von Selbstdiffusion. Um diese feststellen zu können, muss man die Partikel entsprechend markieren (z.B. durch den Kernspin der Atome), ohne dass sich ihre physikalischen Eigenschaften wesentlich ändern. Findet die Diffusion eines Stoffes mit geringer Konzentration in einem anderen Stoff statt, z.B. einem Lösungsmittel, so spricht man von Tracerdiffusion. Bei unendlicher Verdünnung sind die Diffusionskoeffizienten von Selbst- und Tracerdiffusion identisch. Von Gegendiffusion spricht man, wenn entgegengesetzte Gradienten vorhanden sind, so dass Teilchen in entgegengesetzten Richtungen diffundieren.

Meist wird die Diffusion ohne Wechselwirkung mit anderen Teilchen, d.h. die „freie" Diffusion einzelner Teilchen betrachtet, deren Wechselwirkung (z.B. Reibung) nur indirekt über den Diffusionskoeffizienten oder durch die Festlegung der Randbedingungen eingeht. In engen porösen Systemen oder bei höheren Teilchenkonzentrationen kann die gegenseitige Wechselwirkung bedeutsam werden, wie es das Beispiel der single-file-Diffusion (Abschnitt 15.11) zeigen wird. Dann ändert sich nicht nur das quantitative, sondern auch das qualitative Verhalten und oft wird dabei die Diffusion anomal im Zeitverlauf.

Der Diffusionsprozess lässt sich als Diffusionsgleichung im Sinne einer FICKschen Konzentrationsströmung darstellen, welche numerisch unter verschiedenen Anfangs- und Randbedingungen etwa durch die Methode der Finiten Elemente (FEM) gelöst werden kann. Ein andere Sichtweise wird von der Molekulardynamik vertreten, bei der die Moleküle unter der Wirkung von Kräften eine Folge von „Billardstößen" erfahren, infolgedessen sie sich auf zufallsartige Bahnen bewegen. Den Schwerpunkt der folgenden Betrachtungen bilden jedoch die verschiedenen Darstellungsformen der Diffusion durch partielle Differentialgleichungen für die Wahrscheinlichkeitsdichte und als stochastischer Prozess. EINSTEIN stellte eine solche Beziehung zwischen der BROWNschen Molekularbewegung und der FICKschen Beschreibung der Diffusion bereits im Jahre 1905 her.

Der stochastische Prozess der Diffusion lässt sich direkt als Teilchenbewegung im Computer simulieren und seine statistischen Kenngrößen, so die Momente, durch sehr viele Realisierungen als statistische Mittelwerte bestimmen. Die effektive Einzelteilchenbewegung ohne Wechselwirkung mit anderen Teilchen kann ideal in unabhängige Computerprozesse (oder in Threads) parallelisiert und auf Cluster- und Gridcomputern realisiert werden. In Systemen mit Wechselwirkung der Teilchen lässt sich das System oftmals so in Teilgebiete zerlegen, dass in diesen eine eigenständige Simulation für einen Zeitschritt stattfindet und nach diesem ein Austausch der Information erfolgt. Zu diesen Verfahren gehört die Monte-Carlo-Methode und die Methode der zellulären Automaten. [13, 9, 19]

15.7 Klassische FICKsche Diffusion und Diffusionsgleichungen

Besteht in einem physikalischen System ein Konzentrationsunterschied, so sind die hieran beteiligten Teilchen bestrebt diesen abzubauen und es setzt ein entgegengerichteter Teilchenstrom ein. Ist $\mathbf{j}$ der Vektor der Teilchenstromdichte bzw. der Fluss, so ist dieser in isotropen Medien proportional zum negativen Konzentrationsgradienten grad$n$ (1. FICKsches Gesetz):

$$\mathbf{j} = -D\,\mathrm{grad}n. \tag{15.22}$$

Man nennt die Proportionalitätskonstante den Diffusionskoeffizienten D bzw. die Diffusionskonstante. In nicht-isotropen Medien wird diese lineare Beziehung in Verallgemeinerung durch einen Tensor 2. Stufe (Diffusions-Tensor $\mathbf{D}$) vermittelt. Dieses Gesetz ist eine makroskopische Beschreibung eines Vorganges und macht keine Aussagen über die konkreten Bahnen der beteiligten Teilchen. Die Diffusion erfolgt in der FICKschen Beschreibung in ähnlicher Weise wie die FOURIERsche Wärmeleitung. Der Diffusionskoeffizient ist temperaturabhängig und steigt i.A. mit der Temperatur. Auf die Teilchen können zusätzliche Kräfte einwirken, die den Teilchenstrom beeinflussen, so z.B. elektromagnetische Felder auf Ionen.

Betrachtet man die lokale zeitliche Änderung der Teilchenkonzentration, dann kann diese nur durch den Zu- bzw. den Abfluss von Teilchen (über den Rand eines beliebig klein gedachten Volumenelements) erfolgen, was durch die Divergenz (div) des Teilchenstroms beschrieben wird. Da weder Teilchen neu erzeugt noch vernichtet werden, besteht die Forderung nach der Massenerhaltung, welche durch die Kontinuitätsgleichung

$$\frac{\partial n}{\partial t} + \mathrm{div}\mathbf{j} = 0$$

zum Ausdruck kommt. Zusammen mit (15.22) erhält man die FICKsche Diffusionsgleichung (2. FICKsches Gesetz)

$$\frac{\partial n}{\partial t} = \mathrm{div}\,(D\,\mathrm{grad}n) \tag{15.23}$$

zur Bestimmung der Teilchenkonzentration $n(\mathbf{x},t)$ am Orte $\mathbf{x} = (x,y,z)$ zum Zeitpunkt t. Diese ist eine partielle Differentialgleichung 2. Ordnung vom parabolischen Typ. Deren Lösung ergibt sich in Verbindung mit der gestellten Anfangs- und Randbedingung. Einen Spezialfall erhält man, wenn D als konstant angesehen werden kann. Dann wird die Diffusion vereinfacht durch

$$\frac{\partial n}{\partial t} = D \triangle n \tag{15.24}$$

beschrieben, wobei $\triangle = \frac{\partial^2}{\partial x^2} + \frac{\partial^2}{\partial y^2} + \frac{\partial^2}{\partial z^2}$ der LAPLACE-Operator ist. Im stationären Fall, $\frac{\partial n}{\partial t} = 0$, führt dies auf die Lösung einer elliptischen partiellen Differentialgleichung für die jeweils formulierte Randbedingung. Die Diffusionsgleichung (15.24) ist vom selben Typ wie die FOURIERsche Wärmeleitungsgleichung, auch die Lösungsverfahren sind mit dieser verwandt. Außer in einigen Spezialfällen ist man bei der Lösung auf numerische Verfahren angewiesen. Heute haben sich hierfür insbesondere Finite-Differenzen und Finite-Elemente-Methoden durchgesetzt. Deren numerische Realisierung ist in der Regel rechenintensiv und führt auf die Lösung großer Gleichungssysteme, welche sich durch moderne Rechnerarchitekturen und -netze, die auch in Clustern und Grids organisiert sein können, in akzeptabler Zeit lösen lassen.

Einen interessanten Spezialfall für die Diffusion, der sich analytisch lösen lässt, erhält man, wenn man einerseits verschwindende Konzentrationen im Unendlichen fordert und andererseits eine idealerweise punktförmige Anfangskonzentration annimmt. Er ist auch als Referenz für numerische Verfahren nützlich. Die Lösung dieser Diffusionsgleichung ergibt eine GAUSS-Funktion mit zeitlich linear veränderlicher Varianz. Sei N die anfängliche Teilchenzahl zum Zeitpunkt $t_0 = 0$ am Ort $\mathbf{x}_0 = \mathbf{0}$, dann ist die Konzentration zum Zeitpunkt t am Ort $\mathbf{x}$ durch

$$n(\mathbf{x},t) = \frac{N}{(4\pi Dt)^{3/2}} \exp\left(-\frac{\mathbf{x}^2}{4Dt}\right) \tag{15.25}$$

mit dem skalarprodukt $\mathbf{x^2} := \mathbf{x} \cdot \mathbf{x}$, gegeben. Man kann leicht überprüfen, dass das Integral hierüber wieder die anfängliche Teilchenzahl N ergibt. In manchen Fällen kann man die Diffusion auch als eindimensionales Problem entlang eines schmalen langen Kanals, z.B. auf der x-Achse, auffassen. Dabei dürfen sich die Teilchen aber nicht gegenseitig beeinflussen. In diesem speziellen Fall ist

$$n(x,t) = \frac{N}{(4\pi Dt)^{1/2}} \exp\left(-\frac{x^2}{4Dt}\right). \tag{15.26}$$

Später, in Abschnitt 15.11, wird jedoch ein Fall betrachtet, bei dem diese Annahme nicht mehr zutrifft.

Man kann die Größe $P(\mathbf{x},t) = n(\mathbf{x},t)/N$ als die Aufenthaltswahrscheinlichkeitsdichte für *ein* Teilchen am Orte $\mathbf{x}$ zur Zeit t ansehen. Zur Bestimmung der Ausbreitung eines Teilchens berechnet man die Momente des Abstandes über alle seine

Realisierungen, die sich im Grenzfall sehr großer Teilchenzahlen N als Raumintegrale mit $P(\mathbf{x},t)$ darstellen. Aus Symmetriegründen ist leicht zu sehen, dass das Volumenintegral $\iiint \mathbf{x} P(\mathbf{x},t)\,\mathrm{d}^3\mathbf{x} = \mathbf{0}$ den Nullvektor ergibt. Für das mittlere Verschiebungsquadrat $\langle \mathbf{x}^2 \rangle$ hingegen erhält man, wenn man zu Kugelkoordinaten übergeht, mit $r^2 = \mathbf{x}\cdot\mathbf{x}$ den Ausdruck

$$\begin{aligned}\langle \mathbf{x}^2 \rangle &= \int_{-\infty}^{\infty}\int_{-\infty}^{\infty}\int_{-\infty}^{\infty} \mathrm{d}^3\mathbf{x}\,\mathbf{x}^2 P(\mathbf{x},t) \\ &= \frac{\Omega_3}{(4\pi Dt)^{3/2}} \int_0^{\infty} \mathrm{d}r\, r^4 \exp\left(-\frac{r^2}{4Dt}\right) \\ &= \frac{8\,\Gamma\left(\frac{5}{2}\right)}{\sqrt{\pi}} Dt.\end{aligned}$$

Dabei wurde für das Raumwinkelintegral in 3 Dimensionen $\Omega_3 = 4\pi$ berücksichtigt. Wegen $\Gamma\left(\frac{5}{2}\right) = \frac{3}{4}\sqrt{\pi}$ ist

$$\langle \mathbf{x}^2 \rangle = 6Dt. \tag{15.27}$$

Allgemein erhält man für die Diffusionen in d Dimension

$$\langle \mathbf{x}^2 \rangle = 2dDt \tag{15.28}$$

und insbesondere in einer Dimension

$$\langle x^2 \rangle = 2Dt. \tag{15.29}$$

15.8 Diffusion als stochastischer Prozess

Bei der statistischen Betrachtung der Diffusion untersucht man den mikroskopischen Vorgang der irregulären Bewegung vieler einzelner Partikel in einem System, die in Wechselwirkung mit der Umgebung stehen und dadurch einem stochastischen Prozess unterworfen sind. Diese Zufallsbewegung wird als BROWNsche Molekularbewegung bezeichnet. Von besonderer Bedeutung ist dabei das mittlere Verschiebungsquadrat zur Charakterisierung des Diffusionsprozesses. Dessen zeitliche Abhängigkeit folgt bei normalen Diffusionsprozessen, wozu die gewöhnliche BROWNsche Molekularbewegung gehört, einem linearen Zusammenhang, und bei anomalen Diffusionsprozessen ist der von eins abweichende zeitliche Exponent ein typischer Prozessparameter. Zum einen lässt sich das mittlere Verschiebungsquadrat durch physikalische Messverfahren wie die NMR (engl.: *Nuclear Magnetic Resonance* - Kernspinresonanz) bestimmen, zum anderen kann man dieses auch einfach durch Simulation ermitteln, wodurch ein Vergleich des Simulationsmodells mit der Messung erfolgen kann.

15.8.1 Diffusionsgleichung für die BROWN*sche Molekularbewegung*

In der Mathematik wird die BROWNsche Molekularbewegung formal als ein zentrierter GAUSS-Prozess $B = (B_t)_{t\in[0,\infty]}$ mit der Kovarianzfunktion $\mathrm{cov}(B_t, B_s) = \min(t,s)$ für alle Zeiten $t, s \geq 0$ definiert. Es handelt sich um einen homogenen Prozess mit unabhängig normalverteilten Zuwächsen, der durch den Mittelwert Kt mit dem Drift K und durch die Varianz, z.B. entlang der x-Achse, $\sigma_x^2 = 2Dt$ mit dem Diffusionskoeffizienten D gekennzeichnet ist [4]. Er wird zu Ehren von NORBERT WIENER auch als WIENER-Prozess bezeichnet.

Unter der Annahme, dass sich ein suspendiertes Teilchen als Kugel in einer Flüssigkeit unter dem Einfluss der STOKESschen Reibungskraft mit dem Reibungskoeffizienten η bewegt, konnte ALBERT EINSTEIN 1905 [3] aus den Gesetzen der Thermodynamik und unter Anwendung der Vorstellung von virtuellen Verschiebungen dieses Teilchens, den Diffusionskoeffizienten D aus bekannten *konstanten* (R: universelle Gaskonstante, N_A: AVOGADRO-Konstante) und *messbaren* (T: absolute Temperatur, r: Radius des Teilchens, η: Zähigkeit) Größen bestimmen:

$$D = \frac{RT}{N_\mathrm{A}} \frac{1}{6\pi\eta r}. \tag{15.30}$$

„*Der Diffusionskoeffizient der suspendierten Substanz hängt also außer von universellen Konstanten und der absoluten Temperatur nur vom Reibungskoeffizienten der Flüssigkeit und von der Größe der suspendierten Teilchen ab*“ [3]. Weiterhin konnte er für das mittlere Verschiebungsquadrat zeigen, dass $\overline{x^2} = \frac{RT}{N_\mathrm{A}} \frac{1}{3\pi\eta r} t$ gilt. Da dieses sich experimentell bestimmen lässt, kann man wegen $k_\mathrm{B} = \frac{R}{N_\mathrm{A}}$ hieraus auch die BOLTZMANN-Konstante k_B erhalten.

EINSTEIN leitetet die Beziehung zur bekannten Diffusionsgleichung sinngemäß wie folgt ab: Wenn $f(x,t)$ die Anzahl der Teilchen pro Volumeneinheit ist, dann kann man die Änderung zu einem Zeitpunkt $t+\tau$ bei sehr kleinen zeitlichen Änderungen τ, unter Vernachlässigung höherer Terme als dem linearen, betrachten:

$$f(x,t+\tau) = f(x,t) + \tau \frac{\partial f(x,t)}{\partial t}.$$

In dieser Zeitspanne werden sich die Teilchen mit der konstanten Anzahl $n = \int_{-\infty}^{+\infty} f(x,t)\mathrm{d}x$ entsprechend einer symmetrischen Verteilung mit der Dichte $\varphi(\Delta)$ um die Distanz Δ in alle möglichen Richtungen verschieben: $\mathrm{d}n = n\varphi(\Delta)\mathrm{d}\Delta$, $\varphi(\Delta) = \varphi(-\Delta)$, $\int_{-\infty}^{+\infty} \varphi(\Delta)\mathrm{d}\Delta = 1$, und es gilt für die Teilchen im Intervall zwischen $\mathrm{d}x$ und $x+\mathrm{d}x$ die Beziehung $f(x,t+\tau)\mathrm{d}x = \mathrm{d}x \int_{-\infty}^{+\infty} f(x+\Delta,t)\varphi(\Delta)\mathrm{d}\Delta$, d.h., diese verteilen sich unter Beibehaltung der Teilchenzahl $n = \int_{-\infty}^{+\infty} f(x,t+\tau)\mathrm{d}x = \int_{-\infty}^{+\infty} f(x+\Delta,t)\mathrm{d}x$ für beliebige Zeiten auf andere Positionen. Wenn man $f(x+\Delta,t)$ als Reihe in Δ mit genügend großem (unendlichem) Konvergenzradius entwickelt, so ist

$$f(x+\Delta,t) = f(x,t) + \Delta \frac{\partial f(x,t)}{\partial x} + \frac{\Delta^2}{2!}\frac{\partial^2 f(x,t)}{\partial x^2} + \cdots$$

Man bildet hierüber mit $\varphi(\Delta)$ auf beiden Seiten multipliziert das Integral und erhält schließlich unter Beachtung des Verschwindens des zweiten, in Δ linearen, Terms auf der rechten Seite aufgrund der Symmetrieforderung an φ

$$\tau \frac{\partial f(x,t)}{\partial t} = \frac{\partial^2 f(x,t)}{\partial x^2} \int_{-\infty}^{+\infty} \frac{\Delta^2}{2!} \varphi(\Delta) \mathrm{d}\Delta + \cdots$$

Vernachlässigt man die höheren Glieder der Entwicklung, dann gleicht dieses Ergebnis der bekannten FICKschen Diffusionsgleichung

$$\frac{\partial f(x,t)}{\partial t} = D \frac{\partial^2 f(x,t)}{\partial x^2},$$

wobei

$$\int_{-\infty}^{+\infty} \Delta^2 \varphi(\Delta) \mathrm{d}\Delta = 2D\tau$$

das mittlere Verschiebungsquadrat für kleine Zeiten τ ist. Die statistischen Betrachtungen der Diffusion durch Dichtefunktionen sind somit zu den Beschreibungen mittels Diffusionsgleichungen äquivalent.

15.8.2 Die Zufallswanderung der Teilchen – random walk

Die Diffusion soll nun als stochastischer Prozess in der Zeit t beschrieben werden, indem die Teilchen eine Zufallsbewegung bzw. eine zufällige Wanderung (engl.: *random walk*) ausführen. Bei dieser sind die Teilchen durch die Wechselwirkung mit anderen Teilchen zufälligen Stößen ausgesetzt, die eine zufällige Ort- und Richtungsänderung bewirken. Die Stärke und Häufigkeit der Stöße ist dichte- und temperaturabhängig. Falls die Partikel nicht zu klein sind, kann man wie der schottische Botaniker ROBERT BROWN deren (z.B. Pollen-) Bewegung auch unter dem Mikroskop betrachten und man würde eine sehr irreguläre Teilchenbahn beobachten. Wenn man die Distanz des Teilchens vom Ausgangspunkt der Betrachtung misst, sollte man im statistischen Mittel feststellen, dass es sich vom Ausgangspunkt entfernt, auch wenn kein Konzentrationsunterschied besteht. Die Irregularität der Bewegung ist über viele Größenordnungen erkennbar. Im statistischen Sinne sind die Bahnen selbstähnlich und besitzen die HAUSDORFF-Dimension 2, was sie als Fraktale charakterisiert. Die zufällige Trajektorie der Brownschen Molekularbewegung besitzt starke Analogien zum Verlauf von Börsenkursen.

Als Beispiel soll jetzt die eindimensionale Diffusion als Zufallsbewegung entlang einer Geraden betrachtet werden, die in Abschnitte gleicher Länge h unterteilt ist [5]. Genauer gesagt, es wird die zufällige Bewegung durch Sprünge auf einem linearen Gitter (Kette) mit äquidistanten Abständen untersucht. Zu den diskreten Zeitpunkten $k\tau$ $(k = 1,2,3\ldots)$ wird das Teilchen an jedem Gitterpunkt mit der Wahrscheinlichkeit p nach rechts und mit der Wahrscheinlichkeit $q = 1-p$ nach links gestoßen, wobei es zum rechten bzw. linken nächsten Nachbarn springt. Es soll nun die Wahrscheinlichkeit $P(x,t)$ bestimmt werden, dieses Teilchen nach n Zeitschritten zur Zeit $t = n\tau$ am Ort x zu finden, wenn es am Nullpunkt $x = 0$ zur Zeit $t = 0$ startet. In den n Zeitschritten macht das Teilchen m $(m = 1,2,\ldots,n)$ Sprünge nach rechts und $n-m$ Sprünge nach links und legt dabei die Distanz (Strecke nach rechts minus links) $x_n(m) = [m-(n-m)]\,h = (2m-n)\,h$ zurück. Es gibt genau $\binom{n}{m} = \frac{n!}{m!(n-m)!}$ unabhängige Möglichkeiten, die Distanz x zurückzulegen, wobei $\binom{n}{m}$ der Binomialkoeffizient ist. Jeder dieser unabhängigen Wege besitzt eine Wahrscheinlichkeit $p^m q^{n-m}$. Somit ist die Wahrscheinlichkeit $P_n(m)$, in n Zeiteinheiten genau m Schritte nach rechts zu gehen, durch die Binomial- bzw. BERNOULLI-Verteilung

$$P(x,t) = P_n(m) = \binom{n}{m} p^m q^{n-m} \tag{15.31}$$

gegeben. Für $m > n$ ist $P_n(m) = 0$, da dies für die gegebene Anzahl von Zeitschritten n ein unmögliches Ereignis ist. Wie man sofort sieht, ist zu jedem Zeitpunkt n die Normierung $\sum_{m=1}^{n} P_n(m) = \sum_{m=1}^{n} \binom{n}{m} p^m q^{n-m} = (p+q)^n = 1$ erfüllt. Es soll mit dieser Wahrscheinlichkeit zur festen Zeit n der Erwartungswert der Teilchenposition und die Varianz berechnet werden. Der Erwartungswert ist durch

$$\mathrm{E}X = \sum_{m=1}^{n} x_n(m) P_n(m) = (2p-1)nh$$

gegeben. Liegen isotrope Verhältnisse vor, d.h., ist der Prozess ungerichtet, dann gilt $p = q = 1/2$ und für den Erwartungswert $\mathrm{E}X = 0$. Für die weiteren Betrachtungen zur Diffusion ist insbesondere das mittlere Verschiebungsquadrat vom Startpunkt bzw. die Varianz von Interesse. Diese ist durch

$$\mathrm{var}(X) = \sigma_X^2 = \mu_2(X) = \mathrm{E}\,(X - \mathrm{E}X)^2 = \mathrm{E}(X^2) - (\mathrm{E}X)^2 \tag{15.32}$$

gegeben und somit eine diskrete Funktion der Zeitschritte n bzw. der Zeit $t = n\tau$. Der zweite Term ist das Quadrat des schon bekannten Erwartungswertes $\mathrm{E}X$ von X. Der Erwartungswert von X^2 berechnet sich aus

$$\mathrm{E}(X^2) = \sum_{m=1}^{n} x_n^2(m) P_n(m) = h^2 \left[4 \sum_{m=1}^{n} m^2 P_n(m) + (1-4p)n^2 \right].$$

Für das mittlere Verschiebungsquadrat gilt schließlich

$$\sigma_X^2\,(n) = 4h^2 p(1-p)\,n. \tag{15.33}$$

Man erkennt, dass dieses proportional zur Zahl der Zeitschritte ist. Im Fall einer völlig gerichteten Bewegung $p = 1$ bzw. $p = 0$ verschwinden die Schwankungen. Bei einer ungerichteten (symmetrischen) Bewegung, d.h. $p = q = 1/2$, ist

$$\sigma_X^2(t) = h^2 n = \frac{h^2}{\tau} n\tau = 2Dt, \tag{15.34}$$

mit dem Diffusionskoeffizienten

$$D = \frac{h^2}{2\tau}. \tag{15.35}$$

Dieses Ergebnis ist uns schon früher in (15.29) begegnet. Im dreidimensionalen Fall mit $X = (X_1, X_2, X_3)$ addieren sich aufgrund der Unkorreliertheit der Bewegung $\mathrm{E}(X_i X_j) = 0$ für $i \neq j$ die Schwankungsquadrate aus den einzelnen Dimensionsanteilen

$$\sigma_X^2(t) = \mathrm{E}(X - \mathrm{E}X)^2 = \sigma_{X_1}^2(t) + \sigma_{X_2}^2(t) + \sigma_{X_3}^2(t)$$

und man erhält

$$\sigma^2(t) = 6Dt.$$

Es soll nun gezeigt werden, dass aus der oben erhaltenen BERNOULLI-Verteilung (15.31) tatsächlich im Grenzfall vieler Zeitschritte n und großer Schrittzahlen m nach rechts die bekannte GAUSSsche Verteilungsdichte (15.26) für die Diffusion folgt. Das asymptotische Verhalten ergibt sich aus dem lokalen Grenzwertsatz von MOIVRE-LAPLACE gemäß [5]

$$P_n(m) \approx \frac{1}{\sqrt{2\pi npq}} \exp\left[-\frac{1}{2}\left(\frac{m - np}{\sqrt{npq}}\right)^2\right].$$

Für die ungerichtete Diffusion mit $p = q = 1/2$ und $x = (2m - n)h$ gilt weiter

$$P(x,n) \approx \frac{2}{\sqrt{2\pi n}} \exp\left(-\frac{x^2}{2nh^2}\right).$$

Mit dem Diffusionskoeffizienten nach obiger Definition (15.35) ist die Zeit durch $t = n\tau = n\frac{h^2}{2D}$ gegeben und somit folgt

$$P(x,t) \approx \frac{1}{\sqrt{4\pi Dt}} \exp\left(-\frac{x^2}{4Dt}\right) \cdot 2h.$$

Der Faktor $2h$ ergibt sich daher, dass man für konstante Zeitschritte n Distanzänderungen um $\triangle x = 2h\triangle m = \pm 2h$ erhält.

Die Betrachtungen zur Diffusion kann man, da die Sprungereignisse in den einzelnen Dimensionen unabhängig erfolgen, leicht auf k Dimensionen ($k+1$ Raumdimensionen) mit den Rechtsschritten m_i für jede Dimension i verallgemeinern. Die zugehörige polynomiale Wahrscheinlichkeit lautet

$$P_n(m_1, m_2, \ldots, m_k) = \frac{n!}{m_1! m_2! \cdots m_k!} p_1^{m_1} p_2^{m_2} \cdots p_k^{m_k},$$

wobei $\sum_{i=1}^{k} m_i = n$ gilt. Ihre asymptotische Entwicklung ist in den Größen

$$z_i = \frac{m_i - np_i}{\sqrt{np_i q_i}}, \; q_i = 1 - p_i$$

nach dem mehrdimensionalen lokalen Grenzwertsatz durch

$$P_n(m_1, m_2, \ldots, m_k) \approx \frac{1}{(2\pi n)^{(k-1)/2}} \, \mathrm{e}^{-\frac{1}{2}\sum_{i=1}^{k} q_i z_i^2}$$

gegeben.

Es sollte ersichtlich werden, dass ausgehend von den elementaren stochastischen Regeln für die Sprünge zu den nächsten Nachbarplätzen mit entsprechenden Sprungwahrscheinlichkeiten eine Zufallswanderung realisiert werden kann, die der BROWNschen Molekularbewegung, also der Diffusion als stochastischem physikalischem Prozess entspricht. Auch allgemeinere Diffusionsprozesse kann man durch statistische Regeln beschreiben, ohne eine Diffusionsgleichung explizit formulieren zu müssen. Mit Hilfe statistischer Mittelungsmethoden lassen sich im Verlaufe einer Simulation die interessierenden Größen, so die Momente und insbesondere das mittlere Verschiebungsquadrat, leicht aus den Realisierungen des Prozesses bestimmen, ohne die Wahrscheinlichkeitsdichten explizit kennen oder bestimmen zu müssen.

15.8.3 Sprungprozesse in stetiger Zeit (CTRW)

Bei den bisherigen Betrachtungen erfolgten die Sprünge der einzelnen Teilchen in zeitlich diskreten und festen Abständen. Die Theorie der Sprungprozesse in stetiger Zeit (engl.: *Continuous Time Random Walk*) berücksichtigt die Kontinuität zeitlicher Sprungereignisse, etwa für Sprünge aus einem Potentialtopf, wobei die zeitliche Verteilung aufeinanderfolgender Sprungereignisse eine fundamentale Funktion ist. Zeitlich diskrete Sprungprozesse sind hierin Spezialfälle. In ihrer Allgemeinheit ist die Theorie nicht auf Zufallsbewegungen in kontinuierlichen Räumen beschränkt, sondern lässt sich auch auf beliebige Geometrien und Netzwerktopologien anwenden. Man kann mit ihr Prozesse in beliebigen Zustandsräumen beschreiben.

Für die Theorie grundlegend ist die Betrachtung, dass genau nach einer Wartezeit τ entsprechend einer Wartezeitdichte $w(\tau)$ ein Sprung erfolgt, wofür $w(\tau)\,\mathrm{d}\tau$ die Wahrscheinlichkeit ist. Es gilt die Normierungsvorschrift $\int_0^\infty w(\tau)\,\mathrm{d}\tau = 1$. Somit ist $W(t) = \int_0^t w(\tau)\,\mathrm{d}\tau$ die Wartezeitverteilung, d.h. die Wahrscheinlichkeit dafür, dass im Zeitintervall $0 \ldots t$ genau ein Sprung stattfindet; anderseits ist die Verweilwahrscheinlichkeit dafür, dass kein Sprung stattfindet, durch $\Phi(t) = 1 - W(t) = \int_t^\infty w(\tau)\,\mathrm{d}\tau$ gegeben. Zumeist lässt sich die Wartezeitdichte durch die exponentielle Funktion

$$w(\tau) = \lambda \exp(-\lambda \tau) \tag{15.36}$$

mit dem Parameter λ charakterisieren. Eine solche zeitliche Abfolge von Sprüngen beschreibt einen POISSON-Prozess. Die mittlere Wartezeit $\bar{t}$ wird durch

$$\bar{t} = \int_0^\infty \tau w(\tau) \, d\tau \tag{15.37}$$

definiert. Im Falle des POISSON-Prozesses ist $\bar{t} = 1/\lambda$.

Allgemein lässt sich die Ausbreitung der Teilchen als Folge elementarer Sprungereignisse durch den Propagator $P(\mathbf{r},t|\mathbf{r}_0,t_0)$ darstellen. Er gibt die Aufenthaltswahrscheinlichkeit eines Teilchens am Ort $\mathbf{r}$ zur Zeit t an, wenn es am Ort $\mathbf{r}_0$ zur Zeit t_0 startet. Im Folgenden wird stets angenommen, dass die Teilchen ihren Ursprung in $\mathbf{r}_0 = \mathbf{0}$ besitzen.

In der CTRW-Theorie wird sowohl für die Sprungdistanz und als auch für die zeitlichen Sprungereignisse eine Verteilung angenommen. Allgemein ist $w(\mathbf{s},\tau)\,d\tau$ die Wahrscheinlichkeit, dass genau nach der Zeit τ ein Sprung mit $\mathbf{s}$ stattfindet. Die Funktion $w(\mathbf{s},\tau)$ ist die Wartezeit-Sprung-Dichte und es gilt $w(\tau) = \sum_{\mathbf{s}} w(\mathbf{s},\tau)$. Die räumlichen Sprünge können sowohl kontinuierlich als auch diskret auf einem Gitter oder in einem Netzwerk und insbesondere um äquidistante Abstände erfolgen. Eine Folge von Sprüngen lässt sich iterativ aus den Einschrittverteilungen darstellen. Der n-Schritt-Prozess $w_n(\mathbf{s},\tau)$ ergibt sich dann für $n \geq 2$ aus einem $(n-1)$-Schritt-Prozess durch die Faltungsgleichung

$$w_n(\mathbf{s},\tau) = \sum_{\mathbf{s}'} \int_0^\tau d\tau' \, w_{n-1}(\mathbf{s}',\tau') \, w(\mathbf{s}-\mathbf{s}',\tau-\tau'), \tag{15.38}$$

wobei das Teilchen den Ort $\mathbf{s}'$ genau zur Zeit τ' erreicht und dem finalen Einschrittprozess $w(\mathbf{s}-\mathbf{s}',\tau-\tau')$, bei dem das Teilchen den Sprung um $\mathbf{s}-\mathbf{s}'$ genau mit der Zeitdifferenz $\tau-\tau'$ bewältigt. Als weitere Vereinfachung wird angenommen, dass der Prozess stets zum Systemzeitpunkt $t_0 = 0$ startet und somit nur die spezielle Form des Propagators $P(\mathbf{r},t) = P(\mathbf{r},t|\mathbf{0},0)$ betrachtet. Ein weiter vereinfachtes Bild ergibt sich, wenn man die zeitliche Faltung in den LAPLACE-transformierten Größen ($\tau \to u : \tilde{w}_n(\cdot,u) = \int_0^\infty e^{-u\tau} w_n(\cdot,\tau)\,d\tau$ und die räumliche Faltung in den FOURIER-transformierten Größen ($\mathbf{s} \to \mathbf{k} : \hat{w}_n(\mathbf{k},\cdot) = \sum_{\mathbf{s}} e^{i\mathbf{s}\cdot\mathbf{k}} w_n(\mathbf{s},\cdot)$) darstellt, so dass man beide Faltungsoperationen in (15.38) schließlich als Produkt ausdrücken kann. Ist $\hat{\tilde{w}}_n(\mathbf{k},u)$ die FOURIER-LAPLACE-transformierte Funktion von $w_n(\mathbf{s},\tau)$, dann erhält man die Rekursionsbeziehung

$$\hat{\tilde{w}}_n(\mathbf{k},u) = \hat{\tilde{w}}_{n-1}(\mathbf{k},u)\hat{\tilde{w}}(\mathbf{k},u)$$

mit der Lösung

$$\hat{\tilde{w}}_n(\mathbf{k},u) = \left[\hat{\tilde{w}}(\mathbf{k},u)\right]^n. \tag{15.39}$$

Ein Teilchen kann den Ort $\mathbf{r}$ in beliebig vielen, unabhängigen Schritten erreichen. Die Wahrscheinlichkeit dafür, dass das Teilchen den Ort $\mathbf{s}$ genau nach der Zeit τ in irgend einer Anzahl von Schritten n erreicht, ist durch

$$R(\mathbf{s},\tau) = \sum_{n=1}^{\infty} w_n(\mathbf{s},\tau) \tag{15.40}$$

gegeben. Wenn man die Summation auf beiden Seiten der Gleichung (15.38) über alle Schrittzahlen durchführt und berücksichtigt, dass $w_1(\mathbf{s},\tau) = \delta_{\mathbf{s},\mathbf{0}}\delta(\tau - 0^+)$ ist, dann erhält man die *Grundgleichung* des CTRW

$$R(\mathbf{s},\tau) - \sum_{\mathbf{s}'} \int_0^{\tau} \mathrm{d}\tau' w(\mathbf{s}-\mathbf{s}',\tau-\tau')R(\mathbf{s}',\tau') = \delta_{\mathbf{s},\mathbf{0}}\delta(\tau - 0^+). \tag{15.41}$$

Ist nun $\mathbf{s}$ gleich dem Betrachtungsort $\mathbf{r}$ für die Aufenthaltswahrscheinlichkeit $P(\mathbf{r},t)$, an dem das Teilchen genau zur Zeit τ ankommt, so kann es dort noch bis zur Bestimmungszeit t verweilen. Der Propagator ist dann schließlich durch

$$P(\mathbf{r},t) = \int_0^t \Phi(t-\tau)R(\mathbf{r},\tau)\,\mathrm{d}\tau \tag{15.42}$$

gegeben. Betrachtet man den Propagator im FOURIER-LAPLACE-transformierten Raum, $\hat{\tilde{P}}(\mathbf{k},u)$, dann kann man diesen allein durch die transformierte Wartezeitdichte $\hat{\tilde{w}}(\mathbf{k},u)$ in der Form

$$\hat{\tilde{P}}(\mathbf{k},u) = \tilde{\Phi}(u)\,\frac{1}{1-\hat{\tilde{w}}(\mathbf{k},u)}$$

bzw.

$$\hat{\tilde{P}}(\mathbf{k},u) = \frac{1-\tilde{w}(u)}{u}\,\frac{1}{1-\hat{\tilde{w}}(\mathbf{k},u)}, \tag{15.43}$$

darstellen, wobei die Beziehung

$$\tilde{\Phi}(u) = \frac{1-\tilde{w}(u)}{u}$$

zwischen den LAPLACE-Transformierten der Wartezeitdichte und der Verweilwahrscheinlichkeit berücksichtigt wurde. Mit (15.43) erhält man folglich eine allgemeine Darstellungsform der Diffusion aus elementaren Sprungprozessen.

Weitergehende Vereinfachungen ergeben sich durch die Forderung nach zeitlicher und räumlicher Trennung der Sprungereignisse, d.h. wenn $w(\mathbf{s},\tau) = p(\mathbf{s})w(\tau)$ mit $\sum_{\mathbf{s}} p(\mathbf{s}) = 1$ und $w_n(\mathbf{s},\tau) = p_n(\mathbf{s})w_n(\tau)$ gilt. Die geometrische Sprungverteilungsdichte $p(\mathbf{s})$ ergibt sich aus der (homogenen) Struktur des Gitters bzw. Netzwerkes. Mit dieser Annahme kann man den zeitlich LAPLACE-transformierten Propagator $\tilde{P}(\mathbf{s},u)$ auch durch

$$\tilde{P}(\mathbf{s},u) = \frac{1-\tilde{w}(u)}{u} \sum_{n=1}^{\infty} p_n(\mathbf{s})\,[\tilde{w}(u)]^n \tag{15.44}$$

darstellen. Dieser Ausdruck soll dazu dienen, nochmals die zeitliche Abhängigkeit des mittleren Verschiebungsquadrates im Falle der Diffusion entlang einer Geraden mit äquidistanten Gitterpunkten im Abstand h, aber unter der Annahme beliebiger Wartezeitdichten zu bestimmen. Für die LAPLACE-Transformierte des mittleren Verschiebungsquadrates

$$\sigma^2(t) = \sum_{\mathbf{s}} (\mathbf{s} - \langle \mathbf{s} \rangle)^2 P(\mathbf{s}, t)$$

gilt allgemein

$$\widetilde{\sigma^2}(u) = \sum_{\mathbf{s}} (\mathbf{s} - \langle \mathbf{s} \rangle)^2 \tilde{P}(\mathbf{s}, u) \tag{15.45}$$

und mit dem Separationsansatz (15.44) speziell

$$\widetilde{\sigma^2}(u) = \frac{1 - \tilde{w}(u)}{u} \sum_{n=1}^{\infty} [\tilde{w}(u)]^n \sigma^2(n), \tag{15.46}$$

wobei

$$\sigma^2(n) = \sum_{\mathbf{s}} (\mathbf{s} - \langle \mathbf{s} \rangle)^2 p_n(\mathbf{s}) \tag{15.47}$$

ist. Man kann somit die zeitliche Abhängigkeit des mittleren Verschiebungsquadrats aus der inversen LAPLACE-Transformation von (15.46) bestimmen. Hierzu muss man, falls man keine expliziten Ausdrücke für die Koeffizienten $\sigma^2(n)$ finden kann, diese z.B. durch Simulation in Abhängigkeit der Schrittzahl n bestimmen.

Die geometrische Sprungverteilung wurde schon weiter oben unter der Annahme zeitlich diskreter Zeitschritte n berechnet. Es ist die BERNOULLI-Verteilung (15.31), bei der die Sprungdistanzen indirekt mit der Zahl der Rechtssprünge m im Zusammenhang standen. Auch der Schwankungsterm in (15.47) ist daher (15.33) bekannt. Im konkreten Beispiel ist schließlich

$$\widetilde{\sigma^2}(u) = 4h^2 p(1-p) \frac{1}{u} \frac{\tilde{w}(u)}{1 - \tilde{w}(u)}.$$

Für beliebige $\tilde{w}(u)$ erhält man hieraus durch inverse LAPLACE-Transformation das mittlere Verschiebungsquadrat. Gewöhnlich ist der Diffusionsprozess ein POISSON-Prozess mit der Wartezeitdichte (15.36) und dem Parameter $\lambda = 1/\bar{t}$. Die LAPLACE-transformierte Wartezeitdichte hierfür lautet

$$\tilde{w}(u) = \frac{\lambda}{\lambda + u}.$$

Dann ist

$$\widetilde{\sigma^2}(u) = \frac{4h^2}{\bar{t}} p(1-p) \frac{1}{u^2},$$

was im Zeitbereich

$$\sigma^2(t) = \frac{4h^2}{\bar{t}} p(1-p) t$$

bedeutet. Für die symmetrische Diffusion mit $p = 1/2$ erhält man mit dem Diffusionskoeffizienten $D = \frac{h^2}{2\bar{t}}$ das bekannte Ergebnis (15.34)

$$\sigma^2(t) = \frac{h^2}{\bar{t}}\,t = 2Dt,$$

wobei jetzt die mittlere Wartezeit $\bar{t}$ das Bezugszeitmaß darstellt. Man erkennt auch, dass die zeitlich diskrete Modellierung der Diffusion ohne explizites Zeitgesetz nur im Falle des POISSON-Prozesses vergleichbare Ergebnisse liefert und folglich einen Spezialfall darstellt.

15.9 EINSTEIN-Beziehung

Die EINSTEIN-Beziehung (EINSTEIN-Relation) verknüpft die Diffusionseigenschaft der Teilchen mit den scheinbar deterministischen Eigenschaften wie die (elektrische) Leitfähigkeit bzw. Mobilität. Diffundierende Teilchen sind auf ihren Pfaden verschiedenen Wechselwirkungen mit dem Medium und untereinander ausgesetzt, die sich als Reibung bemerkbar machen. Ohne diese würden äußere Kräfte oder Felder die Teilchen bei ihrer dann freien Bewegung beschleunigen. Gewöhnlich beobachtet man aber, dass trotz äußerer Kräfte die Teilchen auf eine konstante Geschwindigkeit abgebremst werden, so dass sich eine Teilchendrift mit der konstanten Driftgeschwindigkeit v bzw. ein Driftstrom $j = nv$ (n: Teilchenzahldichte) einstellt, der proportional der konstanten äußeren Kraft F ist. Diese Proportionalität zwischen der Driftgeschwindigkeit v_F und der (nicht zu großen) Kraft F wird durch die Beweglichkeit bzw. Mobilität μ über

$$v_F = \mu F \tag{15.48}$$

vermittelt. Für den Driftstrom gilt analog

$$j_F = n\mu F.$$

Die Diffusion hingegen versucht diesem Strom durch den Diffusionsstrom j_D entgegenzu wirken. Im Gleichgewichtsfall heben sich diese Ströme auf und es gilt $j_D + j_F = 0$. Es soll jetzt angenommen werden, dass die äußeren Kräfte nur entlang der x-Achse wirken. Im Gleichgewichtsfall wird die ortsabhängige Teilchenzahldichte $n(x)$ mit der potenziellen Energie des Teilchens $E_{\text{pot}} = -Fx$ durch die BOLTZMANN-Verteilung

$$n(x) = n(0)\exp\left(\frac{Fx}{k_B T}\right)$$

beschrieben, wobei k_B die BOLTZMANN-Konstante und T die absolute Temperatur ist. Für den Diffusionsstrom gilt nach dem 1. FICKschen Gesetz (15.22)

$$j_D = -D\frac{\partial n(x)}{\partial x} = -D\frac{F}{k_\mathrm{B}T}n(x).$$

Somit ist im stationären Gleichgewichtsfall

$$j_D + j_F = -D\frac{F}{k_B T}n(x) + n(x)\mu F = 0$$

und hieraus folgt die EINSTEIN-Beziehung

$$D = k_\mathrm{B}T\mu \tag{15.49}$$

bzw.

$$\mu = \frac{1}{k_\mathrm{B}T}D, \tag{15.50}$$

welche die Mobilität als Maß für die Reaktion des Teilchens auf eine Krafteinwirkung mit der Diffusionskonstanten verknüpft.

EINSTEIN nahm in seiner Arbeit von 1905 [3] speziell an, dass die suspendierten mikroskopischen Teilchen mit dem Radius r in einer Flüssigkeit mit der Zähigkeit η der STOKESschen Reibung $F = 6\pi\eta r v_F$ ausgesetzt sind und sich ein Gleichgewicht zwischen den treibenden thermischen Kräften und der Reibung einstellt. Der Vergleich mit (15.48) ergibt für die Mobilität μ_St der Teilchen

$$\mu_\mathrm{St} = \frac{1}{6\pi\eta r}$$

den bekannten Spezialfall der STOKES-EINSTEIN-Beziehung (15.30)

$$D = \frac{k_\mathrm{B}T}{6\pi\eta r}.$$

In elektrischen Systemen, z.B. in einem metallischen Draht, fließt unter der Feldstärke E bzw. der Kraft $F = qE$ der elektrische Strom $j_\mathrm{el} = qj_F = qnv_F$ von Teilchen mit der Ladung q. In solchen Systemen ist es üblich, die Mobilität anstelle (15.48) durch

$$v_F = \mu_E E$$

zu definieren, d.h., es ist $\mu_E = q\mu$ und folglich

$$\mu_E = \frac{q}{k_\mathrm{B}T}D.$$

Außerdem ist die elektrische Leitfähigkeit σ durch die Beziehung $j_\mathrm{el} = \sigma E$ definiert, woraus $\sigma = qn\mu_E$ folgt. Daher gilt die spezielle Beziehung

$$\sigma = n\frac{q^2}{k_\mathrm{B}T}D$$

zwischen der elektrischen Leitfähigkeit und der Diffusionskonstanten. Allgemein lässt sich die Reaktion eines Systems auf kleine Störungen des Gleichgewichts infolge fluktuierender stochastischer Kräfte durch die (lineare) Antworttheorie (Response-Theorie) bzw. den KUBO-Formalismus beschreiben und die physikalisch bedeutsamen Konstanten (z.B. die Diffusionskonstante) werden über Korrelationsfunktionen definiert.

15.10 Normale und anomale Diffusion

Bei der herkömmlichen Beschreibung der Diffusion kann man zumindest bei niedrigen Teilchenzahldichten n jedes Teilchen einzeln betrachten und dessen statistische Eigenschaften weitestgehend unkorreliert von den anderen beschreiben. Die Ausbreitung folgt gemäß dem FICKschen Diffusionsgesetz einer GAUSS-Verteilung (15.25). Eine charakteristische Messgröße ist das mittlere Verschiebungsquadrat $\langle \mathbf{r}^2 \rangle$. Für die gewöhnliche Diffusion in beliebigen Raumdimensionen d ist dieses gemäß

$$\langle \mathbf{r}^2 \rangle = 2dDt \tag{15.51}$$

mit der Diffusionskonstanten D proportional zur Zeit t.

In einigen porösen Systemen, etwa in Gesteinen, in Katalysatoren oder in Aktivkohlen, beobachtet man jedoch eine Abweichung von dieser linearen zeitlichen Proportionalität, was als Diffusionsanomalität bezeichnet wird. Zum einen kann die geometrische Beschaffenheit (verzweigte Netzwerke von feinen Kanälen, fraktale Geometrien [15] wie sie in Perkolationssystemen an der Perkolationsschwelle vorliegen) verantwortlich gemacht werden, zum anderen lässt sich diese durch starke Korrelationen der Teilchen untereinander oder mit einer stochastischen Umgebung erklären, wobei sich der zeitliche Prozesscharakter von dem eines POISSON-Prozesses unterscheidet. Allgemeiner betrachtet, treten Einschränkungen in der herkömmlichen BROWNschen Molekularbewegung auf, die eine nichtlineare zeitliche Verlangsamung der Teilchenausbreitung bewirken. Eine große Klasse solcher Systeme lässt sich asymptotisch für große Zeiten durch gebrochenzahlige Potenzgesetze für das mittlere Verschiebungsquadrat durch

$$\langle \mathbf{r}^2 \rangle \sim t^{\gamma}, 0 < \gamma < 1 \tag{15.52}$$

charakterisieren [1, 22]. Der Exponent γ im angegebenen Intervall beschreibt die gebremste anomale Diffusion und ist ein charakteristischer Parameter des Systems. Der Spezialfall $\gamma = 1$ liefert die gewöhnliche Diffusion. Im Gegensatz hierzu erhält man für $\gamma > 1$ eine beschleunigte Bewegung, die z.B. in turbulenten Systemen auftritt. Oftmals verwendet man die Schreibweise

$$\langle \mathbf{r}^2 \rangle \sim t^{\frac{2}{d_w}}, d_w > 2,$$

mit der Wanderungsdimension d_w, die der Dimension der fraktalen Teilchentrajektorie entspricht. Für die gewöhnliche, d.h. normale Diffusion (BROWNsche Molekularbewegung), gilt $d_w = 2$.

15.11 Ein stochastisches Modell für die single-file-Diffusion

Betrachtet man die gewöhnliche eindimensionale Diffusion, so erfolgt dies unter der Idealisierung, dass die anderen Dimensionen des Raumes für die quantitative Beschreibung der Ausbreitung vernachlässigbar sind und sich die Teilchen nicht gegenseitig behindern. Nachfolgend soll die kollektive Diffusion von Teilchen bei einer vorgegebenen Teilchenkonzentration c in einem engen Kanal, die *single-file-Diffusion* [20, 21, 23, 26, 27], beschrieben werden. Die Besonderheit besteht darin, dass sich die Teilchen hierin im Gegensatz zur gewöhnlichen Diffusion behindern und nicht einander passieren können. Die Diffusion soll hier als zeitlich stochastischer Prozess verstanden werden, der auf der Vorstellung elementarer stochastischer Sprungprozesse zu den nächsten Nachbarn beruht. Die zeitliche Abfolge der Platzwechsel auf einem hierfür diskretisierten Gitter kann z. B. nach einem POISSON-Prozess mit exponentieller Wartezeitdichte für einen Sprung erfolgen. Der Einfachheit halber betrachten wir später (s. Kap. 20) ein zelluläres Automatenmodell mit zeitsynchronen Sprüngen und konstanter Wartezeit.

Die single-file-Diffusion gehört zu den anomalen Diffusionsprozessen mit einer zeitlichen Abhängigkeit des mittleren Verschiebungsquadrates der Form $\langle \mathbf{r}^2 \rangle \sim t^\gamma$, wobei $0 < \gamma < 1$ gilt. Die Anomalität wird hier durch die geometrische Einschränkung in der Bewegung hervorgerufen. Für große Zeiten ist das Verhalten theoretisch bekannt und es gilt mit $\gamma = 1/2$ das zeitliche Wurzelgesetz

$$\langle \mathbf{r}^2 \rangle = 2\frac{1-c}{c}a^2\sqrt{\frac{\Gamma\, t}{\pi}}, \; 0 < c < 1. \tag{15.53}$$

Hierbei ist a die Gitterkonstante, gemessen in geeigneten Längeneinheiten (z. B. 100 nm), und Γ die Sprungrate, d.h. die Anzahl der Sprünge pro Zeiteinheit. Die Gitterkonstante sollte so gewählt werden, dass die mikroskopische Struktur hinreichend gut widergespiegelt wird. In den späteren Simulationen legen wir die Zahl 1 als Gittereinheit fest. Das spezifische Teilchenverhalten kommt in der Größe der Sprungrate zum Ausdruck und hängt von den Wechselwirkungen des Teilchens mit dem Gitter, der Temperatur und effektiv auch von der Wechselwirkung der kollidierenden Teilchen ab. Sie gibt an, wie häufig das Teilchen (im Mittel) eine Gittereinheit weit „springt“, z.B. 1 Sprung in 1 μs. In den späteren Simulationen wird angenommen, dass ein solcher Sprung pro Zeiteinheit stattfindet.

Die makroskopische Ausdehnung, die man durch die Simulation erfassen kann, wird neben den obigen Parametern vor allem durch die Anzahl der Gitterpunkte, z.B. 10^6, und durch die angestrebte Simulationszeit festgelegt. Aufgrund der zur Vereinfachung angenommenen periodischen Randbedingungen sollte diese Zahl viel größer als die maximal zu erwartende zurückgelegte Distanz eines Teilchens sein. Ansonsten sind Fehler in Form von Abweichungen vom asymptotischen Verlauf zu erwarten.

Literaturverzeichnis

1. G. Vojta, M. Vojta. *Teubner-Taschenbuch der statistischen Physik*. B. G. Teubner, Stuttgart, Leipzig 2000.
2. J. Honerkamp. *Stochastische dynamische Systeme*. VCH Verlagsgesellschaft, Weinheim 1990.
3. A. Einstein. *Über die von der molekularkinetischen Theorie der Wärme geforderte Bewegung von in ruhenden Flüssigkeiten suspendierten Teilchen*. In: Annalen der Physik. 17, 1905, S. 549–560.
4. A. A. Borowkow. *Wahrscheinlichkeitstheorie – Eine Einführung*. Akademie-Verlag, Berlin, 1976.
5. B. W. Gnedenko. *Lehrbuch der Wahrscheinlichkeitsrechnung*. Akademie-Verlag, Berlin, 1979.
6. J. M. Hammersley, D. C. Handscomb. *Monte Carlo Methods*, Methuen & Co, 1967.
7. J. v. Neumann. *Various techniques used in connection with random digits*. National Bureau of Standards applied mathematics series 12, pp. 36–38, 1951.
8. G. Marsaglia. *Random Number Generators*. Journal of Modern Applied Statistical Methods, Vol. 2, No. 1, pp. 2–13, 2003.
9. J. E. Gentle. *Random Number Generation and Monte Carlo Methods*. Statistics and Computing. Springer, Corrected second printing, 2005.
10. W. H. Press, S. A. Teukolsky, W. T. Vetterling, B. P. Flannery, *Numerical Recipes: The Art of Scientific Computing*. Cambridge University Press; 3rd ed., 2007.
11. P. Bratley, B. L. Fox, L. E. Schrage. *A Guide to Simulation*. 2nd edition, Springer, 1987.
12. K. H. Hoffmann, M. Schreiber. *Computational Statistical Physics – From Billiards to Monte Carlo*. Springer, 2002.
13. J. M. Thijssen. *Computational Physics*. Cambridge University Press, 2003.
14. A. Fick. *Über Diffusion*, Poggendorff's Annalen der Physik, 94, S. 59–86, 1855.
15. B. B. Mandelbrot. *Die fraktale Geometrie der Natur*. Akademie-Verlag, Berlin, 1987.
16. S.Wolfram. *Cellular Automata and Complexity*, collected papers. Reading/Massachusetts: Addison-Wesley, 1994.
17. U. Renner. *Zelluläre Automaten – Ein ausgewählter Überblick*. In: Eisenberg, W.; u. a. (Hrsg.): *Synergie, Syntropie, Nichtlineare Systeme*. Verlag im Wissenschaftszentrum Leipzig, 2000, S. 31–54.
18. S. Wolfram. *A New Kind of Science*. Wolfram Media, 2002.
19. B. Chopard, M. Droz. *Cellular Automata Modeling of Physical Systems*. Cambridge University Press, 2005.
20. J. Kärger. *Straightforward derivation of the long-time limit of the mean-square displacement in one-dimensional diffusion*. Phys. Rev. A45 (1992) 6, pp. 4173–4174.
21. J. Kärger, G. Fleischer, U. Roland. *PFG NMR Studies of Anomalous Diffusion,* Abschnitt 4.4*: Single-File-Diffusion*. In: Kärger, J.; u. a. (Hrsg.): *Diffusion in Condensed Matter*. Vieweg, 1998, S. 144–168.
22. G. Vojta, U. Renner. *Diffusion on Fractals*. In: Kärger, J.; u. a. (Hrsg.): *Diffusion in Condensed Matter*. Vieweg, 1998, S. 306–318.
23. J. Kärger. *Molecular Diffusion under Confinement*. In: Kärger, J. u. a. (Hrsg.): *Diffusion Fundamentals – Leipzig 2005*, Leipziger Universitätsverlag, 2005, S. 389–412.
24. G. E. Karniadakis, R. M. Kirby II. *Parallel Scientific Computing in C++ and MPI*. Cambridge University Press, 2003.
25. H. Bauke, St. Mertens. *Cluster Computing*. Springer-Verlag, 2006.

26. K. Heckmann. *Zur Theorie der „single-file" Diffusion, I.* Zeitschrift für Physikalische Chemie, Neue Folge, 1965, Bd. 44, S. 184–203.
27. S.K. Aityan. *Single-File-Diffusion of Uncharged Particles.* Gen. Physiol. Biophys. 4 (1985), pp. 3–14.

Kapitel 16
Die Boltzmann-Gleichung: Grundgleichung der Kinetik

Wolfgang Eisenberg

Zusammenfassung Die Boltzmann-Gleichung ist die Grundgleichung der kinetischen Theorie. Ihr sehr großes Anwendungsspektrum basiert auf ihrer einfachen, verständlichen und allgemeinen Abbildung von Transportprozess- und Reaktionseigenschaften. Die Relaxationszeit- und die Diffusionsnäherung der Boltzmann-Gleichung, die relativistisch verallgemeinerte und die quantisierte Boltzmann-Gleichung werden in zahllosen Anwendungen der (Astro)Physik, der Halbleiterphysik, der Chemie und der Biologie und der Technik genutzt. Unbedingt zu erwähnen sind hier auch die Anwendungen von Reinterpretationen der formalen Boltzmann-Gleichung in der Informationstheorie und der Zuverlässigkeitstheorie. Neu ist dabei die Lösung der Boltzmann-Master-Gleichung mit der Methode zellulärer Automaten.

16.1 Die Anwendungsvielfalt der Boltzmann-Gleichung

Die Boltzmann-Gleichung ist – zusammen mit einer ganzen Reihe von Modifikationen und Erweiterungen – die Grundgleichung der kinetischen Theorie [1]. Ihr sehr großes Anwendungsspektrum ist verbunden mit ihrer einfachen, verständlichen und allgemeinen Abbildung von Transportprozess- und Reaktionseigenschaften. Insbesondere die linearisierte Boltzmann-Gleichung (Relaxationszeitnäherung), die Diffusionsnäherung der Boltzmann-Gleichung [2] und die quantisierte Boltzmann-Gleichung werden in sehr vielen Anwendungen der Physik, der Chemie, der Biologie und der Technik genutzt. Aber auch die neuinterpretierten strukurellen Nutzungen der formalen Boltzmann-Gleichung in der Informationstheorie, die an die Entropie oder das Boltzmannsche H-Theorem anknüpfen [3], und der Zuverlässigkeitstheorie, die eine Analogie zur physikalischen Partikeltransporttheorie mit den

Arnold-Sommerfeld-Gesellschaft Leipzig
E-mail: Eisenberg.Wolfgang@t-online.de

D. Fey (ed.), *Grid-Computing*, eXamen.press, DOI 10.1007/978-3-540-79747-0_16,

Gedanken einer dynamischen Konzeption der Zuverlässigkeit verbinden [4], sind hier ausdrücklich zu erwähnen.

Angesichts dieser offensichtlich zahlreichen Anwendungen der Boltzmann-Gleichung sind einige erläuternde Bemerkungen zur statistischen Theorie und der Boltzmann-Gleichung angebracht. Die statistische Mechanik – allgemeiner die statistische Physik – stellt die Verbindung zwischen dem Verhalten der Materiebausteinen und denjenigen „makroskopischen" Eigenschaften her, die von der Thermodynamik erfasst werden.

Damit ist einmal eine Grenze ihrer Anwendbarkeit gesetzt: Sie kann nur Aussagen über die Eigenschaften von Gleichgewichtszuständen machen. Andererseits ergeben sich eine Reihe von Möglichkeiten: Man kann die allgemeinen Sätze „beweisen", d. h. diese ihrer isolierten Stellung im Rahmen der Physik entkleiden. Es ist auch möglich, Fragen zu entscheiden, die innerhalb der Thermodynamik offen bleiben, wie z.B. die Fragen zum 3. Hauptsatz. Zudem ist es mit der statistischen Mechanik, prinzipiell und in vielen Fällen auch praktisch möglich, solche Eigenschaften der Materie zu berechnen, die der Thermodynamik „von außerhalb"geliefert werden müssen, wie z.B. die Gleichgewichtskonstante einer einfachen Gasreaktion. Die statistische Mechanik liefert unmittelbar die Zahlenwerte der Gleichgewichtskonstanten für beliebige Werte von Druck und Temperatur, sobald die Energiestufen der beteiligten Moleküle bekannt sind, die sich ihrerseits mittels der Quantenmechanik berechnen lassen [5].

In der statistischen Mechanik wird also die Thermodynamik als Lehre vom thermischen Gleichgewicht atomistisch begründet und vervollständigt. So ist z.B. auch die gewichtige Zustandssumme aus den atomistischen Daten ableitbar. Allerdings ist eine atomistische Behandlung von Nichtgleichgewichtsprozessen nicht mehr so einfach durchführbar [6]. Die Entwicklung der statistischen Physik für Nichtgleichgewichtszustände ist daher noch nicht abgeschlossen und Gegenstand der Grundlagenforschung.

Die Überzeugung von der Allgemeingültigkeit der Entropie führte Max Planck 1900 zu seiner Strahlungstheorie und zur Quantentheorie. Arnold Sommerfeld und Wolfgang Pauli nutzten die Quantentheorie zur Verallgemeinerung der statistischen Theorie von Metallelektronen, die in Leipzig zur außerordentlich praktisch bedeutsamen quantentheoretischen Grundlegung der Festkörpertheorie (Felix Bloch, Rudolf Peierls, Bändermodell, Blochzustände, Lochzustände, 1928) ausgebaut wurde.

Die Thermodynamik hat im Gegensatz zur klassischen Mechanik die Quantenrevolution ohne Erschütterung ihrer Grundlagen überstanden [7]. Wir beginnen daher in diesem Lehrbuch wie die international anerkannten Gestalter und Förderer der Quantentheorie und -statistik, Arnold Sommerfeld und Wolfgang Pauli, aus didaktischen Gründen mit der originären Statistik von Boltzmann, weil sie so viel leistet und überschaubar ist, dass sie als geeignete Grundlage für das Verständnis der Quantenstatistik dienen kann. Zugleich ist damit der Anschluss an die meisten Lehrbücher der statistischen Mechanik gewährleistet, weil diese überwiegend die Boltzmann-Statistik und/oder die Boltzmann-Gleichung enthalten – entsprechend ihrer Zielstellung.

Quantentheoretische Verallgemeinerungen, wie z.B. die Quanten-Boltzmann-Gleichung als Musterbeispiel der Quanten-Kinetik, sind entwickelt worden. Hinzuweisen ist im Sinne Sommerfelds und seiner weltbekannten Schule ebenso auf die (speziell) relativistischen Verallgemeinerungen der Boltzmann-Gleichung. Unter den modernen Anwendungen der Boltzmann-Gleichung, die auch die weitreichenden Neuerungen von Quantentheorie und Relativitätstheorie nicht erschüttern konnte, seien einige besonders hervorgehoben, nämlich die in der Physik der Gaslaser, des Plasmas, der Kommunikation, der Kernfusion, der Halbleiter, der Reaktionskinetik, der Neutronen und des Kosmos (s. Abb. 16.1). Selbst für den Wiedereintritt des Space Shuttles in die Erdatmosphäre ist die Boltzmann-Gleichung von Belang: (s. hierzu http://de.wikipedia.org/wiki/Boltzmann-Gleichung). Es zeigt sich bei der

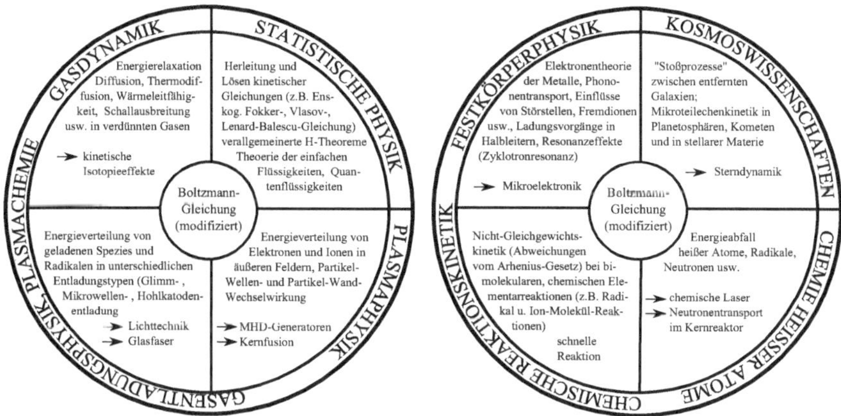

Abb. 16.1 Anwendungsspektrum der Boltzmann-Gleichung [8]

praktischen Anwendung der statistischen Mechanik (Physik), dass man mit Beziehungen auskommt, die im Zuge der Entwicklung bereits auf halbem Wege (intuitiv) gefunden wurden und unter dem Namen *quantisierte Maxwell-Boltzmann-Statistik* bekannt sind. Werden diese Beziehungen rückwärts aus den exakten abgeleitet, dann ergeben sich zwangsläufig die Gültigkeitsgrenzen dieser praktikablen Näherung [9]. In diesen Kontext ist auch das Beispiel zum Thema *Boltzmann-Gleichung* und deren Lösung mit Methode der *zellulären Automaten* aus der Transporttheorie der Halbleiterphysik einzuordnen.

16.2 Elementare kinetische Theorie

Die Anfänge der elementaren kinetischen Theorie, anfänglich der kinetischen Gastheorie, gehen auf Daniel Bernoulli zurück. In seinem Buch Hydrodynamica, Straßburg 1738, wird bereits der Gasdruck aus der Impulsänderung der auf die Gefäßwand stoßenden Gasmolekel abgeleitet [10]. Da die Kraft mit der Impulsänderung der

Teilchen verknüpft ist, kann der Druck, die Kraft pro Fläche, modellbasiert bestimmt werden. Dabei ist der Beitrag des einzelnen Stoßes gleich der Impulsänderung der Molekel beim Aufprall auf die reibungsfreie ebene Wand und bei der nachfolgenden Reflexion.

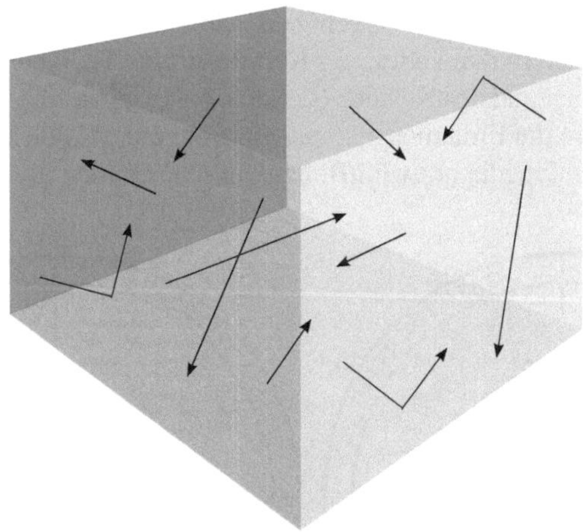

Abb. 16.2 Die stoßenden Molekel auf die Gefäßwand (ohne Stöße untereinander – Hochvakuum); die Pfeile charakterisieren Richtung und Geschwindigkeit der Molekel

Die weitere Entwicklung setzte aber erst in der Mitte des 19. Jahrhunderts ein: Kröning 1856, Clausius 1857, Maxwell 1860. Den Höhepunkt bildeten die Arbeiten von Ludwig Boltzmann, die dem Maxwell'schen Gesetz der Geschwindigkeitsverteilung seine allgemeinste Form gegeben haben.

Für das Element Sauerstoff und die Temperatur $T = 273°$K ergibt sich eine mittlere Molekülgeschwindigkeit $v_m = 0,35\ km/s = 21\ km/min = 1260\ km/h$. Sie ist schon bei 0°C erstaunlich hoch (in der Nähe der Schallgeschwindigkeit in der Luft) und nimmt bei Erwärmung noch deutlich zu. Entsprechendes Druckverhalten im Inneren des Gases zeigt sich bei der Ausströmung von komprimierten Gasen aus Düsen [11].

In seinen Arbeiten wird von Ludwig Boltzmann auch gezeigt, dass neben der Maxwellschen Geschwindigkeitsverteilung die Boltzmannsche Energieverteilung, die auch die räumliche Beeinflussung der molekularen Verteilung durch äußere Felder, z.B. durch das Schwerefeld, berücksichtigt, typisch und notwendig für das sich einstellende Gleichgewicht ist. Der sog. energetische Boltzmann-Faktor exp(-E/kT) mit der Boltzmann-Konstanten k und der Temperatur T kennzeichnet die verallgemeinerte Boltzmannsche Energieverteilung. Bei der Maxwellschen Geschwindigkeitsverteilung fällt die Energie E des Teilchens mit der kinetischen Energie $T = mv^2/2$ zusammen; im allgemeineren Boltzmann-Fall enthält die Energie E einen weiteren Summanden, nämlich die potentielle Energie V des äußeren Feldes F, z.B. $V = mgh$ für das Molekül mit der Masse m in der erreichten Höhe h im

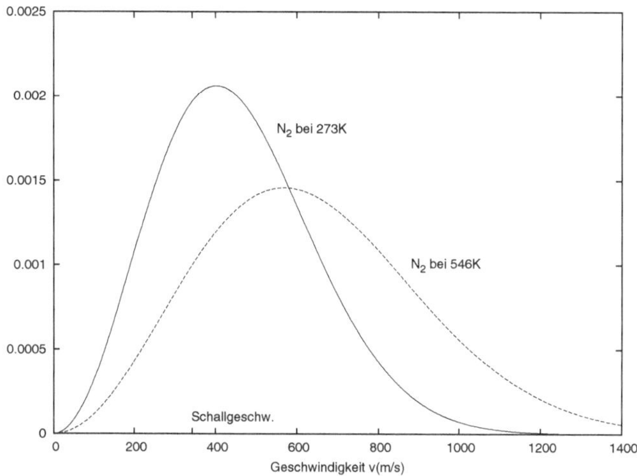

Abb. 16.3 Maxwell-Boltzmann-Verteilung der Molekül-Geschwindigkeiten im idealen Gas, dargestellt durch deren Wahrscheinlichkeitsdichte

„eindimensionalen“ Schwerefeld der Erde (Erdbeschleunigung g) : $E(h) = T + V = mv^2/2 + mgh$!

Damit ergibt sich die barometrische Höhenformel für die Dichte n der Moleküle eines idealen Gases im Schwerefeld der Erde (nahe der Erdoberfläche, konstante Temperatur T): $n(h) = n(0)exp(-mgh/kT)$. Diese Formel gilt analog für den osmotischen Druck der Moleküle eines gelösten Stoffs in einer verdünnten Lösung. Allerdings wird in der barometrischen Höhenformel angenommen, dass sich die Temperatur nicht mit der Höhe ändert, was den Tatsachen widerspricht. Zudem gilt die Höhenformel etwa bis in die Höhe von 100 bis 200 km über der Erdoberfläche [?].

Schon in der elementaren kinetischen Gastheorie werden außer solchen trägheits- oder feldgetriebenen und stoßfreien Flugphasen der Teilchen die flugphasenbegrenzenden Stöße der Teilchen berücksichtigt, so dass das nichttriviale Problem der freien Weglänge der Teilchen zum zentralen Problem der kinetischen Gastheorie wird. Der Begriff der mittleren freien Weglänge (engl.: *mean free path*) λ wurde schon 1858 von Clausius eingeführt. Man versteht darunter den Weg, den ein beliebig herausgegriffenes Molekül (Teilchen) in der Gesamtheit der übrigen Moleküle zwischen einer willkürlichen Anfangslage und dem Zusammenstoß mit einem anderen Molekül erwartungsgemäß zurücklegen wird [13].

Bei den idealen Gasen, deren Moleküle als punktförmig angenommen werden, wäre die mittlere freie Weglänge λ unendlich groß. Bei den realen Gasen hat sie wegen des Eigenvolumens der Moleküle (Van der Waalssche Konstante b) einen endlichen Wert, z.B. 68 Nanometer für Gasmoleküle in Luft unter Standardbedingungen. Im Hochvakuum kann sie für Gase allerdings quantitative Werte im Bereich von 10 cm bis 1 km erreichen. Dabei benutzt man bei Gasen eine Abschätzung der mittleren freien Weglänge, nämlich $\lambda = (n\ \sigma)^{-1}$, mit der Teilchendichte n und dem Wirkungsquerschnitt oder Stoßquerschnitt σ.

Der Wirkungsquerschnitt kann allerdings im Allgemeinen größer oder kleiner als der irgendwie definierte geometrische Wirkungsquerschnitt sein. Aber es gilt: Je größer der Wirkungsquerschnitt und die Teilchendichte ist, desto kleiner ist die mittlere freie Weglänge. Unter Berücksichtigung der Maxwellschen Gleichgewichtsverteilungsfunktion ist die Abschätzung präziser: $\lambda = (\sqrt{2}\ \pi\ n\ d^2)^{-1}$ mit dem Minimalabstand d der Moleküle.

Die mittlere freie Flugzeit$\tau = \lambda/\ v_m\ =\ v^{-1}$,für Stickstoffmoleküle ist bei $T = 0°C$ nur $0,5\ 10^{-9}\ s$, wobei der Teilchenradius $r = 2$ Angström, $\sigma = 5 \cdot 10^{-19} m^2, n = 10^{25} m^{-3}, v_m = 500 m/s$ und $\lambda = 1000\ r$ beträgt; außerdem ist v die mittlere Stoßfrequenz (Stoßzahl eines Teilchens pro Sekunde) und v_m die mittlere Geschwindigkeit [14].

16.3 Zu den Grundzügen einer exakten kinetischen Theorie

Die originären Boltzmannschen Arbeiten enthalten die Grundzüge einer exakten kinetischen Gastheorie. Nach James Clarke Maxwell und Ludwig Boltzmann kann man die Liouville-Gleichung, die Grundgleichung der statistischen Physik, durch Hinzufügung eines Stoßintegrals $J[f]$ (für Zweiteilchenstöße) auf der rechten Seite zu einer irreversiblen kinetischen Gleichung machen; dadurch wird die Berechnung von Nichtgleichgewichts-Verteilungsfunktion f und folglich die Beschreibung von irreversiblen Prozessen ermöglicht.

Die Boltzmann-Gleichung verknüpft die räumliche $\partial f/\partial x$ und die zeitliche Änderung $\partial t/\partial t$ der Verteilungsfunktion $f(x,v,t)$ mit deren Änderung durch ein äußeres Feld $F(x,t)$ oder die Streuung der Teilchen, beschrieben durch den Stoßterm $J[f]$:

$$\frac{\partial f}{\partial t} + v \cdot \frac{\partial f}{\partial x} + \frac{F}{m} \cdot \frac{\partial f}{\partial v} = J[f] \tag{16.1}$$

Sie enthält neben dem Term $\partial f/\partial t$ den Driftterm, den Feldterm und den Stoßterm. Zu den Grundzügen einer exakten kinetischen Theorie gehören die Annahme elastischer Zweierstöße und die Annahme einer geeigneten Zeitdifferenz Δt, die groß gegen die Stoßdauer und klein gegen die mittlere Stoßzeit zwischen zwei Stößen ist. Dann kann man die Verteilungsfunktion f als stetig und hinreichend oft differenzierbar im μ-Phasenraum annehmen und die Boltzmann-Gleichung in dieser Form zur Beschreibung der Kinetik benutzen.

Als Ausgangspunkt der kinetischen Theorie dient die streng gültige reversible Liouville-Gleichung oder stoßfreie Boltzmann-Gleichung ($J[f] = 0$) im (x,v)-Phasenraum: $\partial f/\partial t + v\ \partial f/\partial x + F/m\ \partial f/\partial v = 0$. Sie gilt für die Einteilchen-Verteilungsfunktion (genauer: die Wahrscheinlichkeitsdichte) $f(x,v,t)$ eines einatomigen klassischen Gases. Hierbei bedeutet F die äußere Kraft auf ein Teilchen (z. B.

die Schwerkraft), m die Teilchenmasse, $\partial/\partial t$ die Zeitableitung, $\partial/\partial x$ und $\partial/\partial v$ die Gradienten im Orts- und Geschwindigkeitsraum. Es ist üblich, insbesondere für ein klassisches Gas (ohne Magnetfeld) die Teilchengeschwindigkeit v anstelle des Impulses $p = mv$ zu benutzen. Im Allgemeinen ist der μ-Phasenraum 6-dimensional (3-dimensionaler Ortsraum; 3-dimensionaler Geschwindigkeitsraum), so dass die vektorielle Schreibweise x $(x : x^1, x^2, x^3)$, v $(v : v^1, v^2, v^3)$ und d^3v (dv_1, dv_2, dv_3) problemrelevant wird.

Da die Liouville-Gleichung (ohne $J[f]$) bereits streng gültig ist und die Trajektorie (Bahnkurve) eines jeden Teilchens, d.h. des zugehörigen Bildpunktes $P(x,v)$, im Phasenraum korrekt erfasst wird, kann eine solche Erweiterung nur so erfolgen, dass die Teilchenbildpunkte durch harte Zweierstöße ruckartig verschwinden und (nach dem Stoßprozess) an anderer Stelle im Phasenraum (genauer: Geschwindigkeitsraum) wieder auftauchen (Abb. 16.4).

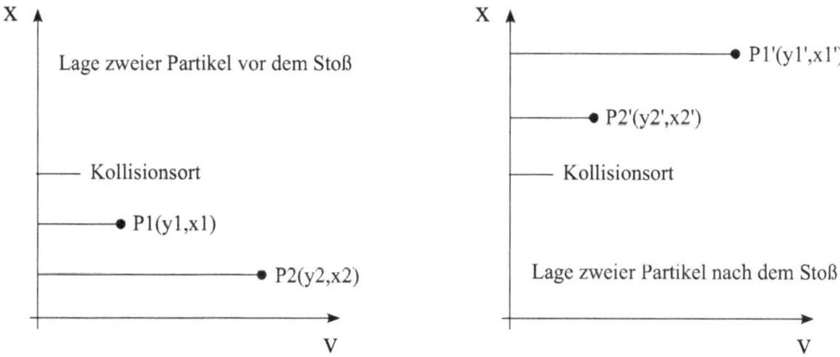

Abb. 16.4 Zweierstoß (Stoß von 2 Teilchen) im Phasenraum: Lage vor und nach dem Stoß

Diese anschauliche Betrachtungsweise kann durch eine mathematisch strenge theoretische Analyse fundiert werden. Es genügt, die Moleküle als starre Kugeln mit translatorischen Freiheitsgraden aufzufassen; denn die Anregungsenergien für die Rotation sind wegen sehr kleiner molekularer Trägheitsmomente quantenmechanisch sehr hoch. Die Änderung der Verteilungsdichte $f(x,v,t)$ in der kinetischen Gleichung hat zwei Ursachen, nämlich die Strömung im Phasenraum durch die Bewegung der wechselwirkungsfreien Teilchen (Driftterme, linke Seite) und die harten, d.h. kurzzeitigen Stöße zwischen den Teilchen (Stoßterme, rechte Seite).

16.4 Zur Boltzmann-Master-Gleichung

Die kinetische Grundgleichung stellt (mit ihrer rechten Seite) eine Bilanzgleichung dar: $J[f]) = J_+(f) - J_-(f)$; $J_+(f)$ ist der Zuwachs der Funktion f (pro Sekunde) im μ-Phasenraumpunkt (x,v) durch Teilchen, die durch den Stoß die Geschwindigkeit v bekommen. $J_-(f)$ ist die Abnahme von f durch Teilchen, die vor dem Stoß die

Geschwindigkeit v und nach dem Stoß irgendeine andere Geschwindigkeit haben. Damit besitzt die Gleichung die Struktur einer Master-Gleichung. Für die totale Zeitableitung von f gilt: $df/dt = J[f] = J_+(f) - J_-(f)$.

Die reformulierte Boltzmann-Master-Gleichung [15] enthält $W(v/v_n)$, die Übergangswahrscheinlichkeit pro Sekunde für ein Teilchen durch den Stoß von der benachbarten Geschwindigkeit v_n nach $v : df/dt = \int (W(v/v_n) \cdot f(x, v_n, t) - W(v_n/v) \cdot f(x, v, t))\, dv_n$.

Dabei sei die Wahrscheinlichkeit eines Zweiteilchenstoßes proportional dem Produkt der Verteilungsdichten (vor dem Stoß), nämlich ff_1 - mit $f_1 = f_1\ (x_1, v_1, t)$. Dieser Produktansatz gilt nur dann, wenn zwischen den Teilchen keine Korrelation besteht. Vorausgesetzt wird dabei ein verdünntes Gas, kurzzeitige, harte Stöße und das Postulat des molekularen Chaos (Ludwig Boltzmann). Die Teilchen sollen also kein Gedächtnis bezüglich des letzten Stoßes haben. Im allgemeinen Fall muss statt des Produktes die Zweiteilchen-Verteilungsdichte $f_2\ (x, v, x_1, v_1, t)$ verwendet werden.

Im 6-dimensionalen μ-Phasenraum erhält die Boltzmann-Gleichung (oder Boltzmannsche Stoßgleichung) explizit die folgende Gestalt:

$$\frac{df}{dt} = \int d^3v_1 \int d^2\Omega (v - v_1) \sigma(v - v_1, \varphi)(f'\ f_1' - f\ f_1) \tag{16.2}$$

mit dem differentiellen Wirkungsquerschnitt $\sigma(v - v_1, \varphi)$, dem Winkel φ zwischen den Vektoren v und v_1 und dem differentiellen Raumwinkel $d^2\Omega$ um die v-Richtung herum. Die rechte Seite der Gleichung ist das (Maxwell-) Boltzmannsche Stoßintegral. Im wichtigen thermodynamischen Gleichgewicht gilt $(f'\ f_1' - f\ f_1 = 0)$, d.h. das Stoßintegral ist Null (stoßfreie Boltzmann-Gleichung - engl.: *collision-free Boltzmann equation*). Ihre Lösung ist die o.g. Maxwell-Boltzmannsche Geschwindigkeitsverteilung.

Die Boltzmann-Gleichung dient zur Ermittlung der Nichtgleichgewichts-Verteilungsfunktion $f(x, v, t)$. Dabei sind verschiedene Normierungen und Bedeutungen von f möglich:
a) f ist Wahrscheinlichkeitsdichte: $\int f(x, v, t)\ d^3x\ d^3v = 1$;
b) f ist Teilchenzahldichte im Ortsraum: $\int f(x, v, t)\ d^3v = n(x, t)$.

16.5 Stoßinvarianten und Bilanzgleichungen

Infolge der Reversibilität der Stoßdynamik sind Masse, Impuls und kinetische Energie eines Teilchens Stoßinvarianten, d.h., sie ändern sich bei elastischen Zweierstößen nicht. Im allgemeinen Fall (inelastische Stöße, Dreierstöße usw.) gilt das nicht.

Durch gliedweise Multiplikation der Boltzmann-Gleichung jeweils mit v, mv und $1/2mv^2$ sowie der Integration über v erhält man Bilanzgleichungen, nämlich die Grundgleichungen der Hydrodynamik (Fluiddynamik) von Gasen; z.B. gilt für die Massendichte die Bilanzgleichung: $\partial\rho/\partial t + \partial/\partial x\ (\rho v_m) = 0$. Damit wird der entscheidende Übergang vom Mikroskopischen (atomaren oder molekularen Niveau) zum Makroskopischen (phänomenologischer Erfahrungsbereich) realisiert.

Die Boltzmannsche Entropie S (pro Volumeneinheit), d.h. die Entropiedichte, wird definiert durch $S(x,t) = \rho s = -k\rho\eta$, wobei $\eta = 1/\rho \int f \, lnf d^3v$ die Boltzmannsche H-Funktion oder Eta-Funktion ist. Für die Entropie gilt also kein Erhaltungssatz. Vielmehr gilt gemäß dem Entropiesatz oder dem 2. Hauptsatz der Thermodynamik: Die zeitliche Änderung der Entropiedichte erfolgt auf zwei Wegen, nämlich durch Strömung oder Wanderung der Entropie und durch (irreversible) Entropieproduktion (Stöße, H-Theorem).

16.6 Näherungs- und Lösungsmethoden der Boltzmann-Gleichung

Die Boltzmann-Gleichung ist in mathematischer Hinsicht eine (wegen des Stoßintegrals) nichtlineare Integrodifferentialgleichung, die im allgemeinen Fall schwierig zu lösen ist. Sie kann man mit Näherungsmethoden, insbesondere Reihenentwicklungen, mit Modell-Stoßgliedern und mit der Methode der Zellulären Automaten lösen.

a) In der Relaxationszeitnäherung wird vorausgesetzt, dass der Prozessverlauf durch eine zeitliche Exponentialfunktion erfasst werden kann. In der kinetischen Theorie bedeutet das die Ersetzung des Stoßintegrals J[f]) durch ein Relaxationsglied: $J[f]) = -(f(t) - f_0)/\tau_R$, wobei f_0 die Maxwell-Boltzmann-Verteilung und τ_R die Relaxationszeit ist.

Dadurch wird die Boltzmann-Gleichung linearisiert und vereinfacht. Sie wird eine simple Evolutionsgleichung: $\partial f/\partial t = -(f(t) - f_0)/\tau_R$ mit der einfachen exponentiellen Lösung: $f(t) - f_0 = (f(t_0) - f_0)exp - (t - t_0)/\tau_R$, wobei $f(t_0)$ der Anfangswert von f zur Zeit t_0 ist. Für ein Gas aus harten Kugeln gilt nach der elementaren Gaskinetik näherungsweise die quantitative Übereinstimmung der Relaxationszeit τ_R mit der mittleren freien Flugzeit τ.

Zu beachten ist allerdings, dass in der Relaxationszeitnäherung die Erhaltungssätze für die Gesamtteilchenzahl, die Gesamtmasse, den Gesamtimpuls und die Gesamtenergie nicht erfüllt sind. Trotz dieser Einschränkung wird diese Näherung auf vielen Gebieten angewendet, z.B. in der Halbleiter- und Kernphysik.

b) Verschiedene Modifikationen des Relaxationszeitansatzes führen auf sog. kinetische Modellgleichungen, wobei dann die Erhaltungssätze für die Teilchenzahl, den Impuls und die Energie des Gesamtsystems erfüllt werden können. Der Vorteil dieser Gleichungen liegt in ihrer einfachen Lösbarkeit im Vergleich zur Boltzmann-Gleichung mit dem Stoßintegral. Die Theorie dazu ist weit ausgebaut. Ein Beispiel ist die BGK-Gleichung mit einer effektiven Stoßfrequenz, die eine Funktion der Variablen x,v und t ist. Die Konstruktion der Funktion soll die Erfüllung der problemrelevanten Erhaltungssätze garantieren.

Die Lösung derartiger kinetischer Modellgleichungen erfolgt mit geeigneten Reihenentwicklungen. Eine mögliche Reihenentwicklung für die Nichtgleichgewichtsverteilungsdichte f ist die folgende: $f = f_0(1 + \varphi_1 \; \varphi_2 + ...)$, wobei f_0 z.B. eine (lokale oder globale) Gleichgewichtsverteilung ist. Ein möglicher Entwicklungsparameter für die Reihenentwicklung ist ε = Relaxationszeit/ makroskopische Zeit irgendeiner Art (oder mittlere freie Weglänge/charakteristische Länge mikroskopischer Inhomogenitäten oder Moment höherer Ordnung der Geschwindigkeitsverteilung).

Die beiden grundlegenden Lösungsmethoden sind die Chapman-Enskog-Methode (5 Momente von f in der Teilchengeschwindigkeit und deren Gradienten) und die Grad'sche Momenten-Methode (unendlich viele Momente von f in der Teilchengeschwindigkeit). In der Grad'schen 13-Momenten-Näherung sind der Drucktensor und die Wärmestromdichte enthalten.

c) Die Konzeptionen der statistischen Mechanik kommen zum Tragen, wenn stochastische Zelluläre Automaten auftreten, deren Anfangsbedingungen oder Eingangssignale stochastischer Natur sind oder/und die eine interne stochastische Dynamik zeigen. Selbst deterministische Zelluläre Automaten entwickeln (je nach Arbeitsregeln) sehr komplexe (räumliche) Strukturen, die mit den Methoden der statistischen Mechanik beschrieben werden können. Ein Zellulärer Automat (engl.: *cellular automata*) ist ein regelbasiertes diskretes dynamisches System, das aus einzelnen Zellen aufgebaut ist, die zumeist auf einem diskreten Gitter angeordnet sind. Die Zustände der Zellen werden regelgemäß in diskreten Zeitschritten (im Takt) geändert. Alle Zellen arbeiten parallel. Die synchronen Operationen infolge der Wechselwirkung zwischen den Automatenzellen (räumliche und zeitliche Korrelation) implizieren – durch kooperative (oder kollektive) Effekte – im Laufe der Zeit komplexe räumliche Strukturen oder Muster (engl.: *pattern*), die in besonderen Fällen mit Selbstorganisation und Selbstreproduktion beschrieben werden können [16].

Die Automatenregeln können aus der Erfahrung, der Kombinatorik oder den physikalischen Gleichungen, wie z.B. der Boltzmann-Gleichung, abgeleitet werden. Umgekehrt kann die Boltzmann-Gleichung und deren Verallgemeinerungen mit Hilfe der Methoden der Zellulären Automaten (ZA) gelöst werden, wenn man diese in einen Satz von Gittergasgleichungen mit lokalen Regeln transformiert, wie im o.g. Anwendungsbeispiel aus der Halbleiterphysik gezeigt wurde [17],[18].

Sommerfeld nutzte in seinen Arbeiten zur statistischen Physik häufig die Abzählmethode (Kombinatorik) und weniger die dynamische, kinetische Methode der Boltzmann-Gleichung. Die Anwendung der ZA-Methode hat gezeigt, dass die problemspezifische Verknüpfung beider Methoden zur Ableitung der ZA-Regeln es ermöglicht, die vorhandene System-Information (auch ökonomischer) effektiver zu nutzen. Sie gestattet auch eine gemischt experimentell-theoretische Behandlung von Problemen, bei der zwar nicht alle Messungen, aber doch ein möglichst großer Teil erspart wird [19]).

16.7 Ausblick

Eine strengere kinetische Theorie von Atom- und Molekülgasen auf quantenmechanischer Grundlage ist aufgebaut worden. Ausgangspunkt ist dabei die quantenstatistische Liouville-Gleichung für die Einteilchen-Dichtematrix oder die Einteilchen-Wigner-Funktion. Für mehratomige Gase müssen inelastische Stöße (wegen zusätzlicher Rotations-und Schwingungsfreiheitsgrade) berücksichtigt werden. Bei Gasen höherer Dichte hat man auch die seltenen Dreierstöße, d.h. Stöße zwischen 3 Teilchen, zu beachten. Für relativistische Gase lassen sich (klassische und quantenstatistische) relativistische (verallgemeinerte) Boltzmann-Gleichungen aufstellen.

Eine andere Verallgemeinerung der Boltzmann-Gleichung kann man mit der Nutzung des Fraktalbegriffs zur effektiven Beschreibung von Festkörperoberflächen mit Realstruktur (Stufen, Buckel, Höhen) verknüpfen [19]. Dieser realen Oberfläche wird dabei eine effektive Dimension d_{eff} zugeschrieben, wobei gilt: $2 < d_{eff} < 3$. Die reale Oberfläche, z.B. eine Katalyseoberfläche in der chemischen Technologie, wird damit ein Fraktal. In diesem Fall wäre die Boltzmann-Gleichung mit geeigneten fraktionalen Ableitungen die verallgemeinerte Boltzmann-Gleichung. Entsprechendes gilt für die Diffusionsnäherung, z.B. für die anomale Diffusion. Ein bekanntes Beispiel ist die Single-File-Diffusion, eine anomale, gebremste Diffusion, die durch den Teilchenstau hervorgerufen wird.

Eine allgemeine strenge Herleitung aller Boltzmann-Gleichungen hat von der klassischen oder quantenstatistischen Liouville-Gleichung für N Teilchen auszugehen; ein möglicher Weg führt dann über die BBGKY-Hierarchie, ein anderer über die von Projektionsoperatoren bestimmten Formalismen [20].

Zu beachten sind bei den Anwendungen natürlich die Grenzen der Verallgemeinerungen, die durch die Ununterscheidbarkeit der Teilchen (Quantenstatistik der Zustände) und durch die relativistische Unschärferelation (relativistische Quantentheorie) bestimmt sind [21]. Die Raum- und Zeitmessung wird in diesem Kontext immer komplizierter und problematischer. Insofern ist auch ein anderer, ein informationstheoretischer Zugang zur Physik von Interesse, wie z.B. die Urtheorie von Carl Friedrich von Weizsäcker. Dabei ist interessant, dass die Reduktion der Quantentheorie auf „Ur-Alternativen"(Ja-Nein-Entscheidungen) die lokale Raum-Zeit-Struktur der Speziellen Relativitätstheorie mit einem dreidimensionalen Ortsraum zur Konsequenz hat. Weiterhin folgt aus dieser spekulativen Theorie der Uralternativen die empirische abgeschätzte Eddington'sche Zahl 10^{80}, d.h. die Anzahl der Nukleonen im geschlossenen heutigen Kosmos [22].

Literaturverzeichnis

1. G. Vojta, M. Vojta. *Teubner-Taschenbuch der statistischen Physik.* B. G. Teubner Stuttgart, S. 246, Leipzig 2000.
2. L. D. Landau, J. M. Lifschitz. *Lehrbuch der theoretischen Physik (Band 10); Physikalische Kinetik; Kapitel Diffusionsnäherung. In: Reihe Landau/Lifschitz – Theoretische Physik.* Verlag Harri Deutsch, Frankfurt am Main, 2. Auflage 1992.
3. G. Vojta, M. Vojta. *Teubner-Taschenbuch der statistischen Physik.* B. G. Teubner Stuttgart, S. 379, Leipzig 2000.
4. B. Bertsche, L. Lechner. *Zuverlässigkeit im Fahrzeug- und Maschinenbau.* Springer-Verlag, S. 393 ff., 2004.
5. H. Koppe. *Die Grundlagen der statistischen Mechanik.* S. Hirzel Verlag, , S. 1 ff., Leipzig, 1949.
6. A. Sommerfeld. *Thermodynamik und Statistik. In: Vorlesungen über Theoretische Physik. Band. V.* Verlag Harri Deutsch, S. 246, Thun 1988.
7. Ebenda S. V.
8. W. Stiller, L. Boltzmann. *Altmeister de klassischen Physik – Wegbereiter der Quantenphysik und Evolutionstheorie.* J. A. Barth, Leipzig, S. 180 ff., 1988.
9. H. Koppe. *Die Grundlagen der statistischen Mechanik.* S. Hirzel Verlag, Leipzig, 1949, S. 4 ff., 1949.
10. A. Sommerfeld. *Thermodynamik und Statistik. In: Vorlesungen über Theoretische Physik. Band. V,* Verlag Harri Deutsch, S. 144, Thun 1988.
11. Ebenda S. 148
12. A. S. Kompanejez. *Statistische Gesetze in der Physik. In: Kleine Naturwissenschaftliche Bibliothek Physik..* BSB B. G. Teubner Verlagsgesellschaft, S. 34 ff., 1972.
13. A. Sommerfeld. *Thermodynamik und Statistik. In: Vorlesungen über Theoretische Physik. Band. V.* Verlag Harri Deutsch, S. 167, Thun 1988.
14. G. Vojta, M. Vojta. *Teubner-Taschenbuch der statistischen Physik.* B. G. Teubner Stuttgart, Leipzig 2000, S. 315.
15. Ebenda S. 318
16. Ebenda S. 441
17. W. Eisenberg. *Verallgemeinerte Boltzmann-Gleichung und Zelluläre Automaten.*, In: Synergie, Syntropie, nichtlineare Systeme 7, Hrsg. W. Eisenberg, U. Renner, S. Trimper, B. Fritsche, K. Vogelsang, Heft 3 Soft Computing. Verlag im Wissenschaftszentrum Leipzig, S. 55 ff., 2000.
18. A. Rein. *Zelluläre Automaten in der Transporttheorie. Konzepte und Anwendungen.* TU München, S. 2 ff, Dissertation 1995.
19. U. Renner, G. Vojta. *Transportprozesse in Fraktalen: Diffusion und Elektronentransport,* In: Synergie, Syntropie, nichtlineare Systeme, Hrsg. W. Eisenberg. Verlag im Wissenschaftszentrum Leipzig, Dynamik und Synergetik, S. 35 ff.,1995.
20. G. Vojta, M. Vojta. *Teubner-Taschenbuch der statistischen Physik.* B. G. Teubner Stuttgart, S. 321, Leipzig 2000.
21. L. D. Landau, L. M. Lifschitz. *Relativistische Quantentheorie. In: Reihe Lehrbuch der Theoretischen Physik.* Verlag Harri Deutsch, Frankfurt am Main, 2. Auflage 1992.
22. C.F. v. Weizäcker. *Geleitwort. In: H. Lyre: Quantentheorie der Information.* mentis Verlag GmbH, Paderborn, 2. Auflage, S. vii.

Kapitel 17
Computational Photonics – Grid Computing in der Nanooptik

Carsten Rockstuhl, Thomas Paul, Thomas Pertsch und Falk Lederer

Zusammenfassung In der Nanooptik beschäftigt man sich mit der Erforschung von in der Optik beobachtbaren Phänomenen, die bei der Wechselwirkung von Licht und im Nanobereich strukturierter Materie auftreten. Darauf aufbauend können neuartige photonische Komponenten entwickelt werden, für deren Entwicklung und Realisierung numerische Simulationen erforderlich sind. Ein Rechen-Grid stellt in vielen Fällen für diese Aufgaben eine ideale Umgebung dar. Das folgende Kapitel zeigt diese Möglichkeiten ausgehend von der theoretischen und numerischen Beschreibung nanooptischer Vorgänge für verschiedene Anwendungsbeispiele auf.

17.1 Zur Bedeutung der Nanooptik

Die fortschreitenden Möglichkeiten, Materialien mit einer Strukturgröße vergleichbar oder kleiner als der Lichtwellenlänge und mit einer Präzision von einigen wenigen Nanometern zu strukturieren, erlauben heute die Beobachtung neuartiger faszinierender Phänomene in der Optik und die Entwicklung darauf basierender photonischer Komponenten. Dieser Teilbereich der Optik wird heutzutage als Nanooptik

Carsten Rockstuhl
Institut für Festkörpertheorie und -optik, Friedrich-Schiller-Universität Jena, E-mail: carsten.rockstuhl@uni-jena.de

Thomas Paul
Institut für Festkörpertheorie und -optik, Friedrich-Schiller-Universität Jena, E-mail: thomas.paul@uni-jena.de

Thomas Pertsch
Institut für Angewandte Physik, Friedrich-Schiller-Universität Jena, E-mail: thomas.pertsch@uni-jena.de

Falk Lederer
Institut für Festkörpertheorie und -optik, Friedrich-Schiller-Universität Jena, E-mail: falk.lederer@uni-jena.de

D. Fey (ed.), *Grid-Computing*, eXamen.press, DOI 10.1007/978-3-540-79747-0_17,

bezeichnet [1]. Im Allgemeinen nimmt die Stärke der Wechselwirkung von Licht mit strukturierter Materie für kleiner werdende Strukturgrößen ab. Innerhalb der Nanooptik werden jedoch geeignete Geometrien und Materialien verwendet, um die Wechselwirkungsstärke um ein Vielfaches zu steigern. Resonante Wechselwirkungen zwischen Licht und Nanostrukturen erscheinen hier als das Mittel der Wahl. Diese basieren auf einer gezielten Kombination verschiedener geeigneter Strukturgeometrien ausgewählter Medien, heutzutage zumeist Metallen. Deren Leitfähigkeit nimmt für optische Frequenzen stark ab, so dass die Oszillation der Ladungsträger ausgezeichnet mit dem Lichtfeld gekoppelt werden kann [2]. Gerade durch die Ausnutzung und Steuerung solcher resonanter Effekte ist man heute in der Lage, die Eigenschaften der Lichtausbreitung nach eigenen Vorstellungen in Raum und Zeit gezielt zu beeinflussen. Sie erlauben es z.B., Licht in extrem kleinen Volumina zu konzentrieren, die Feldstärke lokal stark zu überhöhen oder auch die Richtung der Lichtausbreitung auf extrem kleinen Längenskalen in allen Raumdimensionen zu steuern [3].

Mit all diesen Möglichkeiten ist damit die Nanooptik nicht nur eine Wissenschaft, in der *l'art pour l'art* betrieben wird, sondern sie stellt statt dessen das Fundament für Fortschritte in einer ganzen Reihe anderer Wissenschaftsgebiete dar. Dort werden Effekte, Phänomene und Anwendungen ausgenutzt, die in der Nanooptik untersucht und entwickelt worden sind. So wie die Menschheit erst durch die Entwicklung von Mikroskopen Maßnahmen gegen Krankheiten wie Pest, Pocken, Tuberkulose und Milzbrand entwickeln konnte, so kann die Nanooptik heute neue Möglichkeiten für die medizinische Diagnose und Therapie eröffnen, jedoch auch exotische Anwendungen, wie die optische Tarnkappe, die Gegenstände unsichtbar erscheinen lässt, hervorbringen.

17.2 Warum Grid Computing in der modernen Nanopoptik?

Ein erfolgreiches Arbeiten auf dem oben skizzierten Forschungsgebiet ist in der heutigen Zeit auf massive Rechenkraft angewiesen. Die Gründe dafür sollen im Folgenden kurz diskutiert werden.

Mit der heute verfügbaren Kapazität von handelsüblichen Rechnern hat in vielen Bereichen der Wissenschaft und der Industrie ein Paradigmenwechsel eingesetzt – das numerische Experiment verdrängt immer mehr das reale Experiment. Diese Tatsache erklärt sich hauptsächlich durch die dadurch erzielte Kosten- und Zeitersparnis. Es werden heute bereits komplette Produkte, wie z.B. im Flugzeugbau, vollständig virtuell konzipiert, ohne jemals einen Prototypen bzw. eine ganze Serie von Prototypen überhaupt noch hergestellt zu haben. Das numerische Experiment erlaubt die schnelle und vielfältige Aufklärung des Einflusses sehr vieler Parameter auf die Funktionalität eines Produktes oder eben auch eines nanooptischen Bauelements.

Die Voraussetzung für die Anwendung jeglicher numerischen Simulation bzw. Analyse ist natürlich die Genauigkeit und Zuverlässigkeit des zugrundeliegenden

Modells. Die Lichtausbreitung, gerade in einem nanooptischen System, lässt sich nur dann zuverlässig vorhersagen, wenn man die das elektromagnetische Feld beschreibenden Maxwellschen Gleichungen ohne Näherungen löst [4]. Dazu werden komplexe numerische Strategien verwendet, die hohe Anforderungen an die zur Verfügung stehende Rechnerumgebung stellen. Im Laufe der Zeit und mit fortschreitender Entwicklung der Hardware kann die zwingend notwendige Voraussetzung – die Verfügbarkeit leistungsfähiger, im Handel erhältlicher PCs – als erfüllt betrachtet werden. Nachteil von Rechnungen auf einzelnen PCs ist aber immer noch, dass die dafür aufzuwendende Rechenzeit sehr hoch ist. Somit lassen sich fast ausschließlich einzelne, ausgesuchte Rechnungen durchführen. Dies mag in Einzelfällen ausreichend sein, wenn man z.B. nur das Vorhandensein eines fundamentalen Effektes nachweisen will; es ist aber völlig ungeeignet, wenn man die Nanooptik als eine Wissenschaft betreiben will, die durch anspruchsvolle Experimente und prospektive, nutzbringende Anwendungen charakterisiert ist. Je genauer die simulierte Nanowelt der im Experiment realisierbaren näher kommen soll, desto häufiger ist man mit Fragestellungen konfrontiert, die ganz präzise Details sowohl der Nanostruktur als auch des anregenden Systems betreffen. Geringe Abweichungen der Idealstrukturen können unter Umständen starke Änderungen in den beobachtbaren Effekten hervorrufen. Gerade bei Fragen zur Optimierung von Strukturen oder bezüglich der Bestimmung von Toleranzgrenzen im Herstellungsprozess einer Nanostruktur müssen daher häufig hunderte oder manchmal tausende Simulationen in Hinblick auf die Eigenschaften nahezu identischer Systeme durchgeführt werden. Diese Aufgabenstellungen – also die Untersuchung und Aufklärung des Einflusses verschiedener Parameter auf die Funktion eines nanooptischen Bauelements – erscheinen geradezu prototypisch für den Einsatz eines aus leistungsfähigen Einzelkomponenten bestehenden Grids zu sein.

Ein weiterer grundlegender Vorteil des numerischen Experimentes besteht darin, dass es Einblicke in ein optisches System liefern kann, welche experimentell gar nicht oder nur eingeschränkt möglich sind. Diese sind aber häufig notwendig, um die Güte einer Struktur bezüglich ihrer optischen Funktionalität evaluieren zu können. Als Beispiel mag hier die Verteilung des elektromagnetischen Feldes in einer Solarzelle genannt sein, die aus der externen Welt nicht messbar ist. Die Kenntnis darüber kann aber entscheidend zur Effiziensteigerung von Solarzellen beitragen. Desweiteren erlaubt das numerische Experiment häufig erst die richtige Interpretation eines experimentellen Ergebnisses. Dies kann zum einen daran liegen, dass sich, wie bei einem Nahfeldmikroskop, das Messsignal aus einer komplexen Wechselwirkung zwischen dem zu vermessenden Objekt und dem Messinstrument selbst ergibt. Zum anderen ist man häufig gar nicht an einer direkt zugänglichen Messgröße interessiert (z.B. der Anteil des absorbierten Lichtes durch eine Nanostruktur), sondern viel eher an einer dazu korrelierten Größe, wie z.B. der Überhöhung der elektrischen Feldstärke an dieser Struktur. Kann durch die Simulation eine eindeutige Verbindung beider Größen ermittelt werden, so hilft dies, die Funktionsweise der konkreten Struktur aufzuklären und die Modellbildung u. U. weiter zu vereinfachen.

All diese Beispiele zeigen, dass das numerische Experiment und die Simulation nanooptischer Systeme ein integraler Bestandteil der täglichen Arbeit auf diesem Forschungsgebiet sind. Und es ist die Anwendung einer massiv parallelen Rechentechnik, welche die sinnvolle Bearbeitung praktischer Probleme in ausreichend kurzer Zeit überhaupt erst ermöglicht.

Den Kern des folgenden Kapitels bildet daher eine kurze Einführung in die Welt der Nanooptik vom Standpunkt eines theoretisch/numerisch arbeitenden Wissenschaftlers. Dabei werden im Einzelnen die folgende Themen behandelt:

- Kurze Beschreibung der Grundlagen der numerischen Beschreibung der Lichtausbreitung in nanostrukturierten Materialien,
- Beschreibung des Anwendungspotentials anhand ausgewählter Beispiele.

Ziel dieses Kapitels soll nicht die abschließende wissenschaftliche Behandlung der ausgewählten Probleme sein. Vielmehr wird die Benutzung eines Rechengrids auf diesem Forschungsgebiet motiviert bzw. sogar als ein zwingend notwendiges Werkzeug dargestellt. Dieses Kapitel ist für all diejenigen gedacht, die sich einen Überblick über die zu lösenden Probleme in der Welt der Nanooptik verschaffen wollen und ein Gefühl dafür bekommen möchten, welche numerischen Werkzeuge zu deren Lösung angewandt werden.

17.3 Grundlagen der theoretischen und numerischen Beschreibung

Die Optik beschäftigt sich mit den Phänomenen der Lichterzeugung, der Lichtausbreitung im Freiraum und dessen Weschselwirkung mit Materie [5, 6]. Obwohl das Verständnis der Erzeugung von Licht erst unter Verwendung einer quantenmechanischen Betrachtung möglich wurde, gab es im Laufe der Zeit verschiedene Ansätze, die beobachtbaren Phänomene der Lichtausbreitung abstrakt zu beschreiben und mit Hilfe mathematischer Methoden zu quantifizieren. Während erste Annahmen von Epikur (341-271 v.Chr.) noch eher poetischer Natur waren und Licht als eine Ausdünstung von Körpern verstanden haben wollten, eher wie ein Geruch, wurden zu nahezu gleicher Zeit bereits auch andere Thesen postuliert. Die genaue Zuordnung der Idee mag schwierig sein, aber zumindest Euklid (365 - ca. 300 v.Chr.) beschrieb Licht in seinen „Elementen" bereits als einen Strahl [7]. Diese Formulierung behielt lange Zeit seine Gültigkeit und die Art der Beschreibung erweist sich auch heute noch im Rahmen der geometrischen Optik als überaus praktikabel [8]. Die Annahme von Licht als Strahl findet z.B. gerade beim Entwurf makroskopisch optischer Komponenten wie Linsen oder komplexen Linensystemen auch heute noch umfassende Verwendung.

Ein fundamental anderer Ansatz wurde von James Clerk Maxwell (1831-1879) postuliert. Er beschrieb Licht als eine elektromagnetische Welle, deren Verhalten von vier partiellen Differentialgleichungen vollständig erfasst werden kann. Das

Besondere an dieser Theorie ist, dass alle Phänomene elektromagnetischer Strahlung, also auch die Ausbreitung des Lichts, diesen Gleichungen gehorchen. Die Theorie fand lange Zeit primär praktische Anwendung für den langwelligen Spektralbereich, z.B. in der Funktechnik. Im Falle der Ausbreitung des sichtbaren Lichts waren Abweichungen zwischen experimentellen Beobachtungen und Vorhersagen mittels strahlenoptischen Modellen lange Zeit vernachlässigbar. Dies liegt darin begründet, dass sämtliche Strukturgrößen der Materie, mit denen Licht üblicherweise wechselwirkt, sehr viel größer sind als die optischen Wellenlängen.

Erst mit der Möglichkeit, optische Materialien, wie Gläser, Halbleiter oder Metalle, mit Hilfe von Technologien der Mikro- und Nanostrukturierung zu formen, wurde es notwendig, bisher angenommene Approximationen der Maxwellschen Gleichungen fallen zu lassen und diese stattdessen rigoros zu lösen [9]. Im Folgenden dieses Unterkapitels wollen wir kurz die Maxwellschen Gleichungen diskutieren und in Ansätzen die wichtigsten Techniken zu deren rigoroser Lösung beschreiben. Da eine ausführliche Darstellung dieser Techniken den Rahmen dieses Kapitels bei weitem übersteigen würde, wird der interessierte Leser auf einschlägige Literatur verwiesen. Wichtig ist nur zu wissen, gerade bei der Darstellung anschließender Beispiele, dass das Auffinden von Lösungen der Maxwellschen Gleichungen kein Mysterium sondern Handwerk ist. Die dafür notwendigen Programme benötigen für die Lösung praktikabler Probleme nur aufwändige Rechenressourcen, was die Benutzung eines Grids sehr attraktiv erscheinen lässt.

17.3.1 Grundlagen der Lichtausbreitung – die Maxwellschen Gleichungen

Die Maxwellschen Gleichungen beschreiben, wie elektrische $[\mathbf{E}(\mathbf{r},t)]$ und magnetische $[\mathbf{B}(\mathbf{r},t)]$ Felder von ihren Quellen, den Strömen $[\mathbf{j}(\mathbf{r},t)]]$ und Ladungen $[\rho(\mathbf{r},t)]$, erzeugt werden und wie sie sich in Raum und Zeit in gegenseitiger Bedingtheit ausbreiten [4]. In differentieller Form lauten sie:

$$\begin{aligned} \nabla \times \mathbf{E}(\mathbf{r},t) + \frac{\partial}{\partial t}\mathbf{B}(\mathbf{r},t) &= 0, \\ \nabla \times \mathbf{H}(\mathbf{r},t) - \frac{\partial}{\partial t}\mathbf{D}(\mathbf{r},t) &= \mathbf{j}(\mathbf{r},t), \\ \nabla \cdot \mathbf{B}(\mathbf{r},t) &= 0, \\ \nabla \cdot \mathbf{D}(\mathbf{r},t) &= \rho(\mathbf{r},t). \end{aligned} \tag{17.1}$$

Alle auftretenden Felder hängen vom Ort $\mathbf{r}$ und von der Zeit t ab. Die Felder $\mathbf{D}(\mathbf{r},t)$ und $\mathbf{H}(\mathbf{r},t)$ sind mit den Vakuumfeldern $\mathbf{E}(\mathbf{r},t)$ und $\mathbf{B}(\mathbf{r},t)$ über $\mathbf{P}(\mathbf{r},t)$ und $\mathbf{M}(\mathbf{r},t)$ verbunden:

$$\mathbf{D}(\mathbf{r},t) = \varepsilon_0\mathbf{E}(\mathbf{r},t) + \mathbf{P}(\mathbf{r},t), \tag{17.2}$$

$$\mu_0\mathbf{H}(\mathbf{r},t) = \mathbf{B}(\mathbf{r},t) - \mathbf{M}(\mathbf{r},t). \tag{17.3}$$

In diesen Gleichungen ist $\mathbf{P}(\mathbf{r},t)$ die elektrische Polarisation, $\mathbf{M}(\mathbf{r},t)$ die Magnetisierung und $\mathbf{D}(\mathbf{r},t)$ und $\mathbf{H}(\mathbf{r},t)$ bezeichnen die elektrischen und magnetischen Materiefelder. Die induzierten Felder $\mathbf{P}(\mathbf{r},t)$ und $\mathbf{M}(\mathbf{r},t)$ können in komplizierter linearer oder nichtlinearer Weise über Materialgleichungen von den Vakuumfeldern abhängen, wobei die Permittivität ε_0 und die Permeabilität μ_0 des Vakuums mit der Vakuumlichtgeschwindigkeit c als fundamentaler Naturkonstante zusammenhängen $(1/c^2 = \varepsilon_0\mu_0)$. Es ist zu betonen, dass die Magnetisierung aller bekannter natürlich vorkommender Materialien bei optischen Frequenzen vernachlässigbar ist und somit im Allgemeinen nicht explizit berücksichtigt wird. Die Beschreibung des funktionellen Zusammenhangs zwischen elektrischer Polarisation und elektrischem Feld ist ein Problem, welches exakt nur im Rahmen einer quantenmechanischen Betrachtung zufriedenstellend gelöst werden kann. Da dies aufwändig ist, begnügt man sich in der Optik häufig mit phänomenologischen Modellen. Im Rahmen der linearen Optik (Polarisation hängt nicht von höheren Potenzen des elektrischen Feldes ab) und unter der Annahme von Lokalität (induzierte Polarisation hängt nur vom elektrischen Felde am selbigen Orte ab), wird die elektrische Polarisation als Faltung einer Responsefunktion $R_{ij}(t-t')$ mit dem elektrischen Feld beschrieben:

$$P_i(t) = \varepsilon_0 \sum_{j=1,2,3} \int_{-\infty}^{t} R_{ij}(t-t')E_j(t)dt'.$$

Für ein isotropes Medium, das wir im Folgenden vereinfachend annehmen wollen, reduziert sich dieser tensorielle Zusammenhang auf einen skalaren. Alle Information über die Eigenschaft der Materie fließen in diese Responsefunktion ein. Unter der sinnvollen Annahme, dass der Festkörper aus polarisierbaren mikroskopischen Bestandteilen besteht, führt dies phänomenologisch zu einer Differentialgleichung für die Polarisation, welche der eines gedämpften harmonischen Oszillators entspricht:

$$\frac{\partial^2}{\partial t^2}\mathbf{P}(\mathbf{r},t) + g\frac{\partial}{\partial t}\mathbf{P}(\mathbf{r},t) + \omega_0^2\mathbf{P}(\mathbf{r},t) = \varepsilon_0 f\mathbf{E}(\mathbf{r},t). \tag{17.4}$$

Hier bezeichnet g die Dämpfung des Oszillators, dessen Resonanzfrequenz bei ω_0 liegt und dessen Oszillatorstärke phänomenologisch mit f eingeführt wurde. Je komplexer das Resonanzverhalten der Materie ist, desto größer wird die Anzahl der zu berücksichtigenden Oszillatorgleichungen, was aber keine konzeptionelle Erweiterung notwendig macht.

Falls die Lösung der Maxwellschen Gleichungen im Zeitraum gefunden werden soll, besteht das Problem darin, für eine gegebene räumlich und zeitlich verteilte Quelle (gegeben als Strom- oder Ladungsverteilung) die Maxwellschen Gleichungen 17.1 zusammen mit der dazugehörenden Polarisationgleichung 17.4 zu lösen. Dies geschieht z.B. unter Verwendung der *finite-difference time-domain* (FDTD) Methode, welche wir im folgenden Abschnitt noch kurz skizzieren werden.

Häufig ist es von Vorteil sog. spektrale Methoden zu benutzen, die statt im Zeitraum im dazugehörigen Fourier-Raum (Frequenzraum) arbeiten. Alle Felder zerlegt man dann in ihre spektralen Komponenten wie $\mathbf{E}(\mathbf{r},t) = \int \mathbf{E}(\mathbf{r},\omega)\exp(-i\omega t)\,d\omega$. Die Maxwellschen Gleichungen im Zeitbereich lassen sich mit der formalen Substitution

$$\frac{\partial}{\partial t} \xrightarrow{\text{FT}} -i\omega$$

in den Frequenzbereich transformieren und schreiben sich dann als:

$$\begin{aligned}
\nabla \times \mathbf{E}(\mathbf{r},\omega) - i\omega\mathbf{B}(\mathbf{r},\omega) &= 0, \\
\nabla \times \mathbf{H}(\mathbf{r},\omega) + i\omega\mathbf{D}(\mathbf{r},\omega) &= \mathbf{j}(\mathbf{r},\omega), \\
\nabla \cdot \mathbf{B}(\mathbf{r},\omega) &= 0, \\
\nabla \cdot \mathbf{D}(\mathbf{r},\omega) &= \rho(\mathbf{r},\omega).
\end{aligned} \tag{17.5}$$

Die zugehörige Materialgleichung 17.4 wird im eingeschwungenen Zustand zu einer einfachen algebraischen Gleichung. Deren Lösung führt zu einer komplexen, frequenzabhängigen dielektrischen Funktion $\varepsilon(\mathbf{r},\omega)$, die in einfacher Weise den Zusammenhang zwischen Materie- und Vakuumfeld vermittelt

$$\mathbf{D}(\mathbf{r},\omega) = \varepsilon_0\varepsilon(\mathbf{r},\omega)\mathbf{E}(\mathbf{r},\omega). \tag{17.6}$$

Das Auffinden einer selbstkonsistenten Lösung der Gleichungen 17.5 und 17.6 ist die eigentliche Aufgabe der numerischen Nanooptik bei Formulierung des Problems im Frequenzraum. Bekannte numerische Techniken zur Lösung dieser Gleichungen sind z.B. modale Methoden, welche wir im sich anschließenden Abschnitt ebenfalls kurz besprechen werden.

17.3.2 Ein kurzer Überblick über numerische Methoden zur Lösung der Maxwellschen Gleichungen

Die Finite-Difference Time-Domain (FDTD) Methode

Zusammen mit den an das Problem angepasst gewählten Materialgleichungen bestehen die Maxwellschen Gleichungen im Zeitbereich aus sechs gekoppelten vektoriellen Differentialgleichungen. Die FDTD Methode löst diese differentiellen Gleichungen durch Approximation der Differential- mittels Differenzenoperatoren [10]. Dazu werden die kontinuierlichen Felder ausreichend fein in Raum und Zeit diskretisiert, was es erlaubt, alle auftretenden Größen in einer für den Computer einfach zugänglichen Form, nämlich als eine Matrix, zu speichern. Es ist lediglich zu beachten, dass der reale Punkt in Raum und Zeit an dem elektrische und magnetische Felder diskretisiert werden, jeweils eine halbe Elementarzelle versetzt zueinander sind. Dieses sog. Yee-Grid stellt sicher, dass sowohl das Ampèresche als auch das Faradaysche Gesetz intrinsisch erfüllt sind. Für ein gegebenes elektrisches und magnetisches Feld zum Zeitpunkt n lässt sich somit das elektrische Feld zum Zeitpunkt $n+1$ berechnen; aus diesem lässt sich wiederum die zeitliche Entwicklung des magnetischen Feldes berechnen. Dieser *leap-frog-Algorithmus* erlaubt die Simulation der Ausbreitung des von einer zeitlich variierenden Quelle generierten Lichtes sehr anschaulich.

Da dieses Verfahren vielfältig anwendbar und einfach adaptierbar auf eine große Klasse von Problemen ist, bezeichnet man die FDTD Methode häufig auch als das Arbeitspferd der Nanooptik. Der große Vorteil der Vielseitigkeit kann aber auch als Nachteil verstanden werden, denn die Methode macht nur selten Gebrauch von einer Vereinfachung des Problems unter besonderer Berücksichtigung einer gegebenen Geometrie (z.B. Beugung an einer Kugel). Weiterhin ist der Hauptspeicherbedarf gerade für vollständige dreidimensionale Probleme sehr hoch, so dass einzelne Rechnungen häufig bereits einen Supercomputer oder zumindest ein Computer Cluster benötigen. Nichtsdestotrotz lassen sich auch im Rahmen der FDTD hinreichend geeignete Problemstellungen finden, die auf die Kapazitäten eines einzelnen Rechners des Grids gut angepaßt sind. In diesen Fällen ist die Methode vorzüglich geeignet, beispielsweise zur Berechnung der Variation bestimmter Geometrieparameter verteilt über das gesamte Grid. Für ressourcenhungrigere Aufgabenstellungen empfielt sich die Entwicklung eines Computer Grids bestehend aus Computer Clustern, welches als sog. Multi-Cluster derzeit Gegenstand der Forschung ist.

Modenentwicklung

Unter Modenentwicklung mag man eine große Klasse verschiedener numerischer Techniken bezeichnen. Beispiele seien hier die so genannte Mie-Theorie [11], die *multiple multipole method* (MMP) [12] oder auch verschiedene Methoden, welche zur Lösung des Beugungsproblems für ein Beleuchtungsfeld an einer periodischen Struktur [13], einem Gitter, geeignet sind (*Fourier modal method* oder die *rigorous coupled wave analysis*). Ihnen allen ist gemein, dass die Lösung der Maxwellschen Gleichungen im Frequenzraum zweistufig erfolgt. Als erstes wird das zu analysierende Grundgebiet in wohl voneinander abtrennbare Teilgebiete zerlegt. In diesen Teilgebieten müssen Lösungen der Maxwellschen Gleichungen bekannt sein, die in ihrer Formulierung im Idealfall an die Geometrie der Grundgebiete angepasst sind. Diese Lösungen bezeichnet man als Eigenmoden. Für homogene Schichten sind diese Eigenmoden z.B. ebene Wellen, für Kugeln sphärische Wellen und für periodische Strukturen sog. Blochmoden. Diese Eigenmoden können verwendet werden, um beliebige Lösungen als deren Superpostition zu schreiben, wobei die Amplituden der einzelnen Moden in der Superposition noch unbekannt sind. Diese werden im zweiten Schritt des Verfahrens gefunden, in dem an den Grenzflächen zwischen den verschiedenen Teilgebieten die Übergangsbedingungen für die elektromagnetischen Felder unter Berücksichtigung eines Beleuchtungsfeldes beachtet werden.

Diese Verfahren lassen sich ausgezeichnet auf einem Computer Grid implementieren, da für einzelne Rechnungen häufig ein normaler PC völlig ausreichend ist, auch wenn die Rechenzeit sehr lang sein kann. Eine dann durchzuführende Variation eines einzelnen Parameters des Systems (z. B. der Wellenlänge) auf einem einzelnen Rechner würde diese Ressource zu sehr belasten, weshalb eine Verteilung der Rechnungen auf einem Grid eine hervorragende Alternative ist. Weiterhin bestehen viele relevante Geometrien der Nanooptik aus periodisch angeordneten Strukturen, eine Klasse von Problemen für die im Rahmen der Modentheorien sehr gut entwickelte numerische Verfahren existieren. Diese periodische Anordnung ist häufig notwendig, um überhaupt ein sinnvolles Messsignal einer Nanostruktur zuordnen zu können.

Methode der Greenschen Funktionen

Eine weitere Klasse von Verfahren, welche die Maxwellschen Gleichungen im Frequenzraum lösen, basiert auf der Verwendung von Greenschen Funktionen. Die Greensche Funktion, Basis eines universellen Konzepts in der Physik, bezeichnet die Antwort eines Systems an einem Ort auf eine punktförmige Anregung an einem anderen Ort; sie hängt damit also immer von zwei Ortskoordinaten ab [14]. Greensche Funktionen für komplexe Geometrien lassen sich oft nur numerisch ermitteln, für einfache Strukturen wie einen homogenen Raum oder Schichtsysteme existieren jedoch analytische Ausdrücke. Eine häufige Anwendung der Greenschen Funktion zum Lösen von Streuproblemen besteht nun darin, die komplexe Geometrie eines Objektes, welches eingebettet ist in eine homogene Umgebung, zu diskretisieren und jeden Raumpunkt mit einer Punktquelle zu assoziieren. Das emittierte Feld dieser Punktquelle ist proportional zur Polarisierbarkeit des Mediums und der Amplitude des elektrischen Feldes an diesem Raumpunkt. Dieses Beleuchtungsfeld wiederum lässt sich als eine Superposition einer externen Beleuchtung und der gestreuten Amplitude aller anderen Punktquellen beschreiben, welche zur diskreten Darstellung der vorhandenen Objekte verwendet wurden. Durch Forcierung einer selbskonsistenten Lösung für die Amplitude aller Punktquellen lässt sich ein lineares Gleichungssystem aufstellen, in dem die Amplituden die zu bestimmenden unbekannten Größen sind.

Auch diese Methode lässt sich relativ einfach implementieren, wobei große numerische Sorgfalt auf die richtige Berechnung des Selbstkoppelterms verwandt werden muss (Berechnung der gestreuten Amplitude der Punktquelle auf sich selbst). Einmal implementiert, ist dieses Verfahren allerdings sehr mächtig, da sehr schnell Lösungen für unterschiedliche Beleuchtungsfelder bei der gleichen Frequenz gefunden werden können. Diese Rechnungen lassen sich dann ausgezeichnet auf einem Computergrid verteilen und erlauben so die schnelle Evaluation komplexer Fragestellungen, wie z.B. der Optimierung von Beleuchtungsfeldern. Auch die Optimierung geometrischer Eigenschaften kann sehr zügig mit dieser Methode erfolgen, da bei einer Modifikation immer nur eine geringe Anzahl von Matrixeinträgen in dem linearen Gleichungssystem neu berechnet werden muss.

17.4 Anwendungsbeispiele

Auch wenn das vorhergehende Kapitel nur eine kurze Repetition der wichtigsten Aspekte der theoretischen/numerischen Nanooptik gewesen sein kann, hoffen wir doch dem Leser ein Gefühl dafür vermittelt zu haben, welche Gleichungen von Relevanz sind und wie diese numerisch zu lösen sind. Dabei soll keinesfalls der

Anspruch erhoben werden, eine umfassende Darstellung aller möglichen Techniken gegeben zu haben. Wichtige andere Methoden, wie z.B. die der *finite-element method*, wurden hier noch gar nicht erwähnt [15]. Da diese numerischen Methoden nicht Gegenstand dieses Lehrbuches sein sollen, dient deren Skizzierung lediglich dazu, dem Leser zu vermitteln, wie man technisch vorzugehen hat, um Problemstellungen der modernen Nanooptik zufriedenstellend lösen zu können.

Um das mögliche Anwendungspotential des Grid Computing wenigstens etwas zu konkretisieren, werden im Folgendem vier aktuelle Forschungsthemen der Nanooptik vorgestellt, um anhand dieser Beispiele die sinnvolle Verwendung eines Computer Grids im Detail zu motivieren.

17.4.1 Plasmonik

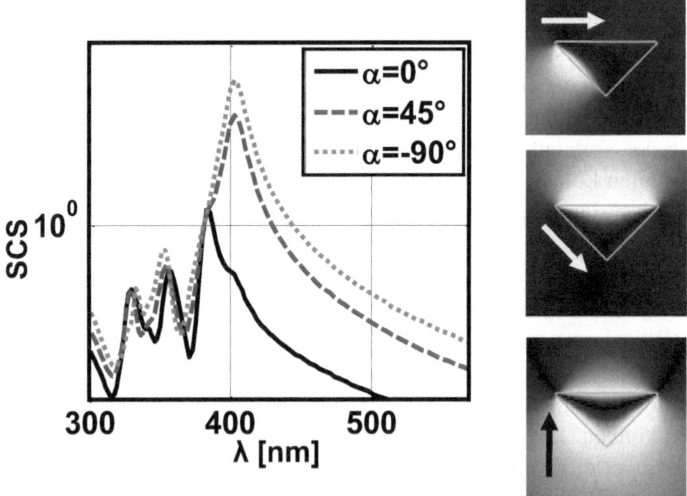

Abb. 17.1 Links ist der Streuquerschnitt eines dreieckigen Silberzylinders als Funktion der Wellenlänge und als Funktion der Beleuchtungsrichtung zu sehen. Die Seitenlängen des Silberzylinders sind 30 nm × 30 nm × 42 nm. Die Amplitude des magnetischen Feldes um das Nanopartikel bei einer Wellenlänge von 403 nm für die drei Beleuchtungsrichtungen ist rechts dargestellt

Die Beantwortung von Fragestellungen im Zusammenhang mit der Plasmonik mag als das prototypische Thema im Rahmen der Nanooptik verstanden werden [16]. In der Plasmonik beschäftigt man sich mit der Wechselwirkung von Licht mit metallischen Strukturen und die sinnvolle Ausnutzung dabei auftretender Phänomene in Anwendungen. Die mögliche Anregung eines Plasmon-Polaritons, eines gekoppelten Zustandes zwischen einem zeitlich oszillierenden elektromagnetischen Feld und einer Oszillation der quasi-freien Elektronen im Metall, kann unter geeigneten Umständen dazu führen, dass Licht resonant gestreut oder absorbiert wird. Darüber hinaus kann dieser gekoppelte Zustand zu einer resonant erhöhten Amplitude des elektrischen Feldes führen, die in räumlichen Gebieten mit einer Ausdehnung sehr viel kleiner als der Wellenlänge des Lichtes an der Grenzfläche zwischen dem Metall und seiner Umgebung lokalisiert ist. Dabei ist zu beachten, dass diese Art der intensiven Wechselwirkung zwischen Licht und Materie ausschließlich in einem engen Wellenlängenbereich erfolgt, wo die entsprechende Struktur Resonanzen aufweist. Weiterhin ist es essentiell zu bemerken, dass dieser Zustand ausschließlich an der Grenzfläche zwischen dem Metall und seiner dielektrischen Umgebung anregbar ist. Die am häufigsten anzutreffenden Geometrien sind die der planaren metallischen Grenzfläche oder die des metallischen Nanopartikels. Beide o.g. Eigenschaften können zu vielfältigen Anwendungen verwendet werden.

Historisch gesehen, findet man die erste, bewusste oder eher unbewusste Anwendung der Plasmonik in Gläsern von Kirchenfenstern oder Ziergegenständen. Diesen Gegenständen wurden metallische Nanopartikel mit dem Ziel beigemischt, diese zu kolorieren. Heutzutage basieren vielfältige, auch kommerziell erfolgreiche Anwendungen, auf der Ausnutzung plasmonischer Effekte, wobei gerade im Bereich der Sensorik viele Beispiele genannt werden können. Diese nutzen aus, dass die resonante Antwort eines Systems sehr sensitiv von der dielektrischen Umgebung der metallischen Struktur abhängt, deren Eigenschaften man nun wiederum quantifizieren möchte (z.B. bei einem Wasserstoffsensor). Aber auch in anderen Wissenschaften, wie der Biologie oder der Chemie, kann die Plasmonik sinnvoll angewandt werden; wobei ein prospektiver Einsatz in der Krebstherapie sicherlich die wichtigste Applikation darstellt. Dort nutzt man aus, dass sich durch die resonante Absorption von Licht metallische Nanopartikel erwärmen und so punktuell und gezielt Gewebe in deren Umgebung absterben lassen können.

Zur theoretischen Untersetzung und zur funktionellen Auslegung all dieser Anwendungen ist es unumgänglich, die plasmonischen Eigenschaften der entsprechenden Systeme genau zu kennen, um diese applikationsorientiert geeignet optimieren zu können. Zur Quantifizierung der plasmonischen Eigenschaften, zur Bestimmung der spektralen Positionen auftretender Resonanzen, zur Evaluation der dispersiven Eigenschaften von plasmonischen Wellenleitern oder auch einfach nur zur Visualisierung der zu beobachtenden räumlichen Verteilung elektromagnetischer Felder sind umfangreiche numerische Simulationen unumgänglich. Dies ist notwendig, da lediglich für einige wenige ausgewählte Geometrien analytische oder quasianalytische Ausdrücke für die Quantifizierung plasmonischer Eigenschaften existieren. Diese beschränken sich weiterhin im Allgemeinen darauf anzunehmen, dass die Größe der Nanostrukturen sehr viel kleiner ist als die Wellenlänge, was für deterministische Strukturen noch nicht sichergestellt werden kann. Ein Beispiel für eine solche Analyse plasmonischer Eigenschaften ist in Abb. 17.1 zu sehen. Die durchzuführenden Parametervariationen über die Wellenlänge und über die Beleuchtungsrichtung des Nanopartikels erfordern Rechnungen, welche vollständig unabhängig voneinander durchzuführen sind. Aus diesem Grunde sind derartige Untersuchungen vorzüglich geeignet, um mit einer Portierung auf ein Computer Grid eine enorme Ersparnis der Rechenzeit zu erzielen.

17.4.2 Metamaterialien

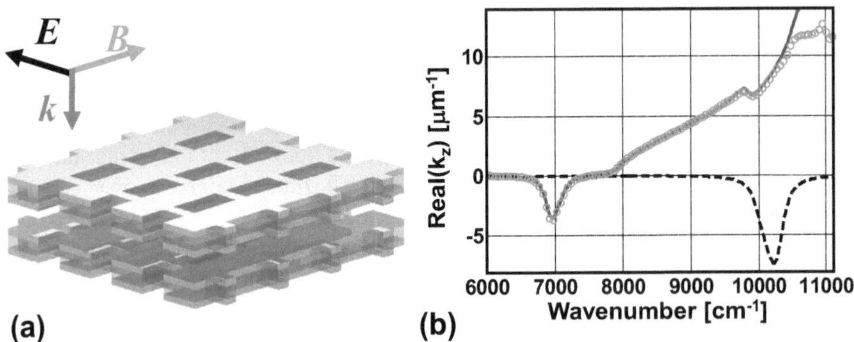

Abb. 17.2 In (a) ist die Geometrie einer sog. *Fishnet*-Struktur dargestellt, welche so konstruiert ist, dass diese bei geeigneten Wellenlängen des einfallenden Lichtes ein homogenes Medium imitiert, welches einen negativen Brechungsindex aufweist, oder präziser, einen negativen Realteil in der Propagationskonstante besitzt. In (b) sieht man die numerisch berechnete Propagationskonstante. Dargestellt sind die Fundamentalmode (durchgezogene Kurve) und die nächsthöhere Mode (gestrichelte Kurve), welche aus der numerisch bestimmten Dispersionbeziehung extrahiert wurden. Die gepunktete Kurve wurde dahingegen mit einem Verfahren berechnet, welches mit Hilfe der komplexen Reflexions- und Transmissionskoeffizienten an einer dünnen Schicht des Metamaterials die effektiven Eigenschaften zuordnet

Metamaterialien bestehen ebenfalls sehr häufig aus plasmonischen Strukturen [17]. Im Gebiet der Metamaterialien konzentriert man sich aber nicht primär auf die Funktionalität eines Einzelelementes, sondern versteht diese plasmonischen Strukturen eher als mesoskopische Elementarzelle eines neuen Materials. Durch die periodische Anordnung der Elementarzellen können die Eigenschaften der Lichtausbreitung in diesem neu geschaffenen Material auf eine Art verändert werden, welche kein natürlich vorkommendes Medium erlauben würde. Die faszinierenden Möglichkeiten dieses neuen Ansatzes für den Entwurf optischer Materialien führten dann auch zu der Bezeichnung Metamaterial ($\mu\varepsilon\tau\alpha$, aus dem Griechischen und gleichbedeutend mit dahinter, darüber hinaus). Durch die Verwendung plasmonischer Elemente kann man erreichen, dass das sich ausbreitende Licht nicht mehr die Details der Elementarzellen auflöst, sondern statt dessen effektive Eigenschaften erfahren wird. In der plasmonischen Resonanz werden diese Eigenschaften sehr stark vom räumlichen Mittelwert der dielektrischen Eigenschaften der beteiligten Materialien abweichen. Diese Resonanzen erlauben dann sogar die Beobachtung von Effekten, welche mit einem künstlichen Magnetismus bei optischen Frequenzen erklärt werden können, eine Eigenschaft über die man lange Zeit gar nicht nachgedacht hatte, da sie bei natürlich vorkommenden Materialien ausgeschlossen werden kann.

Gerade letztere Eigenschaft ermöglicht die Ausprägung einer Reihe optischer Effekte wider unserer Alltagserfahrung und ist somit eine Quelle besonderer Faszination. Als Beispiel sei hier der Effekt der negativen Brechung genannt oder auch der negative Dopplereffekt. Der negative Dopplereffekt beschreibt das Phänomen einer sich verringernden Frequenz einer Lichtquelle, wenn sich diese auf einen Betrachter zu bewegt (Rotverschiebung); ganz im Gegensatz zum gewöhnlichen Dopplereffekt in natürlich vorkommenden Medien, der hier eine Blauverschiebung zur Folge hat. Weiterhin ermöglichen Metamaterialien aber auch eine Vielzahl von Anwendungen, welche vorher unvorstellbar waren, wobei zwei Beispiele besondere Erwähnung finden sollen, da diese ganze Forschungsfelder motivieren. In seiner nachhaltigen Wirkung nicht zu unterschätzen ist der Vorschlag, eine perfekte Linse unter Verwendung von Metamaterialen zu konstruieren. Eine solche, aus einer planaren Schicht eines homogenen Metamaterials mit einer simultanen Permittivität und einer Permeabilität von -1 bestehende Linse, würde bisherige Limitierungen in der abbildenden Optik überwinden. Potentielle Anwendungen fänden sich hier beispielsweise in der Lithographie zur Herstellung von Schaltkreisen und Leiterbahnen. Eine zweite mögliche Anwendung erfüllt auf prototypische Weise alle Versprechen, die mit Metamaterialien assoziiert werden. Die komplette Kontrolle über die Eigenschaften der Lichtausbreitung könnte so auch den Traum einer Tarnkappe Wirklichkeit werden lassen. Diese soll es erlauben, Licht um ein zu versteckendes Objekt so zu führen, dass hinter dem Objekt die Wellenfront des Beleuchtungsfeldes ungestört rekonstruiert wird. Einem externen Beobachter bleibt diese Störung somit verborgen. Beide Anwendungen sind im niederfrequenten Spektralbereich bereits demonstriert worden. Um einen Übergang zu optischen Frequenzen zu ermöglichen, ist allerdings noch großer Forschungsbedarf vorhanden.

Gerade bei der Auslegung, der Optimierung, der Evaluation der Tauglichkeit verschiedener Ansätze zur Lösung offener Probleme und vor allem auch einfach nur bei der Interpretation experimenteller Ergebnisse ist die numerische Untersuchung solcher Strukturen heute von eminenter Bedeutung. Ein Beispiel, welches geradezu die Standardaufgabe in der Klassifikation heutiger Metamaterialien darstellt, soll dies noch einmal verdeutlichen. Die Zuordnung effektiver Eigenschaften eines bestimmten Metamaterials erfolgt häufig durch die Inversion analytischer Ausdrücke für die komplexen Transmissions- und Reflexionskoeffizienten einer dünnen Schicht des entsprechenden Metamaterials. Die experimentelle Messung der komplexen Transmissions- und Reflexionskoeffizienten ist aber sehr umfangreich, da man direkten Zugang nur zu einer Energie besitzt und die dazugehörige Phase nur sehr aufwändig mit interferometrischen Anordnungen bestimmt werden kann. Aus diesem Grunde vergleicht man häufig nur die transmittierten und reflektierten Energien. Stimmen die gemessenen Resultate dann sehr gut mit den simulierten überein, werden bei der Zuordnung effektiver Materialeigenschaften die komplexen Koeffizienten der Simulation verwendet. Ein Beispiel für die Zuordnung solcher effektiver Eigenschaften ist in Abb. 17.2 zu sehen. Auch hier müssen aufwändige Simulationen über die optischen Eigenschaften solcher Strukturen als Funktion der Wellenlänge und/oder als Funktion eines geometrischen Parameters der Struktur durchgeführt werden. Da auch diese Rechnungen alle unabhängig voneinander durchgeführt werden können und müssen, liefert eine Portierung auf ein Computer Grid eine enorme Zeitreduktion der gesamten Simulation. Darüber hinaus kann gerade

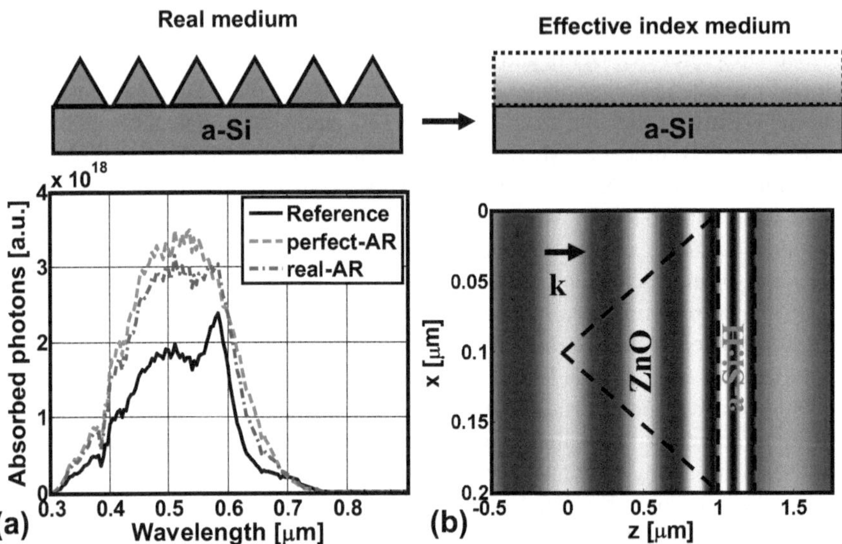

Abb. 17.3 Beispiel für den Einsatz eines Subwellenlängengitters in der Photovoltaik. Im hier dargestellten Beispiel wird ein pyramidenförmiges Gitter aus ZnO auf eine Schicht amorphen Siliziums appliziert, mit dem Ziel die Reflexion zu reduzieren. Dies ist möglich, da Licht die Details der Pyramide nicht auflösen wird, sondern statt dessen ein effektives Medium sieht, welches adiabiatisch seinen Index ändert, wie es oben rechts schematisch dargestellt wurde. Dies führt dazu, dass die Lichtabsorption ansteigt, wie man es in (a) erkennen kann. In (b) ist die Amplitude des elektrischen Feldes bei einer Beleuchtunsgwellenlänge von 550 nm dargestellt. Auch hier kann man erkennen, dass sich der effektive Index des Mediums in der Pyramide adiabatisch ändert und dem der Siliziumschicht eher angepasst ist

auf diesem Forschungsgebiet der Computer durch den Einsatz einer enormen Parallelität wieder zu einem Werkzeug gemacht werden, welches nicht mehr ausschließlich dafür verwendet wird, ein experimentelles Ergebnis zu verifizieren, vielmehr können eigene, genuine Entdeckungen gemacht werden. So kann z.B. bei Vorgabe einer zu erzielenden Funktionalität eines Metamaterials die Struktur bzw. repräsentative Strukturparameter mittels Optimierungsverfahren gewonnen werden. Diese Aufgabe stellt gewissermaßen die Inversion des klassischen Experimentes, also die Verifikation einer Funktion bei gegebener Struktur, dar. Um solche Arbeiten durchführen zu können, ist ein Computer Grid oder auch ein Grid aus Computer Clustern das Arbeitswerkzeug der Wahl.

17.4.3 Photonmanagement in Solarzellen

Ein weiteres Gebiet, bei dem durch Einsatz von Computer Grids wertvolle Erkenntnisse bezüglich der Eigenschaften und der Wirkung nanooptischer Systeme gewonnen werden, ist das der Photovoltaik. Gerade bei einfach und kostengünstig herzustellenden Dünnschichtsolarzellen limitiert die maximale Dicke die elektrischen

Eigenschaften der Solarzelle [18]. Das Licht wird nach einmaligem Durchlaufen der Solarzelle nicht vollständig absorbiert, was die Effizienz sehr stark begrenzt. Effiziente Solarzellen können aber als eine der Notwendigkeiten erachtet werden, um den sich abzeichnenden Klimawandel wenigstens in Ansätzen zu verlangsamen oder sogar umzukehren. Um das zu erreichen, beschäftigt man sich in der Nanooptik im Rahmen des Photonmanagements mit der Evaluation von in die Solarzelle integrierten, optischen Nanostrukturen. Diese haben zum Ziel, den Weg des Photons innerhalb der absorbierenden Schicht zu verlängern und so die Wahrscheinlichkeit für dessen Absorption zu erhöhen.

Beispiele für derartige Strukturen sind plasmonische Elemente, aber auch statistisch texturierte Oberflächen, dielektrische Gitter, photonische Kristalle, homogene Schichten oder auch Kombinationen dieser Elemente. Das Besondere am Photonmanagement ist die spezielle Anforderung bezüglich der Evaluation der optischen Funktionalität. Sonnenlicht ist unpolarisiert, fällt in den seltensten Fällen senkrecht auf die Oberfläche der Solarzelle und besitzt einen relevanten Wellenlängenbereich von 300 nm bis ungefähr 1150 nm. Zur zuverlässigen Beurteilung der Güte eines Designansatzes zum Photonmanagement müssen all diese Parameter berücksichtigt werden, um schließlich die Güte einer einzelnen Geometrie abschätzen zu können. Dabei stellt man fest, dass resonante Systeme häufig nicht die erwünschte Wirkung erzielen, da sie die Absorption zwar für diskrete Wellenlängen enorm steigern können, den Rest des Sonnenspektrums allerdings nahezu unbeeinflusst lassen. Da die Beurteilung der Güte aber immer als Minimalanforderung integral über den gesamten Spektralbereich durchgeführt werden muss, ist eine saubere Quantifizierung der Vor- und Nachteile aller in Frage kommender Designansätze nötig. Am Ende ist die Anzahl der absorbierten Photonen des gesamten Spektrums die einzig relevante Größe. Denn wie in wohl keinem anderen Marktumfeld spielt die Effizienz im Vergleich zu den aufgebrachten Kosten für die Umsetzung der Maßnahmen eine eminente Rolle. Entscheidet man sich für die Integration einer zusätzlichen optischen Komponente, soll diese so ausgelegt sein, dass jeder Bruchteil eines möglichen Prozents der gesteigerten Effizienz auch genutzt wird. Nur so können diese Konzepte wirtschaftlich sinnvoll realisiert werden.

Für all diese Arbeiten, der Evaluation der Güte eines bestimmten Systems und dessen anschließende Optimierungen, ist heute der Einsatz eines Computer Grids unerlässlich. Gerade im Bereich des Photonmanagement ist es häufig nicht notwendig, dass jeder einzelne im Grid aufgenommene Rechner auf maximale Performance optimiert ist. Für viele z.B. auf dielektrischen Materialien basierenden Systemen (s. Abb. 17.3) ist die individuelle Simulation nicht sehr aufwändig und Ressourcenintensiv, aber die extrem hohe Anzahl der Gütebestimmungen nahezu identischer Konfigurationen, in denen einzelne Parameter nur leicht variiert werden (z.B. Polarisation, Wellenlänge, Einfallswinkel), erhöhen den Gesamtaufwand der Rechnungen doch erheblich.

17.4.4 Photonische Kristalle und Quasikristalle

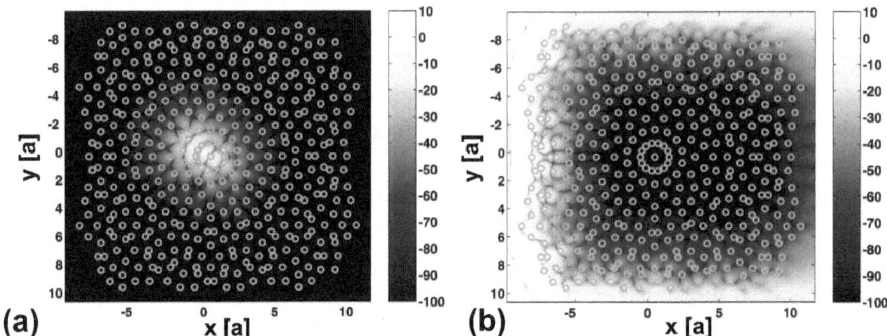

Abb. 17.4 Amplitude des elektrischen Feldes in einer logarithmischen Skala, wenn man in einen Quasikristall eine Linienquelle positioniert (a) oder mit einer ebenen Welle beleuchtet (b), dessen Frequenz in einem Spektralbereich liegt, für den die Ausbreitung in diesem Quasikristall nicht erlaubt ist. Der Quasikristall selbst besteht aus Zylindern (R = 0.2a) mit einer Dielektrizitätskonstante von $\varepsilon = 12$. Der spezielle Quasikristall ist charakterisiert durch eine 12-fach Rotationssymmetrie

Eine letzte hier näher zu beschreibende Anwendung für Computer Grids in der Nanooptik besteht in der Analyse dielektrischer Strukturen, die aus Elementarzellen aufgebaut sind. Bei einer periodischen Anordnung solcher Elementarzellen spricht man in Analogie zum Festkörper häufig von einem Photonischen Kristall [3]. Mit seinem streng periodisch im Raum verteilten dielektrischen Material ist dessen Wirkung auf ein Photon vergleichbar zum periodischen Potential der Atomrümpfe, welches ein Elektron im Festkörper wahrnimmt. Unter Vernachlässigung der Materialdispersion für sämtliche Medien, aus denen photonische Kristalle bestehen (im Speziellen nimmt man also an, dass die Dielektrizitätskonstante keine Funktion der Frequenz ist, was gerechtfertigt sein mag in Spektralbereichen weit entfernt von Resonanzen im Festkörper), kann man sehr effizient die Maxwellschen Gleichungen lösen, da diese skalierbar sind. Hat man optische Eigenschaften für ein bestimmtes Verhältnis von Frequenz zu geometrischen Parametern gelöst, kann man Ergebnis und simultan die Strukturgrößen beliebig skalieren. Die Analyse der Dispersionsbeziehung (auch Bandstruktur genannt) kann heute auf herkömmlichen PCs in sinnvoller Zeit durchgeführt werden. Bricht man allerdings die strenge, unendliche Periodizität des idealen photonischen Kristalls auf, um einerseits z.B. Grenzflächeneffekte zu untersuchen oder andererseits sogar die Elementarzellen selbst nur noch quasiperiodisch oder im Extremfall statistisch anzuordnen, reicht die Kapazität eines einzelnen Rechners nicht mehr aus, um diese Aufgaben sinnvoll bewältigen zu können. Ein Beispiel einer solchen Analyse ist in Abb. 17.4 zu sehen.

Die eingehende Analyse solcher photonischer Kristalle ist sowohl für die Grundlagenwissenschaften als auch für mögliche Anwendungen in verschiedensten Bereichen interessant. Zum Gewinn von Erkenntnissen über Phänomene der Lichtausbreitung in nanostrukturierten Materialien sind photonische Kristalle ein ideales Feld, da Lichtausbreitung nicht durch Absorption beeinträchtigt wird und deterministische Strukturen mit wohl definierten Geometrien heute ausgezeichnet mit den Methoden der Nanostrukturierung hergestellt werden können und darüber hinaus auch experimentell charakterisierbar sind. Solche Phänomene stehen unserem natürlichen Verständnis von Lichtausbreitung häufig diametral gegenüber und Effekte wie eine negative Brechung, eine beugungsfreie Ausbreitung oder der sog. Mirage-Effekt können hier als repräsentative Beispiele genannt werden. Neben solchen prinzipiellen Phänomenen besitzen photonische Kristalle aber auch ein enormes Anwendungspotential. Ihre insbesondere am Anfang der Forschung stark im Mittelpunkt stehende Eigenschaft, die Ausbreitung von Licht in bestimmten Frequenzbereichen komplett zu unterdrücken, erlaubt die Kontrolle über die Richtung der Lichtausbreitung in solchen Medien auf Größenskalen vergleichbar der Wellenlänge. Ergänzt um Resonatoren und/oder nichtlineare optische Materialien, mit deren Hilfe die Eigenschaften von photonischen Kristallen modifizierbar sind, können heute komplexe optische Schaltkreise, Verzögerungsstrecken, Multiplexer, Filterfunktionen oder Elemente zur Kontrolle des Chirps von Pulsen implementiert werden.

17.5 Zusammenfassung und Ausblick

All die genannten Forschungsgebiete der Nanooptik können dazu beitragen, den Traum eines ausschließlich auf Photonen basierenden Computers (den sog. optischen Computer) eines Tages Wirklichkeit werden zu lassen. Der weite Weg dahin kann durch umfangreiche experimentelle Arbeiten vorangetrieben werden, muss aber in jedem Fall durch numerische Simulationen vorbereitet und begleitet werden, wofür ein elektronisches Computer Grid in vielen Fällen eine ideale Umgebung darstellt.

Die Maxwellschen Gleichungen und eine Auswahl verschiedener numerischer Methoden zu deren Lösung haben einen Teil dieses Kapitels gekennzeichnet. Es bleibt zu betonen, dass es gerade erst diese Methoden sind, welche es erlauben, theoretisch/numerisch sinnvolle Forschungsarbeit auf dem Gebiet der Nanooptik verrichten zu können. Die Notwendigkeit, Werkzeuge zu besitzen, welche zuverlässige und belastbare Aussagen über das optische Verhalten nanooptischer Systeme ermöglichen, sind die Grundvoraussetzung für die Durchführung möglicher experimenteller Arbeiten. Das numerische Experiment ersetzt dabei aber vielerorts das reale Experiment als Arbeitsmethode. Häufig ist man nicht ausschließlich daran interessiert, wie sich ein konkretes optisches System für eine spezielle Art der Anregung verhält, sondern möchte eine große Anzahl unabhängiger Rechnungen für nahezu identische Systeme mit nur leicht veränderlichen Parametern durchführen (s. Abschn. 17.2), um die optische Struktur zu charakterisieren und zu verstehen. Beispiele für solche Rechnungen sind die Untersuchung über den Einfluss eines einzelnen geometrischen Parameters auf die Gesamtantwort des Systems oder die Analyse der optischen Antwort eines Systems als Funktion der Wellenlänge oder des Einfallswinkels. Diese Art von Rechnungen lassen sich ausgezeichnet auf einem Rechengrid durchführen, wobei jeder einzelne im Grid aufgenommene Rechner eine Rechnung unabhängig von allen anderen durchführen kann. Die Zeitersparnis, die man auf diesem Wege z.B. bei der Optimierung eines Systems erreicht, skaliert unmittelbar mit der Anzahl der zur Verfügung stehenden Komponenten. Dies reduziert die Rechenzeit von einigen Tagen oder sogar Wochen auf wenige Stunden und führt zu einer enormen Effizienzsteigerung in der Analyse solcher Systeme.

Literaturverzeichnis

1. L. Novotny, B. Hecht, *Principles of Nano-Optics*, 1st edn. (Cambridge University Press, 2006).
2. N. W. Ashcroft, D. N. Mermin, *Festkörperphysik*, 3rd edn. (Oldenbourg Verlag, 2007).
3. J. D. Joannopoulos, S. G. Johnson, J. N. Winn, *Photonic Crystals: Molding the Flow of Light*, 2nd edn. (Princeton Univ Press, 2008).
4. J. D. Jackson, *Klassische Elektrodynamik*, 4. Ausgabe (Gruyter, Berlin, 2006).
5. B. E.A. Saleh, M. C. Teich, *Grundlagen der Photonik*, 2. Ausgabe (Wiley-Vch, Berlin, 2008).
6. E. Hecht, *Optik*, 4. Ausgabe (Oldenbourg Wissenschaftsverlag, München, 2005).
7. Euklid, C. Thaer (Hrsg.), *Die Elemente. Buch I - XIII*, 1st edn. (Harri Deutsch Verlag, 2003).
8. H. Haferkorn, *Optik: Physikalisch-technische Grundlagen und Anwendungen*, 4. Ausgabe (Wiley-Vch, Berlin, 2003).
9. I. Brodie, J.J. Muray, *The physics of micro/nano-fabrication*, 1st edn. (Publishing Corporation, New York, 1993).
10. A. Taflove, S. C. Hagness, *Computational Electrodynamics: The Finite-Difference Time-Domain Method*, 3rd edn. (Artech House Inc., 2005).
11. H. C. van De Hulst, *Light Scattering by Small Particles*, 1st edn. (Dover Pubn Inc., 1982).
12. C. Hafner, *The Generalized Multipole Technique for Computational Electromagnetics*, 1st edn. (Artech House Inc., 1990).
13. P. K. Groner, M. Neviere, E. Popov, *Light Propagation in Periodic Media: Differential Theory and Design*, 1st edn. (Marcel Dekker Ltd., New York, 2002).
14. E. N. Economou, *Green's Functions in Quantum Physics*, 3rd edn. (Springer, Berlin, 2006).
15. P. Monk, *Finite Element Methods for Maxwell's Equations*, 1st edn. (Oxford Univ Press, 2003).
16. S. A. Maier, *Plasmonics: Fundamentals and Applications*, 1st edn. (Springer, Berlin, 2007).
17. N. Engheta, R. W. Ziolkowski, *Electromagnetic Metamaterials: Physics and Engineering Aspects*, 1st edn. (Wiley & Sons, 2006).
18. P. Würfel, *Physik der Solarzellen*, 2nd edn. (Spektrum Akademischer Verlag, 2000).

Kapitel 18
Computational Photonics – Das Design von organischen Leuchtdioden

Matthias Brinkmann, Malte Hagemann

Zusammenfassung Das folgende Kurzkapitel zeigt anhand des Designs von organischen Leuchtdioden ein Beispiel aus dem Bereich Computational Photonics auf. Es wird die Funktionsweise von organischen Leuchtdioden erläutert und das Potential dieser Anwendung für, z.B. mit einem Rechen-Grid durchführbare, Parameterstudien betont.

18.1 Funktionsprinzip organischer Leuchtdioden

In den letzten Jahren sind organische Leuchtdioden (OLED) als neuartige Lichtquelle für verschiedene Anwendungen zur Marktreife entwickelt worden. Abbildung 18.1 zeigt hierzu einige Beispiele. Eine OLED stellt eine (wenige Millimeter) dünne, homogen flächig (derzeit bis 250 mm x 250 mm Leuchtfläche) abstrahlende Lichtquelle dar. Mittlerweile sind bereits viele Einzelfarben und auch weiß möglich. Neben der Ambient- und Displayhinterleuchtung sind inzwischen auch völlig neuartige Beleuchtungskonzepte (z.B. selbstleuchtende Tapeten oder strahlender Fußboden) realistisch. Aufgrund der Druckbarkeit der OLED-Materialien ist der Einsatz als ultraflaches Aktivdisplay möglich.

Matthias Brinkmann
Fachbereich Mathematik und Naturwissenschaften, Hochschule Darmstadt,
E-mail: matthias.brinkmann@h-da.de

Malte Hagemann
Fachbereich Mathematik und Naturwissenschaften, Hochschule Darmstadt,
E-mail: malte.hagemann@h-da.de

D. Fey (ed.), *Grid-Computing*, eXamen.press, DOI 10.1007/978-3-540-79747-0_18,

Abb. 18.1 Beispiele für heutige Applikationen von OLED

Die Anfänge der organischen Leuchtdiode beginnen bereits zwischen 1963 und 1969 mit der Entdeckung der Elektrolumineszenz bei organischen Materialien [1], [2]. Im Jahre 1969 zeigt Dresner die Elektrolumineszenz in Anthracene. Mit Quanteneffizienzen von 0,05 % Photonen/Elektronen bei Betriebsspannungen um 100 V ist jedoch ein industrieller Nutzen noch nicht absehbar. Durch die Arbeiten von Tang et al. [3] ist es möglich gewesen, 1987 Bauteile mit Quanteneffizienzen um 1 % Photonen/Elektronen bei einer Betriebsspannung von 10 V zu realisieren. Dies entspricht einem Wirkungsgrad von 1,5 lm/W bei einer Leuchtdichte von ca. 1000 cd/m^2. Zum Vergleich, eine Kerze besitzt einen Wirkungsgrad von 0,1 lm/W bei 5000 cd/m^2.

Der prinzipielle Aufbau einer OLED ist einfach und liefert die Möglichkeit kostengünstige Leuchtmittel zu realisieren. Auf ein Folien- oder Glassubstrat wird ein transparentes Anodenmaterial, vorzugsweise Indium-Zinn-Oxid (ITO), abgeschieden. In einem nächsten Prozessschritt wird das Licht emittierende Polymer (LEP) aufgebracht (s. Abb. 18.2). Handelt es sich bei dem Polymer um lösliche Syteme (konjugierte Polymere), spricht man von PLED, die nicht löslichen Systeme (Aromaten) werden als SMOLED bezeichnet. Abschließend wird eine metallische Kathode im Vakuum aufgedampft und das gesamte Schichtsystem mittels eines weite-

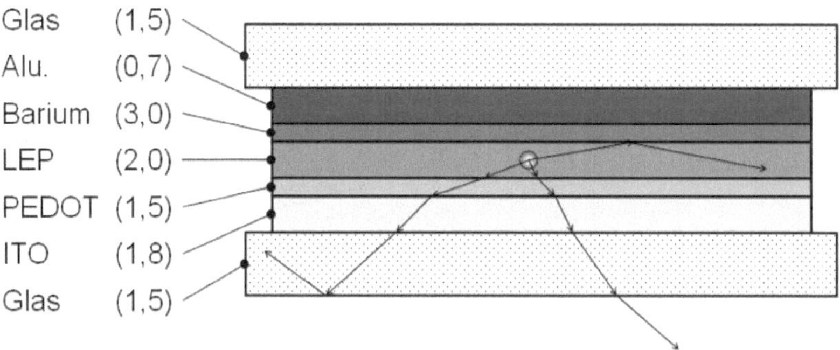

Abb. 18.2 Prinzipieller Schichtaufbau einer organischen Leuchtdiode. Auf ein Substrat werden sequenziell eine transparente Anode, vorzugsweise Indium-Zinn-Oxid (ITO), das Licht emittierende Polymer (LEP) und eine Kathode aus Silber oder Aluminium aufgebracht. Die in der LEP-Schicht entstehenden Photonen propagieren durch das Schichtsystem und verlassen die OLED oder werden in Substratmoden in dem Bauteil geführt

ren Substrates verkapselt. Die Verkapselung zwischen den beiden Substraten schützt das empfindliche LEP vor Sauerstoff (O_2) und Feuchtigkeit (H_2O). Die Diffusion dieser beiden Stoffe führt zu einer schnelleren Degradation des LEP, welches die Lebensdauer der OLED drastisch reduziert.

Durch Anlegen einer äußeren Spannung an die Kathode und die Anode entsteht in dem Schichtsystem ein elektrisches Feld. In anorganischen Halbleitern ist die Bandlücke abhängig von der Differenz der Ionisierungsenergie vom Valenzband und dem Leitungsband. Analog dazu wird die Größe der Bandlücke bei organischen Halbleitern durch die Differenz der Ionisierungsenergie zwischen dem lowest unoccupied molecular orbital (LUMO) und dem highest occupied molekular orbital (HOMO) bestimmt. Aufgrund des elektrischen Felds werden Defektelektronen (Löcher) von der Anode und Elektronen von der Kathode in den Halbleiter injiziert. Es erfolgt eine Diffusion der Ladungsträger durch das Polymer auf die jeweilige Gegenelektrode. Treffen Elektronen und Defektelektronen aufeinander, bilden sie einen gebundenen Zustand, das sog. Exziton (Elektronen-Loch Paar). Die beim Zerfall des Exzitons freiwerdende Energie, dem Übergang des Moleküls in den Grundzustand, wird in Form eines Photons abgegeben (s. Abb. 18.3). Dabei bestimmt die Energiedifferenz zwischen LUMO und HOMO die Frequenz und damit die Wellenlänge des Photons. Einfache Schichtsystemkonfigurationen (Elektroden und LEP) weisen schlechte Effizienzen auf, da eine Bildung von Exzitonen sehr unwahrscheinlich ist. Wahrscheinlicher ist, dass die Ladungsträger an ihrer Gegenelektrode das System ohne Interaktion verlassen. Eine Verbesserung bringt die Implementierung von Elektronen- (ETL) und Lochtransportschichten (HTL). Sie sorgen für eine effizientere Injektion ins LUMO sowie HOMO und stellen eine Blockade für die entgegengesetzten Ladungsträger dar. Dies erhöht die Wahrscheinlichkeit für die Bildung von Exzitonen.

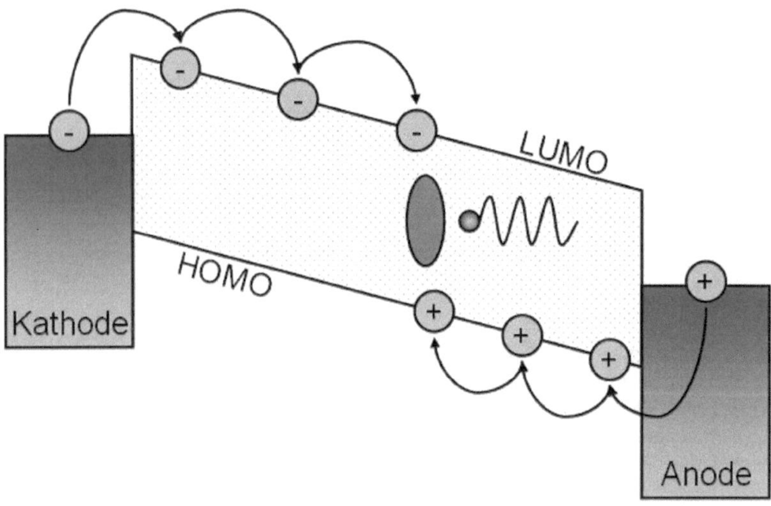

Abb. 18.3 Darstellung des Funktionsprinzips einer organischen Leuchtdiode. Durch Anlegen einer Spannung an den Elektroden werden Defektelektronen von der Anode und Elektronen von der Kathode in das Polymer injiziert. Daraufhin driften die Ladungsträger durch das Material und können aufeinandertreffen. Dieser gebundene Zustand stellt ein Exziton dar. Beim Zerfall des Exzitons wird ein Photon erzeugt

Jedoch nicht jedes erzeugte Photon kann als Licht im Fernfeld genutzt werden. Wasey et al. [4] hat mithilfe der Maxwell-Gleichungen gezeigt, dass in einem solchen Schichtsystem mehr als 50 % der erzeugten Photonen die OLED nicht verlassen. Diese Photonen werden einerseits aufgrund der metallischen Schicht in Plasmon-Polariton-Moden nahe der Kathode geführt. Andererseits sorgt die Totalreflexion an den Schichtübergängen gerade beim Grenzübergang zwischen Glas und Luft für die Bildung von Substratmoden. Werden die geführten Photonen in den Schichten wieder absorbiert, führt dies zu einer Erwärmung der OLED, welches sich wiederum negativ auf die Lebensdauer des Polymers sowie die Effizienz der Photonenerzeugung auswirkt.

18.2 Berechnung von organischen Leuchtdioden

Die Hauptaufgabe des Computational Photonics besteht in diesem Fall darin, aus dem in der Emitterschicht erzeugten Photonenfeld die spektral und winkelabhängig abgestrahlte Lichtverteilung der OLED zu berechnen. Hierzu müssen sukzessive alle Einflüsse der OLED-Struktur berücksichtigt werden (s. Abb. 18.4): Ein Teil des Lichtes wird im Schichtsystem geführt. Hierzu müssen die wellenoptischen Methoden zur Wellenleitersimulation verwendet werden (Abschnitt 10.1.2.4). Der nicht geführte Teil des emittierten Lichts wird beim Passieren des OLED-Schichtsystems spektral und winkelabhängig verändert. Hierzu werden die wellenoptischen Methoden zur Schichtsimulation verwendet (Abschnitt 10.1.2.2). Beim Übergang vom Glassubstrat an Luft passiert das Licht Auskoppelstrukturen, um die Fresnel-Reflexionsverluste zu verkleinern. Je nach Größe dieser Strukturen werden entweder wellenoptische (Abschnitt 10.1.2.3) oder strahlenoptische Verfahren (Abschnitt 10.1.1) verwendet. Häufig sind an der OLED noch weitere optische Komponenten, sog. Sekundäroptiken angebracht. Der Lichtdurchgang durch diese Optiken werden meistens im Strahlenmodell durchgeführt (Abschnitt 10.1.1).

Derzeit werden die hier dargestellten Einzelsimulationen mit kommerziellen bzw. selbstgeschriebenen Softwarecodes durchgeführt. Am Ende jedes Simulationsschrittes werden die jeweiligen Ergebnisdaten umformatiert und als Input für den darauffolgenden Rechenschritt genommen. Bereits eine einzelne komplette OLED-Analyse benötigt einen hohen Zeitaufwand auf kommerzieller IT-Struktur. Wünschenswert wären optimierte Hardware-Architekturen. Damit ließen sich automatisierte Optimierungsschleifen und -strategien realisieren, bei denen alle OLED-Parameter im Hinblick auf die gewünschten Spezifikationen optimiert werden können.

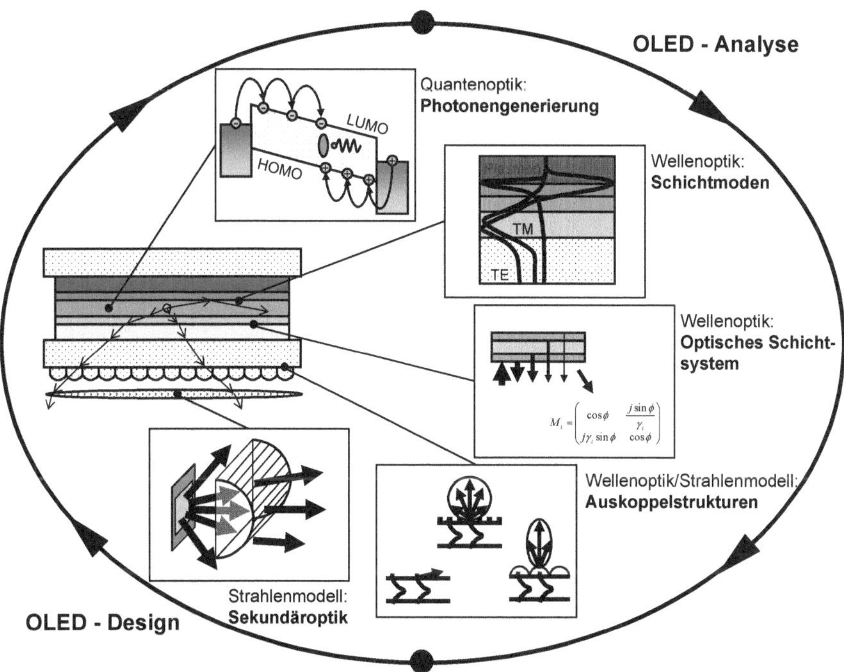

Abb. 18.4 Darstellung der verschiedenen Methoden zur sukzessiven Berechnung der spektralen und winkelabhängigen Lichtverteilung einer OLED

Literaturverzeichnis

1. M. Pope et al., J. Chem. Phys., vol. 38, p. 2042 (1963).
2. J. Dresner, RCA rev. 30, p. 322 (1969).
3. C. W. Tang et al., Appl. Phys. Lett., vol. 51, p. 913 (1987).
4. J. A. E. Wasey et al.; J. Mod. Opt. vol. 47, 725-741 (2000).

Kapitel 19
Einführung in die computergestützte Quantenchemie

Leticia González und Dirk Bender

Zusammenfassung Der Einsatz der Computational Chemistry hat in den letzten Jahren sprunghaft zugenommen. Ihr Einfluss auf das Gebiet der Theoretischen Chemie ist parallel zur Entwicklung digitaler Computer verlaufen. Heutzutage ist zumindest ein grundlegendes Verständnis dieses Gebietes für Chemiker zwingend erforderlich und sollte auch für die Praktiker der Computational Sciences verfügbar sein. Das Hauptaugenmerk dieses Kapitels ist es daher, das grundlegende Rüstzeug zu vermitteln, um auf dem unüberschaubaren Ozean der Computerchemie zu navigieren. Damit ist der Inhalt auf die wesentlichen Grundpfeiler der Quantenchemie beschränkt. Über diesen Überblick hinausgehend findet der interessierte Leser im Anhang eine Liste weiterführender Literatur, welche detailliertere mathematische Herleitungen und weitere Modelle enthält, die hier aus Platzgründen nicht dargestellt werden können.

19.1 Einleitung

Der Begriff Computational Chemistry[1] beschreibt das Vermögen, chemisch motivierte Problemstellungen mit Hilfe eines Rechners zu lösen. Es sind vielfältige Methoden entwickelt worden, die sich unter „Theoretischer Chemie“ oder “Molecular Modeling” zusammenfassen lassen.

In diesem Kapitel werden wir uns auf theoretische Modelle beschränken, die sich nur auf die fundamentalen Bausteine der Quantenmechanik stützen. Wir nennen

Leticia González · Dirk Bender
Friedrich-Schiller-Universität Jena
Helmholtzweg 4, 07743 Jena, Germany
E-mail: leticia.gonzalez@uni-jena.de
E-mail: dirk.bender@uni-jena.de

[1] Wir verwenden immer dort, wo adäquate deutsche Bezeichnungen nicht zur Verfügung stehen, die etablierten englischen Begriffe.

D. Fey (ed.), *Grid-Computing*, eXamen.press, DOI 10.1007/978-3-540-79747-0_19,

solche Modelle computerunterstützte quantenchemische Modelle. Sie erlauben uns, chemische Eigenschaften *ab initio* vorherzusagen. Der Begriff *ab initio* beschreibt dabei die alleinige Verwendung von Naturkonstanten ohne zusätzliche empirische Daten. Weiterhin werden wir uns im Wesentlichen dem Lösen der zeitunabhängigen Schrödingergleichung widmen. Wir beschreiben also nur sog. stationäre Zustände und die daraus resultierenden Eigenschaften, so z. B. Molekülstrukturen, relative Energien und molekulare Eigenschaften. Die Beschreibung dynamischer Aspekte sprengt den Rahmen dieses Kapitels.

Unter Berücksichtigung der eben genannten Einschränkungen beginnt das Kapitel mit der Mehr-Elektronen-Wellenfunktion im Rahmen der Born-Oppenheimer-Näherung (s. Abschnitt 19.2). Daran anschließend wird in Abschnitt 19.3 das einfachste *ab initio* Schema, die sog. Hartree-Fock-Näherung vorgestellt. Die Hartree-Fock-Methode ist die Grundlage der meisten heutzutage verfügbaren quantenchemischen Modelle. Die gebräuchlichsten dieser Modelle werden kurz vorgestellt. Einen anderen Ansatz, chemische Eigenschaften zu erhalten, verfolgt die Dichtefunktionaltheorie (DFT). Hier steht nicht die Wellenfunktion im Mittelpunkt der Untersuchungen, sondern die elektronische Dichte. Obwohl die DFT strenggenommen keine reine *ab initio*, sondern eher eine semiempirische Methode ist, soll sie aufgrund der großen Popularität, die sie in den letzten Jahren bei den Quantenchemikern genießt, hier behandelt werden. Abschnitt 19.4 stellt die Grundlagen der DFT und einige der häufig benutzen Funktionale vor.

19.2 Die zeitunabhängige Schrödinger-Gleichung und die Born-Oppenheimer-Näherung

Der Inhalt dieses Kapitels ist das Auffinden von Lösungen der nichtrelativistischen, zeitunabhängigen Schrödinger-Gleichung[2]

$$\hat{H}\Psi = E\Psi \quad , \tag{19.1}$$

hierin ist $\hat{H}$ der Hamiltonoperator des Systems, Ψ die das System repräsentierende Wellenfunktion und E die Gesamtenergie. Im Allgemeinen hat Gleichung (19.1) ein Spektrum von Energien E_n und korrespondierenden Eigenvektoren (Eigenfunktionen) Ψ_n als Lösung. Für negative E befindet sich das System in einem gebundenen Zustand. Der Zustand niedrigster Energie (E_0) heißt Grundzustand, er wird durch Ψ_0 beschrieben. Der Hamiltonoperator $\hat{H}$ eines Systems aus M Kernen und N Elektronen ist gegeben durch die Summe der Operatoren der kinetischen Energie $\hat{T}$ und des Potentials $\hat{V}$

$$\hat{H} = \hat{T}_{\mathrm{el}} + \hat{T}_{\mathrm{K}} + \hat{V}_{\mathrm{el-el}} + \hat{V}_{\mathrm{K-K}} + \hat{V}_{\mathrm{el-K}}. \tag{19.2}$$

[2] Dies ist mathematisch die Eigenwertgleichung des nichtrelativistischen Hamiltonoperators.

Unter Verwendung von atomaren Einheiten, läßt sich der Operator der kinetischen Energie der Elektronen schreiben als

$$\hat{T}_{\text{el}} = -\sum_{i=1}^{N} \frac{1}{2} \nabla_i^2, \tag{19.3}$$

und der der Kerne als

$$\hat{T}_{\text{K}} = -\sum_{A=1}^{M} \frac{1}{2M_A} \nabla_A^2, \tag{19.4}$$

mit der Masse M_A des Kerns A. Die Operatoren ∇_i^2 und ∇_A^2 sind Laplaceoperatoren, welche nur auf die elektronischen bzw. Kernkoordinaten wirken. Die repulsive Coulombwechselwirkung zwischen den Elektronen wird durch

$$\hat{V}_{\text{el-el}} = \frac{1}{2} \sum_{i \neq j} \frac{1}{r_{ij}} \tag{19.5}$$

beschrieben, die der Kerne durch

$$\hat{V}_{\text{K-K}} = \frac{1}{2} \sum_{A \neq B} \frac{Z_A Z_B}{R_{AB}}. \tag{19.6}$$

Hierin sind Z_A und Z_B die Kernladungszahlen von Kern A und B, $R_{AB} = |\mathbf{R}_A - \mathbf{R}_B|$ ist der Kern-Kern-Abstand. Der Faktor $1/2$ kompensiert das doppelte Auftreten jedes Paares A, B in der Summe. Die attraktive Wechselwirkung zwischen Elektronen und Kernen wird schließlich durch

$$\hat{V}_{\text{el-K}} = -\sum_{i,A} \frac{Z_A}{r_{iA}} \tag{19.7}$$

beschrieben. Gleichung (19.1) kann für Systeme mit mehr als zwei Elektronen nicht gelöst werden. Daher sind eine Reihe von Näherungen für große Systeme entwickelt worden. Die erste fundamentale hierzu ist die Born-Oppenheimer- oder adiabatische Näherung. Vereinfacht gesprochen wird die Bewegung der Elektronen aufgrund der Masseverhältnisse ($m_i/M_A < 10^{-3}$) als unabhängig von den Kernen beschrieben. Mit dieser Annahme kann die Gesamtwellenfunktion Ψ, die im Allgemeinen von den Koordinaten der Kerne $\mathbf{R}_A$ und der Elektronen $\mathbf{r}_i$ abhängt, in ein Produkt aus einer elektronischen und einer Kernwellenfunktion separiert werden:

$$\Psi(\mathbf{R}, \mathbf{r}) = \psi_{\text{el}}(\mathbf{r}; \bar{\mathbf{R}}) \psi_{\text{K}}(\mathbf{R}). \tag{19.8}$$

Damit zerfällt auch die Schrödinger-Gleichung in eine elektronische und eine für die Kerne. Der elektronische Teil hängt parametrisch von den Kernkoordinaten ab – die Schreibweise $\bar{\mathbf{R}}$ soll dies verdeutlichen – damit ist auch die elektronische Energie E_{el} parametrisch von diesen abhängig. Die elektronische Schrödinger-Gleichung lautet

$$\hat{H}_{\mathrm{el}}\psi_{\mathrm{el}}(\mathbf{r};\bar{\mathbf{R}}) = E_{\mathrm{el}}(\bar{\mathbf{R}})\psi_{\mathrm{el}}(\mathbf{r};\bar{\mathbf{R}}). \tag{19.9}$$

Der elektronische Hamiltonoperator ist hierin

$$\hat{H}_{\mathrm{el}} = -\sum_{i=1}^{N}\frac{1}{2}\nabla_i^2 + \frac{1}{2}\sum_{i\neq j}\frac{1}{r_{ij}} - \sum_{i,A}\frac{Z_A}{r_{iA}}. \tag{19.10}$$

Die Gesamtenergie für eine feste Kerngeometrie ist dann die Summe aus der elektronischen Energie E_{el} und dem abstoßenden Potential der Kern-Kern-Wechselwirkung, das für eine gegebene Geometrie $\bar{R}_{AB}$ konstant ist:

$$E(\bar{\mathbf{R}}) = E_{\mathrm{el}}(\bar{\mathbf{R}}) + \frac{1}{2}\sum_{A\neq B}\frac{Z_A Z_B}{\bar{R}_{AB}}. \tag{19.11}$$

Ist das elektronische Problem gelöst, können wir uns der Kern-Schrödinger-Gleichung zuwenden. Hierzu setzen wir Gleichung (19.8) in die allgemeine Gleichung (19.1) ein. Unter Vernachlässigen aller (verschwindenden) Ableitungen der elektronischen Wellenfunktion ψ_{el} nach den Kernkoordinaten $\mathbf{R}$ und einigen Umformungen erhält man die Kern-Schrödinger-Gleichung

$$\hat{H}_{\mathrm{K}}\psi_{\mathrm{K}}(\mathbf{R}) = E\psi_{\mathrm{K}}(\mathbf{R}), \tag{19.12}$$

mit dem Kern-Hamiltonoperator

$$\hat{H}_{\mathrm{K}} = \hat{T}_{\mathrm{K}}(\mathbf{R}) + E_{\mathrm{el}}(\bar{\mathbf{R}}). \tag{19.13}$$

Der Form des Kern-Hamiltonoperators $\hat{H}_{\mathrm{K}}$ in Gleichung (19.13) kann man entnehmen, dass $E_{\mathrm{el}}(\bar{\mathbf{R}})$ das Potential ist, in dem sich die Kerne bewegen. Daher bezeichnet man $E_{\mathrm{el}}(\bar{\mathbf{R}})$ als *Potential(hyper)fläche* (engl.: *potential energy surface, PES*). Hierbei handelt es sich um eine $3M-6$ dimensionale Hyperfläche. In der Praxis werden derartige Potentialflächen punktweise berechnet, indem man die elektronische Schrödinger-Gleichung für eine bestimmte Kerngeometrie löst. Die PES folgen direkt aus der Born-Oppenheimer-Näherung, daher werden sie auch als *adiabatische* Potentiale bezeichnet.

Das Konzept der PES ist für die Chemie fundamental, es ermöglicht nämlich das Verständnis chemischer Reaktionen. Für große Moleküle wird meist nicht die vollständige Potentialhyperfläche in allen Freiheitsgraden berechnet. Vielmehr ist es gewöhnlich ausreichend, kritische Punkte wie Minima oder Sattelpunkte erster Ordnung – letztere stellen aus chemischer Sicht Übergangszustände dar – in der Nähe der optimierten Struktur zu berechnen und diese wichtigsten Regionen der PES im Verlauf der chemischen Reaktion zu untersuchen. Die Optimierung derartiger Punkte ist heutzutage mit automatisierten Routinen durch Gradientenmethoden in verschiedenen quantenchemischen Softwarepaketen in unterschiedlichen Theorieniveaus (vgl. dazu auch Abschnitt 19.3) implementiert. Eine gegebene chemische Komponente kann über mehrere Minima oder Übergangszustände verfügen. Daher ist es ebenfalls von Bedeutung, die kritischen Punkte korrekt miteinander zu verbin-

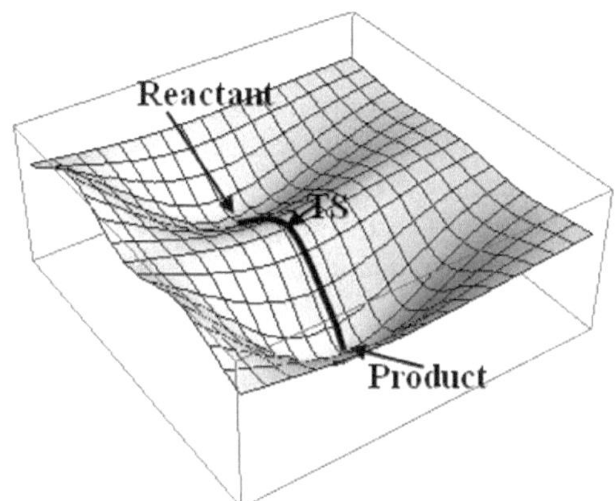

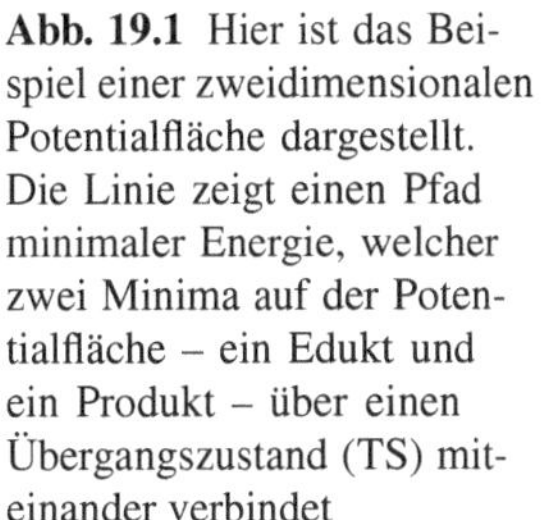
Abb. 19.1 Hier ist das Beispiel einer zweidimensionalen Potentialfläche dargestellt. Die Linie zeigt einen Pfad minimaler Energie, welcher zwei Minima auf der Potentialfläche – ein Edukt und ein Produkt – über einen Übergangszustand (TS) miteinander verbindet

den. Eine geeignete Definition einer solchen Verbindungslinie zwischen Edukten und Produkten ist der sog. Pfad minimaler Energie (engl.: *minimum energy path, MEP*). Ein MEP folgt der Richtung der kleinsten Krümmung, beginnend an einem Minimum. Mathematisch läßt sich dies durch den Eigenvektor mit dem kleinsten positiven Eigenwert der Hesse-Matrix beschreiben, beginnend an einem Minimum und kontinuierlich bis zum Sattelpunkt laufend. Abbildung 19.1 zeigt ein Beispiel einer PES in zwei Dimensionen und einen MEP, der zwei Energieminima (Edukt und Produkt) über einen Übergangszustand (TS) miteinander verbindet.

Die Born-Oppenheimer-Näherung ist eine gute Näherung, solange die Ableitungen der elektronischen Wellenfunktion nach den Kernkoordinaten vernachlässigbar sind. Das ist korrekt, wenn zwei Lösungen der elektronischen Schrödinger-Gleichung energetisch weit auseinander liegen. An Punkten, an denen sich zwei Zustände nahe kommen oder gar durchdringen, bricht die Born-Oppenheimer-Näherung zusammen. Dann müssen nichtadiabatische Korrekturen berücksichtigt werden.

19.3 *Ab initio* Methoden

In diesem Abschnitt wollen wir die elektronische Schrödinger-Gleichung (19.9) im Rahmen der Born-Oppenheimer-Näherung lösen. Dies ist exakt für das H_2^+ Molekül möglich, für Systeme mit mehr Elektronen (oder Kernen) sind numerische Näherungen nötig. Diese zu beschreiben ist Ziel dieses Abschnittes.

Relativistische Effekte sollen hier vernachlässigt werden. Daher erscheint der Spin als *ad hoc* Quanteneffekt in der elektronischen Wellenfunktion. Jedes Elektron besitzt eine Spinquantenzahl von $1/2$, die dazugehörenden Spinfunktionen α und β stellen die beiden möglichen Einstellungen (auf $\uparrow$ und ab $\downarrow$) des Elektrons in einem äußeren magnetischen Feld dar. Die Gesamtwellenfunktion eines Elektrons ist dann als Produkt aus dem räumlichen Anteil und einem Spinanteil, der von einer unspezifischen Variablen ω abhängt, definiert:

$$\chi(\mathbf{x}) = \psi(\mathbf{r})\alpha(\omega) \qquad \text{oder} \qquad \chi(\mathbf{x}) = \psi(\mathbf{r})\beta(\omega) \tag{19.14}$$

Eine solche Funktion nennt man ein *Spinorbital*, die Variable $\mathbf{x}$ beschreibt kollektiv $\mathbf{r}$ und ω. Für ein System aus N Elektronen muss die Wellenfunktion ψ_{el}[3] dem Pauliprinzip, wonach zwei Elektronen nicht in allen vier Quantenzahlen übereinstimmen dürfen, genügen. Diese Antisymmetrisierungsanforderung ist erfüllt, wenn wir ψ als eine *Slaterdeterminante*

$$\psi(\mathbf{x}_1, \mathbf{x}_2, ..., \mathbf{x}_N) = \frac{1}{\sqrt{N!}} \begin{vmatrix} \chi_1(\mathbf{x}_1) & \chi_2(\mathbf{x}_1) & \cdots & \chi_N(\mathbf{x}_1) \\ \chi_1(\mathbf{x}_2) & \chi_2(\mathbf{x}_2) & \cdots & \chi_N(\mathbf{x}_2) \\ \vdots & & \ddots & \\ \chi_1(\mathbf{x}_N) & \chi_2(\mathbf{x}_N) & \cdots & \chi_N(\mathbf{x}_N) \end{vmatrix}, \tag{19.15}$$

schreiben. $\frac{1}{\sqrt{N!}}$ ist ein Normierungsfaktor, die Elektronen sind den Zeilen zugeordnet, die Spinorbitale den Spalten. Die einzelnen Spinorbitale sollen orthonormiert sein $\langle \chi_i | \chi_j \rangle = \delta_{ij}$. Eine abkürzende Schreibweise gibt nur die Hauptdiagonale ohne den Normierungsfaktor an:

$$\psi(\mathbf{x}_1, \mathbf{x}_2, ..., \mathbf{x}_N) = |\chi_1(\mathbf{x}_1)\, \chi_2(\mathbf{x}_2) ... \chi_N(\mathbf{x}_N)\rangle = |\chi_1\, \chi_2 ... \chi_N\rangle \tag{19.16}$$

In einer ersten Näherung verwenden wir für die Wellenfunktion nur *eine einzelne* Slaterdeterminante. Dies impliziert, dass die Elektronenkorrelation entweder vernachlässigt oder nur gemittelt einbezogen wird. Mit dieser Testfunktion kann man nun das Variationsverfahren anwenden und erhält die Hartree-Fock-Gleichungen.

19.3.1 Die Hartree-Fock-Näherung

Die Energie der angenäherten Wellenfunktion kann als Erwartungswert des Hamiltonoperators geteilt durch die Norm der Wellenfunktion berechnet werden:

$$E = \frac{\langle \psi | \hat{H}_{\text{el}} | \psi \rangle}{\langle \psi | \psi \rangle}. \tag{19.17}$$

Ohne Beschränkung der Allgemeingültigkeit kann man stets normierte Wellenfunktionen – d. h. $\langle \psi | \psi \rangle = 1$ – wählen, so dass der Ausdruck sich zu $E = \langle \psi | \hat{H}_{\text{el}} | \psi \rangle$ vereinfacht. Setzen wir hier die Definition von $\hat{H}_{\text{el}}$ (Gleichung (19.10)) und der angenäherten Wellenfunktion (Gleichung (19.15)) in Gleichung (19.17) ein, dann erhalten wir durch Anwendung des Variationsprinzips[4], d. h. Optimieren der Spinorbitalen, so dass die Energie minimiert wird, die Hartree-Fock-Gleichungen:

[3] Von hier ab wollen wir dafür abkürzend ψ schreiben.

[4] Das Variationsprinzip besagt, dass der Erwartungswert der Energie, der mit einer beliebigen Testwellenfunktion berechnet wird, nie kleiner wird als die wahre Grundzustandsenergie E_0. Der Wert der Grundzustandsenergie wird nur mit der wahren Grundzustandswellenfunktion erreicht.

$$\hat{f}(\mathbf{x}_i)\chi(\mathbf{x}_i) = \varepsilon_i \chi(\mathbf{x}_i). \tag{19.18}$$

Der hier auftauchende Fockoperator $\hat{f}$ ist ein Einelektronenoperator, der für jedes Elektron wie folgt definiert wird:

$$\hat{f}(\mathbf{x}_i) \equiv \hat{f}_i = \frac{1}{2}\nabla_i^2 - \sum_{A=1}^{M} \frac{Z_A}{r_{iA}} + \hat{V}^{\mathrm{HF}}(\mathbf{x}_i). \tag{19.19}$$

Der Term $\hat{V}^{\mathrm{HF}}(\mathbf{x}_i)$ wird als *effektives* Hartree-Fock-Potential bezeichnet. Es ist das gemittelte Potential, welches das *i*te Elektron in der Anwesenheit der anderen Elektronen erfährt. Es sei angemerkt, dass dieses effektive Potential das Wesen der Hartree-Fock-Näherung ist; die exakte Wechselwirkung jedes Elektrons mit jedem anderen – also die wirkliche Korrelation der Elektronen untereinander – wird durch ein gemitteltes Potential ersetzt, in dem das Elektron die Wirkung der $N-1$ anderen nur als Mittelwert wahrnimmt. Mathematisch besteht dieses Einelektronenpotential aus zwei Termen

$$\hat{V}^{\mathrm{HF}}(\mathbf{x}_i) = \sum_j (\hat{J}_j(\mathbf{x}_i) - \hat{K}_j(\mathbf{x}_i)), \tag{19.20}$$

mit dem Coulomboperator $\hat{J}_j(\mathbf{x}_i)$ und dem Austauschoperator $\hat{K}_j(\mathbf{x}_i)$. Der Coulomboperator besitzt ein klassisches Analogon. Er repräsentiert das gemittelte lokale Potential eines Elektrons, das sich im durch alle übrigen Elektronen erzcugten Feld bewegt. Der Austauschoperator ist eine direkte Konsequenz des Antisymmetrieprinzips; er besitzt daher kein klassisches Analogon. Wir definieren beide Operatoren durch ihre Wirkung auf ein Spinorbital $\chi_i(\mathbf{x}_i)$:

$$\hat{J}_j(\mathbf{x}_i)\chi_i(\mathbf{x}_i) = \left[\int \chi_j^*(\mathbf{x}_j)\frac{1}{r_{ij}}\chi_j(\mathbf{x}_j)\mathrm{d}\mathbf{x}_j\right]\chi_i(\mathbf{x}_i), \tag{19.21}$$

$$\hat{K}_j(\mathbf{x}_i)\chi_i(\mathbf{x}_i) = \left[\int \chi_j^*(\mathbf{x}_j)\frac{1}{r_{ij}}\chi_i(\mathbf{x}_j)\mathrm{d}\mathbf{x}_j\right]\chi_j(\mathbf{x}_i). \tag{19.22}$$

Wie man aus den Gleichungen (19.21) und (19.22) sieht, sind die Hartree-Fock-Gleichungen nichtlinear. Der Fockoperator hängt von allen Orbitalen $\chi_i(\mathbf{x}_i)$ ab. Diese sind aber die gesuchten Lösungen von (19.18). Die Hartree-Fock-Gleichungen müssen daher iterativ gelöst werden. Beginnend mit einem Satz an Startorbitalen konstruiert man den Fockoperator und iteriert, wobei man einen neuen Satz an Orbitalen erhält. Diese Prozedur wird fortgesetzt, bis sich die Orbitale von einem Schritt zum nächsten nicht mehr ändern. Daher wird die Methode auch als *selbstkonsistent* (*self-consistent field* (SCF)) bezeichnet.

Der Wert ε_i in (19.18) beschreibt die Energie des Spinorbitals $\chi(\mathbf{x}_i)$. Die Energie E_0 des elektronischen Grundzustandes ist dann

$$E_0 = \sum_i^N \varepsilon_i - \frac{1}{2}\sum_{ij}^N (J_{ij} - K_{ij}), \tag{19.23}$$

mit dem Coulomb- J_{ij} und dem Austauschintegral K_{ij}, in Analogie zu den Operatoren $\hat{J}$ und $\hat{K}$ in den Gleichungen (19.21) und (19.22).

Um die Hartree-Fock-Gleichungen in der Praxis iterativ zu lösen, entwickelt man den Raumanteil des Spinorbitals ψ (vgl. (19.14)), ein sog. Molekülorbital (MO), als Linearkombination einer Menge von zuvor definierten Basisfunktionen ϕ_μ, die die Atomorbitale darstellen. Dieser Ansatz ist unter dem Namen LCAO-MO (engl.: *linear combination of atomic orbitals*) bekannt:

$$\psi_i = \sum_{\mu}^{K} C_{\mu i}\phi_\mu \tag{19.24}$$

mit Koeffizienten $C_{\mu i}$, wobei $i = 1, 2, \ldots, K$. Im Prinzip kann jede Art von Funktionen ϕ_μ benutzt werden. In der Praxis sind Gaussfunktionen die bei weitem am häufigsten eingesetzten. Die unterschiedliche Auswahl der Gaussfunktionen definiert die verschiedenen Basissätze. Es kann erwartet werden, dass mit steigendem K die Genauigkeit der Entwicklung (19.24) zunimmt und damit in Übereinstimmung mit dem Variationsprinzip die Energie kleiner wird. Gleichzeitig steigt natürlich mit größerem K auch der Rechenaufwand erheblich an. Formal skaliert die Anzahl der zu berechnenden Zweielektronenintegrale J_{ij} und K_{ij} mit K^4. Für Moleküle mittlerer Größe mit mittleren Basissätzen kann dies schnell zum limitierenden Faktor für die heutigen Computer werden. Daher ist eine der Aufgaben des Computerchemikers die Auswahl eines geeigneten Basisatzes, der mit noch vertretbarem Rechenaufwand hinreichend genaue Ergebnisse liefert. Im Grenzfall einer vollständigen Basis – mit unendlich vielen Basisfunktionen – ist das Ergebnis im Rahmen der Hartree-Fock-Näherung, d. h. also für eine Slaterdeterminante, exakt und wird *Hartree-Fock-Limit* genannt. Die Differenz aus der exakten Energie und der des Hartree-Fock-Limits wird als *Elektronenkorrelationsenergie* bezeichnet. Mit einem hinreichend großen Basissatz kann die Hartree-Fock-Methode bis zu 99 % der Gesamtenergie bestimmen. Leider ist das verbleibende Prozent häufig sehr wichtig, um chemische Phänomene zu beschreiben. Ungeachtet der Beschränkungen liefert die Hartree-Fock-Theorie in den meisten Fällen einen sehr guten Startpunkt, von dem aus die Elektronenkorrelation bestimmt werden kann. Diese verbesserten Methoden werden im nächsten Abschnitt vorgestellt.

19.3.2 Korrelationsmethoden

Konzeptionell lassen sich zwei Wege unterscheiden, um die Hartree-Fock-Näherung zu verbessern. Der eine fügt Flexibilität zur Wellenfunktion hinzu, indem mehr als eine Slaterdeterminante berücksichtigt wird. Diese Methode ist allgemein bekannt als *Konfigurationswechselwirkung* (engl.: *configuration interaction*) oder CI. Der andere Weg sieht die Korrelation als kleine Störung an und behandelt diese im Rahmen der *Störungstheorie*.

19.3.2.1 Configuration Interaction

CI basiert auf der Konstruktion der Wellenfunktion als Linearkombination mehrerer Determinanten, d. h.

$$\psi = c_0 \psi_{\mathrm{HF}} + c_1 \psi_1 + c_2 \psi_2 + \ldots \tag{19.25}$$

Hierin ist ψ_{HF} die Hartree-Fock-Determinante (19.15). Die Koeffizienten c_i, die die verschiedenen Determinanten wichten, werden variationell bestimmt. Die anderen Determinanten ψ_1, ψ_2, etc. können durch Einfach- (S), Doppel- (D), Dreifach- (T), ... und Mehrfachanregung aus Hartree-Fock-Determinanten generiert werden, wie in Abb. 19.2 exemplarisch dargestellt. Für ein gegebenes molekulares System hängt

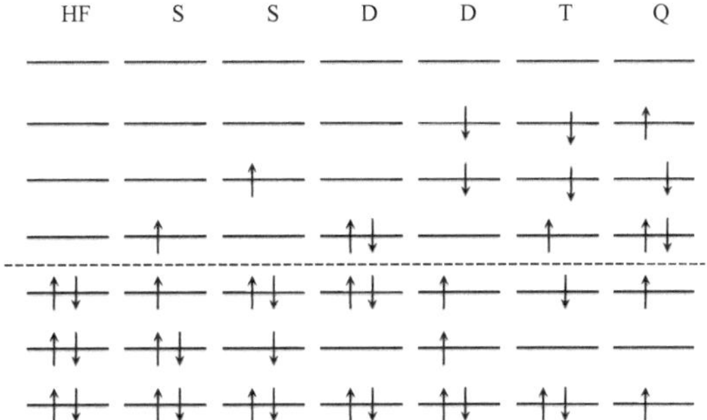

Abb. 19.2 Hartree-Fock und angeregte Slaterdeterminanten mit Beispielen für Einfach- (S), Doppel- (D), Dreifach- (T) und Vierfachanregung (Q).

die Anzahl der Determinanten von der Zahl der virtuellen (= unbesetzten) Orbitale ab. Diese wird durch die Größe des verwendeten Basissatzes bestimmt. Im Falle von N Elektronen und K Basisfunktionen erhält man für die Zahl der Slaterdeterminanten

$$\text{Zahl der Slaterdeterminanten} = \frac{K!(K+1)!}{(\frac{N}{2})!(\frac{N}{2}+1)!(K-\frac{N}{2})!(K-\frac{N}{2}+1)!}. \tag{19.26}$$

Werden alle möglichen Determinanten in der Rechnung verwendet, spricht man von *Full Configuration Interaction* (FCI). Diese Methode ist innerhalb eines gegebenen Basissatzes exakt. Der Leser kann einfach nachvollziehen, dass eine FCI-Rechnung schon für kleine Moleküle mit mittleren Basissätzen rechentechnisch herausfordernd, wenn nicht gar unmöglich ist. Daher wird die Entwicklung (19.25) abgebrochen (*truncated CI*), so dass z. B. nur S oder D oder S und D Anregungen berücksichtigt werden. Entsprechend nennt man diese Rechnungen dann CIS, CID oder CISD.

Solche truncated CI Methoden sind attraktiv, weil sie variationell sind. Ihr Nachteil ist jedoch, dass sie nicht *größenkonsistent* sind. Vereinfacht gesagt, bedeutet

Größenkonsistenz, dass der Fehler, der bei der Berechnung eines Dimers, bestehend aus zwei identischen, nichtwechselwirkenden Monomeren, gemacht wird, exakt doppelt so groß ist, wie bei der Berechnung eines einzelnen Monomers. Diese *Konsistenz* von Fehler und Größe ist essentiell, wann immer wir Differenzen von Energien bestimmen, so z. B. bei der Berechnung von Bindungs- oder Reaktionsenergien, praktisch also in jedem chemisch relevanten Fall. Man kann leicht nachvollziehen, dass z. B. CISD nicht größenkonsistent ist. Betrachten wir hierzu ein Dimer bestehend aus zwei H_2. Während CISD für das Monomer als full-CI-Rechnung exakt ist – H_2 hat nur zwei Elektronen, daher sind nur S- und D-Anregungen möglich – gilt dies nicht für das Dimer, bei dem auch noch T- und Q-Anregungen möglich sind. Daher ist der Fehler bei der Berechnung der Energie des Dimers auf dem CISD-Theorieniveau auch nicht das Doppelte des Fehlers für das Monomer.

Die fehlende Größenkonsistenz ist der Grund, weshalb truncated CI-Methoden nicht verwendet werden, um Grundzustandsenergien zu berechnen. Stattdessen verwendet man *Coupled-Cluster*-Methoden (CC) als bevorzugte Alternative. In der Coupled-Cluster-Theorie beschreibt man die full-CI-Wellenfunktion als

$$\psi = \mathrm{e}^{\hat{T}}\, \psi_{\mathrm{HF}}. \tag{19.27}$$

Der Clusteroperator $\hat{T}$ ist definert durch

$$\hat{T} = \hat{T}_1 + \hat{T}_2 + \hat{T}_3 + \ldots + \hat{T}_N, \tag{19.28}$$

wobei die verschiedenen Operatoren $\hat{T}_i$ alle möglichen Determinanten mit i Anregungen bezogen auf die Referenzdeterminante generieren. Hierdurch wird die Größenkonsistenz sichergestellt. Die CC-Methoden werden analog den CI-Methoden bis zur Anregung, nach der abgebrochen wird, benannt. So bedeutet z. B. die Abkürzung CCSD die Berücksichtigung von Einfach- und Zweifachanregungen. Die CC-Theorie ist gegenwärtig wahrscheinlich die genaueste Methode zur Berechnung von elektronischen Energien. Diese Genauigkeit hat allerdings auch ihren Preis, die Methode skaliert mit K^8.

19.3.2.2 Mehrkörper-Störungstheorie

Die der Störungstheorie zugrunde liegende Idee ist, dass ein gegebenes Problem durch einen bekannten und lösbaren Teil und eine kleine Abweichung davon (= Störung) dargestellt werden kann. Der Hamiltonoperator kann dann als Summe von zwei Termen, dem bekannten Hamiltonoperator des ungestörten Systems $\hat{H}^{(0)}$ (Referenz) und der Störung $\hat{H}'$ geschrieben werden. Die Störung soll dabei klein im Vergleich zur Referenz sein. Meist fügt man einen dimensionslosen Parameter λ ein ($0 \leq \lambda \leq 1$), so dass der Hamiltonoperator wie folgt lautet:

$$\hat{H} = \hat{H}^{(0)} + \lambda \hat{H}'. \tag{19.29}$$

Die Lösungen des durch $\hat{H}^{(0)}$ beschriebenen Referenzproblems seien bekannt und gegeben als

$$\hat{H}^{(0)}\psi_n^{(0)} = E_n^{(0)}\psi_n^{(0)}. \tag{19.30}$$

Da die Störung $\hat{H}'$ und λ als klein vorausgesetzt wurden, kann man die Eigenwerte und -vektoren in eine Taylorreihe in λ entwickeln:

$$E_n = E_n|_{\lambda=0} + \left.\frac{\partial E_n}{\partial \lambda}\right|_{\lambda=0} \cdot \lambda + \frac{1}{2!}\left.\frac{\partial^2 E_n}{\partial \lambda^2}\right|_{\lambda=0} \cdot \lambda^2 + \ldots \tag{19.31}$$

$$\psi_n = \psi_n|_{\lambda=0} + \left.\frac{\partial \psi_n}{\partial \lambda}\right|_{\lambda=0} \cdot \lambda + \frac{1}{2!}\left.\frac{\partial^2 \psi_n}{\partial \lambda^2}\right|_{\lambda=0} \cdot \lambda^2 + \ldots \tag{19.32}$$

Wir schreiben

$$E_n = E_n^{(0)} + E_n^{(1)} \cdot \lambda + E_n^{(2)} \cdot \lambda^2 + \ldots \tag{19.33}$$

$$\psi_n = \psi_n^{(0)} + \psi_n^{(1)} \cdot \lambda + \psi_n^{(2)} \cdot \lambda^2 + \ldots \tag{19.34}$$

wobei die oberen Indizes (n) die Korrekturen $n$ter Ordnung zu den bekannten Termen nullter Ordnung ($E_n^{(0)}$ und $\psi_n^{(0)}$) angeben. Um nun die allgemeine Eigenwertgleichung $\hat{H}\psi_n = E_n\psi_n$ zu lösen, setzen wir die Entwicklung in Gleichung (19.29) ein und erhalten

$$\begin{gathered}(\hat{H}^{(0)} + \lambda\hat{H}')(\psi_n^{(0)} + \psi_n^{(1)} \cdot \lambda + \psi_n^{(2)} \cdot \lambda^2 + \ldots) = \\ (E_n^{(0)} + E_n^{(1)} \cdot \lambda + E_n^{(2)} \cdot \lambda^2 + \ldots)(\psi_n^{(0)} + \psi_n^{(1)} \cdot \lambda + \psi_n^{(2)} \cdot \lambda^2 + \ldots).\end{gathered} \tag{19.35}$$

Ordnet man die linke und die rechte Seite nach Potenzen von λ ergibt sich

$$\hat{H}^0\psi_n^{(0)} = E_n^{(0)}\psi_n^{(0)} \tag{19.36}$$

$$\hat{H}^0\psi_n^{(1)} + \hat{H}'\psi_n^{(0)} = E_n^{(0)}\psi_n^{(1)} + E_n^{(1)}\psi_n^{(0)} \tag{19.37}$$

$$\hat{H}^0\psi_n^{(2)} + \hat{H}'\psi_n^{(1)} = E_n^{(0)}\psi_n^{(2)} + E_n^{(1)}\psi_n^{(1)} + E_n^{(2)}\psi_n^{(0)} \tag{19.38}$$

usw. Die erste dieser Gleichungen ist die nullter Ordnung; diese Lösungen sind bekannt (vgl. (19.30)). Daraus folgert die Idee, diese Lösungen zu benutzen, um die Korrekturen erster, zweiter, ... und höherer Ordnung zu Energie und Wellenfunktion zu bestimmen.

Führt man Zwischennormierung der ψ_n ein, also $\langle\psi_n^{(0)}|\psi_n\rangle=1$, und bedenkt, dass die Eigenfunktionen des hermiteschen Hamiltonoperators $\hat{H}^0$ eine Basis bilden, also jede Funktion als Linearkombination aus diesen darstellbar ist

$$\psi_n^{(1)} = \sum_{i=1}^{\infty} a_i\psi_i^{(0)} \tag{19.39}$$

ist es möglich, die Gleichung

$$(\hat{H}^0 - E_n^{(0)})\psi_n^{(1)} = (E_n^{(1)} - \hat{H}')\psi_n^{(0)} \tag{19.40}$$

zu lösen, so dass man für $E^{(1)}$ den folgenden Ausdruck erhält:

$$E_n^{(1)} = \langle \psi_n^{(0)} | \hat{H}' | \psi_n^{(0)} \rangle \tag{19.41}$$

und für die Wellenfunktionen

$$\psi_n^{(1)} = \sum_{m \neq n} \frac{\langle \psi_m^{(0)} | \hat{H}' | \psi_n^{(0)} \rangle}{E_n^{(0)} - E_m^{(0)}} \psi_m^{(0)}. \tag{19.42}$$

Mit den Eigenwert- und Wellenfunktionskorrekturen erster Ordnung kann man in analoger Weise die Korrekturen höherer Ordnung schrittweise berechnen. Wir geben hier nur noch die Korrekturen zweiter Ordnung zur Energie an:

$$E_n^{(2)} = \sum_{m \neq n} \frac{|\langle \psi_n^{(0)} | \hat{H}' | \psi_m^{(0)} \rangle|^2}{E_n^{(0)} - E_m^{(0)}}. \tag{19.43}$$

In der Praxis liefert die Berücksichtigung dieser Korrektur meist eine sinnvolle Genauigkeit. Damit ist die gesuchte Energie in zweiter Ordnung

$$E_n \approx E_n^{(0)} + E_n^{(1)} + E_n^{(2)} = E_n^{(0)} + \langle \psi_n^{(0)} | \hat{H}' | \psi_n^{(0)} \rangle + \sum_{m \neq n} \frac{|\langle \psi_n^{(0)} | \hat{H}' | \psi_m^{(0)} \rangle|^2}{E_n^{(0)} - E_m^{(0)}}. \tag{19.44}$$

Nun wollen wir die Störungstheorie einsetzen, um die Korrelationsenergie zu berechnen. Bereits 1934 schlugen MØLLER und PLESSET [5] eine Partitionierung des Hamiltonoperators in der Form

$$\hat{H}^{(0)} = \sum_{i=1}^{N} \hat{f}(\mathbf{x}_i) \tag{19.45}$$

vor; $\hat{f}$ ist dabei der in (19.19) definierte Fockoperator. Mit dieser Definition von $\hat{H}^{(0)}$ erhält man für den Energieterm nullter Ordnung

$$E^{(0)} = \sum_{i=1}^{N} \varepsilon_i. \tag{19.46}$$

Die Störung $\hat{H}'$ ist nun die Differenz aus $\hat{H}$ und $\hat{H}^{(0)}$:

$$\hat{H}' = \hat{H} - \hat{H}^{(0)} = \sum_{i}^{N} \sum_{j>i}^{N} \frac{1}{r_{ij}} - \sum_{i}^{N} \hat{V}^{\mathrm{HF}}(\mathbf{x}_i). \tag{19.47}$$

Benutzt man diese Partitionierung – bekannt als Møller-Plesset oder MP – kann man leicht nachvollziehen, dass die Hartree-Fock-Energie bereits Korrekturen nullter und erster Ordnung umfasst. Daher gibt erst die zweite Ordnung Auskunft über die

Korrelationsenergie. In der MP2-Methode wird die Grundzustandsenergie gemäß

$$E_0^{(2)} = \sum_{m\neq 0} \frac{|\langle \psi_0^{(0)}|\hat{H}'|\psi_m^{(0)}\rangle|^2}{E_0^{(0)} - E_m^{(0)}} \tag{19.48}$$

berechnet. Die verbleibende Frage ist die nach den verwendeten $\psi_m^{(0)}$. Da Integrale über einfach angeregte Determinanten nach dem Brillouintheorem und Integrale über drei- oder mehrfach angeregte Zustände nach den Slater-Condon-Regeln verschwinden, verbleiben nur Integrale mit Doppelanregungen. Daher enthält die Korrektur zweiter Ordnung zur Energie im Rahmen der MP2-Theorie eine Summe aller möglichen Doppelanregungen.

MP2 bestimmt typischerweise etwa 80 - 90 % der Korrelationsenergie bei moderater Skalierung mit K^5. Daher ist es eine recht populäre *ab initio* Methode zur Berücksichtigung der elektronischen Korrelation. Es sei noch erwähnt, dass MP*n*, obwohl nicht variationell, doch größenkonsistent ist. Über MP2 hinausgehend sind nur noch MP3 und MP4 in den Standarprogrammen implementiert. Während MP3 häufig divergente Ergebnisse liefert, gibt MP4 bis zu 98% der Korrelationsenergie wieder, natürlich mit höherem Rechenaufwand als MP2.

19.4 Dichtefunktionaltheorie

19.4.1 Motivation

In den bisherigen Ausführungen war die Wellenfunktion der Schlüssel zum Verständnis der Quantenchemie. Kennt man ψ – oder doch eine gute Näherung – kann man alle interessierenden Eigenschaften des untersuchten Systems berechnen. Dieser Ansatz beinhaltet einige Nachteile: i) Die mathematische Struktur der Wellenfunktion ist kompliziert. Sie ist von $4N$ Variablen abhängig, die Komplexität nimmt mit der Zahl der Elektronen zu. ii) Es gibt keine der Wellenfunktion direkt zugeordnete Observable. Daher gibt es auch keine Möglichkeit, die Richtigkeit einer berechneten Wellenfunktion experimentell zu prüfen. Andererseits gibt es die Elektronendichte[5] ρ, definiert als

$$\rho(\mathbf{r}) = N \iint \cdots \int |\psi(\mathbf{x}_1, \mathbf{x}_2, \ldots, \mathbf{x}_N)|^2 \, \mathrm{d}\omega_1 \mathrm{d}\mathbf{x}_2 \ldots \mathrm{d}\mathbf{x}_N. \tag{19.49}$$

Diese Dichte hängt von drei Ortskoordinaten ab, unabhängig von der Zahl der Elektronen im System. Zudem ist sie beispielsweise über Messungen mit Röntgenbeugung experimentell zugänglich. Ist die Elektronedichte aber ausreichend, um die Energie und alle anderen interessanten Eigenschaften zu bestimmen? Den ersten

[5] Streng genommen handelt es sich bei $\rho(\mathbf{r})$ um eine Wahrscheinlichkeitsdichte. Wir werden dem üblichen Sprachgebrauch folgen und $\rho(\mathbf{r})$ als Elektronendichte bezeichnen.

Hinweis darauf gibt der Erwartungswert eines beliebigen (multiplikativen) Operators $\hat{\mathscr{O}}(\mathbf{r})$. Dieser lässt sich auch mit der Elektronendichte berechnen:

$$\begin{aligned}\langle\hat{\mathscr{O}}\rangle = \langle\psi|\hat{\mathscr{O}}|\psi\rangle &= \iint \psi^*(\mathbf{r},\omega)\hat{\mathscr{O}}\psi(\mathbf{r},\omega)\mathrm{d}\mathbf{r}\mathrm{d}\omega \\ &= \iint |\psi(\mathbf{r},\omega)|^2\hat{\mathscr{O}}\mathrm{d}\mathbf{r}\mathrm{d}\omega = \int \rho(\mathbf{r})\hat{\mathscr{O}}(\mathbf{r})\mathrm{d}\mathbf{r}.\end{aligned} \tag{19.50}$$

Die elektronische Dichte besitzt die folgenden weiteren interessanten Eigenschaften:

- Integriert man die Dichte über den gesamten Raum, erhält man die Zahl der Elektronen: $\int \rho(\mathbf{r})\mathrm{d}\mathbf{r} = N$
- Die Polstellen der Dichte stimmen mit den Positionen der Atomkerne überein.
- Die mittlere Dichte an den Kernorten enthält Informationen über die Kernladungen
  Z: $\left.\frac{\partial\overline{\rho}(\mathbf{r})}{\partial r}\right|_{r=r_A} = -2Z_A\overline{\rho}(\mathbf{r_A})$

Die Elektronendichte enthält also alle nötigen Informationen, um molekulare Eigenschaften zu bestimmen.

19.4.2 Die Hohenberg-Kohn-Theoreme

Im folgenden sollen die beiden Grundpfeiler der DFT erläutert werden.

19.4.2.1 Das Erste Hohenberg-Kohn Theorem

Das erste Hohenberg-Kohn-Theorem [3] liefert den Beweis, dass die Elektronendichte in quantenchemischen Rechnungen an Stelle der Wellenfunktion benutzt werden kann. Es lautet: Die Elektronendichte ist durch das externe Potential[6] $V(\mathbf{r})$ eindeutig bestimmt. Der Beweis ist recht einfach. Angenommen, es gäbe zwei Potentiale V_1 und V_2, die sich um mehr als eine Konstante unterscheiden und zur selben Grundzustandselektronendichte $\rho_0(\mathbf{r})$ führen. Dann muss es zwei Hamiltonoperatoren $\hat{H}_1, \hat{H}_2$ mit zwei zugehörigen Grundzustandswellenfunktionen ψ_1, ψ_2 und -energien E_1, E_2 geben. Unter Anwendung des Variationsprinzips erhalten wir

$$\begin{aligned}E_1 = \langle\psi_1|\hat{H}_1|\psi_1\rangle &< \langle\psi_2|\hat{H}_1|\psi_2\rangle \\ &= \langle\psi_2|\hat{H}_2|\psi_2\rangle + \langle\psi_2|\hat{H}_1 - \hat{H}_2|\psi_2\rangle \\ &= E_2 + \langle\psi_2|V_1 - V_2|\psi_2\rangle \\ &= E_2 + \int \rho(\mathbf{r})\left(V_1(\mathbf{r}) - V_2(\mathbf{r})\right)\mathrm{d}\mathbf{r}.\end{aligned} \tag{19.51}$$

[6] Damit ist meist das Potential der Elektron-Kern-Wechselwirkung gemeint.

In analoger Weise erhält man – beginnend mit ausgetauschten Indizes –

$$E_2 < E_1 + \int \rho(\mathbf{r})\,(V_2(\mathbf{r}) - V_1(\mathbf{r}))\,\mathrm{d}\mathbf{r}. \tag{19.52}$$

Addieren von (19.51) und (19.52) liefert den klaren Widerspruch $E_1 + E_2 < E_2 + E_1$. Damit ist gezeigt, dass es nicht zwei verschiedene externe Potentiale mit der gleichen Grundzustandsdichte geben kann. Anders formuliert bestimmt die Grundzustandsdichte das externe Potential eindeutig, zwischen beiden Größen besteht eine eineindeutige Zuordnung.

Hier sei eine semantische Bemerkung gestattet: Eine *Funktion* ist eine Vorschrift, aus einer Menge von Variablen eine Zahl zu erhalten. Ein *Funktional* hingegen beschreibt, wie man eine Zahl aus einer Funktion, die selbst von Variablen abhängt, erhält. In diesem Sinne ist ein Funktional eine „Funktion von Funktionen". Diesen Unterschied werden wir in der Schreibweise durch Verwendung von eckigen Klammern für Funktionale $F[f]$ im Gegensatz zu runden Klammern für Funktionen $f(x)$ verdeutlichen.

Die Grundzustandsenergie E_0 ist ein eindeutig bestimmtes Funktional der Grundzustandsdichte ρ_0 und damit auch die einzelnen Anteile:

$$E[\rho_0] = T[\rho_0] + E_{\mathrm{el-el}}[\rho_0] + E_{\mathrm{el-K}}[\rho_0]. \tag{19.53}$$

Man kann diesen Ausdruck aufteilen in Anteile, die vom jeweiligen System bestimmt durch das externe Potential – also das der Elektron-Kern-Wechselwirkung $E_{\mathrm{el-K}}[\rho_0] = \int \rho_0(\mathbf{r}) V_{\mathrm{ext}} \mathrm{d}\mathbf{r}$ – abhängen, und in universelle, also von der Wahl des Systems unabhängige Anteile:

$$E[\rho_0] = \underbrace{\int \rho_0(\mathbf{r}) V_{\mathrm{ext}} \mathrm{d}\mathbf{r}}_{\text{systemspezifisch}} + \underbrace{T[\rho_0] + E_{\mathrm{el-el}}[\rho_0]}_{\text{universell}}. \tag{19.54}$$

Die systemunabhängigen Anteile fasst man zum *Hohenberg-Kohn Funktional* $F_{\mathrm{HK}}[\rho_0]$ zusammen:

$$E[\rho_0] = \int \rho_0(\mathbf{r}) V_{\mathrm{ext}} \mathrm{d}\mathbf{r} + F_{\mathrm{HK}}[\rho_0]. \tag{19.55}$$

Dieses Funktional $F_{\mathrm{HK}}[\rho_0]$ ist so etwas wie der Heilige Gral der Dichtefunktionaltheorie. Seine Kenntnis würde es erlauben, die Schrödinger-Gleichung exakt zu lösen. Und da es sich um ein universelles Funktional handelt, wäre dies für alle Systeme, unabhängig von der Anzahl der Atome bzw. Elektronen, gültig. Leider liegt die genaue Form von $F_{\mathrm{HK}}[\rho_0]$ vollständig im Dunkeln. Um das Problem zu vereinfachen, spaltet man F_{HK} in verschiedene Anteile auf:

$$
\begin{aligned}
F_{\mathrm{HK}}[\rho_0] &= T[\rho_0] + E_{\mathrm{el-el}}[\rho_0] \\
&= T[\rho_0] + \frac{1}{2}\iint \frac{\rho_0(\mathbf{r}_1)\rho_0(\mathbf{r}_2)}{r_{12}} d\mathbf{r}_1 d\mathbf{r}_2 + E_{\mathrm{nkl}}[\rho_0] \\
&= \underbrace{T[\rho_0]}_{\text{unbekannt}} + \underbrace{J[\rho_0]}_{\text{bekannt}} + \underbrace{E_{\mathrm{nkl}}[\rho_0]}_{\text{unbekannt}} .
\end{aligned} \tag{19.56}
$$

$J[\rho_0]$ ist der klassische Coulombanteil, $E_{\mathrm{nkl}}[\rho_0]$ stellt den nichtklassischen Beitrag zur Elektron-Elektron-Wechselwirkung dar. Dies schließt Selbstwechselwirkung und Korrelation ein.

Das Finden expliziter Ausdrücke für die noch unbekannten Anteile des Hohenberg-Kohn-Funktionals stellt die größte Herausforderung der Dichtefunktionaltheorie dar.

19.4.2.2 Das Zweite Hohenberg-Kohn Theorem

Wie bereits gezeigt, ermöglicht es die Grundzustandsdichte, alle uns interessierenden Eigenschaften eines Systems zu erhalten. Wie können wir aber sicher sein, dass eine gegebene Dichte tatsächlich die gesuchte Grundzustandsdichte ist? Glücklicherweise weist uns das zweite Hohenberg-Kohn-Theorem einen Weg. Es handelt sich dabei um nicht weniger als das Variationsprinzip für Dichten. Einfach gesprochen bedeutet es, dass $E_0[\tilde{\rho}]$ die kleinste Energie nur für die Grundzustandsdichte ρ_0 liefert, d. h.

$$
E_0[\tilde{\rho}] = \langle\tilde{\psi}|\hat{H}|\tilde{\psi}\rangle \geq \langle\psi|\hat{H}|\psi\rangle = E_0[\rho_0], \tag{19.57}
$$

wobei das Gleichheitszeichen nur für $\tilde{\rho} = \rho_0$ gilt.

19.4.3 Der Kohn-Sham-Ansatz

Das Hauptproblem der DFT (abgesehen vom unbekannten Hohenberg-Kohn-Funktional) ist die Frage, wie man die explizite Form der Dichte erhält, um die Theorie in der Praxis anzuwenden. KOHN und SHAM schlugen vor [4], die Dichte ρ des *wechselwirkenden* Elektronensystems durch die Dichte ρ_{KS} eines Referenzsystems aus *nicht wechselwirkenden* fermionischen Quasiteilchen zu ersetzen, wobei aber $\rho = \rho_{\mathrm{KS}}$ gelten soll. Für dieses System ist die kinetische Energie T

$$
T = T_{\mathrm{KS}} = -\frac{1}{2}\sum_i \langle\chi_i\,|\nabla_i^2|\,\chi_i\rangle , \tag{19.58}
$$

und der Hamiltonoperator kann als

$$
\hat{H}_{\mathrm{KS}} = \sum_i \left(-\frac{\nabla_i^2}{2} + V_{\mathrm{KS}}(\mathbf{r}_i) \right) \tag{19.59}
$$

geschrieben werden. Da dieser Hamiltonoperator keinerlei Elektron-Elektron-Wechselwirkung enthält, ist die Slaterdeterminante die exakte Wellenfunktion für dieses System:

$$\psi_{\mathrm{KS}}(\mathbf{x}_1,\mathbf{x}_2,\ldots,\mathbf{x}_N)=\frac{1}{\sqrt{N!}}\begin{vmatrix}\chi_1^{\mathrm{KS}}(\mathbf{x}_1) & \chi_2^{\mathrm{KS}}(\mathbf{x}_1) & \cdots & \chi_N^{\mathrm{KS}}(\mathbf{x}_1)\\ \chi_1^{\mathrm{KS}}(\mathbf{x}_2) & \chi_2^{\mathrm{KS}}(\mathbf{x}_2) & \cdots & \chi_N^{\mathrm{KS}}(\mathbf{x}_2)\\ \vdots & & \ddots & \\ \chi_1^{\mathrm{KS}}(\mathbf{x}_N) & \chi_2^{\mathrm{KS}}(\mathbf{x}_N) & \cdots & \chi_N^{\mathrm{KS}}(\mathbf{x}_N)\end{vmatrix}. \tag{19.60}$$

Die Kohn-Sham-Orbitale χ_i^{KS} sind Einteilchenwellenfunktionen, die in Analogie zu den Hartree-Fock-Gleichungen in (19.18) die *Kohn-Sham-Gleichungen*

$$\hat{f}^{\mathrm{KS}}\chi_i^{\mathrm{KS}}=\varepsilon_i\chi_i^{\mathrm{KS}} \tag{19.61}$$

mit dem *Kohn-Sham-Operator*

$$\hat{f}^{\mathrm{KS}}=-\frac{1}{2}\nabla_i^2+V_{\mathrm{KS}}(\mathbf{r}), \tag{19.62}$$

– der dem Fockoperator aus (19.19) ähnelt – lösen. Aufgrund dieser Ähnlichkeit kann man die Kohn-Sham-Gleichungen mit demselben Algorithmus wie in der Hartree-Fock-Theorie, also mit demselben SCF-Ansatz, lösen. Mathematisch erhält man die Lösung durch ein Lagrangesches Variationsverfahren mit der Nebenbedingung $\int\rho(\mathbf{r})\mathrm{d}\mathbf{r}=N$. Man beachte, dass die Kohn-Sham-Orbitale χ_i^{KS} *nicht* mit den Hartree-Fock-Orbitalen χ_i^{HF} identisch sind. Es sei daran erinnert, dass wir für die Kohn-Sham-Dichte

$$\rho_{\mathrm{KS}}=\sum_i^N\int\left|\chi_i^{\mathrm{KS}}(x_i)\right|^2\mathrm{d}\omega=\sum_i^N\sum_\omega\left|\chi_i^{\mathrm{KS}}(x_i)\right|^2 \tag{19.63}$$

gefordert hatten, dass diese der echten Grundzustandsdichte ρ_0 des Zielsystems entspricht.

Natürlich ist die kinetische Energie des nichtwechselwirkenden Referenzsystems T_{KS} verschieden von der wahren kinetischen Energie T unseres realen Systems. Dies berücksichtigend spalten wir das Funktional $F_{\mathrm{HK}}[\rho]$ in die folgenden Terme auf:

$$F_{\mathrm{HK}}[\rho]=T_{\mathrm{KS}}[\rho]+J[\rho]+E_{\mathrm{XC}}[\rho], \tag{19.64}$$

mit dem *Austausch-Korrelations-Funktional*

$$\begin{aligned}E_{\mathrm{XC}}&=(T[\rho]-T_{\mathrm{KS}}[\rho])+(E_{\mathrm{el-el}}[\rho]-J[\rho])\\&=(T[\rho]-T_{\mathrm{KS}}[\rho])+E_{\mathrm{nkl}}[\rho].\end{aligned} \tag{19.65}$$

Der verbleibende Anteil der wahren kinetischen Energie wird dem nichtklassischen elektrostatischen Beitrag zugeschlagen. Das derart definierte Austausch-Korrelations-Funktional enthält somit alle unbekannten Anteile. Häufig teilt man es in den Austausch- und den Korrelationsanteil auf

$$E_{XC}[\rho] = E_X[\rho] + E_C[\rho] \tag{19.66}$$

und nähert beide unabhängig voneinander.

19.4.4 Austausch-Korrelations-Funktionale

Die verbleibende Herausforderung ist es, geeignete Austausch-Korrelations-Funktionale zu erhalten. Deren explizite Form ist häufig recht kompliziert, da sie meist in einer mehr oder weniger systematischen Art und Weise mit Hilfe empirischer Modelle[7] unter Berücksichtigung analytischer Randbedingungen (wie z. B. asymptotischer Abfall) entwickelt werden.

Das einfachste Funktional ist abgeleitet von der lokalen Dichteannäherung (engl.: *local density approximation, LDA*), welche die lokale Dichte als homogenes Elektronengas, also konstant im Raum verteilt, beschreibt [2]. Der Austauschterm lautet

$$E_X^{\mathrm{LDA}}[\rho] = -C_X \int \rho(\mathbf{r})^{\frac{4}{3}} \mathrm{d}\mathbf{r}. \tag{19.67}$$

Der Korrelationsterm kann nicht analytisch abgeleitet werden und wird daher in *Monte-Carlo*-Simulationen bestimmt.

Für ein offenschaliges System müssen an Stelle der Elektronendichte ρ die Spindichten ρ_α und ρ_β verwendet werden. Dies führt zur *local spin density approximation* (LSDA). Die unbeschränkte (unrestricted) Version von (19.67) ist

$$\begin{aligned} E_X^{\mathrm{LSDA}}[\rho] &= -C_X \int \left(\rho_\alpha(\mathbf{r})^{\frac{4}{3}} + \rho_\beta(\mathbf{r})^{\frac{4}{3}}\right) \mathrm{d}\mathbf{r} \\ &= -C_X \int (\rho_\alpha(\mathbf{r}) + \rho_\beta(\mathbf{r}))^{\frac{4}{3}} \left((1+\zeta)^{\frac{4}{3}} + (1-\zeta)^{\frac{4}{3}}\right) \mathrm{d}\mathbf{r}, \end{aligned} \tag{19.68}$$

wobei

$$\zeta = \frac{\rho_\alpha(\mathbf{r}) - \rho_\beta(\mathbf{r})}{\rho_\alpha(\mathbf{r}) + \rho_\beta(\mathbf{r})} \tag{19.69}$$

der Spinpolarisationsparameter ist.

In chemischen Systemen ist die Elektronendichte natürlich nicht räumlich konstant. Daher ist die moderate Genauigkeit der LDA und LSDA Näherungen für die meisten chemischen Anwendungen ungenügend. Der erste Schritt, diese Näherungen zu verbessern, ist die Einbeziehung des Dichtegradienten. Dies führt zu den verallgemeinerten Gradientennäherungen (generalized gradient approximation, GGA)

---

[7] Daher ist die DFT auch keine reine *ab initio* Methode, vielmehr ist sie den semiempirischen Methoden zuzuordnen.

$$E_{\mathrm{XC}}^{\mathrm{GGA}}[\rho_\alpha, \rho_\beta] = \int f[\rho_\alpha, \rho_\beta, \nabla\rho_\alpha, \nabla\rho_\beta]\mathrm{d}\mathbf{r}. \tag{19.70}$$

Hierin ist f ein Funktional der Spindichten und deren Gradienten. In der Praxis wird das Funktional $E_{\mathrm{XC}}^{\mathrm{GGA}}$ wieder in seinen Austausch- und Korrelationsbeitrag aufgespalten:

$$E_{\mathrm{XC}}^{\mathrm{GGA}} = E_{\mathrm{X}}^{\mathrm{GGA}} + E_{\mathrm{C}}^{\mathrm{GGA}}; \tag{19.71}$$

beide Anteile werden einzeln angenähert. Das GGA-Austauschfunktional wird beschrieben über

$$E_{\mathrm{X}}^{\mathrm{GGA}} = E_{\mathrm{X}}^{\mathrm{LDA}} - \sum_{\omega} \int F(\xi)\rho_{\omega}^{\frac{4}{3}}(\mathbf{r})\mathrm{d}\mathbf{r}, \tag{19.72}$$

wobei

$$\xi = \frac{|\nabla\rho_\omega(\mathbf{r})|}{\rho_{\omega}^{\frac{4}{3}}(\mathbf{r})} \tag{19.73}$$

der reduzierte Dichtegradient ist. Es existieren zwei hauptsächliche Klassen von Darstellungen der Funktion F in (19.72). Exemplarisch für die erste Kategorie soll das Funktional, welches BECKE im Jahre 1988 [1] entwickelte und welches daher als B88 bekannt ist, aufgezeigt werden:

$$F^{\mathrm{B88}} = \frac{\beta\xi^2}{1 + 6\beta\xi \sinh^{-1}\xi}. \tag{19.74}$$

β ist ein empirischer Parameter, der durch Anpassung an die Austauschenergien von Edelgasen zu $\beta = 0.0042$ bestimmt wurde.

Ein Funktional der anderen Klasse ist das von PERDEW und WANG 1986 entwickelte [6]

$$F^{\mathrm{PW86}} = \left(1 + 1.296\left(\frac{\xi}{\sqrt[3]{24\pi^2}}\right)^2 + 14\left(\frac{\xi}{\sqrt[3]{24\pi^2}}\right)^4 + 0.2\left(\frac{\xi}{\sqrt[3]{24\pi^2}}\right)^6\right)^{\frac{1}{15}}, \tag{19.75}$$

welches frei von semiempirischen Parametern ist.

Die zugehörigen Korrelationsfunktionale haben eine weitaus kompliziertere analytische Form. Auf ihre explizite Angabe soll daher hier verzichtet werden. Eines der populärsten Korrelationsfunktionale ist das von LEE, YANG und PARR 1988 entwickelte (LYP). Es ist ein gradientenkorrigiertes Funktional auf der Basis von Daten des Heliumatoms.

Durch BECKE wurden 1993 Hybridfunktionale eingeführt. Sie haben unterschiedliche Beiträge zum Austausch- und Korrelationsfunktional, verbunden über empirische Parameter. Das zur Zeit wohl meist benutzte dieser Hybridfunktionale, namens B3LYP, hat die folgende Form:

$$E_{\mathrm{XC}}^{\mathrm{B3LYP}} = (1-a)E_{\mathrm{X}}^{\mathrm{LSDA}} + aE_{\mathrm{XC}}^{\lambda=0} + bE_{\mathrm{X}}^{\mathrm{B88}} + cE_{\mathrm{C}}^{\mathrm{LYP}} + (1-c)E_{\mathrm{C}}^{\mathrm{LSDA}}, \tag{19.76}$$

mit optimierten Parametern $a = 0.20$, $b = 0.72$ and $c = 0.81$.

19.4.5 Vor- und Nachteile der DFT

Vorteile: Die DFT berücksichtigt die Elektronenkorrelation mit dem Rechenaufwand von Hartree-Fock-Rechnungen. In den meisten Fällen liefert sie zuverlässige Molekülgeometrien, gute Werte für die Längen von Wasserstoffbrückenbindungen (mit GGA) und gute Werte für Bindungsenergien (Hybridfunktionale). Die DFT ist eine universell einsetzbare Methode, sie kann für Festkörper, Oberflächen und Moleküle sowie für alle Elemente benutzt werden. Bei gleicher Genauigkeit ist sie effizienter als Hartree-Fock (vgl. hierzu Abschnitt 19.4.3).
Nachteile: Der wesentliche Nachteil der DFT gegenüber den hierarchischen wellenfunktionsbasierten Methoden ist das Fehlen eines systematischen Weges, die Genauigkeit zu erhöhen. Weiterhin ist die DFT nur zur Beschreibung von Grundzuständen geeignet; eine mögliche Erweiterung, um elektronische angeregte Zustände zu beschreiben, soll im folgenden Abschnitt 19.4.6 vorgestellt werden.

19.4.6 Zeitabhängige Dichtefunktionaltheorie

Bei der DFT handelt es sich formal nur um eine Grundzustandstheorie. Um Wechselwirkungen mit zeitabhängigen externen Potentialen, wie elektrischen oder magnetischen Wechselfeldern, beschreiben zu können und um Informationen wie Anregungsenergien oder (Resonanz-) Ramanspektren zu extrahieren, muss die Theorie zur sog. zeitabhängigen Dichtefunktionaltheorie (engl.: *time-dependent density functional theory, TDDFT*) erweitert werden. Deren Konzepte und (rechentechnische) Grundlagen entsprechen denen der reinen DFT.

Die formale Grundlage der TDDFT wird durch das Runge-Gross-Theorem aus dem Jahre 1984 [7] gelegt. Es zeigt, dass es für eine gegebene Anfangswellenfunktion eine eindeutige bidirektionale Zuordnung zwischen dem zeitabhängigen externen Potential eines Systems und seiner zeitabhängigen Dichte gibt. Anders als in der DFT gibt es leider kein allgemeines Variationsprinzip in der zeitabhängigen Quantenmechanik.

Das Runge-Gross-Theorem wurde ursprünglich für Elektronen, die sich in einem skalaren externen Feld bewegen, abgeleitet. Hat man einen derartigen Hamiltonoperator $\hat{H}(\mathbf{r},t) = \hat{T} + \hat{V}(\mathbf{r},t)$ und eine Anfangsbedingung für die Wellenfunktion $\psi(\mathbf{r},t=t_0) = \psi_0(\mathbf{r})$, so ist die zeitliche Entwicklung der Wellenfunktion durch die (zeitabhängige) Schrödinger-Gleichung

$$\hat{H}(\mathbf{r},t)\psi(\mathbf{r},t) = \mathrm{i}\frac{\partial}{\partial t}\psi(\mathbf{r},t) \tag{19.77}$$

bestimmt.

Zwei externe Potentiale, die sich nur um eine additive, zeitabhängige, aber räumlich konstante Funktion $c(t)$ unterscheiden, führen zu Wellenfunktionen, die sich höchstens um einen Phasenfaktor $\exp(-\mathrm{i}c(t))$ unterscheiden und daher die selbe Elektronendichte liefern. Das Runge-Gross-Theorem [7] zeigt, dass es eine eindeutige Zuordnung zwischen dem externen Potential und der elektronischen Dichte gibt. Der Beweis besteht aus folgenden Schritten:

1. Es wird gezeigt, dass zwei externe Potentiale, die sich um mehr als eine additive Konstante unterscheiden, zu unterschiedlichen Stromdichten führen. Dazu wird das externe Potential zu einer gegebenen Zeit in eine Taylorreihe entwickelt.
2. Unter Verwendung der Kontinuitätsgleichung wird gezeigt, dass bei endlichen Systemen unterschiedliche Stromdichten zu unterschiedlichen Elektronendichten führen.

Das Runge-Gross-Theorem zeigt also, dass für ein gegebenes Wechselwirkungspotential die Elektronendichte eindeutig durch das externe Potential bestimmt ist. Der Kohn-Sham-Ansatz wählt die Dichte des wechselwirkenden Systems so aus, dass sie für alle Zeiten der Dichte eines nichtwechselwirkenden Ersatzsystems entspricht. Die Wellenfunktion des nichtwechselwirkenden Systems kann dann als Slaterdeterminante dargestellt und seine kinetische Energie exakt durch diese Orbitale ausgedrückt werden. Das Problem ist nun, ein solches Potential $V_{\mathrm{KS}}(\mathbf{r},t)$ zu finden, dass der nichtwechselwirkende Hamiltonoperator

$$\hat{H}_{\mathrm{KS}}(\mathbf{r},t) = \hat{T} + \hat{V}_{\mathrm{KS}}(\mathbf{r},t), \tag{19.78}$$

durch welchen die Wellenfunktion bestimmt wird,

$$\begin{aligned} \hat{H}_{\mathrm{KS}}(\mathbf{r},t)\psi(t) &= \mathrm{i}\frac{\partial}{\partial t}\psi(\mathbf{r},t) \\ \psi(\mathbf{r},0) &= \psi(\mathbf{r}), \end{aligned} \tag{19.79}$$

die wiederum aus Orbitalen konstruiert wird, die die Gleichungen

$$\begin{aligned} \left(-\frac{1}{2}\nabla_i^2 + V_{\mathrm{KS}}(\mathbf{r},t)\right)\chi_i(\mathbf{r},t) &= \mathrm{i}\frac{\partial}{\partial t}\chi_i(\mathbf{r},t) \\ \chi_i(\mathbf{r},0) &= \chi_i(\mathbf{r}), \end{aligned} \tag{19.80}$$

erfüllen und eine zeitabhängige Dichte $\rho_{\mathrm{KS}}(\mathbf{r},t)$ so erzeugen, dass diese für alle Zeiten der Dichte des wechselwirkenden Systems entspricht:

$$\rho_{\mathrm{KS}}(\mathbf{r},t) = \rho(\mathbf{r},t). \tag{19.81}$$

Näherungen zum Kohn-Sham-Potential zu finden ist eine große Herausforderung. Analog zur DFT wird das KS-Potential in die Anteile externes Potential, zeitabhängige Coulombwechselwirkung und Austausch-Korrelations-Potential zerlegt.

Die Methode der sog. *linear response TDDFT* kann verwendet werden, wenn die externe Störung klein ist. Damit ist gemeint, dass die Grundzustandsstruktur des Systems von der Störung nicht vollständig zerstört wird. In diesem Fall kann man die lineare Antwort des Systems analysieren. Das ist ein großer Vorteil, da bis zur ersten Ordnung die Variation des Systems nur von der Grundzustandswellenfunktion abhängt, so dass wir alle Eigenschaften der reinen DFT nutzen können. Betrachten wir eine kleine, zeitabhängige, externe Störung $\delta V_{\text{ext}}(t)$. Dann erhalten wir

$$\hat{H}'(t) = \hat{H} + \delta V_{\text{ext}}(t) \tag{19.82}$$

und wenn wir die lineare Antwort des Systems betrachten, kann man eine Gleichung erhalten, die Rückschlüsse auf die Anregungsenergien des Systems liefert. Diese sind nämlich gerade die Polstellen der Antwortfunktion.

Literaturverzeichnis

1. Becke, A.D.: Density-functional exchange-energy approximation with correct asymptotic behavior. Phys. Rev. A **38**(6), 3098–3100 (1988).
2. Bloch, F.: Bemerkung zur Elektronentheorie des Ferromagnetismus und der elektrischen Leitfähigkeit. Z. Phys. **57**(7–8), 545–555 (1929).
3. Hohenberg, P., Kohn, W.: Inhomogeneous electron gas. Phys. Rev. **136**(3B), B864–B871 (1964).
4. Kohn, W., Sham, L.J.: Self-consistent equations including exchange and correlation effects. Phys. Rev. **140**, A1133 – A1138 (1965).
5. Møller, C., Plesset, M.S.: Note on an approximation treatment for many-electron systems. Phys. Rev. **46**(7), 618–622 (1934).
6. Perdew, J.P., Yue, W.: Accurate and simple density functional for the electronic exchange energy: Generalized gradient approximation. Phys. Rev. B **33**(12), 8800–8802 (1986).
7. Runge, E., Gross, E.K.U.: Density-functional theory for time-dependent systems. Phys. Rev. Lett. **52**(12), 997 (1984).

Weiterführende Literatur

8. Cramer, C.J.: Essentials of Computational Chemistry: Theories and Models. Wiley & Sons (2004).
9. Helgaker, T., Joergensen, P., Olsen, J.: Molecular Electronic-Structure Theory. Wiley & Sons (2000).
10. Jensen, F.: Introduction to Computational Chemistry, 2nd edn. John Wiley & Sons (2006).
11. Koch, W., Holthausen, M.: A Chemist's Guide to Density Functional Theory, 2nd edn. Wiley-VCH (2002).
12. Kutzelnigg, W.: Einführung in die Theoretische Chemie. Wiley-VCH (2002).
13. Levine, I.N.: Quantum Chemistry. Prentice Hall (1999).
14. McQuarrie, D.A.: Quantum Chemistry. Palgrave Macmillan (2007).
15. Pilar, F.L.: Elementary Quantum Chemistry. Dover Pubn Inc (2001).

16. Reinhold, J.: Quantentheorie der Moleküle: Eine Einführung, 3. durchges. Auflage Vieweg+Teubner (2006).
17. Rode, B.M., Hofer, T., Kugler, M.: The Basics of Theoretical and Computational Chemistry. Wiley-VCH (2007).
18. Szabo, A., Ostlund, N.S.: Modern Quantum Chemistry. Dover Publications (1989).

Kapitel 20
Parallele single-file-Diffusion mit Zellulären Automaten

Uwe Renner

Zusammenfassung Die single-file-Diffusion ist ein anomaler Diffusionsprozess, der sich mit einem zellulären stochastischen Automatenmodell beschreiben lässt. Die Zustandsüberführungen erfolgt regelbasiert und zeitlich synchron in jeder Zelle nach dem SIMD-Prinzip. Diese parallele Eigenschaft und die einfache topologische Nachbarschaftseigenschaft kann dazu genutzt werden, die Rechenressourcen in geeigneter auf verschiedene Rechnerknoten aufzuteilen, wobei jeder Knoten einen Teilautomaten realisiert. Die Teilergebnisse der Simulation lassen sich mittels MPI austauschen und zu einem Gesamtergebnis zusammenfassen. Die nötigen Schritte hierzu werden erläutert. Es werden in Abhängigkeit von der Teilchenkonzentration experimentelle Untersuchungen zum zeitlichen Verhalten des mittleren Verschiebungsquadrates vorgenommen, welche das theoretisch prognostizierte Verhalten bestätigen. Die Ergebnisse zum Speed-Up in Abhängigkeit von der Zahl der Rechnerknoten zeigen erwartungsgemäß ein nahezu lineares Verhalten für höhere Teilchenkonzentrationen.

20.1 Einleitung

In diesem Kapitel soll ein spezielles physikalisches Problem, das der single-file-Diffusion (SFD) [1, 2, 3] näher untersucht werden, s. hierzu auch Abschnitt 15.11. Dabei handelt es sich um ein spezielles eindimensionales Diffusionsproblem, wie es in sehr engen Kanälen, so z. B. in heterogenen Katalysatoren, etwa Zeolithen und anderen porösen Materialien, auftritt. Das Verhalten hierin unterscheidet sich qualitativ vom herkömmlichen eindimensionalen Diffusionsproblem. So treten Staus auf, wodurch die Ausbreitung der Teilchen stark behindert wird, was in der geänderten Gesetzmäßigkeit für das mittlere Verschiebungsquadrat zum Ausdruck kommt.

Arnold-Sommerfeld-Gesellschaft Leipzig
E-mail: info@renner-uwe.de

D. Fey (ed.), *Grid-Computing*, eXamen.press, DOI 10.1007/978-3-540-79747-0_20,

Dieses ungewöhnliche kollektive Verhalten lässt sich durch Zelluläre Automaten (ZA) [4, 5, 6, 7] in geeigneter Weise beschreiben. Aufgrund ihrer theoretisch massiv-parallelen Struktur und durch die nur nächste Nachbarn berücksichtigende Wechselbeziehung sind solche Modellsysteme auch ideal für Computer-Experimente mittels Cluster- und Grid-Strukturen geeignet. In den beiden Extremfällen kann einerseits jede Automatenzelle durch einen Prozessor realisiert werden, andererseits lässt sich der gesamte ZA auch auf einem einzigen Prozessor sequentiell simulieren. Für eine realistische statistische Auswertung muss man mit einer Teilchenzahl in der Größenordnung von mehreren Millionen Teilchen rechnen. Auch um solche groß dimensionierten Systeme in akzeptablen Rechenzeiten simulieren zu können, bieten sich Cluster-Systeme bzw. Multi-Cluster-Systeme oder Grids zur Verkürzung der Rechenzeit an. Hierzu übernimmt jeder Rechnerknoten für die Simulation einen bestimmten Abschnitt des gesamten zellulären Systems.

Näherungsweise würde man wegen der fast idealen Möglichkeit der Prozessaufteilung bei Zellulären Automaten mit einem linearen Zusammenhang zwischen dem Speed-Up und der Anzahl der Prozesse bzw. der Anzahl der eingesetzten gleichartigen Cluster-Rechner erwarten. Da jedoch die hierzu benutzten Automatenregeln sehr einfach sind und die Verarbeitungszeit pro Zelle sehr gering ist, wird man bei großer Clustergröße wieder eine Abnahme des Speed-Up aufgrund der Kommunikation für den Austausch der Randzustände erwarten. Als Programmierumgebung für einen Cluster-Rechner bzw. einen Multi-Cluster wurde das Message Passing Interface (MPI) [8, 9] von LAM bzw. OpenMPI über IPv6 verwendet. Es wurden verschiedene Konfigurationen für die single-file-Diffusion untersucht. Die erzielten Rechenzeiten liegen aufgrund des parallelen Rechnens in Cluster- und Multi-Grid-Strukturen im Sekundenbereich. Die Ergebnisse der Simulationsexperimente bestätigen das theoretisch erwartete Verhalten.

20.2 Modellbeschreibung

Für die Simulation der single-file-Diffusion wird ein *stochastisches* zelluläres Automatenmodell mit sechs Zuständen verwendet. Als geometrisches Modell für die single-file-Diffusion dient ein eindimensionales Gitter mit möglichst vielen Gitterpunkten und der einheitlichen Gitterkonstanten a. Jedem Gitterpunkt entspricht genau eine Automatenzelle. Es wurden periodische Randbedingungen mit einer großen Periodenlänge gewählt. Die Zellenzahl beschränkt sich im konkreten Anwendungsfall auf $2^{20} \approx 1$ Mio. Zellen. Jedoch sind auch Randbedingungen mit konstanten Zuflussraten oder mit Reflektion denkbar. Die Gitterpunkte werden zufällig gleichverteilt entsprechend der Teilchenkonzentration c besetzt. Um das zeitliche Verhalten hinreichend genau beschreiben zu können, wurde eine Nachbarschaft von jeweils zwei linken und zwei rechten nächsten Nachbarn inklusive des betrachteten Gitterplatzes gewählt.

Die Regeln für die Zustandsüberführung bzw. Zustandstransformation, wonach sich die Teilchen bzw. Zustände im ZA bewegen, wurden mittels kombinatorischer Überlegungen erstellt, wobei als Prinzip gelten soll, dass ein Teilchen sich zufällig frei bewegen soll, solange es nicht von anderen behindert wird. Die Teilchen springen jeweils nur zu den nächsten Nachbarzellen, wobei man die Sprungrichtung zunächst zufällig und unabhängig von der Nachbarschaft mit Hilfe eines Zufallsgenerators ermittelt. Der angewählte Gitterpunkt wird besetzt, wenn er frei ist und nicht zugleich vom übernächsten Nachbarn beansprucht wird. Besteht die Gefahr einer Doppelbesetzung, so entscheidet wiederum der Zufall, welcher der Konkurrenten den freien Platz einnimmt. Die Regeln für die Zustandsüberführungen sind hinsichtlich linker und rechter Bewegungsrichtung symmetrisch. Die Erhaltung der Teilchenzahl wird in jedem vollen Zeitschritt als selbstverständliche Forderung erfüllt. Werden für bestimmte Konstellationen keine Regeln angegeben, so soll der Zustand unverändert bleiben.

Zur Beschreibung des Diffusionsprozesses wird ein anschauliches mikroskopisches Bild verwendet. In diesem kann man alle erlaubten Sprünge der Teilchen in einem Zustandsautomaten (Abb. 20.1) unter Zuhilfenahme des Zufalls bei Konfliktsituationen erfassen. Der dargestellte Zustandsautomat beschreibt sowohl das Vorhandensein der Teilchen und deren Bewegung als auch die unbesetzten Gitterplätze. Die Gesamtdynamik des Systems folgt aus der parallelen Anwendung der Regeln für jeden Gitterplatz. Der Besetzungszustand der Gitterpunkte wird durch zwei Zustände (A = „leer“, B = „besetzt“) beschrieben. Die zeitliche Entwicklung des zellulären Gesamtsystems erfolgt im einheitlichen Zeittakt $\tau = 1/(2\Gamma)$. Die Beschreibung der Bewegungsrichtung lässt sich durch zwei weitere Zustände (E = „gehe nach links“, F = „gehe nach rechts“) erfassen. Wegen der Einfachheit wird keine weitere äußere Einflussnahme etwa durch Felder angenommen und die Wahrscheinlichkeit für die eine oder andere Richtung kann wie bei der freien eindimensionalen Diffusion zu jedem Sprungzeitpunkt mit $1/2$ gewählt werden. Für die endgültige Realisierung eines Platzwechsels werden zwei weitere Zustände (C = „lösche links“, D = „lösche rechts“) benötigt, d. h., solche Zustände werden im folgenden Aktualisierungsschritt auf den Zustand A gesetzt.

Ein vollständiger Aktualisierungsschritt der Zustände kann in zwei getrennte Teilschritte aufgeteilt werden, in dem jeweils immer der Automat in Abb. 20.1 zum Einsatz kommt. Zu Beginn sind alle Zellen entweder im Zustand A oder B. Gemäß Abb. 20.1 werden durch einen Zufallsgenerator alle Zustände B verlassen, so dass nur noch die Zustände A, E oder F vorkommen. Es folgt der zweite Teilschritt mit möglichen Übergängen nach A, B, C oder D. Somit kann eine Aktualisierung zum einen in 4 (A, B, C, D) und zum anderen in 3 Zuständen (A, E, F) zerlegt werden. Zwei getrennte Tabellen erfassen sämtliche Zustandsüberführungen. Diese Unterteilung hat den Vorteil, dass nur noch $4^5 + 3^5 = 1267$ Tabelleneinträge gegenüber den ursprünglichen $6^5 = 7776$ für die Zustandsüberführung berücksichtigt werden müssen. Die verbleibende Vielfalt der möglichen Regeln wird durch das Verbieten des Überspringens und durch die Forderung nach Einfachbesetzung der Zellen entsprechend den Anforderungen der single-file-Diffusion weiter stark reduziert.

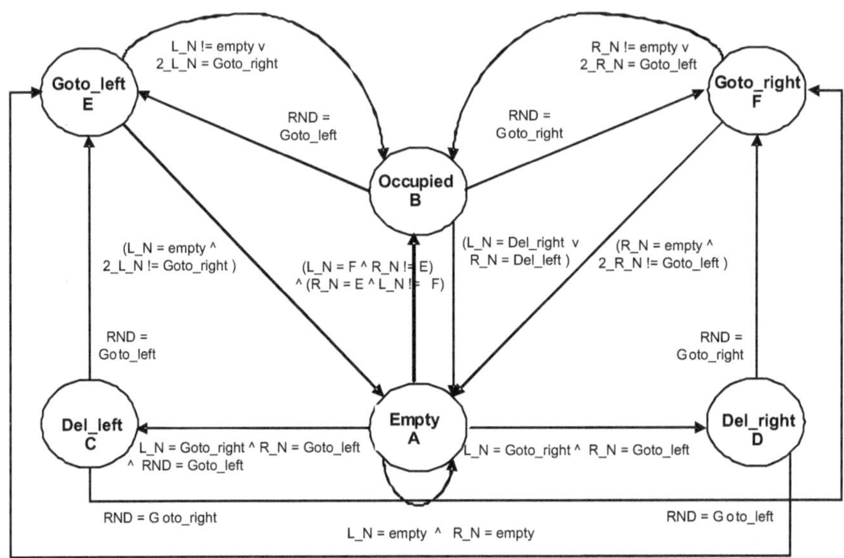

Abb. 20.1 Zustandsübergänge im ZA-Modell der single-file-Diffusion (L_N, R_N entspricht dem linken bzw. rechten Nachbarn, 2_L_N, 2_R_N entspricht dem übernächsten linken bzw. rechten Nachbarn, RND entspricht der Wahrscheinlichkeit von $\frac{1}{2}$)

20.3 Das MPI-Interface

Zur Beschreibung des ZA in der MPI-Welt wird der Zustand des Automaten und eine mit dem Teilchen verbundene Änderung der Distanz relativ zum Zeitpunkt 0 in einer Struktur **MPI_Cell** mittels **MPI_Type_commit** deklariert. Über die Zahl der zur Verfügung stehenden Prozesse wird eine lineare Topologie mittels **MPI_Cart_create** erzeugt, die sich auf die verschiedenen Computer des Clusters aufteilen. Diese sollten möglichst gleiche Performanceeigenschaften besitzen, so dass in ihnen gleichgroße Segmente des Gesamtautomaten bearbeitet werden können und Synchronisationszeiteinbußen minimiert werden. Insbesondere in Multi-Cluster-Umgebungen kann dies nicht garantiert werden, so dass ein dynamischer Lastausgleich wünschenswert wäre. In den durchgeführten Untersuchungen wurde dies noch nicht berücksichtigt. Bei der Auswahl der Rechnerknoten wurde aber darauf geachtet, dass die Unterschiede in den einzelnen Knoten nicht zu groß sind.

Im jeweiligen Prozess werden mittels **MPI_Type_vector** bestehend aus dem Datentyp **MPI_Cell** die zellulären Teilautomaten erzeugt und um die Randelemente für die Kopien der Nachbarteilautomaten erweitert (jeweils zwei Zellen links und rechts). Zum Austausch der Randdaten wird wiederum ein Vektor vom selben Datentyp deklariert, sowohl für die linken, als auch für die rechten Randdaten (Abb. 20.2). Zu Beginn der Simulation werden zunächst die Zufallsgeneratoren der Teilautomaten initialisiert und anschließend die Zustände der Zellen entsprechend der Konzentration zugeordnet. Schließlich wird die tatsächlich realisierte Teilchenzahl mittels **MPI_Reduce** und dem Parameter **MPI_Sum** im Prozess 0 durch Summation über die Teilautomaten ermittelt. Außerdem muss die Prozesskommunikation für die beiden Ränder durch **MPI_Cart_rank** organisiert werden. Dadurch soll sichergestellt werden, dass die zwei Randzustände auf beiden Seiten eines jeden Teilautomaten in die entsprechend erweiterte Position der Nachbarautomaten kopiert werden und so für den neuen Aktualisierungsschritt zur Verfügung stehen.

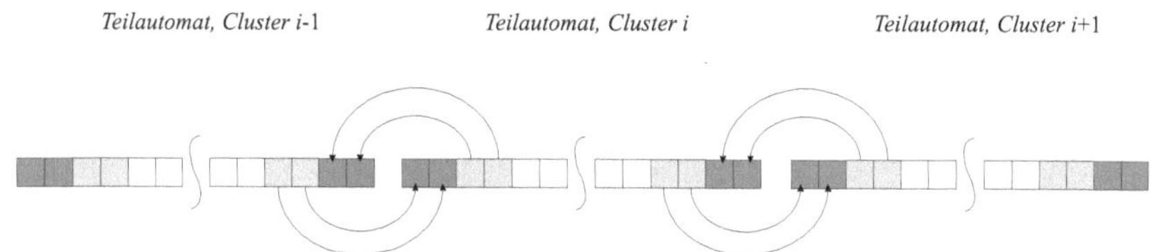

Abb. 20.2 Datentransfer zwischen den Teilautomaten. Ein Teilautomat i bestehend aus den inneren Zellen (weiß) und den beiden Randzellen links und rechts (hellgrau). Aus Darstellungsgründen wird er durch eine symbolische Trennlinie unterbrochen. Die dunkelgrauen Zellen beinhalten die Kopien der Randzellen der benachbarten Teilautomaten $i-1$ bzw. $i+1$, welche für die Zustandsaktualisierung erforderlich sind

Die Aktualisierung des Zustandes erfolgt wie zuvor beschrieben in zwei Teilschritten in einer iterativen Zeitschleife, deren Länge in jedem Teilautomaten gleich ist. Vor jeder Aktualisierung in den Teilautomaten erfolgt zuerst die Bestimmung des mittleren Verschiebungsquadrates und das akkumulierte Gesamtergebnis wird im Prozess 0 ausgegeben. Darauf folgt die zweistufige Zustandsaktualisierung. Sie wird durch den Austausch der Randzustände mittels **MPI_Sendrecv** eingeleitet und mit der jeweiligen Zustandstransformation abgeschlossen. Die Aktualisierung der Zustände in jedem der Teilautomaten erfolgt sequentiell. Die resultierenden Zustände werden in einem gesonderten, zuvor organisierten Speicherbereich aktualisiert. Nach Beendigung der Aktualisierungssequenz werden die Zeiger der lokalen Speicherbereiche für die jeweiligen Teilautomaten vertauscht, so dass eine parallele Zustandsaktualisierung innerhalb des Rechnerknotens simuliert wird.

20.4 Experimentelle Untersuchungen

Die durchgeführten experimentellen Untersuchungen wurden auf einem Cluster-System mit jeweils 2 bis 12 Rechnerknoten bei einer Gesamtzahl von 10 Millionen Teilchen und 10.000 Aktualisierungsschritten für die Teilchenkonzentrationen $c = 0,01$, $c = 0,1$, $c = 0,3$, $c = 0,5$ und $c = 0,75$ durchgeführt. Die Rechnerknoten waren mit Intel Pentium 4 Prozessoren und einer Taktrate von 2 bis 3,2 GHz ausgestattet. Für den Programmlauf wurden jeweils 512 MByte pro Knoten alloziert, was weit ausreichend war. Um unvermeidbare Schwankungen bei den Zeitmessungen auszugleichen, wurden für jede Teilchenkonzentration insgesamt 5 Programmläufe durchgeführt und der Mittelwert der Ausführungszeit bestimmt. Die Ausführungszeiten wurden gemessen, ohne dass zum Zeitpunkt der Messung weitere Lasten im Clusterrechner vorhanden waren.

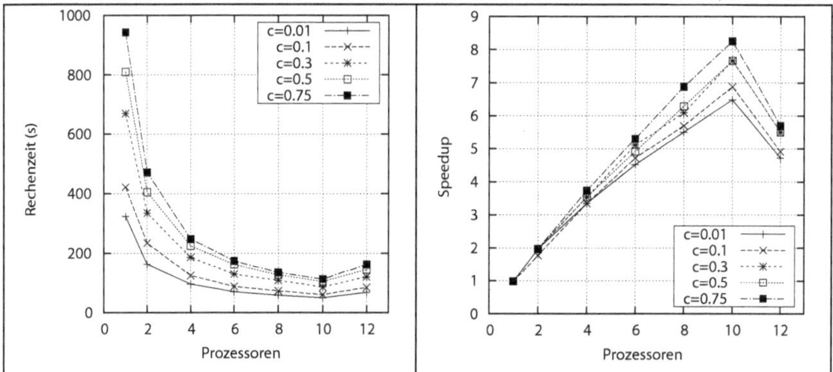

Abb. 20.3 Ausführungszeiten und erzielter Speed-Up für verschiedene Teilchenkonzentrationen

Die Ausführungszeiten lagen, wie Abb. 20.3 (links) zeigt, durchwegs im Minutenbereich. Für eine Teilchenkonzentration von 0,75, bei der sich aufgrund der höchsten Teilchenzahl die meisten Aktualisierungen in den Zuständen über alle betrachteten Konzentrationen vorgenommen werden müssen, lag diese auf einem Einzelrechner bei 926 Sekunden. Der niedrigste Wert für diese Konzentration ist mit 110 Sekunden für 10 Rechner gegeben. Das Gegenstück dazu bildeten die Simulationsexperimente für eine Konzentration von $c = 0,01$. Auf einem Einzelrechner wurden 317 Sekunden, auf 10 Rechnern wurden 48 Sekunden benötigt. Mit Zunahme der Teilchenkonzentration nehmen für eine feste Zahl an eingesetzten Rechnern auch die Ausführungszeiten entsprechend zu. Abbildung 20.3 (rechts) zeigt den Verlauf der zugehörigen Speed-Up-Werte. Man erkennt bis zu einer Zahl von 10 Rechnern einen nahezu linearen Verlauf für die Konzentrationen $c = 0,3$, $c = 0,5$, $c = 0,75$, was darauf zurückzuführen ist, dass die Rechenlast zur Kommunikation in einem Verhältnis steht, in der die Rechenlast überwiegt. Dies ist bei den Konzentrationen $c = 0,1$ und $c = 0,01$ anders. Es zeigt sich, dass der Anstieg der Speed-Up-Kurven von 1 bis 10 Prozessoren ab 4 Prozessoren einzuknicken beginnt, da aufgrund der geringeren Rechenlast der Kommunikationsanteil mehr Einfluss als bei den anderen Konzentrationen ausübt.

Auffällig ist der starke Rückgang des Speed-Ups bzw. die zugehörige Zunahme der Ausführungszeiten für alle Konzentrationen beim Übergang von 10 zu 12 Rechnern. Dies lässt sich dadurch erklären, dass bei einer Auswahl von mehr als 10 Rechnern ältere Rechnermodelle im Cluster-Rechner ausgewählt werden, die die anderen Prozessoren ausbremsen.

20.5 Auswertung

Das vorgestellte Zelluläre-Automaten-Modell bestätigt die aus der Literatur bekannten Ergebnisse für den asymptotischen Zeitverlauf bei der single-file-Diffusion, s. Gl. 15.53. Damit zeigt es dessen Fähigkeit, nicht nur qualitative, sondern auch quantitative Aussagen bei der Modellierung physikalischer Prozesse zu machen. Insbesondere sind auch Aussagen im erweiterten Kurzzeitbereich möglich, für die es bisher keine expliziten theoretischen Aussagen gibt.

Zur Veranschaulichung der quantitativen Simulationsergebnisse wird in der Abb. 20.4 das mittlere Verschiebungsquadrat über der Zeit dargestellt.

Bei sehr geringen Konzentrationen, z. B. $c \approx 0,01$, finden für *kleine Zeiten* kaum gegenseitige Behinderungen der Teilchen statt und die Diffusion erfolgt gemäß Gl. (15.51) annähernd normal. Dies ändert sich bei höheren Konzentrationen, z. B. $c \approx 0,1$, schon deutlich. Weder das lineare Verhalten des mittleren Verschiebungsquadrates der gewöhnlichen Diffusion noch die angegebene asymptotische Formel (15.53) für die single-file-Diffusion geben eine befriedigende Erklärung. Bei noch größeren Konzentrationen, z. B. $c \approx 0,3$, deutet sich auch bei kleineren Zeiten das prognostizierte asymptotische Verhalten für die single-file-Diffusion an.

Die Simulationsergebnisse des mittleren Verschiebungsquadrates zeigen für *große Zeiten* (s. Abb. 20.5) eine gute Übereinstimmung mit den theoretisch prognostizierten Werten nach (15.53). So konnte insbesondere das Skalenverhalten der single-file-Diffusion mit $\gamma = 1/2$ bestätigt werden. Aber auch das quantitative Verhalten kann für niedrige und mittlere Konzentration reproduziert werden. Abweichungen treten erst bei höheren Teilchenkonzentrationen $c \gtrsim 0,75$ auf, die sich auf den stärker werdenden korrelativen Effekt nächster und übernächster Nachbarn im zugrunde gelegten Modell zurückführen lassen.

20.6 Ausblick

Das hier untersuchte physikalische Modell zeigt die Möglichkeit, praxisrelevante Probleme auch quantitativ mit Zellulären Automaten zu beschreiben. Daher sollte es nicht verwunderlich sein, wenn diese zunehmend – neben den bewährten Simulationsmethoden wie Monte-Carlo oder Molekulardynamik – an Bedeutung gewinnen. Die Vorzüge solcher ZA-Modelle liegen in ihrer einfachen, regelbasierten Beschreibung und die schon aus der Definition der Zellulären Automaten gegebene Möglichkeit zur parallelen Simulation. Sie sind durch ergänzende Regeln leicht erweiterbar, wodurch sich weitere Anwendungsgebiete etwa in der Biologie erschließen lassen.

Ein solches praktisches Problem, bei dem etwa die Berücksichtigung der Randeffekte von Bedeutung wäre, ist die single-file-Diffusion von Ionen durch eine Membran über einen engen Kanal, z. B. in einer biologischen Zelle [10, 11], an dessen beiden Enden unterschiedliche Konzentrationen vorliegen, infolge dessen ein Stoffausgleich (Ionenstrom) durch diesen Kanal stattfindet.

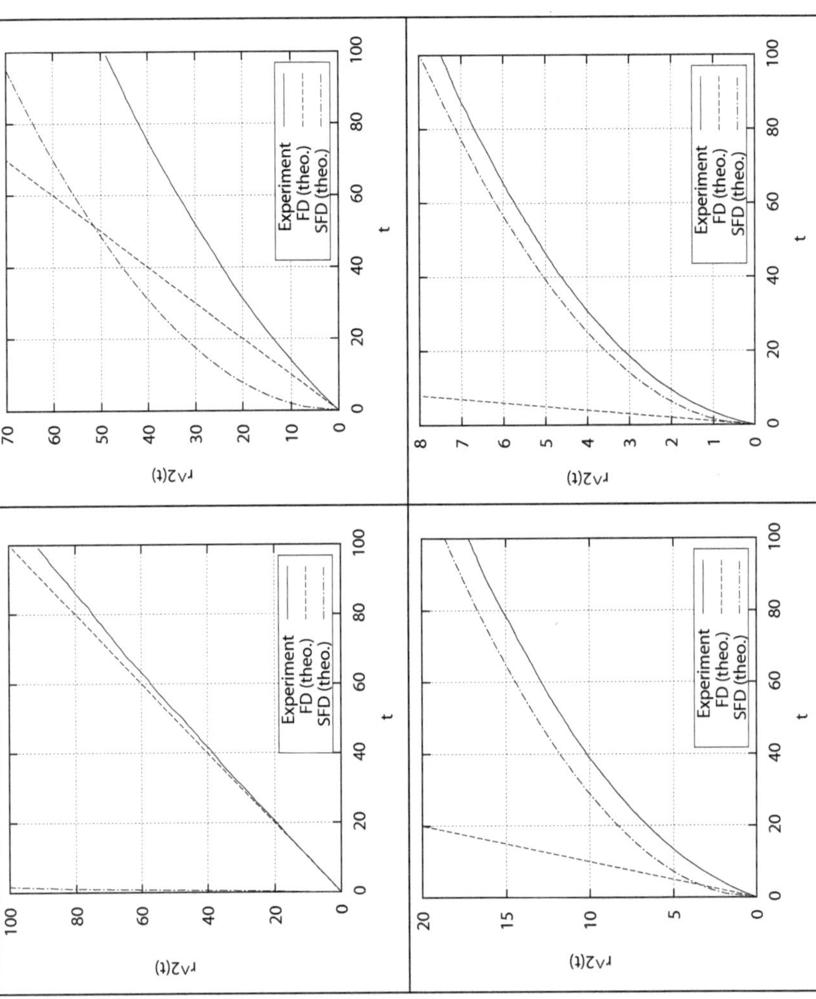

Abb. 20.4 Simulationsergebnisse (Experiment) der single-file-Diffusion für das mittlere Verschiebungsquadrat für kleine Zeiten (100 Zeiteinheiten) mit unterschiedlichen Konzentrationen, gegenübergestellt dem theoretisch prognostizierten Verhalten der gewöhnlichen FICKschen Diffusion (FD) und der single-file-Diffusion (SFD)

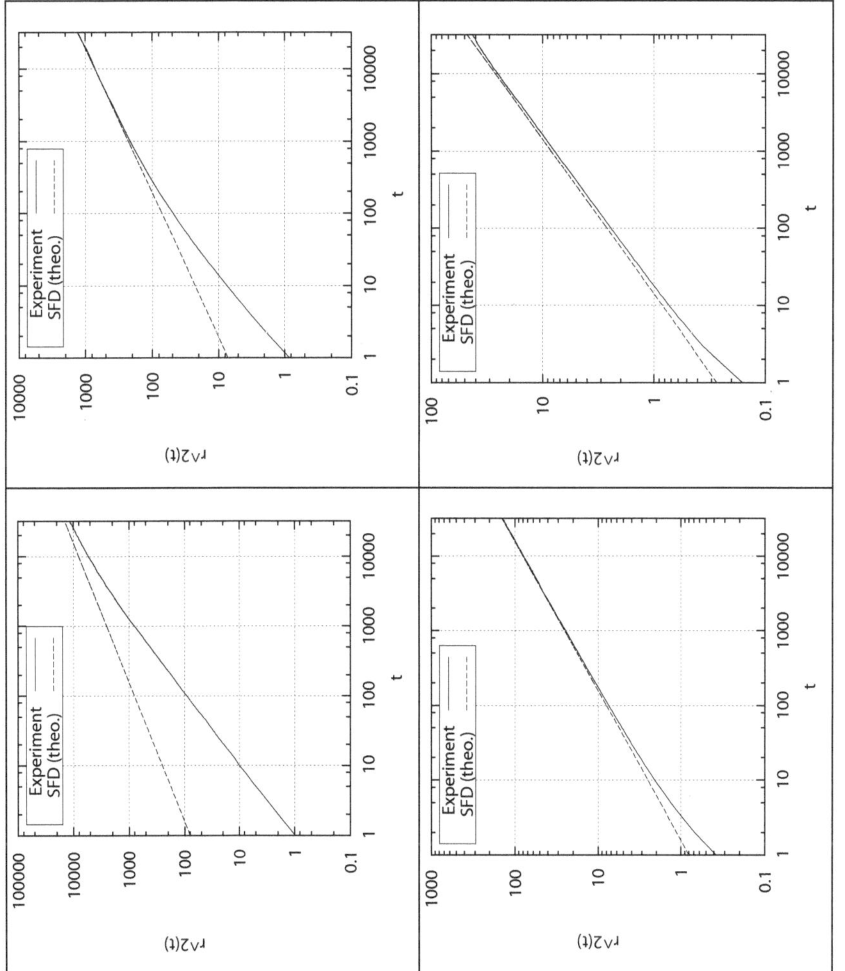

Abb. 20.5 Simulationsergebnisse (Experiment) für das mittlere Verschiebungsquadrat für große Zeiten (32000 Zeiteinheiten) mit unterschiedlichen Konzentrationen, gegenübergestellt dem theoretisch prognostizierten Verhalten der single-file-Diffusion (SFD)

Aber auch die Prozesse im Katalysator, wofür dieses Modell ursprünglich entwickelt wurde, haben in Wirklichkeit einen solchen Stoffaustausch zum Ziel. In solchen Fällen ließen sich die Randprozesse im ZA-Modell durch geeignete Austauschraten zwischen einem Reservoir und den Randzellen beschreiben. Für die in Praxis immer wichtiger werdenden (Kohlenstoff-) Nanoröhrchen könnte der untersuchte Stofftransport gleichfalls von Interesse sein, da vergleichbare Strukturen vorliegen. Das untersuchte Beispiel der single-file-Diffusion lässt sich mit ähnlichen stochastischen Automatenregeln auch auf komplexere Systeme wie verzweigte Netzwerkstrukturen erweitern. Damit ergibt sich ein noch breiteres Spektrum praxisrelevanter Modelle, welche z. B. auch in Managementsystemen für den Waren- oder Energietransport Anwendung finden könnten.

Die Zustandsüberführungen im ZA-System erfolgen hier wegen der geforderten Einfachheit mit einem einheitlichen Zeittakt. Um den stochastischen Charakter des Systems mikroskopisch noch besser beschreiben zu können, besteht auch die Möglichkeit, geeignete Sprungzeitverteilungen einzuführen. Dann würde der geometrische Platzwechsel zusätzlich zu den bestehenden lokalen Regeln noch von zeitlichen Zusatzbedingungen für die Wartezeit abhängen. Diese lassen sich zudem asymmetrisch definieren, um etwa (externe) Felder berücksichtigen zu können. Auch gerichtete Ströme von Partikeln, so von Fahrzeugen auf Autobahnen, ließen sich auf diese Weise simulieren.

Literaturverzeichnis

1. J. Kärger. *Straightforward derivation of the long-time limit of the mean-square displacement in one-dimensional diffusion*. Phys. Rev. A45 (1992) 6, pp. 4173–4174.
2. J. Kärger. Fleischer, G.; Roland, U.: *PFG NMR Studies of Anomalous Diffusion,* Abschnitt 4.4: *Single-File-Diffusion.* In: Kärger, J.; u. a. (Hrsg.): *Diffusion in Condensed Matter.* Vieweg, 1998, S. 144–168.
3. J. Kärger. *Molecular Diffusion under Confinement.* In: Kärger, J. u. a. (Hrsg.): *Diffusion Fundamentals – Leipzig 2005*, Leipziger Universitätsverlag, 2005, S. 389–412.
4. S. Wolfram. *Cellular Automata and Complexity*, collected papers. Reading/Massachusetts: Addison-Wesley, 1994.
5. U. Renner. *Zelluläre Automaten – Ein ausgewählter Überblick.* In: Eisenberg, W.; u. a. (Hrsg.): *Synergie, Syntropie, Nichtlineare Systeme.* Verlag im Wissenschaftszentrum Leipzig, 2000, S. 31–54.
6. S. Wolfram. *A New Kind of Science*. Wolfram Media, 2002.
7. B. Chopard, M. Droz. *Cellular Automata Modeling of Physical Systems.* Cambridge University Press, 2005.
8. G. E. Karniadakis, R. M. Kirby II. *Parallel Scientific Computing in C++ and MPI.* Cambridge University Press, 2003.
9. H. Bauke, St. Mertens. *Cluster Computing*. Springer-Verlag, 2006.
10. K. Heckmann. *Zur Theorie der „single-file" Diffusion, I.* Zeitschrift für Physikalische Chemie, Neue Folge, 1965, Bd. 44, S. 184–203.
11. S. K. Aityan. *Single-File-Diffusion of Uncharged Particles*. Gen. Physiol. Biophys. 4 (1985), pp. 3–14.

Kapitel 21
Performance-Untersuchungen im Multi-Cluster-Grid

Steffen Limmer

Zusammenfassung In diesem Kapitel soll es darum gehen, die Laufzeit eines parallelen Programms in einem Multi-Cluster-Grid genauer zu analysieren. Dazu wurden Testläufe mit einem parallelen Programm zur Simulation zweidimensionaler Zellulärer Automaten durchgeführt, die als Rechenlast für die vorgenommenen Leistungsmessungen dienten. Es wird gezeigt, welcher Nutzen in einem Multi-Cluster-Grid erzielt werden kann, auch dann wenn die Rechenkapazitäten in einem solchen Mini-Grid ungleich verteilt sind.

21.1 Verwendete Rechenlast

Die Funktionsweise Zellulärer Automaten wurde im vorangegangenen Kapitel 20 ausführlich dargestellt. Sie sei hier nochmals der Abgeschlossenheit des aktuellen Kapitels wegen kurz beschrieben. Einen Zellulären Automaten kann man sich als ein Gitter von Zellen vorstellen, welche entweder belegt oder frei sein können. Anfangs werden die Zellen mit einer zufälligen Belegung initialisiert und anschließend wird eine bestimmte Anzahl von Zeitschritten simuliert. In jedem Schritt wird auf jede Zelle des Automaten eine Funktion angewendet, die die Folgebelegung der Zelle berechnet und von der Nachbarschaft der Zelle abhängt. Für die Testläufe soll als Funktion die Toffoli-Margolus-Diffusion[1] genutzt werden. Wie diese im Detail aussieht, braucht hier aber keine Rolle zu spielen.

Das Modell des Zellulären Automaten eignet sich nicht nur sehr gut für Computersimulationen, es lässt sich auch hervorragend geometrisch parallelisieren. Dazu wird das Gitter des Zellulären Automaten in gleichgroße Bereiche zerlegt, die auf die verfügbaren Prozessoren verteilt werden, welche die Zeitschritte auf ihren

Friedrich-Alexander-Universität Erlangen-Nürnberg
Department Informatik 3
E-mail: steffen.limmer@informatik.uni-erlangen.de

[1] Die Toffoli-Margolus-Diffusion ist benannt nach Tommaso Toffoli und Norman Margolus.

D. Fey (ed.), *Grid-Computing*, eXamen.press, DOI 10.1007/978-3-540-79747-0_21,

Teilbereichen simulieren. Da für die Simulation eines Zeitschrittes für eine Zelle die Belegung der Nachbarschaft der Zelle bekannt sein muss, ist es nötig, dass die Prozesse nach jedem Zeitschritt Randinformationen austauschen. Nach jedem Zeitschritt wird also die Belegung eines gewissen Randgebiets des Teilbereichs an die Nachbarprozesse („Nachbar" im Sinne der geometrischen Parallelisierung) kommuniziert. In den Testläufen wird eine MPI-Implementierung eines Zellulären Automaten ausgeführt, welche die Parallelisierung nach dem eben beschriebenen Muster implementiert. Die Größe des zu simulierenden Automaten soll 5000×5000 Zellen betragen und es sollen 1000 Zeitschritte simuliert werden. Nachdem die Zeitschritte in jedem Teilbereich abgearbeitet wurden, sammelt ein Hauptprozess alle Ergebnisse der Teilprozesse und speichert die Endbelegung des gesamten Automaten in einer Datei. Das Programm ist massiv parallel und da nach jedem Zeitschritt Daten ausgetauscht werden müssen, relativ kommunikationsintensiv.

21.2 Multi-Cluster-Grid Umgebung

Als Testplattform sollen zwei Cluster, im Folgenden Cluster A und B genannt, dienen. Cluster A setzt sich aus 15 Dualcore-Prozessoren mit einem Prozessortakt von 2,4 bzw. 3 GHz zusammen. Cluster B besteht aus 20 Rechnern mit je einem 1,4 GHz Prozessor. Cluster A ist mit einem schnellen Gigabit Ethernet vernetzt, während die Vernetzung innerhalb des Clusters B und zwischen den beiden Clustern nur aus einem Fast Ethernet besteht. Das Cluster A ist also leistungsfähiger als Cluster B, sowohl was die Rechenleistung der einzelnen Maschinen angeht, als auch die Kommunikation innerhalb des Clusters.

Zur Untersuchung der Laufzeit wurde das MPI-Programm sowohl auf den einzelnen Clustern als auch im Multi-Cluster mit unterschiedlich vielen Teilprozessen ausgeführt. Bei den Durchläufen im Multi-Cluster wurden die Teilprozesse, sofern möglich, gleichmäßig auf Cluster A und B verteilt. Im Cluster A beträgt die durchschnittliche Ausführungszeit auf einem einzelnen Knoten 1997,4 s und im Cluster B 3871 s. Da im Cluster A Dualcore Prozessoren vorhanden sind, ist dort eine Parallelisierung in bis zu 30 Teilprozesse sinnvoll. Dabei ergibt sich eine durchschnittliche Laufzeit von 126,6 s. Mit 20 Prozessen im Cluster B lässt sich eine Laufzeit von 277,8 s erzielen. Werden Cluster A und B gleichzeitig mit 50 Prozessen genutzt, beträgt die Laufzeit 122,6 s. Die Abb. 21.1 zeigt das Ergebnis der gesamten Laufzeitmessungen.

21.3 Bewertung mit Hilfe der Leistungsmaße für Parallelrechner

Im Folgenden werden nun Bewertungen der im Cluster und im Multi-Cluster-Grid vorgenommenen Parallelisierungen anhand der in Kap. 3 eingeführten Leistungsmaße durchgeführt. Die serielle Version des Programms (ohne Nutzung der MPI-

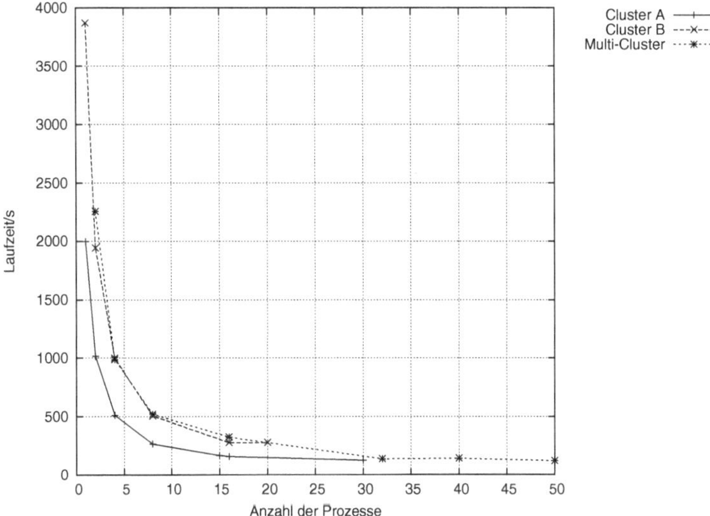

Abb. 21.1 Die Laufzeiten des MPI-Programms für Zelluläre Automaten mit unterschiedlich vielen Teilprozessen auf den einzelnen Clustern und im Multi-Cluster

Bibliothek) benötigt auf einem einzelnen Rechner von Cluster B eine durchschnittliche Ausführungszeit T_s von 3843 s. Somit wird bei einer Parallelisierung in 50 Teilprozesse im Multi-Cluster ein Speedup $S(50)$ von 31,35 erreicht. Die Abb. 21.2 zeigt den Speedup für unterschiedlich viele Teilprozesse.

Wie man sieht, knickt die Kurve schon relativ früh ein. Laut Amdahl (s. Kap. 3) gilt für den Speedup $S(p)$ bei einer Parallelisierung in p Teilprozesse:

$$S(p) \leq \frac{1}{f + \frac{1-f}{p}} \tag{21.1}$$

Das f ist dabei der serielle Anteil. Messungen an der seriellen Version des Programms haben gezeigt, dass der serielle Anteil[2] bei etwa 0,0009 (0,09%) liegt. Setzt man diesen in Gleichung 21.1 ein, so ergibt sich für 50 Teilprozesse ein maximaler Speedup von rund 47,9. Amdahl hat dabei aber nicht den Overhead durch die Parallelisierung berücksichtigt und daher ist der tatsächliche Speedup weit geringer.

In der Karp-Flatt-Metrik e (s. Kap. 3) findet auch der Overhead Berücksichtigung. Sie errechnet sich aus

$$e = \frac{\frac{1}{S(p)} - \frac{1}{p}}{1 - \frac{1}{p}} \tag{21.2}$$

[2] Der serielle Anteil besteht hier aus der Initialisierung des Automaten und dem Schreiben des Ergebnisses in eine Datei.

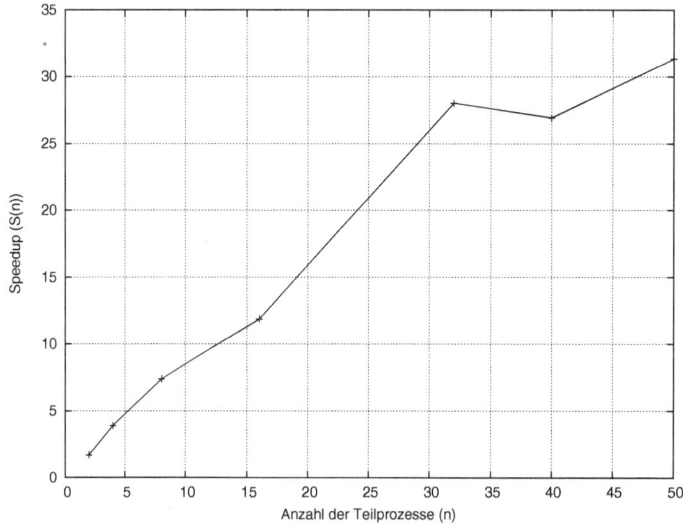

Abb. 21.2 Der Speedup im Multi-Cluster bezüglich der seriellen Ausführung auf einem einzelnen Knoten von Cluster B

Setzt man nun den durch die Messungen bestimmten Speedup $S(50)$ für $p = 50$ Teilprozesse ein, so erhält man eine Karp-Flatt-Metrik von 0,01215. Das heißt, dass der serielle Anteil zusammen mit dem Anteil für den Overhead ca. 1,2% der Gesamtlaufzeit ausmacht.

Bei dem verwendeten MPI-Programm lässt sich der Anteil für den Overhead aber verringern, indem man die Randbreiten des Zellulären Automaten erhöht. Dadurch wächst die Fläche des Automaten quadratisch, während der Umfang nur linear wächst. Dies hat zur Folge, dass der Rechenaufwand für die Berechnung eines Zeitschritts quadratisch zunimmt und der Aufwand für die Kommunikation nur linear. Verdoppelt man z.B. die Randbreiten von 5000×5000 auf 10000×10000, macht sich dies auch in den Laufzeiten bemerkbar. Auf einem Rechner von Cluster B benötigt das Programm ca. 15500,7s.

Mit 50 Teilprozessen im Multi-Cluster benötigt es hingegen nur 446,8s. Das ergibt einen Speedup von 34,69 und eine Karp-Flatt-Metrik von 0,009. Bei einer Größe von 10000×10000 und der Ausführung mit 50 Teilprozessen im Multi-Cluster sind also nur noch 0,9% der Gesamtlaufzeit dem Overhead und dem seriellen Anteil zuzuschreiben. Da der Speedup im Gegensatz zur Simulation des 5000×5000-Automaten größer ist, knickt die Kurve für den Speedup (Abb. 21.2) auch erst später ein. Es tritt erst bei einer höheren Anzahl Teilprozesse eine Sättigung ein. Dadurch wirkt sich das Erhöhen der Anzahl der Teilprozesse von 30 in Cluster A auf 50 im Multi-Cluster auch in stärkerem Maße aus als bei einer Automatengröße von 5000×5000. Die Abb. 21.3 stellt die Laufzeitunterschiede zwischen Ausführung mit 30 Prozessen in Cluster A und Ausführung mit 50 Prozessen im Multi-Cluster grafisch dar.

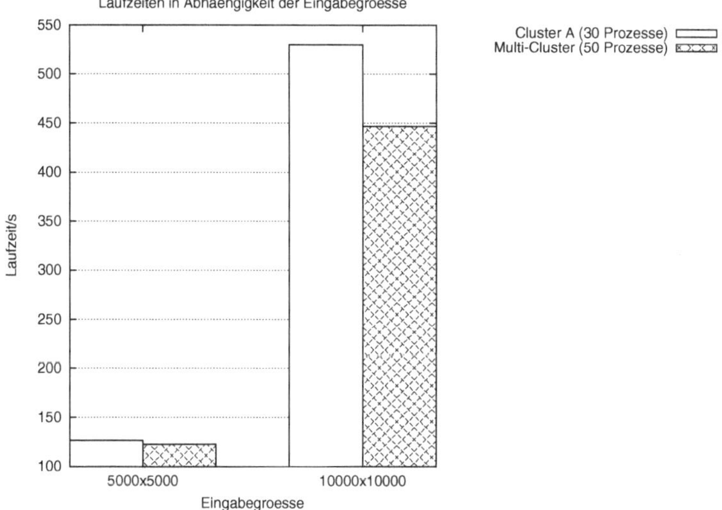

Abb. 21.3 Laufzeiten der Ausführungen mit 30 Prozessen im Cluster A und 50 Prozessen im Multi-Cluster für Automaten der Größe 5000×5000 und 10000×10000. Der Geschwindigkeitsgewinn (sowohl absolut als auch prozentual) durch Einsatz von 50 Prozessen im Multi-Cluster statt 30 Prozessen im Cluster A ist bei 10000×10000 größer als bei 5000×5000

Obwohl eines der Cluster deutlich leistungsfähiger ist, als das andere, kann es sich also durchaus lohnen, die beiden Cluster als Multi-Cluster zu nutzen. Und zwar dann, wenn die Rechenlast für jeden Teilprozess ausreichend hoch und der serielle Anteil nicht zu groß ist. Auch ließen sich durch Einsatz eines geeigneten Lastausgleichs sicherlich noch bessere Ergebnisse, als die hier gezeigten, erzielen.

Literaturverzeichnis

1. G.M. Amdahl, „Validity of the Single-Processor Approach to Achieving Large-Scale Computing Capabilities“ in *Proc. Am. Federation of Information Processing Societies Conf.*, AFIPS Press, 1967, pp. 483-485.
2. A.H. Karp, H.P. Flatt, „Measuring parallel processor performance“, Communications of the ACM **33(5)** May 1990, pp. 539-543.
3. E. Argollo, A. Gaudiani, D. Rexachs, E. Luque, „Tuning Application in a Multi-cluster Environment“, in W. Nagel, W. Walther, W. Lehner (Hrsg.), Proceedings Euro-Par 2006, *Lecture Notes in Computer Science*, Vol. 4128, pp. 78-88, 2006.
4. W.M. Jones, „Network-aware selective job checkpoint and migration to enhance co-allocation in multi-cluster systems“, *Concurrency and Computation: Practice and Experience*, Vol. 21, No. 13, pp. 1672-1691, 2009.
5. Y: Zhang, C: Koelbel, K. Cooper, „Hybrid Re-scheduling Mechanisms for Workflow Applications on Multi-cluster Grid“, 9th IEEE/ACM International Symposium on Cluster Computing and the Grid, pp. 116-123, 2009.

Kapitel 22
Verteilte VHDL-Simulationen – Beispiel einer High-Throughput-Anwendung im Grid

Steffen Limmer

Zusammenfassung In diesem Kapitel wollen wir uns einem Beispiel für High-Troughput-Computing widmen. Es soll eine Möglichkeit der Parallelisierung von VHDL-Simulationen beschrieben werden, welche an der Friedrich-Schiller-Universität Jena implementiert wurde. Am Ende des Kapitels werden Ergebnisse von Performance-Tests dargelegt.

22.1 Einleitung

Bevor wir zu der eigentlichen Anwendung kommen, soll zunächst beschrieben werden, worum es sich bei VHDL handelt. VHDL (Very High Speed Integrated Circuit Hardware Description Language) ist eine Hardwarebeschreibungssprache zur Modellierung digitaler Systeme durch Beschreibung der Funktion, des Datenflusses und/oder der Struktur des Systems. Die Entwicklung von VHDL ging in den 80-er Jahren vom amerikanischen Verteidigungsministerium aus. Es wurde erstmals 1987 standardisiert (IEEE 1076-1987) und 1993 aktualisiert (IEEE 1076-1993). VHDL wird sehr häufig bei der Hardwareentwicklung eingesetzt, da es viele Vorteile mit sich bringt.

Es ist ein Hilfsmittel, das die Modellierung neuer Hardware erleichtert. Es ermöglicht, neue Hardware virtuell zu testen und auf seine Funktionsfähigkeit hin zu untersuchen, bevor sie real implementiert wird. Ein weiterer Vorteil ist die Möglichkeit der Synthese von VHDL-Beschreibungen, d.h, dass aus der Beschreibung der Hardware automatisch eine Netzliste erzeugt werden kann, was manuell sehr aufwändig wäre. Nicht zuletzt stellt VHDL eine Formalisierung und Standardisierung von Hardwarebeschreibungen dar, was den Austausch solcher Beschreibungen zwischen Personen oder Einrichtungen erheblich erleichtert.

Friedrich-Alexander-Universität Erlangen-Nürnberg
Lehrstuhl für Rechnerarchitektur
E-mail: steffen.limmer@informatik.uni-erlangen.de

D. Fey (ed.), *Grid-Computing*, eXamen.press, DOI 10.1007/978-3-540-79747-0_22,

In VHDL beschriebene Systeme werden üblicherweise durch Simulation sog. Testbenches auf korrektes Verhalten getestet. Testbenches sind ihrerseits VHDL-Programme, die eine Umgebung für das zu testende System (Device Under Test) modellieren, von der es mit einer Reihe von Inputs (auch Testvektoren genannt) versorgt wird (s. Abb. 22.1). Durch die Simulation der Testbench kann so untersucht werden, ob die Inputs korrekt bzw. wie erwartet vom System verarbeitet werden. Der Term „Simulation" ist dabei gleichbedeutend mit dem Term „Ausführung", gegenüber dem er im Zusammenhang mit VHDL aber gebräuchlicherweise vorgezogen wird.

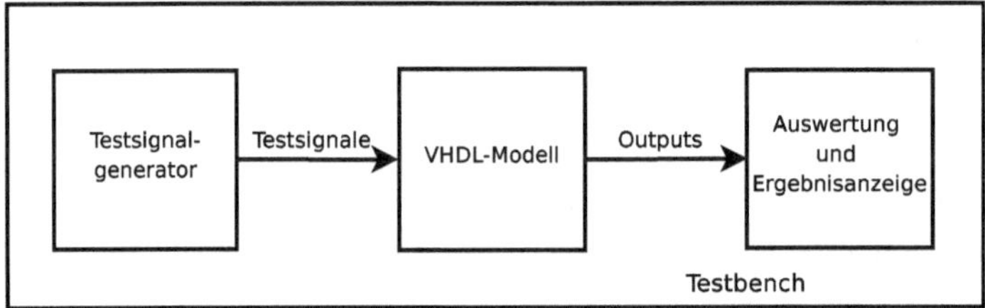

Abb. 22.1 Die Funktionsweise einer VHDL-Testbench

VHDL-Simulationen sind häufig sehr rechenintensiv. Daher kann es sich lohnen, solche Simulationen zu parallelisieren und von mehreren Rechnern gleichzeitig durchführen zu lassen. Eine Möglichkeit, dies zu bewerkstelligen, soll im folgenden Abschnitt beschrieben werden.

22.2 Parallelisierung

Oftmals werden in einer Testbench die Inputs für ein zu testendes System in einer For-Schleife generiert. Sind die einzelnen Durchläufe der Schleife voneinander unabhängig, so lässt sich die Schleife parallelisieren. Dabei wird der Laufbereich der Schleife in mehrere etwa gleichgroße Teilbereiche zerlegt, die alle parallel abgearbeitet werden. An der Universität Jena wurde ein Portlet (siehe auch Kap. *Implementierung von Portlets* Seite 267) implementiert, über das Testbenches auf die eben beschriebene Weise parallelisiert und in einem Grid simuliert werden können. Das Portlet erzeugt dafür aus einer Ausgangstestbench mit einer zu parallelisierenden Schleife mehrere neue Testbenches, in denen jeweils ein Teil des Laufbereichs der Schleife abgearbeitet wird. Der Code außerhalb der Schleife ist bei den neu erzeugten Testbenches derselbe wie bei der Ausgangstestbench. Dazu muss der Nutzer bzw. Programmierer dem Portlet aber angeben, welche Schleife der Testbench parallelisierbar ist. Dies tut er, indem er vor die zu parallelisierende Schleife im Quellcode einen speziellen VHDL-Kommentar der Form

```
-- parallel: <untereGrenze> <obereGrenze>
```

schreibt. Lädt der Nutzer die Testbench dann zusammen mit den zusätzlich benötigten Quelldateien im Portlet hoch und gibt an, in wie viele Teile parallelisiert werden soll, ersetzt das Portlet den Laufbereich entsprechend oberer und unterer Grenze im Kommentar, erzeugt aus der Testbench neue Testbenches wie bereits beschrieben und schickt für jede neue Testbench einen Job ins Grid, um sie parallel zu simulieren. Wurden alle Testbenches erfolgreich simuliert, so setzt das Portlet noch die Output-Dateien[1] der einzelnen Jobs zu einer einzigen Output-Datei zusammen. Abbildung 22.2 zeigt ein Beispiel einer Parallelisierung und in Abb. 22.3 ist die Benutzeroberfläche des Portlets zu sehen.

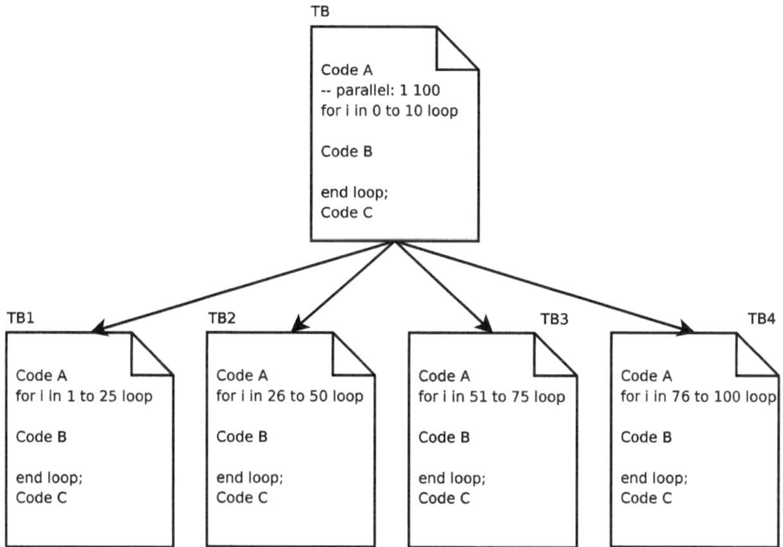

Abb. 22.2 Beispiel einer Parallelisierung einer Testbench TB in vier Testbenches TB1 bis TB4

22.3 Performance-Test

Um die Performance der Parallelisierung durch das Portlet zu testen, wurde eine Testreihe von VHDL-Simulationen durchgeführt. Die Simulationen wurden dabei vom Portlet über Globus an den Metascheduler GridWay geschickt, welcher sie an zwei Cluster A und B verteilt hat (s. Abb. 22.4).

Cluster A besteht aus zwei Knoten mit 2,4 GHz Prozessoren und 12 Knoten mit 3 GHz Prozessoren. Das Cluster B setzt sich aus 20 Rechnern mit Prozessoren der Taktrate 1,4 GHz zusammen. Zur Compilierung der Quelldateien und Ausführung

[1] Die Output-Dateien der einzelnen Jobs sind im lx2-Format. Sie enthalten die Signalverläufe der In- und Output-Signale des zu testenden Modells.

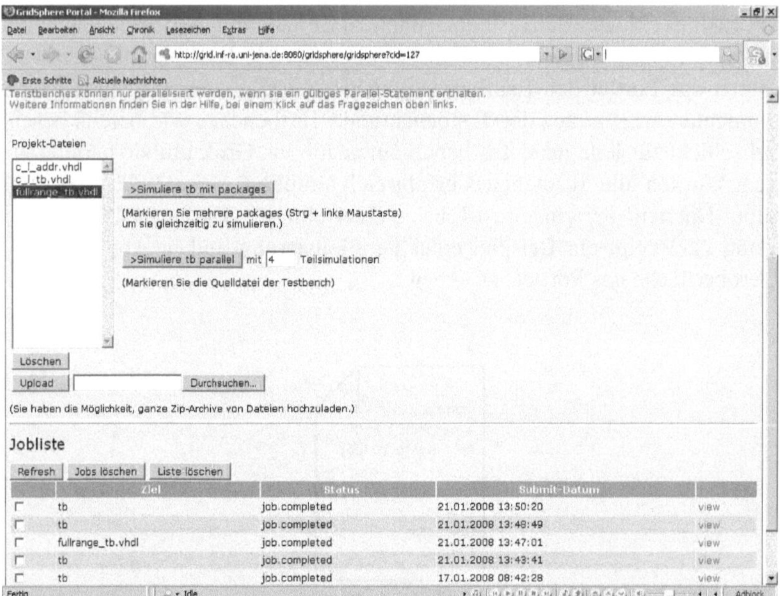

Abb. 22.3 Die Benutzeroberfläche des Portlets. Hier können Quelldateien hochgeladen und verwaltet werden. Sind alle benötigten Quelldateien hochgeladen, so kann die zu simulierende Testbench markiert, die Anzahl der Teilsimulationen, also der Grad der Parallelisierung, angegeben und die Simulation im Grid gestartet werden. Die Parallelisierung wird dann automatisch vom Portlet ausgeführt

der Simulationen auf den Rechnern des Clusters wurde das Open Source Tool GHDL genutzt. Simuliert wurde eine Testbench für einen seriellen 14-Bit-Addierer, dessen VHDL-Beschreibung folgendermaßen aussieht:

```
LIBRARY ieee;
USE ieee.std_logic_1164.ALL;

ENTITY c_l_addr IS
  PORT
    (
     x_in       : IN  STD_LOGIC_VECTOR(13 DOWNTO 0);
     y_in       : IN  STD_LOGIC_VECTOR(13 DOWNTO 0);
     carry_in   : IN  STD_LOGIC;
     sum        : OUT STD_LOGIC_VECTOR(13 DOWNTO 0);
     carry_out  : OUT STD_LOGIC
    );
END c_l_addr;

ARCHITECTURE behavioral OF c_l_addr IS

SIGNAL h_sum            : STD_LOGIC_VECTOR(13 DOWNTO 0);
SIGNAL carry_generate   : STD_LOGIC_VECTOR(13 DOWNTO 0);
SIGNAL carry_propagate  : STD_LOGIC_VECTOR(13 DOWNTO 0);
```

```
SIGNAL carry_in_internal : STD_LOGIC_VECTOR(13 DOWNTO 1);

BEGIN
  h_sum <= x_in XOR y_in;
  carry_generate <= x_in AND y_in;
  carry_propagate <= x_in OR y_in;
  PROCESS (carry_generate ,carry_propagate ,carry_in_internal)
  BEGIN
    carry_in_internal(1) <= carry_generate(0)
                            OR (carry_propagate(0)
                            AND carry_in);
    FOR i IN 1 TO 12 LOOP
      carry_in_internal(i+1) <= carry_generate(i)
                                OR (carry_propagate(i)
                                AND carry_in_internal(i));
    END LOOP;
    carry_out <= carry_generate(13)
                 OR (carry_propagate(13)
                 AND carry_in_internal(13));
  END PROCESS;
  sum(0) <= h_sum(0) XOR carry_in;
  sum(13 DOWNTO 1) <= h_sum(13 DOWNTO 1)
                      XOR carry_in_internal(13 DOWNTO 1);
END behavioral;
```

Die Eingänge des Addierers bilden zwei Summanden `x_in` und `y_in` mit je 14 Bit und ein Übertragsbit `carry_in`. Die Eingänge werden addiert und das Ergeb-

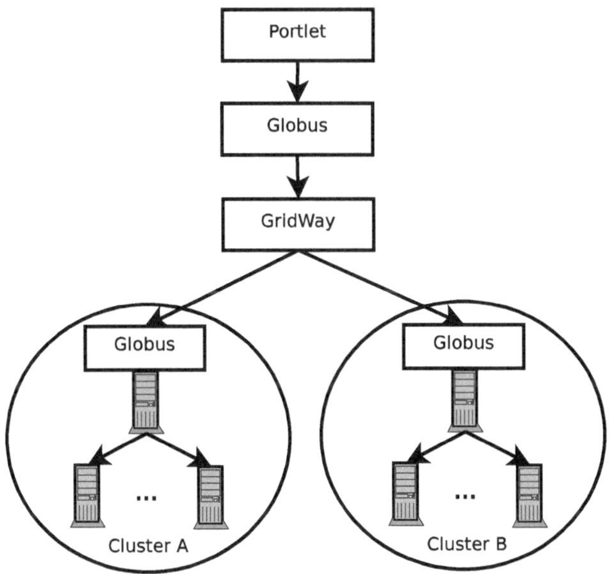

Abb. 22.4 Die Testplattform für die Laufzeituntersuchungen. Die Teiljobs können an zwei Cluster A und B verteilt werden

nis ist an den Ausgängen `sum` und `carry_out` verfügbar. Die Abb. 22.5 zeigt einen Schaltplan für den implementierten Addierer. Das `carry_generate(i)`-

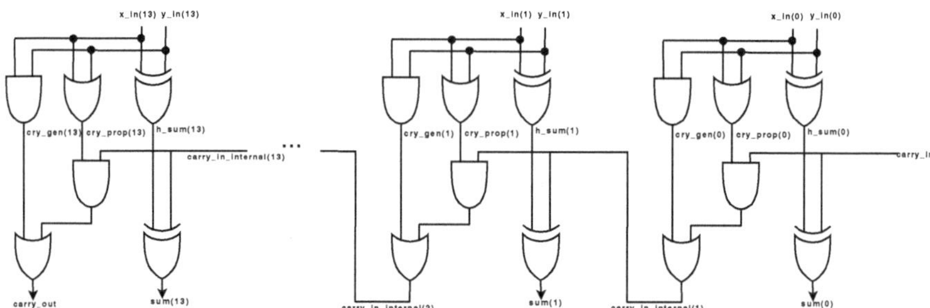

Abb. 22.5 Schaltplan für den mit VHDL spezifizierten Addierer

Signal ist 1, falls an der Stelle i ein Übertrag erzeugt wird, d.h. $x(i) \wedge y(i) = 1$. Das Signal `carry_propagate(i)` ist 1, falls an der Stelle i ein eintreffender Übertrag an die Stelle $i+1$ weitergereicht würde. Das ist der Fall für $x(i) \vee y(i) = 1$. Das Signal `carry_in_internal(i)` ist 1, falls ein Übertrag an der Stelle i ankommt. Dies geschieht genau dann, wenn an der Stelle $i-1$ ein Übertrag generiert wird oder ein Übertrag eintrifft und weitergereicht wird. Die Signale `carry_generate(i)` und `carry_propagate(i)` werden für alle i parallel bestimmt. Wie man am Schaltbild sieht, ist zur Bestimmung von `carry_in_internal(i)` `carry_in_internal(i-1)` nötig. Daher muss die Berechnung der `carry_in_internal`-Signale seriell erfolgen. Das geschieht in der VHDL-Beschreibung durch einen *Prozess*. Die Anweisungen in einem Prozess werden sequentiell abgearbeitet. Dabei startet der Prozess jedesmal neu, wenn sich ein Signal in seiner Sensitiv-Liste ändert. Hier besteht die Sensitiv-Liste aus den Vektoren `carry_generate`, `carry_propagate` und `carry_in_internal`. Sobald ein `carry_in_internal(i)` feststeht, wird die Summe `sum(i)` an der Stelle i berechnet.

Zum Test der Performance wird folgende Testbench simuliert, bei der der Addierer mit allen möglichen Kombinationen von `x_in` und `y_in` erprobt wird:

```
LIBRARY ieee;
USE ieee.std_logic_1164.ALL;
USE ieee.numeric_std.ALL;
-- A testbench has no ports.
ENTITY tb IS
END tb;

ARCHITECTURE behav OF tb IS
-- Declaration of the component that will be instantiated.
COMPONENT c_l_addr
 PORT
(
   x_in       :  IN   STD_LOGIC_VECTOR(13 DOWNTO 0);
```

```
    y_in       : IN  STD_LOGIC_VECTOR(13 DOWNTO 0);
    carry_in   : IN  STD_LOGIC;
    sum        : OUT STD_LOGIC_VECTOR(13 DOWNTO 0);
    carry_out  : OUT STD_LOGIC
);
END COMPONENT;
-- specifies which entity is bound with the component.
FOR adder_0: c_l_addr USE ENTITY work.c_l_addr;
SIGNAL x_in, y_in, sum : STD_LOGIC_VECTOR(13 DOWNTO 0);
SIGNAL carry_in, carry_out : STD_LOGIC;
BEGIN
  -- Component instantiation
  adder_0: c_l_addr PORT MAP (x_in => x_in, y_in => y_in,
                              carry_in => carry_in,
                              sum => sum,
                              carry_out => carry_out);
  PROCESS
      VARIABLE x, y: INTEGER;
  BEGIN
      carry_in <= '0';
      -- parallel: y 0 to 16383
      FOR y IN 0 TO 16383 LOOP
        y_in <= STD_LOGIC_VECTOR(TO_UNSIGNED(y,
                                     y_in'length));
        FOR x IN 0 TO 16383 LOOP
          x_in <= STD_LOGIC_VECTOR(TO_UNSIGNED(x,
                                     x_in'length));
          WAIT FOR 1 ns;
        END LOOP;
      END LOOP;
      WAIT;
  END PROCESS;
END behav;
```

Diese Testbench wurde auf neun verschiedene Weisen simuliert: zunächst einmal ohne das Portlet und Grid, direkt auf `amun7`, einem einzelnen Rechner des Clusters A; anschließend mit dem Portlet und Parallelisierung in n Teilsimulationen, mit $n = 1, 2, 4, 8, 14, 16, 24$ und 32. Es wurden je fünf Simulationen mit jeder Simulationsart ausgeführt und der Mittelwert der Laufzeiten bestimmt. GridWay war so konfiguriert, dass Cluster A eine höhere Priorität hatte als Cluster B. Es wurde also erst versucht, die einzelnen Jobs an Cluster A abzugeben und erst wenn dieses voll belegt war, wurden auch Knoten von Cluster B genutzt. Die serielle Simulation direkt auf `amun7` benötigte im Schnitt 2682,8 Sekunden, während die Simulation über das Portlet mit 32 Teilsimulationen eine durchschnittliche Laufzeit von nur 321,4 Sekunden hatte. Die Abb. 22.6 zeigt den Speedup bezüglich der Simulation auf dem Einzelrechner `amun7` für verschiedene Grade der Parallelisierung. Die Testergebnisse sind durchaus zufriedenstellend. Man sieht, dass die Simulationen durch die Parallelisierung deutlich beschleunigt wurden. Dass die Kurve für den Speed-Up nicht linear verläuft, sondern abflacht, liegt daran, dass der Overhead (Aufteilung der Testbenches, Erzeugen der Jobs usw.) mit wachsendem n zunimmt

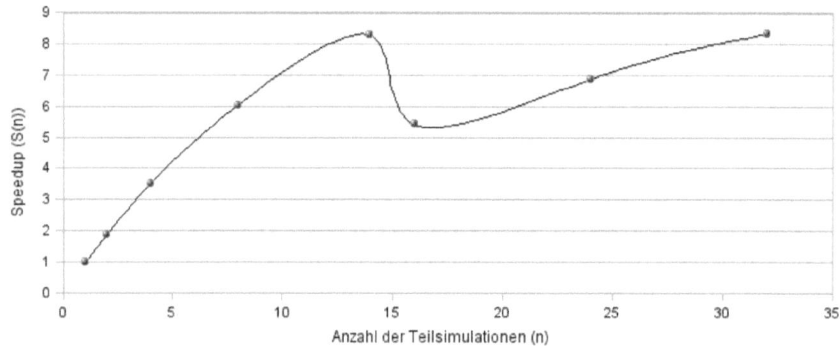

Abb. 22.6 Der Speedup der parallelen Simulation in Abhängigkeit zur Anzahl n der Teilsimulationen

und sich anteilig auch immer mehr auf die kleiner werdenden Rechenzeiten auswirkt (s. auch Kap. 3).

Da für $n \geq 14$ auch Rechner von Cluster B genutzt wurden, gibt es einen Einknick ab 14. Die Rechner von Cluster B sind nämlich deutlich langsamer als die von Cluster A. Wären sie genauso leistungsstark, könnte der Speedup auch nach 14 noch weiter steigen. Eine angemessene Lastaufteilung könnte hier eine Lösung darstellen. Bei den Tests wurde an alle Rechner die gleiche Rechenlast verteilt. Teilt man die Last so auf, dass die leistungsstärkeren Rechner mehr zu berechnen hätten und die schwächeren weniger, so ließen sich bessere Ergebnisse erzielen.

Literaturverzeichnis

1. T. Gingold. *GHDL Guide*. online unter http://ghdl.free.fr/ghdl/index.html.
2. S. Limmer. *Aufbau eines Fakultäts-Grids und Erprobung anhand verteilter VHDL- und Matlab-Anwendungen*, 2008.
3. J. Ritter, P. Molitor. *VHDL - Eine Einführung*. Pearson Studium, 2004.
4. A. Ortiz-Tapia. A door to state-of-the-art high-performance computing. volume 8, Los Alamitos, CA, USA, 2007. IEEE Computer Society.
5. D. Lungeanu and C.J.R. Shi. Parallel and distributed vhdl simulation. volume 0, page 658, Los Alamitos, CA, USA, 2000. IEEE Computer Society.
6. M. Koch and D. Tavangarian. Distributed vhdl simulation within a workstation cluster. In *HICSS (2)*, pages 313–322, 1994.

Kapitel 23
Geometrische Zerlegung

Andreas Schäfer

Zusammenfassung Dieses Kapitel beschäftigt sich mit einer der wichtigsten Klassen von parallelen Anwendungen, nämlich solcher, die sich durch geometrische Zerlegung parallelisieren lassen. Prominente Vertreter sind beispielsweise physikalische Simulationen, die zum Großteil zu dieser Kategorie gehören. Wie bereits im Kapitel 4 erwähnt wurde, sind solche Anwendungen *eng* gekoppelt. Ihre Parallelisierung ist also aufwändig, da die Synchronisation der einzelnen Prozessoren ein genaues Timing erfordert. Im Folgenden werden die sich daraus ergebenden Probleme wie etwa die Gebietszerlegung, die Synchronisation der Randbereiche oder der Lastausgleich, erläutert und Lösungen vorgestellt. Diese ermöglichen es, effiziente und skalierbare Programme zu erstellen.

23.1 Einführung

Viele Probleme, von der Wettervorhersage bis hin zur Simulation von Werkstoffen, lassen sich nur dann in vertretbarer Zeit lösen, wenn man sie effizient parallel programmiert. Dafür ist die geometrische Zerlegung eine wichtige Strategie: Das Simulationsgebiet wird in kleinere Teile zerlegt, die den Prozessoren des Rechners zugewiesen werden. Eine Beschleunigung wird dadurch erreicht, dass alle Prozessoren parallel an ihren Teilen arbeiten können. In der Regel müssen sie dazu an den Rändern ihrer Teile Daten austauschen. Es gibt hierfür verschiedene Strategien, sowohl hinsichtlich der Zerlegung als auch hinsichtlich der Kommunikation.

Dabei stellt die Heterogenität von Grid-Systemen im Bezug auf ihre Prozessoren und Netzwerke eine besondere Herausforderung dar. Im Gegensatz zu beispielsweise herkömmlichen Cluster-Rechnern kann man nicht davon ausgehen, dass alle

Friedrich-Alexander-Universität Erlangen-Nürnberg
Department Informatik, Lehrstuhl für Rechnerarchitektur
E-mail: andreas.schaefer@informatik.uni-erlangen.de

D. Fey (ed.), *Grid-Computing*, eXamen.press, DOI 10.1007/978-3-540-79747-0_23,

Rechenknoten gleich schnell sind, und die Netzwerklatenz zwischen verschiedenen Rechenknoten kann leicht um mehrere Größenordnungen schwanken. Aufgrund der großen Bedeutung für die Praxis sollen in diesem Kapitel die verschiedenen Herausforderungen von geometrischer Zerlegung im Grid-Umfeld beleuchtet und Lösungsstrategien vorgestellt werden.

23.2 Beispiel: Conway's Game of Life

Als einführendes Beispiel betrachten wir *Conway's Game of Life* [1]. Das ist zwar kein Problem aus der Praxis, hat aber den Vorteil, dass es leicht zu verstehen ist und dennoch die Struktur der Parallelisierung ganz ähnlich zu solchen ist, die sich in echten Anwendungen finden. Beispielsweise haben wir am Lehrstuhl für Rechnerarchitektur der Friedrich-Alexander-Universität Erlangen-Nürnberg die Bibliothek LibGeoDecomp [2] entwickelt, mit der wir nicht nur in wenigen Zeilen das Game of Life parallelisieren können, sondern die auch zur Implementierung einer Simulationssoftware für erstarrende Metallschmelzen (s. Kap. 23.8) benutzt werden kann: Die interne Struktur ist fast identisch.

Game of Life ist ein zellulärer Automat [3, 4], also eine Matrix, deren Zellen jeweils endliche Automaten sind. In diesem Fall ist die Matrix zweidimensional und die Zellen können jeweils einen von zwei Zuständen annehmen: lebendig oder tot. Die Simulation erfolgt in diskreten Zeitschritten und der Zustand jeder Zelle ergibt sich aus ihrem alten Zustand und denen ihrer Nachbarn.

Ist eine Zelle zum Zeitpunkt t lebendig, so stirbt sie im nächsten Schritt $t+1$, bei weniger als zwei lebendigen Nachbarn an Einsamkeit oder bei mehr als drei lebendigen Nachbarn an Übervölkerung. Bei zwei oder drei lebendigen Nachbarn bleibt sie am Leben. Umgekehrt beginnt eine tote Zelle zu leben, wenn sie genau drei lebendige Nachbarn hat. In Abb. 23.1 finden sich einige typische Muster und deren Zustandsübergänge. Der Blinker beispielsweise besteht aus drei Zellen in einer Reihe. Die beiden äußeren Zellen sterben im nächsten Zeitschritt, da sie jeweils nur einen lebendigen Nachbarn haben, während die mittlere Zelle weiterlebt. Im nächsten Zeitschritt werden die beiden anderen Nachbarn der mittleren Zelle lebendig, da sie im vorangegangenen Zeitschritt drei lebendige Nachbarn hatten. Ein etwas komplexeres Muster ist der Gleiter. Dieser wandert jeweils nach vier Zeitschritten ein Feld diagonal weiter. Im Beispiel wandert er nach rechts unten, allerdings kann das Muster natürlich gedreht werden, um so alle vier Richtungen zu realisieren. Die Wanderung des Musters wird dadurch erreicht, dass an der geraden Dreierflanke bzw. der konkaven Ecke Zellen zu leben beginnen und gleichzeitig am gegenüberliegenden Ende Zellen an Einsamkeit sterben. Im Inneren stirbt dabei eine Zelle an Übervölkerung.

Die einfachste Methode, Simulationen wie das Game of Life zu parallelisieren, besteht darin, die Matrix in Streifen zu zerlegen und diese an verschiedene Rechner zu verteilen. Bei jedem Zeitschritt müssen benachbarte Rechner die Randwerte (auch *Ghost Zones*, Geisterzonen, genannt) austauschen, um die neuen Zustände

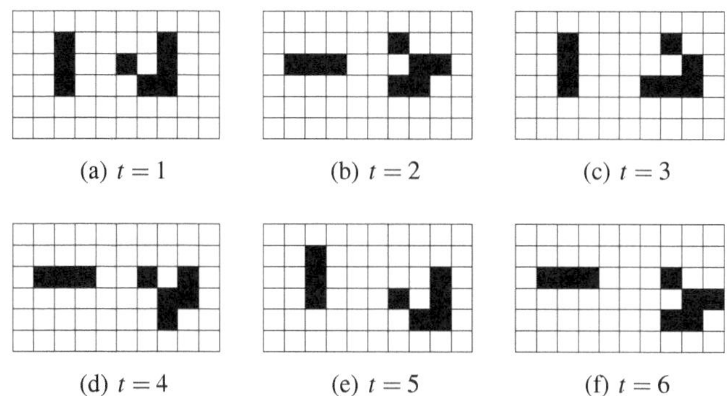

Abb. 23.1 Zeitliche Entwicklung einer Instanz von *Conway's Game Of Life* über sechs Zeitschritte. Links ein Blinker, der zwischen zwei Zuständen alterniert, rechts ein Gleiter, der nach vier Zeitschritten ein Feld diagonal nach rechts unten wandert

der Randzellen bestimmen zu können. Eine einfache Implementierung in C++ findet sich im Listing 147. Sie ist grundsätzlich folgendermaßen aufgebaut:

```
initialisiere streifenzerlegung
initialisiere eigenen gitterstreifen
wiederhole bis simulationsende
  aktualisiere zellen des gitterstreifens
  kommuniziere geisterzonen mit nachbarn
ende
```

Im Programm steuert die Funktion `simulate()` den Ablauf der Simulation. Sie ruft in jedem Zeitschritt die Funktion `update()` zum Bestimmen der neuen Zellzustände und `communicateGhostZones()` zur Synchronisation mit den Nachbarknoten auf. Dabei werden die asynchronen Funktionen `MPI_ISend()` bzw. `MPI_IRecv()` benutzt, damit es zu keinen Blockierungen im Datenfluss kommt, etwa wenn ein Prozessor auf die Daten seines unteren Nachbarn wartet, der sie aber nicht sendet, weil er selbst auf die Daten seines eigenen unteren Nachbarn wartet (s. Kap. 5.9).

Die `main()` Funktion setzt die Daten für die Simulation auf: MPI wird initialisiert, die Streifenzerlegung wird eingerichtet und das Simulationsgitter wird via `initGrid()` mit der gewünschten Ausgangskonfiguration gefüllt.

Das Verhalten der Zellen wird dabei von der Klasse `Cell` implementiert. Ihren Zustand speichern die Zellen im Flag `alive`. Die Methode `update()` liefert den neuen Zellzustand in Abhängigkeit von den Zuständen der Nachbarschaft im letzten Zeitschritt. Die Parameter `up`, `down` und `same` sind dabei jeweils Zeiger auf den oberen und unteren Nachbarn sowie auf den alten Zustand der Zelle. Durch Adressierung mit dem `[]`-Operator können die jeweils linken und rechten Nachbarn erreicht werden. `livingNeighbors()` ist dabei einfach eine Hilfsfunktion, die die lebendigen Nachbarn einer Zelle zählt, um darauf aufbauend den nächsten Zustand bestimmen zu können.

```
#include <boost/multi_array.hpp>
#include <mpi.h>

// Cell modelliert eine Zelle in Conway's Game of Life
class Cell
{
public:
    Cell(const bool& _alive = false) :
        alive(_alive)
    {}

    int
    livingNeighbors(Cell *up, Cell *same, Cell *down)
    {
        int num = same[-1].alive + same[1].alive;
        for (int i = -1; i < 2; ++i)
            num += up[i].alive + down[i].alive;
        return num;
    }

    // Bestimmt den neuen Zustand
    // im naechsten Zeitschritt
    void
    update(Cell *up, Cell *same, Cell *down)
    {
        int n = livingNeighbors(up, same, down);
        alive = (n == 3) || (same[0].alive && n == 2);
    }

    bool alive;
};

typedef boost::multi_array<Cell, 2> Grid;

MPI::Comm *comm = &MPI::COMM_WORLD;
int height, width, upperNeighbor, lowerNeighbor;
int firstRow, lastRow;

// Berechnet den naechsten Zeitschritt
void
update(Grid *oldGrid, Grid *newGrid)
{
    for (int y = 1; y <= height; ++y)
        for (int x = 1; x <= width; ++x)
            (*newGrid)[y][x].update(
                &(*oldGrid)[y-1][x],
                &(*oldGrid)[y][x],
                &(*oldGrid)[y+1][x]);
}

// Randwerte-Austausch mit Nachbarn
void
communicateGhostZones(Grid *newGrid)
```

```
{
    MPI::Request requests[4];
    requests[0] =
        comm->Isend(&(*newGrid)[          1][0], width,
                    MPI::BOOL, upperNeighbor, 0);
    requests[1] =
        comm->Isend(&(*newGrid)[height    ][0], width,
                    MPI::BOOL, lowerNeighbor, 0);
    requests[2] =
        comm->Irecv(&(*newGrid)[          0][0], width,
                    MPI::BOOL, upperNeighbor, 0);
    requests[3] =
        comm->Irecv(&(*newGrid)[height + 1][0], width,
                    MPI::BOOL, lowerNeighbor, 0);
    MPI::Request::Waitall(4, requests);
}

void
simulate(Grid *oldGrid, Grid *newGrid, int maxSteps)
{
    for (int i = 0; i < maxSteps; ++i) {
        update(oldGrid, newGrid);
        communicateGhostZones(newGrid);
        std::swap(oldGrid, newGrid);
    }
}

int
nodeRow(int totalRows, int rank, int commSize)
{
    return rank * totalRows / commSize;
}

// Initialisiert Gitter mit einem Blinker (oben)
// und einem Gleiter (unten)
void
initGrid(Grid *grid, int firstRow, int lastRow)
{
    int initCoordinates[8][2] = {
        {100, 100}, {101, 100}, {102, 100},


                    {101, 103},
                                {102, 104},
        {100, 105}, {101, 105}, {102, 105}
    };
    for (int i = 0; i < 8; ++i) {
        int x = initCoordinates[i][0];
        int y = initCoordinates[i][1];
        if ((y >= firstRow) && (y < lastRow))
            (*grid)[y - firstRow][x].alive = true;
    }
}
```

```
// Aufsetzen von MPI und Start der Simulation
int
main (int argc, char** argv)
{
    MPI::Init(argc, argv);

    int gridWidth = 200;
    int gridHeight = 200;
    int maxSteps = 10;

    // Initialisierung der Zerlegung und Nachbarn
    int rank = comm->Get_rank();
    int commSize = comm->Get_size();
    firstRow = nodeRow(gridHeight, rank,     commSize);
    lastRow  = nodeRow(gridHeight, rank + 1, commSize);

    height = lastRow - firstRow;
    width = gridWidth;
    // MPI::PROC_NULL ist ein Platzhalter, der MPI mitteilt, dass
    // jegliche Kommunikation mit diesem Rank ignoriert wird. Das
    // hat den Vorteil, dass das Programm den ersten und letzten
    // Rechner nicht als Sonderfall behandeln muss. Diese Rechner
    // haben jeweils nur einen logischen Nachbarn. Durch
    // MPI::PROC_NULL wird ihre Kommunikation mit den fehlenden
    // Nachbarn ignoriert.
    upperNeighbor = rank?
        rank - 1 : MPI::PROC_NULL;
    lowerNeighbor = (rank < commSize-1)?
        rank + 1 : MPI::PROC_NULL;

    Grid gridA(boost::extents[height + 2][width + 2]);
    Grid gridB(boost::extents[height + 2][width + 2]);
    initGrid(&gridA, firstRow, lastRow);

    simulate(&gridA, &gridB, maxSteps);

    MPI::Finalize();
    return 0;
}
```

Listing 23.1 *Conway's Game of Life*, implementiert in C++ und parallelisiert mit MPI. Die Parallelisierung beruht auf einer Streifenzerlegung des Simulationsraums. Jeder MPI-Prozess bekommt einen Streifen zugewiesen, die Ränder werden über MPI-Funktionen synchronisiert

23.3 Klassifikation von Anwendungen

Oft haben Programme aus ganz unterschiedlichen Bereichen eine ähnliche interne Struktur. Um uns von der konkreten Anwendung zu lösen und allgemeine Lösungen vergleichen zu können, müssen wir ein Berechnungsmodell aufstellen. Dieses Modell soll die Klasse von Programmen beschreiben, die sich via geometrischer Zerlegung parallelisieren lässt. Dazu bietet sich Folgendes an:

Gegeben sei ein Graph G mit der Knotenmenge V und der Kantenmenge E. Die Knoten sind hierbei die Simulationsobjekte, etwa beim Game of Life die Zellen. Die Kanten geben an, welche Nachbarn für die Berechnung des Zustandsübergangs wichtig sind. Die Zustandsübergänge erfolgen synchron in diskreten Zeitschritten. Jeder Knoten v nimmt dabei zum Zeitpunkt t den Zustand $s_t(v,t)$ aus der Zustandsmenge S an. Es gilt also $s_t(v) \in S$. Kennt man die Nachbarschaft $N_v = \{w_i|(v,w_i) \in E\}$ eines Knotens v, so kann man seinen neuen Zustand $s_{t+1}(v)$ mittels der Zustandsübergangsfunktion $u(v,N_v,s_t)$ berechnen, die als Argumente die alten Zustände des Knotens und seiner Nachbarn übernimmt. Etwas formaler lässt sich schreiben [1]:

$$
\begin{array}{rll}
G = & (V,E) & \text{(Simulationsgraph)} \\
V & & \text{(Knotenmenge)} \\
E \subseteq & V \times V & \text{(Nachbarschaftsbeziehungen)} \\
S & & \text{(Zustandsmenge)} \\
u: & V \times \mathscr{P}(V) \times (s: V \to S) \to S & \text{(Zustandsübergangsfunktion)} \\
s_0(v) & & \text{(Gegeben: initiale Zustände)} \\
s_{t+1}(v) = & u(v,N_v,s_t) & \text{(folgende Zustandsbelegungen)}
\end{array}
$$

Im Falle vom Game of Life wären die Nachbarn jeweils die acht geraden und diagonal nebenan liegenden Zellen, die Zustandsmenge würde nur die Zustände *lebendig* und *tot* beinhalten und die Zustandsübergangsfunktion wäre die oben beschriebene Funktion, welche den Zustand in Abhängigkeit von den lebenden Nachbarzellen setzt:

$$
\begin{aligned}
V &= \mathbb{N}^2 \\
E &= \bigcup_{v \in \mathbb{N}^2} N_v \\
S &= \{\text{tot}, \text{lebendig}\} \\
u(v,N_v,s) &= \begin{cases} \text{lebendig} & \text{wenn } s(v) = \text{lebendig und } l(N_v,s) = 2 \\ \text{lebendig} & \text{wenn } l(N_v,s) = 3 \\ \text{tot} & \text{sonst} \end{cases} \\
&\text{mit} \\
N_v &= \{(v,w) \mid \|v-w\|_\infty = 1 \text{ und } w \in V\} \\
l: &\quad \mathscr{P}(V) \times (s: V \to S) \to \mathbb{N} \\
l(N_v,s) &= |\{v \mid s(v) = \text{lebendig}, v \in N_v\}|
\end{aligned}
$$

[1] $\mathscr{P}(V)$ bezeichnet die Potenzmenge von V, also die Menge aller Teilmengen von V.

$\|a\|_\infty$ bezeichnet die Maximum-Norm eines Vektors $a = (a_1, a_2, \ldots, a_n)$ und ist definiert als das Maximum seiner Komponenten:

$$\|a\|_\infty = \max\{|a_1|, |a_2|, \ldots, |a_n|\}$$

Allgemein spricht man von einer Simulation auf einem strukturierten Gitter mit dem *Stencil*-Radius s bezüglich der Moore-Nachbarschaft, wenn die Zellen in einem kombinatorisch regelmäßigen Gitter vorliegen und für den neuen Zustand einer Zelle höchstens die Nachbarn im Abstand s benötigt werden. Es gilt dann im k-dimensionalen Fall:

$$V = \mathbb{N}^k$$

$$E = \bigcup_{v \in \mathbb{N}^k} N_v$$

mit

$$N_v = \{(v, w) \mid \|v - w\|_\infty \leq s \text{ und } v \neq w \text{ sowie } w \in V\}$$

Diese Programme werden auch *Stencil Codes* genannt. Ist zusätzlich noch die Zustandsmenge diskret und endlich, so spricht man von einem Zellulären Automaten. Bei kontinuierlichen Werten spricht man entsprechend von einem kontinuierlichen Automaten.

Oft hängt die Genauigkeit der Berechnung direkt mit der Auflösung des Gitters zusammen. Neben einer höheren Genauigkeit führt ein größeres Gitter allerdings auch zu mehr Rechenlast. Das *Adaptive Mesh Refinement* [5] stellt einen hybriden Ansatz dar, bei dem ein relativ grobes Gitter die Grundlage bildet und nur an wichtigen Stellen rekursiv feinere Gitter eingefügt werden. Hierbei werden sowohl die Nachbarschaftsbeziehungen als auch die Zustandsübergangsfunktion komplizierter, da die verschiedenen lokalen Auflösungen berücksichtigt werden müssen.

23.4 Geisterzonen

Wie bereits im einführenden Beispiel von *Conway's Game of Life* deutlich wurde, dienen die Geisterzonen zur Daten-Synchronisation zwischen benachbarten Prozessoren. Sie werden Geisterzonen genannt, weil ihr Abbild bei den Nachbarn eingeblendet wird, um die Aktualisierung der eigentlichen Daten zu ermöglichen. Im Allgemeinen ist die effiziente Kommunikation der Geisterzonen entscheidend für die Performance einer Anwendung.

Man unterscheidet dabei äußere und innere Geisterzonen. Die Äußeren umgeben das Simulationsgebiet des jeweiligen Prozessors und sind jene Teile des Graphens, die er von anderen Prozessoren empfängt. Die Inneren wiederum sind die Teile seines Gebietes, die er an andere Prozessoren senden muss. Etwas formaler lässt sich die äußere Geisterzone $G_o(k)$ des Prozessors k mit Hilfe der Gleichungen aus den Abschn. 23.3 und 23.6 ausdrücken. Es sei z die Funktion zur Gebietszerlegung. Sie ordnet jedem Rechner k eine Menge von Knoten $z(k)$ aus dem Simulationsgraphen $G = (V,E)$ zu. Für eine genaue Definition s. Abschn. 23.6.

Die äußere Geisterzone ist die Menge der Knoten v aus V, die nicht in dem Gebiet $z(k)$ des Prozessors liegen, allerdings zu mindestens einem der Knoten innerhalb des Gebietes benachbart sind:

$$G_o(k) = \left\{ v \middle| v \notin z(k), \bigvee_{w \in z(k)} \{v,w\} \in E \right\}$$

Analog folgt die Definition der inneren Geisterzone $G_i(k)$ als Menge der Knoten, die zwar im Gebiet $z(k)$, welches die Zerlegung g dem Prozessor k zuordnet, liegen, aber einen Nachbarn besitzen, der außerhalb liegt:

$$G_i(k) = \left\{ v \middle| v \in z(k), \bigvee_{w \notin z(k)} \{v,w\} \in E \right\}$$

Nun lässt sich leicht herausfinden, welche Knoten $G_o(k,l)$ ein Prozessor k von einem anderen Prozessor l zur Synchronisation der Randbereiche empfangen muss:

$$G_o(k,l) = G_o(k) \cap z(l)$$

Als Beispiel betrachten wie die Streifenzerlegung in Abb. 23.2. Da jeder Prozessor die gleiche Leistungsstärke besitzt, bekommt jeder vier Reihen zugewiesen. Hinzu kommen die äußeren Geisterzonen (dunkles Grau), bei den äußeren jeweils eine Zeile, beim inneren Prozessor je eine oben und unten. Die inneren Geisterzonen sind in hellem Grau innerhalb der eigenen Gebiete dargestellt.

Kommunikation

Für die Kommunikation stehen alle im Kapitel 5 vorgestellten MPI-Funktionen zur Verfügung. Im einfachen *Game of Life*-Beispiel würden schon `MPI_Send()` und `MPI_Recv()` ausreichen. Diese laufen allerdings synchron ab, Berechnung und Kommunikation lassen sich also nicht überlappen. Dies lässt sich mit den asynchronen Funktionen `MPI_Isend()` und `MPI_Irecv()` erreichen, die im Hintergrund weiterlaufen. Dazu muss man sich allerdings um die richtige Zwischenspeicherung der Daten kümmern, damit die Sendepuffer nicht überschrieben oder die Empfangspuffer gelesen werden, bevor die Kommunikation abgeschlossen ist. Gemäß des gebräuchlichen MPI-Standards 2.1 darf der Nutzer außerdem nicht auf die Sendepuffer lesend zugreifen, während das Senden noch nicht beendet ist [6]. Version 2.2 hat diese Limitierung beseitigt, neuere Implementierungen müssen dahingehend angepasst werden [7]. Der Grund für die bisherige Regelung war der Gedanke, dass MPI-Implementierungen eventuell nicht cachekohärente Verfahren (z.B. einige Formen von DMA-Transfers) zum Datentransport verwenden.

Benutzt man die Punkt-zu-Punkt-Funktionen zum Austausch der Geisterzonen, so muss für jede Kommunikation ein Sende- und ein Empfangs-Aufruf getätigt werden, wodurch viele kleine Nachrichten gesendet werden. Für solche Fälle empfiehlt es sich, die Funktionen `MPI_Alltoall()`, `MPI_Alltoallv()` und `MPI_Alltoallw()` zu verwenden. Hierbei kann die MPI-Implementierung, abhängig vom Verbindungsnetzwerk, mehrere kleine Sende-/Empfangsoperationen zusammenfassen, um so eine bessere Leistung zu erzielen. Der Nachteil dieser kollektiven Operationen ist, dass sie alle synchron laufen müssen. Es gibt in der gegenwärtigen Fassung des MPI-Standards noch keine nicht-blockierenden *Collectives*, deren Einführung wird für Version 3.0 des MPI-Standards diskutiert [8].

Da bei Grid-Systemen die zugrunde liegenden Netzwerke oft heterogen sind, kann man das Kommunikationsverhalten durch das Verwenden von *Graph Communicators* verbessern. Dies sind spezielle Kommunikatoren, die man mit Topologieinformationen ausgestattet hat.

23.5 Effiziente Parallelisierung

In Abschn. 23.2 wurde ein grundlegender Algorithmus zur parallelen Berechnung von Stencil Codes illustriert. Dieser Algorithmus hat den Nachteil, dass er sehr empfindlich auf langsame Netzwerke reagiert. Entsprechend Kapitel 3 kann man das Aktualisieren der Zellen als parallelen Anteil des Programms auffassen, der tatsächlich mit steigender Prozessorzahl schneller durchgeführt wird. Die Kommunikation der Geisterzonen lässt sich jedoch nicht so gut parallelisieren. Insbesondere lässt sich die für die Kommunikation notwendige Zeit nicht unter die Latenz des Netzwerkes drücken. Eine erste Verbesserung ist also, Berechnung und Kommunikation mittels nicht-blockierender MPI-Funktionen möglichst überlappend zu gestalten:

```
initialisiere Zerlegung
initialisiere eigenen Gitterbereich
wiederhole bis Simulationsende
  aktualisiere Zellen der inneren Geisterzone
  starte Kommunikation der Geisterzonen mit Nachbarn
  aktualisiere Zellen des eigenen Gitterbereichs
  warte bis Kommunikation der Geisterzonen beendet ist
ende
```

Mit dieser Vorgehensweise funktioniert die Parallelisierung so lange gut, wie die Zeit für das Update des Gitters größer ist als die Zeit für den Transfer der Geisterzonen. Besonders bei Netzwerken mit hoher Latenz ist dies nicht unbedingt gegeben. Sofern ein solches Netzwerk eine ausreichend hohe Bandbreite liefert, kann man die Latenz jedoch mit breiteren Geisterzonen verstecken. Hierfür werden nicht nur die Knoten mit Abstand 1 zu den Grenzen der Gebiete verschickt, sondern auch die mit Abstand b. So muss nur alle b Schritte kommuniziert werden, allerdings müssen je Zeitschritt auch mehr Zellen aktualisiert werden. Genauer gesagt müssen direkt nach der Kommunikation neben dem eigentlichen Gebiet auch alle Zellen mit Abstand $b-1$ zum Gebiet aktualisiert werden. Das ist möglich, da alle Zellen mit Abstand b verfügbar sind. Im nächsten Zeitschritt hat man dann alle Zellen mit Abstand $b-1$ aktuell vorliegen und kann so alle Zellen mit Abstand $b-2$ updaten. Das geht so weiter bis man zum Schluss nur noch das eigene Gebiet aktualisieren kann. An diesem Punkt muss wieder kommuniziert werden. Wie breit man die Breite b der Geisterzonen wählen sollte, hängt von dem verwendeten Netzwerk und der Anwendung selbst ab. Hierdurch entsteht eine gewisse Redundanz, da nun einige Zellen auf mehreren Rechnern berechnet werden.

Für eine effiziente Parallelisierung ist außerdem natürlich eine gleichmäßige Verteilung der Rechenlast wichtig (s. Kap. 23.9).

23.6 Gebietszerlegung

Für eine Parallelisierung durch geometrische Zerlegung muss der Graph, der einer Anwendung zugrunde liegt, auf die Prozessoren des Parallelrechners aufgeteilt werden. Abhängig von den Eigenschaften der Anwendung muss die Partitionierung verschiedene Ziele erreichen:

- geringer Overhead für die Partitionierung,
- gleichmäßige Verteilung der Rechenlast,
- Minimierung des Kommunikationsvolumens für die Geisterzonen,
- Minimierung der Anzahl der Nachbarn,
- geringe Kommunikationslast beim dynamischem Lastausgleich und
- gute Abschirmung von Subsystemen bei hierarchischen Zerlegungen.

Grid-Systeme sind oft hierarchisch aus mehreren Subsystemen aufgebaut. Multi-Cluster bestehen aus einzelnen Clustern, welche wiederum aus Nodes bestehen. Unter der Abschirmung von Subsystemen versteht man die Eigenschaft einer Zerlegung, dass nur wenige verschiedene Rechner eines Subsystems Daten zu anderen Subsystemen schicken müssen. Im Falle eines Multi-Clusters wären beispielsweise die Subsysteme ideal abgeschirmt, wenn nur die auf den Headnodes beheimateten Prozesse Daten nach außen schicken müssten.

Um unterschiedliche Geschwindigkeiten der beteiligten Rechner berücksichtigen zu können, sollte eine Strategie zur Gebietszerlegung die einzelnen Teilgebiete unterschiedlich groß ausfallen lassen können. Üblicherweise wird dazu ein Gewichtsvektor $a = (a_1, a_2, \dots, a_k)$ benutzt, der die relative Performance der einzelnen Rechner zueinander angibt. Bei drei Rechnern würde beispielsweise der Vektor $(20, 5, 10)$ bedeuten, dass der erste Rechner viermal so schnell ist wie der zweite, aber nur doppelt so schnell wie der dritte.

Mit Hilfe der in Abschnitt 23.3 getroffenen Definitionen können wir eine Zerlegung z für einen gegebenen Graphen $G = (V, E)$ und Gewichtsvektor a folgendermaßen formalisieren:

$$z : 1, 2, \ldots, k \rightarrow \mathscr{P}(V)$$
$$\bigwedge_{v,w \in V, v \neq w} z(v) \cap z(w) = \emptyset$$

Für jeden der k Rechner liefert z also eine Teilmenge der Knotenmenge V des Simulationsgraphen. Diese Teilmengen sind paarweise disjunkt, es gibt also keine Überschneidungen zwischen den Teilgebieten.

In der Regel kann man bei der Optimierung der Partitionierung nur einen Kompromiss im Hinblick auf die oben angeführten Ziele erreichen. Weiterhin ist das Problem der Graphpartitionierung NP-vollständig [9]. Daher lassen sich selbst für einzelne Ziele in der Praxis oft mit vertretbarem Rechenaufwand keine exakten Lösungen bestimmen und man muss daher auf Heuristiken zurückgreifen. Je nach Anwendung ist mal das eine Verfahren, mal das andere besser geeignet. Tabelle 23.1 fasst die Eigenschaften der verschiedenen Strategien zusammen.

Striping

Für reguläre Gitter ist die einfachste Zerlegung das sog. *Striping*, das schon beim *Game of Life*-Beispiel benutzt wurde und in Abb. 23.2 illustriert wird. Es ist einfach zu implementieren und mittels eines Gewichtsvektors lässt sich die Breite der Streifen an die Leistungsfähigkeit der Prozessoren anpassen. Werden die Streifen zur Laufzeit angepasst, um einen dynamischen Lastausgleich durchzuführen, so müssen auf jedem Knoten nur die neu hinzukommenden Zeilen empfangen werden. Dadurch, dass die Rechenknoten jeweils maximal zwei Nachbarn haben, wird die Kommunikation von Subsystemen effektiv abgeschirmt. Beispielsweise müssen im Falle eines Multi-Cluster-Rechners nur zwei Rechenknoten Daten über eine langsame Inter-Cluster-Verbindung austauschen. Neben diesen Vorteilen hat Striping jedoch folgenden entscheidenden Nachteil: Bei großen Systemen mit vielen Prozessoren skaliert es nicht gut. Bei n Prozessoren ist jeder Prozessor für $O(x \cdot y/n)$ Updates von Zellen verantwortlich, wobei x die Gitterbreite und y die Gitterhöhe angibt. Dabei bleibt jedoch die Menge an Daten, die je Prozessor verschickt werden müssen, mit $O(x)$ konstant. Bei steigendem n sind die Prozessoren irgendwann also im Wesentlichen nur noch mit Kommunikation beschäftigt, was dazu führt, dass der erreichbare Speedup durch die Kommunikationszeit begrenzt wird.

Schachbrett-Zerlegung

Bei der Schachbrett-Zerlegung (s. Abb. 23.2) wird daher das Simulationsgitter in gleichmäßige Kacheln zerteilt, so behalten die einzelnen Gebiete ein günstiges Oberfläche-zu-Volumen-Verhältnis. Allerdings funktioniert diese Aufteilung nur dann gut, wenn sich die Zahl der Prozessoren auf geeignete Art und Weise faktorisieren lässt. Zudem ist nicht klar, wie die Zerlegung adaptiert werden kann, um Leistungsunterschiede bei den Prozessoren widerzuspiegeln.

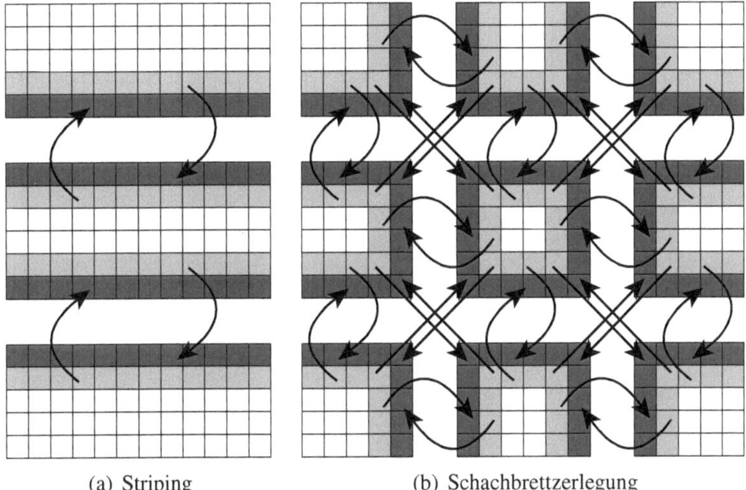

Abb. 23.2 Striping und Schachbrettzerlegung als Beispiele für Zerlegungsstrategien. Das Gitter ist 12×12 Felder groß. Die äußeren Geisterzonen sind in dunkelgrau gehalten, während die inneren Geisterzonen hellgrau dargestellt sind. Auffällig ist, dass bei der Schachbrettzerlegung die Kommunikation deutlich komplexer ist. Es müssen nicht nur die horizontalen und vertikalen Kanten kommuniziert werden, sondern auch die Ecken mit den diagonalen Nachbarn

Gewichtete Bisektion

Dieses Problem der Adaption umgeht die gewichtete rekursive Bisektion (Weighted Recursive Coordinate Bisection, WRCB), indem sie kein starres Schachbrettmuster verwendet, sondern sukzessive die Gebiete an ihrer längsten Kante teilt (s. Abb. 23.3). Durch Verschieben der Schnittgeraden können Leistungsunterschiede berücksichtigt werden. Beim dynamischen Lastausgleich kann es jedoch passieren, dass die neue Partitionierung große Unterschiede zur alten aufweist und so einzelne Rechner viele Daten austauschen müssen. Abbildung 23.4 zeigt einen solchen Fall, bei dem sich durch einen geänderten Gewichtsvektor das Seitenverhältnis einer Kachel so ändert, dass sie für die neue Partitionierung an einer anderen Seite geteilt wird. Es lassen sich beliebig ungünstige Fälle konstruieren, bei denen sich die den Knoten zugeordneten Gebiete noch stärker ändern. Besonders nachteilig ist, dass diese Effekte gerade dann verstärkt auftreten, wenn die Performance der Knoten sehr homogen ist. Dies liegt daran, dass bei einer homogenen Verteilung die zu teilenden Untergebiete annähernd quadratisch sind. Bei solchen Rechtecken reichen kleine Änderungen des Gewichtsvektors, um die Dimensionen derart zu ändern, dass sie nicht horizontal, sondern vertikal (bzw. umgekehrt) geteilt werden müssen. Ein weiterer Nachteil ist, dass die Nachbarn für die Kommunikation der Geisterzonen nicht mehr trivial bestimmbar sind.

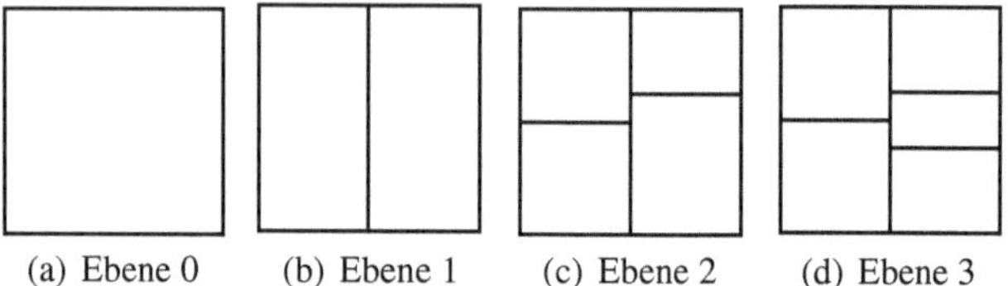

Abb. 23.3 Schrittweise Aufteilung eines 8×8 Gitters in fünf Teile. Als Gewichtsvektor wird $(16, 16, 12, 8, 12)$ benutzt. Dieser wird für die erste Aufteilung in $(16, 16)$ und $(12, 8, 12)$ geteilt, entsprechend wird das Gitter mittig geteilt. Im nächsten Schritt wird die linke Hälfte dann quer halbiert, während die rechte gemäß 12 und $(8, 12)$ im Verhältnis 3 zu 5 geteilt wird. Analog folgt die letzte Teilung

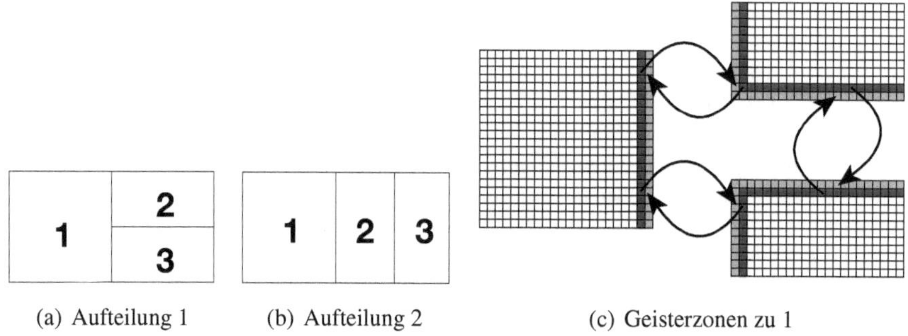

Abb. 23.4 Dilemma der WRCB bei geänderten Gewichtsvektoren. Im Beispiel wird ein 42×22 Gitter zunächst gemäß des Gewichtsvektors $(42, 21, 21)$ geteilt (a). Im nächsten Schritt ändern sich die Gewichte zu $(38, 24, 22)$ (b), was dazu führt, dass die Knoten 2 und 3 etwa die Hälfte ihrer Gebiete über das Netzwerk verschicken müssen. Das zugehörige Kommunikationsmuster für die Geisterzonen zeigt (c)

Space-Filling Curves

Space-Filling Curves (SFCs) versuchen das gutmütige Verhalten vom Striping beim dynamischen Lastausgleich mit einem günstigeren Oberfläche-zu-Volumen-Verhältnis (s. Kap. 23.4) zu kombinieren.

Eine raumfüllende Kurve ist eine Abbildung von $[0, 1]$ auf $[0, 1]^2$, sie durchläuft also jeden Punkt des Einheitsquadrates [2]. Durch geeignete Skalierung erhält man so eine Serialisierung der Koordinaten des Simulationsraumes. Abbildung 23.5 zeigt beispielhaft die Zerlegung eines 8×8-Gitters mittels der Hilbert-Kurve [10]. Die Hilbert-Kurve wird dabei rekursiv konstruiert. Durch die Serialisierung der Koordinaten ist die Gebietsaufteilung ähnlich einfach wie beim Striping: Der erste Prozessor bekommt die ersten a_1 Koordinaten, der nächste die folgenden a_2 usw. Allgemein gilt, dass Prozessor i die Koordinaten A_i von $g(i)$ bis $g(i+1) - 1$ zugewiesen bekommt:

[2] Erweiterungen für höher-dimensionale Räume sind natürlich möglich.

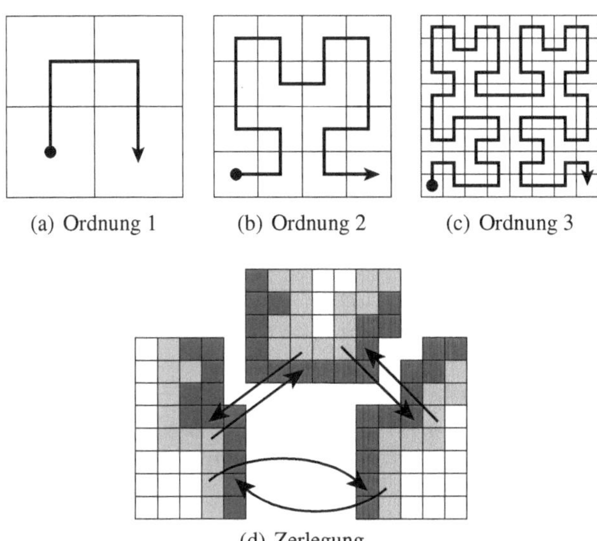

Abb. 23.5 Aufteilung eines 8 × 8 Gitters mittels der Hilbert-Kurve. Die Kurve wird in drei Schritten rekursiv konstruiert. Der zugehörige Gewichtsvektor ist $[25, 18, 21]$. Man sieht deutlich, dass die Struktur der Geisterzonen komplexer ist als bei den vorangegangenen Zerlegungsstrategien, was eine effiziente Kommunikation erschwert

$$A_i = (g(i), g(i)+1, \ldots, g(i+1)-1)$$

$$g(i) = \begin{cases} 0 & \text{wenn } i = 0, \\ \sum_{k=1}^{i-1} a_k & \text{sonst.} \end{cases}$$

Im Gegensatz zu den vorangegangenen Zerlegungsstrategien liefern die SFCs also keine rechteckigen Partitionen, sondern zumeist knäuelförmige Gebiete. Neben Optimierungen von Oberfläche und Lastausgleich können spezielle SFCs noch weitere günstige Eigenschaften haben. Das H-Indexing [11] beispielsweise minimiert die Distanz der Nachbarn auf der Kurve, dies kann günstig sein, um die Zahl an Inter-Cluster-Verbindungen bei Multi-Cluster-Systemen zu minimieren. Mittels anderer Kurven können die Cache-Hitraten beim Speicherzugriff optimiert werden, indem mit erhöhter Wahrscheinlichkeit auf Zellen zugegriffen wird, die erst vor kurzem gelesen wurden [12].

Zu den Nachteilen bei SFCs gehören ein, im Vergleich zum Striping oder zur rekursiven Bisektion, höherer Rechenaufwand und oft eine schlechtere Kommunikationseffizienz. Dies liegt daran, dass die Geisterzonen um die knäuelförmigen Gebiete herum im Allgemeinen keine einfache Rechteckstruktur besitzen und daher erst aufwändig Stück für Stück im Speicher gesammelt werden müssen.

ParMETIS

Neben diesen Heuristiken gibt es noch eine Reihe von dedizierten Programmen, die Graphen mit Hilfe von verschiedenen Optimierungsalgorithmen partitionieren können. Das bekannteste davon ist ParMETIS [13], das im Vergleich zu METIS [14] um MPI-Funktionalität erweitert wurde. ParMETIS basiert auf einer Multilevel-K-Wege-Partitionierung. Dabei wird der Graph zunächst in einer *coarsening*-Phase durch eine Folge von Knotenverschmelzungen vergröbert. Dieser Graph wird dann in K Teile zerlegt, welche in der *uncoarsening*-Phase schrittweise verfeinert werden. Dazu werden die Teile jeweils auf den nächstfeineren Graphen zurückprojiziert und an ihren Grenzen werden Ungleichgewichte durch Verschieben von Knoten von einem Teil zum anderen ausgeglichen. Dies erfolgt nach Heuristiken von Kernighan–Lin [15] und Fiduccia-Mattheyses [16].

Kernighan–Lin ist ein Algorithmus, um den Edge-Cut einer Graphen-Partitionierung zu minimieren. Dabei wird davon ausgegangen, dass den Kanten eines Graphen Kosten zugewiesen werden. Die Knoten des Graphen sollen dann so in Teilmengen sortiert werden, dass die Kosten der geschnittenen Kanten minimal werden. Geschnittene Kanten sind hierbei solche, die zwischen Knoten von verschiedenen Teilmengen verlaufen. Fasst man die Kosten als Transfervolumina auf, so lassen sich mit diesem Algorithmus die Kommunikationskosten einer Partitionierung minimieren. Die Optimierung wird dadurch erreicht, dass Knoten zwischen Teilmengen verschoben werden, so dass die Aufteilung schrittweise verbessert wird. Bei Fiduccia-Mattheyses wird das Austauschen von Knoten auf einen Knoten je Durchgang beschränkt. Durch optimierte Datenstrukturen wird die Komplexität der Optimierung von $O(n^3)$ auf $O(n)$ gesenkt.

Der Vorteil dieser Vorgehensweise liegt darin, dass sich auf dem vereinfachten Graphen eine Zerlegung deutlich schneller berechnen lässt als auf dem vollständigen Graphen. Wichtig für die Qualität der Zerlegung ist dabei, welche Knoten während der *coarsening*-Phase verschmolzen werden. Die Heuristik, die ParMETIS dazu benutzt, berücksichtigt sowohl die Kommunikations- als auch die Rechenkomplexität, die den jeweiligen Elementen zugeordnet werden kann. Genau so, wie man einen Gewichtsvektor benutzen kann, um unterschiedliche Geschwindigkeiten von Rechnern zu beschreiben, kann ParMETIS Gewichtsvektoren benutzen, um die Kommunikations- bzw. Rechenkomplexität von Elementen auszudrücken.

PaGrid

PaGrid [17] benutzt ähnlich wie METIS einen dreistufigen Algorithmus nach dem Schema *coarsening*, *decomposition* und *uncoarsening*. Ziel der Zerlegung ist, die erwartete Restlaufzeit t_r zu minimieren. Diese wird als Maximum über alle Prozessoren i definiert, wobei für jeden Prozessor $t_{r(i)}$ als Summe aus der Berechnungszeit $t_{b(i)}$ und der Kommunikationszeit $t_{k(i)}$ definiert ist:

$$
\begin{aligned}
t_r &= \max_i t_{r(i)} && \text{(Restlaufzeit Gesamtsystem)} \\
t_{r(i)} &= t_{b(i)} + t_{k(i)} && \text{(Restlaufzeit auf Rechner } i\text{)} \\
t_{b(i)} & && \text{(Berechnungszeit auf Rechner } i\text{)} \\
t_{k(i)} & && \text{(Kommunikationszeit auf Rechner } i\text{)}
\end{aligned}
$$

Jedem Prozessor wird eine Gewichtung zugeordnet, die seine relative Geschwindigkeit im Vergleich zu den anderen Prozessoren widerspiegelt. Dabei bekommt der schnellste Prozessor das Gewicht 1. Ein nur halb so schneller bekäme das Gewicht 0,5. Für einen Prozessor i lässt sich $t_{b(i)}$ abschätzen, indem die Größe der ihm zugeteilten Partition des Graphens durch seine Gewichtung geteilt wird.

Ähnlich wird das Verbindungsnetzwerk zwischen den Prozessoren modelliert, indem Kanten zwischen den Prozessoren mit Gewichten versehen werden. Die Gewichte verhalten sich dabei umgekehrt-proportional zu der Geschwindigkeit der Netzwerke. Ein Netzwerk mit 100 MBit/s könnte also das Gewicht 10 bekommen, während ein Gigabit-Ethernet-Netzwerk das Gewicht 1 bekäme. $t_{k(i)}$ kann dann abhängig von der Aufteilung des Graphen abgeschätzt werden. Dabei wird für jede zu sendende Nachricht die günstigste (am niedrigsten gewichtete) Route durch den Verbindungsgraphen bestimmt. Die Kosten einer einzelnen Nachricht ergeben sich aus dem Produkt ihrer Länge und des Gewichts ihrer optimalen Route. $t_{k(i)}$ ist dann einfach die Summe der Kosten der Nachrichten, die Rechner i versenden muss.

Mit Hilfe dieses Modells kann die Zerlegung sehr genau an die Gegebenheiten eines Grids angepasst werden. Im Falle eines Multi-Clusters können beispielsweise die Headnodes mit weniger Berechnungen belastet werden, damit sie sich auf die (potenziell langsame) Inter-Cluster-Kommunikation konzentrieren können. Wenn der Algorithmus der Anwendung es aber erlaubt, Berechnung und Kommunikation überlappend ablaufen zu lassen, so müsste $t_{r(i)} = max(t_{b(i)}, t_{k(i)})$ definiert werden. Daher liefert PaGrid in diesem Falle ungenaue Ergebnisse.

Bewertung

Tabelle 23.1 gibt einen groben Überblick darüber, wie gut die Verfahren verschiedene Teilziele der Partitionierung erreichen. Im Grid-Umfeld sind die Skalierbarkeit auf viele Knoten und eine gute Eignung für die Lastverteilung besonders wichtig, weswegen Striping in der Regel ungeeignet ist.

Bei Multi-Clustern sollte auch die Nachbardistanz beachtet werden. Sie gibt an, wie weit entfernt Knoten sind, die in der Zerlegung benachbart sind. Ist diese Distanz im Mittel kurz, so kann davon ausgegangen werden, dass nur wenige Inter-Cluster-Verbindungen aufgebaut werden müssen. Je mehr die Zerlegung optimiert wird, desto höher ist allerdings auch der Overhead des Verfahrens, was sich gerade bei den dedizierten Partitionierern niederschlägt. Im Allgemeinen hängt es von der Anwendung selbst ab, welches Verfahren am geeignetsten ist.

Tabelle 23.1 Bewertungsschema für Verfahren zur Gebietszerlegung.

Verfahren	Skalierbarkeit	Overhead	Oberfläche	Lastverteilung	Nachbarsdistanz
Striping	⊖⊖	⊕⊕	⊖⊖	⊕⊕	⊕⊕
Bisektion	⊕⊕	⊕	⊕	⊖	⊙
SFCs	⊕⊕	⊙	⊙ - ⊕⊕	⊕⊕	⊙ - ⊕⊕
ParMETIS	⊕⊕	⊖	⊕⊕	⊖⊖ - ⊕	⊖ - ⊕
PaGrid	⊕⊕	⊖	⊕⊕	⊖ - ⊕	⊕ - ⊕⊕

23.6.1 Ausgabe und Visualisierung

Die Ausgabe stellt bei parallelen Simulationen eine besondere Herausforderung dar, weil die Daten oft deutlich schneller generiert als gespeichert werden können. So kann üblicherweise nicht die Ausgabe jedes Zeitschritts in voller Genauigkeit gespeichert werden. Eine weitere Herausforderung stellt die Portierung der Daten zwischen Systemen, die nicht binärkompatibel sind, dar.

Um die Ergebnisse später interpretieren zu können, müssen sie in der Regel in einem zweiten Arbeitsschritt visualisiert werden. Je nach Datenumfang und -komplexität kommen hierfür sehr unterschiedliche Techniken in Betracht.

Sollen nur wenige Zeitschritte mit einer geringen Auflösung ausgegeben werden, so reicht es häufig, einfach im Programm via `printf()` oder entsprechende Funktionen ASCII-Output zu erzeugen. Während diese Methode den Vorteil hat, dass man sie schnell und unkompliziert umsetzen kann, so hat sie den Nachteil, dass bei wachsenden Datenmengen schnell die Übersicht verlorengeht. In dem Fall empfiehlt es sich, die Daten weiter aufzubereiten.

Ein weit verbreitetes Werkzeug hierfür ist Gnuplot [18]. Es liest Daten in Textform ein und kann eine Fülle von Ausgabeformaten erzeugen, sei es JPEG-Bilder für Web-Seiten oder PDF-Dateien, um sie in wissenschaftliche Publikationen einzubinden. Es kann sowohl 2-D- als auch 3-D-Darstellungen erzeugen. Dadurch, dass es über die Kommandozeile gesteuert wird, lässt es sich leicht in Skripte integrieren, um so Programmausgaben automatisch aufzubereiten.

Der große Vorteil von Gnuplot, nämlich das sehr flexible Einlesen von Textdaten, kann allerdings auch ein Nachteil sein: In ASCII kodierte Fließkommazahlen brauchen viel Speicherplatz. Sollen große Datenmengen abgespeichert werden, so empfiehlt sich ein effizienteres Binärformat. Gnuplot unterstützt Binärformate jedoch nur rudimentär.

Wenn die Anwendung mit MPI-Unterstützung übersetzt worden ist, so kann man die Ein- und Ausgabe alternativ auch mit MPI-IO [19] realisieren. MPI-IO ist seit Version 2 Teil des MPI-Standards [20] und unterstützt den Programmierer bei der parallelen Ein- und Ausgabe. ROMIO [21, 22], die MPI-IO-Implementierung die von den MPI-Implementierungen MPICH [23, 24] und OpenMPI [25] benutzt wird, kodiert die Daten in einem effizienten Binärformat.

Eine Anwendung kann das Format der Daten via MPI-Datentypen spezifizieren, genauso wie sie Daten für die Kommunikation angibt. Dadurch ist MPI-IO ein sehr flexibles Werkzeug, womit der Nutzer selbst definierte Klassen und Structs speichern, ausgeben und lesen kann. Erweiterte Funktionen für parallele Ein- und Ausgabe helfen Flaschenhälse zu vermeiden. Dabei wird allerdings vorausgesetzt, dass die Knoten auf ein gemeinsames, paralleles Dateisystem zugreifen können. Das ist gerade bei Grid-Systemen nicht immer der Fall und die Daten müssen zur Ausgabe auf einem Teilsystem gesammelt werden.

Bei MPI-IO ist das Datenformat implizit durch die MPI-Datentypen gegeben, es ist also in der Regel nicht aus der Ausgabe selbst rekonstruierbar. Ein Programm zur Visualisierung muss daher in der Regel händisch angepasst werden, falls sich das Format ändert.

HDF5 (Hierarchical Data Format, Version 5) [26] ist ein portables, selbstbeschreibendes Datenformat zur Speicherung von großen Datenmengen. Es wird von der *HDF Group* gepflegt; diese hat auch Bibliotheken zum Zugriff auf solche Dateien für alle gängigen Betriebssysteme entwickelt.

NetCDF [27] ist ein weiteres übliches Datenformat für wissenschaftliche Anwendungen. Auch hierfür gibt es fertige Bibliotheken, um von verschiedenen Sprachen (C, Perl, Python, Ruby) darauf zuzugreifen. Seit Version 4.0 kann NetCDF intern das HDF5-Dateiformat benutzen.

Das Visualization Toolkit (VTK) [28, 29] ist einc Bibliothek für dreidimensionale Visualisierungen. Es beherrscht volumetrische Verfahren genau so wie Vektor- und Tensordarstellungen sowie Gitterglättungen. Es ist in C++ entwickelt worden, bietet zur Programmierung aber auch Schnittstellen für Java und Python. VTK bietet sich immer dann an, wenn mit wenig Aufwand eigene, interaktive Visualisierungen entwickelt werden sollen.

VisIt [30] ist eine Entwicklung des Lawrence Livermore National Laboratory. Es baut auf VTK auf und dient zur Visualisierung und Animation von sehr großen Datenmengen mit bis zu 10^{12} Gitterpunkten [31]. Dazu kann die Software sowohl auf dem Arbeitsplatzrechner laufen, als auch sein Backend über eine Client-Server-Architektur auf ein leistungsfähigeres, entferntes System verlagern. Diese Fähigkeit folgt der gegenwärtigen Entwicklung, dass nicht nur wissenschaftliche Simulationen Supercomputer benötigen, sondern auch deren Visualisierung [32].

Es kann sowohl reguläre als auch unstrukturierte Gitter darstellen. Die Werte an den Knoten dürfen ebenso Skalare wie auch Vektoren sein. Für viele Anwender stellt die mitgelieferte GUI eine komfortable Benutzerschnittstelle dar, allerdings lässt sich VisIt auch via C++, Python und Java skripten und via Plugins erweitern.

ParaView [33, 34] ist eine zu VisIt konkurrierende Software. Ursprünglich vom Los Alamos National Laboratory und Kitware Inc. entwickelt, dient sie zur Analyse und Visualisierung von dreidimensionalen Daten. Neben einer anderen GUI ist der Hauptunterschied zwischen VisIt und Paraview, dass VisIt besser für sehr große Datenmengen geeignet ist.

23.7 Frameworks

Der Bedarf an Werkzeugen für parallele, mehrdimensionale Simulationen ist nicht neu. Daher gibt es einige darauf abzielende Frameworks. Diese sind je nach Zielsetzung mehr oder weniger für Grid-Systeme geeignet.

Cactus [35] ist eine Problemlösungsumgebung, die ursprünglich von Physikern für Physiker entwickelt worden ist, sich aber auch auf anderen Gebieten einsetzen lässt. Cactus ist in C geschrieben und erreicht seine Flexibilität durch eine modulare Struktur. Die Basis bildet dabei das sog. *flesh*. Über das *flesh* kommunizieren *thorns* genannte Module, die beispielsweise Funktionen für die Ein- und Ausgabe oder bestimmte Simulationsmodelle bereitstellen. Spezielle Module, *drivers* genannt, sorgen dabei für die Parallelisierung. Der Nutzer kann durch Kombination und Konfiguration von Thorns eigene Simulationen erstellen. Wenn das nicht ausreicht, kann man mit geringem Aufwand selbst neue Thorns entwickeln.

Die Driver von Cactus sind nicht speziell für heterogene Grid-Systeme gedacht. Diese Lücke schließt Cactus-G [36], welches auf Cactus und MPICH-G2 [37] aufbaut. MPICH-G2 ist eine speziell für Grid-Systeme gedachte MPI-Implementierung. Cactus-G ist im Bezug auf die Kommunikation flexibler als Cactus. Es kann die Daten irregulär aufteilen, um die verschiedenen Leistungsfähigkeiten der benutzten Systeme widerzuspiegeln, und Geisterzonen redundant berechnen, um hohe Latenzen bei langsamen Netzwerkverbindungen zu verdecken (s. dazu auch Abschn. 23.5).

Charm++ [38] ist an der University of Illinois at Urbana Champaign entstanden und stellt eine auf C++ aufbauende parallele Programmiersprache dar. Die Spracherweiterung wird durch einen Wrapper-Compiler umgesetzt, der Charm++-Sprachelemente in C++-Konstrukte übersetzt und das Ergebnis an einen C++-Compiler weiterreicht.

Programme sind dabei in eine Vielzahl von speziellen Objekten, Chares genannt, aufgeteilt. Berechnungen laufen in Charm++ *nachrichtengetrieben* ab. Das bedeutet, dass Chares immer dann ausgeführt werden, wenn alle benötigten Daten (lokal und von entfernten Rechnern) vorliegen. Muss ein Chare warten, so kann ein anderer vorgezogen werden, für den alle Daten bereits verfügbar sind. Dadurch können solche Programme Netzwerklatenzen teilweise verdecken. Charm++ kann zum Lastausgleich Chares zwischen Rechnern verschieben. Chares kommunizieren nur via Funktionen aus der Charm++-API. Daher geschieht die Lastverteilung (s. Kap. 23.9) für den Nutzer transparent. Informationen zu Datenrate und Latenz werden dabei genutzt, um die Zerlegung bestmöglich an die Netzwerk-Topologie anzupassen [39]. Bei der Aufteilung wird sowohl das Kommunikationsvolumen als auch die Latenzabhängigkeit optimiert. Diese Adaption macht Charm++ besonders geeignet für Grid-Systeme.

Im Vergleich zu Cactus bietet Charm++ weniger anwendungsspezifische Bibliotheken. Das hat den Nachteil, dass ein Anwender von Charm++ manche Funktionen selbst implementieren muss, die in Cactus bereits gegeben wären. Andererseits ist Charm++ generischer als Cactus und lässt sich so für mehr Anwendungsszenarien nutzen.

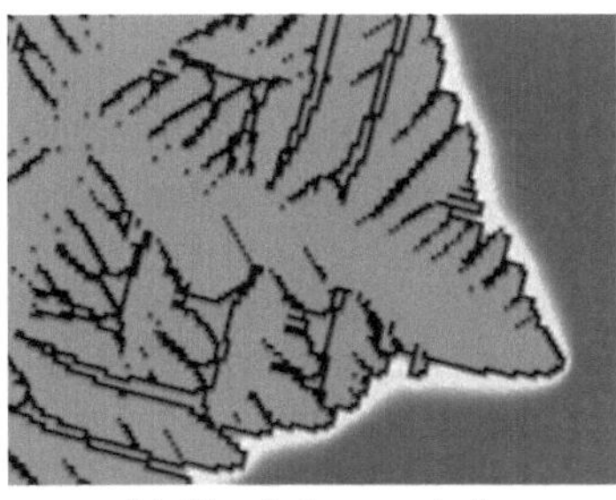

(a) Simulationsergebnis

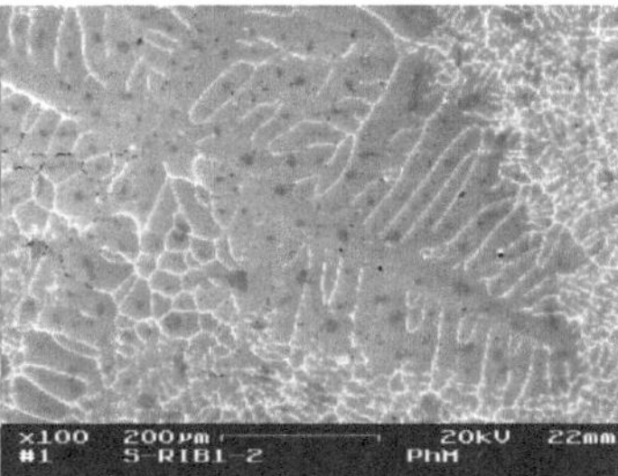

(b) Mikroskopaufnahme

Abb. 23.6 Vergleich von echten Dendriten und der durch MuCluDent berechneten Simulation. Bei der Simulation stehen die Farben für die unterschiedlichen Temperaturen (rot = heiß, blau = kälter), schwarz bedeutet die Trennschicht zwischen dem heißen, erstarrten Material und dem kälteren, noch flüssigen. Durch die Erstarrung wird also Wärme frei. Erkennbar ist die Ähnlichkeit der Dendritenarme mit ihren Sekundär- und Tertiärarmen zwischen der Simulation und der Mikroskopaufnahme

23.8 MuCluDent

MuCluDent [40] ist ein Beispiel für eine auf geometrischer Zerlegung beruhende Grid-Anwendung. MuCluDent ist als Kooperation zwischen dem Lehrstuhl für *Metallische Werkstoffe* und der Arbeitsgruppe *Cluster- und Meta-Computing* an der Universität Jena entstanden. Der Name steht für *Multi Cluster Dentrite.* Ziel des Projektes ist die Simulation vom Kristallwachstum in unterkühlten Aluminiumschmelzen.

Die kristalline Struktur von metallischen Werkstücken beeinflusst entscheidend ihre Festigkeit. Das kann bedeutende wirtschaftliche Auswirkungen haben: Beim Flugzeugbau rechnet man derzeit damit, dass man für jedes Grad Celsius, das die Turbinenschaufeln mehr an Hitze aushalten können, ein Prozent an Treibstoff sparen kann. Das liegt daran, dass die Triebwerke umso effizienter laufen, je heißer das Kerosin verbrannt wird.

Dendriten sind, wie in Abb. 23.6 zu sehen ist, Tannenzapfen-ähnliche Gebilde von Haupt- und Sekundärarmen. Ihre Bildung und Struktur kann Eigenschaften wie die Festigkeit und Flexibilität eines Werkstücks entscheidend beeinflussen. Welche Bedingungen genau die Bildung von Dendriten beeinflussen, ist bislang jedoch noch ungeklärt. Daher zielen die Bemühungen der Materialwissenschaftler darauf ab, Modelle zu erstellen, deren Simulation möglichst gut mit der Realität übereinstimmen.

Diese Modelle sind allerdings alle sehr rechenintensiv. Während die sog. Phasenfeld-Methode [41] die genauesten Ergebnisse liefert, ist sie zugleich für die Simulation von ganzen Werkstücken ungeeignet, da das Modell auf der atomaren Ebene fußt. Mit vertretbarem Aufwand können so nur mikroskopisch kleine Bereiche simuliert werden.

Das in MuCluDent verwendete Modell ist ein kontinuierlicher Automat, genauer gesagt eine Kombination von Finite-Differenzen-Methode (s. Kap. 9) und Zellulärem Automat. Das Simulationsgebiet wird in viele kleinere Zellen aufgeteilt. Der Zelluläre Automat zeigt dabei den Zustandsübergang zwischen flüssigen, gefrierenden, festen und rückschmelzenden Zellen. Die Finite-Differenzen-Methode beschreibt den Wärmefluss sowie die sich ändernden Konzentrationen der Metalle in der Legierung.

Der Vorteil dieses Modells ist, dass im Vergleich zur Phasenfeld-Methode eine geringere Auflösung für eine akkurate Simulation ausreicht. Daher lassen sich mit MuCluDent auch größere Schmelzen simulieren. Erkauft wird dies mit einer gestiegenen Komplexität, da die Vorgänge in den einzelnen Zellen vielschichtiger sind. Besonders aufwändig sind die Berechnungen im Bereich der Phasengrenze zwischen festen und flüssigen Gebieten. Diesem Last-Ungleichgewicht muss die Parallelisierung Rechnung tragen und ggf. die Aufteilung anpassen. Sonst würden einige Rechner bei der Simulation hinterherhinken und die Effizienz schmälern.

Trotz des effizienten Modells überstieg der Rechenbedarf für größere Simulationen die Möglichkeiten der Cluster-Rechner, die in den an dem Projekt beteiligten Lehrstühlen verfügbar waren. Daher war ein Hauptziel der Entwicklung die Eignung für Multi-Cluster-Systeme (s. Kap. 20.6). Die besondere Herausforderung bei der Programmierung von Multi-Cluster-Systemen ist die geschickte Organisation der Inter-Cluster-Kommunikation. Die Verbindung zwischen den Clustern wird von allen Knotenrechnern gemeinsam genutzt. Da sie sich die Bandbreite teilen müssen und die Verbindung meist eine höhere Latenz aufweist als die Intra-Cluster-Netzwerke, kann sie schnell zu einem Flaschenhals werden.

Die Gebietszerlegung von MuCluDent muss daher zum einen das Kommunikationsvolumen und die Zahl der Inter-Cluster-Verbindungen minimieren, zum anderen aber auch für häufige Lastverteilung geeignet sein. Hierfür liefert die Weighted Recursive Coordinate Bisection (s. Absch. 23.6) einen guten Kompromiss.

23.9 Loadbalancing

Unter Lastausgleich, oder auch Load Balancing, werden im Bereich des Grid Computing zwei verschiedene Aufgaben verstanden: Beim Inter-Job-Ausgleich sorgt der lokale Ressourcen Manager (s. Kap. 11), wie die SGE oder dedizierte Scheduler wie Maui, dafür, dass die anstehenden Jobs so verteilt werden, dass möglichst alle Rechner optimal ausgelastet werden. Weitere Ziele bei dieser Form der Lastverteilung sind die gerechte Verteilung unter den Nutzern, also dass nicht einzelne das ganze System dauerhaft mit ihren Jobs lahm legen können, und die Priorisierung nach Job-Art (z.B. können kurze Tests in der Warteschlange langwierigen Berechnungen vorgezogen werden).

In größeren Compute-Grids übernehmen dann Metascheduler wie Gridway (s. Kap. 11.2) die Koordination zwischen den einzelnen lokalen Ressourcen Managern. Für die Nutzer des Grids geschieht dies weitgehend transparent, sie müssen sich also nicht um die technischen Details kümmern.

Anders sieht es beim Intra-Job-Ausgleich aus. Ist ein Job erstmal auf einer gewissen Menge von Rechnern gestartet worden, so obliegt es dem Programmierer, dass sein Programm die Berechnungen geeignet zerlegt und verteilt, so dass die zur Verfügung stehenden Ressourcen gleichmäßig ausgelastet sind. Sind die einzelnen Teilaufgaben in ihrer Rechenkomplexität uniform und die Rechner homogen, so ist dies in der Regel trivial. Letzteres ist spätestens bei Multi-Clustern, aber auch bei vielen herkömmlichen Clustern, nicht mehr der Fall.

Zur Illustration betrachten wir ein einfaches Beispiel, bei dem wir die Implementierung von *Conway's Game of Life* [1] so anpassen, dass sie auch auf heterogenen Systemen effizient läuft. Der Pseudocode aus Kap. 23.2 könnte dann etwa so aussehen:

```
initialisiere streifenzerlegung
initialisiere eigenen gitterstreifen
wiederhole bis simulationsende
  miss zeit T_a
  aktualisiere zellen des gitterstreifens
  miss zeit T_b
  kommuniziere geisterzonen mit nachbarn
  miss zeit T_c

  eigene_auslastung = (T_b-T_a) / (T_c-T_a)
  kommuniziere auslastung mit nachbarn
  delta = nachbar_auslastung - eigene_auslastung
  wenn delta > schwellwert
    kommuniziere reihe vom gitterstreifen mit nachbarn
    passe streifenzerlegung an
  ende
ende
```

Dabei ist $(T_b - T_a)$ die Berechnungszeit für den aktuellen Zeitschritt, $(T_c - T_a)$ ist die Gesamtzeit inklusive der Zeit für Kommunikation. Ist deren Verhältnis deutlich kleiner als 1, so kann man in der Regel davon ausgehen, dass der Rechner lange auf die Geisterzonen-Daten seiner Nachbarn gewartet hat. Für gewöhnlich liegt das daran, dass die Nachbarn länger für das Rechnen brauchten und daher erst später mit der Kommunikation beginnen konnten. Im Vergleich zu ihnen hat der aktuelle Rechner also Leerlauf und könnte den Nachbarn etwas Last abnehmen. Bei einem Verhältnis in der Nähe von 1 kann man ohne Sicht auf die Nachbarn nicht sagen, ob der Knoten gerade richtig ausgelastet oder überlastet ist.

Dieser einfache Algorithmus hat natürlich viele Schwächen. Zum einen wird die Auslastung nach jedem Zeitschritt bestimmt. Das führt zu einem hohen Overhead und ungenauen Ergebnissen. Üblicherweise mittelt man die Messwerte mit Ergebnissen von einigen vorangegangenen Schritten und prüft dann nur alle n Schritte, ob ein Lastausgleich notwendig ist. Zum anderen wird im Beispiel immer nur eine Gitterreihe zwischen zwei Nachbarn verschoben. Daher kann in der Regel nicht das gesamte Ungleichgewicht bei einer Lastverteilung ausgeglichen werden. Außerdem führen die vielen kleinen Nachrichten zu hohen Kommunikationskosten (s. Kap. 5).

Grundsätzlich unterschiedet man verschiedene Kategorien von Lastausgleichsalgorithmen:

Statisch/Dynamisch: Sind die Komplexität der einzelnen Aufgaben sowie die Leistungsfähigkeit der Rechner bekannt, so kann gleich zu Beginn des Jobs eine passende Aufteilung gewählt werden. Man spricht dann von statischer Lastverteilung. Sind diese Daten nicht verfügbar, oder können sie sich im Laufe der Berechnung ändern (beispielsweise bei nicht-dedizierten Rechnern, die noch von anderen genutzt werden), so sollte man eine dynamische Lastverteilungsstrategie einsetzen.
Dabei wird während der Laufzeit wiederholt die Auslastung der Rechner gemessen. Ob ein Lastausgleich durchgeführt wird, hängt vom verwendeten Algorithmus ab. Idealerweise wird dabei nicht nur das Lastungleichgewicht berücksichtigt, sondern es werden die Kommunikationskosten und der mögliche Performance-Gewinn gegeneinander abgewogen.

Periodisch/Ereignisgetrieben: Periodische Load Balancer führen einen Lastausgleich in einem fixen Rhythmus aus, also etwa jeden zehnten Zeitschritt. Ereignisgetriebene Algorithmen lösen erst aus, wenn eine bestimmte Bedingung erfüllt ist. Zum Beispiel könnte ein Knoten den Lastausgleich auslösen, falls seine Auslastung unter einen gewissen Schwellwert sinkt.

Diffusion/Remapped: Ähnlich wie sich Hitze gleichmäßig in einem Werkstück ausbreitet, wird beim diffusionsbasierten Lastausgleich immer nur ein gewisser Anteil der Last zwischen den Rechnern ausgetauscht. Im Gegensatz dazu wird beim Remapping die Aufteilung von Grund auf neu berechnet. Dadurch können in der Regel Remapping-Algorithmen schneller auf Veränderungen reagieren und skalieren daher besser, sind dabei aber auch anfälliger für Fehler bei der Bestimmung der Auslastung.

Zentralisiert/Verteilt: Bei zentralistischen Algorithmen verarbeitet ein Rechner die notwendigen Lastausgleichsdaten. Diese Strategie ist im Allgemeinen recht einfach zu programmieren, skaliert jedoch nicht gut, da bei vielen Prozessoren diese Zentrale zum Flaschenhals wird. Verteilte Algorithmen tauschen die Lastausgleichsdaten nur mit einer festen Anzahl von benachbarten Rechnern aus. Die Eigenschaften *verteilt* und *remapped* sind nicht leicht zu kombinieren, was es erschwert, gut skalierende Lastausgleichsalgorithmen zu entwickeln.

Synchron/Asynchron: Synchrone Algorithmen unterbrechen die Berechnung solange bis der Lastausgleich abgeschlossen ist. Das hat den Nachteil, dass die beteiligten Rechner erst den Abschluss der Kommunikation abwarten müssen, bis sie weiterrechnen können. Asynchrone Algorithmen bemühen sich, soweit möglich die Kommunikation mit der Berechnung zu überlappen. Das ist jedoch nicht bei jeder Aufgabenstellung möglich und natürlich auch deutlich schwieriger umzusetzen.

Entsprechend dieser Kategorien lässt sich der oben skizzierte Algorithmus als dynamischer, verteilter, synchroner Diffusions-Lastausgleich mit periodischer Steuerung und ereignisgetriebenem Datenaustausch klassifizieren.

Bei MuCluDent läuft der Lastausgleich etwa folgendermaßen ab: Der Master-Node sammelt periodisch die Auslastungsdaten von allen Rechnern ein. Wenn der projektierte (Zeit-)Gewinn die Kosten für einen Lastausgleich rechtfertigt, so löst der Master einen Lastausgleich aus und verteilt an alle Knoten den neuen Gewichtsvektor der Aufteilung. Die Knoten tauschen dann untereinander die relevanten Teile der Matrix aus. Da nur die Last-Daten zentral verarbeitet werden, skaliert dieser Algorithmus besser als gänzlich zentralisierte Algorithmen, kann aber dennoch schnell auf Ungleichgewichte reagieren. Entsprechend der oben stehenden Klassen benutzt MuCluDent einen dynamischen, synchronen Remapping-Algorithmus mit zentralisierter, periodischer Steuerung und verteiltem, ereignisgetriebenem Datenaustausch.

Die Besonderheiten von Grid-Systemen erfordern besondere Sorgfalt bei der Implementierung des Lastausgleichs. So sind zentralisierte Algorithmen auf Grund der Größe der Systeme in der Regel ungeeignet. Aus dem gleichen Grund ist es schwer, Remapped-Algorithmen umzusetzen. Idealerweise sollte der Lastausgleich auch die eventuell heterogene Netzwerkstruktur berücksichtigen.

Für Programme, die auf geometrischer Zerlegung beruhen, schätzt beispielsweise PAGrid die zu erwartende verbleibende Ausführungszeit eines Jobs ab, indem es mittels eines mathematischen Modells die Kosten des Lastausgleichs mit der Leistung der jeweiligen Netzwerkverbindungen in Bezug setzt. Siehe hierzu auch Kap. 23.

Literaturverzeichnis

1. Martin Gardner. On Cellular Automata, Self-reproduction, and the Game Life. *Scientific American*, 223:120–123, 1970.
2. Andreas Schäfer and Dietmar Fey. Libgeodecomp: A grid-enabled library for geometric decomposition codes. In Gerhard Goos, Juris Hartmanis, and Jan van Leeuwen, editors, *Proceedings of the 15th European PVM/MPI Users' Group Meeting on Recent Advances in Parallel Virtual Machine and Message Passing Interface*, Lecture Notes in Computer Science, pages 285–294. Springer, 2008.
3. John von Neumann. *Theory of Self-Reproducing Automata*. University of Illinois Press, Champaign, IL, USA, 1966.
4. Jörg R. Weimar. *Simulation with Cellular Automata*. Logos Verlag, Berlin, Germany, 1997.
5. Tomasz Plewa, Timur Linde, and V. Gregory Weirs. *Adaptive Mesh Refinement – Theory and Applications (Lecture Notes in Computational Science and Engineering, Vol. 41)*. Springer, Berlin, Heidelberg, 2005.
6. Message Passing Interface Forum, editor. *MPI: A Message-Passing Interface Standard – Version 2.1*, chapter Semantics of Point-to-Point Communication, page 41. High-Performance Computing Center Stuttgart, Stuttgart, Germany, 2008.
7. Message Passing Interface Forum, editor. *MPI: A Message-Passing Interface Standard – Version 2.2*, chapter Change-Log, Changes from Version 2.1 to Version 2.2, page 593. High-Performance Computing Center Stuttgart, Stuttgart, Germany, 2009.
8. Torsten Hoefler, Prabhanjan Kambadur, Richard L. Graham, Galen M. Shipman, and Andrew Lumsdaine. A case for standard non-blocking collective operations. In Franck Cappello, Thomas Hérault, and Jack Dongarra, editors, *PVM/MPI*, volume 4757 of *Lecture Notes in Computer Science*, pages 125–134. Springer, 2007.
9. Michael R. Garey and David S. Johnson. *Computers and Intractability: A Guide to the Theory of NP-Completeness*, page 209. Freeman, 1979.
10. David Hilbert. Über die stetige Abbildung einer Linie auf ein Flächenstück. *Mathematische Annalen*, (38):459–460, 1891.

11. Rolf Niedermeier, Klaus Reinhardt, and Peter Sanders. Towards Optimal Locality in Mesh-Indexings. In *Proceedings of Fundamentals of Computation Theory, LNCS Vol. 1279*, pages 364–375. Springer, 1997.
12. Hans-Joachim Bungartz, Miriam Mehl, and Tobias Weinzierl. *Euro-Par 2006, Parallel Processing, 12th International Euro-Par Conference*, volume 4128 of *LNCS*, chapter A Parallel Adaptive Cartesian PDE Solver Using Space–Filling Curves, pages 1064–1074. Springer-Verlag, Berlin, Heidelberg, 2006.
13. George Karypis and Vipin Kumar. Parallel multilevel k-way partitioning scheme for irregular graphs. In *Supercomputing '96: Proceedings of the 1996 ACM/IEEE conference on Supercomputing (CDROM)*, page 35, Washington, DC, USA, 1996. IEEE Computer Society.
14. George Karypis and Vipin Kumar. Multilevel k-way partitioning scheme for irregular graphs. *J. Parallel Distrib. Comput.*, 48(1):96–129, 1998.
15. B. W. Kernighan and S. Lin. An efficient heuristic procedure for partitioning graphs. *The Bell system technical journal*, 49(1):291–307, 1970.
16. C.M. Fiduccia and R.M. Mattheyses. A linear-time heuristic for improving network partitions. In *Design Automation, 1982. 19th Conference on*, pages 175–181, June 1982.
17. Sili Huang, Eric E. Aubanel, and Virendrakumar C. Bhavsar. Pagrid: A mesh partitioner for computational grids. *Journal of Grid Computing*, 4(1):71–88, 2006.
18. Philipp K. Janert. *Gnuplot in Action: Understanding Data with Graphs*. Manning Publications, August 2009.
19. William Gropp, Steven Huss-Lederman, Andrew Lumsdaine, Ewing Lusk, Bill Nitzberg, William Saphir, and Marc Snir. *MPI – The Complete Reference (Volume 2, The MPI Extensions)*. MIT Press, Cambridge, MA, USA, September 1998.
20. Message Passing Interface Forum, editor. *MPI: A Message-Passing Interface Standard - Version 2.1*. High-Performance Computing Center Stuttgart, Stuttgart, Germany, 2008.
21. Rajeev Thakur, William Gropp, and Ewing Lusk. On implementing mpi-io portably and with high performance. In *In Proceedings of the 6th Workshop on I/O in Parallel and Distributed Systems*, pages 23–32. ACM Press, 1999.
22. Rajeev Thakur and Ewing Lusk. *Users Guide for ROMIO: A High-Performance, Portable MPI-IO Implementation*, 2002.
23. William D. Gropp, Ewing Lusk, N. Doss, and Skjellum A. A high-performance, portable implementation of the MPI message passing interface standard. *Parallel Computing*, 22(6):789–828, September 1996.
24. William D. Gropp and Ewing Lusk. *User's Guide for* `mpich`, *a Portable Implementation of MPI*. Mathematics and Computer Science Division, Argonne National Laboratory, 1996. ANL-96/6.
25. Edgar Gabriel, Graham E. Fagg, George Bosilca, Thara Angskun, Jack J. Dongarra, Jeffrey M. Squyres, Vishal Sahay, Prabhanjan Kambadur, Brian Barrett, Andrew Lumsdaine, Ralph H. Castain, David J. Daniel, Richard L. Graham, and Timothy S. Woodall. Open MPI: Goals, concept, and design of a next generation MPI implementation. In *Proceedings, 11th European PVM/MPI Users' Group Meeting*, pages 97–104, Budapest, Hungary, September 2004.
26. The HDF Group. *HDF5 - A New Generation of HDF*. Champaign, Illinois, USA, May 2009.
27. *NetCDF (network Common Data Form) Data Format and Software Library*, 2009.
28. *The Visualization Toolkit User's Guide*, January 2003.
29. William Schroeder, Ken Martin, and Bill Lorensen. *The Visualization Toolkit*. Kitware Inc., January 2004.
30. Hank Childs, Eric S. Brugger, Kathleen S. Bonnell, Jeremy S Meredith, Mark Miller, Brad J Whitlock, and Nelson Max. A contract-based system for large data visualization. In *Proceedings of IEEE Visualization 2005*, pages 190–198, October 2005.
31. Hank Childs. Smashing the trillion zone barrier, visualization application successfully analyzes massive datasets. *Scientific Computing*, August 2009.
32. Hank Childs. Why Petascale Visualization and Analysis will Change the Rules. In *Computational Science – ICCS*, volume 5101 of *LNCS*. Springer, 2008.

33. C. Charles Law, Amy Henderson, and James Ahrens. An application architecture for large data visualization: a case study. In *PVG '01: Proceedings of the IEEE 2001 symposium on parallel and large-data visualization and graphics*, pages 125–128, Piscataway, NJ, USA, 2001. IEEE Press.
34. A. H Squillacote. *The ParaView Guide*, 2006.
35. Gabrielle Allen, Tom Goodale, and Edward Seidel. The cactus computational collaboratory: Enabling technologies for relativistic astrophysics, and a toolkit for solving pde's by communities in science and engineering. *Symposium on the Frontiers of Massively Parallel Processing*, 0:36, 1999.
36. Gabrielle Allen, Thomas Dramlitsch, Ian Foster, Tom Goodale, Nick Karonis, Matei Ripeanu, Ed Seidel, and Brian Toonen. Cactus-g toolkit: Supporting efficient execution in heterogeneous distributed computing environments. In *Proceedings of 4th Globus Retreat*, Pittsburgh, USA, July 2000.
37. Nicholas T. Karonis, Brian Toonen, and Ian Foster. Mpich-g2: a grid-enabled implementation of the message passing interface. *Journal of Parallel and Distributed Computing*, 63(5):551–563, May 2003.
38. Laxmikant V. Kale and Sanjeev Krishnan. CHARM++: A Portable Concurrent Object Oriented System Based on C++. *Sigplan Notices: Proceedings of the Conference on Object Oriented Programming Systems, Languages and Applications*, 28(10):91–108, September 1993.
39. Gregory A. Koenig and Laxmikant V. Kale. Optimizing distributed application performance using dynamic grid topology-aware load balancing. In *21st IEEE International Parallel and Distributed Processing Symposium*, March 2007.
40. Andreas Schäfer, Jakob Erdmann, and Dietmar Fey. Simulation of Dendritic Growth for Materials Science in Multi-Cluster Environments. In *Workshop Grid4TS*, volume 3, 2007.
41. William J. Boettinger and James A. Warren. The Phase-Field Method: Simulation of Alloy Dendritic Solidification During Recalescence. *Metallurgical and Materials Transactions A*, 27(3):657–669, 1996.

Kapitel 24
Parallelisierung von Simulationen für magnetische Systeme mittels MPI

Frank Schurz

Zusammenfassung In diesem Kapitel werden Modelle für die Simulation magnetischer Effekte aufgezeigt und Ergebnisse bei der Ausführung auf einem Cluster-Rechner gezeigt. Dabei werden die in den vorherigen Kapiteln allgemein aufgezeigten Verfahren zur geometrischen Parallelisierung und zur numerischen Integration durch das Heun-Verfahren angewandt.

24.1 Einleitung

Physikalische Simulationen erfordern im Allgemeinen einen hohen Rechenaufwand und bieten sich daher für eine Parallelisierung an. Mit Hilfe von Simulationen des 2-dimensionalen Ising-Modells [1], des Heisenberg-Modells [2] und eines magnetodipolaren Glases wird die Machbarkeit und der Nutzen der Verteilung von physikalischen Simulationen auf mehrere Prozesse untersucht und bewertet. Den Einstieg in die physikalischen Simulationen stellt das 2-dimensionale Ising-Modell dar. Es ist ein Beispiel für ein Modell für die Untersuchungen von thermodynamischen Gleichgewichtseigenschaften bestimmter magnetischer Systeme, während die anderen beiden Modelle auch für die Untersuchung der Magnetisierungsdynamik geeignet sind. Als Ausgangsbasis für die serielle Simulation des Ising-Modells wird der Metropolis-Algorithmus verwendet. Das parallele Programm verwendet das „Schachbrett-Verfahren" nach dem Beispiel aus [3].

Als Programmiersprache wird FORTRAN [4] verwendet. Für die parallele Umsetzung ist die parallele Programmierumgebung MPI (Message Passage Interface) [5] die beste Wahl, da sie als Standard für paralleles Programmieren gilt.

Als Testumgebungenen diente ein in der Technischen Informatik der Universität Jena [6] vorhandener Cluster (ein Master Knoten mit 2,4 GHz und 8 Worker Knoten mit jeweils 2 GHz Intel Pentium 4 Prozessoren verbunden durch Gigabit-Ethernet).

---

ehemals Institut für Informatik, Friedrich-Schiller-Universität Jena
E-mail: frank.schurz@t-online.de

D. Fey (ed.), *Grid-Computing*, eXamen.press, DOI 10.1007/978-3-540-79747-0_24,

24.2 Das 2-dimensionale Ising-Modell

Das 2-dimensionale Ising-Modell [7] ist eines der einfachsten Modelle für magnetische Systeme mit starker Wechselwirkung. Es wurde 1925 von dem Physiker Ernst Ising (1900-1998) in Hamburg entwickelt, um die Magnetisierung einer ferromagnetischen Substanz zu beschreiben. Seine Doktorarbeit und die nachfolgende Publikation [1] behandelten die 1-dimensionale Variante des Modells und lieferten auch gleichzeitig dessen Lösung. Die 2-dimensionale Version des Ising-Modells ohne äußeres Feld löste Onsager 1944 [8]. Die 3-dimensionale Version ist dagegen nur mit Computersimulationen lösbar.

Das Ising-Modell ist eines der Standardmodelle der Statistischen Physik. Es wird für die Beschreibung und Computersimulation von geordneten und ungeordneten komplexen Systemen in verschiedenen Wissenschaftsgebieten benutzt.

Die Idee des Ising-Modells beruht auf der Vorstellung, dass die magnetischen Momente der Atome nur zwei entgegengesetzte Orientierungen haben können. Diese Momente können vollständig durch die Projektion auf eine bestimmte Achse (z.B. die z-Achse) charakterisiert werden, wobei diese Projektion genau einen der Werte +1 oder -1 annehmen kann. +1 bezeichnet dabei einen Spin, der nach oben ausgerichtet ist, -1 nach unten. Für diese und die noch folgenden Projektionen der magnetischen Momente wird hier auch der Begriff Spins benutzt.

Ein magnetisches System im Sinne des Ising-Modells besteht dann aus einer Menge solcher Spins. Diese sind auf eine bestimmte Art angeordnet und jeder Spin kann nur genau einen der zwei diskreten Zustände annehmen. Zwischen den Spins existiert eine paarweise Wechselwirkung. Betrachtet man nur zwei Spins S_i und S_j, gilt für ihre Energie:

$$H_{12} = -J \text{ bei gleicher Orientierung}$$
$$H_{12} = +J \text{ bei unterschiedlicher Orientierung}$$

Dabei bezeichnet J die Stärke der Austauschwechselwirkung zwischen den beiden Spins. Im ferromagnetischen Fall ist $J > 0$. Vereinfacht gilt:

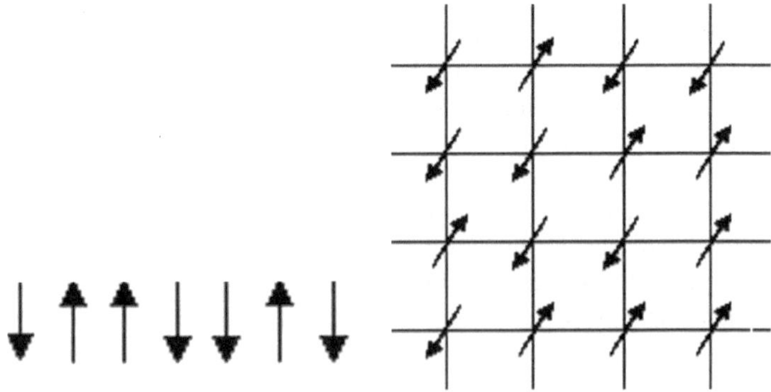

Abb. 24.1 Das 1- und das 2-dimensionale Ising-Modell

$$H = -JS_iS_j \text{ mit } S_n = \pm 1$$

Die Wechselwirkung bevorzugt die Antiparallelstellung gekoppelter Paare für $J < 0$ und die Parallelstellung für $J > 0$.

Das 2-dimensionale Ising-Modell beschreibt ein System, bei dem die magnetischen Momente auf den Gitterplätzen eines quadratischen Gitters lokalisiert sind (s. Abb. 24.2). Die Anzahl der magnetischen Momente pro Gitterzeile bzw. Gitterspal-

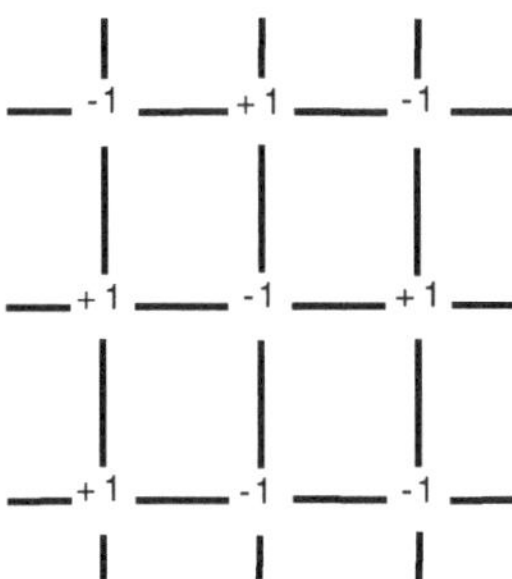

Abb. 24.2 Das 2-dimensionale Ising-Modell

te wird im Folgenden mit der Gittergröße N bezeichnet. Die Anzahl L der Spins in einem Gitter ist dann $N \cdot N$. Eine konkrete Belegung aller Spins wird als Konfiguration s bezeichnet. Die Energie des Gesamtsystems einer gegebenen Konfiguration s wird durch die Interaktionen der Spins mit ihren nächsten Nachbarn bestimmt. Für dieses und die folgenden Modelle werden die periodischen Randbedingungen angenommen. Das macht die Systeme homogen, d.h., jeder Gitterplatz ist gleichberechtigt, da Randeffekte vermieden werden. Die Energie einer gegebenen Konfiguration s für das 2-dimensionale Ising-Modell lautet

$$E(s) = -\sum_{\langle i,j \rangle} J_{ij} S_i S_j$$

Dabei bezeichnen S_i und S_j, wie erwähnt zwei Spins, J_{ij} entspricht der Austauschwirkung zwischen ihnen. Als Vereinfachung wird die Wechselwirkung zwischen *nicht* benachbarten Spins vernachlässigt. Somit wird nur über die nächsten Nachbarn summiert. Im Fall des quadratischen Gitters sind das jeweils die linken, rechten, oberen und unteren Nachbarn der Spins. Weiter vereinfachen lässt sich der Ausdruck für die Energie durch eine einheitliche Wechselwirkung, d.h. $J = J_{ij}$ für alle i, j, zu

$$E(s) = -J \sum_{\langle i,j \rangle} S_i S_j \tag{24.1}$$

Im thermodynamischen Gleichgewicht tritt jede Konfiguration s mit einer temperaturabhängigen Wahrscheinlichkeit auf:

$$P(s) = \frac{1}{Z} exp(-E(s)/k_b T)$$

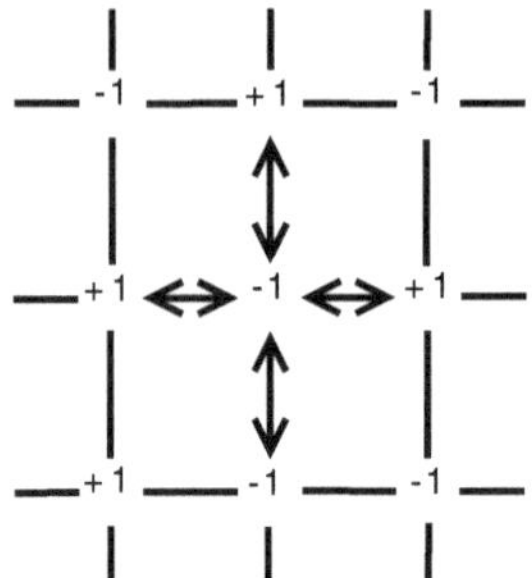

Abb. 24.3 Nachbarschaftsbeziehung

Dabei bezeichnet T die Temperatur, k_b die Boltzmannkonstante und Z den Normierungsfaktor, der sich aus der Summe über alle möglichen Konfigurationen s des Systems ergibt:

$$Z = \sum_s e^{-E(s)/k_b T}$$

Die mittlere Energie berechnet sich dann als

$$\langle E \rangle = \sum_s E(s)P(s) \tag{24.2}$$

Da die Anzahl der Konfigurationen jedoch exponentiell von der Gittergröße N abhängt ($2^{N \cdot N}$ Konfigurationen), ist es unmöglich die Wahrscheinlichkeiten sämtlicher Konfigurationen zu berechnen.

Eine Methode zur Berechnung der mittleren Energie bieten die Monte-Carlo-Simulationen [9]. Statt alle Konfigurationen zu betrachten, wird nur eine hinreichend große Folge $\{s^{(0)}, s^{(1)}, \ldots, s^{(K-1)}\}$ von Konfigurationen untersucht. Die Folge wird so gewählt, dass bei unendlicher Folgenlänge die Häufigkeit $h(s)$ des Auftretens einer Konfiguration s in der Folge gegen ihre Wahrscheinlichkeit $P(s)$ im thermodynamischen Gleichgewicht strebt. Dadurch vereinfacht sich die mittlere Energie 24.2 zum arithmetischen Mittel der Energien der betrachteten Konfigurationen (K bezeichnet die Anzahl der Konfigurationen s in der betrachteten Folge):

$$\langle E \rangle = \sum_s E(s)h(s) = \frac{1}{K} \sum_{i=0}^{K-1} E(s^{(i)})$$

Die Folge wird nun so gebildet, dass sich zwei aufeinanderfolgende Konfigurationen $s^{(i)}$ und $s^{(j)}$ nur in einer Spinposition unterscheiden. Die Positionen der möglichen Spinänderungen werden zufällig bestimmt, mit Ausdruck 24.1 bewertet und abhängig von der Temperatur akzeptiert. Dieses Vorgehen wird als Metropolis-Algorithmus bezeichnet.

Neben der Energie lässt sich auch noch die Magnetisierung M des Systems bestimmen:

$$M = \sum_i S_i$$

An ihrer Größe lässt sich der Ordnungszustand des Systems ablesen. Mit zunehmender Temperatur nimmt die Ordnung des Systems ab und der Wert der Magnetisierung verringert sich. Bei einer bestimmten Phasenübergangstemperatur geht das System vom geordneten in den ungeordneten Zustand über, was als Phasenübergang bezeichnet wird.

Das Ising-Modell wurde zwar zur Beschreibung des Ferromagnetismus entwickelt, lässt sich aber noch auf vielfältige Weise erweitern. Zum Beispiel kann man die Reichweite der Wechselwirkung über die nächsten Nachbarn hinaus vergrößern oder mehr als zwei diskrete Zustände pro Element zulassen. Benutzt man eine Wechselwirkungsstärke $J < 0$ erhält man ein Modell für den Antiferromagnetismus. Dabei richten sich die Spins bevorzugt antiparallel aus. Unter bestimmten Bedingungen kann es dann zu einem Effekt kommen, der Frustration genannt wird. Das System ist dann nicht mehr in der Lage einen Grundzustand einzunehmen, bei dem alle Spins paarweise antiparallel ausgerichtet sind. Ein Beispiel ist das antiferromagnetische Dreiecksgitter (s. Abb. 24.4). Häufig wird das Ising-Modell

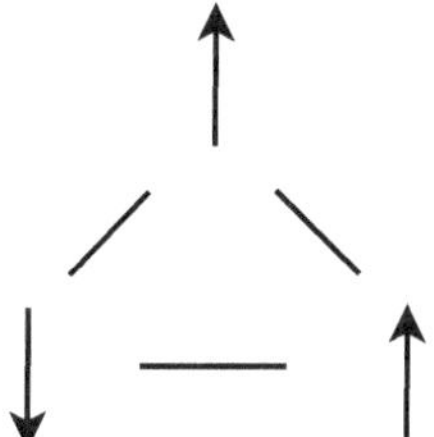

Abb. 24.4 Antiferromagnetische Dreiecksgitter als Beispiel für Frustration

auch für die Untersuchung von Spingläsern verwendet, die sich durch gleichzeitige Frustration und Unordnung auszeichnen. Man geht in diesem Fall davon aus, dass die Wechselwirkungen J_{ij} zwischen nächsten Nachbarn entweder einer Gauß-Verteilung genügen oder stochastisch verteilt mit gleicher Wahrscheinlichkeit die Werte $-J$ bzw. $+J$ besitzen. Die Suche nach dem Minimum der Hamiltonfunktion bei vorgegebener Verteilung der J_{ij} wird dann zu einem komplizierten mathematischen Problem, das sich nur numerisch lösen lässt.

Das Ising-Modell lässt sich aber auch in anderen Wissenschaftsgebieten verwenden, um komplexe Sachverhalte in vereinfachter Form mathematisch zu behandeln. So bezeichnet man mit dem Begriff „soziale Imitation" das Verhalten eines Individuums in einer Gruppe, beispielsweise einer Tierherde, welches sich nach dem Verhalten seiner Nachbarn richtet. Auf Callen und Shapero [10] geht die Idee des „Ising-Fisches" zurück, der nur in zwei entgegengesetzte Richtungen schwimmen kann. Dieser dient als Ausgangspunkt für eine Theorie der sozialen Imitation bei Fischschwärmen.

Genauso lässt sich das Ising-Modell auch zur mathematischen Beschreibung von Erscheinungen der Kohärenz auf Kapitalmärkten [11] oder der Zustände der Ionenkanäle in Membranen [12] benutzen.

Die Untersuchungen zum Spinglas-Zustand mit Hilfe des Ising-Modells wirkten sich genauso auf andere Modelle komplexer Systeme aus, wie z.B. das Hopfield-Modell [13] für künstliche neuronale Netze. Dabei werden vernetzte Neuronen modelliert, die genau einen der zwei Zustände „ruhend" oder „feuernd" annehmen können. Mittels synaptischer Kopplungen ist es möglich, Informationen zu speichern. Die Stärken der synaptischen Kopplungen werden von Lernregeln gesteuert. Das Wiedererkennen gelernter Informationsinhalte erfolgt durch Relaxationsprozesse.

Auch einige Modelle für Proteine wurden vom Ising-Modell beeinflusst. Bei diesen Modellen wird die kompakte Struktur des gefalteten Proteins der polaren bzw. hydrophoben Aminosäuren durch ihre unterschiedliche Wechselwirkung bei Kontakten untereinander bestimmt. Außerdem lassen sich mit dem Ising-Modell auch soziale, politische und ökonomische Strukturen beschreiben. So benutzt z.B. Kohring ein Modell für die Meinungsbildung in einem Zwei-Parteien-System [14]. Dabei wird die Zugehörigkeit des Individuums zu einer der Parteien durch die Variable S_i gekennzeichnet. Die Wechselwirkungsparameter J_{ij} beschreiben, wie groß der Einfluss des Individuums j auf i ist, d.h. wie hoch die Wahrscheinlichkeit ist, dass j das Individuum i zum Wechsel in seine Partei bewegt oder verhindert, dass i aus seiner Partei austritt.

24.2.1 Die serielle Implementierung des Ising-Modells

Das serielle Programm simuliert das 2-dimensionale Ising-Modell mit Hilfe des Metropolis-Algorithmus. Ausgehend von einer gewählten Konfiguration des Systems wird mit einer vorgegebenen Anzahl von Schritten der Algorithmus ausgeführt (äußere Schleife). In jedem Schritt werden so viele Gitterplätze auf eine Spinänderung hin untersucht, wie Spins im Gitter vorhanden sind (innere Schleife). Das heißt, im Durchschnitt wird jeder Gitterplatz einmal pro äußerem Schleifendurchlauf betrachtet. Dabei werden kontinuierlich die Werte für die Energie und die Magnetisierung gesammelt. Am Ende des Programms werden daraus die mittleren Werte des Systems berechnet und ausgegeben.

Als Eingabeparameter dienen die Gittergröße N, die reduzierte Temperatur $\tilde{T} = Tk_b/J$ und die Anzahl der Schritte der äußeren Schleife. Diese Werte werden aus einer Konfigurationsdatei ausgelesen.

Als qualitativer Test der programmierten Simulation wird mit einer Konfiguration begonnen, in der alle Gitterplätze mit +1 belegt sind. Abhängig von der Höhe der gegebenen Temperatur lässt sich eine Verringerung der Magnetisierung des Systems beobachten. Unterhalb der kritischen Temperatur (der theoretische Wert liegt bei 2.26917) bleibt die Magnetisierung erhalten. Darüber lässt sich ein Zerfall der spontanen Magnetisierung beobachten. Der Wechsel vom geordneten in den ungeordneten Zustand wird als Phasenübergang bezeichnet.

Die Abb. 24.6 zeigt den Verlauf der Magnetisierung in Abhängigkeit von der Anzahl der Spinänderungen und der gewählten Temperatur. Bei der niedrigsten

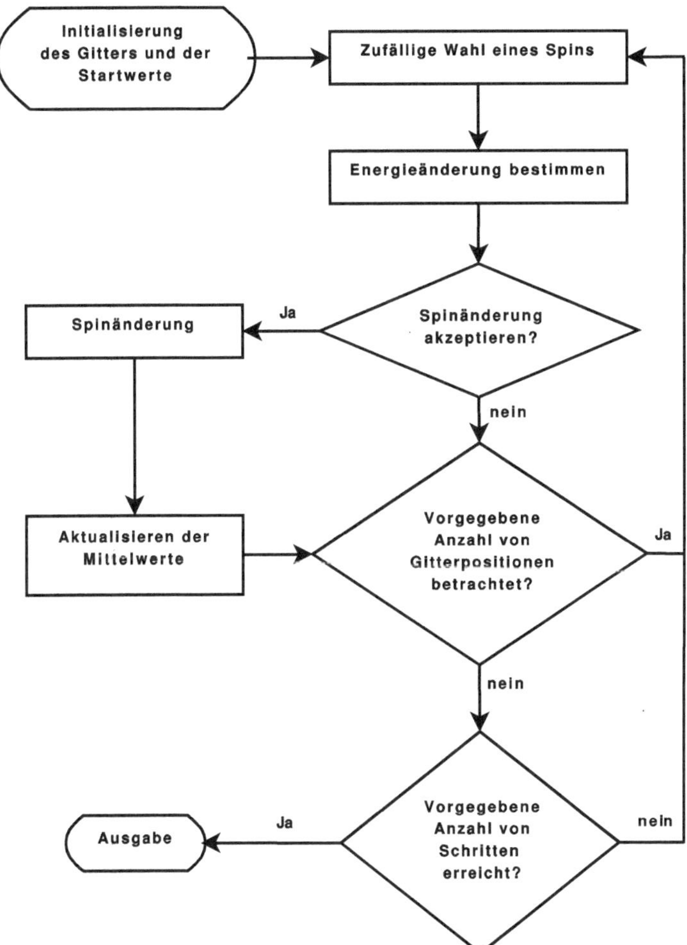

Abb. 24.5 Der Ablauf des seriellen Programms

Temperatur ist die Wahrscheinlichkeit von Spinänderungen nur sehr gering. Deshalb finden nur sehr wenige Spinänderungen statt und die ursprüngliche Ordnung und damit auch die Magnetisierung bleiben erhalten. Mit zunehmender Temperatur werden Spinänderungen leichter akzeptiert und damit häufiger. Die anfangs vorhandene Ordnung der Spins zerfällt und somit verringert sich die Magnetisierung. Im Folgenden wird die serielle Simulation hinsichtlich ihrer Laufzeit in Abhängigkeit der Eingabeparameter untersucht. Die Tests erfolgten mit der MPI-Implementierung MPICH. Wenn man die Anzahl der Schritte und die Temperatur variiert, ergibt sich Abb. 24.7. Die Laufzeit steigt linear in Abhängigkeit von der Anzahl der Schritte des Algorithmus.

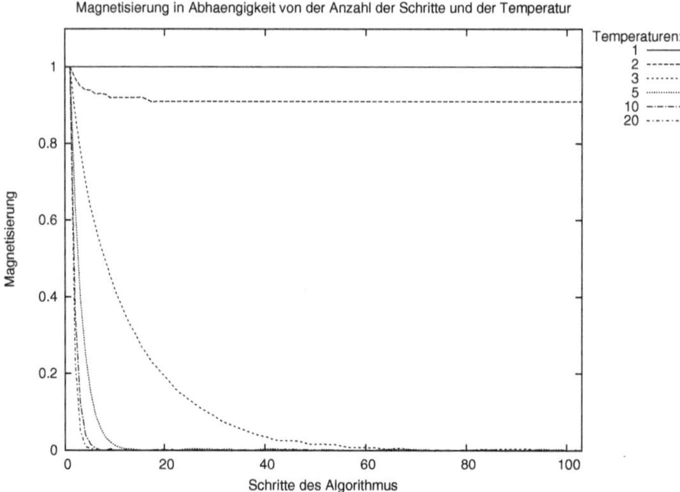

Abb. 24.6 Magnetisierung des 2-dimensionalen Ising-Modells in Abhängigkeit von der Temperatur

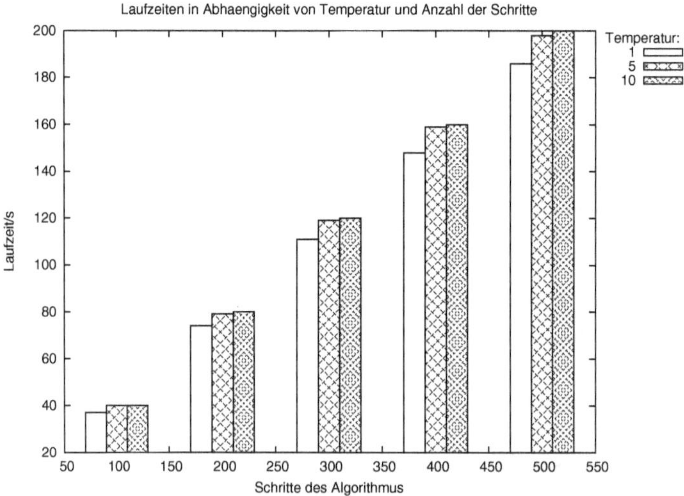

Abb. 24.7 Laufzeit des Ising-Modells in Abhängigkeit von Temperatur und Anzahl der Schritte

Die Unterschiede bezüglich der Temperatur sind nur minimal, da sie sich nur auf die Akzeptanz der Spinänderung auswirkt. Falls man Dimension und Temperatur variiert, ergibt sich Abb. 24.8.

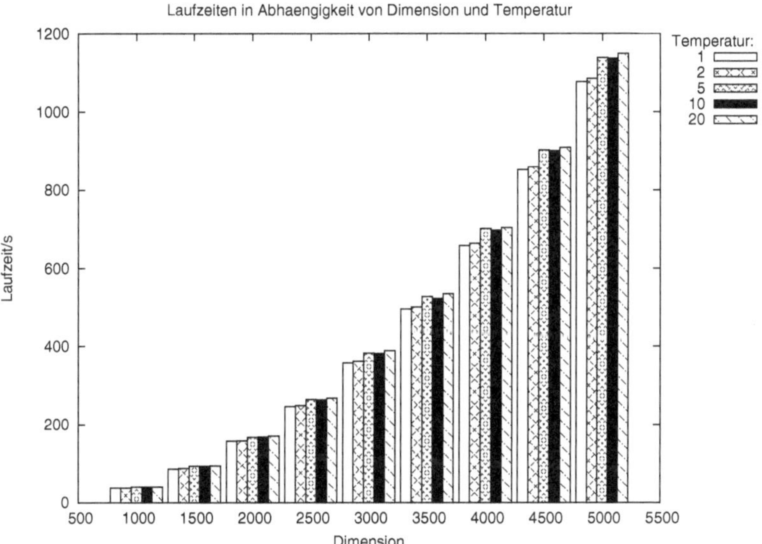

Abb. 24.8 Laufzeit des Ising-Modells in Abhängigkeit von Dimension und Temperatur

24.2.2 Die Parallelisierung mit Hilfe des „Schachbrett"-Verfahrens

Für die Parallelisierung der Simulation des Ising-Modells bietet sich die gleichmäßige Verteilung des Gitters auf die einzelnen Prozesse an (s. Abschn. 4.3.3). Jeder Prozess besitzt dann ein lokales Gitter mit lokalen Werten für Energie und Magnetisierung und führt auf seinem Gitter den Metropolis-Algorithmus durch. Im Fall von 4 Prozessen wäre z.B. die Aufteilung aus Abb. 24.9 links in zwei Zeilen und zwei Spalten möglich. Genauso gut wäre auch eine Aufteilung in vier Spalten und eine Zeile wie in Abb. 24.9 rechts möglich. Das ergibt eine Aufteilung des Gitters in Streifen. Der Kommunikationsaufwand bleibt aber im Vergleich zur vorherigen Aufteilung gleich. Die Nachbarn eines Prozesses (s. Abb. 24.10) sind die anliegenden Prozesse. Außerdem folgt aus den periodischen Randbedingungen, dass die Nachbarschaftsbeziehung auch für die gegenüberliegenden Außenränder gilt. Bei

Abb. 24.9 Verschiedene Aufteilungen in vier Prozesse

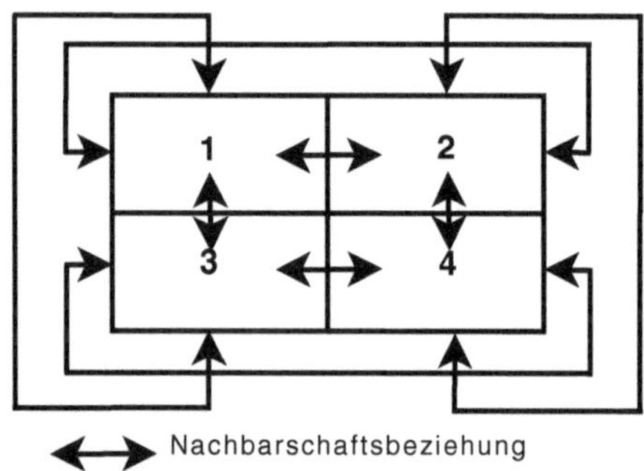

Abb. 24.10 Nachbarschaftsbeziehungen

der Aufteilung in zwei Spalten und zwei Zeilen hat Prozess 1 als linken und rechten Nachbarn Prozess 2 sowie als oberen und unteren Nachbarn Prozess 3. Bei der Aufteilung in Streifen hat Prozess 1 als linken Nachbarn Prozess 4 und als rechten Prozess 2. Der Austausch des oberen und unteren Randes erfolgt innerhalb von Prozess 1.

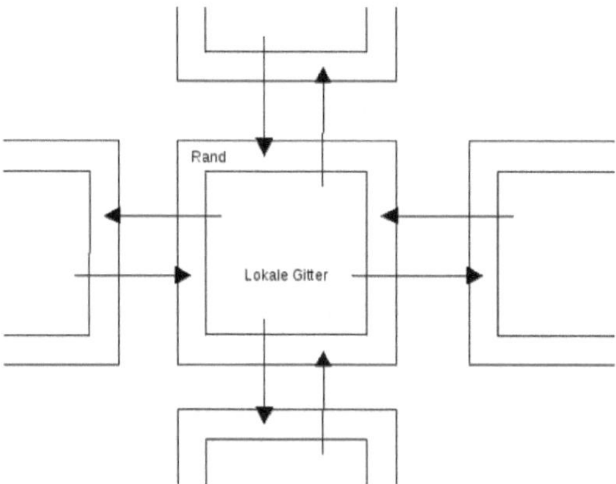

Abb. 24.11 Die Gitter der Prozesse

Das Gitter jedes Prozesses besteht aus einem lokalen Bereich, der einem Teil des Gesamtgitters aller Prozesse entspricht, und einem Rand. In diesem Rand werden Informationen über die benachbarten Prozesse gespeichert (s. Abb. 24.11). Das bedeutet, dass die erste Zeile des Gitters eines Prozesses i die letzte Zeile des lokalen Bereichs des oberen Nachbarn ist. Umgekehrt enthält der obere Nachbar in seiner letzten Gitterzeile die erste Zeile des Prozesses i. Dementsprechend enthält die erste

Zeile des unteren Nachbarn die letzte Zeile des lokalen Bereiches des Prozesses *i*. Die letzte Spalte des linken Nachbarn enthält die erste Spalte des lokalen Bereiches und die erste Spalte des rechten Nachbarn die letzte Spalte des lokalen Bereiches des Prozesses *i*.

Die Lösung ist, sich das Gitter als Schachbrett vorzustellen. Das bedeutet, dass jedem Gitterplatz eine der Farben weiß bzw. schwarz zugeordnet ist. Aufgrund der Beschränkung der Austauschwirkung auf die nächsten Nachbarn hat ein Spin auf einem weißen Gitterplatz nur schwarze Nachbarn und ein Spin auf einem schwarzen Gitterplatz nur weiße Nachbarn. Für Spinänderungen auf weißen Feldern werden deshalb nur die benachbarten schwarzen Felder, jedoch keine weißen benötigt. Dasselbe gilt umgekehrt auch für Änderungen auf den schwarzen Feldern. In Abb.

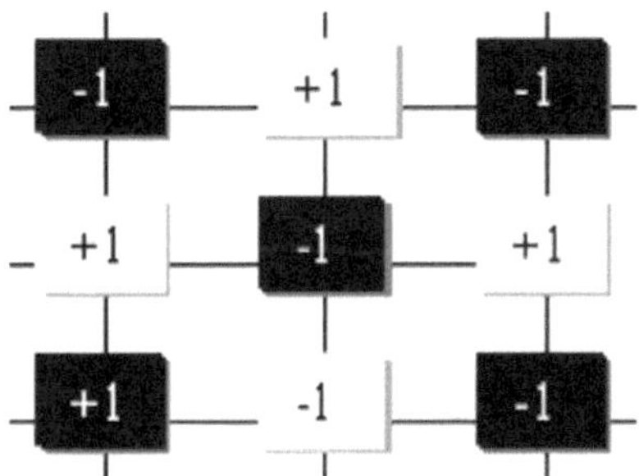

Abb. 24.12 Schachbrett

24.13 sind Prozess 1 und Prozess 2 zwei benachbarte Prozesse. Falls Prozess 1 einen weißen Spin ändert, benötigt er nur einen schwarzen Spin von Prozess 2, um die Energieänderung zu berechnen. Da aber Prozess 2 seinerseits auch nur weiße Spins verändert, beeinflussen sich die beiden Prozesse nicht gegenseitig. Des-

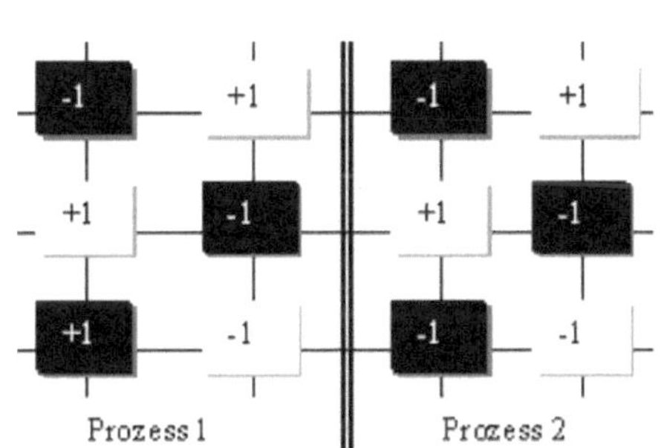

Abb. 24.13 Zwei benachbarte Prozesse

halb wird der Ablauf des Programms in zwei Abschnitte unterteilt. Im ersten wird der Metropolis-Algorithmus lokal auf die weißen Felder angewendet. Danach findet mittels MPI-Funktionen eine Kommunikation zum Austausch der Informationen

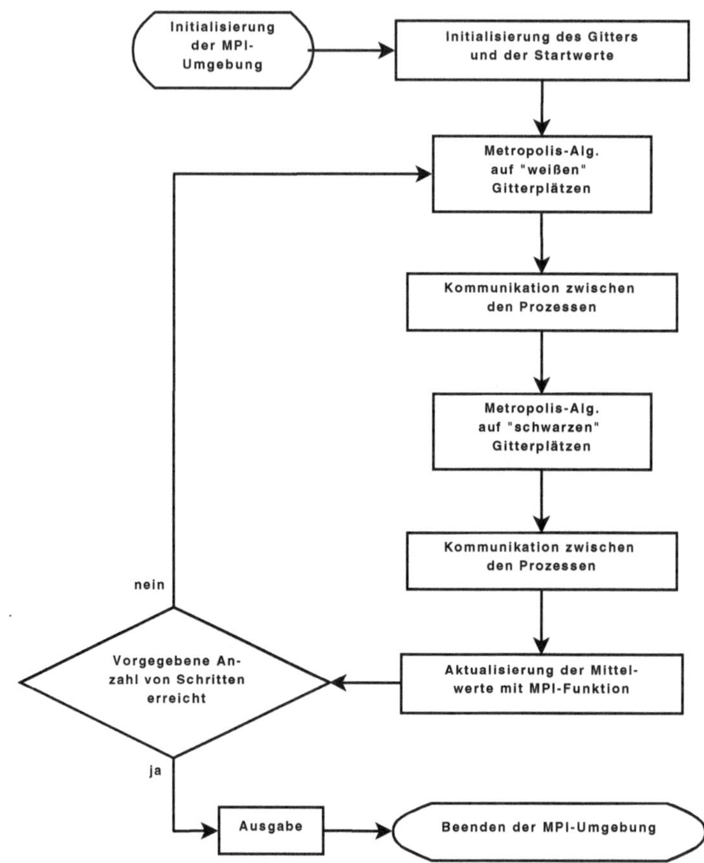

Abb. 24.14 Ablauf des parallelen Programms

in den Rändern zwischen benachbarten Prozessen statt. Dann wird der Metropolis-Algorithmus entsprechend auf die schwarzen Felder angewendet und die Informationen in den Rändern werden wieder übertragen. Zum Abschluss werden die mitgeführten Werte für Energie und Magnetisierung der lokalen Gitter gesammelt und zu denen des Gesamtsystems kumuliert.

Um zu bestimmen, ob für einen Spin S_i eine Spinänderung durchgeführt wird, muss der Ausdruck 24.1 ausgewertet werden. Dafür werden die nächsten Nachbarn dieses Spins benötigt. Da der Algorithmus die Positionen der Spinänderungen zufällig auswählt, kann nicht vorhergesagt werden, welche Gitterposition als nächstes betrachtet wird. Somit müssen vor jeder Änderung der Spins alle Informationen übertragen werden. Daher wird in diesem Fall blockierende Kommunikation verwendet. Zur Vermeidung von Verklemmungen wird die MPI-Funktion *MPI_SendRecv* benutzt.

Als Eingabeparameter dienen die Gittergröße N, die reduzierte Temperatur $\tilde{T} = Tk_b/J$ und die Anzahl der Schritte der äußeren Schleife. Außerdem lässt sich die

Aufteilung des Gitters auf die Prozesse vorgeben. Diese Werte werden aus einer Konfigurationsdatei ausgelesen. Der Metropolis-Algorithmus betrachtet jeweils $L/2$ weiße und $L/2$ schwarze Felder.

Die Magnetisierung wird im Folgenden als Magnetisierung pro Spin angegeben. Betrachtet man die Magnetisierung im Schritt i und die mittlere Magnetisierung (Durchschnitt der Magnetisierung aller Schritte von 0 bis i), unterscheiden sich die Werte in Abhängigkeit von der Anzahl der beteiligten Prozesse. In der Abb. 24.15 stehen die Bezeichnungen in der Legende für die Anzahl und Aufteilung der Prozesse in Zeilen und Spalten, also 1x4 für vier Prozesse angeordnet in einer Zeile mit vier Spalten. Die Simulationen wurden mit einer Temperatur von $\tilde{T} = 2.0$ durchgeführt. Besonders deutlich zeigen sich die Abweichungen bei der Magnetisierung. Abb. 24.16 zeigt die Ergebnisse in Abhängigkeit von der Anzahl und Aufteilung

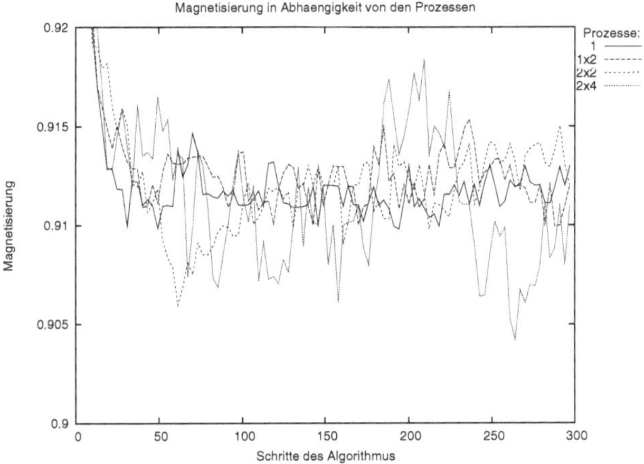

Abb. 24.15 Magnetisierung in Abhängigkeit von den Prozessen

der an der Berechnung beteiligten Prozesse. Obwohl die statistischen Schwankungen mit steigender Zahl der Prozesse zunehmen, ist deren Einfluss auf die Bildung der Mittelwerte nur gering.

24.2.3 Nutzen der Parallelisierung

Die serielle Simulation und die Parallelisierung des 2-dimensionalen Ising-Modells werden in diesem Kapitel hinsichtlich ihrer Laufzeiten verglichen. Dafür wurde der Jenaer Cluster Technische Informatik benutzt. Als MPI-Implementierungen dienten LAM/MPI und MPICH.

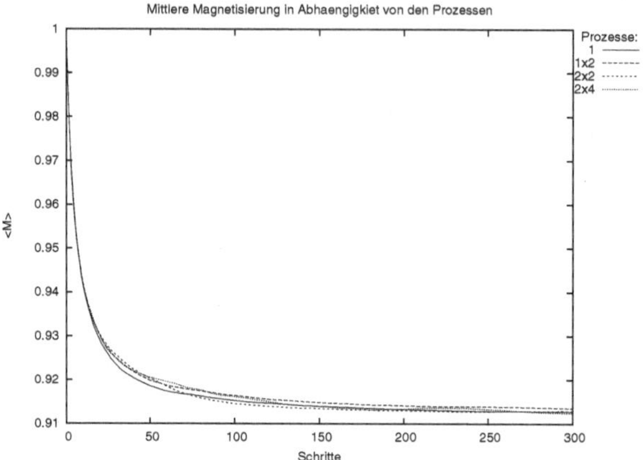

Abb. 24.16 Mittlere Magnetisierung in Abhängigkeit von den Prozessen

In den folgenden Diagrammen wird die Gittergröße variiert. Es werden immer 100 Schritte des Algorithmus durchgeführt, und die Temperatur liegt bei $\tilde{T} = 10.0$. Die Laufzeiten werden in Sekunden angegeben. Bei der Angabe der Prozesse steht 1 für die serielle Simulation. Die parallelen Varianten werden durch ihre Aufteilung des Gitters bezeichnet. Dabei steht z.B. 2x4 für 8 Prozesse, die in 2 Zeilen und 4 Spalten aufgeteilt sind. Da der Rechenaufwand quadratisch von der Dimension des Gitters, der Kommunikationsaufwand davon jedoch nur linear abhängt, erreicht die parallele Simulation bereits für niedrige Dimensionen gute Beschleunigungswerte. Zwischen den möglichen Aufteilungen der Prozesse gibt es kaum Unterschiede. Die Laufzeiten und entsprechend die Beschleunigungswerte mit MPICH verhalten sich ähnlich den Werten mit LAM/MPI.

24.3 Das Heisenberg-Modell

Das Heisenberg-Modell ist ebenso wie das Ising-Modell ein Modell für die Beschreibung ferromagnetischer Effekte. Es wurde von Werner Heisenberg (1901-1976) entwickelt. Im Gegensatz zum Ising-Modell sind die Spins beim Heisenberg-Modell Vektoren mit beliebiger Orientierung, so dass dynamische Simulationen möglich sind. Es existiert wiederum eine Austauschwechselwirkung zwischen den magnetischen Momenten. Hierbei wird wie beim Ising-Modell die Wechselwirkung nur zwischen benachbarten Spins betrachtet. Die Spins besitzen jetzt außerdem nicht mehr nur die Werte ± 1, sondern werden durch Vektoren mit dem Betrag 1 repräsentiert. Sie werden im Folgenden mit $\overrightarrow{m}$ bezeichnet ($|\overrightarrow{m}| = 1$). Zusätzlich

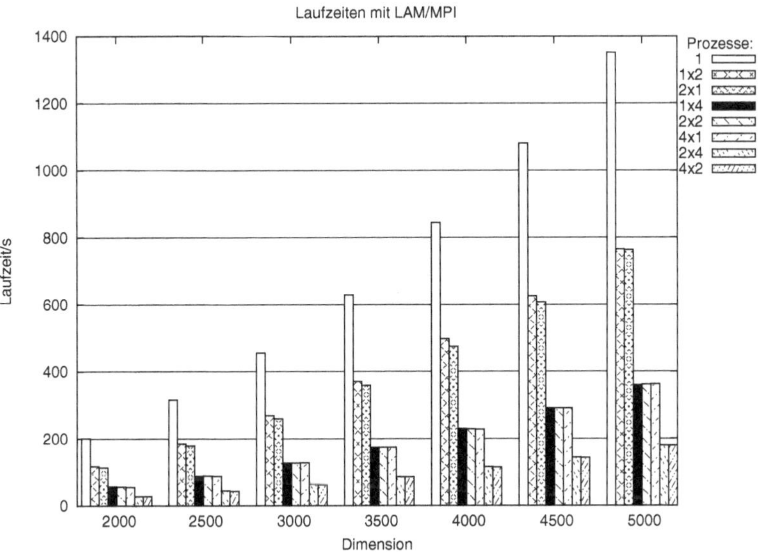

Abb. 24.17 Die Laufzeiten des Ising-Modells mit LAM/MPI auf dem Jenaer Cluster Technische Informatik

zur Austauschwechselwirkung wird ein äußeres Feld $\overrightarrow{H}_{ext}$ berücksichtigt. Die Energie des Systems lautet dann

$$E = \sum_{\langle i,j \rangle} J_{ij}(\overrightarrow{m}_i \overrightarrow{m}_j) - \sum_i \overrightarrow{m}_i \overrightarrow{H}_{ext}. \tag{24.3}$$

J_{ij} beschreibt wieder die Stärke der Austauschkopplung zwischen den Spins an den Gitterplätzen i und j. Es werden wieder die periodischen Randbedingungen angenommen. Das Heisenberg-Modell lässt sich nicht wie die 1- und 2- dimensionalen Varianten des Ising-Modells analytisch, sondern nur durch Computersimulationen lösen. Die magnetischen Momente erzeugen magnetische Felder, die auf die einzelnen Spins wirken:

$$\overrightarrow{H} = -\frac{1}{\mu} \frac{\partial E}{\partial \overrightarrow{m}}.$$

Ersetzt man die Energie E durch 24.3 erhält man für den Spin $\overrightarrow{m}_i$ auf dem Gitterplatz i

$$\overrightarrow{H}_i = \frac{1}{\mu} \sum_{\langle i,j \rangle} J_{ij} \overrightarrow{m}_j + \overrightarrow{H}_{ext}$$

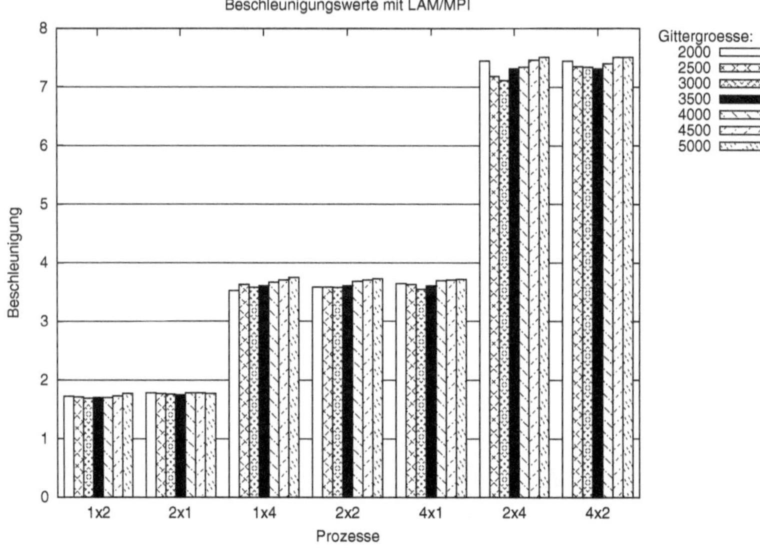

Abb. 24.18 Die Beschleunigungswerte des Ising-Modells mit LAM/MPI auf dem Jenaer Cluster Technische Informatik

Als Vereinfachung gilt, wie beim Ising-Modell, $J_{ij} = J$, falls i und j nächste Nachbarn sind und ansonsten $J_{ij} = 0$. Damit ist

$$\overrightarrow{H}_i = \frac{J}{\mu} \sum_{\langle i,j \rangle} \overrightarrow{m}_j + \overrightarrow{H}_{ext}.$$

Das lässt sich mit $\tilde{J} = \frac{J}{\mu}$ vereinfachen zu

$$\overrightarrow{H}_i = \tilde{J} \sum_{\langle i,j \rangle} \overrightarrow{m}_j + \overrightarrow{H}_{ext}, \tag{24.4}$$

Die Bewegungsgleichung, die die Präzession der magnetischen Momente ohne Energiedissipation beschreibt, lautet [15]

$$\frac{d\overrightarrow{m}_i}{dt} = -\gamma[\overrightarrow{m}_i \times \overrightarrow{H}_i],$$

wobei γ das sog. gyromagnetische Verhältnis bezeichnet. Ersetzt man γdt durch $d\tau$, erhält man

$$\frac{d\overrightarrow{m}_i}{d\tau} = -[\overrightarrow{m}_i \times \overrightarrow{H}_i]. \tag{24.5}$$

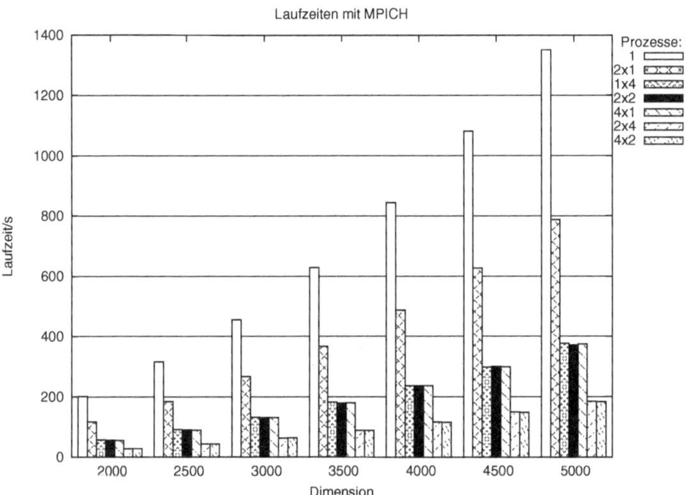

Abb. 24.19 Die Laufzeiten des Ising-Modells mit MPICH auf dem Jenaer Cluster Technische Informatik

Die Gleichungen 24.3 - 24.5 werden in der Simulation eingesetzt.

24.3.1 Die serielle Simulation des Heisenberg-Modells

Für die Integration der geltenden Bewegungsgleichung 24.5 wird das Heun-Verfahren [16] (s. Kap. 8) verwendet. Dabei wird zuerst mit Hilfe des Euler-Verfahrens ein vorläufiger Wert für $\overrightarrow{m}_i^{(t+1)}$, der sog. Prädiktor ($\overrightarrow{m}_i^{(t')}$), bestimmt. Im Korrekturschritt mittelt man die Steigungswerte des alten Ortes und die des Prädiktorschrittes. Die Gleichung für den Prädiktorschritt lautet dann

$$\overrightarrow{m}_i^{(t')} = \overrightarrow{m}_i^{(t)} + dt[-\overrightarrow{m}_i^{(t)} \times \overrightarrow{H}_i^{(t)}],$$

wobei sich $\overrightarrow{H}_i^{(t)}$ aus $\overrightarrow{m}_j^{(t)}$ mittels 24.4 berechnet:

$$\overrightarrow{H}_i^{(t)} = \tilde{J} \sum_{\langle i,j \rangle} \overrightarrow{m}_j^{(t)} + \overrightarrow{H}_{ext}.$$

Für den Korrekturschritt gilt

$$\overrightarrow{m}_i^{(t+1)} = \overrightarrow{m}_i^{(t)} + \frac{dt}{2}(-\overrightarrow{m}_i^{(t)} \times \overrightarrow{H}_i^{(t)} - \overrightarrow{m}_i^{(t')} \times \overrightarrow{H}_i^{(t')}),$$

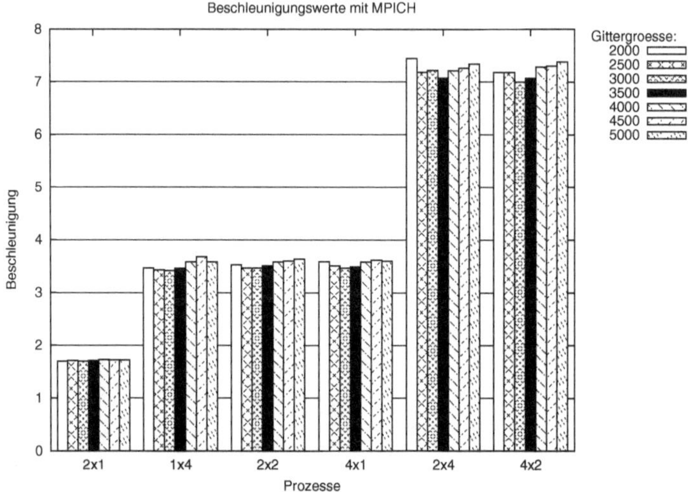

Abb. 24.20 Die Beschleunigungswerte des Ising-Modells mit MPICH auf dem Jenaer Cluster Technische Informatik

wobei sich $\overrightarrow{H}_i^{(t')}$ wiederum aus $\overrightarrow{m}_j^{(t')}$ mittels 24.4 berechnet :

$$\overrightarrow{H}_i^{(t')} = \tilde{J} \sum_{\langle i,j \rangle} \overrightarrow{m}_j^{(t')} + \overrightarrow{H}_{ext}.$$

Als Eingabeparameter der Simulation dienen das äußere Feld $\overrightarrow{H}_{ext}$, die Anzahl der Zeiteinheiten, die simuliert werden, und die Schrittweite des Verfahrens dt. Die Genauigkeit des Verfahrens hängt von der Schrittweite dt ab. Der Fehler des Heun-Verfahrens liegt in $O(dt^2)$. Zu Beginn der Simulation besitzen alle Spins eine zufällige Orientierung. Um die Simulation zu überprüfen, wurden zwei qualitative Tests benutzt. Aufgrund der Abwesenheit des Dissipationsterms in Gleichung (24.5) bleibt die Gesamtenergie des Systems erhalten, was das Programm im Rahmen des Verfahrensfehlers auch zeigen konnte.

Für Schrittweiten $dt > 0.01$ sind die Ergebnisse unbrauchbar. Kleinere Schrittweiten ergeben jedoch keine erheblichen Verbesserungen. Deshalb wird für die weiteren Simulationen die Schrittweite $dt = 0.01$ benutzt. Als zweites wurde die Simulation mit einem äußeren Feld und ohne Wechselwirkung zwischen den Spins gestartet. In diesem Falle präzessieren die Spins um das äußere Feld herum. Die Präzession bezeichnet eine Kreiselbewegung des Spins um den Vektor des äußeren Feldes.

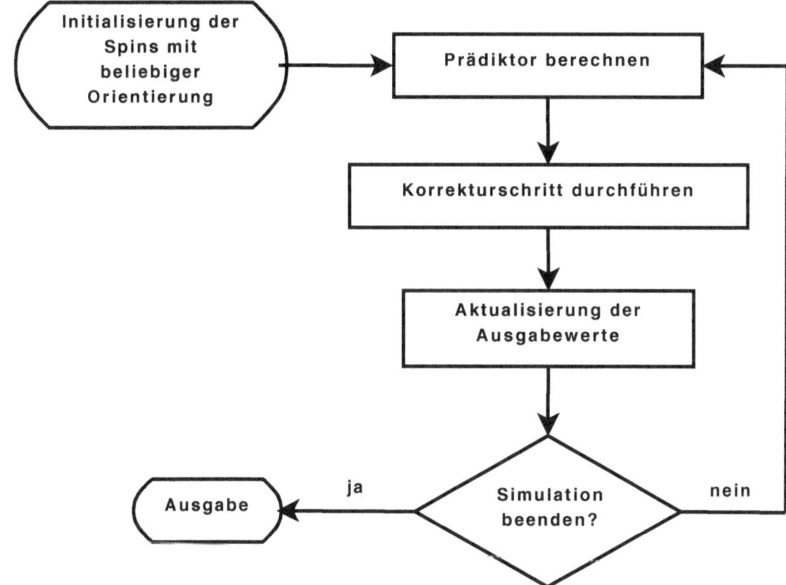

Abb. 24.21 Ablauf des seriellen Programms

24.3.2 Das parallele Programm mit nicht-blockierender Kommunikation

Bei der parallelen Umsetzung des Heisenberg-Modells wird, wie schon beim Ising-Modell, das Gitter gleichmäßig auf die einzelnen Prozesse verteilt. In den zusätzlichen Rändern werden die benachbarten magnetischen Momente der anliegenden Prozesse gespeichert. Das erfordert wiederum einen regelmäßigen Austausch zwischen den Prozessen, um die Informationen in den Randgitterplätzen konsistent zu halten. Benachbarte Prozesse müssen somit nach jeder Änderung der magnetischen Momente im Laufe der Berechnung kommunizieren.

Der einfachste Ansatz ist, die Kommunikation wie beim Ising-Modell blockierend zu gestalten. Während der Kommunikation zwischen den Prozessen kann beim Ising-Modell nicht gerechnet werden, da für den Algorithmus alle übertragenen Informationen benötigt werden. Dagegen lässt sich die Kommunikation beim Heisenberg-Modell parallel zur Berechnung durchführen. Deshalb ist es besser, nicht blockierende Kommunikation zu verwenden. Das Gitter jedes Prozesses (s. Abb. 24.22) besitzt wie beim Ising-Modell einen äußeren Rand, der die magnetischen Momente der Nachbarn enthält. Daran schließt sich der innere Rand des Gitters an, der die Spins enthält, die zu den Nachbarn übertragen werden. Der innerste Bereich des Gitters schließlich wird nur für die lokale Berechnung verwendet und hat keinen Kontakt zu den benachbarten Prozessen.

Zunächst wird die Kommunikation mit den Nachbarn initialisiert, d.h., die magnetischen Momente im inneren Rand werden an die Nachbarn versendet und von

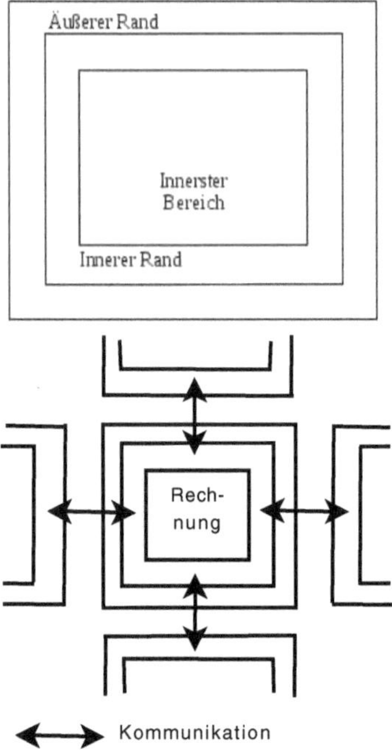

Abb. 24.22 Aufteilung auf parallele Prozesse

den Nachbarn werden die magnetischen Momente für den äußeren Rand empfangen. Da für die Berechnung nur die nächsten Nachbarn verwendet werden, kann die Berechnung im innersten Bereich bereits durchgeführt werden.

Die Kommunikation wird mittels nicht blockierender MPI-Funktionen durchgeführt. Diese werden zu Beginn des Programmes mit *MPI_Send_init* und *MPI_Recv_init* vorbereitet. Der Aufruf in der Update-Routine erfolgt dann nur noch mit *MPI_Startall*. Nach Abschluss der Berechnung im innersten Bereich wird mit *MPI_Waitall* gewartet, bis alle Kommunikationsoperationen abgeschlossen wurden, damit alle Informationen im äußeren Rand vorliegen. Jetzt können auch die magnetischen Momente im inneren Rand aktualisiert werden. Abb. 24.23 verdeutlicht den Ablauf des parallelen Programms. Berechnung und Kommunikation werden jetzt nicht mehr wie beim Ising-Modell nacheinander, sondern gleichzeitig durchgeführt. Parallel zur Berechnung des Prädiktors findet der Austausch von $\overrightarrow{m}_i^{(t)}$ in der 1. Kommunikationsphase statt. In der 2. Kommunikationsphase werden die Werte des Prädiktors $\overrightarrow{m}_i^{(t')}$ ausgetauscht. Währenddessen wird der Korrekturschrittt durchgeführt.

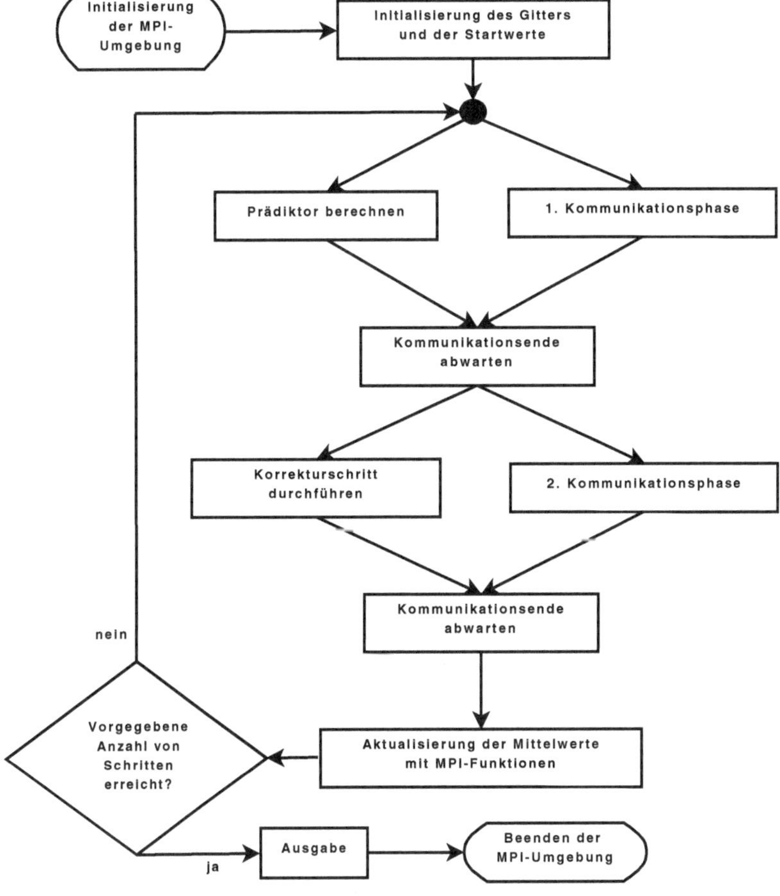

Abb. 24.23 Ablauf des parallelen Programms

24.3.3 Vergleich des seriellen und des parallelen Programms

Die seriellen und parallelen Simulationen des Heisenberg-Modells wurden auf dem Cluster getestet und anschließend hinsichtlich ihrer Performanz verglichen. Für die Messung werden 10 Zeiteinheiten mit einer Schrittweite $dt = 0.001$ berechnet, d.h., es werden 10000 Schritte des Algorithmus durchgeführt. Die Austauschwechselwirkung zwischen den Spins wird auf $J = 1.0$ gesetzt. Ein äußeres Feld wird nicht berücksichtigt. Als MPI-Implementierungen dienten LAM/MPI und MPICH. Abb. 24.24 zeigt die Laufzeit des Heisenberg-Modells auf dem Jenaer Cluster Technische Informatik. Daraus ergibt sich die Abb. 24.25 für die Beschleunigung. Die Unterschiede zwischen den verschiedenen Verteilungen des Gitters auf die Prozesse sind wie beim Ising-Modell gering. Die mit MPICH resultierenden Beschleunigungswerte sind in Abb. 24.26 dargestellt. Die erreichten Beschleunigungswerte sind nicht

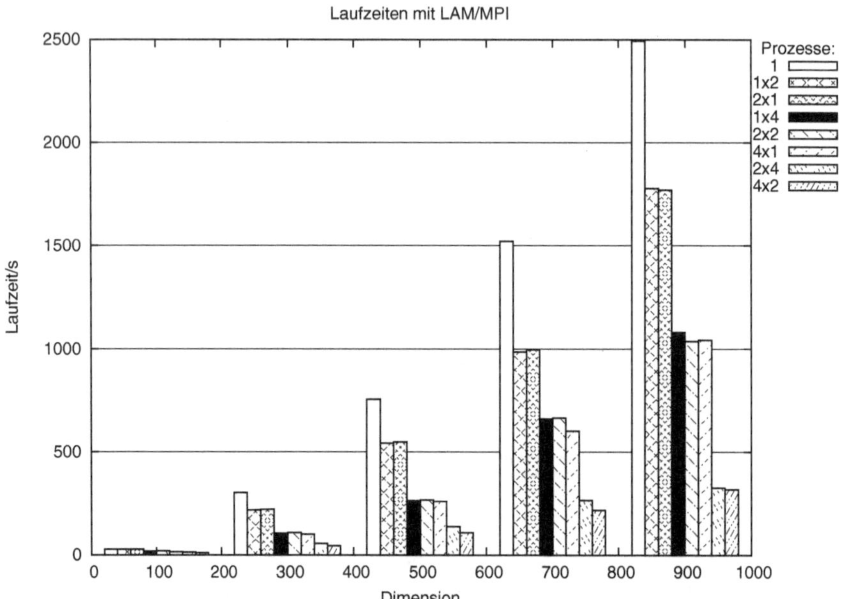

Abb. 24.24 Die Laufzeiten des Heisenberg-Modells mit LAM/MPI auf dem Jenaer Cluster Technische Informatik

ganz so gut wie die von LAM /MPI. Der Portabilitätsvorteil von MPICH scheint sich in einem Performanceverlust niederzuschlagen.

24.4 Das Modell eines magnetodipolaren Glases

Als letztes physikalisches Modell wird ein ungeordnetes System kleiner magnetischer Teilchen betrachtet. Diese Teilchen sind nicht mehr (wie beim Ising- oder Heisenberg-Modell) in einem Gitter angeordnet, sondern zufällig in einem 3-dimensionalem Raum verteilt. Sie werden in diesem Modell als Kugeln mit einem festgelegten Radius $R_0 > 0$ dargestellt ($V_0 = \frac{4\pi}{3}R_0^3$). Der Vektor zwischen den Teilchen i und j wird mit $\overrightarrow{\rho}_{ij}$ bezeichnet. Bei der Wahl der Positionen am Anfang der Simulation muss dafür gesorgt werden, dass der Abstand zwischen den Teilchen groß genug ist, damit sich die Teilchen nicht überlappen. Da wieder die periodischen Randbedingungen gelten, müssen auch die dadurch entstandenen „Phantome“ geprüft werden.

Die Änderung der Magnetisierung eines Teilchens wird durch die Bewegung eines Vektors $\overrightarrow{\mu}$ dargestellt. Daher kann wieder die Bewegungsgleichung aus [15] verwendet werden, um die Rotation der magnetischen Momente zu beschreiben. Die Ausfüllung des Raumes wird durch die Volumenkonzentration c bestimmt. Betrachtet werden in diesem Fall Werte $0 < c \leq 0.2$. Aus den Werten für die Anzahl

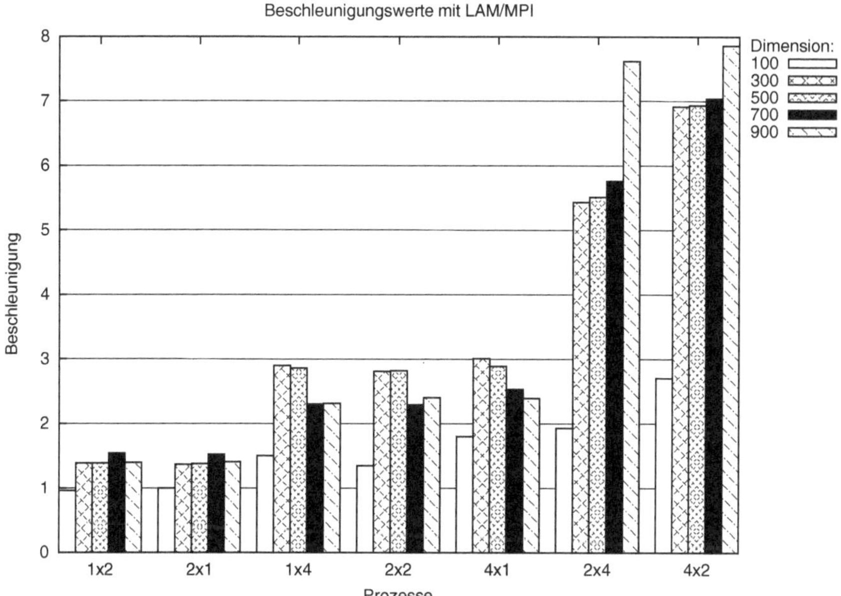

Abb. 24.25 Die Beschleunigungswerte des Heisenberg-Modells mit LAM/MPI auf dem Jenaer Cluster Technische Informatik

der Teilchen N und der Volumenkonzentration c wird die Kantenlänge L des zur Verfügung stehenden Kubus bestimmt.

Es wird auch wieder der Einfluss eines externen Feldes $\overrightarrow{H}_{ext}$ auf die Spins angenommen. Zwischen allen Teilchen existiert im Prinzip eine magnetodipolare Wechselwirkung. Da aufgrund der periodischen Randbedingungen unendlich viele Teilchen berücksichtigt werden müssen, ist die Berechnung aller Wechselwirkungen unmöglich. Deshalb wird die Lorentz-Kugel-Methode [15] in der Simulation benutzt. Innerhalb einer Kugel mit dem kritischen Radius R_c um ein Teilchen i werden die Wechselwirkungen exakt berechnet. Der Bereich außerhalb der Kugel wird als homogen magnetisiert angenommen. Für den Radius R_c der Kugel ist bei diesem Modell der zweifache mittlere durchschnittliche Abstand $\langle \Delta r \rangle$ zwischen den Teilchen ausreichend [17].

Zusätzlich besitzen alle Teilchen eine magnetische Anisotropie, die auch die Ausrichtung der magnetischen Momente beeinflusst. Sie wird durch eine Anisotropieachse $\overrightarrow{n}$ dargestellt.

Die Energie E des Systems besteht aus den Werten für die Energie im äußeren Feld E_{ext}, der Anisotropieenergie E_{an} und der dipolaren Energie E_{dip}:

$$E = E_{ext} + E_{an} + E_{dip}$$

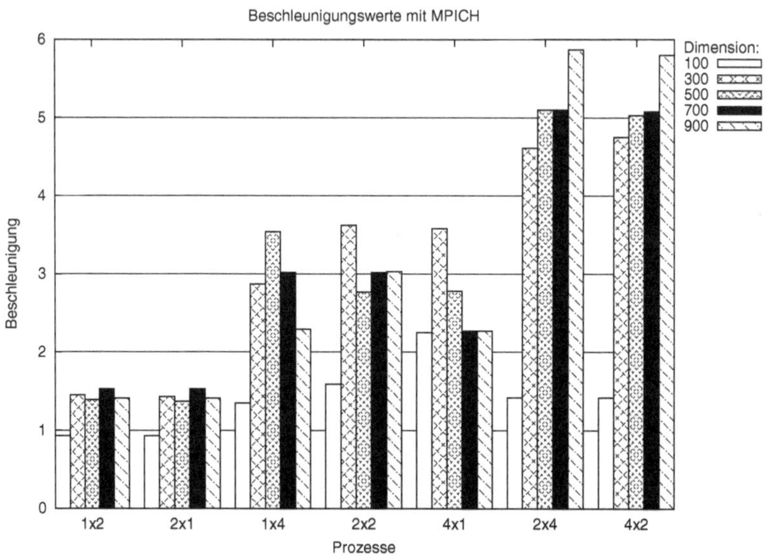

Abb. 24.26 Die Beschleunigungswerte des Heisenberg-Modells mit MPICH auf dem Jenaer Cluster Technische Informatik

Die Energie im äußeren Feld E_{ext} ist $E_{ext} = -\overrightarrow{H}_{ext}\overrightarrow{\mu}$. Es wird davon ausgegangen, dass alle Teilchen eine uniaxiale Anisotropie besitzen. Die Anisotropieenergie E_{an} ist daher

$$E_{an} = -KV_0 sin^2\theta,$$

wobei θ den Winkel zwischen dem magnetischen Moment $\overrightarrow{\mu}$ und der Anisotropieachse $\overrightarrow{n}$ eines Teilchens darstellt und K die Anisotropiekonstante bezeichnet. Die dipolare Energie ist

$$E_{dip} = \frac{1}{2}\sum_{i\neq j}\frac{3(\overrightarrow{\mu}_i\overrightarrow{e}_{ij})(\overrightarrow{\mu}_j\overrightarrow{e}_{ij}) - (\overrightarrow{\mu}_i\overrightarrow{\mu}_j)}{|\overrightarrow{\rho}_{ij}|^3}.$$

Dabei bezeichnet $\overrightarrow{e}_{ij}$ den Einheitsvektor $\overrightarrow{e}_{ij} = \frac{\overrightarrow{\rho}_{ij}}{|\overrightarrow{\rho}_{ij}|}$. Entsprechend setzen sich die magnetischen Felder $\overrightarrow{H}$, die die Ausrichtung der Spins beeinflussen, aus dem äußeren Feld $\overrightarrow{H}_{ext}$, dem Anisotropiefeld $\overrightarrow{H}_{an}$ und dem dipolaren Wechselwirkungsfeld $\overrightarrow{H}_{dip}$ zusammen:

$$\overrightarrow{H} = \overrightarrow{H}_{ext} + \overrightarrow{H}_{an} + \overrightarrow{H}_{dip}$$

Für das Anisotropiefeld $\overrightarrow{H}_{an}$ gilt $\overrightarrow{H}_{an} = -\frac{\partial E_{an}}{\partial \overrightarrow{\mu}}$ und für das dipolare Wechselwirkungsfeld

$$\overrightarrow{H}_{dip} = \sum_{i \neq j} \frac{3\overrightarrow{e}_{ij}(\overrightarrow{e}_{ij}\overrightarrow{\mu}_{ij}) - \overrightarrow{\mu}_{ij}}{\left|\overrightarrow{\rho}_{ij}\right|^3}.$$

Wie beim Heisenberg-Modell beeinflussen die Felder die magnetischen Momente. Deshalb gilt wieder die bereits bekannte Bewegungsgleichung 24.5. Darüber hinaus wird eine Dämpfung der Bewegung der Momente angenommen, die durch den Dämpfungsfaktor λ bestimmt wird. Daraus ergibt sich die für dieses Modell geltende Bewegungsgleichung

$$\frac{d\overrightarrow{\mu}_i}{dt} = \gamma[\overrightarrow{\mu}_i \times \overrightarrow{H}_i] - \gamma\lambda[\overrightarrow{\mu}_i \times [\overrightarrow{\mu}_i \times \overrightarrow{H}_i]].$$

24.4.1 Die serielle Simulation

Für die serielle Simulation werden im Folgenden reduzierte Varianten der Variablen des Modells benutzt (Tabelle 24.1). Dafür werden lineare Größen mit R_0, Felder mit M_S und Energien mit $M_S^2 V_0$ reduziert (M_S bezeichnet die Sättigungsmagnetisierung). Das reduzierte magnetische Moment $\overrightarrow{m}$ eines Teilchens ergibt sich als $\overrightarrow{m} = \frac{\overrightarrow{\mu}}{M_S V_0}$. Außerdem wird die reduzierte Anisotropiekonstante $\beta = \frac{2K}{M_S^2}$ benutzt. Der Wert für

Größe des Modells	Reduzierte Größe
L	$\tilde{L} = \frac{L}{R_0}$
$\overrightarrow{\rho}_{ij}$	$\overrightarrow{r}_{ij} = \frac{\overrightarrow{\rho}_{ij}}{R_0}$
$\overrightarrow{H}_{ext}$	$\overrightarrow{h}_{ext} = \frac{\overrightarrow{H}_{ext}}{M_S}$
$\overrightarrow{H}_{an}$	$\overrightarrow{h}_{an} = \frac{\overrightarrow{H}_{an}}{M_S} = \beta(\overrightarrow{m} \cdot \overrightarrow{n}) \cdot \overrightarrow{n}$
$\overrightarrow{H}_{dip}$	$\overrightarrow{h}_{dip} = \frac{\overrightarrow{H}_{dip}}{M_S} = \frac{4\pi}{3} \sum_{i \neq j} \frac{3\overrightarrow{e}_{ij}(\overrightarrow{e}_{ij}\overrightarrow{m}_{ij}) - \overrightarrow{m}_{ij}}{\left|\overrightarrow{r}_{ij}\right|^3}$
E_{ext}	$\tilde{E}_{ext} = -\sum_i \overrightarrow{h}_{ext}\overrightarrow{m}_i$
E_{an}	$\tilde{E}_{an} = \frac{E_{an}}{M_S^2 V_0} = \frac{\beta}{2}(N - \sum_i (\overrightarrow{m}_i \overrightarrow{n}_i)^2)$
E_{dip}	$\tilde{E}_{dip} = \frac{E_{dip}}{M_S^2 V_0} = \frac{2\pi}{3} \sum_{i \neq j} \frac{3(\overrightarrow{m}_i \overrightarrow{e}_{ij})(\overrightarrow{m}_j \overrightarrow{e}_{ij}) - (\overrightarrow{m}_i \overrightarrow{m}_j)}{\left|\overrightarrow{r}_{ij}\right|^3}$

Tabelle 24.1 Die reduzierten Variablen

die reduzierte Kantenlänge wird aus der Volumenkonzentration c errechnet:

$$c = \frac{V_{part}}{V_{cube}} = \frac{NV_0}{L^3} = \frac{4N\pi R_0^3}{3L^3} = \frac{4\pi N}{3\tilde{L}^3}$$

wobei V_{part} das Volumen aller Teilchen und V_{cube} das Volumen des Kubus bezeichnet. Somit ist $\tilde{L} = \sqrt[3]{\frac{4\pi N}{3c}}$. Die reduzierte Energie $\tilde{E}$ berechnet sich dann als

$\tilde{E} = \tilde{E}_{ext} + \tilde{E}_{an} + \tilde{E}_{dip}$. Entsprechend ist der Ausdruck für die reduzierten magnetischen Felder $\overrightarrow{h} = \overrightarrow{h}_{ext} + \overrightarrow{h}_{an} + \overrightarrow{h}_{dip}$

Die reduzierte Bewegungsgleichung lautet

$$\frac{d\overrightarrow{m}_i}{dt} = [\overrightarrow{m}_i \times \overrightarrow{h}_i] - \lambda [\overrightarrow{m}_i \times [\overrightarrow{m}_i \times \overrightarrow{h}_i]] \tag{24.6}$$

mit t als reduzierte Zeit $t = \tau \gamma M_s$. Diese Differentialgleichung wird wie beim Heisenberg-Modell mit dem Heun-Verfahren gelöst. Als Eingabeparameter für die serielle Simulation (s. Abb. 24.27) dienen

- die Anzahl der Teilchen N
- die Konzentration c
- die Anisotropiekonstante β
- der Dämpfungsfaktor λ
- die Zeitauflösung dt
- die Startwerte der Momente
- die Anisotropieachsen

Die Werte der Eingabeparameter werden aus einer Konfigurationsdatei ausgelesen.

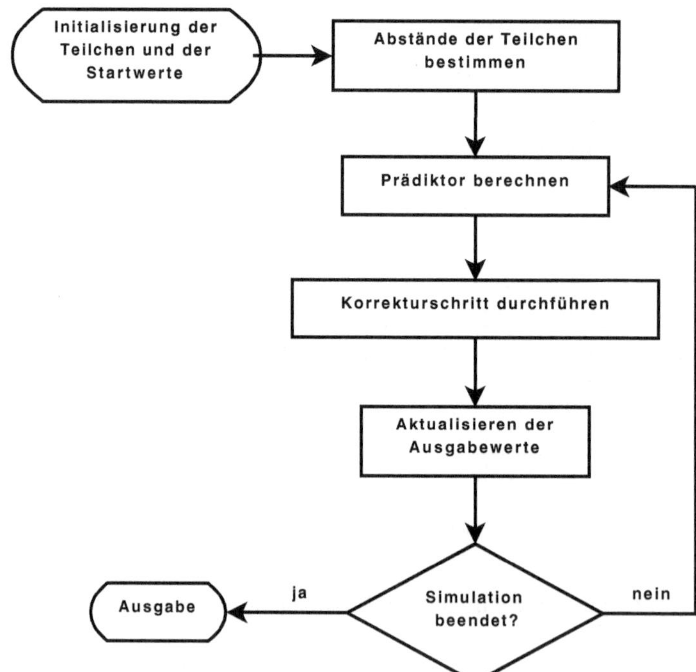

Abb. 24.27 Ablauf des seriellen Programms

Um die Richtigkeit der seriellen Simulation zu überprüfen, wurde das Programm den folgenden Tests unterzogen:

1. Zuerst wird die Magnetisierungsdynamik im äußeren Feld $\overrightarrow{H}_{ext}$ untersucht, um die Berechnung des Einflusses des äußeren Feldes auf die magnetischen Momente zu testen. Die magnetodipolare Wechselwirkung und die Anisotropie werden dabei außer Acht gelassen. Die magnetischen Momente besitzen alle die gleiche Anfangsausrichtung

$$\overrightarrow{m} = (m_x, m_y, m_z) = (0.1, 0.1, \sqrt{1 - 0.02}).$$

Durch das Einwirken eines konstanten äußeren Feldes $\overrightarrow{h} = (h_x, h_y, h_z) = (0, 0, 5)$ und die Dämpfung fangen die Spins an, sich nach dem äußeren Feld auszurichten. Das entsprechende Bild entspricht qualitativ der Abb. 24.28.

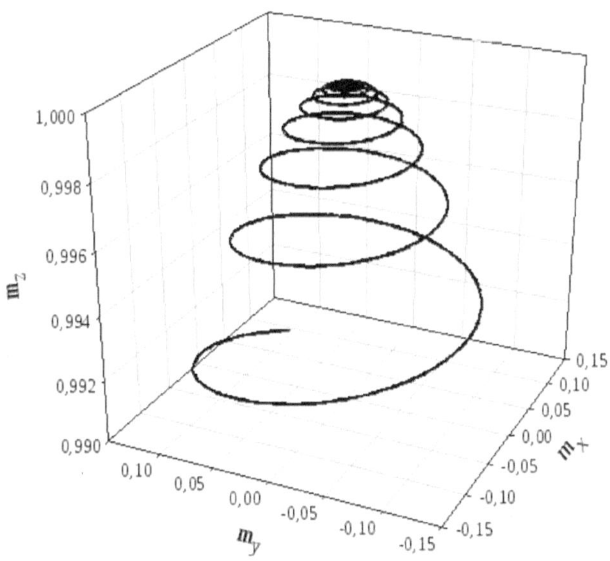

Abb. 24.28 Präzession eines Spins im äußeren Magnetfeld

2. Auf die gleiche Art wird die Berechnung der Anisotropiefelder überprüft. Die magnetodipolare Wechselwirkung und das äußere Feld werden diesmal außer Acht gelassen. Die magnetischen Momente besitzen wieder alle die gleiche Anfangsausrichtung wie in Test 1 und die gleiche Anisotropieachse $(0, 0, 1)$. Die Spins richteten sich in diesem Fall nach der Anisotropieachse aus.

3. In diesem Test wird eine Hystereseschleife simuliert. Wieder wird die magnetodipolare Wechselwirkung ignoriert. Die Spins besitzen die gleiche Anfangsausrichtung wie in Test 1 und die Anisotropieachsen sind zufällig verteilt. Unter-

sucht wird nun eine quasistatische Magnetisierung. Das äußere Feld wird zu Beginn auf $(0,0,H_{max})$ gesetzt. Anschließend wird es schrittweise verringert, bis es $(0,0,-H_{max})$ erreicht. Danach werden die Änderungen am äußeren Feld in umgekehrter Reihe vollzogen. Dabei wird nach jeder Änderung gewartet, bis sich die Momente entlang des Feldes ausgerichtet haben. Immer wenn sich ein Gleichgewicht einstellt, wird das äußere Feld verändert. Gemittelt über alle Teilchen entsteht dann eine Hystereseschleife. Da keine magnetodipolare Wechselwirkung vorhanden ist, hat die Konzentration keinen Einfluss auf das Ergebnis (s. Abb. 24.29).

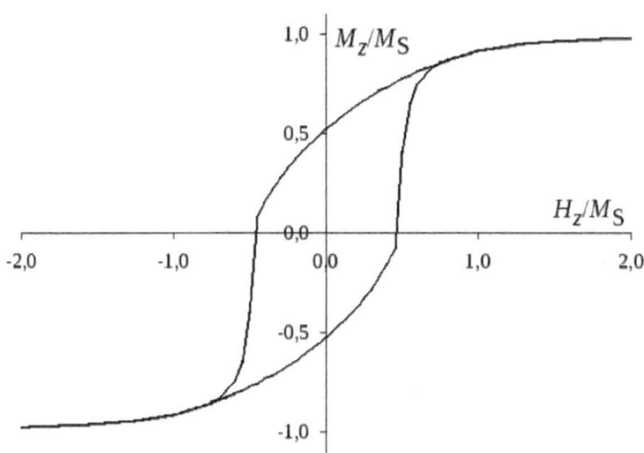

Abb. 24.29 Hystereseschleife ohne dipolare Wechselwirkung

4. Die Hystereseschleife aus 3. wird diesmal unter Berücksichtigung der dipolaren Wechselwirkung simuliert, so dass sich die Konzentration jetzt auf die Ergebnisse auswirkt (s. Abb. 24.30).

5. Im letzten Test wird ein dynamischer Ummagnetisierungsprozess unter Berücksichtigung der magnetodipolaren Wechselwirkung simuliert. Die magnetischen Momente und die Anisotropieachsen sind zufällig ausgerichtet. Zuerst wird das äußere Feld auf $(0,0,2)$ eingestellt. Die Momente richten sich dann danach aus. Anschließend wird das Feld auf $(0,0,-2)$ eingestellt. Gemittelt über alle Teilchen ergibt sich Abb. 24.31.

24.4.2 Die parallele Umsetzung des Modells

Anders als bei den vorherigen Modellen wird der 3-dimensionale Raum bei der Parallelisierung nicht in Quader, sondern in Schichten aufgeteilt. Die Aufteilung in Schichten hat den Vorteil, dass statt der möglichen 26 angrenzenden Nachbarn im 3-dimensionalen Raum nur zwei existieren. Das erlaubt die Verwendung einer Ringstruktur für die Kommunikation wie in Abb. 24.32. Dabei kommuniziert jeder

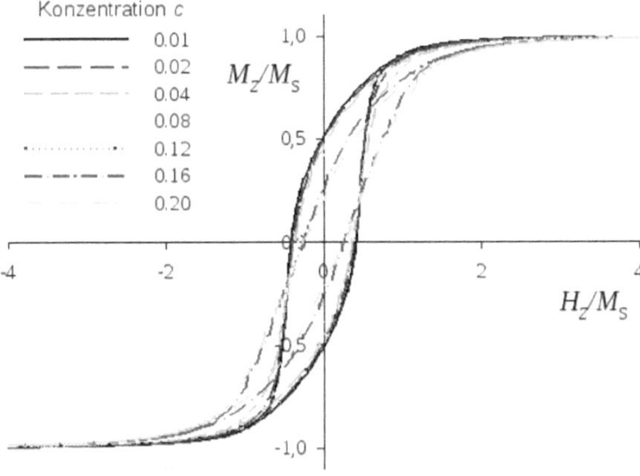

Abb. 24.30 Hystereseschleife mit dipolarer Wechselwirkung

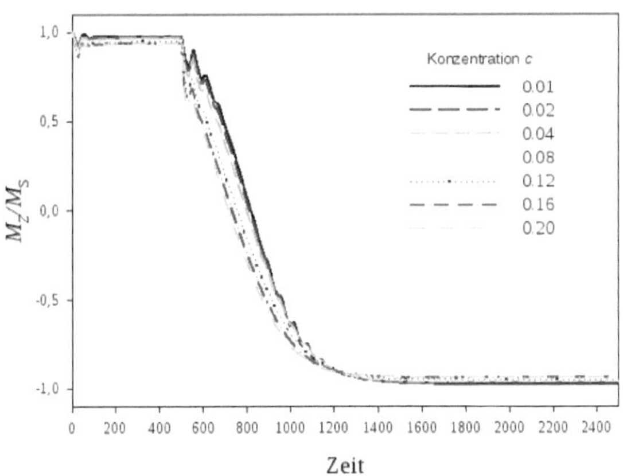

Abb. 24.31 Ummagnetisierung

Prozess nur mit seinem Vorgänger und seinem Nachfolger im Ring. Im Folgenden werden die Prozesse fortlaufend durchnummeriert, von 1 bis p (Anzahl der Prozesse). Die Bestimmung der zufälligen Positionen aller Teilchen am Anfang der Simulation wird vom Prozess P_1 durchgeführt. Prozess P_2 überprüft die Teilchen auch auf mögliche Kollisionen und wählt im Kollisionsfall neue Positionen. Danach werden die Teilchen nach der x-Koordinate sortiert und an die anderen Prozesse gesendet. Das wird so eingerichtet, dass die Prozesse entsprechend ihrer Nummer fortlaufend Schichten des Raumes zugeordnet bekommen (s. Abb. 24.33). Jeder

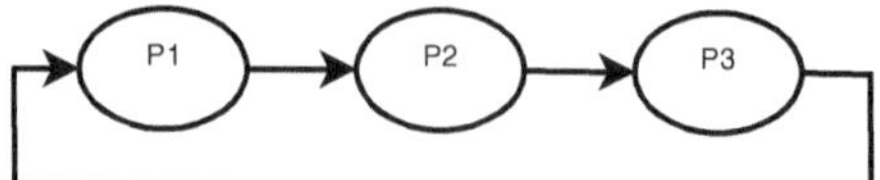

Abb. 24.32 Prozesse in einer Ringstruktur

Prozess verwaltet dann die Informationen der Teilchen, die sich in „seiner“ Schicht befinden. Um Vergleiche mit der seriellen Simulation zu ermöglichen, bestimmt der

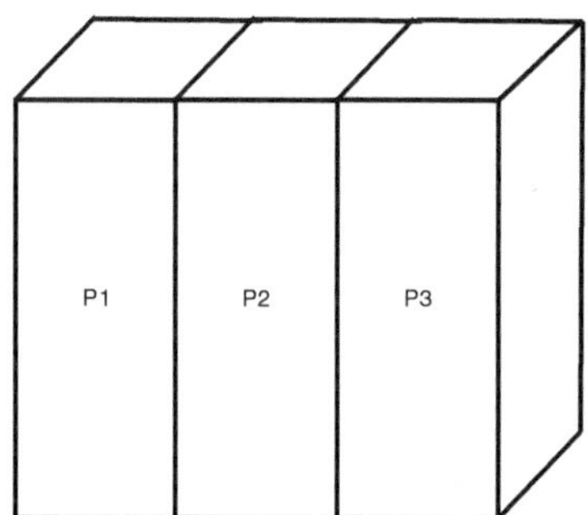

Abb. 24.33 Aufteilung des Raumes auf die Prozesse

Prozess P_1 auch noch die zufälligen Startwerte der magnetischen Momente bzw. die Anisotropieachsen der Teilchen und verteilt diese auf die anderen Prozesse. Für die Kommunikation zwischen den Prozessen wird wie beim Heisenberg-Modell nicht-blockierende Kommunikation verwendet. Dabei kann wieder Berechnung und Kommunikation überlappend stattfinden. Als Beispiel für den Ablauf der Kommunikation zwischen den Prozessen dient die Berechnung der Abstände zwischen den Teilchen.

Die Entfernungen zwischen den Teilchen werden während des Programmablaufes oft benötigt. Daher ist es vorteilhaft, sie am Anfang zu berechnen. Für die Bestimmung der Entfernungen müssen die Positionen der Teilchen zwischen den Prozessen ausgetauscht werden. Zu Beginn besitzt jeder Prozess nur die Informationen seiner Teilchen. Als erstes versendet deshalb jeder Prozess die Positionen seiner Teilchen an seinen Nachfolger und empfängt die entsprechenden Daten von seinem Vorgänger. Diese Übertragungen werden mit nicht-blockierenden MPI-Funktionen realisiert. Während die Daten übertragen werden, kann jeder Prozess die Abstände zwischen seinen Teilchen bestimmen. Anschließend warten alle Prozesse auf das Ende der Kommunikationsoperationen. Danach hat jeder Prozess die Positionen seines Vorgängers im Ring zur Verfügung. In den nun folgenden Schritten werden die zuletzt empfangenen Teilchenpositionen weiter versandt. Während der Übertragung bestimmt jeder Prozess die Abstände zwischen den Positionen seiner Teilchen und den zuletzt empfangenen Teilchenpositionen. Das wird so oft durchgeführt, bis alle Prozesse alle Abstände bestimmt haben. Für p Prozesse sind somit $p-1$ Übertragungen erforderlich.

Dieser Ablauf kann genauso für die Berechnung der Wechselwirkungen zwischen den Teilchen durchgeführt werden. Anstatt der Positionen der Teilchen werden dabei die magnetischen Momente übertragen. Abb. 24.34 verdeutlicht den Ab-

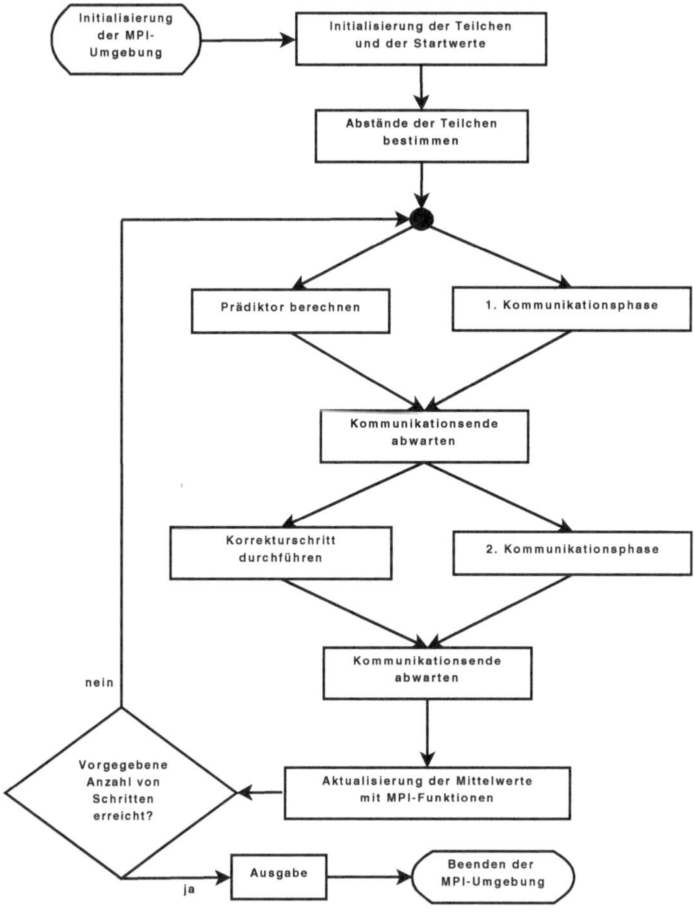

Abb. 24.34 Ablauf des parallelen Programms

lauf des parallelen Programms. Berechnung und Kommunikation werden wie beim Heisenberg-Modell gleichzeitig durchgeführt. Parallel zu den Berechnungen werden dabei in den Kommunikationsphasen die magnetischen Momente übertragen.

24.4.3 Reduzierung der Kommunikation

Nach jeder Änderung der magnetischen Momente der Teilchen findet zwischen allen Prozessen ein Austausch der Informationen statt. Das ist aber meist gar nicht notwendig, da die langreichweite Wechselwirkung auf die Teilchen durch den Radius R_c beschränkt ist. Jeder Prozess verwaltet eine Schicht des Raumes mit einer Länge

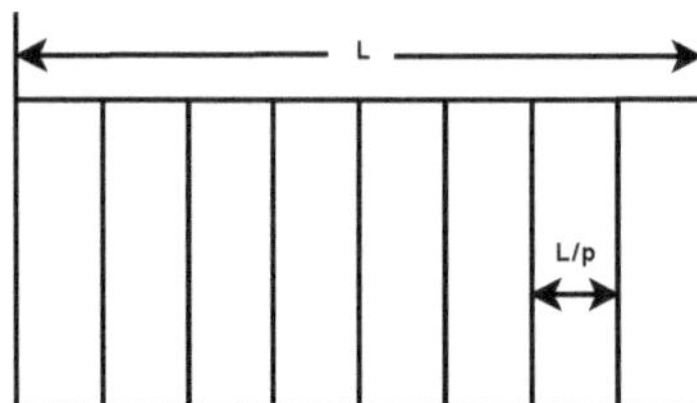

Abb. 24.35 Aufteilung des Raumes bei 8 Prozessen

von L/p. Sei nun k die Anzahl der Schichten zwischen zwei Prozessen i und j. Zwischen einem Teilchen aus der Schicht von P_i und einem Teilchen aus der Schicht von P_j liegt dann eine Entfernung von mindestens $\frac{kL}{p}$. Falls diese Entfernung größer als R_c ist, kann auf die Kommunikation zwischen diesen beiden Prozessen verzichtet werden. In diesem Fall sind keine zwei Teilchen aus den beiden Prozessen benachbart. Somit lassen sich die benachbarten Prozesse im Ring bestimmen, mit denen ein Prozess kommunizieren muss:

$$n_{max} = \left\lceil \frac{R_c}{L/p} \right\rceil$$

wobei n_{max} die weitesten Vorgänger und Nachfolger im Ring bezeichnet, mit denen der Prozess P_i kommunizieren muss. Für R_c wird der zweifache durchschnittliche Abstand der Teilchen benutzt. Also ist $R_c = 2\langle \Delta r \rangle = 2\sqrt[3]{\frac{L^3}{N}}$, wobei sich der durchschnittliche Abstand der Teilchen aus dem durchschnittlichen Volumen aller Teilchen ableiten lässt $\langle \Delta r \rangle = \sqrt[3]{\Delta V_{part}}$ mit $\Delta V_{part} = \frac{V}{N} = \frac{L^3}{N}$ ergibt sich $\langle \Delta r \rangle = \sqrt[3]{\frac{L^3}{N}}$. Somit gilt

$$n_{max} = \left\lceil \frac{2\langle \Delta r \rangle}{L/p} \right\rceil = \left\lceil 2\sqrt[3]{\frac{L^3}{N}} \cdot \frac{p}{L} \right\rceil = \left\lceil \frac{2p}{\sqrt[3]{N}} \right\rceil$$

Je größer N wird, mit desto weniger Prozessen im Ring muss kommuniziert werden. Bei 8 Prozessen und einer Teilchenzahl von 1000 ergibt sich für n_{max} ein Wert von 2. Das heißt, statt mit allen 7 Prozessen Daten auszutauschen, beschränkt sich die Kommunikation auf den Austausch mit 4 Prozessen. Somit kann fast die Hälfte der Kommunikation entfallen.

Die größtmögliche Ersparnis erhält man für $R_c < L/p$. Dann muss ein Prozess nur mit seinem Vorgänger und Nachfolger im Ring kommunizieren. Daraus ergibt sich

$$2\sqrt[3]{\frac{L^3}{N}} < \frac{L}{p}$$

$$8\frac{L^3}{N} < \frac{L^3}{p^3}$$

$$8p^3 < N$$

Für das obige Beispiel mit 8 Prozessen erhält man für $N > 4096$ den geringsten Kommunikationsaufwand. Falls keine Kommunikation eingespart werden kann, wandern die Daten eines Prozesses durch die ganze Ringstruktur. Das ist aber bei der reduzierten Kommunikation nicht notwendig. Falls die Informationen eines Prozesses P_i nicht von allen anderen Prozessen benötigt werden, kann der Informationsfluss verändert werden. Die Daten wandern nicht immer zum Nachfolger, sondern nehmen an einer Stelle eine „Abkürzung".

Anhand des obigen Beispiels zeigen die folgenden Bilder die Realisierung der reduzierten Kommunikation. In diesem Fall wird angenommen, dass die Daten eines Prozesses von jeweils zwei Vorgängern bzw. Nachfolgern benötigt werden ($n_{max} = 2$). Für den Prozess 3 wären das die Prozesse 1, 2, 4 und 5. Die Ziffern i markieren jetzt den Prozess P_j, bei dem sich die Daten des Prozesses i zum aktuellen Zeitpunkt befinden. Nach der 1. Übertragung in Abb. 24.36 wurden alle Daten zum Nachfolgeprozess gesendet, also hat jeder Prozess die Daten seines Vorgängers.

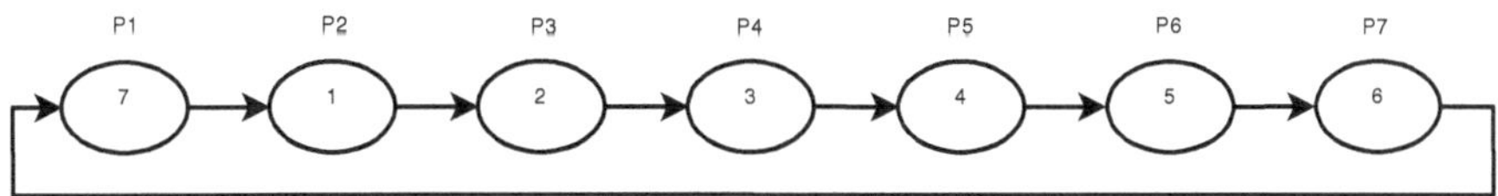

Abb. 24.36 Informationen nach der 1. Übertragung

Die 2. Übertragung läuft genau wie die 1. ab. An dieser Stelle werden die Da-

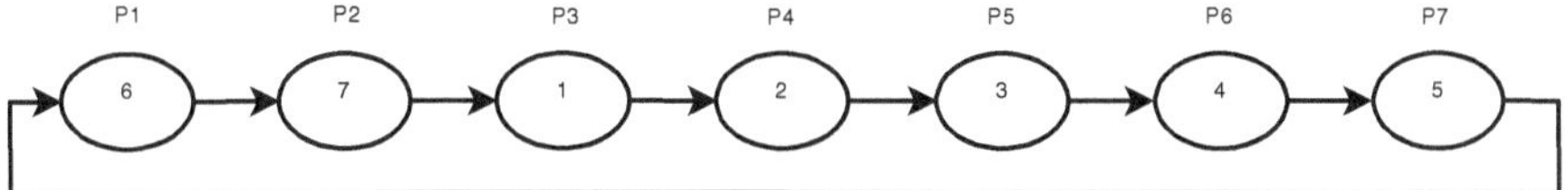

Abb. 24.37 Informationen nach der 2. Übertragung

ten nicht zum Nachfolger im Ring gesendet, sondern überspringen die Prozesse, die die Daten nicht benötigen. In diesem Beispiel werden zwei Prozesse $(p - (2n_{max} + 1))$ übersprungen. Der Zeitpunkt der „Abkürzung" ergibt sich als $n_{max} + 1$. Nach der 3. Übertragung sind die Daten dann entsprechend Abb. 24.38 verteilt. Die 4. Übertragung läuft schließlich genau wie die ersten beiden ab. Statt der ur-

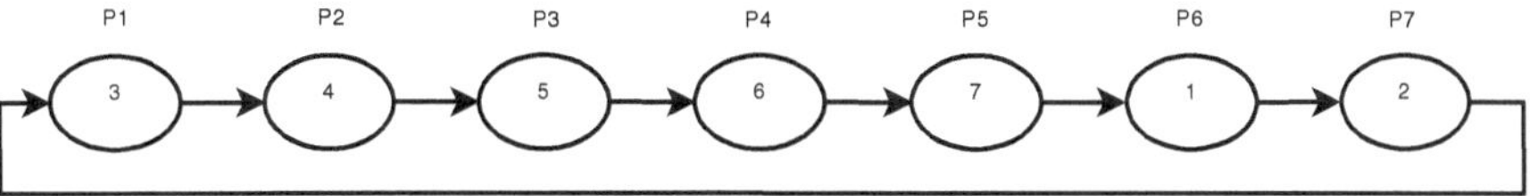

Abb. 24.38 Informationen nach der 3. Übertragung

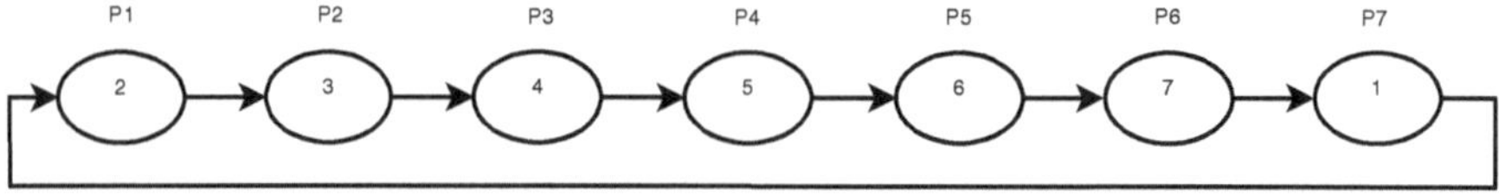

Abb. 24.39 Informationen nach der 4. Übertragung

sprünglichen sechs Übertragungen finden nur noch vier statt. In diesem Beispiel lässt sich also ein Drittel der Kommunikation zwischen den Prozessen einsparen. Der für die Reduzierung notwendige Wert n_{max} wird vom Programm zu Beginn der Simulation bestimmt.

24.5 Zusammenfassung

Die in diesem Kapitel aufgezeigten Modelle für die Simulation magnetischer Effekte sind, wie gezeigt, sehr gut für die Parallelisierung in einem Cluster-Rechner geeignet. Es wurden die in den vorherigen Kapiteln allgemein aufgezeigten Verfahren zur geometrischen Parallelisierung und zur numerischen Integration durch das Heun-Verfahren angewandt. Die höchste Relevanz der Modelle für die Durchführung von aussagekräftigen Computer-Experimenten besitzt das Modell eines magnetodipolaren Glases.

Die Berücksichtigung der kürzeren Wechselwirkung der Teilchen und die damit verbundene reduzierte Kommunikation einschließlich der abkürzenden Datenpfade hat insbesondere Vorteile für die Durchführung der Simulation in Grid-Strukturen. Sie helfen die Kommunikation zu begrenzen. Zudem können sehr viele Teilchen in einem Prozess bearbeitet werden, sodass die Kommunikation zeitgleich zur Bearbeitung der Teilchen durchgeführt werden kann.

Literaturverzeichnis

1. E. Ising. *Zeitschrift f. Physik 31, 253*, 1925.
2. G. Czycholl. *Theoretische Festkörperphysik*. Vieweg Verlag, Braunschweig, 2000.
3. S. Burkhardt u.a. *Parallele Rechnersysteme: Programmierung und Anwendung*. Verlag Technik GmbH Berlin, München, 1993.
4. W. Gehrke. *Fortran 95 language guide*. Springer Verlag, London, 1996.
5. Internet domain survey. März 2005.
URL: http://www.mpi-forum.org/.
6. Jenaer Cluster Technische Informatik(JETI-CL) der Friedrich-Schiller-Universität Jena Internet Domain Survey. März 2005.
URL: http://www2.informatik.uni-jena.de/cmc/racluster/.
7. S. Kobe. *Das Ising-Modell - gestern und heute*, März 2005.
URL: http://www.physik.tu-dresden.de/itp/members/kobe/isingphbl/.
8. L. Onsgar. Crystal Statistics. A Two-Dimensional Model with an Order-Disorder Transition. *Phys. Rev. 65, S. 117-149*, 1944.

9. D. P. Landau und K. Binder. A guide to Monte Carlo simulations in statistical physics. *Cambridge Univ. Press, Cambridge*, 2000.
10. E. Callen und D. Shapero. *Phys. Today S. 23*, Juli 1974.
11. E.E. Peters. *Chaos and Order in the Capital Markets*. Wiley & Sons, N.Y., 1991.
12. Yi Liu und J. P. Dilger. *Biophys. J. 64*, 1993.
13. J.J. Hopfield. *Proc. Natl. Acad. Sci. USA 79, 2554*, 1982.
14. G.A. Kohring. *J. Phys. I France 6, 301*, 1996.
15. C. Kittel. *Einführung in die Festkörperphysik*. Oldenbourg, München, 1999.
16. W.E. Boyce und R.C. DiPrima. *Gewöhnliche Differentialgleichungen: Einführung, Aufgaben, Lösungen*. Spektrum Verlag, Heidelberg, 1995.
17. D.V. Berkov und N.L. Gorn. Susceptibility of the disordered system of fine magnetic particles: Langevin-dynamics study. *Journal of Physics Condensed Matter, 13*, 2001.
18. Innovent Jena e.V., Internet Domain Survey. März 2005.
URL: http://www.innovent-jena.de/.

Kapitel 25
Parallelrechnereinsatz für das Demonstrationsbeispiel Gammastrahlungstransport im homogenen schlanken Stab

Manfred Braune

Zusammenfassung Bei der numerischen Behandlung eines hochdimensionalen Anfangswertproblems expliziter gewöhnlicher Differentialgleichungen 1. Ordnung mit gleichstrukturierten Komponenten des Vektors der rechten Seite, also eines großen Systems mit ausgewogenem Arbeitsaufwand für alle Systemkomponenten, lässt sich der Vorteil des parallelen Rechnens beim Ablauf eines Heunschen Einschrittverfahrens vorteilhaft nutzen. Dies ist machbar, da die arbeitsteilige Auftrennung der numerisch arbeitsintensivsten Aufgabe (Korrektorblockiteration) in mehrere taktweise autarke, dort möglichst gleichaufwändige und deshalb nahezu gleichzeitig ablaufende parallelisierte numerische Prozesse mit dann auch nahezu gleichzeitig beginnenden Prozesspausen zwecks Datenaustausch und Prozessverkopplung gelingt. Die für alle Systemkomponenten gleichstrukturierten Korrektoriterationen in den Arbeitstakten der Parallelprozesse sind besonders geeignet, die Taktdauer effektiv auszunutzen und für den Datenaustausch in den Parallelprozesspausen den aktuell erreichten Erkenntnisfortschritt gleichzeitig und gleichartig allen später noch zu bearbeitenden Systemkomponenten mitzuteilen (Prozessverkopplung bei der Systembearbeitung in Einzelschritten).

25.1 Gammastrahlungstransport im homogenen schlanken Stab

Gammastrahlungstransportaufgaben treten bei der Abschirmung und Kollimination der Gammastrahlung einer Strahlungsquelle, der Bestrahlung eines Messobjektes und der Strahlungsdetektion, also verschiedenen Bestandteilen einer strahlungsmesstechnischen Anordnung im industriellen Anwendungsfall auf, vgl. [3] und [4]. Der Einsatz der Gammastrahlungsmesstechnik für stoffanalytische Messaufgaben am zeitlich stoff- und/oder lageveränderten Stoffstrom nutzt die prozessmesstechnischen Vorteile der berührungslosen und zerstörungsfreien Messung am Stoffstrom

Arnold-Sommerfeld-Gesellschaft Leipzig

D. Fey (ed.), *Grid-Computing*, eXamen.press, DOI 10.1007/978-3-540-79747-0_25,

ohne Probenahme. Zu bedenken sind die Nachteile der Gammastrahlungsmesstechnik. Die im unzugänglichen Kontrollbereich unterzubringende Strahlungsquelle ist nicht „abschaltbar“, sondern nur abschirmbar und erfordert Zusatzaufwand bei routinemäßigen Kontroll- und Wartungsarbeiten am Einsatzort und umfangreiche Sondermaßnahmen im Havariefall.

Nach Abwägung erfolgt die Einsatzentscheidung aufgrund des Nachweises, trotz nur möglicher quasikontinuierlicher Messbedingungen mit dem erforderlichen Mess- und Datenauswertungsaufwand die prozessabhängigen Echtzeitforderungen an die Informationsübergabezyklen erfüllen zu können.

Zur Gammastrahlungsmesstechnik gehören neben Gammastrahlungsquelle und energiedispersivem Gammastrahlungsdetektor mit angeschlossenem Vielkanalanalysator auch die Computerkopplung zur aufwändigen Gammastrahlungsspektrenauswertung. Entsprechend der stoffanalytischen Messaufgabe am Stoffstrom werden Bestrahlungs- und Detektionsgeometrie samt Abschirmung entworfen und sowohl für die mathematisierten physikalischen Messsignalbildungsmodelle (Simulation und Vorwärtsrechnung) als auch für die mathematischen Messdatenauswertemodelle (Prozessparameteridentifikation und Rückwärtsrechnung) die erforderlichen numerischen Prozeduren entwickelt.

Ersichtlich drängen o. g. Echtzeitforderungen auf die zeitliche Verkürzung der Messdatenverarbeitung, womit die Suche nach Möglichkeiten der Gestaltung parallelrechnertypischer numerischer Prozeduren motiviert ist.

Nach dieser anwenderorientierten Ansprache des Gammastrahlungstransports soll als eines der einfachsten Demonstrationsbeispiele der axiale Gammastrahlungstransport durch einen schlanken homogenen Zylinderstab aus Abschirmmaterial (Blei oder Wolfram) der Länge L und vom Radius R mit $R \ll L$ physikalisch vereinfacht modelliert und anschließend mathematisiert werden, s. [1] und [2]. Die Schlankheit des Stabes erlaubt in guter Näherung die Beschränkung des Gammastrahlungstransportes auf die Verfolgung zweier Quantenströme in axialer Richtung, des einen in Vorwärtsrichtung von der monoenergetischen Punktquelle (z. B. Cäsium-137 mit Primärquantenenergie 660 keV) auf der Zylindergrundfläche ausgehend zur Zylinderdeckfläche mit dem anliegenden Gammastrahlungsdetektor und des anderen in der Rückwärtsrichtung dazu. Wählt man die Zylinderachse mit dem Sitz der Punktquelle als Ursprung zur x-Achse, so lassen sich die Orte der Gammastrahlungswechselwirkungen mit dem Stabmaterial (Photoabsorption, inelastische Streuung (Comptonstreuung) und elastische Streuung (Thomsonstreuung)), s. [3] und [5], auf infinitesimal lange Raumelemente $\mathrm{d}x$ längs der Stabachse konzentrieren. Die Photoabsorption führt zum Ausscheiden des Gammaquants aus den Strahlenbündeln (Intensitätsverlust). Bei beiden Streuakten sind Streuwinkel zwischen 0 und 180 Grad möglich, und ersichtlich verlassen diejenigen Streuquanten den zylindrischen Metallstab durch seine Mantelfläche nach außen, die nicht auf Deckfläche (im Falle der Vorwärtsrichtung) oder Grundfläche (im Falle der Rückwärtsrichtung) gerichtet sind (Intensitätsverlust). In den Strahlenbündeln verbleiben also zunächst nur die Gammaquanten, die entweder keine Wechselwirkung erlebten oder deren Streuung mit Streuwinkeln nahe 0 Grad (Kleinwinkelvorwärtsstreuung) oder nahe 180 Grad (Kleinwinkelrückwärtsstreuung) verbunden war. Bei der Thomsonstreuung ändert sich die Energie des beteiligten Gammaquants nicht; bei der Comptonstreuung hingegen ändert sich die Energie des beteiligten Gammaquants in Abhängigkeit vom Streuwinkel gemäß der Comptonstreuformel hin zu kleineren Quantenenergien, s. [3] und [5]. So sind allein die Comptonstreuakte dafür verantwortlich, dass die nach Passage des Metallstabes im vorwärtsgerichteten Strahlenbündel noch verbliebenen Quanten im Strahlungsdetektor ihr unterhalb der oben genannten Primärenergie der von der Strahlungsquelle emittierten Primärquanten gelegenes Gammastrahlungsenergiespektrum erzeugen und im angeschlossenen Vielkanalanalysator auch abbilden können. Längs des Weges der Länge L haben die Kleinwinkelvorwärtsstreuakte dafür gesorgt, dass sich linksseitige Nachbarbereiche im Gammaenergiespektrum füllten, und die Kleinwinkelrückstreuakte haben nicht nur für den Umzug von Streuquanten vom vorwärtsgerichteten zum rückwärtsgerichteten Quantenstrom und umgekehrt gesorgt, sondern auch weit unterhalb der Primärenergie gelegene Energiespektralbereiche bedient und aufgefüllt.

Die Frage, wie viele Wechselwirkungen längs eines bestimmten Wegstücks längs der Zylinderachse im Mittel auftreten, lässt sich mit Hilfe der energie- und stoffabhängigen Massenschwächungskoeffizienten, s. [6], beantworten. Diese sind nach Wechselwirkungsarten aufgeschlusselt in umfangreichen Tafelwerken abgreifbar. Der Massenschwächungskoeffizient für Photoabsorption (μ_{pho}), der Massenschwächungskoeffizient für Thomsonstreuung (μ_{coh}) und der Massenschwächungskoeffizient für Comptonstreuung (μ_{inc}) ergeben summiert den totalen Massenschwächungskoeffizienten (μ_{tot}), s. [3].

$$\mu_{\text{tot}} = \mu_{\text{pho}} + \mu_{\text{coh}} + \mu_{\text{inc}}$$

Zur mathematischen Beschreibung des in x-Richtung weisenden Strahlenbündels stellt man die Teilchenbilanz auf. Die Änderung der Quantenanzahl der in x-Richtung fliegenden Quanten der Energie E an der Stelle x setzt sich zusammen aus dem Verlust der längs des Wegstückes dx durch irgendeine Wechselwirkungsart ausscheidenden Quanten der Energie E und dem Gewinn der längs dx durch

- elastische Vorwärtsstreuung von Quanten der Energie E
- inelastische Vorwärtsstreuung von Quanten der Energie $E' \geq E$
- elastische Rückwärtsstreuung von Quanten der Energie E
- inelastische Rückwärtsstreuung von Quanten der Energie $E'' > E$

dem in x-Richtung weisenden Strahlenbündel zuströmenden Quanten der Energie E, wobei die beiden erstgenannten Beiträge dem vorwärtsgerichteten und die beiden letztgenannten Beiträge dem rückwärtsgerichteten Strahlenbündel entstammen.

Zur Berechnung der inelastischen Beiträge ist allerdings ein Integrationsprozess erforderlich. Man zerlegt dazu die Grund- und Deckfläche des Metallzylinders in konzentrische infinitesimal schmale Kreisringe und integriert von 0 bis R nur über die auf die Kreisringe gerichteten Quantenanzahlen, die gemäß der umgestellten Comptonstreuformel auch Comptonstreuquanten der Energie E liefern können. Die Integralterme in der Teilchenbilanz führen zur Struktur einer Integrodifferentialgleichung, s. [1] und [2].

Wiederholt man die Betrachtung völlig analog für das in $(-x)$-Richtung weisende Strahlenbündel, so ergeben sich zwei Integrodifferentialgleichungen, eine für den vorwärtsgerichteten Quantenstrom (Vorwärtsgleichung) und eine für den rückwärtsgerichteten Quantenstrom (Rückwärtsgleichung) mit physikalisch verständlichen Anfangsbedingungen, die nun für das eindimensionale Gammatransportproblem zu lösen sind.

Der auch für den beabsichtigten Parallelrechnereinsatz favorisierte Weg zur numerischen Problembehandlung führt über die Diskretisierung der beiden Integrodifferentialgleichungen bezüglich der Quantenenergie E. Einerseits kommt dies der experimentellen Tatsache des verwendeten Vielkanalanalysators mit seinen diskreten Energiekanälen (Energieintervallen) entgegen, und andererseits entsteht bei dieser Diskretisierung aus den beiden Integrodifferentialgleichungen ein System gewöhnlicher Differentialgleichungen erster Ordnung mit Gleichungsanzahl=2·Energiekanalanzahl. Der Vektor der rechten Seite weist für alle Gleichungen eine vergleichbare Struktur auf, und das so entstandene Anfangswertproblem erfüllt ersichtlich die Voraussetzungen für den erfolgreichen Parallelrechnereinsatz bei der numerischen Behandlung, s. [7].

25.2 Parallelisierte numerische Behandlung eines hochdimensionalen Anfangswertproblems gewöhnlicher Differentialgleichungen 1. Ordnung

Der Sonderfall der gleichen Struktur für die Komponenten des Vektors der rechten Seiten beim expliziten Differentialgleichungssystem als Ergebnis einer vorangegangenen mathematischen Modelldiskretisierung, wie z. B. in [1] und [2], erleichtert die Kombination parallelisierbarer numerischer Prozeduren.

Der Einfachheit wegen fällt die Entscheidung für die Organisation der numerischen Systembehandlung zugunsten eines Einschrittverfahrens mit der für alle Lösungsvektorkomponenten einheitlichen Schrittweite h in Richtung wachsender Werte der unabhängigen Variablen aus. Der für jede Lösungsvektorkomponente nacheinander auszuführende numerische Integrationsschritt lässt sich ohne Bezugnahme auf bereits bearbeitete Komponenten (Gesamtschrittverfahren) oder mit aktueller Berücksichtigung aller zuvor bereits bearbeiteten Komponenten (Einzelschrittverfahren) durchführen. Letztere Vorgehensweise erzwingt Informationsübergabe nach jeder bearbeiteten Lösungsvektorkomponente mit Konsequenzen für die angestrebte Parallelisierung.

Beim einzusetzenden numerischen Integrationsschritt für jede Lösungsvektorkomponente bietet sich die Kombination eines expliziten Euler-Cauchy-Schrittes (Prädiktor) mit der impliziten Trapezregelintegrationsformel (Korrektor) an, [8], [9] und [10].

Diese Kombination, gelegentlich komplett auch als Heun-Schritt bezeichnet, besitzt zwei Vorteile. Erstens lässt sich für hinreichend kleine Schrittweite h der implizite Korrektorschritt iterativ wiederholen und damit zur iterativen Nachverbesserung des Prädiktorvorschlags nutzen, und zweitens erlaubt die Trapezregelintegrationsformel die Kopplung mit dem Rombergschen Integrationsverfahren, [8], [9] und [10].

Der Zweck letztgenannter Kopplung bedarf nachfolgender Begründung. Zwar lässt sich, wie oben schon angedeutet, bei hinreichend kleiner Schrittweite h durch iterative Wiederholung des impliziten Korrektorschrittes eine konvergente Folge von Ordinaten der bearbeiteten Lösungsvektorkomponente erzeugen, aber selbst ihr Grenzwert löst nicht die gestellte Integrationsaufgabe wegen des prinzipiell begangenen Fehlers beim Ersatz des Integranden durch sein Sehne längs des Integrationsintervalls, s. [8]. Eine Genauigkeitsverbesserung lässt sich (theoretisch!) nur durch Verkleinerung der Schrittweite h erreichen, und hier greift die auch für numerische Realisierung erfolgreiche Konstruktion des Rombergschen Integrationsverfahrens ein, [9] und [10].

Eigentlich für die numerische Auswertung bestimmter Integrale entwickelt, berechnet das Rombergsche Integrationsverfahren zunächst eine kurze Folge von Näherungswerten für den gesuchten Integralwert durch fortgesetzte Integrationsintervallhalbierung mit entsprechender Be- und Ausnutzung zugehöriger Funktionswerte des Integranden über den eingeschalteten Teilpunktabszissen und nutzt danach die Einsicht über die voraussichtliche Annäherung an den gesuchten Integralwert für h gegen Null zur Konstruktion rascher gegen den Integralwert konvergierender Folgen (Rombergschema) aus.

Im Folgenden soll nun beschrieben werden, wie der Einbau des Rombergschen Integrationsverfahrens in das aus der Heunschen Einschrittrechnung entwickelte iterative Prädiktor-Korrektor-Verfahren zur numerischen Behandlung zunächst nur einer gewöhnlichen Differentialgleichung 1. Ordnung mit Blick auf den später zu parallelisierenden numerischen Prozess für eine Lösungsvektorkomponente beim Differentialgleichungssystemfall gestaltet werden kann.

Als Demonstrationsfall dient das Anfangswertproblem: $y' = -x \cdot y, y(0) = 1/\sqrt{2\pi}$ mit der rechten Hälfte der Gaußschen Glockenkurve $y(x) = 1/\sqrt{2\pi} \cdot \exp(-0,5 \cdot x^2)$ als Lösung. Abbildung 25.1 zeigt die Aufteilung des Integrationsschrittes der Schrittweite h in einen Ganzschritt, 2 Halbschritte, 4 Viertelschritte und 8 Achtelschritte und sowohl für den Prädiktorblock (explizite Euler-Cauchy-Schritte) als auch für die aufgeführten angeschlossenen 4 Korrektorblöcke (implizite Trapezformelintegrationsschritte) die möglichen iterativen Verbesserungen durch die eingebauten Romberg-Verfahrensschritte (kursiv markierte Romberg-Tableaus). Die iterativen Korrektorblöcke erzwingen beim vorliegenden Demonstrationsbeispiel augenfällig die erfolgreiche numerische Verbesserung bei Integrationsschrittverfeinerung, denn bei großer Schrittweite h läuft wegen der hier störenden Horizontaltangente beim Lösungskurvenanfangswert ($y'(0) = 0$) die numerische Integration nur schlecht an.

Die Ausdehnung dieser Prozessführung auf das vorgelegte Differentialgleichungssystem erfolgt ganz im Sinne der angestrebten parallelisierten numerischen Behandlung. Dazu wird von der groben Vorstellung ausgegangen, dass ein numerischer Hauptprozess mehrere untereinander gleichberechtigte und mit ihm gleichzeitig ablaufende numerische Nebenprozesse verwaltet. Der numerische Gesamtprozess mehrerer nebeneinander angeordneter Parallelprozesse erfährt durch den Hauptprozess gesteuert eine vertikale Taktung in Arbeitstakte mit Prozesspausen zwischen den Arbeitstakten. Abbildung 25.2 zeigt für ein niedrigdimensionales Beispiel das getaktete Zusammenspiel des Hauptprozesses mit den Nebenprozessen.

Arbeitstakt 0	Hauptprozess führt Prädiktorblock für Lösungsvektorkomponente 1 aus.
Prozesspause	Hauptprozess stellt Datenbasis für Nebenprozess 1 bereit.
Arbeitstakt 1	Hauptprozess führt Prädiktorblock für Lösungsvektorkomponente 2 aus. Gleichzeitig ablaufender Nebenprozess 1 führt iterativ mehrere Korrektorblöcke für Lösungsvektorkomponente 1 aus.
Prozesspause	Hauptprozess stellt Datenbasis für Nebenprozesse 1 und 2 bereit.
Arbeitstakt 2	Hauptprozess führt Prädiktorblock für Lösungsvektorkomponente 3 aus. Gleichzeitig ablaufender Nebenprozess 1 führt iterativ mehrere Korrektorblöcke für Lösungsvektorkomponente 2 aus. Gleichzeitig ablaufender Nebenprozess 2 führt iterativ mehrere Korrektorblöcke für Lösungsvektorkomponente 1 aus.
Prozesspause	Hauptprozess stellt Datenbasis für Nebenprozesse 1, 2 und 3 bereit.

Die Fortsetzung dieser Ablauforganisation ist nun verständlich; wie beabsichtigt erfolgt die Übergabe aktualisierter Zwischenresultate für die einzelnen n Lösungsvektorkomponenten im Sinne der numerischen Systembehandlung in Einzelschritten während der Prozesspausen zwischen den Arbeitstakten. Der Hauptprozess wartet mit dem Abschluss eines Arbeitstaktes, bis der Nebenprozess mit der aufwändigsten numerischen Rechnung sein Arbeitsende gemeldet hat. Wegen der Gleichartigkeit der numerischen Arbeitsaufgaben für alle Nebenprozesse in einem Arbeitstakt werden diese auch fast gleichzeitig fertig, und Leerlaufzeiten bleiben gering. Hier kommt die Herkunft des Differentialgleichungssystems als Resultat einer Diskretisierung, z.B. einer Integrodifferentialgleichungsstruktur, [1] und [2], entscheidend zum Tragen. Ersichtlich haben dann auch alle Arbeitstakte nahezu die gleiche Zeitdauer. Zunächst bringt der Hauptprozess taktweise der Reihe nach alle $m \ll n$ Nebenprozesse „in Arbeit“ und bedient damit und auch danach die taktversetzte numerische Behandlung aller n Lösungsvektorkomponenten jeweils in allen Nebenprozessen. Nach dem $(n+(m-1))$-ten Takt hat auch der letzte Nebenprozess alle n Lösungsvektorkomponenten durch Korrektorblockiteration numerisch behandelt, s. Abb. 25.2.

Verbindung des Prädiktor-Korrektor-Verfahrens (Heun) mit der internen Romberg-Integration																	
Xa=	0																
Xe=	10																
N=	100														G.-Schr.			
h=	0,1						1. H.-Schr.							2. H.-Schr.			
X0=	0			1. V.-Schr.			2. V.-Schr.				3. V.-Schr.			4. V.-Schr.			
Y0=	0,3989423		1. A.-Schr.	2. A.-Schr.		3. A.-Schr.	4. A.-Schr.			5. A.-Schr.	6. A.-Schr.		7. A.-Schr.	8. A.-Schr.			
Startabs.	Startord.																
0,0000	0,39894228	Abszissen	0,0125	0,0250		0,0375	0,0500			0,0625	0,0750		0,0875	0,1000			
		Prädiktor															
		Ordinaten												0,39894228			
		Ordinaten					0,39894228							0,39794492			
		Ordinaten		0,39894228			0,39869294				0,39819458			0,39744796			
		Ordinaten	0,39894228	0,39887995		0,39875530	0,39856838			0,39831927	0,39800809		0,39763495	0,39720004			
		1. Korrektor			Romberg-			Romberg-				Romberg-			Romberg-		
		Ordinaten			Tableau			Tableau				Tableau		0,39694757	Tableau		
		Ordinaten					0,39844360							0,39695069	*0,39695172*		
		Ordinaten		0,39881761			0,39844380	*0,39844386*			0,39782146			0,39695169	*0,39695203*	*0,39695205*	
		Ordinaten	0,39891111	0,39881762	*0,39881763*	0,39866185	0,39844386	*0,39844388*	*0,39844388*	0,39816375	0,39782165	*0,39782172*	0,39741772	0,39695213	*0,39695228*	*0,39695229*	*0,39695230*
		2. Korrektor															
		Ordinaten												0,39695754			
		Ordinaten					0,39844423							0,39695379	*0,39695254*		
		Ordinaten		0,39881765			0,39844399	*0,39844391*			0,39782201			0,39695286	*0,39695255*	*0,39695255*	
		Ordinaten	0,39891112	0,39881764	*0,39881763*	0,39866188	0,39844393	*0,39844391*	*0,39844391*	0,39816389	0,39782188	*0,39782183*	0,39741806	0,39695263	*0,39695255*	*0,39695255*	*0,39695255*
		3. Korrektor															
		Ordinaten												0,39695749			
		Ordinaten					0,39844423							0,39695379	*0,39695255*		
		Ordinaten		0,39881765			0,39844399	*0,39844391*			0,39782201			0,39695286	*0,39695255*	*0,39695255*	
		Ordinaten	0,39891112	0,39881764	*0,39881763*	0,39866188	0,39844393	*0,39844391*	*0,39844391*	0,39816389	0,39782188	*0,39782183*	0,39741806	0,39695262	*0,39695255*	*0,39695255*	*0,39695255*
		4. Korrektor															
		Ordinaten												0,39695749			
		Ordinaten					0,39844423							0,39695379	*0,39695255*		
		Ordinaten		0,39881765			0,39844399	*0,39844391*			0,39782201			0,39695286	*0,39695255*	*0,39695255*	
		Ordinaten	0,39891112	0,39881764	*0,39881763*	0,39866188	0,39844393	*0,39844391*	*0,39844391*	0,39816389	0,39782188	*0,39782183*	0,39741806	0,39695262	*0,39695255*	*0,39695255*	*0,39695255*

Abb. 25.1 Parallelisierung des Rombergschen Integrationsverfahrens

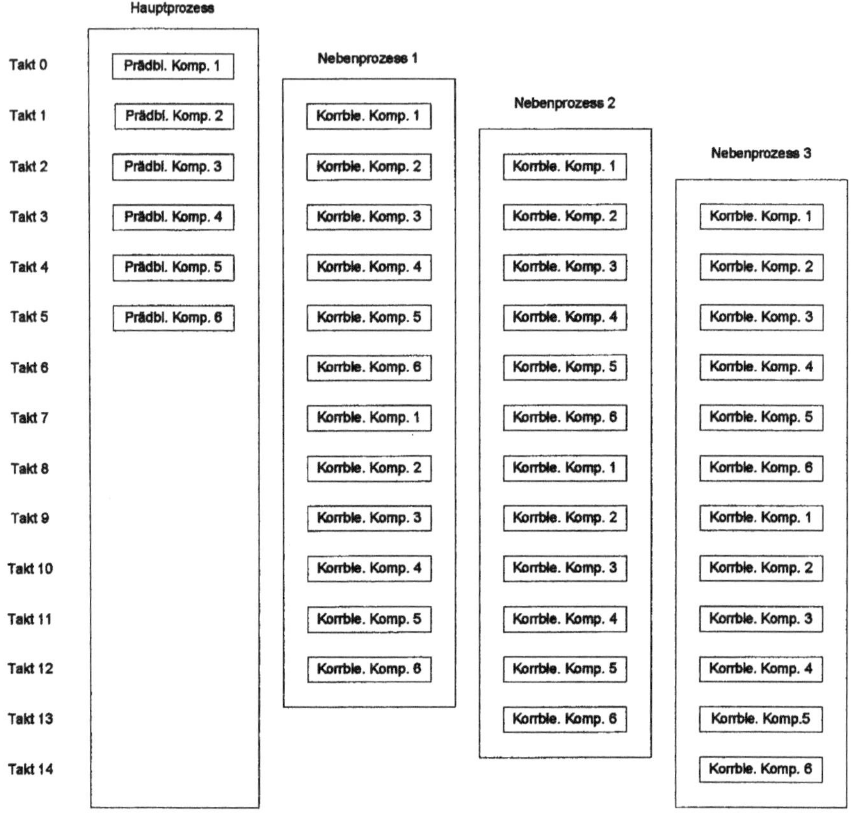

Abb. 25.2 Iterative Bearbeitung eines n-dimensionalen ($n = 6$) Systems in Einzelschritten mit einem Hauptprozess und $m = 3$ gleichzeitig mit ihm arbeitenden Nebenprozessen, die taktversetzt starten und nach zwei Durchläufen auch taktversetzt enden. (Datentransfer findet in den horizontal zwischen den Arbeitstakten gelegenen gemeinsamen Parallelprozesspausen statt)

Dieser Rechenaufwand für alle Nebenprozesse soll „Durchlauf" genannt werden; sein Organisationsfeld ähnelt einem an seiner linken oberen Ecke aufgehängten „Parallelogramm", dessen Tiefe und Breite von der Anzahl n der zu bearbeitenden Lösungsvektorkomponenten und der Anzahl m der beteiligten Nebenprozesse abhängen. Nach dem $(n-1)$-ten Takt entfällt die weitere taktweise Durchführung der Prädiktorblöcke im Hauptprozess, weil alle Nebenprozesse inzwischen mit den Basisdaten versorgt sind, s. Abb. 25.2. Vom $(n+1)$-ten Takt an läuft bei den Nebenprozessen bereits der zweite Durchlauf. Wie die Nebenprozesse vom Hauptprozess taktweise der Reihe nach „in Arbeit" gebracht worden sind, werden sie beim Abschließen des zweiten Durchlaufs vom Hauptprozess auch taktweise der Reihe nach in die „Arbeitslosigkeit" geschickt, s. Abb. 25.2. Der mit in der Regel 2 Durchläufen für alle Lösungsvektorkomponenten gesicherte Austausch aktueller Zwischenresultate liegt im Sinne der numerischen Systembehandlung in Einzelschritten, s. Abb. 25.2. Es muss betont werden, dass Integrationsschrittlängenvorgabe, Anzahl der Durchläufe, Breite eines Durchlaufs (=Nebenprozessanzahl) und Anzahl der Korrektorblockiterationen während eines Taktes Flexibilitätsreserven darstellen, die problemabhängig zur effektiven Gestaltung des numerischen Gesamtprozesses herangezogen werden können. Außerdem lässt der gegenüber der Korrektoriteration deutlich geringere Aufwand für den Prädiktorblock im Takt des Hauptprozesses Zeitreserven für die Verarbeitung von abgreifbaren Beobachtungsdaten zur Bewertung der numerischen Prozessverläufe übrig.

Nach dieser vorgestellten Rechnung ist die numerische Behandlung des Differentialgleichungssystems für den ersten Integrationsschritt der Schrittweite h abgeschlossen, und die nächsten Integrationsschritte können angeschlossen und in gleicher Weise parallelisiert durchgeführt werden.

Literaturverzeichnis

1. M. Braune. *PC-orientierte mathematische Modellierung des Gammastrahlungstransports im homogenen schlanken Stab.* ZFI-Mitteilungen 159, S. 59–72 (ISSN 0323-8776), 1990.
2. M. Braune. *Ergänzungen zum eindimensionalen Gammastrahlungstransportmodell.* ZFI-Mitteilungen 159, S. 35–48 (ISSN 0323-8776), 1990.
3. R.G. Gorschkow. *Gammastrahlung radioaktiver Körper.* B. G. Teubner Verlagsgesellschaft Leipzig, 1960.
4. R.G. Jaeger, E.P. Blizard, A.B. Chilton, M. Grotenhuis, A. Mönig, Th.A. Jaeger, H.H. Eisenlohr. *Engineering Compendium on Radiation Shielding.* Springer Verlag Berlin, 1968.
5. A. Sommerfeld. *Atombau und Spektrallinien.* Band 1 und Band 2, 8. Auflage, Verlag Harri Deutsch Thun und Frankfurt/M., 1978.
6. W.J. Veigele. *Photon cross sections from 0,1 keV to 1 MeV for elements* $Z = 1$ *to* $Z = 94$. Atomic Data Tables 5, pp. 51–111, 1973.
7. J. Kaiser. *Zum Transport von Gammastrahlung und Berechnungsverfahren bei Einsatz eines Parallelrechners.* In: 1. Workshop Innovative Rechnertechnologien, Helmut-Schmidt-Universität Hamburg, Juli 2009.
8. M. Bourgeois. *Grundlagen der Numerischen Mathematik und des Wissenschaftlichen Rechnens.* B. G. Teubner Verlag Stuttgart, 2002.
9. J.D. Faires, R.L. Burden. *Numerische Methoden Spektrum.* Akademischer Verlag Heidelberg, 1994.
10. H.R. Schwarz. *Numerische Mathematik.* 4. Aufl., B. G. Teubner Verlag Stuttgart, 1997.

Glossar

BTL Byte-Transfer-Layer. Ein für den MPI-P2P-Nachrichtentransport zuständiges OpenMPI-MCA-Framework.

ClassAd Classified Advertisement. Mechanismus von Condor um Merkmale und Ansprüche von Jobs und Maschinen zu spezifizieren.

Cluster-Rechner Via Netzwerk zu einem Großrechner gekoppelte einzelne Rechner. Der Zugang erfolgt meist über den Head-Node, von dem aus Jobs über ein Batch-System auf die Nodes des Clusters verteilt werden. Die Programmierung erfolgt heute in der Regel via MPI.

Condor Batch-System zum Aufbau verteilter Systeme.

Credential Berechtigungsnachweis für Nutzer eines Grids, bestehend aus einem privaten Schlüssel und einem öffentlichen Zertifikat.

DAGMan Metascheduler für Condor, der Jobs entsprechend vorher definierter Abhängigkeiten an Condor abgibt.

Domain Decomposition Gebietszerlegung beim Verfahren der geometrischen Zerlegung, um den Simulationsgraphen auf mehrere Prozessoren aufzuteilen.

Endianess Ablagereihenfolge von Bytes eines Speicherwortes. Übliche Varianten sind Big-Endian (höchstwertiges Byte an der kleinsten Adresse) und Little-Endian (niederwertigstes Byte zuerst).

Flocking Technik um zwei Condor-Pools zu koppeln.

FSM Finite State Machine, ein endlicher Automat.

Globus Toolkit Sammlung von Tools zum Aufbau und Betrieb von Grids.

Grid Portlets Paket bestehend aus mehreren Portlets zum Zugriff auf Services eines Grids und aus einer Java-API zur Programmierung gridbasierter Portlets.

GridFTP Protokoll für Dateitransfers in einem Grid.

D. Fey (ed.), *Grid-Computing*, eXamen.press, DOI 10.1007/978-3-540-79747-0,

GridSphere Ein Portlet Container mit zugehöriger Java-API zur Entwicklung von Portlets.

GridWay Metascheduler für ein Grid basierend auf Globus.

Head-Node Kopfrechner eines Clusters, dient als zentrale Zugangsstelle für Benutzer.

Heisenberg-Modell Modell zur Beschreibung ferromagnetischer Kräfte.

Index Service Webservice des MDS zur Sammlung von Information über verschiedene Grid-Ressourcen.

Ising-Modell Ein einfaches Modell für magnetische Systeme mit starker Wechselwirkung.

JAX-RPC Java API for XML-Based RPC. Spezifikation einer Java-API zur Implementierung von Webservices.

magnetisches Moment Physikalisches Maß für die Stärke einer magnetischen Quelle.

MCA Modular Component Architecture. Plugin-ähnliches Design der OpenMPI-Implementierung.

MDS Monitoring and Discovery System. Sammlung von Webservices zum Auffinden und beobachten von Ressourcen im Grid.

MIMD Multiple Instruction Multiple Date. Mehrere Instruktionsströme arbeiten auf mehreren Datenströmen.

MISD Multiple Instruction Single Date. Mehrere Instruktionsströme arbeiten auf einem Datenstrom.

MPI Message Passing Interface. Programmierumgebung zur Implementierung paralleler Programme.

Multi-Cluster Vernetzung von mehreren Clusterrechnern zu einem logischen System. In der Regel sind Multi-Cluster daher heterogene Systeme, sowohl im Hinblick auf die Rechner, als auch auf die Intra-Cluster-Netzwerke. Das Inter-Cluster-Netzwerk wird meist über eine Verbindung der Head-Nodes realisiert.

Node Ein Rechner innerhalb eines Clusters.

OGSA Open Grid Service Architecture. Spezifikation der OGF für grundlegende Standards für Grid-Systeme.

OMPI Open Message Passing Interface. Größte Schicht der OpenMPI-Bibliothek, in der der eigentliche MPI-Standard implementiert ist.

OPAL Open Portable Access Layer. Schicht der OpenMPI-Bibliothek, die unterstützende Funktionalität für die zwei weiteren Schichten ORTE und OMPI bietet.

OpenMP Sammlung von Compiler-Anweisungen und Bibliotheksfunktionen, die in Kombination mit C, C++ oder Fortran eine Programmiersprache erzeugt, die threadparalleles Arbeiten auf Maschinen mit gemeinsamen Adressraum ermöglicht.

OpenMPI Eine freie Implementierung des MPI-2.0-Standards.

ORTE Open Runtime Environment. Schicht der OpenMPI-Bibliothek, die dafür zuständig ist, eine geeignete Umgebung zum Message Passing bereitzustellen.

Portlets Weiterentwicklung von Servlets. Lassen sich über Benutzeroberfläche im Web Browser bedienen und zu einem Portal kombinieren.

Remote System Call Mechanismus von Condor um Systemaufrufe von einer Maschine an eine andere umzuleiten.

RFT Reliable File Transfer Service. Webservice zur zuverlässigen Abwicklung von Dateitransfers.

SAAJ SOAP with Attachments API for Java. Spezifikation einer Java-API zum Umgang mit SOAP-Nachrichten.

SIMD Single Instruction Multiple Date. Ein einzelner Instruktionsstrom arbeitet auf mehreren Datenströmen.

SISD Single Instruction Single Date. Ein einzelner Instruktionsstrom arbeitet auf einem einzelnen Datenstrom.

SOAP Protokoll für die Kommunikation mit Webservices.

Stencil Feste Nachbarschaftsbeziehung bei Programmen, die auf geometrischer Zerlegung beruhen. Beispiel: Von-Neumann-Nachbarschaft.

Stencil-Code Zeit- und raum-diskrete Simulation über einem regulären Gitter.

superskalare Architektur Prozessor-Architektur mit mehreren Pipelines.

Testbench VHDL-Programm zum Testen in VHDL beschriebener Systeme.

Thread Ein leichtgewichtiger Prozess.

VHDL Very High Speed Integrated Circuit Hardware Description Language. Eine weit verbreitete Hardwarebeschreibungssprache.

VLIW Architektur Very Long Instruction Word. Prozessor-Architektur bei der mehrere Befehle vom Compiler zu einem Befehlswort gebündelt und anschließend durch mehrere Pipelines verarbeitet werden.

WS-GRAM Webservice Grid Resource Allocation & Management. Reihe von Webservices zum Abschicken von Jobs in ein Grid.

WSDL Web Service Description Language. XML-basierte Sprache zur Beschreibung von Schnittstellen von Webservices.

Arnold-Sommerfeld-Gesellschaft e.V., Thaerstraße 34, D-04129 Leipzig E-mail: info@renner-uwe.de

WSRF Web Service Resource Framework. Spezifikation für zustandsbehaftete Webservices.

Zellulärer Automat Aus Zellen aufgebautes dynamisches System. Die Zellen bestehen aus FSMs, die Simulation erfolgt in diskreten Zeitschritten.

Sachverzeichnis

Äquivalenz
  sequentielle, 128

sequenzielle Rechner, 18

A-Stabilität, 185
Ablaufplanung, 32
  Allokation, 32, 37
  Bindung, 32, 37
  Zeitplanung, 32
    CPM, 32
    Force directed Scheduling, 36
    Latenz, 33
    Listenscheduling, 36
    Mobilität, 34
Abschirmung, 503
Abweichung, mittlere quadratische, 329
Algorithmische Ebene, Parallelisierung, 64
Amdahlsches Gesetz, 40
Anfangsbedingung, 150
Anfangswertproblem, 150, 507
Arbeitsteilung, 133
Archimedische Spirale, 200
Aufenthaltswahrscheinlichkeit, 345
Authentifizierung, 261, 276
Autokorrelationsfunktion, zeitliche, 334
Automat
  zellulärer, 271, 425
Autonomisierung, 160
Autorisierung, 261, 276
AWP, *siehe* Anfangswertproblem

Bandbreite, 63
barrier, 141
Barriere, 105, 141
Bedingungen
  vereinfachende, 171
BERNOULLI-Verteilung, 342
Besetzungswahrscheinlichkeit, 333
Bewegungsgleichung, 482
Binomialverteilung, 342
Block
  strukturierter, 132
BOLTZMANN-Gleichung, 327
BOLTZMANN-Konstante, 340
BOLTZMANN-Verteilung, 348
boot-strapping, 165
Borsenkurs, 341
Brechung
  negative, 383
Broadcast, 105
BROWN, ROBERT, 326, 341
BROWNsche Molekularbewegung, 336, 339, 340
Broyden-Verfahren, 199
BTL, *siehe* Byte-Transfer-Layer
Butcher-Diagramm, 154
Butcher-Schranken, 163
Byte-Transfer-Layer, 118, 121, 122

CA, *siehe* Certificate Authority
Campus-Grid, 11
Certificate Authority, 263, 279
CHAPMAN-KOLMOGOROV-Gleichung, 334
charakteristische Funktion, 329
ClassAd, 316
Cluster, 330, 338
Cluster-Rechner, 416
Cluster-System, 416, 419
Clustercomputer, 337
Coding Standard, 124
Collaborative Computing, 12
Comptonstreuformel, 505
Comptonstreuung, 504

Computational Grid, *siehe* Rechengrid
Computer-Grid, 330
Computersimulation, 330
Condor, 311
Condor-G, 320
Condor-Pool, 312
Condor-Universum, 315
Continuous Time Random Walk, 344
Credential, 263, 279
critical, 141
CTRW, 344
CTRW, Grundgleichung des, 346
Cut-off-Methode, 56

Dünnschichtsolarzellen, 380
Dämpfungsparameter, 199
DAGMan, 316
Data Grid, *siehe* Datengrid
Data Intensive Computing, 12
Data-Switch-System, 119
Datenabhängigkeiten, 29
Datenabhangigkeit, 60
Datenfluß, 29
  Datenflußgraph, 31
  Datenflußrechner, 30
Datengrid, 5
datenparalleler Algorithmus, 72
Default Index Service, *siehe* Index Service
DGL, *siehe* Differentialgleichung
Dichotomie, 193
Differentialgleichung, 149
  gewöhnliche, 207
  partielle, 207
  System erster Ordnung, 149
  autonome, 160, 164
  steife, 188
Differenzenquotient, 209
Differenzenverfahren, 190
Diffraktives Element (optisch), 238
Diffusion, 335
Diffusion, anomale, 350
Diffusion, kollektive, 351
Diffusionsanomalitat, 350
Diffusionsgleichung, 209, 327, 337
Diffusionskoeffizient, 336, 337, 343
Diffusionskonstante, 334, 336
Diffusionsprozess, anomaler, 339
Dimensionsreduktion, Methode der, 331
dipolares Glas, 488
DIRK, 154
Diskretisierung, 151
Diskretisierungsfehler
  lokaler, 160
Diskretisierungsverfahren, 151
Dispersion, 329
DOE, 239
Dormand-Prince Familie, 158
3/8-Regel, 169
Driftgeschwindigkeit, 348
Driftstrom, 348

Echtzeitforderungen, 504
Effizienz, 40
Einbettungsprinzip, 178
Einfach-Schießverfahren, 190
Einschrittverfahren, 152, 506
EINSTEIN, ALBERT, 326, 336, 340
EINSTEIN-Beziehung, 348
Einzelschrittverfahren, 506
Einzelwahrscheinlichkeiten, 328
Elementarereignis, 327
Ellbogeneffekt, 40
Ensemblemittel, 334
Enterprise-Grid, 11
Entwurfsbewertung, 61
EPS, *siehe* Fehler pro Schritt
EPUS, *siehe* Fehler pro Einheitsschritt
Ereignis-gesteuerte Koordination, 65
Ereignis-gesteuerte Koordinierung, 75
Ereignisalgebra, 328
ERK, 154
Erwartungswert, 329
Erwartungswertevektor, 330
ESV, *siehe* Einschrittverfahren
Euler(rückwärts)-Verfahren, 154, 161, 170
Euler(vorwärts)-Verfahren, 154, 170, 185
Euler-Cauchy-Schritt, 506
Evolutionsprobleme, 189

FAFNER, 5
Fehler
  globaler, 177
Fehler pro Einheitsschritt, 179
  relativer, 180
Fehler pro Schritt, 179
  relativer, 180
Fernfeld (optisch), 238
FICK, ADOLF, 326
FICKsche Diffusion, 327, 337, 422
FICKsche Diffusionsgleichung, 337, 341
FICKsche Konzentrationsstromung, 336
FICKsches Gesetz, 337
fill-in, 198
Finite Differenzen, 79
Finite-Differenzen, 338
Finite-Elemente-Methode, 338
FIRK, 154
Fixed Form, 132

Flocking, 319
flush, 141
FOKKER-PLANCK-Gleichung, 327
Fork-Join-Mechanismus, 86
Formel von Sherman und Morrison, 199
FOURIER-Transformation, 335
FOURIER-transformierte Grose, 345
FOURIERsche Warmeleitung, 337
Framework, 118
Fresnel-Gleichungen, 233
Funktion
  gleichmäßig Lipschitz-stetige, 150

Gammastrahlungsmesstechnik, 503
Gammastrahlungsspektrenauswertung, 504
Gauß-Legendre-Quadraturformel, 171
Gauß-Verfahren, 171
GAUS-Funktion, 338
GAUS-Prozess, 340
Gebiet der absoluten Stabilität, 185
Geführte Moden (optisch), 245
Gegendiffusion, 336
Geisterzonen, 70
General-Purpose-Registry, 119
Gesamtschrittverfahren, 506
Gesetz von Gustafson-Barsis, 44
Gitter, 151
  äquidistantes, 151
  adaptives, 199
  nicht-äquidistantes, 178
Gitterbestimmung
  automatische, 199
Gitterfunktion, 151
Gitterpunkte, 151
Gitterwahl
  automatische, 201
Gleichungssystem
  algebraisches, 190
Globus, 82, 257, 284
globus-url-copy, 259
GPGPUs, 83
Grid, 5, 338
Grid Computing, 5, 190
Grid Map File, 266
Grid Middleware, 82
Grid Portlets, 267
grid-proxy-init, 265
Gridcomputer, 337
GridFTP, 258
GridMPI, 82
GridSphere, 267
GridWay, 266

Haufigkeit, absolute, 328
Haufigkeit, relative, 328
Heisenberg-Modell, 480
Heun-Schritt, 506
Heun-Verfahren, 155
High-Performance-Computing, 11
High-Throughput-Computing, 12

I-WAY, 6
Index Service, 260
inhärent parallel, 64
inkrementeller Parallelismus, 83
Inkrementfunktion, 152
int omp_get_num_threads, 139
int omp_get_thread_num, 139
Integralform, 152
Integrodifferentialgleichung, 505
Interpolationspolynom, 152
Ising-Modell, 468
Isoeffizienz-Funktion, 47

Java Server Page, 268
JAX-RPC, 296
JSP, *siehe* Java Server Page

Karp-Flatt-Metrik, 45
Ketten, zufalligen, 334
Knoten, 151
Kollimination, 503
Kollokationsbedingungen, 169
Kollokationspolynom, 169
Kollokationsverfahren, 170, 190
Kommunikation, 23, 32
  Latenz, 32
  message passing, 23, 25
  Nachrichtenkopplung, 23, 25
  shared memory, 24, 25
  Speicherkopplung, 23–25
Kommunikationskontext, 100
Kommunikator, 100
Kompaktifikation, 196, 202
Kompaktspeicherung, 197
Komponenten
  photonische, 367
Konsistenz, 160
Konsistenzordnung, 160
Kontinuitatsgleichung, 337
Kontrollfluß, 29
Konvergenz, 177
Konvergenzordnung, 177
Konzentrationsgradient, 337
Korrektor, 506
Korrelation, 330
Korrelationsfunktion, 327, 334
Kovarianz, 330

Kovarianzmatrix, 330
Kreuzkorrelationsfunktion, zeitliche, 335

LAM, 416
Lambert-Strahler, 227
Laplace-Gleichung, 209
LAPLACE-Operator, 338
LAPLACE-transformierte Grose, 345
Lastausgleich, 460
Lastausgleich, dynamisch, 62
Lastausgleich, dynamischer, 418
Latenzzeit, 63
Leistungsspektrum, 335
Leitfahigkeit, elektrische, 349
Lineare Mehrschrittverfahren, 152
Lipschitz-Konstante, 151
LIRK, 154
LMV, *siehe* Lineares Mehrschrittverfahren
Load Balancing, 460
Lobatto-Formel, 175
Lobatto-III-Verfahren, 175
Lobatto-IIIA-Verfahren, 175
Lobatto-IIIB-Verfahren, 175
Lobatto-IIIC-Verfahren, 175
Lock, 142
Lorentz-Kugel, 489
LU-Faktorisierung, 197

Münchhausen-Methode, 165
magnetisches Moment, 468
magnetisches System, 468
Magnetisierung, 470
MARKOV-Kette, 334
MARKOV-Prozess, 333
Massenschwachungskoeffizient, 505
Master-Gleichung, 333
Matrix-Formalismus, 245
Maxwell'schen Gleichung, 371
Maxwell-Gleichungen, 230, 233
MCA, *siehe* Modular Component Architecture
MDS, *siehe* Monitoring and Discovery System
Mehrfach-Schießverfahren, 194
Mehrzielmethode, 194
Message Passing Interface, 99, 416
Message-Striping, 122
Metacomputing, 5
Metamaterialien, 378
Methode der Finiten Elemente, 336
Metropolis-Algorithmus, 470
Mirage-Effekt, 383
Mittelpunktsregel, 154, 170
Mittelwert, 327
Mobilitat, 348
Moden (optisch), 243
Modesolver (optisch), 249
Modular Component Architecture, 117
Module, 117
Molekularbiologie, 88
Molekulardynamik, 55, 336
Moment, 327, 329
Moment, hoheres, 329
Moment, zentrales, 329
Moment, zweites zentrales, 329
Monitoring and Discovery System, 260
Monte-Carlo-Methode, 327, 330, 337
MPI, 79, *siehe* Message Passing Interface, 416
MPI-Interface, 418
MPI_Abort, 102
MPI_Barrier, 105
MPI_Bcast, 105
MPI_Bsend, 112
MPI_COMM_WORLD, 101
MPI_Finalize, 102
MPI_Init, 101
MPI_Irecv, 110
MPI_Isend, 110
MPI_Recv, 103
MPI_Recv_init, 111
MPI_Reduce, 105, 114
MPI_Rsend, 112
MPI_Send, 103
MPI_Send_init, 111
MPI_SSend, 112
MPI_Start, 111
MPI_Wait, 111
MPI_Wtime, 105
mpirun, 101, 120
Multi-Cluster-Architektur, 11
Multi-Cluster-System, 416
Multi-Cluster-Umgebungen, 418
Multi-Grid, 416
Multikern-Prozesoren, 86
multiple shooting, *siehe* Mehrfach-Schießverfahren
MyProxy, 265

N-Körper-Problem, 56
Nachbarschaft, 416
Nanooptik, 367
NEUMANN, JOHN VON, 332
Neumannsche Reihe, 184
Newton-Verfahren, 185, 191, 195
Nullstelle, 190

OGSA, *siehe* Open Grid Service Architecture
OLED, 385, 387–389
omp_destroy_lock, 142
omp_get_thread_num, 130

omp_init_lock, 142
OMP_NUM_THREADS, 131
omp_set_lock, 142
omp_set_num_threads, 139
omp_test_lock, 142
omp_unset_lock, 142
OMPI, *siehe* Open Message Passing Interface
On-Demand Computing, 12
OOB, *siehe* Out of Band Communication
OPAL, *siehe* Open Portable Access Layer
Open Grid Service Architecture, 291
Open Message Passing Interface, 121
Open Portable Access Layer, 118
Open Runtime Environment, 119
OpenMP, 127
OpenMPI, 117, 416
Operationen
  kollektive, 104
Optimierung (optisch), 389
optimistischer Ansatz, 76
Ordnung, 177
Ordnungsbedingungen, 167
ORTE, *siehe* Open Runtime Environment
Out of Band Communication, 120
Overhead, 39

Padé-Approximation, 187
parallel shooting, *siehe* Mehrfach-Schießverfahren
Parallelisierung
  inkrementelle, 128
Parallelismus, 19
  Bitparallelismus, 19
  feingranularer Parallelismus, 21
  Fließbandverarbeitung, 20
  Granularität, 19
  grobkörniger Parallelismus, 23
  Klassifikation, 28
    ECS, 28
    nach Flynn, 28
  Nebenläufigkeit, 20
  parallele Steuer- und Rechenwerke, 19
  Parallelismus auf der Rechnerebene, 19
  Parallelismus auf der Systemebene, 19
  Parallelismus mittlerer Granularität, 22
  Pipelining, 20
  Superskalare Architekturen, 21
  VLIW Architekturen, 21
  Wortparallelismus, 19
Parallelrechentechnik, 190
Parallelrechner, 18
Parameterstudien, 88
Peer-to-Peer-Management-Layer, 121
peinlich parallel, 64
pessimistischer Ansatz, 76
Photoabsorption, 504
Photon, 387
Photonischer Kristall, 382
Photonmanagement, 380
Pipeline-Verarbeitung, 73
Pipelineverarbeitung, 65
Plasmon-Polariton, 376
Plasmonik, 376
PML, *siehe* Peer-to-Peer-Management-Layer
Poisson-Gleichung, 209
POISSON-Prozess, 334, 345
Port Type, 300
Portlets, 267
Pradiktor, 506
Pradiktor-Korrektor-Verfahren, 507
Pragma, 132
Prefix Operation, 202
Problem
  autonomes, 160
Propagator, 345
Proxy, *siehe* Proxy-Credential, 284
Proxy-Credential, 265
Prozess, n-Schritt-, 345
Prozess, nicht-MARKOVscher, 333
Prozess, stochastischer, 332, 333, 336, 339
Prozess, zeitlich diskreter, 333
Prozess, zeitlich stetiger, 333
Prozessgruppe, 100
Prozessparameteridentifikation, 504
Pseudozufallszahlen, 330
Public Key Cryptography, 263, 277
Punkt-zu-Punkt-Kommunikation
  blockierende, 102
  langlebige, 110
  nichtblockierende, 106
Punktlichtquelle, 227

Quasi-Newton-Verfahren, 199
  regularisiertes, 199

Radau-I-Verfahren, 172
Radau-IA-Verfahren, 173
Radau-II-Verfahren, 172
Radau-IIA-Verfahren, 173
Randbedingung
  lineare, 189
random walk, 341
Randwertproblem
  lineares, 190
Rang, 101
Rauschgenerator, 331
Realisierung, 328
Rechengrid, 5

Rechenlast, 420
Rechnerarchitektur, 17
  Parallelrechner, 17
  sequenzielle Rechner, 18
  Superskalare Architekturen, 21
  VLIW Architekturen, 21
  von-Neumann-Rechner, 18
recursive doubling, 71
Reduktion, 88, 105
Regularisierungsparameter, 199
Reibung, STOKESsche, 349
Reibungskraft, STOKESsche, 340
Reliable File Transfer Service, 259
Remote System Call, 318
Replikation, 88
REPS, *siehe* relativer Fehler pro Schritt
REPUS, *siehe* relativer Fehler pro Einheitsschritt
Resource Grid, *siehe* Ressourcen-Grid
Resource Manager, 120
Resource Property, 297
Ressourcen-Grid, 5
RFT, *siehe* Reliable File Transfer Service
RKV, *siehe* Runge-Kutta-Verfahren
Rombergschema, 507
RSA-Verfahren, 278
Runge-Kutta-Fehlberg Familie, 157
Runge-Kutta-Verfahren
  diagonal-implizites, 154
  einfach diagonal-implizites, 154
  eingebettetes, 156, 178
  explizites, 154, 184
  implizites, 154, 186
  klassisches, 156, 163
  linear-implizites, 154
  m-stufiges, 153
  optimales, 163
  voll-implizites, 154
Runge-Kutta-Verner Familie, 158
Runge-Prinzip, 179
Runtime-Environment, 119
RWP, *siehe* Zweipunkt-Randwertproblem
RWPM, 197

SAAJ, 296
Schätzung
  des lokalen Fehlers, 178
Schachbrett-Verfahren, 475
Schatzwert, 328
Scheduler-Adapter, 259
Schichtsystem (optisch), 233
Schießpunkte, 193
Schießverfahren, 190
Schleifentransformation, 84
Schrittweite, 151
Schrittweitensteuerung, 179
Schwankungsquadrat, mittleres, 329
SDIRK, 154
Segmentierungspunkte, 193
Selbstdiffusion, 336
Semaphor, 89
sequentielle Äquivalenz, 83
Service-orientierter Architekturen, 5
Sicherheitsfaktor, 180
SIMD, 78
Simulation, 504
Simulation, direkte, 330
Single Sign On, 285
single-file-Diffusion, 327, 336, 351, 421
SOAP, 292
Solarzelle, 381
Speed-Up, 39, 416, 420
Speicher, 24
  Caches, 24
  Speicherhierarchie, 24
Spektraldichte, 335
Spin, 468
SPMD, 78
Sprungereignis, 344
Sprungprozess, 344
Stabilität
  absolute, 182
Stabilitätsfunktion, 183
  A-verträgliche, 185
Stabilitätsintervall, 186
Standardabweichung, 329
Steigungen, 153
Strahlenmodell (optisch), 226
Strahlungsdetektion, 503
Strahlungsquelle, 503
Streuung, 329
Stub, 296
Synchronisierung, 140

Tarnkappe
  optische, 368
Teilchenkonzentration, 338
Teilchenstromdichte, 337
Teilchenzahldichte, 335, 348
Test, statistischer, 331
Testbench, 432
Testproblem, 182
Thomsonstreuung, 504
Thread-Team, 127
Tracerdiffusion, 336
Trapezregel, 155, 162, 186
Trigger Service, 261

Varianz, 329, 342
Variationsproblem, 192
Verfahren
  A-stabiles, 185
  absolut stabiles, 185
  explizites, 152
  implizites, 152
Verhaltnismethode, 332
Verschiebungsquadrat, mittleres, 339, 342, 347, 350, 351, 421
Verschlüsselung, 276
  asymmetrische, 277
  symmetrische, 277
Verteilungsdichte, 328
Verteilungsfunktion, 327, 328, 333
Verweilwahrscheinlichkeit, 344
Verwerfungsmethode, 332
VHDL, 431
Vielkanalanalysator, 504, 505
Vielteilchenproblem, 56
Virtuelle Organisation, 5
VO, *siehe* Virtuelle Organisation

Wärmeleitungsgleichung, 209
Wahrscheinlichkeit, 327, 328
Wahrscheinlichkeitsdefinition, klassische, 328
Wahrscheinlichkeitsdichte, 327, 328, 333
Wahrscheinlichkeitsraum, 328
Wahrscheinlichkeitsrechnung, 327
Wanderungsdimension, 351
Wartezeit, 344
Wartezeit, mittlere, 345
Wartezeitdichte, 344
Wartezeitverteilung, 344
Web Service Description Language, 295
Web Service Resource Framework, 297
Webservice, 292
Wellengleichung, 209
Wellenleiter (optisch), 242
Wellenmodell, 230, 233
WIENER, NORBERT , 340
WIENER-Prozess, 340
Worksharing, 133
WS-GRAM, 259
WS-Ressource, 297
WSDL, *siehe* Web Service Description Language
WSRF, *siehe* Web Service Resource Framework
Wurzelbäume
  monoton indizierte, 165

X.509, 263, 282

Zelle, 120
zellulare Automaten, 327, 330, 337
Zertifikat, 263, 281
Zertifizierungsstelle, *siehe* Certificate Authority
Zick-Zack-Kurs, 333
Zufall, 327
zufallige Folgen, 333
zufallige Funktion, 333
zufallige Grosen, 327, 328
zufallige Ketten, 333
Zufallsbewegung, 341
Zufallsgenerator, 330
Zufallsgrosen, 327
Zufallsprozess, diskreter, 333
Zufallsprozess, stetiger, 333
Zufallswanderung, 333
Zufallswanderung, zeitlich-diskrete, 334
Zufallszahlen, 330
Zufallszahlen, gleichverteilte, 331
Zustande, 333
Zustandsautomaten, 417
Zustandsmenge, diskrete, 333
Zustandsmenge, stetige, 333
Zustandsraum, diskreter, 334
Zustandstransformation, 416
Zustandsuberfuhrung, 416
Zweipunkt-Randbedingung, 189
Zweipunkt-Randwertproblem, 189